AF289269

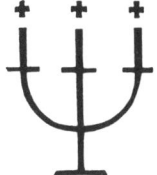

*Schwimme nie mit dem Strom,
wenn Du die Quelle nicht kennst!*

*Wir müssen gegen den Strom schwimmen,
um zur Quelle zu gelangen!*

Es ist ganz natürlich, daß wir gegen jede neue Ansicht, über deren Gegenstand wir uns ein Urteil schon gebildet haben, uns abwehrend und verneinend verhalten. Denn sie dringt feindlich in das vorläufig abgeschlossene System unserer Überzeugungen ein, erschüttert die dadurch erlangte Beruhigung, mutet uns neue Bemühungen zu und erklärt alte für verloren. Demgemäß ist eine uns von Irrtümern zurückbringende Wahrheit einer Arznei zu vergleichen, sowohl durch ihren bitteren und widerlichen Geschmack als auch dadurch, daß sie nicht im Augenblick des Einnehmens, sondern erst nach einiger Zeit ihre Wirkung zeigt. Sehen wir also schon das Individuum hartnäckig im Festhalten seiner Irrtümer, so ist es die Masse der Menschen noch viel mehr: An ihren einmal gefaßten Meinungen können Erfahrung und Belehrung sich jahrhundertelang vergeblich abarbeiten.

Schopenhauer

Rudolf Passian

Licht und Schatten der Esoterik

Eine objektiv-kritische Lebens- und Orientierungshilfe

REICHL VERLAG DER LEUCHTER
ST. GOAR

Umschlaggestaltung: Christian Wiegandt, Bornheim

ISO 9706

2. Aufl. 3.-4. Tsd.

© 2007 bei Reichl Verlag, D-56329 St. Goar
Gedruckt auf säurefreiem, alterungsbeständigem Papier (Demeter)
Gesamtherstellung: Druck Partner Rübelmann, Hemsbach
www.reichl-verlag.de

ISBN 978-3-8766-250-2

Inhaltsverzeichnis :

Geleitwort

Esoterik ist ein Wort, das man heutzutage an allen Ecken und Enden hört. In den Anzeigeteilen aller Tageszeitungen, Wochenblätter und Illustrierten findet man die Inserate von Astrologen, Kartenlegern, Hellsehern, Wahrsagern, Magiern, Channeling-Medien, Schamanen, Hexen, Heilern, Energietherapeuten und Reinkarnationstherapeuten, die sich allesamt als Esoteriker bezeichnen und oftmals noch mit dem Zusatz "wissenschaftlich" schmücken. Sie versprechen alles. Ich greife die großformatige und wiederkehrende Anzeige in einer "Wissenschaftlichen Zeitung für bodenständige Esoterik" heraus:

**Wie geht es weiter?? Recht heiter, wenn sie sich
esoterisch beraten lassen.
Ein Leben ohne Krankheit! Ein Leben voller Glück! Weiße
Goldene Magie! Nur hier! Partnerzusammenführung.
Esoterische Lebensberatungen. Zukunftsvorhersagen.
Auf Wunsch alles mit Garantie! -- Ein Leben ohne Krankheit
und ohne Schmerzen nach den Geheimnissen
von Esoteriker XYZ.
Der Esoteriker auf dem Bild! Da genau 49 Jahre.
Wer so natürlich jung bleiben will -- muß die Geheimnisse
vom Esoteriker XYZ wissen.
Wegen des großen Erfolges neue Bürozeiten. Bitte beachten!**

Viel mehr an Versprechungen kann man wirklich nicht ankündigen. Und viele Menschen fallen darauf herein. Sie brauchen Hilfe, sind krank, wollen das Schicksal eines Verstorbenen oder die eigene Zukunft erfahren und lassen sich das auch etwas kosten. Sie wissen gar nicht, ob das alles eine ernsthafte Grundlage hat. Und wenn hier nicht nur Schwindel im Spiel ist, sondern wirkliche Magie betrieben wird, wie in der Anzeige angekündigt, ist für den Kunden völlig ungewiß, woher die Kräfte dazu kommen. Vermutlich kommen sie aus einem dunklen, widergöttlichen Bereich. Dafür muß dann unter Umständen nicht nur ein Preis in Geld, sondern vielleicht auch in Form einer eigenen Umsessenheit bezahlt werden. Den meisten Menschen fehlt ja das nötige Hintergrundwissen. Sie sehen nur das Geheimnisvolle, das etwas Außergewöhnliches verheißt und verkennen, daß auch Gefahren damit verbunden sein können.

Eine besonders kritisch zu betrachtende Gruppe sind die Medien, die sich heute Channeling-Medien nennen. Sie wollen die Verbindung zur jenseitigen Welt herstellen und behaupten, die Botschaften von verstorbenen Angehörigen oder berühmten Persönlichkeiten, hohen Erzengeln oder Jesus Christus durchzugeben. Sicher gibt es echte, ernstzunehmende Jenseitskontakte auf diesem Gebiet. Doch in den meisten Fällen handelt es sich entweder um täuschende, hochstaplerische jenseitige Geistwesen oder um betrügerische Medien, die ihre ratsuchenden Kunden um viel Geld erleichtern.

Herrn Passian gebührt nun das Verdienst, die zahlreichen esoterischen Spielarten und ihre Vertreter genauer unter die Lupe zu nehmen und das herauszustellen, was ernsthaft und wertvoll ist, gegenüber dem, was nur auf Täuschung, Scharlatanerie und Geldschneiderei beruht. Ganz allgemein hat ein kritischer Beobachter eine sehr wichtige Aufgabe bei dem Erkennen von Wahrheit, von Irrtümern, von Betrug und Gefahren in allen Bereichen unseres irdischen Lebens. Ganz besonders schwierig wird aber diese Aufgabe auf dem Gebiet der sogenannten Esoterik, dessen Grundlagen ja noch weitgehend unerforscht sind und damit jeglicher Spekulation und Phantasterei weit offen stehen. Hier kann sich jeder Kartenleger oder Hellseher als Jenseitsforscher oder Energieforscher bezeichnen und mit pseudophysikalischem Wortschatz den glühendsten Unsinn verbreiten.

Herr Passian ist nun kein Seher oder vom Jenseits inspiriertes Medium, sondern ein unermüdlicher Sucher, der über mehr als vier Jahrzehnte hinweg mit wachem Verstand die zahlreichen Gebiete der Esoterik auf ihre Licht- und Schattenseiten und auf ihren Wahrheitsgehalt durchleuchtet hat. Dadurch, daß er die Dinge beim rechten Namen nennt, will er für seine Leser einen schützenden Damm gegen die breite Flut des Irrtums, der Schwärmerei, des Betruges und der Selbsttäuschung aufrichten. Und wenn jemand bereits in diese Flut hineingeraten ist, will er die Hilfe und Erkenntnis geben, um wieder an ein sicheres Ufer zu gelangen. Passians Schilderungen beruhen auf einer reichen

Erfahrung, bei der er auch eigenes Lehrgeld bezahlt hat, welches seinen Blick für die schwarzen Seiten der Esoterik geschärft hat. So kann er durch dieses Buch andere Menschen davor bewahren, allzu leichtgläubig auf die Verheißungen von Gurus, UFO-Kapitänen oder anderen Heilsbringern hereinzufallen.

Rudolf Passians Buch ist dadurch so besonders wichtig, weil es umfassend die Esoterikszene der Gegenwart und der Vergangenheit beleuchtet. Es berichtet nicht nur über die Programme und das Wollen und Handeln der einzelnen Gruppen, sondern auch über ihre Entstehung und den Lebenswandel der jeweiligen Begründer. Ich kenne kein anderes Buch, das so umfangreiches Hintergrundwissen über die esoterischen Gruppierungen dem Leser offenlegt. Besonders bei dem "Geschäftsokkultismus" zeigt Passian, wie durch geschickte Ausnutzung der Wünsche, Ängste und Hoffnungen der Menschen ihnen das Geld aus der Tasche gezogen wird. Überaus perfide ist es, wenn in pseudoreligiös orientierten Bewegungen geltungssüchtige Medien Botschaften von Jesus Christus persönlich produzieren, die einen baldigen Weltuntergang vorhersagen. Nur wer der Bewegung angehört und reichlich spendet, soll errettet und durch Raumschiff-Flotten auf ferne Gestirne evakuiert werden. Als ob das lebenswert wäre.

Möge das Buch von Rudolf Passian eine weite Verbreitung finden und dazu dienen, daß vielen Menschen die Augen geöffnet und ihr Argwohn geschärft wird, damit sie rechtzeitig das Licht vom Dunkel unterscheiden können.

Prof. Dr. Werner Schiebeler

Über den Verfasser

Rudolf Passian wurde 1924 in Reichenberg (Nordböhmen) geboren. Kriegsdienst ab 1941 mit schweren Verwundungen. 1946 Heimatvertreibung. 1948 von einem Militärgericht wegen angeblicher "Anti-Sowjetpropaganda" zu 25 Jahren Zuchthaus verurteilt. Freilassung 1955. Infolge all dieser Erlebnisse kam er zum Nachdenken über das Todesproblem. Er wollte wissen, ob nach dem Tode noch etwas kommt oder nicht. Bei seinem Suchen stieß er alsbald auf die Parapsychologie und eignete sich in nunmehr 45jährigen Studien ein entsprechendes Fachwissen an. Studienreisen führten ihn trotz körperlicher Behinderung nach England, Indien (Kaschmir), auf die Philippinen und achtzehn Mal nach Südamerika (Brasilien, Paraguay, Chile, Argentinien, Peru). Eindrucksvolle Beobachtungen hielt er auf mehreren Filmen fest. Seine Aufgabe sieht Passian darin, Ergebnisse, Aspekte und Problematik der Paraforschung in eine volksnahe Sprache zu übertragen, um das Interesse an dieser horizonterweiternden Forschung in weiten Kreisen wachzurufen. Dabei dient ihm die Parapsychologie eigentlich nur als Mittel zum Zweck, um interessierte Mitmenschen auf Wesentliches hinzuweisen: auf das erwiesenermaßen ichbewußte Weiterexistieren nach dem körperlichen Tode (mit allen ethischen Konsequenzen), sowie auf die Realität jenseitiger Welten. Diese Weltschau mündet in eine lebendige schöpfungskonforme Religion, mit der Erkenntnis der Selbstverantwortlichkeit des Menschen für sein Denken, Tun und Unterlassen.

Hauptwerke:

"ABSCHIED OHNE WIEDERKEHR? Tod und Jenseits in parapsychologischer Sicht", Otto Reichl Verlag, St. Goar

"NEUES LICHT AUF ALTE WUNDER. Sind, die Bibelwunder wirklich so unglaubwürdig?", Otto Reichl Verlag, St. Goar

"ABENTEUER PSI. Wunderheiler, Spiritismus Umbandakult, Magie", Otto Reichl Verlag, St. Goar

"WIEDERGEBURT, Ein Leben oder viele?", Knaur Taschenbuch, München. Für dieses Werk erhielt der Verfasser den 2. Schweizerpreis der Schweizer Stiftung für Parapsychologie in Bern.

Vorwort zur erweiterten Neuauflage

In diesem Werk liegen die Ergebnisse 45jähriger Studien und reichhaltiger Erfahrungen vor. Bei seiner Erstellung fanden die "drei Siebe des Sokrates" Anwendung: das Sieb der Wahrheit, das Sieb der Güte, und das Sieb des Nutzens. In diesem Falle des *spirituellen* Nutzens im Hinblick auf unser Woher und Wohin.

Aus Gründen des Gesamtumfangs wurden die bisherigen Kapitel über Astrologie und Alchemie weggelassen, da nicht unbedingt nötig. Andere Abschnitte hingegen erfuhren wesentliche Ergänzungen. Neu hinzugekommen sind die Kapitel "Im Sog der Aufgestiegenen Meister", "UFOs, Hoffnungsbotschaften von Außerirdischen?" sowie "Geschäftsokkultismus". Alle in der Erstauflage nicht von mir stammenden Textveränderungen sind im vorliegenden Buch beseitigt.

Zur Herausgabe dieses sachlich-objektiv aufklärenden Werkes gehört Mut, denn es enthält u. a. den Nachweis, daß die prägende Grundströmung eines Großteils des gegenwärtigen esoterischen und New Age-Denkens auf luziferisch-satanistischer Basis beruht. Dies wird nachgewiesen anhand eigener Aussagen der Begründer oder maßgeblichen Vertreter esoterischer Strömungen. Hier verdient die "Theosophie" der Russin Helena Petrowna BLAVATSKY (HPB) besondere Aufmerksamkeit, einschließlich der Lehre von "Aufgestiegenen Meistern".

Vermutlich so manche Leserin, mancher Leser, wird nicht allen Angaben, Aussagen oder Folgerungen in diesem Buch zustimmen wollen; das liegt an der völlig natürlichen Unterschiedlichkeit der Auffassungen, des persönlichen Informationsstandes und letztlich des Erkenntnisgrades. Jeder hat auf seiner Stufe recht. Doch hoffe ich wenigstens auf Anerkennung meines redlichen Bemühens um Objektivität.

Wichtig ist, zu erkennen, daß wir uns hier und jetzt, d.h. im Erdenleben, entscheiden müssen, welche Richtung *wir* einschlagen, welchen geistigen Weg *wir* gehen, welchen Führern *wir* folgen wollen. Von dieser bewußt oder unbewußt getroffenen Entscheidung hängt unser künftiges Wohl und Wehe ab, und zwar über den körperlichen Tod hinaus. Der Autor Armin RISI, dem ich vielerlei horizonterweiternde Einsichten verdanke, schreibt in seiner Abhandlung "Die Kosmologie der altindischen Schriften":

"Das Negative und das Positive wird es in der materiellen Welt immer geben. Es geht also nicht darum, die negativen Wesen zu verteufeln und die positiven Wesen zu vergöttern. Für uns Menschen geht es einzig darum, daß wir lernen, mit unserem freien Willen richtig umzugehen und zu entscheiden, wo *wir* hingehören wollen". Dies zu erkennen ist wesentlich.

Für den Entschluß zur Herausgabe der aktualisierten Neuauflage dieses Werkes möchte ich meinem Verleger und Freund Matthias DRÄGER herzlich danken! Gleichermaßen danke ich Herrn Prof. Dr. Werner SCHIEBELER für sein Geleitwort. Ebensolcher Dank gilt meinen Freunden Brigitte STEINMANN und Willi GROB für Ihre freizeitlich geleistete Computerarbeit. Danken möchte ich aber auch meiner Frau EVELYNE wegen ihres geduldigen Verständnisses, daß ich – wieder einmal und über Monate – nur wenig Zeit für uns erübrigen konnte.

Rudolf Passian

Daß oft die allerbesten Gaben
die wenigsten Bewund'rer haben,
und daß der größte Teil der Welt,
das Schlechte für das Gute hält –
Dies Übel sieht man alle Tage;
jedoch, wie wehrt man dieser Pest?
Ich zweifle, daß sich diese Plage
aus unserer Welt verdrängen läßt.
Ein einzig Mittel ist auf Erden –
allein es ist unendlich schwer:
Die Narren müssen weise werden ...
Doch seht, sie werden's nimmermehr!
Nie kennen sie den Wert der Dinge,
ihr Auge schließt, nicht ihr Verstand:
Sie loben ewig das Geringe,
weil sie das Gute nie gekannt!

Christian Fürchtegott GELLERT (1715-1769)

Vorbemerkungen

Die im vorliegenden Buch zur Orientierungshilfe dienenden Beurteilungen beruhen A) weltanschaulich auf den ethischen Prinzipien der christlichen Lehre, wie sie mit dem Ausspruch "Was du nicht willst, das man dir tu´, das füg´ auch keinem andern zu" verdeutlicht werden, und B) wissenschaftlich auf Forschungsergebnissen und daraus abgeleiteten Aspekten der Parapsychologie.

Zu A: Zugegebenermaßen stellt das Grundgebot der Nächstenliebe nichts spezifisch Christliches dar. Buddha und Konfuzius lehrten ähnlich schon hunderte Jahre zuvor, und auch Sokrates, Plato und Aristoteles können als Vorläufer der christlichen Ethik gelten. Ja schon das um 3000 v.Chr. entstandene "Ägyptische Totenbuch" enthält im 125. Kapitel das Verbot des Tötens, Stehlens und Lügens. Somit wird man Kirchenvater AUGUSTIN wohl kaum des Irrtums zeihen können, wenn er (in seinen "Retractiones", 1,13) erklärt: "Das, was man jetzt die christliche Religion nennt, gab es schon bei den Alten und fehlte nie seit Anfang das Menschengeschlechts, bis Christus im Fleisch erschien; von wo man die wahre Religion, *die schon vorhanden war*, anfing, die christliche zu nennen." All dies deutet auf eine überzeitliche Gültigkeit ethischer Prinzipien hin, wie sie auch die neuere Sterbeforschung aufzeigt.

Zu B: Esoterik ist primär Weltanschauung, Parapsychologie hingegen ist wissenschaftliche Forschung. Hier gebührt vor allem einem ihrer Teilbereiche erhöhte Aufmerksamkeit, den Studien zum Todesproblem, weil hier Lebenshilfe erwartet werden kann für jeden, der sich logischen Folgerungen nicht verschließt. Als deduktive Erfahrungs- und Experimentalwissenschaft liefert sie das, was man woanders vergeblich suchen wird, nämlich eine glaubwürdige Begründung ethischer Verhaltensnormen. Wer freilich alle Lebensäußerungen aus dem materialistisch eingeengten Blickwinkel "wertfreien" Hochschulwissens und der Froschperspektive großmäuliger Journalisten zu ergründen sucht, wird über Marx und Freud schwerlich hinauskommen.

Im folgenden wird nun von einigen Persönlichkeiten und Gruppierungen die Rede sein, deren Wirken die Gegenwartsesoterik mehr oder weniger stark mitprägte. Grundsätzlich wäre es unwissenschaftlich und spräche für mindere Intelligenz, wollte man alles, was mit Esoterik und Okkultismus zusammenhängt, von vornherein - ungeprüft und unterschiedslos - in Bausch und Bogen verwerfen und dem Aberglauben oder dem Teufel zuordnen. Andererseits wäre es genau so verkehrt, unkritisch und gutgläubig all das für bare Münze zu nehmen, was unter der Flagge von "Geheimwissen" oder "New Age" segelt. Ähnlich wie in Politik und Geschichtsschreibung, wird hier vieles behauptet, dessen Wahrheitsgehalt und Seriosität nur schwer oder gar nicht nachprüfbar ist; wer hat schon die Möglichkeiten und wäre bereit, sich der Mühe eines zeitraubenden Studiums schwierig zu beschaffenden Quellenmaterials zu unterziehen?

Das nachfolgende Aufzeigen von Schattenseiten der Esoterik und ihrer Erscheinungsformen erfolgt im Pflichtbewußtsein wahrheitsgemäßer Berichterstattung und mit genauen Quellenangaben. Dabei bestand nicht die geringste Absicht, andere in ihrem Glauben verletzen zu wollen. Es wird auch nicht *ver*-, sondern *be*- urteilt. Außerdem sind die angeführten Tatsachen und Originalzitate für sich schon aussagekräftig genug, um eigene Urteilsbildung zu ermöglichen.

Auch für das kunterbunte Gebiet der Esoterik gilt die altbewährte Richtlinie: "Prüfet alles und behaltet das Gute". Wer einiges mehr über den Menschen und seine Bestimmung, über Sinnfragen unseres Daseins und metaphysisches Hintergrundgeschehen zu wissen begehrt als das, was Schulen, Kirchen und Massenmedien zu bieten haben, der kann im Bereich esoterischer Anschauungen und parapsychologischer Forschung ohne weiteres zu einer beträchtlichen Horizonterweiterung gelangen. Der wahre Esoteriker verträgt ja Wahrheiten im Klartext, während sie dem Exoteriker nur in Gleichnissen (Parabeln) und Beispielen (Analogien) begreiflich gemacht werden können.

Nach esoterischer Auffassung gibt es drei Wege zur Erkenntnis: den Weg des Glaubens, den das Forschens und den der meditativen Innenschau. Auf allen drei Wegen sind Wahrheiten zu finden, d.h. Kenntnisse und Erkenntnisse, die für den einzelnen - je nach Individualität und Motivation - in der Lebensgestaltung von bedeutendem Wert sein können. Damit ist aber zugleich die Relativität des persönlich als wahr Empfundenen angedeutet, denn abgesehen von gewissen Grundtatsachen bleibt die alte Frage "Was *ist* Wahrheit?" nach wie vor aktuell. Im Zusammenhang mit dem Leitspruch "Keine Religion ist höher als die Wahrheit", wird im Kapitel über Theosophie näher dazu Stellung genommen.

Es ist jedenfalls töricht, über Dinge und Ansichten streiten zu wollen, die sich jeder Kontrolle entziehen und somit Glaubenssache bleiben. Ein Weiser wird deshalb Streitgespräche weltanschaulicher Art tunlichst meiden, weil es ihm kindisch vorkäme, sein augenblickliches Wissen, das sich gegenüber dem Nichtwissen ohnehin verhält wie ein Tropfen Wassers zum Ozean, für unfehlbar und endgültig zu halten. Und was religiöse Sondergemeinschaften anbelangt, die man gern mit der diskriminierenden Bezeichnung "Sekten" belegt, so wäre festzuhalten, daß in ihnen prozentual oft viel mehr charakterlich wertvolle Menschen zu finden sind als in den Kreisen derer, die sich über jene erhaben dünken. Begann durch "Sekteneinfluß" auch nur ein einziger Mensch sein Leben bewußt spirituell positiv zu gestalten, so ist damit die Existenzberechtigung seiner Glaubensgemeinschaft gegeben.

Selbstverständlich gibt es auch auf religiösem und esoterischem Gebiet Gruppierungen, vor deren Praktiken und mehr oder weniger sorgfältig getarnten Zielen aufklärend gewarnt werden muß. Deren Verantwortliche freilich kann man getrost den Lebens- und Schicksalsgesetzen überlassen, die der Volksmund "Gottes Mühlen" nennt. Zu beneiden sind solche Leute keineswegs. Und daß es die vielbezweifelte ausgleichende Gerechtigkeit wirklich gibt, ist für den Wissenden längst kein blinder Glaube mehr. Letzterer wird auch ohne esoterische Studien hinfällig, wenn man die Ergebnisse moderner Todes- und Jenseitsforschung begreift und richtig zu interpretieren versteht.

Das im folgenden Dargelegte mag, trotz erkennbaren Bemühens um Objektivität, dem einen zu stark christlich orientiert, dem andern zu spiritistisch sein, einem dritten aus diesem oder jenem Grunde mißfallen. Sei's drum! Niemand vermag es allen rechtzumachen. - Dem wahrhaft Suchenden aber kann und möge dieses Buch ein nützlicher Wegweiser sein!

Diejenigen, die der Wahrheit
auf den Grund kommen wollen,
müssen Schiedsrichter sein,
nicht Parteigänger.

Aristoteles

Zur Wesensstruktur des Menschen

Hier muß sogleich betont werden, daß man einheitliche Ansichten über die Wesensbeschaffenheit des Menschen in der Esoterik vergeblich suchen wird. Es gab aber schon immer weise Menschen, nicht bloß in Indien, die fähig waren, Naturgeheimnisse zu ergründen, die unserer Wissenschaft noch verborgen sind. Aber nicht etwa infolge philosophischer Grübeleien und Spekulationen, sondern aufgrund ihrer durch meditative Versenkung erworbenen Innenschau oder sonstiger Fähigkeiten außergewöhnlicher Art. Mensch und Weltall enthüllten sich ihnen in siebenfacher Gliederung (die Sieben spielt ja, ebenso wie die Drei, im Naturgeschehen eine wesentliche Rolle). Solche auf welche Art auch immer erworbenen Anschauungen wurden im Abendland zumeist nur im Geheimen gelehrt und weitergegeben, und gehören heute zum Weltanschauungsgut esoterischer Richtungen unterschiedlichster Art. Die einzelnen Bezeichnungen, wie auch die Einteilung, differieren teilweise erheblich. Rudolf STEINER z.B. erweiterte sein System auf *neun* Prinzipien, andere auf zwölf.

Zur Veranschaulichung wähle ich hier das von SURYA vereinheitlichte System. Demnach besteht der Mensch aus einem sterblichen und einem unsterblichen Wesensteil. Der sterbliche Teil setzt sich aus vier Prinzipien zusammen, der unvergängliche aus drei.

1. der materielle, grobstoffliche Körper, im Sanskrit "Sthula-Bhuta" genannt. Er ist während unseres Erdendaseins der Träger aller anderen Prinzipien.
2. Linga-Sharira, der Ätherleib oder Vitalkörper. Er ist der Träger der Lebens- und Regenerationskraft und löst sich bald nach dem Tode auf.
3. Kama-Rupa. Das ist der Astralkörper (von Paracelsus auch "siderischer Leib" genannt), der Empfindungs- und Begierdenkörper. Wie wir von der parapsychologischen Forschung her wissen, ist der Astralleib auch Träger der telepathischen Funktionen. Er reagiert auf Töne, Farben, Licht und auf Kraftfelder.
4. haben wir den Mentalkörper, im Sanskrit "Kama-Manas" genannt. Er soll mit unserem Verstandesdenken zusammenhängen und wird deshalb noch zu den vergänglichen Bestandteilen des Menschen gerechnet.

Unser Mentalleib stellt anscheinend ein feinstoffliches System dar, das sich durch unser Denken und die Art unseres Denkens ausbildet. Manas soll soviel wie "Intellekt" bedeuten und stellt das Verbindungsglied dar zur ersten Stufe unseres unvergänglichen Wesens. Damit kommen wir zu den drei höheren Prinzipien des Menschen, nämlich

5. zum Kausalkörper oder Buddhi-Manas, den man auch "Ursachenkörper" nennt. Er steht angeblich mit unserer Vernunft im Zusammenhang, die auszubilden zu unseren wichtigsten Lebensaufgaben gehört.

Der Kausalkörper gilt als Träger unseres Höheren Selbst und damit unseres eigentlichen Ichbewußtseins. Astrologischen Einflüssen soll er nicht mehr unterworfen sein.

6. haben wir dann "Buddhi", die himmlische oder Geist-Seele, und das

7. höchste Prinzip ist "Atma", das Selbst, der göttliche Geist in uns. [1]

Der Wiener Forscher Dr. med. Heinrich HUBER trifft folgende Einteilung:

1. der physische oder Ernährungskörper. Diesem eng verbunden ist

2. der Lebens- oder Energiekörper, auch Aetherleib, Vital- oder Prana-Körper genannt. Er gehört noch zum physischen Bereich.

3. der Astralkörper, der Gefühlsleben, Gemütsbewegungen und Begierden beherbergt.

4. der Denk- oder Mentalkörper,

5. das Ego oder die Seele,

6. die geistige Monade,

7. das universelle Selbst. [2]

Am Energie- bzw. Vitalkörper, manche sagen am Astralkörper, auf jeden Fall aber im Bereich der feinstofflichen Strukturen des Menschen, befinden sich Energiezentren, die man *Chakras* nennt. In der meditativen Innenschau erscheinen sie als sich wirbelartig drehende "Räder" (Dr. Huber spricht von einer Art vierdimensionaler Wirbel); sie entsprechen im physischen Organismus gewissen Nervenkomplexen und den mit ihnen verbundenen Drüsen.

Die Chakras gelten als Einströmventile und Transformatoren kosmischer Energien, die bewußt beeinflusst und entwickelt werden können. In Asien vergleicht man sie gern mit vielblättrigen Lotusblüten.

Die sieben wichtigsten sind:

1. der vierblättrige Wurzellotos, das in der Steissbeinregion befindliche Wurzel- oder Basis-Chakra, auch Sakral-Chakra genannt.
2. das sechsblättrige (Sexus!) Geschlechts-Chakra. Anderen Quellen zufolge das Milz-Chakra.
3. das Nabel- oder Sonnengeflechts-Chakra, zehnblättrig.
4. das zwölfblättrige Herz-Chakra.
5. das sechzehnblättrige Hals- oder Kehlkopfchakra, gefolgt vom
6. Stirn-Chakra und schließlich dem
7. "tausendblättrigen" Scheitelchakra.

Einheitliche Angaben fehlen auch zu diesem wichtigen Sektor esoterischen Wissens. Die Lage der Hauptchakren soll in etwa mit dem Sitz der erst zu Beginn des 20.Jahrhunderts näher bekannt gewordenen innersekretorischen Drüsen übereinstimmen, während 49 kleinere Zentren mit bestimmten Stellen der Akupunktur-Meridiane zusammenhängen. Letztere stellen Energie-*Bahnen* dar, die Chakras hingegen Energie-*Zentren*. Hinzu kommen als drittes die Energie-*Felder*, aus denen sich die persönliche *Aura* zusammensetzt.

Die genannten Hauptchakren als Instrumente physiologischer Funktionen scheinen darüber hinaus mit unserer Bewußtseinsentwicklung in Wechselbeziehung zu stehen, besonders was die sogenannte Kundalinikraft anbelangt. Wohl kaum zu Unrecht sieht Dr. Huber einen Mißbrauch dieser schöpferischen Energie in der "sexuellen Inflation" unserer Zeit. Nicht nur er meint, man könne das Wesen dieser Schlangen- oder Kundalinikraft in Teilaspekten erleben oder in ihrer ganzen Stärke. Es käme, wenn sie von unten nach aufwärts steigt, zu einem Erleuchtungszustand, der im Yoga als Samadhi bezeichnet oder Kosmisches Bewußtsein genannt wird. Im Kapitel über Yoga wird davon noch die Rede sein.

Mit der erwähnten *Aura* ist jenes biologische Kraftfeld gemeint, das unseren Körper durchflutet, einhüllt und zum Teil über ihn hinausstrahlt. An sich besitzt alles eine Aura, ob Stein, Blume, Tier oder Mensch. Je höher die Entwicklungsstufe, desto komplizierter ist diese Aura. Es besteht Grund zu der Annahme, daß jeder der uns innewohnenden feinstofflichen Körper sein eigenes Kraftfeld besitzt und sich die Aura aus eben diesen Energiefeldern zusammensetzt.

Es gibt über die Auraforschung gute Literatur, weshalb es sich erübrigen dürfte, jetzt näher darauf einzugehen. Einige der wesentlichsten Aspekte enthält auch mein Buch "Neues Licht auf alte Wunder" (S. 91ff.). Hier zur Ergänzung nur soviel:

Beim Kleinkind ist die Aura einfacher, mit zunehmendem Alter wird sie differenzierter. Bei einer Schwangeren soll die Aura des Ungeborenen schon sechs Monate *vor* der Niederkunft in der mütterlichen Aura erkennbar sein.

Tiere haben eine ähnliche Aura wie Menschen, aber unkomplizierter. Bei Herdentieren fließen die Kraftfelder zu einem großen Komplex zusammen, so daß von einer Gruppenaura gesprochen werden kann, welche möglicherweise der Träger des Kollektivbewußtseins darstellt. Die Aura höherentwickelter Tiere zeigt sich differenzierter, besonders bei unseren Haustieren, die sich ja infolge ihrer Gewöhnung an uns Menschen mehr oder weniger individualisieren können. Ein geübter Hellseher wie Gordon TURNER vermag den Intelligenzgrad des einzelnen Tieres an dessen Aura zu erkennen. Der seelische Entwicklungsstand eines Tieres wäre somit gleichermaßen an der Aura ablesbar wie des Menschen geistig-seelische Stufe und Verfassung an der seinigen. Bei beiden ist ja auch der Sterbevorgang der gleiche: nur jener Teil der Aura, der vom *physischen* Organismus ausgeht, erlischt mit der allmählichen Verwesung desselben; das übrige aurische Feld verbleibt beim Astral- bzw. Fluidalkörper. Während Tiere nur den Astral- und Vital-(Äther-)leib besitzen, ergab die Auraforschung beim Menschen eine Überlagerung mehrerer Prinzipien feinstofflicher Art, die auf das Vorhandensein unterschiedlicher Strukturen schließen lassen.

Nach dem sogenannten Tode nun werden wir lediglich auf den physischen Leib und das materiebezogene Leben verzichten müssen, alles andere bleibt erhalten. Dann wird unser Astralkörper das sein, was er gegenwärtig nur in Ausnahmefällen oder im Traumleben sein kann, nämlich Träger unserer Persönlichkeit. Mit jenen Ausnahmefällen ist das vielfach berichtete und auch experimentell vollzogene "Doppelgänger-Phänomen" gemeint, wenn wir mit dem inneren Leib den äußeren zeitweise verlassen. Solches ist bewußt oder unbewußt möglich, sofern bestimmte physiologische Voraussetzungen gegeben sind.

Auch hier haben wir es mit einem komplexen Vorgang zu tun, über den es viele Bücher und Abhandlungen gibt. Im Doppelgänger-Phänomen, diesem buchstäblichen "Außer-sich-sein", liegt nämlich die Lösung des Todesrätsels: Was bei einer außerkörperlichen Erfahrung, wenn man den physischen Leib wie tot daliegend bewußt wahrnimmt, bloß eine kurzfristige und zugegebenermaßen ungewöhnliche Erscheinung ist, bleibt nach dem Sterbevorgang ein Zustand auf Dauer! In beiden Fällen aber ist der uns schon jetzt innewohnende fluidische Körper, der dem fleischlichen vollkommen gleicht, Träger unserer Gesamtpersönlichkeit.

PARACELSUS und christliche Mystiker wussten ebenfalls um die hier skizzierte Beschaffenheit des Menschen, wir brauchen also nicht unbedingt bei den Indern nachzufragen. In der christlichen Mystik entspricht die unsterbliche Triade des Menschen (die obere Dreiheit Atma, Buddhi, Manas) der "Hl. Dreifaltigkeit" im Menschen. Paracelsus nannte sie kurzerhand "den Engel in uns". Die sterbliche Quaternität, die untere Vierheit hingegen, nannte er ein wenig derb, aber gar nicht so falsch, "das Tier in uns".

Der genannten siebenfachen Konstitution des Menschen entspricht im allgemeinen auch die esoterische Einteilung der kosmischen Grundkräfte oder Weltprinzipien bzw. der Seins- oder Energie-Ebenen. "Wie oben, so unten", lautet bekanntlich der hermetische Grundsatz. Demnach kommen im kosmischen Maßstab dieselben Natur- und Entwicklungsgesetze, Vorgänge und Zustände zur Geltung wie im Individuellen, nur sind die Grade und Maßstäbe entsprechend umfangreicher. Das bedeutet: Jedem menschlichen Seinsaspekt entspricht eine kosmische Bewußtseins- und Daseinsebene. Die am einfachsten verständliche Einteilung fand ich in den Rosenkreuzerlehren von Max HEINDEL:

Nach der
1. physischen Ebene, unserer materiellen Welt, kommt die
2. Astral- oder Begierdenwelt, indisch "Kama-Loka". Dann
3. die Mentalebene oder Gedankenwelt (in der Theosophie soll das die Devachan-Ebene sein).
4. die Welt des Lebensgeistes (nach Heindel; worunter man sich wohl nur wenig vorstellen kann), theosophisch die "Maya-Ebene".
5. die Welt des göttlichen Geistes, die Nirwana- oder Kumara-Ebene,

6. die Buddhi-Ebene, die Welt der sogenannten Urgeister (vermutlich der nicht gefallenen Erstlingsgeister), bei Alice A. Bailey die "Monadische Ebene", und schließlich

7. die Welt Gottes, die eigentliche Welt des atmanischen Prinzips, des Urlichtes. Sie entspricht dem Zustand höchster Vollkommenheit und des höchsterreichbaren kosmischen All-Einheitsbewußtseins göttlicher All-Liebe.

Nach allgemeiner esoterischer Ansicht sind diese sieben Weltprinzipien in der siebenfältigen Konstitution des Menschen wirksam und stehen - jeweils vom Höheren zum Niederen oder umgekehrt - miteinander in Wechselwirkung, wie die ineinanderfliessenden Farben des Regenbogens. Dabei werden die einzelnen Ebenen allgemein nicht als räumliches Nebeneinander oder Übereinander gedacht, sondern daß allesamt gleichzeitig vorhanden sind und sich nur frequenzmäßig unterscheiden. Räumlich betrachtet müssen sie aber umfangreicher sein, zumal wenn sie, wie auch von "drüben" gesagt wird, den Erdball kugelschalenförmig umschließen, einer Zwiebel vergleichbar. Überhaupt wird das Ganze verständlicher oder zumindest vorstellbarer, wenn wir die verschiedenen Seinsstufen, Prinzipien und Aggregatszustände als Manifestationen von Kraftfeldern unterschiedlicher Frequenz und Stärke auffassen. Leben und Lebensbedingungen müßten demzufolge der jeweiligen Frequenz angepaßt sein und umgekehrt.

Während dies vorstellungsmäßig erfaßt werden kann, wird es bei der esoterischen Unterscheidung von *Ich* und *Selbst* schwieriger: Das in dieser Inkarnation gegenwärtig empfundene Ich wird als vergängliche Persönlichkeit betrachtet, während unser eigentliches "Höheres Selbst" die Summe aller unserer Inkarnationen speichert und unsere ureigentliche Individualität von Ewigkeit her darstellt. Kurz: Das Ich ist vergängliche Persönlichkeit, das Selbst ist unvergängliche Individualität.

In diesem Zusammenhang findet man in der Esoterik die buddhistisch-indische Anschauung, daß sich im Erdenleben jeweils nur ein "Teil-Ich" verkörpert, ein sog. Manas-Strahl des göttlichen Selbst. Dieses verbleibt währenddessen in lichten, höheren Seinsbereichen, und im Schlaf, wenn unser Teil-Ich den Körper vorübergehend verläßt, kann es angeblich zu Begegnungen mit dem Höheren Selbst kommen. Das würde freilich bedeuten, daß der uralte Schutzengelglauben auf einer falschen Annahme beruht: der vermeintliche Schutzengel wäre in Wirklichkeit unser Höheres

Selbst. "Gott ist unser höheres Selbst" heißt es in der "Geheimlehre" Band I, S.479 von H. P. BLAVATSKY.

Von daher kommt der unter Esoterikern oft zu beobachtende Hang zur Selbstvergottung. Auf die Frage, was er vom Beten halte, antwortete der Leiter einer theosophischen Loge: "Beten? An wen können Sie denn Ihr Gebet richten? Sie werden doch nicht zu Ihrem eigenen höheren Ich beten wollen?" [3]

Aus meiner Erfahrung heraus, soweit ich mir ein Urteil über solch komplexe Dinge erlauben darf, möchte ich die Unterscheidung zwischen Ich und Selbst nicht ungeprüft ablehnen, denn große Geister wie PLOTIN oder Friedrich SCHILLER neigten auch zu dieser Auffassung.

Der alexandrinischen Schule der Neuplatoniker zufolge besitzt der Mensch ein doppeltes Ich: das höhere, welches rein im Übersinnlichen lebt, und das niedere, das mit dem physischen Leib und seinen Funktionen verbunden ist. Dies scheinen gewisse "helle Augenblicke" zu bestätigen, die sich manchmal, zumeist zwischen Schlaf und Wachwerden, einstellen können. Das sind Momente, wo einem alles völlig klar ist, wo man von einem umfassenden Wissen in überwältigender Klarheit durchflutet wird, - und im Bruchteil einer Sekunde ist alles wieder vorbei! Wer solches schon mal erlebte, der wird SCHILLER zuzustimmen geneigt sein, wenn er schreibt:

> *Nur der Körper eignet jenen Mächten,*
> *die das ew'ge Schicksal flechten -*
> *Aber fern von jeder Zeitgewalt,*
> *die Gespielin seliger Naturen,*
> *wandelt oben in des Lichtes Fluren,*
> *göttlich unter Göttern die Gestalt.*

Nach SURYA gibt es im wesentlichen drei große Abstufungen des Daseins:

1. das Sein an sich, und zwar unbewußt, z.B. im Stein.
2. das Bewußtsein, wie Tiere es haben, und
3. das Selbst-Bewußtsein, das erst im Menschen auftritt. Nach erfolgter Selbst-Verwirklichung nun, schließt sich als
4. Stufe das Bewußtsein des Allverbundenseins, bis hin zum kosmischen Bewußtsein an, was eine gewaltige Bewußtseinserweiterung darstellt.

Daß es ohne Selbsterkenntnis keine geistige Weiter- und Höherentwicklung geben kann, leuchtet ein. Deshalb ist das "Erkenne dich selbst" eine Grundforderung an denkende Menschen, eine zu erfüllende Grundvoraussetzung, um den verpflichtenden Ehrentitel "Mensch" zu verdienen.

Die erwähnten "hellen Augenblicke" allein sind es nicht, die auf ein höheres Bewußtsein in uns hindeuten. In der Parapsychologie kennen wir einen eigenartigen außergewöhnlichen psychischen Zustand, der den Namen "Somnambulismus" erhielt. In diesem Zustand, der weder Hypnose noch Trance ist, kann der Mensch Einblicke in die jenseitige Welt gewinnen (in mediumistischer Trance ist es umgekehrt, da ragt die jenseitige Welt - mittels des Mediums - in die unsrige herein). Darüber hinaus kann ein Somnambuler genaue gesundheitliche Diagnosen für sich selbst oder andere stellen und therapeutische Empfehlungen geben, die, wenn man sie genau befolgt, immer zum Erfolg führen.

Solche und andere Phänomene, die in der Parapsychologie bekannt sind, beweisen eine gewisse Unabhängigkeit des Ichs, des ichbewußten Geistes, vom Körper. Zugleich aber auch das Vorhandensein offenbar natürlicher Fähigkeiten, die in außergewöhnlichen psychischen Zuständen zum Vorschein kommen.

Die Eigenständigkeit des Ichs zeigt sich auch bei einem sehr merkwürdigen Phänomen, welches der Parapsychologie schon lange vor Beginn der modernen Sterbeforschung bekannt war: dem Ablaufen des sogenannten "Lebensfilmes" in Situationen der plötzlichen Todesnähe oder beim Sterben. Überrascht sieht man sich einer Lebensbilanz gegenübergestellt, bei der man jede noch so kleine Handlung, ja sogar gedankliche Überlegung, glasklar in ihren Zusammenhängen und Folgen erkennt und deren *ethischen* Wert ermißt. Tausende, die solches erlebten, sagen das Gleiche, nämlich, daß die ethische Beurteilung einzelner Begebenheiten, wie auch ihres Lebens als Ganzes, durch sie *selbst* erfolgte. Herkunft, Alter, Geschlecht, Rasse oder Weltanschauung spielen hierbei überhaupt keine Rolle. In jedem Falle aber beruhte die Beurteilung auf einer Ethik, die zwar konfessionell unabhängig ist, aber dem entspricht, was jede wahre Religion seit jeher lehrt. So muß denn auch von dieser Seite auf ein höheres Bewußtsein in uns geschlossen werden als es jenes ist, welches im Alltag zur Geltung kommt. Vielleicht ist es richtiger, von einem *erweiterten* Bewußtsein zu reden, als von einem *höheren*, das für sich gesondert existiert.

Übrigens gibt es auch hier eine Parallele: die moralische Selbstbeurteilung im Somnambulismus, die nämlich eine wesentlich andere ist als während des normalen Wachbewußtseins. Eine

Dirne zum Beispiel, in den entsprechenden Grad des Somnambulismus versetzt, wird ihre Lebensweise zutiefst bedauern und darüber schockiert sein; aber nicht, weil ihr gewisse religionsgeprägte
Moralauffassungen anerzogen worden wären, sondern weil jetzt
das erweiterte, von Körperfunktionen unbeeinflußte Bewußtsein in
ihr urteilt.

Wir sollten eben nie vergessen - und darauf deuten derlei Begebenheiten hin -, daß wir unserer eigentlichen Natur nach *Geister*
sind, zur Zeit in der Materie befindlich, um hier zu lernen, uns zu
bewähren, über den Sinn unseres Daseins nachzudenken. Wir
sollen uns hier seelisch entwickeln und geistig entfalten, damit
wir, wenn wir dereinst den Erdenkörper abgelegt haben, in eine
höhere Seinsstufe eingehen können als es jene war, aus der wir auf
diese Erde kamen. -

Was die Konstitution des Menschen anbelangt, so genügt an
sich für uns Abendländer die herkömmliche Dreiteilung in Leib,
Seele und Geist, die sogenannte Trichotomie, wie sie im 1. Thess.
5,23 in Form eines Segenswunsches ausgesprochen ist. Von den
Kirchen erfährt man leider nichts Genaueres, was es mit dieser
Unterscheidung auf sich hat. Allenthalben stößt man auf mehr
oder weniger verschwommene Vorstellungen, wobei Seele und
Geist oft miteinander vermengt und nicht mehr klar unterschieden
werden.

Das beginnt schon mit der Bibel und gewissen Übersetzungs-
schwierigkeiten. Im 1. Buch Mose finden sich zwei Schöpfungs-
geschichten. 1. Mose 1,2 lautet: "Finsternis lag über der Urflut,
und der im Winde wehende Geist der *Elohim* schwebte brütend
über den Wassern". Wäre also hier nicht von Gott als Einzelperson
die Rede, sondern von den Elohim, d.h. Göttern oder Gottheiten? [4]

In der zweiten Schöpfungserzählung (1.Mose 2,7) heißt es
dann: "Jahwe-Elohim" (hier wäre der Elohim-Begriff auf eine
Einzelpersönlichkeit bezogen) bildete den Menschen aus Erde
vom Ackerboden (haphar min ha adamah) und blies ihm den
Lebensodem (neschama) in die Nase; so wurde der Mensch zu
einem lebenden Seelenwesen (nephesch)." Luther übersetzte: "So
wurde der Mensch zu einer lebendigen Seele." - Auf Jahwe kommen wir später noch zurück.

Nun ist aber an vielen anderen Bibelstellen, speziell im NT,
auch vom *Geist* die Rede, und von *Geistern*. Psalm 3,6 z.B. lautet:

"In deine Hände befehle ich meinen Geist." Luk. 8,55: "Und ihr Geist kam wieder und sie stand alsobald auf." Im Katholizismus spricht man zwar von "armen Seelen", meint an sich aber die *Geister* jener Verstorbenen, die sich im Erdenleben belastet haben und deshalb "erdverhaftet" blieben, d.h. nicht loskommen vom seelischen Anziehungsbereich des Irdischen.

Im Jahre 869 geschah etwas, dessen Folgen im abendländischen Denken noch heute nachwirken: Beim seinerzeitigen 8. Konzil zu Konstantinopel wurde die alte Dreigliederung von Leib, Seele und Geist verworfen und der Geist als Wesensbestandteil des Menschen quasi abgeschafft. Der Mensch bestand nunmehr bloß noch aus dem Körper und einer sündigen Seele, und wollte er letztere für die Ewigkeit retten, so war er auf die kirchlich verwalteten Gnadenmittel angewiesen.

Dieser verhängnisvolle Konzilsbeschluß hatte schließlich auch die Trennung der Ostkirche von der Westkirche zur Folge.

Bei der wirklichkeitsfremden Zweigliederung des Menschen blieb es in der christlichen Theologie bis in die Gegenwart, und nur auf diesem Boden konnte die aller Erfahrung hohnsprechende materialistische "Ganztod-Theorie" entstehen. In der Meinung, Körper und Seele seien eine untrennbare Einheit, besagt diese Theorie, daß der Mensch beim Tode total stirbt, samt Leib und Seele, und erst irgendwann einmal, am "Jüngsten Tage" auferweckt wird, um gerichtet zu werden.

Unterstützt wird diese Annahme dadurch, daß die Seele anatomisch noch nie nachgewiesen werden konnte. Deshalb wird sie von der Wissenschaft bestenfalls als Hypothese akzeptiert; aber auch nur im Sinne materialistischen Denkens, nämlich so lange der Körper biologisch lebt.

Die alten Griechen sprachen von einem Soma physikon (Fleischkörper), vom Soma psychikon (Seelenkörper) und dem Soma pneumatikon (Geistkörper). Demgemäß unterschieden sie drei menschliche Grundtypen: Pneumatiker (Geistmenschen), Psychiker (Seelenmenschen) und Sarkiker (Körpermenschen). Pneumatiker sind solche, deren Denken im Geistigen wurzelt. Bei Psychikern spielt sich das Wesentliche ihres Menschseins im Seelischen ab; sie sind weitgehend gefühlsbetont und vom Gefühlsleben abhängig, nicht wissend, "daß nur die leidenschaftslos gewordene Seele dem Geistigen voll geöffnet ist."[5] Die Sarkiker schließlich sind Leute, die sich zumeist für Realisten halten und

versichern, nur das zu glauben, was sie sehen. Wenn sie einsehen
würden, daß nur derjenige als wahrer Realist gelten kann, der auch
den sinnlich nicht wahrnehmbaren Teil der Schöpfung mit in sein
Weltbild einbezieht, würde ihnen "ein Licht aufgehen".

Die Seele definieren zu wollen ist schwierig. Wenn wir bei der
vereinfachenden Dreiteilung bleiben wollen, so ist unsere Seele
vor allem als Bindeglied zu betrachten zwischen Geist und Körper. Dem recht aufschlußreichen "Buch Emanuel" [6] zufolge ist die
Seele als Bindeglied zu verstehen, das es ermöglicht, daß der Geist
sich mit der Materie zu einer Einheit, Mensch genannt, verbindet.
"Ohne ein solches Bindeglied wäre die vollkommene Vereinigung
von Geist und Materie ausgeschlossen."

Unsere Seele dürfen wir ferner kennzeichnen als Summe der
feinstofflichen Körper und Prinzipien, die wir in uns tragen und
die Wesensbestandteile von uns sind. Daß der Seele darüber hinaus organisierende Fähigkeiten zukommen, wussten schon griechische Denker. Prof. Harold BURR stellte 1935 fest, daß alle lebende Materie, von der Keimzelle angefangen bis zum ganzen
Menschen, von elektro-dynamischen Feldern umgeben ist und
durch sie kontrolliert wird. Diese Energiehülle ist eine Art elektronische Gussform. Während sich der Körper erneuert, sorgt dieses Kraftfeld dafür, daß die neuen Gewebe die geeignete Form
annehmen. Unser Ich (Geist) kann das Kraftfeld um den Körper
beeinflussen. [7] Damit fand sich bestätigt, was schon die Stoiker,
die Epikuräer, Homer, Origenes und viele andere als richtig empfanden, nämlich, daß die Seele das organisierende Prinzip in jedem Lebewesen darstellt und von halb- bzw. feinmaterieller Beschaffenheit ist. Wissenschaftlich formuliert wäre die Seele "ein
persönlicher Komplex psychischer Energie mit selbsttätigem In-
formationsverarbeitungssystem". So gewunden mußte man sich im
Ostblock ausdrücken, wenn man die Seele, die es laut offizieller
Lehre nicht gibt, umschreiben wollte: sie ist ein "individueller
energetischer Informationskomplex".

Der russische Forscher Alexander AKSAKOW faßte die Seele
nicht als bloße Funktion des physischen Organismus auf, sondern
als selbständig vom Körper unterschiedene, über die Peripherie
desselben hinauswirkende Substanz, die nicht Produkt, sondern
Produzent des Körpers ist, und der demzufolge Präexistenz und
Postexistenz zugesprochen werden muß. Carl du PREL sagte: "Die
Seele ist nicht identisch mit unserem Bewußtsein, sondern liegt

außerhalb desselben; sie ist auch nicht bloß ein psychisches Element, sondern ein Kraftzentrum, welches sowohl denkt, als auch organisiert". [8] In einer Stellungnahme von "drüben" heißt es: "Wir verstehen unter Seele die Gesamtheit der bewegenden Kräfte; unter Geist die Intelligenz. Dieser tritt im Schlaf, wie in jedem bewußtlosen Zustande, aus dem Körper heraus, während die Seele die Weiterführung der Körperfunktionen besorgt". [9]

Zur Grundfrage nach Gott

Wenn man richtig rechnen will, muß man logischerweise mit der Eins anfangen. Wollen wir ein Denkmodell entwerfen, welches unsere Herkunft und den Sinn unseres Daseins ergründen helfen soll, so müssen wir gleichfalls bei der Eins beginnen, in diesem Falle mit Gott; mit der Hypothese Gott als dem Urprinzip, dem dynamischen Mittelpunkt der sichtbaren wie auch der unsichtbaren Schöpfung, aus welchem unabänderliche Natur- und Geistesgesetze hervorgegangen sind. Dieser Mittelpunkt muß in sich selber absolut und unwandelbar sein, sonst wäre keine Beständigkeit der gesetzlichen Prinzipien gewährleistet. Friedrich SCHILLER faßte dies meisterhaft in die Worte:

Hoch über Zeit und Raume
webet lebendig der höchste Gedanke –
Ob auch alles im Wechsel kreist,
es beharret im Wechsel ein ruhiger Geist.

Alles Naturgeschehen mit seinen präzisen Abläufen im Kleinen wie im Großen, im Atom gleichermaßen wie im Weltall, läßt unschwer auf eine übergeordnete, ursächliche Intelligenz und Weisheit von höchster Potenz schließen. Zu einer solchen Annahme sieht man sich förmlich gezwungen. Solange uns die Wissenschaft den Ursprung des Lebens nicht überzeugend erklären kann und Naturkräfte bloß in ihren *Wirkungen* beschreibt, nicht aber ihr *Wesen* zu ergründen vermag, so lange müssen wir uns die Prinzipien des Lebens, des Lichtes und der Bewegung als von *Gott* ausgehend denken. Es sei denn, man gibt bequemlichkeitshalber der atheistisch-materialistischen Hypothese den Vorzug, wonach alles - auch das denkende Geistige im Menschen - automatisch und im

Wechselspiel von Zufall und Auslese von selber entstanden sei und Gott "nur eine Projektion von verbannten Wünschen oder verdrängten Ängsten" ist (Sigmund Freud).

Die Existenz bedeutender Religionsgemeinschaften und zahlreicher religiöser Kultformen ist an sich noch kein Faktum, um Gott zu "beweisen". Mehr oder weniger wähnen sie ja alle, die Wahrheit zu besitzen und meinen, *ihre* Lehre sei weder korrektur- noch ergänzungsbedürftig. Die Menschheit neigt aufgrund des Trägheitsgesetzes, das auch im geistigen Bereich gilt, seit eh und je zu dogmengesicherten Systemen, die das Denkvermögen nicht allzu stark beanspruchen. Heute jedoch scheinen mehr und mehr Menschen einzusehen, daß wir als Bewohnerschaft eines winzigen Planeten im All (unter Milliarden!), erkenntnismäßig noch zu unterentwickelt sind, um Dinge voll begreifen zu können, die unsere Fassungskraft überfordern.

Das Gottesbild jedes einzelnen, seine Gottesvorstellung (sofern er überhaupt eine hat), ist ja abhängig und geprägt von vielerlei Faktoren, insbesondere von seiner individuellen Bewußtseinsstufe. Dabei mag der Gottesbegriff als solcher bei Millionen Menschen derselbe oder ähnlich sein, doch die damit verbundenen Vorstellungen differieren schon von der Rasse her: Für den Weißen ist Gott selbstredend ein Weißer, für den Zentralafrikaner ist er dunkelhäutig. Und Eigenschaften menschlicher Art werden Gott natürlich in höchster Vollendung zugeschrieben, sonst wäre er nicht Gott. In der Bibel heißt es, Gott schuf den Menschen nach seinem Bilde. Umgekehrt projiziert der Mensch sich selber in seinen Gottesbegriff hinein. "Gott schuf den Menschen, doch die Menschen schufen die Götter." (Schiller).

Könnte es nicht sein, daß unser Bewußtsein allein schon auf eine direkte Teilhabe am Absoluten hinweist? Dieser Aussage des Berliner Parapsychologen Prof. Dr. Christoph SCHRÖDER (1871-1926) dürfte ebenso zuzustimmen sein wie der empfehlenswerten begrifflichen Unterscheidung von GOTT und GOTTHEIT: als unpersönliche Gottheit wäre der Allgeist zu betrachten, das Brahman, das ursprünglich All-Eine, die alles umfassende schöpferische Urkraft, das Urlicht und was man sich sonst noch vorstellen mag. Als Manifestation dieses Allgeistes wäre ein personaler Gott denkbar. Und als solcher wurde er auch zu allen Zeiten erfahren. Jeder wahre Mystiker kennt Gott durch höchstes inneres Erleben, durch die Visio Dei. In meditativer Versenkung kann Gott als Person wahrgenommen werden, mögen ihn auch manche als ihr

"Höheres Selbst" auffassen oder als ihren Schutzengel. PLATO war von der Existenz Gottes überzeugt, weil die Struktur der Welt eine *geistige* ist, und ein alter Mathematiker definierte die Gottheit als eine überall fühlbare Zentralität ohne sichtbare Peripherie. Ernst HÄCKEL hingegen meinte, Gott sei eine Art "gasförmiges Wirbeltier".[1]

In der Unterscheidung der vom Gottesbegriff geprägten Glaubensarten gilt folgende theologische Klassifizierung:

Deismus ist die abstrakte Vorstellung einer höchsten weltschöpferischen Intelligenz von mehr oder weniger personenhaftem Gepräge. Ihr Vorhandensein gilt als beweisbar, sei es aus der Zweckordnung der Welt, sei es aus der strengen Naturgesetzlichkeit ihres Gefüges. Für Deisten thront Gott erhaben über allem Werden und Vergehen; er existiert irgendwo, greift aber nicht in unsere irdischen Belange ein.[2]

Die *Theisten* können sich mit einem ruhenden, unbeweglichen und gleichgültigen Gott nicht abfinden. Für sie ist Gott wirkend, d.h. auf die Welt einwirkend, ein lebendiger Gott. Im *Atheismus* wird der Gottgedanke überhaupt abgelehnt und als menschliche Erfindung aufgefaßt. Der Gottglaube selbst kann noch unterteilt werden in *Polytheismus* (Vielgötterei), *Monotheismus* (Eingottlehre) und *Monolatrie* (Sondergottlehre).[3]

Pantheismus finden wir vorwiegend in der Esoterik: Gott ist mit seiner Schöpfung wesenseins, ist mit ihr quasi identisch, er belebt und beseelt dieselbe. Dieser recht alten Anschauung begegnen wir in der Vedantaphilosophie und in der Bhagavad-Gita ebenso, wie im Buddhismus, bei Lao-Tse und in Ägypten. Späterhin bei Rosenkreuzern, Alchemisten und christlichen Mystikern, bei SPINOZA, SCHELLING und HEGEL, in der Blavatsky-Theosophie und bei Rudolf STEINER.[4] Im pantheistischen Denken steht der Mensch nicht, wie im Theismus, als Ich einem göttlichen Du gegenüber. Der Pantheismus, den es in etlichen Varianten gibt, verlegt, wie gesagt, Existenz, Macht und Wirken Gottes in die Materie. Dem wird seitens der christlichen Theologie eine Mißachtung des Kausalitätsprinzips vorgeworfen, indem man die Ursache von der Wirkung nicht zu trennen wisse. Andererseits neigen auch Wissenschaftler zu der Überzeugung, daß kein einziges Atom ohne innewohnenden Geist wirksam sein kann, wie immer man den Geist in seiner Funktion auch auffassen mag.[5] "Warum der ewig gleiche Geist in der Formenwelt des Mineralrei-

ches noch am geringsten erkennbar ist, bei Pflanze und Tier immer
deutlicher durchleuchtet, aber erst im Menschen als dem Grenz-
wesen zwischen Körper- und Geisteswelt völlig zum Durchbruch
gelangt, lehrt nicht die Kirche, sondern die Geisteswissenschaft"
alias Esoterik, argumentierte KAHIR.

An dieser Stelle scheint mir der Hinweis auf eine kleine, unauf-
fällige Bibelkorrektur, die dennoch von beträchtlicher Bedeutung
ist, angebracht zu sein. Joh. 4,24 lautet in älteren Bibeln: "Gott ist
ein Geist" Das Wörtchen "ein" wird man in neueren Bibelausga-
ben vergeblich suchen. In einem auf dem Wege automatischer
Schrift durch Adelma von VAY (1840-1925) empfangenen Kommentars zum Johannes-Evangelium wird zum Vers 4,24 erklärt:
"Gott ist *ein* Geist. Das Wort 'ein' schließt alle Teilung aus und
macht Gott zum höchsten Wesen; es sagt euch eine unendlich
herrliche große Wahrheit und macht alle pantheistischen Teilungs-
lehren zunichte. [6]

In den sogenannten Geheimlehren finden sich aber auch mancherlei Übereinstimmungen mit konfessionell-christlichen Anschauungen, so z.B., daß es ein rein geistiges Sein gab, bevor es
zur materiellen Schöpfung kam. "Am Anfang war das Wort", lautet der erste Vers des Johannes-Evangeliums, "und das Wort war
bei Gott" (oder göttlichen Wesens, laut Menge-Übersetzung) "und
Gott war das Wort" (griech. Logos).

Logos bedeutet zugleich soviel wie Gedanke oder Idee. Nach
einer griechischen Quelle soll Joh. 1,1 eigentlich lauten: "Im Anfang bestand ein Gedanke. Der Gedanke war bei einem Gotte, und
ein Gott, das war der Gedanke." [7] Dies halte ich für eine verständ-
lichere Übersetzung, denn das gesprochene Wort ist ja bereits
Folge einer vorangegangenen Ursache, nämlich des Gedankens.
Man könnte auch sagen: Das Wort ist ein materialisierter Gedanke. Die Stelle Joh. 1,1 birgt jedenfalls eine erstaunlich prägnante
Aussagekraft und ist geeignet, darüber zu meditieren. Für das uns
anerzogene linkshirnige Verstandesdenken freilich wird das Erfassen geistiger Zusammenhänge und Fakten immer etwas schwierig
sein, wenn nicht gar unmöglich. KAHIR hat sicherlich recht, wenn
er meint: "Nur das *Herzdenken*, das ist eine von Gemütskräften
erhellte Vernunft, erweckt die innere Schauung für die Ursache
und das Wesen der Schöpfung." - Aber auch das Herzdenken muß
kapitulieren vor der allerletzten Frage: Wenn Gott eine Manifestation der Gottheit ist, *woher* kommt dann die Gottheit?

Meiner bescheidenen Einsichtsfähigkeit zufolge sind Allmacht und Allgegenwart des Weltgeistes als unpersönliche Gottheit erkennbar im Naturgeschehen, dessen Entwicklungsprinzipien gesetzmäßig vom Chaos zum Kosmos führen, vom Niederen zum Höheren. Sie bieten uns die Gewähr, daß das der Schöpfung offensichtlich innewohnende Entfaltungsziel erreicht wird, ohne nachträglich korrigierender Eingriffe zu bedürfen.

Begrifflich mehr zu erfassen, wird rein verstandesmäßig wohl auch in Zukunft schwierig bleiben, obwohl bislang kein Mangel an gedanklich tiefschürfenden Büchern zum Thema Gott bestand. Doch auch im höherstufigen Jenseits bekennt man sich eindeutig zum Gottglauben, und es besteht keinerlei Veranlassung, solche Bekundungen für Trug zu halten. EMANUEL sagt: "Gottes Gesetze und deren Wirkungen sind so unendlich groß, daß auch ihr groß sein müßt, wollt ihr sie auch nur annähernd erfassen."

Der Zweck jeder wahren Religion kann nur ein den Menschen veredelnder sein. Wie die Philosophie, sollte sie zu sinnklärenden Erkenntnissen führen, zum "Erkenne dich selbst". *Wie* der Einzelne seinen Gott ahnen, erkennen oder benennen mag, bleibt im Grunde genommen einerlei. Ausschlaggebend ist, daß man überhaupt eine göttliche Macht anerkennt, und Gut und Böse auseinanderzuhalten weiß. In diesem Sinne wäre derjenige "fromm" zu nennen, der ein ethisch erstrebenswertes Ideal hochhält und es auf der Basis des Liebegebotes nach Kräften zu erreichen sucht, mag er es im Christentum gefunden haben, im Buddhismus, in der Anthroposophie oder sonstwo. Paul de LAGARDE (1827-91) sah einen Beweis für die höhere Bestimmung des Individuums "in dem *Plane*, welcher im Leben jedes die Richtung auf das Gute einschlagenden Menschen sichtbar wird. Diesen Plan erkennen, ihm nachsinnen und verwirklichen, das heißt fromm sein."

Jedenfalls dürfte die Existenz Gottes - sowohl als Prinzip wie auch als Person - außer Zweifel stehen für einen Menschen, der noch unabhängig zu denken vermag. Die *Natur* Gottes freilich wird uns wohl immer ein Geheimnis bleiben, obwohl uns die Jahrtausende alten vedischen Schriften so manchen interessanten Aufschluß geben über das Wesen Gottes und der Götter.

Wer sein Leben jedoch verankert weiß im Unsichtbaren, und wer Glaubensbestätigungen schon zur Genüge erfahren durfte, der bedarf weder eines Theologiestudiums, noch der bunten Lichter des Labyrinths der Esoterik; ein solcher Mensch verfügt über den Kraftquell seines einfachen Kinderglaubens und erkennt:

Jeder Tag, der Dich Gott nicht näherbringt,
ist ein verlorener Tag!

Schöpfungsgedanke und Seelenherkunft

A) Weltentstehung

Über die Entstehung unserer Welt und des Alls gibt es eine kaum überschaubare Vielfalt an Lehren und Mythologien. Ein nach Erkenntnis strebender Mensch des 21. Jahrhunderts sieht sich da einem Wust widersprüchlicher Aussagen gegenüber, die notgedrungenermaßen alle auf Glauben (im Sinne von Für-wahr-halten) beruhen. Die beiden biblischen Schöpfungsberichte bilden da keine Ausnahme; sie sind vom assyrisch-babylonischen Kulturkreis geprägt und beruhen auf der im Altertum üblich gewesenen geozentrischen Weltvorstellung.

Ohne auch dieses Thema nur einigermaßen ausreichend behandeln zu können, seien hier einige Begriffserläuterungen angeführt: *Kosmogonie* ist die Lehre von der Entstehung und dem Vergehen der Welt. *Kosmologie* hingegen ist die Lehre vom Weltganzen und seiner Ordnung, ist die Wissenschaft der Gesetze, die den Kosmos beherrschen, woraus sich eventuell auf eine letzte Ursache allen Seins und Geschehens schließen läßt. Die *Kosmobiologie* (auch Exobiologie genannt) versucht, Lebensmöglichkeiten und -bedingungen außerhalb unseres Globus zu erforschen. Dieser Begriff findet neuerdings auch in der Astrologie Anwendung.

Bei alledem stehen sich zwei Theorien diametral gegenüber: Die theologische Auffassung eines Schöpfungswirkens *göttlichen* (und somit persönlichkeitsbezogenen) Ursprungs, und die materialistisch-wissenschaftliche Behauptung, wonach - auf der Basis des Urknalls - alles Vorhandene selbsttätig aus sich heraus entstand, aufgrund der Materie innewohnender Entwicklungstendenzen (Evolutionslehre).

Exakt-wissenschaftlich beweisen läßt sich keine dieser beiden Denkmodelle. Daß alles aus sich selbst heraus entstanden sein soll, zufällig und planlos, das dünkt mich ebenso unglaubwürdig wie die Vorstellung eines rachedurstigen Gottes, der ständig belobhudelt sein will und der die Ausrottung ganzer Völkerschaften befiehlt (Altes Testament).

Genau besehen schildern die Schöpfungsmythen selten einen wirklichen Anfang. Das Entstehende ist bloß Erneuerung, Wiederholung. Griechische Denker waren (in Europa) anscheinend die ersten, die anstelle von dramatischen Göttermythologien, die Macht des Geistes und des Gedankens (griech. Logos) setzten, z.B. ANAXAGORAS, um 500 v.Chr. [1]

Der Urknall-Theorie zufolge soll vor schätzungsweise 13 bis 18 Milliarden Jahren - als Folge einer ungeheuren Explosion - die Materie entstanden sein. Solche fiktiven Zahlenangaben setzen freilich voraus, daß unsere derzeitige Zeitberechnung schon immer gültig war.

Ferner wird behauptet, das Universum würde sich seit jenem Urknall ständig ausdehnen, was aber neuerdings bezweifelt wird. Bislang glaubte man, unser Milchstraßensystem würde mit 500 Kilometern in der Sekunde einem neuentdeckten Galaxienhaufen entgegenrasen, der möglicherweise ein Drittel mehr Galaxien (Milchstraßensysteme) enthält als normale Ansammlungen solcher Art, und der deshalb ein unermeßlich starkes Gravitationsfeld aufweist. Andererseits kennt man die "schwarzen Löcher", in denen die Materiedichte bloß ein Zehntel der sonst im Universum üblichen betragen soll. In einem davon, welches in Richtung des Sternbildes Bootes (Bärenhüter) liegt und circa 300 Millionen Lichtjahre groß ist (ein Lichtjahr entspricht rund 9,5 Billionen Kilometern), hätten gut 2000 Galaxien mit Milliarden Sternen Platz! - Dies nur zur Veranschaulichung, wie lächerlich hiergegen erdenmenschliche Wichtigtuerei anmutet! [2]

Für unsere Naturwissenschaft beginnt die Schöpfung erst mit dem Entstehen der Materie, also mit dem Urknall. Man erklärt uns, am Anfang habe es nur glutflüssige Materie gegeben, die noch nicht Träger von Leben sein konnte. Mit der Materie entstanden Raum und Zeit. Raum ist Form, Zeit ist Bewegung. "Der Urgrund alles Seins ist Bewegung" bzw. alles Seiende ist Bewegung. Man könnte noch hinzufügen: und Wandlung. Ist es aber nicht so, daß Form und Wandlung nur denkbar sind, wenn der

Stoff bestimmten Leitgesetzen - mithin geistigen Prinzipien - gehorcht?

Inzwischen sind Astrophysiker überzeugt, daß Sonnen, Planeten und Milchstraßensysteme nicht von ewiger, d.h. endloser Dauer sind. Bei Sternen, so sagen sie uns, beginnt der "Todeskampf" dann, wenn ihre Masse das 3,4-fache der Sonnenmasse übersteigt. Sie durchlaufen dann das Explosionsstadium einer Super-Nova, stoßen Materie ab und ziehen sich im Verlöschen zu sogenannten "Weißen Zwergen" zusammen. Mit zunehmend verkleinertem Radius werden sie zu Pulsaren. Nach ihrem Gravitationskollaps ist für unsere Wahrnehmungsfähigkeit nur noch ein "Schwarzes Loch" feststellbar.

Wenn das stimmt, so stehen wir vor einem großen Schöpfungsgeheimnis, denn die ungeheuren Materiemassen, die von den Schwarzen Löchern quasi geschluckt wurden, sind nicht bloß unsichtbar geworden, sondern auch elektromagnetisch nicht mehr feststellbar. Wohin sind sie entschwunden? Nahmen sie einen anderen Aggregatszustand an? Läuft die Zeit in den Schwarzen Löchern vielleicht entgegengesetzt? Ist unser sichtbares Universum aus einem solchen unsichtbaren durch Umwandlung hervorgegangen? Wäre der Urknall lediglich ein explodierendes Schwarzes Loch? Wußten die Weisen Indiens schon vor Jahrtausenden und ohne Beobachtungsinstrumente mehr über diese Zusammenhänge, wenn sie vom Ein- und Ausatmen Brahmas sprachen? - Fragen über Fragen!

Nach uralter arisch-indischer Auffassung ist das Schöpfungsgeschehen ein ewiger Kreislauf von Wiederholungen, in welchem die "Tage und Nächte Brahmas", diese Perioden tätigen Seins und ruhenden Nichtseins, einander abwechseln. Die aktiven Etappen werden Manvantara genannt, die inaktiven Pralaya. Zusammen sollen sie ein Vielfaches der kosmischen Zahl 432 betragen, angeblich 4.320 Millionen Jahre. Das ist dann ein Kalpa. Merkwürdigerweise hat unser Tag (12 x 3.600) 43.200 Sekunden. 432.000 Jahre soll das Zeitalter des Kali-Yuga, in dem wir uns angeblich befinden, umfassen. Wen mag es wundernehmen, wenn Esoteriker sich von einer solch gigantischen Weltschau mit ihren großzügigen Aspekten mehr angezogen fühlen als von der etwas kleinkariert wirkenden mosaischen Schöpfungsgeschichte und dem Alten Testament, das in seiner Gesamtaussage den Eindruck erweckt, als existiere das Weltall Israels wegen?

Beim Einatmen Brahmas *vergeht* scheinbar die Schöpfung, sie geht in einen Ruhezustand über, so wie (nach Jean CHARON) die denkenden Elektronen des menschlichen Körpers nach dessen Tode in eine Art Grundzustand zurückfallen. In diesem Zustand verbleiben sie angeblich, bis "sie in die materielle Substanz einer anderen organisierten Struktur eingehen, sei es nun Pflanze, Tier oder Mensch". [3]

Das ist übrigens, genau besehen, eine naturwissenschaftliche Begründung der umstrittenen Reinkarnationstheorie, der Lehre von den wiederholten Erdenleben, den mehrfachen Existenzen desselben Ichs in immer wieder anderen Körpern! "Der Tod wäre dann auch für einen Stern nichts anderes als der Übergang in einen anderen Zustand und damit in Wahrheit eine Wiedergeburt", schreibt Charon. - Alle Akademiker und besonders Theologen, die noch in überholten Denkschablonen befangen sind, sollten Charons Buch "Der Geist der Materie" kennen und jenes von Werner TRAUTMANN, "Naturwissenschaftler bestätigen Re-Inkarnation", um den Anschluß an neue, alle Begrenztheit sprengenden naturwissenschaftlichen Denkmodelle nicht zu verpassen.

Jedenfalls bedeuten die biblischen Worte "von Ewigkeit zu Ewigkeit" (griech. von Aeon zu Aeon) nichts anderes, als daß damit zwar sehr lange, aber keineswegs endlose Zeitspannen gemeint sind. "Von Manvantara zu Manvantara" heißt es in den heiligen Schriften Indiens. Der Begriff "Zeitalter" wäre in der Übersetzung zutreffender bzw. verständlicher.

B) Die Seelen-Entwicklungslehre

Wenn Seele und Geist zweierlei Dinge sind und wir annehmen dürfen, daß der ichbewußte menschliche Geist als Gottesfunke "von oben" kommend zu denken ist, so wäre zu fragen, woher denn die *Seele* stammt?

Obwohl es auch hier sehr gewagt erscheint, ein sich dem Laborversuch entziehendes Problem kurz und dennoch einigermaßen verständlich umreißen zu wollen, will ich es wenigstens andeutungsweise versuchen; denn ohne tiefere Kenntnis des bis hierher Dargelegten bleiben esoterische Lehren unverstehbar.

Die "Hypothese Gott" als gegeben hinnehmend, lesen wir im "Buch Emanuel" (S.19): "Am Anfang war Gott. Gott ist Urleben, ist Schöpfungskraft, schöpferische Bewegung, die sich zu Geistindividualitäten kristallisieren mußte." Die auf uns unerklärliche

Weise aus Gott hervorgegangenen Ur-Geist-Wesen (Erstlinge) sollen befähigt gewesen sein, selber schöpferisch zu schaffen und andere Geistwesen, ihnen ähnlicher Art, ins Dasein zu rufen. Somit waren die Erstlinge gottebenbildlich, Gott relativ ähnlich, indessen die Geister der zweiten Schöpfung in Relativität zu den Erstlingen standen.

Nach LORBER soll Gottes Erstschöpfung "Satana-Luzifer" gewesen sein, ursprünglich als weiblicher Aspekt gedacht, unter deren Leitung ein Teil der Urgeister infolge gegengesetzlich angewendeten Eigenwillens "fiel". [4] Der Lorber-Interpret Dr. Walter LUTZ schreibt hierzu: "Da jedoch nach ewiger Ordnung, den Gottabtrünnigen die nährenden Lebensströme aus Gott versiegen mußten, so erstarrten sie gleichsam und verdichteten sich zu hilflosen Massen. So entstanden ... die Urnebel der Materie oder des Weltstoffes." Gott schloß sodann, wie es in der von Adelma von VAY empfangenen Schöpfungsgeschichte "Geist, Kraft, Stoff" heißt, den infolge seiner Derotation (zum göttlichen Entwicklungsgesetz) erstarrten Gegensatz in das "Gesetz der Gnade" ein, nämlich in neue Naturgesetze, die es den gefallenen Wesen ermöglichen sollten, sich durch Eigenarbeit zu reinigen, zu potenzieren und schließlich ihre ursprüngliche Ausgangsposition wieder zu erlangen.

Helfer in diesem Rückführungsprozeß waren und sind vor allem die nichtgefallenen Erstlinge. Lutz: "Mit Hilfe der treugebliebenen Engelsgeister entwickelte der Schöpfer aus den Urnebeln des Weltenstoffs, durch Gliederung und Neubelebung, den Bau des materiellen Universums." Damit habe Gott auf den zahllosen Weltsystemen und Weltkörpern, die als Gesamtheit den "verlorenen Sohn", die Astralgestalt Luzifers darstellen, eine Erlösung (Lösung) der in der Materie gebundenen Wesen eingeleitet. KAHIR sagt es mit anderen Worten: "Das Irdisch-Seelische befindet sich noch in einem Zustand der Entwicklung und geistigen Reifung, da unsere menschlichen Seelenfunken aus dem astralen Lichtkleide des gefallenen Erstlingsgeistes Luzifer stammen. Sie können ihre Freiheit erst durch die Wiederverbindung (Re-ligio) mit dem ihnen neu eingehauchten Gottesfunken (dem "Christus in uns") erlangen, um selbst wieder reiner Geist zu werden." Und das 53. Kap. in "Erde und Mond" verdeutlicht, "daß die ganze gefestete Erde eine Seele des Satans ist; ja nicht nur die Erde allein, sondern auch alle anderen zahllosen übrigen Weltkörper sind gestaltet aus dieser *einen* Seele, welche eben in diesen Weltkörpern schon in zahllose

Kompendien geteilt wurde." Die *Seele* ist somit *teilbar*. Demzufolge auch die Urseele des - nach Lorber - erstgeschaffenen Urgeistes, aus dessen Seelensubstanz fortwährend neue Seelen gewonnen werden. [5] "Der *Geist* aber ist *nicht teilbar*; sondern wo er als eine Einheit in eine große oder kleine Seele gelegt wurde, da *bleibt* er auch als eine Einheit."

Die aus Myriaden von Lebensfunken zusammengesetzte menschliche Seele bzw. der Seelenkörper besteht dieser Quelle zufolge aus Elementen der Naturreiche (Mineral, Pflanze, Tier), die sie im Verlauf von Jahrmillionen durchwanderte. Ferner aus Substanzen siderischer Natur (siderisch oder astral = auf die Sterne bezüglich) sowie aus dem seelischen Erbgut des Elternpaares. An anderer Stelle heißt es: "Alles, was diese Erde von ihrem Mittelpunkt an bis weit über ihre höchste Luftregion hinaus enthält, ist *Seelensubstanz.*"

Wenn wir diesen Angaben glauben wollen, so wäre demnach weder unser Seelenkörper als Konglomerat von Lebensfunken (Monaden), noch unser fleischlicher Leib eine Gottesschaffung; sie entstanden vielmehr und bildeten sich naturgesetzlich während ihres langen Weges über die Naturreiche. [6] Das alles ist und bleibt vorerst gewiß eine Sache des Glaubens im Sinne von Für-wahr-haltens, und später einmal, im Großen Licht, wird uns vielleicht manches anders erscheinen.

Der Jakob LORBER zugekommenen Lehre nach ist der Mensch das Endziel der Entwicklung: "Die aus der luziferischen Materie aufgestiegene Menschenseele soll - unter dem Einfluß des ihr eingehauchten Gottgeistfunkens - sich im irdischen Leben bewähren. Durch freiwillige Erfüllung der Liebesgebote Gottes soll sich der Mensch immer höher, bis zur wahren Gotteskindschaft entwickeln, um schließlich am Ziel der Vollendung zur wahren Freiheit und Seligkeit des ewigen Lebens einzugehen", sagt Walter LUTZ in seinen zehn Punkten zur Neuoffenbarung. Eine andere Quelle besagt, der Mensch habe zu begreifen, daß er der Anfang einer neuen, einer *geistigen* Entwicklungslinie in der Schöpfung ist und große Verantwortung trage.-

Was mir persönlich beim Lorberwerk, das zweifellos enorm viel Wahres enthält, weniger behagen will, ist die überragende Rolle Luzifers. Fast könnte man Verständnis bekommen für diejenigen, die sich einer Luzifer- und Materie-Verherrlichung hingeben. [7] Ob das richtig sein mag? Gemäß dem 17. Kapitel im 11. Band des "Großen Evangeliums" entstand aus Gott selbst über-

haupt nur Luzifer, und dieser schuf alle anderen Geister. Der katholische Pfarrer Johannes GREBER (1876-1944) hingegen wurde
belehrt, daß CHRISTUS der Erstgeborene sei und daß aus ihm die
übrige Geisterwelt "auf dem Wege der fortschreitenden geistigen
Zeugung" ins Leben trat. Hier war bzw. ist Luzifer der zweite
Sohn Gottes, *nach* Christus also, und die Auflehnung geschah
nicht gegen Gott, sondern gegen Christus. [8] Hinwiederum
heißt es in "Geist, Kraft, Stoff", daß aus Gott direkt *viele* Erstlinge entstanden. Sie sollten Gott begreifen und erfassen lernen,
um durch eigenes intelligentes Wirken einszuwerden mit ihm.
Luzifer war einer dieser Erstlinge und wird indirekt als vor-
züglichster bestätigt.

Es liegen also schon in den hier zitierten drei bedeutenden und
christlich orientierten Offenbarungsquellen erhebliche Aussagen-
unterschiede vor. [9] Wollte man weitere Lehrsysteme berücksichtigen, einschließlich solcher aus dem nichtchristlichen Bereich, so
ergäbe sich eine noch weit verwirrendere Vielfalt. - Was hat diese
bedauerliche Tatsache zu besagen?

1. Wichtig sind die Übereinstimmungen, ihnen gebührt besondere
   Aufmerksamkeit. Die wesentlichste davon ist die einmütig bekundete Existenz Gottes als dem Ursprung aller Dinge. Eine
   andere, daß ein "Fall" in die Materie stattgefunden hat. Viel
   spricht für die Wahrheit dieser Lehre, denn das tief im Men-
   schenherzen empfundene Sehnen nach Glück und Geborgenheit, nach einer heilen Welt in Frieden, Gerechtigkeit und blei-
   bender Freude, entspringt anscheinend einer unterschwelligen
   Erinnerung an vormals erlebte paradiesische Zustände.

2. Beim Heruntertransformieren höherer Wahrheiten auf das irdische Niveau kommt es naturgemäß zu Verzerrungen. Die Ursachen hierzu können vielfältigster Art sein, wie jedem Parapsychologen bekannt sein sollte. Außerdem müssen wir uns
   damit abfinden, daß uns zufließende Informationen nicht-
   menschlicher Herkunft aus sehr unterschiedlichen Ebenen
   (Sphären) der Astralwelt kommen und nur selten direkt aus hö-
   hergeistigen Bereichen. Daraus läßt sich für uns

3. folgende Lehre ziehen: Alles, was uns brauchbar dünkt und
   geeignet erscheint als Lebenshilfe zu dienen und uns auf unserem "Heimweg ins Vaterhaus" vorwärts bringt, ist gut. Wir
   sollten es dankbar und offenen Herzens entgegennehmen; da

bei aber nicht in den Fehler verfallen, die Empfehlung "Prüfet alles, und das Gute behaltet" (1. Thess. 5,21) und "Prüfet die Geister, ob sie von Gott sind" (1. Joh. 4,1) zu vernachlässigen oder gar zu mißachten. Es ist erfahrungsgemäß riskant, einem einzelnen Lehrgebäude absolute Irrtumslosigkeit zuzubilligen, nur weil es von dieser oder jener Autorität stammt oder zu stammen vorgibt.

Theosophie

Bei der Theosophie haben wir es mit einer Art Grundströmung auf esoterischem Gebiet zu tun. Sie würde eine ausführlichere Behandlung verdienen, als es im Rahmen dieses Buches möglich ist. Das Wort selbst bedeutet soviel wie "Gottesweisheit" bzw. "Weisheit von Gott". Dieser Begriff findet sich schon in Platos "Dialogen" sowie bei den Neuplatonikern und Neupythagoräern (ca. 205-270 n.Chr.). Als Theosophen christlicher Ausrichtung gelten unter anderen der Mystiker Jakob BÖHME (1575-1624), der protestantische Theologe Friedrich Christoph OETINGER (1702-1782), Emanuel SWEDENBORG (eigentlich Swedberg, 1688-1772) und Jakob LORBER (1800-1864). Des letzteren Anhänger wurden "Bietigheimer Theosophen" genannt, weil sich in Bietigheim die Verlagszentrale des Lorber-Schrifttums befand, was noch jetzt der Fall ist. Spricht man jedoch heute von Theosophie, so ist damit in der Regel die von Frau Blavatsky ausgehende Geistesrichtung gemeint, aus der eine Reihe okkult-esoterischer Gruppierungen hervorging.

Helena (eigentlich Jelena) Petrowna BLAVATSKY (1831-1891), kurz HPB genannt, Tochter des russischen Generals von Hahn, gilt in Esoterikerkreisen als die Sphinx des 19. Jahrhunderts. Über ihr abenteuerliches Leben wurde viel geschrieben. Ihre Mutter, eine geborene Fadejew, starb bei der Geburt des zweiten Kindes, HPBs Schwester Vera.

Jahre hindurch fehlte es den beiden Schwestern an einer geregelten Erziehung. Mit dem Vater übersiedelten sie von Garnison zu Garnison. Helena war zwar von rascher Auffassungsgabe, suchte sich aber dem Zwange von Unterrichtsstunden nach Möglichkeit zu entziehen. Lieber tollte sie auf ungesatteltem Pferd, nach Männerart reitend, durch die Steppe oder verkroch sich in einen Winkel und träumte vor sich hin. Ihre Schwester Vera schrieb später: "Sie trug zwei deutlich unterschiedene Naturen in sich, so daß man dachte, es wären zwei Wesen in einem Körper: das eine schadenfroh, streitsüchtig und hartnäckig, in jeder Weise lasterhaft; das andere zum Mystischen und Metaphysischen neigend, gleich der Seherin von Prevorst." [1] Der geringste Widerspruch konnte bei ihr leidenschaftliche Ausbrüche bewirken, die in konvulsivischen Zuckungen (Schüttelkrämpfen) endeten. Aufgrund besessenheitsartiger Erscheinungen wurde mehrfach Exorzismus angewendet.

Helena legte von Kindheit an nicht nur ein oft extrem zwiespältiges Wesen an den Tag, sondern war auch stark medial veranlagt. Schon als Zwölfjährige begann sie automatisch zu schreiben und verfaßte Stöße von Manuskripten, die angeblich von einer gestorbenen Deutschrussin stammten. Als Kind von fünf Jahren hatte Helena mit Bildern und Briefen jener Dame gespielt und mag auch manches über sie gehört haben. Nach Jahren stellte sich jedoch heraus, daß die Frau noch lebte.

Fast alle, die später mit HPB in Berührung kamen, kennzeichnen ihr Wesen als "männliche Seele in einem weiblichen Körper". Dieser männliche Wesenszug blieb während ihres ganzen Lebens vorherrschend. [2]

Im Alter von 17 Jahren heiratete sie den wesentlich älteren Staatsrat Blavatsky, dem sie sich als Frau jedoch verweigert haben will. Nach ihrer Hochzeit floh sie, als Schiffsheizer in Matrosenkleidung, nach Konstantinopel, dem heutigen Istanbul. Von dort aus erklärte sie ihrem Vater kategorisch, unter keinen Umständen zu ihrem Manne zurückkehren zu wollen. So ließ man sie denn ziehen. In Begleitung wechselnder Freundinnen reiste sie über Ägypten und Griechenland nach Paris. Dort wollte ein Magnetopath sich ihrer paranormalen Fähigkeiten bedienen. HPB aber war anderen Sinnes und begab sich über London nach Nordamerika, das sie kreuz und quer durchreist zu haben behauptete, um - wie sie ihrem nachmaligen Mitarbeiter und Biograph A.P. SINNETT sagte - die Geheimnisse indianischer Medizinmänner und des Voodoo-Kultes zu studieren. Abgesehen davon, daß HPB außerstande war, diese Reisen dokumentarisch zu belegen, läßt ihre Erwähnung von Voodoo, dem Schwärzesten an schwarzer Magie, ihr immerhin bemerkenswertes Interesse an solcherlei Praktiken erkennen.

Nach zehnjähriger Abwesenheit kehrte sie 1858 nach Rußland zurück und tauchte bei ihrer mittlerweile verheirateten Schwester Vera auf deren Landgut in Rugedowo bei Pskow (Pleskau, an der Grenze zu Estland) auf. Dort war sie infolge ihrer medialen Veranlagung bald gesellschaftlicher Mittelpunkt, zumal das Interesse am Spiritismus damals in allen Ländern der Zivilisation ein beträchtliches war. Es kam jedoch bei HPB zu erheblichen psychischen Störungen und sie reiste zur Erholung in den Kaukasus. Dort, bei ihren Großeltern, trat das, was man heute "Persönlichkeitsspaltung" nennt, erneut auf. Das sich manifestierende "Spalt-Ich" gab sich als Mann.

In diesem "Manne" meinte sie später einen Sendboten ihrer "Meister" erblicken zu dürfen. Im ganzen betrachtet bot HPB das typische Bild wildwuchernder Medialität, deren Gefahren sie sich offenbar zu wenig oder gar nicht bewußt war.

Nach ihrer Genesung widmete sie sich eine Zeitlang geschäftlichen Interessen (Kunstblumen, Holzhandel, Tintenfabrikation) und ging 1863 nach Italien, wo sie unter Garibaldi gekämpft haben und in der Schlacht von Mentana verwundet worden sein will.

Markante Einzelheiten ihres weiteren Lebensweges müssen hier aus Platzgründen unerwähnt bleiben. Außerdem liegt manches im Dunkeln, wie z.B. ihre Versuche, nach Tibet zu gelangen und ihre Behauptung dortgewesen zu sein. MIERS schreibt in seinem "Lexikon des Geheimwissens" (S.75): "Über den Zeitraum von 1848 bis 1872 hat HPB selbst keine klaren Angaben hinterlassen, und ihr Biograph, A. P. Sinnett, verzweifelte fast an den widersprüchlichen Angaben, die sich nicht zusammenreimen liessen." [3]

Im Juli 1873 traf HPB in den USA ein. Dort lernte sie im folgenden Jahr, in einem Spiritistenzirkel, den Journalisten Henry Steel OLCOTT (1832-1907) kennen, der fortan ihr treuer Begleiter wurde. Offenbar erkannte er ihre außergewöhnliche Medialität und gründete mit ihr den spiritistischen "Miracle-Club". Infolge einiger Betrugsaffären kam aber der Spiritismus zu jener Zeit in den USA in Verruf, und so wurde dieser Kreis am 17.4.1875 umbenannt in "Theosophical Society", Theosophische Gesellschaft (TG). [4]

Nach Miers studierte HPB während der folgenden zwei Jahre okkultistische Literatur und verfaßte sodann das umfangreiche Werk "Isis entschleiert", das 1877 erschien. Dieses Buch fand Anerkennung teils auch bei Nichttheosophen, obwohl (oder viel-

leicht gerade weil) es eine kirchen- und wissenschaftsfeindliche
Tendenz aufweist. Der ob seiner Fachkenntnisse und Objektivität
geschätzte deutsche Parapsychologe General Josef PETER (1852-
1939) schrieb: "Ich gebe zu, man mag mit manchen Folgerungen
dieser Blätter nicht einverstanden sein; dies hindert jedoch nicht,
daß das fesselnd geschriebene Werk tausend Anregungen gibt."
HPB selbst schrieb an ihre Angehörigen, man solle sie wegen der
"Isis" nicht loben, denn sie empfinde das nicht als Arbeit. "Wenn
ich gehalten bin zu schreiben, so sitze ich nieder und gehorche.
Und dann schreibe ich leicht über alle Dinge wie Metaphysik,
Psychologie, Philosophie, Religionsgeschichte, Zoologie, Natur-
wissenschaft oder was es sei. Ich lege mir niemals die Frage vor:
Kann ich über diesen Gegenstand schreiben? Oder: Bin ich dieser
Arbeit gewachsen? Ich sitze einfach nieder und schreibe. Warum?
Weil *etwas, das alles weiß, mir diktiert.*" In einem anderen Brief
heißt es, sie würde in einer Art ständiger Bezauberung leben, mit
Visionen und Gesichten, bei offenen Augen und im Normalzu-
stand, ohne jede Trance oder Schlafzustände. Dabei spricht sie
zuweilen von ihrem "inneren Ich", von ihrem "erleuchteten
Selbst"; wird dann aber wieder unsicher und schiebt schließlich
alle Urheberschaft den "Meistern" zu.

Diese angeblichen Meister begannen nunmehr eine immer
stärker hervortretende Rolle im Schaffen HPBs zu spielen und
wurden schließlich zu "Mahatmas" (Maha Atma = große Seele).
Während der Niederschrift von "Isis entschleiert" traten sie erstmalig auf und zwar ganz auf spiritistische Weise im Rahmen einer
vorübergehenden Inbesitznahme des Mediums. Olcott zufolge
ergriffen an einem Abend oft drei oder vier verschiedene männliche Typen von HPB Besitz und benahmen sich entsprechend unterschiedlich. Da es angeblich keines Tieftrancezustandes bedurfte, so muß sie solche Besessenheiten mehr oder weniger bewußt
erlebt haben. Solches ist in der Parapsychologie, wie auch in der
Psychiatrie hinreichend bekannt, wird aber meistens animistisch
gedeutet. "Isis unveiled" wäre demnach als ein auf paranormale
Weise entstandenes Werk einzustufen, deren es viele gibt. Inwieweit im Einzelfall das Unterbewußtsein des Mediums daran beteiligt ist, entzieht sich einer Nachprüfung; nur das Niveau des Gebotenen läßt Rückschlüsse auf die Urheberschaft zu.

Merkwürdig mutet allerdings an, daß in "Isis entschleiert" noch
keine Rede ist von der siebenfachen Konstitution des Menschen,
vom Karmagesetz und Reinkarnation. Letztere wird (im 1.Band,

S.351) nicht als Regel, sondern nur als Ausnahme bezeichnet, bei Fehl- und Totgeburten, bei "Idioten, und bei einem Messias". Seit dem Erscheinen der "Geheimlehre" jedoch wurden die genannten Punkte zu einem theosophischen Dogma. [5]

Miers zufolge hatte sich die Theosophische Gesellschaft (TG) insgeheim mit der indischen Gesellschaft Arya Samaj zusammengetan, und als HPBs Schriftwechsel mit dem Gründer jener Gruppe, Swami SARASVATI, bekanntgeworden war, sei sie vor der zunehmenden Kritik, zusammen mit Olcott, nach Indien ausgewichen. Im Januar 1879 trafen sie in Bombay ein, wo beide zum Buddhismus übergetreten sein sollen. Ferner soll im Arya Samaj die Lehre von der Großen Weißen Bruderschaft von Tibet und die Geschichte von den Meistern erfunden worden sein.

In einer anderen Schilderung [6] ist nicht vom Swami Sarasvati die Rede, sondern vom Swami DAYANAND, der die alte vedische Religion reformieren wollte. An diesen Swami hatte Olcott am 18.2.1878 einen Brief gerichtet und ihn von der Existenz der TG in Kenntnis gesetzt. Olcott teilte mit, daß sich die Gründer der TG vom Christentum enttäuscht ab- und der Philosophie des Ostens zugewandt hätten. Die TG bekenne sich offen als direkter Feind der christlichen Religion. Um dieser *Tatsache* willen bitten sie um des Swamis Erleuchtung und um seinen Rat. Dayanand veröffentlichte diesen Brief, deshalb ist der genaue Wortlaut bekannt. Ein Kommentar zu Olcotts Bekenntnis dürfte sich erübrigen.

Swami Dayanand erwiderte Olcotts Brief mit seinem Segen und betonte seine Freude über die Abwendung vom christlichen Glauben. Zugleich erläuterte er die Grundsätze seiner Arya Samaj-Gesellschaft und deren Glaubensbekenntnis. Dayanand war nämlich alles andere, bloß kein Atheist.

Olcott erhielt noch eine ganze Reihe solcher Informationsbriefe. Dayanand war bereit, die TG in seine Gesellschaft aufzunehmen, wenn dieses Glaubensbekenntnis akzeptiert würde.

Nachdem HPB und Olcott in Bombay angekommen und von Arya Samaj mit großem Aufwand festlich empfangen und bewirtet worden waren, kam es bald zu Differenzen. HPB erklärte dem Swami unumwunden "und in den denkbar stärksten Ausdrücken", eine *Atheistin* zu sein. Daraufhin weigerte sich Dayanand, einer Vereinigung der beiden Gesellschaften zuzustimmen, gab jedoch seiner Hoffnung Ausdruck, HPB und Olcott doch noch zum Glauben an den unsichtbaren Gott bekehren zu können. Eine weitere Zusammenkunft war vereinbart worden, aber HPB und Olcott reisten ohne Verabschiedung ab. Sie waren ebenfalls enttäuscht, zumal sie in dem Swami einen indischen Wundertäter zu finden gehofft hatten. Nach Vorträgen in Allahabad und Benares schifften sie sich nach Ceylon (jetzt Sri Lanka) ein. Dort erst traten sie zum Buddhismus über. [7]

Vom Buddhismus in seinen verschiedenen Gruppierungen kann man zweifellos viel lernen; wie überhaupt die östlichen Philosophien schon deswegen den neueren westlichen überlegen sind, weil sie den außersinnlichen Wahrnehmungsbereich als Realität anerkennen. Dennoch bleibt der Buddhismus im wesentlichen eine atheistische Religion, obwohl das paradox ist, denn zur Religion gehört eine Gottesvorstellung. Entschuldigend wird mitunter gesagt, für den Buddhisten sei das höchste Prinzip zu erhaben, um mit Namen und Begriffen gekennzeichnet werden zu können.

Das mag schon sein, aber dem Buddhismus fehlt etwas ganz Wesentliches, nämlich die Hinwendungsmöglichkeit an ein religiöses Wesen, zu dem man Zuflucht nehmen kann in den Nöten des Alltags. Der buddhistische Mönch konzentriert sich auf seine eigene Entwicklung. Er wendet sich von allem ab, was geeignet sein könnte, "Kamman" (Karma), d.h. neue Ursachen zu schaffen. Selbst das Gedanken- und Empfindungsleben muß ständig überwacht werden. Das ist der Grund, weshalb buddhistische Mönche für andere nicht arbeiten dürfen (siehe Buddhas Lehrrede über die Früchte des Mönchtums), auch nicht in der Krankenpflege! Für das Gebot tätiger Nächstenliebe gibt es da keine Grundlage. Der Mönch hat nur an sein eigenes Heil zu denken und mit sich selber genug zu tun, wenn er vom Samsara, dem ewig kreisenden Rad der Wiedergeburten, loskommen möchte. Es ist leicht einzusehen, daß eine solche Weltanschauung für Menschen mit Gemüt keinerlei Trost und inneren Halt zu vermitteln vermag, bestenfalls Gleichmut und Gleichgültigkeit; letzteres natürlich nur dem Leid und den Problemen anderer gegenüber. Auf buddhistischer Basis können auch theosophische und sonstige esoterische Lehren nur Edelmaterialisten und Egoisten erziehen. "Egoismus", so erklärte der Theosoph Robert BLUM, "ist die einzige Triebfeder des Kosmos, und deshalb stellt sich Altruismus (uneigennütziges Denken und Handeln) vom okkulten Standpunkt aus dar als zielbewußte Eigenliebe und raffinierter, intelligenter Egoismus." Blum vermochte sich offenbar nicht vorzustellen, daß es jemanden geben könnte, der *ohne* auf Belohnung zu spekulieren etwas tut oder opfert. [8]

Selbstverständlich will ein denkender Mensch wissen und einsehen können, *warum* er gut sein und anderen nichts Böses zufügen soll. Dem auf niederer Entwicklungsstufe Stehenden ist eine Drohung mit "Gottes Strafe" als Folge bösen Tuns angemessen. Bloß glaubt das heute kaum noch jemand. Auf mittleren Stufen, wenn die Erkenntnis zu erwachen beginnt, tut man das Gute, um gute Folgen ernten zu können. Ein solcher Mensch ist zwar noch lange nicht gut, aber er will gut *werden*. Damit ist der Übergang erreicht zu höheren Bewußtseinsstufen, wo man das Gute um des Guten willen tut, weil man gar nicht anders kann. Strauchelt man noch, so geschieht das nicht aus bösem Willen heraus, sondern aus Mangel an Kraft und Selbstzucht. Friedrich FUNCKE bemerkt hierzu: "Der gute Mensch, der das Gute tut aus innerem Drang, *darf* um die guten Folgen wissen. Dies Wissen vermindert nicht den Wert seiner Tat, da er sie nicht der Folge wegen tut." [9]

Weiter: 1882 wurde die Zentrale der TG nach Madras verlegt. Sie erlangte nunmehr Verbreitung in der ganzen Welt, wobei es im Laufe der Zeit zu allerlei Mißhelligkeiten und Abspaltungen kam. Zur Unterscheidung von den anderen Gruppierungen wurde und wird die ursprüngliche TG - nach einem Vorort von Madras - "Adyar-TG" genannt.

Miers zufolge war 1875 noch nichts bekannt von "tibetanischen Meistern", die später im Mittelpunkt der Adyar-TG stehen und sogar die TG gegründet haben sollen.

Nun, ich persönlich bezweifle nicht im mindesten das Vorhandensein geistig hochentwickelter Persönlichkeiten im Menschenkörper, nur weigere ich mich, all das bedingungslos zu glauben, was auf diesem unkontrollierbaren Gebiet zu glauben zugemutet wird. Zweifellos gibt es sogenannte Adepten und Meister, d.h. Menschen von hohem Erkenntnisgrad. Es gibt solche sowohl der hellen, als auch der dunklen Seite, des rechten und des linken Pfades, Brüder des Lichtes und solche des Schattens, deren unterschiedliches Wirken im täglichen Weltgeschehen unverkennbar ist. Bei den theosophischen "Meistern der Weisheit" soll es sich um "vollkommene Menschen" handeln, "welche freiwillig auf Erden verkörpert bleiben, um ihren 'Jüngeren Brüdern' beizustehen." Daß es aber vollkommene Menschen schon auf dieser unserer Welt geben soll, wage ich sehr zu bezweifeln. Außerdem bin ich überzeugt: auch Meister müssen sterben, wenn ihre Zeit um ist.

Die Meister der TG sollen sich auf verschiedenste Weise be-
merkbar gemacht und oft in Diskussionen eingegriffen haben.
Annie BESANT zufolge kamen die "Meister-Botschaften" manchmal mit der Post oder sie erschienen plötzlich auf dem Tisch oder
in einer Schublade. "Am 10. Februar 1882 sah man einen Brief
senkrecht zu Boden fallen und zwar im Freien, zehn Schritte von
Mme. Blavatskys Stuhl entfernt und sieben von der kleinen Gesellschaft, die ihn fallen sah." Zuweilen sollen die Meister sogar
vollmaterialisiert erschienen sein. LEADBEATER erzählt, derartige
Phänomene hätten sich mitunter auf dem flachen Dach des Haupt-
gebäudes gezeigt, manchmal in seinem eigenen Zimmer und zuweilen im Garten. "Die Materialisationen erhielten sich häufig
20 Minuten lang und bei wenigstens zwei Gelegenheiten beträchtlich länger als eine halbe Stunde." [10]

Nun, solcherlei Phänomene, wenn auch äußerst selten in ihrer
Art, sind in der Parapsychologie bekannt und dokumentiert. Prinzipielle Zweifel an ihrer Möglichkeit verraten nur mangelnde
Kenntnis diesbezüglicher Forschungen; abgesehen davon, daß
unbegrenzte Zweifelsucht (als Sucherscheinung) keineswegs höher einzustufen ist als bedingungslose Leichtgläubigkeit. Gegenüber den Angaben von HPB, Leadbeater und Besant sehe ich mich
dennoch zu erheblicher Skepsis veranlaßt. Und meine Zweifel sind
durchaus begründet, wenn man das Gesamtbild der TG, ihrer Geschichte und führenden Persönlichkeiten betrachtet; da ist wirklich
nicht alles Gold, was glänzt und es "menschelt" allenthalben gewaltig!

Einen schweren Rückschlag für HPB gab es durch die peinli-
che Affäre mit dem "Wunderschrein von Adyar", einem Schränk-
chen, in welchem sich häufig geschriebene Mitteilungen der
"Meister" fanden. Erstaunlicherweise sollen sie sich oft auf Probleme eines eben geführten Gesprächs bezogen haben. Als nun
aufkam, daß jenes Möbelstück einen geheimen Zugang aufwies,
gab es unliebsames Aufsehen und HPB verließ Indien. [11]

Dr. Franz HARTMANN (1838-1912), Gründer einer deutschen
TG und hochrangiges Mitglied in etlichen Geheimlogen, befand
sich seit Dezember 1883 in Adyar und begleitete HPB von dort
auf ihrer Reise nach Europa. Hartmann, ein scharfsinniger und
dennoch toleranter Verfechter der Adyar-Theosophie, gab in seiner 1906 erschienenen Schrift "Wahrheit und Dichtung. Die theosophische Gesellschaft und der Wunderschrank von Adyar" den

Schwindel ganz offen zu. Er wollte dies als "frommen Betrug" aufgefaßt wissen, dessen sich HPB bedient hatte, "um dem Abendland die Schätze altindischer Weisheit zu erschließen." Auf Seite 16 ist sogar die Konstruktion des "Wunderschreins" abgebildet.

Bei aller Anerkennung des Wollens und der Leistungen HPBs, wirft dies natürlich ein reichlich ungünstiges Licht auf ihre angeblichen "Meister". Hat eine hehre Sache, der man dienen will, Tricks und Methoden nötig, die jeder ehrenwerte Mensch meiden würde? Aus dem mir vorliegenden sehr umfangreichen Material geht hervor, daß weder Dr. Franz Hartmann jemals einen "Meister" zu Gesicht bekam, noch Dr. Hübbe-Schleiden, obwohl beide als aktive Mitarbeiter längere Zeit in Adyar gewesen sind. Woran mag das gelegen haben? Waren die "Meister" etwa typische Engländer ihrer Zeit, die aus weltwirtschaftlichen und machtpolitischen Gründen die Deutschen nicht mochten und sich ihnen aus diesem Grunde nicht zeigten?

Hartmann schien zwar an die "Meister" der HPB zu glauben, bedauerte aber in besagter Schrift, daß im Zusammenhang mit der TG überhaupt von Adepten und Mahatmas gesprochen werde. Er meinte, daß die menschliche Wundersucht "von gewisser Seite begünstigt wurde, bis eine unausbleibliche Entlarvung dem Unsinn ein Ende machte."(!) Wobei nur zu bedauern sei, "daß HPB sich zum Sündenbock hergeben mußte." Der im Verlagswesen damals bekannte Karl ROHM korrigierte Hartmanns Wortfolge: "Wobei zu bedauern ist, daß HPB diesen Schwindel geduldet hat und sich damit zumindest dafür verantwortlich gemacht hat." [12]

Mabel COLLINS (1851-1927), eine der bekanntesten Autorinnen aus der Anfangszeit der TG, verlegte die Existenz der "Meister vom Himalaya" in die Seele des Menschen, was zum Bruch mit HPB und der TG führte. Karl Rohm bemerkt in diesem Zusammenhang, daß es um die Jahrhundertwende eine respektable Menge an englischsprachiger "Meister"-Literatur gab. Er war von Frau Collins 1910 um den Druck ihres Meister-Manuskripts vom "Jünger" in Englisch gebeten worden, "weil die große englische theosoph. Verlagsanstalt zu sehr überhäuft war mit solchen Meistergeschichten, um alle drucken zu können." Rohm hält denn auch all diese Erzählungen für dichterische Phantasie. [13]

Die Rede ist vor allem von den Meistern KOOT HOOMI und MORYA. Diese sollen sogar die TG gegründet haben. Der theosophische Kunstmaler Prof. Hermann SCHMIECHEN, der HPB in London kennenlernte, malte Bildnisse dieser beiden Meister nach seiner Vorstellung. Miers zufolge (S. 363) habe er später erklärt, daß diese Meister niemals in persona existiert hätten, "sondern nur der mentalen Bewußtseinssphäre von HPB angehörten." Für andere, beispielsweise für Prof. C.W. SELLIN stand fest, daß Koot Hoomi (geschrieben auch "Kut Humi"), mit HPB identisch war.

In der Tat scheint es mir hinsichtlich der Blavatsky'schen Meister ein Wagnis zu sein, sie unbesehen als Autoritäten zu akzeptieren. Wer in Tiefen- und Parapsychologie einigermaßen Bescheid weiß, wird da seine Bedenken haben. Selbst wenn wirklich Wesenheiten agieren, die personal vom Medium unabhängig sind, so kommt doch in jedem Falle das Gesetz der Anziehung des Ähnlichen zum Tragen. Mit anderen Worten: Über ein charakterlich und seelisch unausgeglichenes Medium werden sich ethisch hochentwickelte Wesen kaum manifestieren können und wollen, egal ob man sie Geister oder Meister nennen will. HPB aber war, wie schon dargelegt, in ihrer Art von ausgeprägter Zwiespältigkeit und oft unberechenbar. Das bezeugen alle mir vorliegenden Biographien. In einer solchen von Dr. med. Franz FREUDENBERG heißt es u.a.: "Ihre Phantasie erfindet zügellos... Ihre saloppe Haltung und ihre männlichen Allüren flößten der guten Gesellschaft von New York naturgemäß anfangs kein gelindes Grausen ein ... Ihre Briefe (an Olcott) unterzeichnet sie mit 'Jack', und auch in den späteren 'Mahatmabriefen' wird sie als 'unser Bruder HPB' bezeichnet." Nach dem Tode HPBs erwartete man folgerichtig ihre Wiederkehr als Mann, als "Bruder". A. Besant: "Möge der Meister, dem sie mit unerschütterlichem Mute, mit wankelloser Ergebenheit diente, uns den Bruder zurücksenden, den die Welt als HPB kennt." [14]

HPBs zweite Ehe, die sie am 3.4.1875 mit dem Armenier Michael C. BETANELLY unter der Bedingung einging, daß sie ihren Namen behält und der Gatte "keinen Anspruch auf die Privilegien der Hochzeitsnacht machen dürfe", wurde bereits ein Jahr danach geschieden. HPB sei darüber herzlich froh gewesen und habe erklärt, "der Gedanke, in die Lage zu kommen, ihren Körper einem Manne preiszugeben, sei ihr so entsetzlich und unfaßbar, daß sie selber die von ihr gegebene Einwilligung in eine Scheinehe nur durch eine damalige *Besessenheit* erklären könne!" [15]

Dieser von HPB selbst ausgesprochene Verdacht trifft möglicherweise nicht bloß auf jene Heirat zu. Er wird vielmehr untermauert durch einen merkwürdigen Bericht von Subba ROW, einem angeblich selber paranormal begabten führenden Mitglied der TG.

Charles W. LEADBEATER, von dem noch zu sprechen sein wird, veröffentlichte den Bericht unter dem 14. Juni 1885. Subba Row mutmaßt bzw. behauptet nicht mehr und nicht weniger, als daß HPB "vor etwa 20 Jahren aus dem Erdenleben schied" (also starb), und daß sich seitdem vier Wesenheiten ihres Körpers bemächtigen. Das würde erklären, warum "Madame so häufig leugnet, was sie wenige Stunden zuvor gesagt hat!" Im folgenden, leicht gekürzt, der Bericht von Leadbeater:

"Subba Row erzählte uns neulich mehr, als ich (wenigstens früher) über Madames merkwürdig komplexen Zustand wußte, und es zeigte uns gewiß deutlich, wie töricht es wäre, sie zu tadeln, weil sie etwas zeigt, was wir bei jedem anderen einen außerordentlichen Mangel an sittlichen Eigenschaften nennen würden. Wir hatten völlig recht mit der Annahme, daß die ursprüngliche HPB, die von Natur hellsehend war und wenigstens etwas vom Okkultismus verstand, etwa vor zwanzig Jahren aus dem Erdenleben schied; und daß ein gewisser Adept ('initiate'), der in irgend einer Weise sein Ziel verfehlte, freiwillig sich in diesen Körper versetzte, gewissermaßen zur Sühne, um sein Möglichstes zur Mitteilung der Wahrheit an die Welt - durch diesen - kundzutun."

Dies dürfte an sich als gewagte Spekulation gelten, aber auch von RASPUTIN verlautet, er sei als Kind beim Baden ertrunken und nach seiner Wiederbelebung ein anderer gewesen (MuSch 6. Jg., Nr. 22,11). Ob allerdings von einem "steckengebliebenen Adepten" hohe Wahrheiten erwartet werden könnten, wäre mit einem Fragezeichen zu versehen. - Zum Bericht von Subba Row heißt es weiter:

"Wie wir gleichfalls richtig annahmen, war er (der 'Adept') häufig in anderen Geschäften von diesem Körper abwesend. Jetzt aber komme ich zu einem Punkt, über den ich völlig im Irrtum gewesen war. Ich hatte gedacht, während der Abwesenheit des Adepten lebe der Körper in einem Zustand ähnlich dem des Margrave in Bulwers 'Strange Story', nur durch seine ursprünglichen niederen Grundteile belebt. Aber es scheint, daß das doch nicht so ist. Bei ihrem Tode verließen alle gewöhnlichen Grundteile den Körper, wie bei anderen, und der zeitweilige Inhaber hat den ganzen Mangel aus seiner eigenen Organisation zu ergänzen. Daher sind zwei Chelas ('dienende

Schüler'), die nur wenig von Okkultismus verstehen, dazu bestimmt, ihn nötigenfalls abzulösen. Und da ferner kein Adept oder Chela zu gewissen regelmäßigen Perioden einen Frauenkörper berühren kann, oder wenn sie an irgend einer Frauenkrankheit leidet, so hatte eine schreckliche, übellaunige, grobkörnige, unwissende alte Tibetanerin für den Adepten oder die Chelas eintreten müssen, da sie das einzige weibliche Wesen ist, das zu diesem Zweck zu haben war."

Hier verdient festgehalten zu werden, daß selbst führende Gefolgsleute der HPB den üblichen Phänomenen des Vulgärspiritismus recht unbeholfen gegenüberstanden. Sie rätselten ziemlich hilflos daran herum, wer, wie und was sich da via Madame manifestierte. Weiter heißt es:

"Es scheint, daß, wenn einer dieser vier den andern ablöst, er keine Ahnung von dem hat, was die andern drei gesagt oder getan haben. So entsteht natürlich *endlose Verwirrung*. Das erklärt die Erscheinung, daß Madame so häufig leugnet, was sie wenige Stunden zuvor gesagt hat ... ".

"Es erklärt sich daraus auch, daß sie bisweilen vom Okkultismus weniger zu wissen scheint als wir, und dann wieder mit der Kraft und Autorität eines Rishi" (soviel wie Gottmensch) spricht. Mehrere Monate lang hat, infolge ihrer (HPBs) verschiedenen Krankheiten, das schreckliche alte Weib fast die ganze Zeit hindurch fungiert und ihre ganze Umgebung hatte demzufolge unter ihrer Laune zu leiden. Gleichwohl hält der Adept noch die Verbindung aufrecht; wir denken in der Hoffnung, daß er imstande sein werde, die 'Secret Doctrin' durch sie zu vollenden. Ob aber dieser arme kranke Körper lange genug für diesen Zweck zusammengehalten werden kann, das kann gegenwärtig niemand vorherwissen." Und weiter:

"Selbstverständlich ist diese *wahre Erklärung* für Außenstehende nutzlos. Gleichwohl können wir, denke ich, auch ihnen gegenüber für Madames Widersprüche eine Erklärung bieten, ohne bewußte Verlogenheit auf ihrer Seite zuzugeben, wenn wir ihnen erzählen, daß sie als Russin große Neigung zu Übertreibungen, gepaart mit einem siebartigen Gedächtnis und überstürzter ungenauer Ausdrucksweise besitzt, besonders wenn wir hinzufügen, daß das Englische nicht ihre Muttersprache ist, weshalb sie es häufig mißversteht. Die arme alte Dame! Ihr

Dame! Ihr Leben ist wirklich ein wunderliches gewesen, und wer kann sagen, was dabei noch herauskommen mag."

Kommentar: Diese von Leadbeater selbst vorgenommene und offensichtlich wahrheitsgemäße Kennzeichnung des geistigen Bodens, auf dem die Adyar-Theosophie und deren Zweige erwuchsen, sollte eigentlich ausreichen, um zu sagen: Danke, das genügt! [16]

Die seltsame und unglaubwürdig anmutende Ansicht, wonach sich des Körpers eines Sterbenden irgendwelche Fremdpersönlichkeiten bemächtigen und ihn biologisch am Leben erhalten können, ist theoretisch denkbar. Mit den berüchtigten "Zombies", den "lebenden Toten" im Voodoo-Kult, hat dies jedoch nichts zu tun.

Zur Deutung der Manifestation von vier Spaltpersönlichkeiten bei HPB, darunter einer "übellaunigen alten Tibetanerin", genügt völlig die Annahme zeitweiliger mediumistischer Besessenheit ohne Trance. Da hilft unter Umständen auch die Anwesenheit hellsichtiger Kontrollpersonen nicht vor dem Getäuschtwerden. Wenn die "Brüder des linken Pfades" etwas Wichtiges in Szene setzen wollen, so ist ihnen jedes Mittel recht und sie verhalten sich keineswegs wie Einfaltspinsel. Es gibt zu denken, wenn HPB selber zugab: "Es ist furchtbar, daß mir zuweilen ein Mahatma erscheint, den ich für den wahren Meister halte, während ich später zu meinem Entsetzen erkennen muß, daß es ein *Dämon* war, der sich unter seiner Maske verbarg." [17] Und wie oft mag sie es *nicht* gemerkt haben?

HPB war um ihre mediale Veranlagung gewiß nicht zu beneiden. Ihre jahrelange vulgärspiritistische Betätigung auf der Basis ihrer nicht in geregelte Bahnen geleiteten Medialität, wirkte sich zwangsläufig zum Schaden ihres körperlichen und seelischen Wohlbefindens aus. Sie war ja auch fast immer leidend. Das sollte Medien in ähnlicher Lage zur Warnung dienen. Es ist hier wie bei der Magie: Nur reinstes Wollen, stetige Arbeit am eigenen Charakter und ein festes Gottvertrauen sollten Grundlage sein zur Entfaltung jeglicher Medialität. Wer Medium, d.h. Mittler sein will, trägt große Verantwortung. [18]

Nach HPBs Weggang aus Indien, schon während der Schiffsreise, begann sie mit der Abfassung der "Geheimlehre". Dies soll wiederum unter Mahatma-Einfluß erfolgt sein, vornehmlich durch einen Meister namens Djwal KHUL alias Djawhal Khul (gespro-

chen "Dschall Kull"). Im Druck erschien das zweibändige Werk
1888 in London. Es enthält über weite Strecken Stellungnahmen
und Auseinandersetzungen zu wissenschaftlichen und philosophi-
schen Ansichten des 19. Jahrhunderts, die in ihrem Eintagsfliegen-
charakter längst vergessen sind. Einen dritten Band soll später
Annie BESANT aus nachgelassenen HPB-Schriften zusammengestellt haben.

HPBs Darlegungen in der "Geheimlehre" bestechen durch ein
enormes Wissen. Allein schon die zahlreichen Quellenhinweise
sind verblüffend. Es mutet unwahrscheinlich an, daß sie die Sei-
tenzahlen von ihr gelesener Bücher aus dem Gedächtnis angeben
konnte. Vielleicht holte sie das gelegentlich nach. Andererseits
scheint ihr Erinnerungsvermögen mitunter bestens funktioniert zu
haben, denn sie bemerkt zu einem ihrer Zitate: "Aus dem Gedächtnis, aber nahezu wörtlich". Nur während ihrer mutmaßlichen
Besessenheitszustände konnte es anscheinend passieren, daß sie
sich an kurz zuvor Gesagtes nicht mehr zu erinnern schien.
Übrigens gibt Hans FREIMARK die Quellen an, aus denen sie
schöpfte. [19] Oder waren es die "Meister"? Beatrice FLEMMING
zufolge schrieb HPB "durchweg unter Inspiration einiger Meister,
die ihr auch astral die Bücher vorhielten, aus denen zu zitieren
war". Ein typischer Fall nachträglicher Glorifizierung.

HPB stützt ihre Geheimlehre auf ein rätselhaftes Buch, das sie
mit meisterlicher Hilfe hellsichtig wahrgenommen haben will: das
"Buch Dzyan". Außer ihr selbst sah es kein Normalsterblicher.
Das ist ähnlich wie beim Begründer der Mormonenkirche, Josef
SMITH (1805-1844), der beschriftete goldene Platten auf wunderbare Weise gefunden und übersetzt haben wollte. Platten, die dann
wieder verschwanden. Auf diese Weise soll das "Buch Mormon"
entstanden sein. [20]

In seinem "Kurzgefaßten Grundriß der Geheimlehre" schreibt
Dr. Franz HARTMANN, daß die Lehren von HPB weder erdichtet,
noch von "Geistern" mitgeteilt worden seien, "sondern sie sind
angeblich einem der ältesten Manuskripte, dem Buche Dzyan (was
"Buch der geistigen Erkenntnis" heißen soll) entnommen, in welchem die Resultate der Forschungen der Adepten und Weisen
zusammengestellt sind, und dessen Original sich im Besitz der
Meister der Weisheit in Tibet befinden *soll*." Es spricht für die
Redlichkeit Hartmanns, daß er die Worte "angeblich" und "soll"
gebrauchte, die von mir kursiv wiedergegeben sind.

Der Kosmogonie in der "Geheimlehre" werden sieben Strophen des Buches Dzyan zugrundegelegt, der Entwicklung des Menschen (Anthropogenie) im 2. Band zwölf Strophen. Diese selbst sind mirakelhaft dunkel gehalten, unverständlich und verwirrend für den, der es verschmäht, das dickleibige Werk zu lesen; wozu sich die Beiziehung von Fremdwörterbüchern neueren und älteren Datums empfiehlt. Insonderheit befremden die zahlreichen Sanskritausdrücke. Dr. Hartmann gibt selber zu, daß für manche Sanskritworte die deutschen Begriffe fehlen. Ich frage mich: wozu überhaupt so viele Fremdwörter? - Da ist von Chohans und Dhyan Chohans die Rede, von Lipikas und Pitris, von Rakshasas, Arhats, Asuras, Kumaras und Chayas und was sonst noch alles, was mit den Schöpferkräften des Logos zusammenhängt oder zu tun haben soll. KAHIR meint hierzu, das Studium der Adyar-Theosophie werde durch die vielen Sanskritausdrücke nicht gerade erleichtert. Zwar würden viele dieser Worte "Begriffsbezeichnungen präzisester Art darstellen, zu deren Übersetzung die geringere geistige Feinheit der modernen Sprachen nicht ausreicht." Es sei jedoch nicht einzusehen, warum sich ein Schüler der Geisteswissenschaften "mit den vielen unverdaulichen Vokabeln belasten soll, zu deren innerem Verständnis zumeist jene geistige Brücke fehlt, für die die Sanskritsprache das Wort 'Antahkarana' geprägt hat." Hinzu kommt noch die teils fehlerhafte Wiedergabe von Worten und Zitaten in Sanskrit, Griechisch und Latein in den Werken HPBs, worauf von Fachgelehrten schon vor 1900 hingewiesen worden war. [21]

Wie dem auch sein mag, die theosophischen Hauptlehren klingen auf den ersten Blick gar nicht so übel. Von Abweichungen einzelner Autoren abgesehen, dürfte die folgende Aufzählung, die verschiedenen Quellen entstammt, der offiziellen Lehre entsprechen. Dabei kam ich auf sieben Hauptlehren (B. FLEMMING nennt sie "Meisterschlüssel des ewigen Wissens"), obwohl im allgemeinen bloß fünf genannt werden:

1) Die Lehre von der Wesenseinheit aller Dinge und die Entstehung einer Vielheit von Welten aus dieser Wesenseinheit.
2) Die Lehre von der Offenbarung dieser Wesenseinheit auf sieben Stufen oder Ebenen des Daseins, d.h. die Lehre von der siebenfältigen Konstitution des Menschen und des Weltalls.
3) Die Lehre von der Göttlichkeit und Unsterblichkeit des Menschen.

4) Die Lehre von der Entwicklung des Bewußtseins durch alle Naturreiche hindurch bis zum Menschen, dann weiter bis "zum Übermenschen und zu einem göttlichen Wesen".

5) Die Lehre von der periodischen Wiederkehr aller Dinge, besonders der Wiederverkörperung (Reinkarnation) als Mittel zur Höherentwicklung.

6) Die Lehre vom Karma als dem Gesetz der ausgleichenden Gerechtigkeit, der Ursache und Wirkung, wodurch der Mensch zum Selbstgestalter seines Schicksals wird.

7) Die Lehre vom Vorhandensein einer Adepten-Hierarchie, der sogenannten Meister bzw. Mahatmas, die gemeinsam eine "Große Weiße Bruderschaft" bilden. Ab einer bestimmten Entwicklungsstufe des Menschen geben sie sich ihm als Führer zu erkennen.

Als weiterer Hauptpunkt wird gewöhnlich die Lehre vom Ziel der Entwicklung angeführt, und vom Weg, der zu diesem Ziele führt, nämlich dem "theosophischen Pfad". Wohlweislich unerwähnt bleibt ein anderer Lehrsatz, wonach Luzifer-Satan als dem Schöpfer und Herrn der Materie gottähnliche Verehrung gebührt.

Lediglich zu Punkt 1 möchte ich einiges bemerken: Die Lehre von der Wesenseinheit aller Dinge mag im ersten Moment faszinierend klingen, aber sie kann sehr leicht zu einem verschwommenen *Pantheismus* und über diesen zu einem pantheistisch verbrämten Edelmaterialismus führen.

Der Pantheismus (griech. Allgottlehre) wird allerdings sowohl philosophisch als auch religionsgeschichtlich sehr verschieden definiert. In der Adyar-TG und ähnlichen Geistesrichtungen versteht man hierunter das Einssein Gottes mit seiner Schöpfung. Genauer: die Identifikation der unpersönlich gedachten Gottheit mit dem Weltall und der Natur, was logischerweise die Aufhebung, ja Unmöglichkeit eines persönlichen Verhältnisses zwischen Mensch und Gott bedeutet. Schopenhauer sprach denn auch in Bezug auf den Pantheismus von einem "höflichen Atheismus". Spinoza, Hegel, Schleiermacher, Goethe und Herder faßten ihn jeweils anders auf. Religionsgeschichtlich finden wir den Pantheismus besonders in den Veden und im Brahmanismus. Später in Griechenland, wo der Ausspruch "Hen kai Pan" geprägt wurde, des "All und Einen", wonach alles eins ist, "alles der Götter voll".

Ursprünglich schuf die Phantasie des Naturmenschen den Fetischglauben. Für den Fetischdiener steckt die Gottheit in irgend einem Gegenstand. Die Naturgewalten fürchtet er als Mächte, die über Glück und Unglück, Leben und Tod gebieten. Darüber hinaus mag Hellsichtigkeit, die vorzeiten allgemein gewesen sein dürfte im Gegensatz zu heute, zur Verehrung von Naturwesenheiten geführt haben.

An diese Formen anschließend, tritt der materialistische Pantheismus auf, wie er uns im theosophischen Weltbild entgegentritt: Die sichtbare Welt als ursprünglich unsichtbare Einheit ist Gott, der sich in der geoffenbarten Vielheit tätig manifestiert. Alles Geistig-Seelische, wie Bewußtsein und Empfindung, gilt hier als Entwicklungsprodukt der Materie. Demnach ist menschliches Bewußtsein kein von Anfang an vorhandenes Wesensmerkmal des Menschen, sondern muß erst mühselig entwickelt werden, und zwar in der Materie. Hat demnach Hans FREIMARK recht mit seiner Feststellung, daß noch keine Lehre das im Menschen unzweifelhaft vorhandene Geistige in einem solchen Maße materialisiert habe, "als es die Adyar-Theosophie tut"? [22]

Hier haben wir jenen entscheidenden Punkt, der einen gottgläubigen Menschen unbefriedigt lassen muß: Wenn nämlich unser Bewußtsein lediglich ein Arbeitsprodukt darstellt, so kann man sich schwerlich an den Beginn alles Seins einen persönlichen Gott gemäß christlicher Schau vorstellen. Wenn das Göttliche nur und ausschließlich im Entwicklungsprodukt liegt, so ist der Mensch selber ein Gott und zwar einer, der ohne ethische Verantwortlichkeit tun und lassen kann was immer ihm beliebt. Etwas Höheres als den Menschen gibt es ja nicht. Ein solcher Pantheismus liefert die Grundlagen zu Selbstvergötterung, Ichbezogenheit und Größenwahn. Gott läßt man hier bestenfalls als Weltbewußtsein gelten, das sich selber erst aus der Welt (Materie) herausentwickeln mußte. Der Christ aber betet nicht Gott in der Natur bzw. die Materie als Gott an. Für ihn sind Schöpfer und Schöpfung nach wie vor zweierlei Dinge, obwohl auch in der christlichen Mystik die Natur als von Gott belebt und nach göttlichen Gesetzen beseelt gedacht wird. "Ehret die Natur, aber betet sie nicht an, denn sie ist ein Geschöpf Gottes wie ihr", heißt es in einer Belehrung von drüben. [23]

Auch im Offenbarungswerk "Geist, Kraft, Stoff", das von Baronin Adelma von VAY in nur 36 Tagen auf dem Wege automatischen (willensunabhängigen) Schreibens empfangen wurde und in dessen Vorwort gesagt wird: "Der Zweck unserer Arbeit ist, euch durch *Logik* den Beweis der höchsten Intelligenz, *Gottes*, zu geben", finden wir den pantheistischen Gedanken. Aber hier führt er nicht zur Überbewertung des Ichs und zu dessen Gleichsetzung mit Gott. Hier wird vielmehr ausgeführt, daß Gottes stofflicher Ausdruck das *Urlicht* sei. Dieses wirkt durch Vibrationen. Da es allgegenwärtig ist, so bedeutet dies die Allgegenwart Gottes. "Währenddem aber Gott *geistig* unwandelbar allgegenwärtig ist, ist es das Urlicht in *Verwandlungen*. Da Gott unendlich ist, dehnt er auch sein Urlicht unendlich aus." Und weiter: "Gott ist also nicht nur geistig durch seinen Willen und durch seine Liebe relativ in allem gegenwärtig, sondern auch stofflich, durch das Urlicht und dessen Verwandlungen und Verdichtungen." [24]

In einer anderen Mitteilung von gleichfalls bemerkenswertem Niveau wird erklärt, Gottes *Kraft* sei es, die überall - auch im menschlichen Geiste - vorhanden ist, während die Art der Bewegung alias Vibration, von seiner weisheitsvollen *Liebe* gelenkt würde. Sein ständiges Ausstrahlen des Urlichtes, "sein Sich-geben, fällt auf assimilationsfähiges und nicht-assimilationsfähiges Leben... Es gab keine 'Zeit', da nicht zurückstrahlende Liebe aufgefangen und empfunden wurde. 'Im Anfang war das Wort, und das Wort war bei Gott und Gott war das Wort', d.h. die Individualität des 'Sohnes'; ein Totalitätsbegriff, der eine Welt umfaßt, für die euch die Begriffe fehlen, war stets. Und ins Unwandelbare strömt alles Leben zurück und wird, wenn es assimilationsfähig geworden ist, relativ unwandelbar." [25]

In der Blavatsky-Theosophie begegnet uns der Pantheismus mit stark materiellem Einschlag: Aus dem "Strahlenden Heros" geht das All in verschiedenen Emanationsstufen hervor, um am Ende ins Nichtbewußtsein, in die reine Übersinnlichkeit, zurückzukehren. Und das wiederholt sich in unermeßlichen Zeitläuften immer wieder aufs Neue, gemäß dem Ein- und Ausatmen Brahmas. Eine an sich materialistisch-trostlose Perspektive, ohne erkennbaren tieferen Sinn, hätten HPBs "Meister" nicht den Evolutionsgedanken eingebaut: Nun vollziehen sich keine ewig gleichen Kreisläufe mehr, sondern alles unterliegt einer *spiralförmigen* Höherentwicklung.

Der "Geheimlehre" zufolge sind Kosmos und Mensch von ihrer Entwicklung her siebenfach gegliedert. Eine Art Gott ist zwar auch hier der Urgrund aller Dinge, aber weder transzendent (über menschliches Bewußtsein und Erfahrung hinausgehend), noch persönlich. Dabei wird unterschieden zwischen Gott und Gottheit:

Gott alias Brahma ist der Geist und das Leben im All. Die Gottheit hingegen als das Brahman, ist weder Geist noch Stoff, weder Form noch Kraft, sie ist das Sein an sich und als solches unwahrnehmbar. Gott ist das sich Offenbarende, während die Gottheit das Nichtoffenbare, das Absolute ist. Seit den Upanishaden ist Brahman der Sanskritbegriff für das Absolute. Nicht-Zeit (akala) und Zeit (kala) sind die beiden Seinsformen des Brahman.

Nach der "Geheimlehre" waren sämtliche personifizierten Götter in früheren Entfaltungsperioden Menschen; denn "um ein göttlicher, vollbewußter Gott, ja selbst der höchste, zu werden, müssen die geistigen Urintelligenzen durch den menschlichen Zustand hindurchgehen." Der Mensch beginnt seinen Weg *unbewußt* als Monade, die ihrerseits "ein Atom des Absoluten oder vielmehr der Absolutheit ist". Bewußtsein muß auf dem langen Weg der Entwicklung durch zahllose Existenzformen in der Materie erst errungen werden, und zwar ausschließlich in der Materie. Im Jenseits gibt es *keine* Weiterentwicklung. Im Verlaufe eines solchen äonenlangen Werdens entwickelt sich dann aus dem in der Monade sozusagen "potentiellen Gott", ein "effektiver Gott". [26]

Aus dieser Sicht ist der Begründer des Christentums, soweit er aus "Meister"-Sicht überhaupt mit unserem Jesusbild identisch ist, auch bloß ein Gottmensch unter vielen. Dabei erfolgt eine Unterscheidung zwischen Jesus und Christus: Der Geist des Christus bediente sich des Menschen Jesus. Jesus als Jünger des Christus stellte letzterem bloß seinen Körper zur Verfügung. So kategorisiert man Jesus einerseits zu einem Weltlehrer, wie sie von der "Okkulten Hierarchie" dann und wann zur Erde geschickt werden, wobei er als "das Lamm der Elohim" gilt und der Widder das Symbol höchsten geistigen (sprich luziferischen) Lichtes darstellt, andererseits haben nach Auffassung von Annie Besant Jesus und die Apostel nie gelebt, und das Neue Testament sei eine Erfindung von Mönchen aus dem 2. Jahrhundert. Mal so, mal so. Da kenne sich aus wer mag.

Eine Gottesauffassung im christlich-abendländischen Sinne lehnen HPB und ihre "Meister" ab. MIERS schreibt (S. 278), die Tendenz des Meisterglaubens lasse sich gut aus dem Brief X des Meisters KOOT HOOMI an Sinnett aus dem Jahre 1881 erkennen, wo es heißt: "Weder unsere Philosophie noch wir selbst glauben an einen Gott, und am allerwenigsten an einen, dessen Pronomen (Fürwort) mit einem großen E (Er) geschrieben werden muß." Dr. med. G. WYLD schrieb im "Light" vom 13.2.1901. "Als ich noch

Präsident des britischen Zweiges der TG von Frau Blavatsky war, behauptete dieselbe, es gäbe weder einen persönlichen, noch einen unpersönlichen Gott, und erging sich oft in gemeinen, profanen (entweihenden) Scherzen über die Person und Lehre Christi."

Ebenso wird das *Gebet* als Hinwendung des Menschen an eine höchste Instanz, zu Gott, abgelehnt. Nach JINARAJADASA, dem seinerzeitigen Präsidenten der Adyar-TG nach dem Tode von G.S. ARUNDALE, habe Buddha das Sichverlassen auf Gebete als Aberglauben bezeichnet. Es gebe nur *einen* Gott, und das sei das "Höhere Selbst" des bzw. im Menschen, und mit diesem könne man Zwiesprache halten. Ein solches Gebet sei keine "Schwärmerei nach außen, sondern vielmehr die höchste Befestigung des Selbstbewußtseins ... in unserem unsterblichen Selbst", unserem "Vater im Himmel", schreibt Dr. Franz HARTMANN in seinem Buch "Mysterien, Symbole und magisch wirkende Kräfte", S.158. Das Gebet, wie wir es im Christentum kennen, ist laut HPB "eine auf einem Irrtum beruhende Schwäche, denn es gibt nichts, was man 'Hilfe von oben' nennt. Der Bittruf an einen persönlichen Gott ist ein Hieb ins Leere." [27] Damit kennzeichnet HPB ihre Grundeinstellung überdeutlich und sollte eigentlich zur Beurteilung ihres Gesamtwerkes und Quellen vollständig genügen. Wie kann man reines, erquickendes Wasser aus einer schlammhaltigen Quelle erwarten wollen? Persönlich erfahrene Gebetshilfe scheint HPB demnach niemals erlebt zu haben.

Im Zuge der speziell durch Annie BESANT betriebenen Vereinnahmung des Christusgedankens kam es dennoch zu einer Art Gebete, die als "Anrufungen" aufgefaßt werden, ohne Vorstellung eines persönlich ansprechbaren Vatergottes. In Leipzig erschien ca. um 1920 ein "Theosophisches Gebetbuch, zusammengestellt im Auftrag der Theosophischen Gesellschaft". Ob hiermit die Adyar-TG gemeint ist, entzieht sich allerdings meiner Kenntnis. Von A. Besant jedoch stammt das theosophische "Mantram der Einheit" alias die "Universale Anrufung", eine Art Universalgebet, mit dem alle internationalen Treffen der Adyar-TG eröffnet werden:

> *O verborgenes Leben, das in jedem Atom schwingt,*
> *O verborgenes Licht, das in jedem Geschöpfe leuchtet,*
> *O verborgene Liebe, die alles in Einheit umschließt*
> *Möge ein jeder, der sich eins fühlt mit Dir,*
> *erkennen, daß er darum eins mit jedem anderen ist.*

Frau Besant sah in diesen an sich sehr tiefsinnigen und schönen Worten eine Anrufung der dreifachen Natur der Wirklichkeit, in ihren Aspekten von Leben, Licht und Liebe, was der christlichen Gottesverehrung keineswegs entgegensteht. Diese Anrufung als ein Mittel des "hohen Yoga der Selbstverwirklichung" zu betrachten, mag persönliche Ansichtssache bleiben. Auch gegen eine "Verwirklichung des Christus in uns" wäre kaum etwas einzuwenden, wenn nicht - bei genauerem Hinsehen - immer wieder Luzifer derjenige wäre, um den sich alles dreht. Zwar haben HPB und später Rudolf STEINER es bald unterlassen, ihre Publikationsorgane "Luzifer" zu nennen, aber das blieb lediglich eine taktische Äußerlichkeit; innerlich gab es in diesem Punkt keine Veränderung, und was nutzen äußerliche Korrekturen, wenn sie innerlich nicht nachvollzogen werden?

In der Pro- und Contra-Literatur zur Theosophie wird gewöhnlich behauptet, LEADBEATER habe 1916 zusammen mit James Ingall WEDGWOOD (gest. 1951) die "Liberal-Katholische Kirche" (LKK) gegründet, eine als Kirche getarnte Tochterorganisation der Adyar-TG. Ohne letzteres ausschließen zu wollen, lautet aber die Selbstdarstellung der LKK etwas anders: Wedgwood kam von der "Altkatholischen Kirche der Niederlande" her, die dort 1723 aufgrund der von den Jesuiten gelehrten Unfehlbarkeit des Papstes und den nachfolgenden Differenzen mit Rom entstanden war. J.I. Wedgwood selbst war 1916 zum Bischof geweiht worden. Er dachte "anfänglich nicht daran, die Altkatholische Kirche Großbritanniens zu verlassen und eine neue Kirche zu gründen". 1917 jedoch beschloß man wegen Meinungsverschiedenheiten mit Utrecht eine Namensänderung: "Liberale Christliche Kirche", die 1918 zur "Liberal-Katholischen Kirche" wurde.

Theosophen fühlten sich sehr bald zur LKK hingezogen, und 1917 wurde Ch. W. Leadbeater von Bischof Wedgwood zum Priester und nachfolgend zum Bischof geweiht. Damit hatte die Adyar-Theosophie endgültig Fuß gefaßt. Jinarajadasa sprach 1934 bereits von "unserer Kirche".

Wedgwood und Leadbeater erarbeiteten die Rituale der LKK bzw. brachten sie in eine neue Form. Leadbeater ist also keineswegs Gründer oder Mitbegründer der LKK. Er war jedoch, als Nachfolger Wedgwoods, Vorsitzender Bischof von 1922 bis 1934.[28]

In "Isis entschleiert", Band II, S.644 schreibt HPB: "Die Welt benötigt keine sektiererischen Kirchen weder des Buddha, Jesus,

Mohammeds, Swedenborgs, Calvins, noch irgend eine andere."
Für HPB stellt die christliche Auffassung vom "Engelsturz", diesem teilweisen Abfall der Urgeister (Erstlinge) von Gott, eine grobe theologische Irreführung dar, denn die "Sonnen" oder "Feuerengel" seien ja nur deshalb zu "Aufrührern im Himmel" geworden, weil sie sich weigerten, sich in "sinnlose Menschengehäuse" einzuverleiben, denen sie ihre Bewußtheit nicht hätten geben, übertragen können. Sie wollten, daß der Mensch seiner selbst bewußt wird und eigenverantwortlich handeln lernt. HPB nennt es eine "Selbstaufopferung um der intellektuellen Unabhängigkeit der Menschheit willen." [29]

Hier haben wir wieder einen Punkt, der mir persönlich gar nicht gefallen will. Im christlichen Spiritualismus wird gelehrt, daß Gott ursprünglich *reine* Geistwesen schuf, denn aus Gott als der höchstvorstellbaren Vollkommenheit kann logischerweise nichts Unvollkommenes - wie es z.B. wir Menschen sind - entstehen. Diese Urgeister waren rein, aber vollkommen sollten sie erst durch eigene Willensanstrengung werden. In ihnen lag der Keim zu allem Guten, auch der Liebe. In ihrer Reinheit lag das Bedürfnis nach Vervollkommnung, also waren sie entwicklungsfähig. Zugleich besaßen sie das göttliche Attribut des freien Willens. Ohne diese Willensfreiheit wären sie bloß mechanisch-instinktiv lebende Geschöpfe gewesen, so daß ihr Mitarbeiten im göttlichen Schöpfungsplan kein eigenes, beglückungsfähiges Verdienst gewesen wäre. Solche reinen Geistwesen können "fallen", d.h. gegensätzlich denken und handeln, solange sie ihre individuelle Vollkommenheit nicht erreicht haben.

Ein Teil dieser Erstlinge oder "Erstgeborenen" (Hebr. 1,6) wurde eigensinnig. Sie wollten beweisen, was sie *selber* können, wollten aus eigener Kraft Schöpfer sein; sie "wollten sein wie Gott" (1.Mose 3,5) und fielen daher aus der gesetzlichen Harmonie mit Gott in die Gegensätzlichkeit.

Der Schöpfungsschilderung gemäß "Geist, Kraft, Stoff" entstand hierdurch ein Chaos in der Schöpfung. Die Verursacher desselben sahen sich außerstande, dieses Chaos zu beherrschen. Ihre Kraft erlahmte, sie erstarrten in einem lethargischen, todähnlichen Zustand.

Ordnung in das entstandene Chaos brachte das göttliche Prinzip (Gott) durch ein neues Gesetz, das Gesetz der *Sühne*. Bis dahin hatten Gottes Geschöpfe nur seiner *Liebe* bedurft, jetzt bedurften sie auch seiner Gnade, die aber letztlich höchstvorstellbarer Liebe entspringen muß, da sie sich keinem gefallenen Wesen verweigert. Daher oblag es dem freien Willen des Einzelgeschöpfes, umzukehren und sich dem neuen Gesetz, d.h. den nunmehrigen Gegebenheiten anzupassen.

Das blieb bis in die Gegenwart so: Die Tat ist frei, die Folgen jedoch sind es nicht mehr, sie unterliegen ausnahmslos dem Kausalitätsprinzip, dem Gesetz von Ursache und Wirkung. Dieses Gesetz bringt Freuden oder Leiden, je nachdem, welche Ursachen wir schufen. Das bedeutet

1. daß wir die Ursachen selber setzen und damit Kausalketten auslösen.
2. daß die Folgen der "Sünde", des Fehlverhaltens, des Verstosses gegen die Schöpfungsgesetze, zugleich deren Sühne darstellen.
3. Selbstarbeit, nicht Selbsterlösung. Denn die "Gnade" besteht ja gerade in dieser stets gegebenen Möglichkeit der Wiedergutmachung, statt eines ewigen Verdammtseins in der Hölle.

Nach diesem ersten "Fall" war also ein Chaos entstanden, und durch Gottes Gnade fand sich alles Gegensätzliche in das neue Gesetz eingeschlossen. Der Gegensatz (zum göttlichen Liebesprinzip) bringt Spaltung (Vermehrung) und zugleich Verdichtung. Das Gesetz hingegen führt zur Wiedereinswerdung und Vergeistigung. So begann sich das Chaos zu ordnen, und die aus ihrem Erstarrungszustand erwachenden Geister konnten wieder Aktivitäten entfalten. "Sie sollten freiwillig dem Gesetz folgen und so wieder einswerden mit sich, mit ihren Brüdern und mit Gott." [30]

Während nun ein Teil der Geister sich dem Gesetz anzupassen begann, wurde ein anderer Teil nur um so halsstarriger; wo immer sie konnten, wirkten sie gegensätzlich. Dadurch zogen sie Fluide an, die sie verdichteten und im Kampf benutzten. Dieser Kampf wurde vollbewußt geführt, und es kam zum zweiten Fall. In "Geist, Kraft, Stoff" heißt es hierzu:

"Gott, die Allmacht, ließ das Naturgesetz walten, gegen welches der Ingrimm des Gegensatzes nur ein Anprall war. Gott kann sich nicht erzürnen, denn er ist in seinen Eigenschaften, also auch in seiner Liebe, unwandelbar. Deshalb auch zerstörte er die aus ihm gekommenen Erstlinge nicht. Bei diesem zweiten Falle ließ er das bestehende Naturgesetz ruhig walten, und das Gesetz schied sie aus."

Der zweite Fall nun, diese zweite "Scheidung der Geister", zog kein Chaos nach sich, sondern eine Ausscheidung. "Das in den Welten waltende Naturgesetz schied den Gegensatz aus dem Gesetz." Dieser Ausscheidungsprozeß erfolgte unter zunehmender Entstehung elektrischer Fluide (Kraftströme und -felder) und geschah in Form von "Feuerreifen", die sich von den Welten absonderten und im Verlaufe unermeßlich langer Zeiträume neue Weltsysteme bildeten. Diese waren zwar von dichterer Beschaffenheit, blieben aber aufgrund des Gravitationsgesetzes mit ihren Mutterwelten verbunden.

Das ganze ungeheure Geschehen, wie es auch bei Jakob LORBER geschildert ist, entzieht sich einer Zusammenfassung in wenigen Sätzen. Ob nun derlei Offenbarungen wahr sein könnten oder unglaubwürdig anmuten, kann nur aufgrund der ihnen innewohnenden und widerspruchslosen *Logik* eine Beurteilung erfahren. Während jedoch bei Lorber und Swedenborg "der Herr selber", d.h. Jesus bzw. Gott als Urheber der Mitteilungen zeichnet und empfunden wird, heißt es in der Einleitung zu "Geist, Kraft, Stoff":

"Wir mußten, um den Menschen diese Offenbarung nach Gottes Willen darzutun, uns ihrer Ausdrücke, Worte, Begriffe bedienen; diese bezeichnen nur schwach und unvollkommen das, was wir über den Urbeginn der Dinge zu sagen haben."

Ergänzend sei hierzu nur noch erwähnt, daß als Bindeglied zwischen den hohen, reingebliebenen, in der Bewährung erstarkten Erstlingen und den "gefallenen Söhnen", dem Gegensatz, neue Weltsysteme entstanden: sogenannte *Paradieswelten*. Diese wurden von "Geistern der zweiten Schöpfung" bewohnt, welche als "versöhnendes Glied" zwischen den reingebliebenen und den gefallenen Urgeistern dienen sollten. In "Geist, Kraft, Stoff" werden sie *Embryogeister* genannt. Sie waren "halb aus dem Lebensprinzip, welches schon alle Phasen der Natur, des Gegensatzes, der Versöhnung, der Depotenz und Potenz durchgemacht hatte, halb aus Gottes Ausströmung geboren". Die Erstlinge hingegen entstammten dem Urlicht. Sie waren gottähnlich, indessen die Embryo- alias Paradiesgeister den Erstlingen ähnelten, deren Vollkommenheitsstufe ein ihnen erreichbares Ziel war. Als sie sich ihres Seins bewußt wurden, "erwachten sie - ihrer seelischen Natur nach - als Bewohner der Paradiese, mit dem Bewußtsein eines Verbotes"; denn der Gegensatz als solcher (in Form seiner durch den Fall zu Dämonen verbildeten Wesenheiten) war ja schon da.

"Sie hatten den Blick nach oben, und auch den Blick nach den Unterwelten, deren versöhnendes Glied sie sein sollten." Licht, Leben und Belehrung erhielten sie von oben, "währenddem die Versuchung von unten kam".

Im Laufe der bildenden Zeiten vollzog sich auch unter den Geistern der zweiten Schöpfung eine Absonderung, wodurch der "Fall in die Zeugung" eintrat, in die Zweigeschlechtlichkeit, der "Sündenfall" (im Gegensatz zum Engelsturz). Solches geschah - auf der jeweiligen Sinkstufe - wiederholt, so daß immer materieller werdende Organismen und Welten entstanden, bis herab zu unserer derzeit tiefsten und dichtesten Depotenz. Die Schöpfungsgeschichte Mosis wird ein entworfenes Bild des großen Ganzen genannt, weder wissenschaftlich noch theologisch korrekt, wenn man sie auf die Erde allein beschränkt. [31]

Nun wieder zur Adyar-Theosophie: Nach allgemeiner jüdisch-christlicher Auffassung geschah der "Engelsturz" vor Urzeiten, und zwar unter Anführung von Luzifer. "Obwohl sich diese Legende lediglich auf außerbiblische jüdische Schriften stützt, wurde sie zum Glaubenssatz deklariert", schreibt der Tübinger Theologe Prof. Dr. Herbert HAAG, in seinem umfangreichen Werk "Teufelsglaube". [32]

Die Annahme eines vor undenklichen Zeiten geschehenen Abfalls vom Ursprung stellt einen Kernpunkt vieler theologischer und esoterischer Lehrgebäude dar. Wir Menschen müssen uns - bewußt oder unbewußt - vom uranfänglichen Ziel entfernt und eine falsche Richtung eingeschlagen haben, so daß wir das wurden, was wir jetzt sind: in jeder Hinsicht unzulängliche Geschöpfe.

Wie schon betont, vermag ich mir nicht vorzustellen, daß aus Gott z.B. verkrüppelte oder geistesgestörte Wesen hervorgehen können; deshalb sehe ich mich aus Gründen der Logik veranlaßt, an den legendären Engelsturz und den später nachfolgenden Sündenfall (Verlust des Paradieses) zu glauben.

HPB und ihre "Meister" lehren im Prinzip Ähnliches, aber mit einem ausschlaggebenden Unterschied: Während aus christlicher Sicht sowohl der Engelsturz als auch der "Sündenfall des ersten Menschenpaares" alias der Paradiesgeister ein eigenwillig und eigenverantwortlich hervorgerufenes Geschehen war und die Möglichkeit der "Heimkehr ins Vaterhaus" stets offenblieb, heißt es in der Adyar-Theosophie, daß dies alles geschehen *mußte,* weil dies im Entwicklungsplan begründet und notwendig und daher vorgesehen war. Wir hätten es daher nicht zu bedauern, daß wir den "sündlosen paradiesischen Zustand verloren haben, denn das *mußte* so geschehen, um die schlummernden Kräfte des Bewußtseins und des Willens ... entwickeln zu können. " [33]

Werden hier die Dinge nicht geradezu auf den Kopf gestellt? Ich jedenfalls empfinde es als Zumutung, glauben zu sollen, daß Gott, dieses für uns unerfaßbare Prinzip höchster Intelligenz und Liebe, "Ebenbilder" geschaffen haben soll, die erst der Materie und der mit ihr verbundenen leidvollen Mühseligkeiten bedürfen, um ihr Bewußtsein und ihre Willenskräfte zu entwickeln! - Daß intelligente Menschen diesen Pferdefuß nicht merken, erscheint mir unfaßlich. Wir konnten doch nur deshalb "fallen", d.h. eigene Wege einschlagen und göttliche verlassen, *weil* wir Bewußtsein besaßen. Bewußtsein, gepaart mit freiem Willen und Tatkraft. Andernfalls hätten wir doch nur als Instinktautomaten handeln können, was jedwede Verantwortlichkeit ausschließt; vor zig Millionen Jahren genauso wie heute oder künftig!

Ganz anders sieht es die Adyar-Theosophie. Hier geschieht der Engelsturz erst zu Beginn der vierten, nach anderer Quelle der fünften Rasse. Dr. Franz HARTMANN schreibt hierzu:

"Die engelähnlichen Wesenheiten der damaligen Schöpfungsperiode, welche dazu *bestimmt* waren, Menschen zu werden, weigerten sich zu gehorchen, sich zu vermehren und ihre Art fortzupflanzen. Sie sagten: Es sind keine für uns geeigneten Leiber da. Ihr eigenes Wohlergehen galt ihnen mehr, als der Gehorsam für das Gesetz der Evolution. Durch diese aus Selbstsucht entsprungene Weigerung fielen sie der Wirkung des Karmagesetzes anheim und darin bestand der 'Fluch', den sie über sich selbst brachten. Ihr Widerstand verhinderte (jedoch) die Wirkung des Naturgesetzes nicht, es verzögerte sie nur ... Sie wurden von diesem Gesetze gezwungen, sich zur Zeit der atlantischen Rasse einzuverleiben ... ". Und weiter:

"Der 'Fall der Engel' bestand somit darin, daß diese Engel - anstatt blindlings dem Willen des Gesetzes zu gehorchen - unabhängig zu urteilen anfingen und das Recht, über sich selbst zu bestimmen, in Anspruch nahmen. Damit begann allerdings ihre Verantwortlichkeit und eine Quelle des Leidens, aber zugleich war auch der Weg zur Individualisierung des Charakters und zur eigenen Erkenntnis gebahnt."

Hartmann zitiert sodann die Stelle Offb. 12,7; eine Stelle, wo sich beim Seher von Patmos Zukunft und Vergangenheit zu vermischen scheint, und wo es (nach der Übersetzung Menge) heißt., "Es erhob sich dann ein Kampf im Himmel: Michael und seine Engel kämpften mit dem Drachen. Auch der Drache und seine Engel kämpften, doch gewannen sie den Sieg nicht, und ihres Bleibens war nicht länger im Himmel. So wurde denn der große Drache, die alte Schlange, die da Teufel *und* Satan heißt, der Verführer des ganzen Erdkreises, auf die Erde hinabgestürzt, und seine Engel mit ihm."

"Ohne diesen Fall," schreibt Hartmann weiter, "gäbe es keine individuelle Erkenntnis, keine Selbständigkeit des eigenen Willens, sondern nur einen einzigen, alles leitenden Universalwillen, und der Mensch wäre ein blindes Werkzeug dieses Universalwillens ohne die Möglichkeit, ein selbstbewußter und selbsterkennender Mitwirker in dieser Kraft zu werden. Allerdings wurde durch diese Geburt des Eigenwillens auch die Täuschung des Sonderseins und die Selbstsucht geschaffen ... Allein die Fähigkeit zu sündigen ist nötig, um die Sünde zu bewältigen."

Und jetzt folgt die theosophisch-esoterische Rehabilitierung Luzifers, wobei Hartmann sich ja immer auf die "Geheimlehre" berufen kann: " ... der 'Fall Luzifers' bedeutet in Wirklichkeit das Herabsteigen des 'Lichtbringers' in die Materie wodurch *allein* die Materie erleuchtet und vom geistigen Bewußtsein durchdrungen werden kann. Ohne den 'Fall' eines Engels gäbe es keine Erlösung des Menschen, ohne Individualisierung in menschlichen Formen keine geistige Individualität." [34]

Mit anderen Worten: Hier wird Christus ganz eindeutig ersetzt durch Luzifer; ihm hätten wir es demnach zu verdanken, daß wir in die Bande der Materie gerieten, weil wir angeblich nur hier zum Selbstbewußtsein gelangen und uns lichtwärts entwickeln können! Satan ist hier derjenige, "der aus einem irdischen einen göttlichen Menschen macht; der demselben ... das Gesetz des Geistes des Lebens gibt und ihn befreit von der Sünde der Unwissenheit, somit vom Tode". [35] Da nun in der "Geheimlehre" Luzifer-Satan als *der* Gott dargestellt wird, ist logischerweise unter einem "göttlich gewordenen" Menschen ein satanischer zu verstehen. Man muß nur gewohnte Maßstäbe umkehren, so kommt man hinter "bedeutende Wahrheiten" der Esoterik! - In der Tat ist das fast zur Gänze luziferisch beeinflußte öffentliche Leben unserer Zeit sehr geeignet, Menschen zu Teufeln zu erziehen.

Es mag wohl stimmen, daß das leidvolle Dasein in der Materie uns zur Besinnung bringen soll, zur Besinnung auf das Wesentliche; aber die Materie ist - nach christlich-spiritualistischer Auffassung - nicht der "lichtbringenden Liebe" Luzifers zu verdanken, sondern sie ist eine naturgesetzliche Folge seines und unseres Falles! Luzifer ist, bei allem Respekt vor seiner anscheinend unbeugsamen Willensstärke, auch bloß ein Geschöpf. Und den Gesetzen, die auf allen Seinsebenen das All durchfluten und regieren, ist auch er unterworfen. Infolgedessen können die Gesetze der Materie und die Materie selber nicht von Luzifer stammen, sondern stehen unter dem Rückführungsprinzip der wieder einsmachenden und versöhnlichen Gnade Gottes. Nach LORBER erfolgt die Rückführung Luzifers, samt seiner Scharen, in Atomen und "Urlebensfunken", im Verlaufe von ungeheuren Zeitspannen. Daher die zähen Bemühungen des gegensätzlichen Prinzips, die naturgesetzlich-allmähliche Vergeistigung der Materie hinauszuzögern und unser Denken in falsche Bahnen zu leiten. Ziel des Gegensatzes ist die Verewigung der Materie, denn sie ist "Luzifers Reich". Hier ist das Schlachtfeld im Ringen zwischen Licht und Finsternis, hier tobt der Kampf um jede einzelne Menschenseele! Es ist jedenfalls bezeichnend, daß für HPB und viele Esoteriker, Luzifer und seine mitgefallenen Engel die eigentlichen Erlöser der Menschheit sind.

Das Prinzip des Bösen wird - teils unter anderen Namen - seit altersher doppelgesichtig bzw. unter zwei personifizierten Aspekten vorgestellt: Satan (als "Fürst der Finsternis", des Chaos, der Vernichtung) und Luzifer (als Blender und Verführer zum falschen Licht). Mit viel Worten wird dies in HPBs "Geheimlehre" einerseits betont, andererseits verschleiert oder umgemünzt. Da wimmelt es nur so von "Herren der Flamme" und der "dunklen Weisheit", deren Oberhaupt der kirchlicherseits angeblich zu Unrecht verteufelte, von der Venus stammende (Venus = lat. lucifer, griech. phosphoros) Luzifer-Satan sein soll. Er gilt als Vertreter des "Sonnen-Logos" auf Erden und als Gründer der Adepten-Hierarchie unseres Planeten. Ein Hinweis mehr auf das wahre Wesen theosophischer "Meister".[36] Dabei ist Satan-Luzifer nicht bloß "der Herr der sieben Wohnungen (Sphären) des Hades" (der Unterwelt), sondern "der Herr dieser Welt, der Gott unseres Planeten und der *einzige* Gott".[37] Noch unmißverständlicher wird HPB auf Seite 394 des zweiten Bandes ihrer "Geheimlehre", wo man erfährt: "Um die Sache ein für allemal klarzumachen: das, was die Priesterschaft einer jeden dogmatischen Religion, vorzugsweise der christlichen, als Satan, den Feind Gottes bezeichnet, ist in Wirklichkeit der höchste göttliche Geist, die okkulte Weisheit auf Erden."

Deutlicher gehts nimmer. Wird demnach bei den Theosophen Satansverehrung getrieben? In bewußter Form wohl kaum. Was freilich in den sogenannten "inneren Kreisen" geschieht, unterliegt strenger Geheimhaltung. [38] Wie dem auch sei, für Christen sollten derlei Anschauungen unakzeptabel sein. Bei aller Achtung vor dem auch in Satan-Luzifer glimmenden Gottesfunken, bleibt für uns das *Christus*-Prinzip maßgebend, und nicht das luziferische. Christus lebt und wirkt in weit höheren Gesetzen, als es jene der Materie sind. Man muß einmal erlebt haben, wie allein schon die Nennung seines Namens auf niederastrale oder gar dämonische Wesenheiten wirkt! [39]

An sich müßte jedermann einzusehen in der Lage sein, daß der Schatten seine Existenz dem Licht verdankt. Für HPB freilich ist das Böse "bloß eine entgegenwirkende blinde Kraft in der Natur", ist lediglich "Schatten des Lichtes, ohne welchen das Licht kein Dasein haben könnte ..."! Würde das Übel verschwinden, so verschwände auch das Gute von der Erde. Der Teufel ist für sie die Menschheit, und außerhalb derselben gab es nie einen. [40] Auch hier wieder eine hinterhältige Umkehrung einer überdies beobachtbaren Tatsache, daß Licht ohne Schatten sehr wohl existieren kann, aber nicht andersherum. In einem von zweifellos hoher jenseitiger Warte gegebenen Kommentar zum Matthäus-Evangelium, heißt es in Bezug auf den 18.Vers des 28.Kapitels ("Mir ist gegeben alle Gewalt im Himmel und auf Erden") unter anderem: "Der Gegensatz könnte ohne Gesetz nicht leben, denn er ist wie ein fauler Sumpf, der frisches Wasser als Lebenszufluß braucht, um wenigstens Sumpf zu bleiben." [41]

In der Offb. 12,9 ist vom Teufel *und* Satanas die Rede, "der große Drache und die alte Schlange". Auch hier dürfte das Doppelgesicht des Bösen angedeutet sein. KAHIR, der ein Wissender, wenn nicht ein Eingeweihter war (allerdings des Rechten, nicht des Linken "Pfades"), interpretiert jene Angaben so: Der Drache (alte Schlange) ist das Prinzip des Widergöttlichen. Teufel ist der gegen den Schöpfungsplan gerichtete "Entzweiungswille", das Lebensfeindliche. Satanas = Geist der Verdichtung, Vermaterialisierung, ist materielles Denken. Satan bedeutet die verdichtenden Kräfte der Materie, ist der Geist der Materie.

Auch der nordischen Edda war, ebenso wie der griechischen Mythologie, das doppelgesichtige Böse bekannt, wie es aus seinem Ursprung ins Dasein tritt und uns Menschen zweifach beeinflußt: unterbewußt und wachbewußt. Kahir sagt zu Recht: "Sind nicht die Schlagworte vom kalten Krieg und seinem flammenden Bruder mehr als Wortspiele? Luzifer steht für die Napalm-, Phosphor- und Atombomben, für die brennenden Städte, für das Flüchtlingselend und den Sadismus der Zwangsarbeitslager. Und Satan (Ahriman) für die Erfindungskraft negativer Wissenschaft" (Atomkernspaltung, Gentechnologie, Massenvernichtungsmittel), für Zinswucher und Profitgier, Geschichtsfälschung und verlogene Propaganda sowie "die eiskalte Berechnung von Methoden zur Abwürgung jedes guten Willens, den der Großteil der Menschheit diesem Totentanz noch entgegenzusetzen vermag."

Wie aber Selbsterkenntnis der erste Schritt zur Besserung ist, schreibt Kahir, "so bedeutet die gewonnene Erkenntnis vom Wirken der Widerordnung und ihrer karmischen Leidfolgen (zugleich) auch den ersten Schritt zu deren Überwindung. Das innerste Wesen des Menschen ist göttlich. Wenn er in der Freiheit seines Willens, dem Luziferischen die Macht seines Herzens, und dem Satanischen die Kraft seiner höheren Vernunft entgegenstellt, dann wird das zweideutige Gesicht des Bösen sich abwenden von einer Welt, die sich wieder eindeutig zu den Werten des Ewigen bekennt." Eine Abwendung wird aber kaum möglich sein, wenn man Logos, Christus, Luzifer und Satan gleichsetzt. [42]

Auf jeden Fall wissen wir jetzt, was wir uns unter Luzifer-Satan vorzustellen haben. Mit diesem Angelpunkt esoterischer New Age-Ideologie werden wir uns leider noch öfters befassen müssen. -

Beim Abscheiden HPBs (1891 in London) bestand die TG aus nahezu 300 Zweigen und Zentren, unterteilt in fünf nationale Sektionen. Bald kam es zu Spaltungen. Dennoch gedieh die TG prächtig, was vor allem auf das Wirken von Charles Webster LEADBEATER (1847-1934) und Annie BESANT (1847-1933), die nach dem Tode Olcotts ab 1907 das Präsidentenamt bekleidete, zurückzuführen sein dürfte.

Leadbeater hatte seinen Priesterberuf in der Anglikanischen Kirche aufgegeben. Er trat der TG bei und wurde nach seiner Begegnung mit HPB (1884) bald eine Art Chefideologe. Als HPB

gestorben war, übernahm er die "Esoteric Section", die Innere
Abteilung der Adyar-TG. Hier betrieb er, so heißt es offiziell,
okkulte Forschungen und zwar auf der Basis seiner vorgeblichen
Hellsichtigkeit. Freunde der Theosophie mögen mir das Wort
"vorgeblich" - wie an anderen Stellen das Wort "angeblich" – ver-
zeihen, aber als Parapsychologe muß ich sagen, daß Leadbeater
nie einen wissenschaftlich abgesicherten Beweis wirklichen
Hellsehens erbracht hat, ebenso wenig wie Rudolf STEINER,
Max HEINDEL und andere Größen auf dem Gebiet esoterischer
Lehren. Dabei stütze ich mich auf offenbar unwidersprochen gebliebene Angaben im deutschen "Zentralblatt für Okkultismus".

1905 erfolgte der spektakuläre Ausschluß Leadbeaters aus der
TG. Der Grund waren seine etwas eigenartigen Erziehungsmethoden bei ihm anvertrauten Knaben. Methoden, die bei uns unter den
Begriff "Knabenschändung" fallen. Leadbeater gestand dies unumwunden ein und erklärte, nichts Schlimmes getan zu haben. Er
habe die Jungen hellsehend machen wollen, und das gehe am
leichtesten im Zustand sexueller Reizung und Schwächung. [43]

Damals verurteilte Annie Besant solche Ansichten auf das ent-
schiedenste. Eine derartige Einstellung "entstellt und verdirbt den
zur Erhaltung der Rasse in den Menschen eingepflanzten sexuellen Trieb; sie entwürdigt die Idee der Ehe, der Vaterschaft und
Mutterschaft, die heiligsten der menschlichen Ideale; sie korrum-
piert die Einbildungskraft, beschmutzt die Empfindungen und
untergräbt die Gesundheit." Am allerschlimmsten aber empfand
AB, daß solches im Namen der TG gelehrt würde, "was doch ausschließlich irdisch, sinnlich und teuflisch ist." [44]

Diese wortgewaltige sittliche Entrüstung schien aber bald ab-
zuklingen, denn Leadbeater wurde Frau Besants engster Mitarbeiter, und 1911 setzte sie in gewohnt energischer Weise seine
Wiederaufnahme in die TG durch. [45]

Bemerkenswert wie die Geschichte der TG selber, ist die
scheinbare Hinwendung zum Christentum, das so lange verächt-
lich abgetan worden war. Gleich Rudolf Steiner in seinem "Christentum als mystische Tatsache", verfaßte Frau Besant ihr "Esoterisches Christentum" und versuchte, christliches Gedankengut
theosophisch zu interpretieren. Solches hatte schon HPB mit ihrer
Abhandlung "Esoterik der Evangelien" begonnen, doch blieb nach
wie vor Luzifer die *eine* erlösende Kraft für den Menschen. Die
andere Kraft freilich ist die des Christus, aber nicht des histori-

schen, sondern als Christusprinzip im Menschen. Die historische
Gestalt des Nazareners blieb HPB nach wie vor verdächtig. Andererseits erstaunt die späte Einbeziehung des Christusgedankens
nicht allzu sehr, denn die Adyar-TG hat mehrere ideologische
Wandlungen durchgemacht. Aus dem Vulgärspiritismus hervorgegangen, war sie bald buddhistisch ausgerichtet, danach hindui-
stisch, und erst (nach Miers) ab etwa 1913 wurde ein abgewandel-
tes Christentum propagiert, ohne Gott und ohne Christus.

Annie BESANT selber durchlief in ihrer geistigen Entwicklung
kraß unterschiedliche Phasen. In ihrer Jugend neigte sie zu christlicher Schwärmerei und wäre beinahe katholisch geworden. Nach
der gescheiterten Ehe mit dem protestantischen Pfarrer Frank Besant wendete sie sich dem Atheismus zu, übernahm als leidenschaftliche Freidenkerin die Führung der Londoner Sozialisten
und war beim Barrikadenkampf am Trafalgarplatz dabei. Später
soll sie enthusiastisch für das Studium von Chemie, Anatomie und
Physiologie eingetreten sein. Was auch immer sie ergriff, dem
ergab sie sich mit Feuereifer, bemerkt Hans Freimark in Übereinstimmung mit anderen Biographen. So erscheint es kaum verwunderlich, wenn AB nach dem Kennenlernen HPBs und deren Mei-
ster-Lehren begeistert einstieg und sehr bald in führende Stellung
aufrückte. Auch mit der Gründung von Freimaurerlogen war sie
ungemein aktiv, nachdem sie in Paris einer Loge beigetreten war,
die auch Frauen aufnahm.

Als es in der Adyar-TG um die Nachfolge HPBs ging, kam es
zu tragikomisch-skandalösen Reibereien um den Präsidentschafts-
anwärter William Quan JUDGE (1851-1896). Hans FREIMARK
berichtet hierüber:

"Olcott, der zu Lebzeiten HPBs die Gesellschaft als Präsident
geleitet hatte, strebte diese Würde zu behalten. Besant stand an
seiner Seite, während Judge beiden entgegentrat, um sich an ihre
Stelle zu setzen. Jede Partei berief sich auf ein angebliches Wort
Blavatskys, das sie mit der Führung betraut haben sollte. Und als
das nichts fruchtete, rief man die Hilfe der 'Mahatmas' an. Die an
den Verhandlungen Beteiligten fanden im Beratungszimmer bald
einen Brief von Koot Hoomi, der den einen, bald eine Nachricht
Moryas, die den andern als berechtigten Nachfolger HPBs be-
zeichnete. In diesem erbitterten Streit der beiden 'geistigen Führer'
der Gesellschaft, passierte es Judge im Eifer des Gefechts un-
glücklicherweise, daß man ihm auf die Schliche kam. Es war da-

her für Olcott und Besant ein leichtes, den in diesem Falle doch zu wenig gerissenen Advokaten vor die Tür zu setzen, weil er von den 'Meistern' psychisch erhaltene Befehle „in eine irreführende materielle Form gekleidet hatte, ohne die Empfänger mit dieser Tatsache bekanntzumachen." Es kam zur Spaltung (1895) und von rund 100 amerikanischen Logen gingen 75 mit Judge. [46]

Annie Besant und Leadbeater blieben nunmehr unangefochten an der Spitze und entfalteten eine rege Tätigkeit. Sie führten die TG in ein gewagtes Abenteuer, über dessen Kühnheit man staunen müßte, wäre nicht Ähnliches auch heute noch möglich.

Auf LEADBEATER geht die Geschichte von den beiden Jesus-knaben zurück, die er hellsichtig in der Akashachronik geschaut haben will. Rudolf STEINER übernahm (später) diese Theorie. Andererseits behauptet derselbe Leadbeater in seinem Buch "The Inner Life", der Jesus der Evangelien habe überhaupt nie gelebt. Das betont auch AB in verschiedenen ihrer Schriften. Demnach soll alles, was im NT über Jesus und die Apostel steht, unwahr und eine Erfindung von Mönchen aus dem 1. oder 2. Jahrhundert sein. Nur ALCYONE, der große Weltlehrer, soll einmal - im Jahre 105 v.Chr. - als Mensch in Palästina gelebt und den Namen Jesus getragen haben. Bei einem Aufruhr sei dieser Jesus, der aber mit dem evangelischen Jesus absolut nichts gemein habe, gesteinigt worden. [47]

Mit diesem Alcyone alias KRISHNAMURTI begann eine reich-lich blamable Phase der TG: Die Sache mit dem großangekündig-ten neuen Weltheiland, dem "Maitreya-Christus".

Auf das bevorstehende Kommen eines neuen Weltlehrers hatte HPB im "Schlüssel zur Theosophie" hingewiesen. Leadbeater und AB entdeckten nun, daß dieser Erhabene sich in einem Hindukna-ben inkarniert hatte und zwar im Sohn eines im Adyarzentrum angestellten Schreibers. Der 1895 geborene Bub hieß Juddu Nari-ahna. AB adoptierte ihn. Nun wurde er Krishnamurti genannt, mit nach Europa genommen, und Leadbeater übernahm seine Ausbil-dung. Als jedoch dessen "Erziehungsmethoden" ruchbar geworden waren, klagte der Vater des Jungen auf Rückgabe und Aufhebung der Adoption. Erfolglos.

Wie man nun in der Politik einen Spitzenkandidaten propagan-distisch aufzubauen pflegt (und das Wählervolk regelmäßig darauf hereinfällt), so geschah es auch mit dem neuen Welterlöser der TG. Im Rahmen eines extra seinetwegen gegründeten Ordens vom "Stern im Osten" wurde Krishnamurti verkündet als "der da ist der

Große Bote der Okkulten Hierarchie, der Jagad-Guru, der Weltenlehrer, der Bodhisattwa, Shri Krishna, Christus der Herr ... Nennt
ihn den Allmächtigen, Gewaltigen und Mitleidsvollen, bei welchem Namen ihr wollt. Er kommt, um alle Dinge neu zu gestalten,
unsere zerschellte Welt wieder zu erschaffen." [48]

Im "Theosophist" erschien eine Artikelserie unter dem Titel
"Die Leben des Alcyone", derzufolge er schon zigmal auf Erden
gelebt hat. 32 Leben wollen Leadbeater und AB herausgefunden
haben. Ja er kam schließlich als Buddha wieder und später als
Christus! - Hierzu zwei Beispiele, deren Bewertung dem Leser
anheimgestellt sei:

Im Jahre 18.209 v.u.Z. wurde Alcyone/Krishnamurti in einem
nordafrikanischen Königreich geboren, im Gebiet des jetzigen
Algerien und Marokko. Sein Vater hieß damals Leo, seine Mutter
Achilles, sein Zwillingsbruder Sirius, seine Schwestern Aletheia,
und Polaris. Er heiratete eine Frau namens Helios, die ihm die
Söhne Herakles und Aldebaran sowie die Töchter Merkuria,
Ulysses, Beatrice und Aquarius gebar. Der Schwiegervater hieß
Uranus und dessen Frau Proteus.

Nach diesem Erdenleben hielt sich Alcyone fast 750 Jahre im
Jenseits auf und kam wieder im Jahre 17.464 in Zentralasien. Sein
Vater soll Psyche geheißen haben, seine Mutter Arcturus. Albireo,
Leto und Ajax waren seine Brüder; Beatrice, Rocyon und Cygnus
seine Schwestern. Sein Weib trug den Namen Riegel, sein
Schwiegervater Betelgueuse, die Schwiegermutter Canopus. Die-
ser Ehe entsprossen drei Söhne (Cassiopeia, Crux, Wenseslaus)
und drei Töchter (Taurus, Irene und Theseus).

Annie Besant, die vor rund 20.000 Jahren schon einmal die Ehre hatte, als Hebamme bei der Geburt des Alcyone behilflich zu
sein, wurde nunmehr die große Gnade zuteil, ihm diesmal quasi
eine *spirituelle* Hebamme sein zu dürfen. Anscheinend hatte sie
schon immer eine besondere Beziehung zu ihm, denn schon vor
ein paar hunderttausend Jahren, als er auf Erden lebte, da bewach-
ten seine Hütte, treuen Hunden gleich, eine Anzahl Affen. Und
einer davon soll resp. will Annie Besant gewesen sein!

Als Krishnamurti 15 Jahre alt war, erschien unter seinem Namen bzw. Pseudonym "Alcyone" das recht gut geschriebene Büchlein "Zu Füssen des Meisters". AB deklarierte es in ihrem Vorwort
als "Seine erste Gabe an die Welt". Zu jener Zeit war Krishnamurti beim Erlernen der englischen Sprache und besaß auch noch kein
esoterisches Wissen. Nach RAATZ handelt es sich in Wirklichkeit

um eine neu bearbeitete Abhandlung, die schon Jahre zuvor im "Theosophist" (Band V) erschienen und die bereits mehrmals ins Deutsche übersetzt worden war. [49] Mag diese Schrift, als deren Verfasser Leadbeater und AB vermutet werden, auch viel Wertvolles enthalten, so ist sie durch die "fromme Lüge", sie stamme von Krishnamurti, doch etwas beeinträchtigt.

Nachdem AB sein 30. Lebensjahr abgewartet hatte (in Anlehnung an Jesu im gleichen Alter beginnende Lehrtätigkeit), ließ sie ihn offiziell zum Weltlehrer ausrufen. Rund 20.000 Menschen sollen bei der Feier zugegen gewesen sein, die nach hinduistischem Ritus vollzogen wurde.

Bei Krishnamurti zeigte sich der Einfluß seiner theosophisch ausgerichteten Erziehung in dem Bekenntnis: "Ich kenne keinen Gott, noch den Glauben an ihn. Ich kenne kein Dogma, noch seinen Zwang. Ich kenne keine Religion, noch die Furcht davor. Ich kenne kein Königtum, noch seinen Pomp." [50]

Der "Große Knall" jedoch erfolgte, als Krishnamurti die ihm zugedachten Würden niederlegte. 1929 erklärte er, kein Meister sein zu wollen und löste den Orden vom "Stern des Ostens" auf! "Diesem höchst dramatischen Vorgang, der sich auf einem sogenannten Star-Camp in Ommen/Holland abspielte, habe ich beigewohnt", schreibt Hans-Hasso von VELTHEIM-OSTRAU in "Der Geist Asiens". Die nunmehr 80jährige Annie Besant habe ihn "oft herbeigewinkt, um sich, auf meinen Arm gestützt, durch die über 10.000 Teilnehmer zum Star-Camp hindurchfahren zu lassen." Die Haltung, in welcher AB den für sie und die ganze TG niederschmetternden Schritt Krishnamurtis kommentierte, nötigte von Veltheim-Ostrau größte Achtung ab. [51]

Dr. Rudolf STEINER (1861-1925) als Generalsekretär der deutschen Sektion hatte es abgelehnt, die Lehre von der Christus-Wiederkunft und den Orden vom "Stern des Ostens" zu unterstützen, worauf es zum Ausschluß der deutschen Sektion kam. Daraufhin gründete Steiner 1913 die "Anthroposophische Gesellschaft", der sich 90% der bisherigen TG-Mitglieder anschlossen. [52]

Annie Besant, die in einem früheren Leben Giordano Bruno und noch früher die edle Hypatia gewesen zu sein meinte, starb am 20.9.1933 in Adyar. Ihr Nachfolger wurde Dr. George Arundale (1870-1945). Von 1945 bis 1953 war Currupumulaggà Jinarajadasa (1875-1953) Präsident. Ihm folgten Nilakanta Sri Ram (1889-1973) und John B.S. Coats (1906-1979). Seit 1980 bekleidet Rad-

ha Burnier, die Tochter von Sri Ram, das Präsidentenamt der A-
dyar-TG.

Keiner dieser Repräsentanten scheint Annie Besants Format er-
reicht zu haben. Dennoch leben die Ideen der Blavatsky'schen
"Meister" unvermindert fort und finden neuen Nährboden in der
New Age-Gläubigkeit der Gegenwart. Vor allem der Luzifer-
Rummel erlebt eine Blütezeit, die er vorwiegend den Schriften
von Alice Ann BAILEY verdanken dürfte. Ihr und ihrer Nachfolger
Wirken ist im nächsten Kapitel skizziert.

Kritische Anmerkungen

Den folgenden Stellungnahmen liegt weder Kritiksucht
zugrunde, noch vermeintliches Besserwissenwollen; sie erfolgen vielmehr nach bestem Wissen und Gewissen aufgrund
einschlägiger Studien:

A) Der theosophische Leitspruch lautet: "Keine Religion ist höher
als die Wahrheit". Das klingt überzeugend, ist aber falsch.

Begründung: Die Relativität von Wahrheiten auf weltanschauli-
chem Gebiete zeigt sich schon in der Einsicht, daß jeder auf seiner
Stufe recht hat, gemäß seinem Wissen, seiner Erfahrungen und
Neigungen. Was also ist "Wahrheit"? - "Wahrheit ist die Essenz
des Wissens der jeweiligen Erkenntnisstufe, mitgeteilt in guter
Absicht.", meinte ein Jenseitiger. "Wahrheit nimmt, gleich dem
Wasser, die Form *des* Gefäßes an, in welche sie sich ergießt",
heißt es bei A.J. DAVIS. [53] Auch der Auffassung von KAHIR dürfte zuzustimmen sein, wenn er sagt: "Wer im Besitze von Teil-
wahrheiten das Ganze zu umschließen glaubt, der ist am Wege
zum Erkenne-dich-selbst noch recht weit zurück. Nichts ist im
Reiche des Geistes unangebrachter als das große Geschrei um den
Alleinbesitz der Wahrheit. Darin äußert sich nur eine gute Portion
Hochmut als würdiges Abbild des gefallenen Urgeistes (Luzifer),
der das Unendliche auch wähnte in sich fassen zu können, um es
allein zu beherrschen."

Der Grundsatz, wonach keine Religion höher als die Wahrheit
sei, ist somit anfechtbar. Es erstaunt, daß dies den klügsten Köpfen
der TG verborgen blieb. Wäre es nicht besser, zu sagen: "Keine
Religion ist höher als die Liebe"? Denn zu deren Erläuterung bedarf es keiner dickleibigen Bücher. Deshalb wäre die christliche
Lehre die beste aller Religionen, wenn sie allgemein *gelebt* würde;

denn dann könnte sie durch kein noch so umfangreiches "esoterisches" Wissen jemals überboten oder ersetzt werden.

B) Unwahr ist, daß erst durch die Gründung der TG allen Suchenden die echte Beantwortung der drängenden Fragen nach unserem Woher und Wohin gegeben worden sei, wie Beatrice FLEMMING im 1. Band (S.14) ihres Werkes "Das theosophische Weltbild" behauptet. In den Religionen sei den Völkern, je nach ihrer Mentalität und zeitbedingten Aufnahmefähigkeit, jeweils nur *ein* besonderer Aspekt der Göttlichen Weisheit in den Brennpunkt gestellt worden, meist in verschleierter Form. Nun aber, mit der Theosophie, würde uns angeblich ein lückenlos-logisches Ur-Weltbild geboten, "das alle Lebensprobleme erhellt und darum *hocherlösend* ist. Die Theosophie gleicht dem weißen Lichtstrahl des Spektrums, und jede Religion einer der prismatischen Farben ...".

Stellungnahme: Der theosophische Alleinseligmachungs-Anspruch ist typisch menschlich. In Wahrheit strahlte göttliche Weisheit zu allen Zeiten und in alle dafür empfänglichen Gemüter ein und fand geeignete Kanäle, die zur Aufnahme und Weitergabe des Empfangenen oder Geschauten tauglich waren. So empfingen Swedenborg, Lorber und A. von Vay, ja bereits Jakob Böhme, schon lange *vor* der TG-Gründung großartige Schilderungen der Schöpfungsvorgänge und des Weltenaufbaues. Auch die christlich-spiritualistische Weltanschauung, die sich aus dem sogenannten modernen Spiritismus herauskristallisierte, bietet ein keineswegs minder erhabenes Welt- und Schöpfungsbild, und zwar ohne Luzifer-Kult. Um letzteren zum Gipfel aller Weisheit zu erheben, bedurfte es offenbar erst der Manifestation einer sehr an irdischer Machtentfaltung interessierten Meister- und Adepten-Hierarchie, mit Weltregierung und falschem Christus als Machthaber.

C) Im theosophischen Weltbild ist die gesamte Entwicklung materiebezogen. Während eines großen Schöpfungszyklusses muß das geistige Prinzip erst in die Materie, um sich hier individualisieren zu können und Bewußtsein zu erlangen. Der Mensch wäre bloß ein blindes Werkzeug des "Universalwillens" und könnte kein "selbstbewußter und selbsterkennender Mitwirker in dieser Kraft" werden, wenn es die Materie nicht gäbe (Hartmann). Die Höherentwicklung des Menschen vollzieht sich in Millionen Leben und Lebensformen ausschließlich über die Materie, ohne Rückbindung an einen Gott im Sinne christlicher Auffassung. Ein solcher existiert überhaupt nicht, denn der einzige Gott, den es gibt, ist das "Höhere Selbst" im Menschen. - Der "Fall" in die Materie *mußte* geschehen, denn er war im Schöpfungsplan vorgesehen. Ohne Luzifer keine Materie, und ohne Materie keine individuelle, persönlichkeits- und bewußtseinsbildende Aufwärtsentwicklung, bis alles wieder ins Nichtsein, ins Pralaya, in die "Weltennacht" zurückversinkt.

Stellungnahme: Der nicht bloß in der Theosophie gelehrte "Sündenfall", jenes Abgleiten in die Geschlechtertrennung und Zeugung, muß logischerweise stattgefunden haben, wie ich bereits begründete. Fallen jedoch, d.h. uns von der gesetzlichen Ordnung unseres Ursprungs entfernen, konnten wir aber nur, *weil* wir Selbstbewußtsein und Willensfreiheit besaßen. Ohne diese beiden Faktoren, die wir als höchste Gottesgeschenke empfinden dürfen, kann es keine Verantwortlichkeit geben. Unser selbstbewußter Eigenwille, fußend auf Entscheidungsfreiheit, ermöglichte unseren Fall. Freiheit bedeutet aber nicht, daß wir fallen *mußten*, sondern daß diese Gefahr vorhanden war. Das ist auch jetzt noch so und wird in Zukunft nicht anders sein. Und erst dieser "Fall", der neue Naturgesetze notwendig (Not-wendend) werden ließ und schließlich bis zur Bildung materieller Welten führte, machte die Verbindung des Geistes mit der Materie und seine Einkörperung in ihr zum Gesetz. "Ohne Fall bedarf der Geist *nicht* der Materie", heißt es in einer Belehrung aus der geistigen Welt. Auf die direkte Frage, ob ein gefallener Geist Mensch werden *muß*, um selbstbewußt Wahrheiten empfangen zu können, lautete die Antwort eines Jenseitigen, der einen besseren Überblick erreicht hat als wir: "Der Geist, ob materiell oder unmateriell, kann nur *die* Wahrheit erfassen, die seiner Stufe angemessen ist. Um Wahrheit zu erkennen, braucht der Geist nicht Mensch zu werden; ist er nur wenig gefallen, so braucht er die Materie dieser Erde nicht zu seinem Fortschritt. Es gibt halbmaterielle und ganzmaterielle Welten. Die Bewohner der halbmateriellen sind weniger tiefgefallene Geister und erkennen als solche reinere, höhere Wahrheit, als die Bewohner ganzmaterieller Welten wie der Erde."

Die Annahme, Geist könne von Materie erzeugt werden, nannte Dr. Max KEMMERICH schlicht einen Aberglauben. Die Materie allein vermöchte überhaupt nichts, würde sie nicht vom Lebens- und Seelenprinzip durchdrungen.

Dem theosophischerseits betonten Karmagesetz jedoch gebührt
- ob mit oder ohne Berücksichtigung des Gnadenfaktors - Zustimmung, weil es von unserer persönlichen Willensentscheidung abhängt, welchen Weg wir einschlagen wollen, ob wir gemäß unserer Bestimmung vorwärtskommen, stationär bleiben oder noch
tiefer absacken wollen. Jede Entscheidung wird von Gott, dem
Weltgeist, dem Universalwillen oder wie immer man sagen möchte, respektiert, und alles weitere obliegt den Naturgesetzmäßigkei-
ten. Darin sehe ich nicht bloß einen Aspekt höherer Gerechtigkeit,
sondern auch der vielbezweifelten *Liebe* Gottes, die erfahrungsgemäß keinen verlassen sein, ja sogar jeden Einzelnen geführt sein
läßt. Man braucht doch nur auf sein bisheriges Erdenleben zurück-
zublicken, so erkennt man diese individuelle Führung, sofern man
nicht restlos alles (bequemlichkeitshalber, um tieferem Nachdenken vorzubeugen) dem "Zufall" überantworten will. Der wahre
Esoteriker weiß um die Existenz unsichtbarer Helfer und Freunde,
unserer Schutzengel und Schutzgeister, die demjenigen zur Seite
stehen, der "immer strebend sich bemüht". Und dies alles findet
Bestätigungen durch das, was wir von der Todes- und Jenseitsforschung her wissen, von den Erfahrungen klinisch Totgewesener
und von Rückführungen in vormalige Leben.

Wem jedoch anderslautende esoterische Lehren sympathischer
sind, für den mögen sie, seiner derzeitigen Entwicklungsphase
gemäß, richtig sein. Trost allerdings kann eine Lehre kaum vermitteln, wenn statt lebendigen Gottvertrauens und Gottverbunden-
seins nur kalter, luziferischer Intellektualismus geboten wird.

Auf eine weitere Frage, wie die "Scheidung der Geister" im
Zusammenhang mit einem "letzten Gericht" aufzufassen sei, lautet
eine Auskunft von drüben:

"Es gibt *ein* Gesetz fürs ganze All. Nicht nur der (einzelne)
Geist, auch die Welt reift ihrer Vollkommenheit entgegen. Wie
soll ich euch dies erklären? - Die Materie ist geistdurchtränkt,
sonst wäre sie nicht lebensfähig. Dieser Geist oder dieses Lebensprinzip in der Materie reift und wirft, wenn es eine bestimmte
Reife erlangt hat, so viel Materie ab, als ihm hinderlich (ist) an
seiner weiteren Reifung; nur *die* Materie festhaltend, die ihm zur
weiteren Entwicklung notwendig ist. Mit der dichtesten Materie
werden auch niederste Geister ausgeschieden, denn Geist und
Materie muß sich ähnlich sein, im Gesetz der Ähnlichkeit verbunden. Dies ist das 'letzte Gericht', von dem Christus spricht, wo die

Schafe von den Böcken gesondert werden; oder in dem Gleichnis, wo der Feind Unkraut sät, und beide - Weizen und Unkraut - *nach ihrer Reife geerntet und getrennt werden.*" Eine solche Ausscheidung, im Zusammenhang mit einer weltumfassenden Katastrophe, stünde nun auch wieder der Erde bevor. Und: "Je nach eurer Stufe reift auch eure Erkenntnis." [54]

D) Schlangen und Drachen werden in der "Geheimlehre" verehrungswürdige Symbole der Weisheit genannt; der dunklen natürlich, gemäß Strophe VII/24 der Anthropogenesis des Buches Dzyan. Dabei wird auf die von Jahwe befohlene Anfertigung einer ehernen Schlange verwiesen (4. Mose 21,8-9). Ferner auf die Stelle Matth. 10,16: "Seid klug wie die Schlangen."

Stellungnahme: Dieser Punkt ist in der Adyar-Theosophie nicht so unbedeutend, wie es auf den ersten Blick scheinen mag.

In der Bibel sind Schlangen und Drachen ein Symbol des Bösen. Auch Jesus scheint dieser Meinung gewesen zu sein, sonst hätte er die Pharisäer nicht mit Schlangen- und Otterngezücht verglichen (Matth. 23,33). Ähnlich wird die Schlange an mehreren Stellen der Bibel charakterisiert: "Es ist kein Kopf so listig wie der Schlange Kopf" (Sir. 25,21); "Und die Schlange war listiger denn alle Tiere auf dem Felde" (1. Mose 3,1); "Und ergriff den Drachen, die alte Schlange, welcher ist der Teufel und Satan ..." (Offb. 20,2 und 12,9); "Ihr Wüten ist gleich wie das Wüten einer Schlange" (Psalm 58,5); "Sie schärfen ihre Zunge wie eine Schlange" (Psalm 140,4). Das Wort "klug" in Matth. 10,16 als Synonym für weise, schlau, listig ist hier schon deshalb falsch, weil es wesentlich klügere Tiere gibt als Schlangen.

Bezeichnend ist außerdem, daß im praktizierten Satanismus die Darstellung ekelhaften Schlangengewürms sehr beliebt ist. Wir können also auf die angebliche Weisheitssymbolik der Schlange oder des Drachen [55] gut und gerne verzichten. Es handelt sich eindeutig um satanistische Symbole, auch wenn man esoterischerseits noch soviel in sie hineingeheimnissen mag. Das betrifft gleichermaßen den gehörnten schwarzen Ziegenbock und den Widder als Symbol vielnamiger Gottheiten, welchen in der Esoterik eine oft so zentrale Bedeutung zugemessen wird. Als Einsichtiger wird man tiefgesunkene oder gar zu Dämonen verunstaltete Personifikationen weder verehren, noch hassen oder verdammen; auch Michael, wenn man Jud. Vers 9 glauben will (als er wegen des

Leichnams von Moses verhandelte), beschimpfte den Teufel nicht, sondern sprach: "Der Herr strafe dich!"

Mir persönlich genügen völlig die beiden aus der "Geheimlehre" bereits zitierten Grundaussagen (Band II, 394), daß Satan "in Wirklichkeit der höchste göttliche Geist, die okkulte Weisheit auf Erden" sei, sowie Band I, 220, wonach Satan "aus einem irdischen Menschen einen göttlichen macht; der demselben ... das Gesetz des Geistes des Lebens gibt und ihn befreit von der Sünde der Unwissenheit, somit vom Tode."

Das irdische Geschehen bestätigt überdeutlich die Fähigkeit des Negativen Prinzips, aus Menschen Teufel machen zu können! Somit dürfen wir HPB und ihrer luziferisch-satanischen Meister-Hierarchie sogar dankbar dafür sein, daß wir aufgeklärt wurden über die Wesenseinheit von HERMES, dem "Gott der Weisheit", auch THOTH oder SETH genannt, mit SATAN (Band II, 398). Wo immer man diesen Namen in der Esoterik begegnet, ist entsprechende Vorsicht geboten. Denn wieder, wie zu Zeiten unseres Aufenthaltes in den Paradieswelten, versucht der Gegensatz unter Ausnutzung des menschlichen Wissensdurstes, unsere Neugierde anzufachen und uns mit großmäuligen Versprechungen zu umgarnen (Erlangung von Weisheit, Vollkommenheit und Gottgleichheit). Wer nicht einzusehen vermag, daß jedwede Weisheit des falschen Lichtes uns von Gott und unserer eigentlichen Bestimmung noch weiter entfernt als wir es bedauerlicherweise sowieso schon sind, dem ist nicht zu helfen und der wird, nach dem bevorstehenden abermaligen Geisterfall, die naturgesetzlichen Folgen seines Fehlverhaltens eben tragen müssen. Wohl dem, der die Kraft findet, noch rechtzeitig die entscheidende Kurskorrektur zu vollziehen! [56]

E) Hinsichtlich Karma und Reinkarnation wird gesagt, diese beiden Prinzipien, die als naturgetzmäßig-mechanistisch wirkende Gerechtigkeit aufgefaßt werden, würden in bezug auf menschliche Schicksale restlos alles erklären.

Stellungnahme: In meiner Arbeit "Wiedergeburt - ein Leben oder viele?" habe ich das Für und Wider des Reinkarnationsgedankens erwogen und kam unter Einbeziehung neuester Forschungsresultate zu dem Ergebnis, daß mehr dafür als dagegen spricht. Dennoch hat auch die Wiederverkörperungslehre gewisse Schwachstellen. Wenn z.B. jemand gemordet hat, so muß er, dem Sühnegesetz zufolge, wieder inkarnieren, um ein gleiches oder ähnliches

Schicksal zu erleiden. Zu gegebener Zeit muß also jemand da sein, der als ausführendes Organ des Karmagesetzes das Umbringen besorgt (es sei denn, ein tödlicher Unfall sorgt für den Ausgleich). Obwohl nun dieser neuerliche Mord quasi vorprogrammiert war und der Mörder eine karmische Notwendigkeit darstellte, hat er sich trotzdem durch diese Tat selber belastet und müßte demzufolge in einem späteren Leben wiederum durch Menschenhand getötet werden. Und selbst wenn man Unglücksfälle, Naturkatastrophen etc. mitwirkend einbezieht, wie sieht es dann mit Kriegstreibern aus, die Millionen Menschenleben auf dem Gewissen haben? Wie sollte solch ein Teufelskreis jemals durchbrochen werden können, wenn jegliche Sühne ausschließlich in der Materie erfolgen muß und es im Jenseits *keine* Wiedergutmachungs- und Fortbildungsmöglichkeiten gibt? Überhaupt ist die Gefahr, sich in Anbetracht unserer Erdenverhältnisse mit neuer Schuld zu belasten ungleich größer, als alte abzutragen.

Für *Gnade* im Sinne von Vergebung ist kein Platz in einem System, das nur unpersönliche Kräfte und Gesetze, aber keinen persönlichen Liebegott kennt.

Bezeichnenderweise war es ein Inder, Sri AUROBINDO, der wohl größte indische Mystiker und Yogi, der die Starrheit altindischer Lehren überwand, wie z.B. jener vom Scheincharakter der Materie. Außerdem stieß er über das Nirwana hinaus in geistige Realitäten vor und gab der üblichen, zum Fatalismus führenden Karma-Auffassung den Abschied. Desgleichen der Lehre vom unpersönlichen göttlichen Sein. Aurobindo erkannte das Personsein Gottes als erfahrbare Realität; er empfand das Nirwana als Anfang, nicht als Ziel des Yogaweges und damit dessen Ende. Margarete ECKEL schreibt: "Schließlich beginnt auch die alte indische Lehre zu wanken, nach welcher es keinen Unterschied gebe zwischen Schöpfer und Geschöpf. Ramakrishna scheute sich zu wiederholen, was die Mystiker Indiens seit jeher aus dem Erleben ihrer Einheit mit dem Göttlichen heraus empfunden und ausgesprochen hatten: "Ich bin ER; es gibt nicht zweierlei, nicht Schöpfer und Geschöpf, alles ist eins." Zu dieser Aussage verweigerte Ramakrishna sein Zeugnis mit dem nachdenkenswerten Gleichnis: "Die Wellen des Ganges gehören zum Ganges, aber eine Welle ist nicht der Ganges." [57]

Dies alles bedeutet, daß jene angeblich uralten Lehren, auf denen HPB aufbaut, überholt sind und ihre "Meister" die Entwicklung nicht vorauszusehen vermochten. Von weiterführenden, unserer Zeit angepaßten geistigen Erkenntnissen wissen sie nichts. Zweifelsohne wußten und erkannten die alten Weisen Indiens viel mehr als die abendländische Philosophie und exoterische Religionen; aber vom Geisterfall hatten sie offenbar keine Ahnung, und die Wesenheit Christi war ihnen ebenfalls unbekannt. Wer dennoch fürderhin im Moderduft alter gnostischer Schriften und mit Einweihungsritualen sein Heil zu finden hofft, dem sei dies unbenommen. Jeder ist seines Glückes Schmied!

In "Geist, Kraft, Stoff" (S.98) wird gesagt: "Das Christentum, wie es der Messias und seine Apostel verkündeten, ist eine einsmachende geistige Kraft, eine Potenzierung aufwärts zu Gott." Das luziferische Prinzip stellt das Gegenteil dar. [58]

F) Fortschritt findet nur in der Materie, nur in Form irdischer Inkarnationen statt. Im Jenseits gibt es keine Weiterentwicklung.

Stellungnahme: Das stimmt nicht. Das Reinkarnationsprinzip scheint vielmehr eine Art Naturgesetz zu sein für denjenigen, der ein bestimmtes Reifestadium nicht erreicht hat oder infolge unvorgesehen frühen Todes nicht erreichen konnte. Hier wäre ein Wiederkommenmüssen, vielleicht sogar -wollen, denkbar. Wer jedoch dem Anziehungsbereich dieses Gesetzes entwachsen ist, der *kann* - wenn er will - ein weiteres Erdenleben auf sich nehmen, *muß* aber nicht. Man sollte sich jedoch besser auf keine bestimmte Ansicht festlegen. Zur fixen Idee gewordene Überzeugungen nimmt man nach dem Leibestode mit hinüber in die andere Welt, wo man unter Gleichgesinnten sein wird. Dann geht man womöglich, wie Friedrich FUNCKE treffend bemerkt, den längeren Weg, wo ein kürzerer offenstand.

G) Zur theosophischen Ansicht über Spiritismus, Tod und Jenseits. - Die Möglichkeit des Kontaktes mit Gestorbenen wird zugegeben, indem man vor diesbezüglichen Praktiken warnt. In der Art, wie Spiritisten den "Umgang mit Geistern" pflegen, soll angeblich kein Verkehr möglich sein. Man habe es in der Regel lediglich mit sogenannten *Astrallarven* zu tun, mit den sich allmählich auflösenden Formen abgelegter Astralleiber. Behauptet wird ferner, Verstorbene könnten sich nur während ganz kurzer Zeit nach ihrem Hinübergang über Medien kundgeben, solange der Auflösungsprozeß ihrer Persönlichkeit noch nicht zu weit fortgeschritten ist. Das sei der Grund des allgemein unbefriedigenden

Niveaus sogenannter Geisterbotschaften. Intelligentere Mitteilungen würden zumeist aus dem Medium selber stammen.

Theosophischer Ansicht zufolge gelangt man nach dem Tode zunächst in die Unterwelt (Kamaloka, Hades, Zwischenreich, niedere Astralwelt, Fegefeuer). Dort geht man schon nach wenigen Tagen in einen Zustand der Unbewußtheit über, während welchem die vier niederen Wesensbestandteile des Menschen abgestreift werden und sich langsam auflösen. Die drei oberen (Atma, Buddhi und höheres Manas) gelangen in die Devachan-Ebene, in die als Himmel empfundene Mentalwelt, die dem astralen Zwischenreiche folgt. Das freudenvolle Leben dort, welches nach unserer Zeitrechnung Jahrhunderte dauern kann, dient dem Ausruhen und der Verarbeitung irdischer Erfahrungen, zur Vorbereitung auf das nächste Erdenleben. Eine Weiterentwicklung im Jenseits gibt es nicht.

Stellungnahme: Die vorgenannten Punkte als Grundzüge esoterisch-theosophischer Behauptungen differieren da oder dort und wurden im Laufe der Zeit auch schon verändert. Es ist überhaupt ein fast aussichtsloses Unterfangen, geheimwissenschaftliche Vorstellungen von den Wesensbestandteilen des Menschen und der Welt (Einteilung in Seinsebenen) auf einen Nenner bringen zu wollen. Man betrachte nur die Angaben hierzu im Miers-Lexikon, S. 326 bis 330! Da kann es einem ergehen wie dem Schüler bei Faust: "Mir wird von alledem so dumm, als ging' mir ein Mühlrad im Kopf herum." Aus parapsychologischer Sicht möchte ich jedoch folgendes dazu sagen:

Die Angabe betreffs der "Larven" wird seitens der parapsychologischen Forschung in nur sehr geringem Maße bestätigt. Immerhin muß die Möglichkeit des Vorhandenseins besagter Formen in Betracht gezogen werden, auch daß Naturwesenheiten (Naturgeister) sich solcher Schemen eventuell bedienen und gegebenenfalls allerlei Unfug damit anstellen können. [59]

Das Problem der sogenannten Foppgeister ist im Spiritismus hinlänglich bekannt. Nicht wenige, die zum Beispiel auf schreibmedialem Wege mit Verstorbenen Kontakt zu haben meinen, werden Opfer dummer Streiche oder der Verstellkünste jenseitiger Wesen, die - wie gesagt - nicht unbedingt ehemalige Menschen sein müssen. Das bedeutet aber keineswegs die grundsätzliche Unmöglichkeit der Erlangung wirklich wertvoller Informationen aus der anderen Welt; und die sind auch nicht so selten, wie HPB und ihre "Meister" uns weismachen wollen. Mit solcherlei Behauptungen wurde die Jenseitsforschung unnötigerweise behindert und in Mißkredit gebracht. Daß dies seitens der "Hierarchie" absichtlich geschah, ist naheliegend.

Wir wollen HPB und Mr. Sinnett zugutehalten, daß sie vielleicht die Kenntnis einiger Spukvorkommnisse, ja des Spuks überhaupt, falsch interpretierten. Die meisten Fälle dieser Art erwekken durchaus einen primitiven Eindruck, und auch hier muß nicht immer ein Hinübergegangener die Ursache sein. In der Regel jedoch ist das der Fall. Prof. Ernesto BOZZANO (1862-1943), Altmeister der italienischen Parapsychologie, untersuchte 374 Spukbegebenheiten, wovon 304 nachweislich mit Verstorbenen zusammenhingen.

Nicht nur unzureichende Kraftfelder, sondern auch ein Zustand getrübten Bewußtseins beim Abgeschiedenen kann der Grund dafür sein, daß die Manifestationen recht einfältig wirken. Es gehört zum ältesten spiritistischen Erfahrungsgut, daß Hinübergegangene gar nicht mitbekamen, was mit ihnen geschah. Sie meinen zu träumen und sind völlig durcheinander. Vom nachtodlichen Weiterleben hatten sie nie gehört oder es für unmöglich gehalten. Solche "armen Seelen", wie man im Katholizismus sagen würde, sind über ein geeignetes Medium verhältnismäßig leicht zu belehren und aufzuklären.

Von ihren spiritistischen Erlebnissen her mußte HPB und Olcott bekannt gewesen sein, daß es so etwas gibt, doch zogen sie aus der Verworrenheit und Schwäche vieler Jenseitiger falsche Schlußfolgerungen.

Den "Meistern" der TG schien dies recht zu sein, denn die christlich-spiritualistische Lehre vom Weiterleben und der jenseitigen Weiterentwicklung des Menschen paßte weder in ihr Lehrschema noch in ihr Programm. Man muß aber gesehen und erlebt haben, wie solche angeblichen "Astralleichen" reagieren, wenn es gelang, sie zum Verständnis ihres Zustandes und dessen Ursachen zu bringen. Manchmal muß man ihnen, wenn sie selber zum Beten unfähig zu sein scheinen, ein Gebet vorsprechen und darauf dringen, es nachzusprechen. Das fällt ihnen oft sichtlich schwer und kostet sie erhebliche Überwindung, besonders wenn sie von religiösen Belangen wenig oder nichts hielten. Haben sie es aber endlich geschafft und den guten Willen, sich etwas sagen zu lassen, so ändert sich mit ihrem Denken auch ihre Bewußtseinsstufe und zugleich ihre Umgebung. Anscheinend sind sie jetzt "auf einer anderen Wellenlänge". Sie geben an, plötzlich Licht zu sehen, sie erkennen hinübergegangene Angehörige oder Freunde und werden frei von dem ihnen unerklärlich gewesenen seelischen Druck, der bis dahin auf ihnen gelastet hatte. Freudig und zutiefst dankbar folgen sie nunmehr ihren liebreichen Helfern und sind bereit zu lernen. Diese Art von Seelsorge scheint HPB völlig fremd gewesen zu sein, sonst hätte sie es vielleicht doch unterlassen, irreführende Verallgemeinerungen zum Glaubenssatz zu erheben. Dr. Georg SULZER (1844-1929) schreibt, man müsse so etwas selbst erlebt haben, um den Ernst der jeweiligen Situation zu verstehen und von der Echtheit des Geschehens überzeugt zu sein. [60]

In seiner Schrift "Unsere unsichtbaren Helfer" spricht LEADBEATER von der Befähigung zum bewußten Körperaustritt, zur Aussendung des Astralleibes. Auf diese Weise könne man beistandsbedürftigen Astralweltbewohnern helfen. Zugleich warnt er vor der Belehrung Jenseitiger auf spiritistische Weise, und Sulzer fragt zu Recht, worin da der prinzipielle Unterschied liegen soll? Das Verfahren via Medium habe zudem den Vorteil, daß auch Anwesende, selbst wenn sie nicht hellsichtig oder hellhörend sind, das Geschehen mitverfolgen und sich an den Dialogen beteiligen können.

Außerdem seien Kontakte nach herkömmlich-spiritistischer Art leichter zu bewerkstelligen und mit weit weniger Gefahren verbunden als die nur schwer erlernbare Aussendung des Astralkörpers. [61]

Die Pauschalverurteilung des Spiritismus paßt an sich völlig zum Wesen der "Meister der dunklen Weisheit". In Europa gehört noch heute Mut dazu, sich zur spiritistischen Weltanschauung zu bekennen. Sinn und Zweck des Spiritismus sind nicht Sensationshascherei oder Nervenkitzel für abgestumpfte Wohlstandsbürger, sondern Anregung zum Nachdenken über unser Woher und Wohin, und über das Wozu. Auch Manifestationen niederster und primitivster Art können uns Anschauungsunterricht erteilen über die nachtodlichen Folgen unseres Erdenwandels. Hierüber hat der verachtete Spiritismus Millionen Menschen Klarheit verschafft, hat ihr Gottvertrauen gefestigt und viele vor dem Irrtum des Selbstmordes bewahrt. Kann das auch die Theosophie von sich sagen? - Und was das Niveau vieler Mitteilungen aus dem Jenseits, die schon zu Bibliotheken angewachsen sind, betrifft, so sind sie naturgemäß sehr ungleichwertig, und nur ein geringer Teil genügt höheren Ansprüchen. Aber gerade auf diesen kleineren Teil kommt es an! Ich selber pflege nachdrücklich vor vulgärspiritistischen Praktiken und dem Drauflosexperimentieren ohne hinreichendes theoretisches Wissen zu warnen, aber nie würde mir einfallen, alles in Bausch und Bogen zu verdammen. Wenn Kontakte mit anderen Seinsebenen unter göttlicher Zulassung geschehen und möglich sind, so wird das seinen tieferen Grund haben. Und würde der Spiritismus vom widergöttlichen Prinzip herstammen, so würde er sicherlich, ähnlich der heutigen Sex- und Gewaltpropaganda, mit allen Mitteln moderner Massenbeeinflussung gefördert.

Anläßlich einer sensationell aufgebauschten Spukbegebenheit in Hydesville/NY, war im 19.Jahrhundert der sogenannte moderne Spiritismus zu einer weltweiten geistigen Bewegung geworden. Diese Strömung wurde zweifelsfrei von höherer Warte, die wohl gewußt haben mag, was auf Europa und die Menschheit zukommt, veranlaßt und gelenkt. Ebensowenig ist als Zufall zu werten, daß zum gleichen Zeitpunkt (1847/48) eine gewaltige Gegenbewegung einsetzte mit dem Kommunistischen Manifest von Karl MARX (eigentlich Kissel Mordechai) und Friedrich ENGELS. Damit begann nicht nur der gerechte Kampf gegen die Ausbeutung des Menschen durch den Menschen (die mittlerweile vielfach zur Ausbeutung des Menschen durch den Staat wurde), sondern auch der ungerechte und gnadenlose Kampf gegen die Religion, zuvorderst gegen das Christentum. Kirchliches Fehlverhalten rechtfertigt in keiner Weise die entsetzlichen Verbrechen des 1918 in Rußland begonnenen Ausrottungsfeldzuges gegen den Christenglauben. Andererseits könnte man den unbändigen Haß gegen alles Christliche, wie er auch als Schattenseite der Esoterik zur Geltung kommt, als einen indirekten Beweis für die so häufig angezweifelte Historizität Jesu Christi werten. Denn um etwas zu hassen, was niemals existierte, sind die Träger des Negativen Prinzips viel zu intelligent. -

Um das Kapitel über die Adyar-Theosophie im wesentlichen abzuschließen, sei noch des 1936 erschienenen Buches von Ernest Egerton WOOD gedacht, mit dem Titel "Ist das Theosophie?"

Wood war jahrelang Privatsekretär und engster Mitarbeiter von Leadbeater und Annie Besant, und ich glaube nicht, daß sein Buch enttäuschten Hoffnungen entsprang, nur weil ihm die Nachfolge Annie Besants versagt blieb (TG-Präsident wurde, angeblich auf-

grund gefälschter Besant-Briefe, Dr. George S. ARUNDALE).
Wood scheint wirklich ein Wahrheitssucher gewesen zu sein. Er
wünschte eine Gemeinschaft, in der offen diskutiert und erforderlichenfalls auch mal das Wollen der einen oder anderen führenden
Persönlichkeit kritisiert werden durfte. Er selbst verfügte über
paranormale Fähigkeiten, blieb ihnen gegenüber jedoch skeptisch
distanziert.

Wood hatte seine Erfahrungen mit LEADBEATER schon 1913 in
einem Beitrag "Zehntausend Stunden mit Leadbeater" niedergelegt. Dieser habe immer alles schnellstens vorantreiben wollen und
quasi endgültige Wahrheiten verkündet, "im Gegensatz zu vielen
von uns, die das *Suchen* nach Wahrheit als höchstes Ziel der Gesellschaft betrachtet wissen wollten, es den anderen dann überlassend, sich selbst emporzuheben."

Schließlich habe er, Wood, an Leadbeaters hellseherischer Begabung zu zweifeln begonnen. Auch die Schilderungen des vorge-
burtlichen Daseins Krishnamurtis, samt der angeblichen Voraus-
schau auf 800 Jahre Zukunft, verstärkten diese Zweifel. In Adyar
schien ihm sehr wenig an übernormalen Kräften vorhanden zu
sein. Zwar sei Verbindung zu den Meistern gesucht worden, aber
deren Antworten waren "sehr delphischen Charakters". Wood
schließt mit der bemerkenswerten Feststellung: "Es ist nicht hier
oder dort, daß man reineres Leben oder Wahrheit fände. Es gibt
keine geheimen Kenntnisse oder Formeln zur Wahrheit. Kein Hokuspokus von Gesängen oder Worten (Mantrams) vermag das
innere Feuer zu entzünden, keine Einrichtung kann es schaffen,
keine Botschaft es vermitteln."

Woods bekennendes Urteil über Geheimlehren muß demnach
auch für jene von Frau Blavatsky gelten. Sie selber schrieb, daß
nichts, was für die Menge gedruckt und jedem Schüler in öffentlichen Büchereien zugänglich ist, wirklich esoterisch sei. "Es ist
entweder mit beabsichtigten 'Masken' durchsetzt oder kann ohne
ein vollständiges Wörterbuch okkulter Begriffe nicht mit Erfolg
studiert werden." [62] Ergo scheint es mir vernünftiger zu sein, statt
in geheimwissenschaftlichen, mit "Masken" durchsetzten Wälzern
nach Wahrheiten zu wühlen, man sich besser dem lebendigen
Gottglauben zuwenden sollte. Der Buchstabe tötet bekanntlich,
d.h. Bücherwissen nutzt wenig. Als das Beste und Vernünftigste,
auch im Hinblick auf unser nachtodliches Schicksal, hat sich noch
immer der einfache, vertrauensvolle Kinderglaube erwiesen, gepaart mit gutem Willen und Tun!

Freunde, nicht ohne Widerstreben kennzeichne ich in diesem Buch so manches Negative, um denen, die das zeitlos Positive erstreben, die Orientierung zu erleichtern. Als Wahrheitssucher ist mir klar, daß ich nicht *ver*urteilen darf; ja selbst das *Be*urteilen hat seine Tücken, alldieweil es mit einer Art "Urteil" einhergeht. Wie aber soll man sich verhalten, wenn man seinen Mitwanderern behilflich sein möchte? Ist es nicht Bruderpflicht, auf Gefahren aufmerksam zu machen?

Zu bedenken wäre des weiteren, daß ich außerstande bin zu ergründen, was HPB und Olcott, Sinnett, Leadbeater, A. Besant und andere bewogen haben mag, die Adyar-Lehren als wahr zu empfinden und sie mit so aufopferungsvollem Einsatz zu verbreiten. Nur, wozu solche Umwege, über Buddhismus und Hinduismus? Hat nicht auch unser Abendland esoterische Kostbarkeiten zu bieten? C.G. JUNG sagte in Bezug auf das Überhandnehmen artfremder Religionen, Sekten und Kulte in Europa: "Wenn man versucht, seine Blößen mit orientalischen Prunkgewändern zu verhüllen, wie es die Theosophen tun, so würde man seiner eigenen Geschichte untreu. Man wirtschaftet sich nicht zuerst zum Bettler herunter, um nachher als indischer Theaterkönig zu possieren!" [63]

Nur zu gern will ich annehmen, daß die weitaus meisten Anhänger derartiger Lehren ernsthaft nach der Sinnfrage unseres Lebens forschen und es ihnen wirklich um Erkenntnis zu tun ist. Für solche kann es daher nützlich sein, in diesem Buch einiges zu erfahren, was woanders verschwiegen wird.

Frau Blavatsky und ihre Nachfolger verfaßten viele Bücher und Schriften. Darin enthaltene, teils widersprüchliche Anschauungen wurden mittlerweile modifiziert, d.h. zu vereinheitlichen versucht und in mehr oder weniger annehmbare Formen gegossen. In der Hervorkehrung ethischer Aspekte erfolgte sogar eine Anpassung an christliche Wertvorstellungen, so daß es geraten erscheint, mehr das Gemeinsame zu betonen und Trennendes - um einer gedeihlichen Weiterentwicklung der Menschheit willen - hintanzustellen. Denn es sind ja keine Denkfaulen, die sich theosophischen, esoterischen oder außerchristlich-religiösen Lehren und Gemeinschaften zuwenden, sondern man muß annehmen, daß sie dem stationär gewordenen Dogmenchristentum, besonders in seiner Diskrepanz zwischen Lehre und Praxis, keinen Geschmack mehr abzugewinnen vermochten. Die Gefahr, unter Umständen vom Regen in die Traufe zu geraten, ist freilich auch vorhanden, aber wer nicht wagt, der nicht gewinnt. Insofern ist EMANUEL zuzustimmen, wenn er uns zuruft:

*„Ihr Buddhisten, Theosophen, Spiritualisten und Ihr Christen alle, die Ihr Euch ehrliche Wahrheitssucher nennen könnt, **lebt** Eurer Erkenntnis, vereinigt Euch in Liebe und Liebesbetätigung. Es kann gesetzlich nicht anders sein, als daß Ihr, der Wesenheit Eurer Individualität nach, die Wahrheitsatome, welche die Atmosphäre Eurer Welt enthalten kann, verschieden assimiliert und folglich zu verschiedener Wirkung bringt. Einigkeit in der Wahrheit ist ein Attribut der Vollendung. Einigkeit in der Liebesbetätigung ist das Attribut aller zielbewußten, aufwärtsstrebenden Geister."* [64]

Stets gültige Richtlinien zur sicheren Beurteilung von Meistern, Okkult-Lehren und Geheimgesellschaften erarbeitete schon der deutsche Mystiker und Philosoph Karl von ECKARTSHAUSEN (1752-1803). Er schrieb:

"Die Vereinigung der Weisen hat mit keiner Gesellschaft, die existierte oder existieren wird, eine Gemeinschaft. Sie verbinden sich nicht durch Eidschwüre. Sie haben weder Konstitutionen noch geschriebene Regeln; weder Konvente noch Zusammenkünfte. Ihre Arbeit ist tätige Gottes- und Menschenliebe.

Sie nehmen niemanden auf; jeder nimmt sich selbst auf nach dem Grade der Liebe, den er sich durch seine Handlungen gibt. Nach diesem versetzt er sich in den höheren oder niederen Grad der göttlichen Annäherung.

Sie haben keine Oberen, sie sind alle gleich untereinander, und ihr Vorstand ist Gott. Sie halten weder Sekretäre noch Siegelbewahrer. Der Engel, der die guten Handlungen der Menschen ins Buch der Ewigkeit einträgt, ist ihr Sekretär; und ihr Siegel ist der Stempel der reinsten Absicht, der das Siegel der Liebe auf ihre Handlungen drückt.

Keiner hat dem andern zu gebieten, jeder gebietet sich selbst nach dem Grade seiner Erkenntnis. Sie schließen niemanden aus; jeder schließt sich selbst aus durch die Stufe der Entfernung, auf die er wieder heruntersteigt, wenn er Wahrheit und Güte verläßt."

Diese grundwahren Worte stammen aus dem Jahre 1790.

Schon wieder ein neuer Christus

Luzifer als Wassermann?

Wer Luzifer-Satan nach der "Geheimlehre" ist, wissen wir nun. Darüber hinaus legen HPBs "Meister" dar, daß auch der alttestamentliche Jahwe/Jehova identisch sei mit dem "Herrn dieser Welt", mit Satan! Begründet wird dies unter anderem mit der in 1. Chron. 21,1 und 2. Sam. 24,1 berichteten Volkszählung Israels. Nach 1. Chron 21,1 trat *Satan* gegen Israel auf und verleitete David zu einem unbegreiflichen Verbrechen, nämlich einer Volkszählung. 2. Sam. 24,1 erzählt dieselbe Begebenheit mit den Worten. "Und der Zorn Jehovas entbrannte (Luther: der Zorn des *Herrn* ergrimmte) abermals wider Israel und verleitete David gegen sie, daß er sprach: Gehe hin, zähle Israel und Juda." - Damit wären Jahwe und Satan als identisch und wesensgleich auch in der Bibel gekennzeichnet. [1] HPB, die zwischen gefallenen und nichtgefallenen Engeln durchaus keinen Unterschied erblicken kann, es sei denn "in ihren bezüglichen Funktionen", nutzt solche und viele andere größtenteils der Gnosis entstammenden Argumente, um die Lehren ihrer "Meister" zu rechtfertigen. [2]

Nicht bloß Theologen, sondern auch Esoterikern sollte bekannt sein, daß Jahwe/Jehova ("Jehova" ist eine falsche Lesart des hebräischen Gottesnamens JHVH) nicht der für uns kaum vorstellbare Inbegriff göttlicher Liebe, Schöpferkraft und Weisheit sein kann, wozu ihn die christliche Theologie in Unkenntnis hebräischer Begriffe gemacht hat, sondern bloß einer von den niederen Göttern oder Gottheiten, wie das Wort "Elohim" richtig übersetzt lautet. Jahwe repräsentiert den Geist der Erde, die leidenschaftliche, leiden schaffende Kraft, die sich auch personifiziert manifestieren kann. Das ist der tiefere Grund, warum er im AT als eifersüchtiger, zorniger, beleidigungsfähiger Stammesgott erscheint, der willkürlich seine Gnaden austeilt oder furchtbare Ausrottungsbefehle erläßt, der nur mit viel und blutigen Opfern besänftigt werden kann und alles Nichtjüdische auf den Tod haßt. Man lese doch nur einmal einige jener blutrünstigen Bibelstellen wie 2. Mose 32,25ff; im 4. Mose die Kapitel 25 und 31; 5. Mose 2,25 und das 15.Kapi,tel sowie 20,10ff; Jos. 6,21 und 8,23-29; Richter 4,21 mit 5,24ff., 19,22ff. und 20,48; 2. Chron. 25,12; Jes.34,2ff; Jes. 63,1-6, wo "der Herr" seine blutverschmierten Gewänder be-

singt! Ferner Hes. 5,13 und 21,14ff! "Ihre Kinder werden zerschmettert vor ihren Augen, ihre Häuser geplündert und ihre Weiber geschändet", lautet Jes.13,16. Dazu Psalm 137,9: "Wohl dem,
der deine kleinen Kindlein packt und zerschmettert sie am Felsen",
und was sich sonst noch alles an Scheußlichkeiten und haßerfüllter
Bestialität in Jahwes Namen oder Auftrag im AT findet. Es ist
entsetzlich, was uns da fast 2000 Jahre lang als "Gott" und "heilig"
vorgesetzt worden ist! Leider fraß sich diese unheilvolle Verzer-
rung des Gottesbegriffs dermaßen tief in abendländische Denkgewohnheiten ein, daß auch viele Esoteriker noch nicht davon losge-
kommen sind.

Während der Name Jahwe/Jehova im AT mehr als 6000 Mal
vorkommen soll, fehlt er im NT vollständig. Christus brachte nämlich eine höhere Gottesauffassung, eine, die sich von der alttestamentlichen unterscheidet wie Tag und Nacht: Gott ist kein rach-
süchtiges, unberechenbar-launisches, despotisches Wesen, dessen
Zorn mit Lobhudeleien und Opfern besänftigt werden müßte. Gott
bedarf auch keines Namens. Gott ist *Liebe*, und zwar unwandelbare Liebe; und wiewohl Urgrund allen Seins, kann er begriffen und
erfahren werden als "Vater".

Nun wird aber nach wie vor gelehrt, dieser Liebe-Gott habe
uns Menschen "nach seinem Bilde" erschaffen, so daß wir "gottähnlich" seien. Das veranlaßte VOLTAIRE zu dem Ausruf: "Wie
schlimm für Gott, wenn ich ihm ähnlich bin!"

Diese Bemerkung Voltaires wäre gewiß berechtigt, wenn wirklich der Gott nach *unserer* Vorstellung den Menschen "nach seinem Bilde" geschaffen hätte. Das aber *ist nicht der Fall*, wie aus
dem AT selber klar hervorgeht! Nicht Gott schuf den Menschen,
sondern die *Elohim* waren es, wovon Jahwe *einer* ist.- "Lasset *uns*
Menschen machen", heißt es im 1. Mose 1,26. [3] Wie schon in
meinem Buch "Neues Licht auf alte Wunder" S. 261ff. ausführlich
dargelegt, ist das Wort "Elohim" die Mehrzahl von "El" bzw. dem
angeblich nur poetisch gebrauchten Wort "Eloah", und heißt richtig übersetzt "Götter" oder "Gottheiten" (1.Sam. 28,13). "Keiner
ist dir gleich unter den Göttern", lautet Vers 8 des 86. Psalms. Im
nächtlichen Ringkampf soll Jakob "den Herrn" sogar bezwungen
haben. Gemäß 2. Mose 33,11 hat Moses mit Gott von Angesicht
zu Angesicht gesprochen, während dieser selbe Gott im gleichen
Kapitel, Vers 20 (und ähnlich Vers 23) versichert: "Mein Angesicht kannst du nicht schauen, denn kein Mensch, der mich schaut,
bleibt am Leben." Nur für einen   Moment läßt sich die Er-

scheinung von hinten betrachten. Zudem preist sie Gott als einen barmherzigen und gnädigen Gott (2. Mose 34,6), also kann es nicht Gott selber gewesen sein. Auch das Erscheinen Gottes vor mehr als 70 Ältesten Israels widerspricht der glaubwürdigeren Aussage nach Joh. 1,18: "Niemand hat Gott je gesehen".

בְּרֵאשִׁית בָּרָא אֱלֹהִים אֵת הַשָּׁמַיִם וְאֵת הָאָרֶץ:
הָיְתָה תֹהוּ וָבֹהוּ וְחֹשֶׁךְ עַל־פְּנֵי תְהוֹם וְרוּחַ אֱלֹהִים
מְרַחֶפֶת עַל־פְּנֵי הַמָּיִם: וַיֹּאמֶר אֱלֹהִים יְהִי אוֹר וַיְהִי־
אוֹר: וַיַּרְא אֱלֹהִים אֶת־הָאוֹר כִּי־טוֹב וַיַּבְדֵּל אֱלֹהִים בֵּין
הָאוֹר וּבֵין הַחֹשֶׁךְ: וַיִּקְרָא אֱלֹהִים ׀ לָאוֹר יוֹם וְלַחֹשֶׁךְ

"Im Anfang schufen die Gottheiten Himmel und Erde ... "
lautet 1. Mose 1,1 im hebräischen Urtext (aus Dr. Robert
Kehl, "Die universelle Offenbarung des Geistes", Zürich
1977, 22). Die Jerusalemer hebräisch-deutsche Bibel-
ausgabe von 1954 enthält den gleichen Text, jedoch
"Gott", statt "Gottheiten" (Elohim).

Den Elohim-Begriff, der wie die meisten althebräischen Begriffe zweideutig bis zur Gegensätzlichkeit sein kann, erläuterte der jüdische Eingeweihte Oskar GOLDBERG in seinem Werk "Die Wirklichkeit der Hebräer" folgendermaßen: Elohim bedeute nicht Gott in theologischem Sinne. Der Plural von El, Elohim, sei ebenso wie jener von Adonim, der Plural unumschränkter Macht und Überlegenheit, wobei der Begriff Elohim gleichermaßen auf Gegenstände, auf Menschen, Götter oder Prinzipien angewendet werden könne. [4] Jahwe nun ist einer der an sich unsichtbaren Elohim, die sich aber bisweilen im Sinne eines Boten sichtbar manifestieren können. Schon bei der Erschaffung Adams, des Urmenschentyps, habe es Elohimkämpfe um die Beteiligung, die Einflußnahme gegeben. "Jichzak" würde nicht bloß das "Lachen" Abrahams und Sarahs (1. Mose 17,17a und 18,12a) bedeuten, sondern das Triumphieren Jahwes über die anderen Elohim (1. Mose 21,6-7).
Damit wird sogar aus jüdisch-orthodoxer Sicht zugegeben, daß Jahwe keineswegs allmächtig und allgegenwärtig ist. Das unterstreicht die Unvereinbarkeit der alttestamentlichen mit der neutestamentlichen Gottesvorstellung auf das deutlichste. Die Rabbi-

ner wissen genau, daß JHVH-Jahwe nicht bloß ein ausschließlich
jüdischer Gott ist und sein will, sondern daß er als "Herr dieser
Welt" überhaupt gilt, d.h. der materiellen Welt im Sinne unseres
Planeten. Für Jahwe ist nur ein diesseitiger Mensch "lebend"; vor
ihm gilt jeder Hinübergegangene als unrein, und da er sich selber
als "Gott der Lebenden" verstanden wissen will, sind ihm alle
anderen Elohim "Götter der Toten"; sind - nach Goldberg - "Elohim metim" (Jes. 8,19), sind Bewohner der als Schattenreich vor-
gestellten niederen Astralwelt, wo es "kein Schaffen und keine
Überlegung mehr, weder Erkenntnis noch Weisheit" gibt (Pred.
9,10). Daraus erklärt sich sowohl das Verbot des Totenbefragens
als auch die krasse Diesseitsbezogenheit des AT, mit seiner rein
irdisch verstandenen Messiashoffnung und dem triebhaften Streben nach Reichtum und Macht. Sogar das große Fest nach Vollendung des erwarteten Gottesreiches (auf Erden natürlich) denkt
man sich als üppiges Festgelage, währenddem die bösen Feinde
wie Strohbündel in einer Mistpfütze niedergetreten werden (Jes.
25,6 und 10!). Der an vielen Stellen des AT auflodernde Hass
gegen alles, was nicht Jahwe als einzigen Gott anerkennt, ist er-
schreckend!

Jahwe-Jehova ist auch für die Kabbalisten lediglich einer der
Elohim, einer der niederen Sephiroth. Unter Gnostikern galt er
vorwiegend als "Sohn der Finsternis". Zugleich wird er als Mond-
gottheit betrachtet und mit dem Saturn in Verbindung gebracht.
Jüdischerseits wurde er im Laufe der Zeit zum Nationalgott gekürt
und über alle anderen Götter erhoben. [5]

Bei der Klassifizierung Jahwes zitiert HPB unter anderem den
Talmud, wo es in Rabba Battar 16a heißt, der böse Geist, Satan
Jehova und der Todesengel Samuel, seien "in jeder Einzelheit ein
und dasselbe". Aber das Böse sei eine Notwendigkeit im geoffenbarten Weltall und eine von dessen Stützen; es sei notwendig für
den Fortschritt und die Entwicklung, "damit der Mensch leben
könne für immer"(!) [6] Dann wieder ist Luzifer göttliches und irdisches Licht zugleich, ist der "heilige Geist", ist das Astrallicht, ist
das Karma der Menschheit usw. usf., kurz, eine verwirrende Fülle
von Behauptungen und verwickelten Gedankengängen, auf über
1600 Seiten und mit viel Kleingedrucktem allein in der "Geheimlehre"! - Soll dieses an sich imposante Lehrgebäude, das sich ausschließlich an den Intellekt wendet, Herz und Gemüt aber unbefriedigt läßt, wirklich aller Weisheit letzter Schluß sein? Ich wage
es zu bezweifeln und denke an die Worte im "Faust": "O

glücklich, wer noch hoffen kann, aus diesem Meer des Irrtums aufzutauchen ... !"

Mir scheint, es ist ratsamer, am Glaubenssatz "Gott ist Liebe" festzuhalten. Wem das zu glauben schwerfällt, dem sollte jeder neue Frühling Beweis genug sein für die unbezwingbare Kraft schöpferischen Lebens, das nach intelligenten Plänen ständig neue Formen schafft. Ja selbst aus radioaktiv verseuchtem Boden ringt sich, wiewohl verkümmert durch menschliche Schuld, neues Leben empor. Ist das kein Ausdruck einer für uns kaum faßbaren Liebe, eines unermüdlich aufbauenden Prinzips?

Wer sich der Logik dieser simplen Tatsache zu beugen vermag, der wird skeptisch sein, wenn man ihm erklärt, Gott habe Licht *und* Dunkel in sich, und auch in ihm seien polare Kräfte vorhanden. Auf Luzifer mag das zutreffen, aber 1. Joh. 1,5 sagt unmißverständlich: "Gott ist Licht, und in ihm ist keinerlei Finsternis". Es macht stutzig, wenn man sogar bei LORBER liest, auch Gott selbst habe "neben dem hellsten Lichte das tiefste Dunkel" in sich, und daß Luzifer fallen *mußte*, zumal Gott ihn mit einem "erheblichen Übergewicht der Widerordnungskräfte" ausgestattet habe. Dr. Walter LUTZ, der Lorber-Interpret, zitiert entsprechende Stellen aus dem Lorber'schen Offenbarungswerk in seiner Schrift "Der Fall Luzifers und die Entstehung der Materie". [7]

Irgendwie scheint mir das mit der angeblich gnostisch-esoterischen Ansicht konformzugehen, wonach es ein Fehler sei, Luziferianer und Satanisten in einen Topf zu werfen. Luzifer als Erstgeborener sei von Christus, dem Zweitgeborenen, "unrechtmäßig verdrängt" worden. Von daher soll auch der angebliche Ketzergruss "Luzibel, dem Unrecht geschah, grüße dich!" stammen. Diese Verdrängung aber soll ein gesetzmäßiges Geschehen gewesen sein, wie es an der Schwelle eines Weltzeitalters üblich sei. Luzifer *mußte* zum Dämon werden, damit Christus erhoben werden konnte (!). Nun jedoch, da wir wieder an einer solchen Schwelle mit ihren Wertumkehrungen stehen, *muß* sich neuerdings die Umkehrungstendenz erweisen und Luzifer, durch die Gewalt seiner Heerscharen, als "Wassermann" auf den Gipfel der Welt tragen und "die Krone der Welt" empfangen. [8]

Fast möchte man meinen, das derzeitige Weltgeschehen, wie es sich besonders seit der sogenannten industriellen Revolution entwickelt hat, würde die vorgenannte Ansicht bestätigen: Am Anfang des Fischezeitalters stand Christus; steht am Ende desselben Luzifer? Aufgabe des Christentums war, aus Leuten Menschen zu

machen und Christen aus ihnen zu formen. Wie war es möglich,
daß am Ende dieses so hoffnungsvoll begonnenen Aeons der Antichrist steht? "Nicht als Person," schrieb KAHIR, "sondern als das
Gestalt gewordene System des Bösen, das die Menschheit durch
zwei Jahrtausende großwerden ließ. So übergroß, daß es den Bestand des Menschengeschlechtes und seines planetarischen
'Wohnhauses' zu bedrohen beginnt."

Kahir, der 1969 die Seinsebene wechselte, müßte heute zur
Kenntnis nehmen, daß der Antichrist sich anschickt, auch als Per-
son in Erscheinung zu treten. In der Maske des Christus natürlich.
Und genau 100 Jahre nach der Gründung der Adyar-TG. Wie
schlau das jetzt eingefädelt wurde, besagen folgende Sätze aus der
Zeitschrift "Adyar" Nr. 4/1974:

Mit dem "Stern des Ostens" wollten die Meister nur die Auf-
nahmebereitschaft der Menschheit prüfen. Das Kommen des Wel-
tenlehrers wurde wegen des Weltkommunismus, Faschismus und
Nationalsozialismus *verschoben*. Den Ereignissen von 1929 (als
Krishnamurti alle Würden niederlegte, den "Stern des Ostens"
auflöste und aus der TG austrat) liegt ein (angeblicher) "Ego-
Wandel" (Persönlichkeitswechsel) Krishnamurtis zugrunde. Doch
Krishnamurti II bereitete sein Kommen vor. Die PSI-Welle unserer Tage wird die psychische Konstitution der Menschheit so
verändern, daß um 2000 der Weltenlehrer willkommene Auf-
nahme finden wird. Vielleicht ist Alcyone, das alte Ego
Krishnamurtis, bereits wieder inkarniert, nun aber als anonymes
Vehikel des Messias ...

In der Tat wird im Rahmen einer regen Propaganda behauptet,
der neue "Maitreya-Christus" und "Meister der Weisheit" sei bereits da und befinde sich seit 1977 in London. [9] Zur Vorgeschich-
te dieser Aktivitäten, die speziell mit den Schriften einer Bla-
vatsky-Nachfolgerin namens Alice Ann BAILEY (genannt AAB,
1880-1949) zusammenhängen, folgendes:

Wie Frau Besant, war auch Frau Bailey eine geschiedene Pfar-
rersfrau. 1915 wurde sie in den USA Mitglied der Adyar-TG.
1918 zum "Inneren Kreis" (Esoteric Section) zugelassen, heiratete
sie 1920 den damaligen Generalsekretär der amerikanischen Sektion Foster Bailey. Anscheinend begannen sich auch bei AAB
mediale Fähigkeiten zu zeigen, und ab 1919 agierte durch sie angeblich derselbe "Tibeter", der HPB seinerzeit "überschattet" haben soll, der "Meister Djawhal KHUL". Unter seinem Diktat entstanden umfangreiche Bücher von enormer Langatmigkeit. Bei

HPB war die Handschrift der sogenannten Mahatmabriefe ihre eigene. Das besagt an sich nichts gegen einen außerpersönlichen Ursprung der Mitteilungen. Von AAB jedoch weiß man - nach Miers - nicht, in welcher Handschrift sie abgefaßt sind; sie wurden nie im Original veröffentlicht.

AAB war sehr produktiv und es kam wieder zu einer Spaltung. Sie trennte sich von der Adyar-TG und gründete einen eigenen Verein, die "Theosophical Association", die 1923 in "Arkanschule" umbenannt wurde (lat. arcanum = Geheimnis). In ihr erfolgt der Unterricht durch Fernlehrbriefe, die der Geheimhaltung ebenso unterliegen wie die Teilnahme überhaupt. AAB gründete außerdem a) die "Gruppe der neuen Weltdiener", b) die Aktion "Weltweiter guter Wille" und c) die "Triangels".

Zu a): Hier handelt es sich um eine Unterorganisation der Arkanschule. Gearbeitet wird mit "sieben Energien", und man kann Grade erwerben. Jeweils um 17 Uhr Ortszeit wird ein gebetartiges Mantram gesprochen: "Die Kraft des Einen Lebens ströme durch die Gruppe aller echten Diener. Die Liebe der Einen Seele gestalte das Leben all derer, die den Großen helfen möchten. Möge ich meinen Teil in dem Einen Werk vollbringen durch Selbstvergessen, Harmlosigkeit und rechte Rede." Die Organisation versteht sich als Verbindungsglied zwischen Meister-Hierarchie und Menschheit, "um Licht und Kraft zu empfangen und beide einzusetzen, um - unter der Inspiration der Liebe - die neue Welt von morgen zu bauen." Nun, das klingt alles sehr positiv, solange einem verborgen bleibt, wer mit der "Einen Seele" gemeint ist: Luzifer!

Zu b): "Weltweiter guter Wille" will keine Organisation sein, ist aber dennoch eine. Die Eintragung als Mitglied ist angeblich bloß "ein symbolischer Akt der Solidarität und geistigen Verantwortung". Die Mitglieder verteilen hauptsächlich Propagandaschriften, errichten Studienzentren, geben Kurse. Über das Stadium harmloser Traktätchenverteilerei ist diese Organisation allerdings längst hinaus. Wie weit die Dinge gediehen sind, verrät die offizielle Broschüre "World-Goodwill" wo es heißt: "World-Goodwill ist eine akkreditierte Organisation" (also doch Organisation), "die keiner Regierung angehört." Und von wem wurde sie akkreditiert? Vom Büro für Öffentlichkeitsarbeit der Vereinten Nationen! Es unterhält "informelle Beziehungen bei einigen besonderen Dienststellen zu einer großen Zahl nationaler und internationaler Organi-

sationen". Demnach dienen Steuergelder der UNO-Mitglieds-
staaten der Finanzierung luziferischer Weltherrschaftspläne? -
Nicht uninteressant!

Zu c): Bei den "Triangels" handelt es sich um die Pflege bewußter
gedanklicher Verbindungen zwischen jeweils drei Menschen zu
bestimmten Zeiten. Dabei soll die "Große Invokation" gesprochen
werden, das "Vaterunser des Neuen Zeitalters":

> *Aus dem Quell des Lichts im Denken Gottes ströme*
> *Licht herab ins Menschen-Denken. Es werde Licht*
> *auf Erden!*
> *Aus dem Quell der Liebe im Herzen Gottes ströme*
> *Liebe aus in alle Menschenherzen. Möge Christus*
> *wiederkommen auf die Erde!*
> *Aus dem Zentrum, wo der Wille Gottes thront,*
> *lenke plan-beseelte Kraft die kleinen Menschenwil-*
> *len zu dem Endziel, dem die Meister wissend die-*
> *nen!*
> *Durch das Zentrum, das wir Menschheit nennen,*
> *entfalte sich der Plan der Liebe und des Lichtes*
> *und siegle zu die Tür zum Übel.*
> *Mögen Licht und Liebe und Kraft den Plan auf Er-*
> *den wiederherstellen!*

Was für ein "Plan" gemeint ist, werden wir noch hören.

Zur Verbreitung des Bailey-Schrifttums war am 11.11.1922
(die Zahlen des Datums sind nicht ohne okkulte Bedeutung) die
"Lucifer-Publishing-Company" (Luzifer-Verlagsgesellschaft) gegründet worden. HPB und Rudolf STEINER nannten anfänglich
ihre Zeitschriften ebenfalls "Luzifer", sahen jedoch später von
dieser allzu deutlichen Kennzeichnung ab. Frau Bailey jedoch
schien nicht völlig auf dieses Etikett verzichten zu wollen, und so
heißt ihre Firma seit dem Jahre 1924 "Lucis-Trust".

Wie schon viele "Propheten" vor ihr, verkündete auch AAB die
nahe bevorstehende Wiederkunft Christi. In ihrem System steht
Jesus, laut Miers, an der Spitze einer auf Erden wirkenden Hierarchie, und über ihm Buddha. In der nach AAB ausgerichteten New
Age-Bewegung jedoch steht Jesus, wenn wir Constance Cumbey
glauben wollen, erheblich tiefer: Zuoberst thront der "Sonnen-
Logos", gefolgt von der "Solaren Dreieinigkeit", bestehend aus

Vater (Wille), Sohn (Liebe/Weisheit) und Heiliger Geist (aktive Intelligenz).Danach kommen die "Sieben Strahlen", und alsdann "Sanat Kumara" (einer der von Luzifer mißbrauchten Namen). Absteigend folgen sodann mehrere Ränge für allerlei "Kumaras, Oberhäupter, Manus, Bodhisattvas" und "Maha-Chohans", und danach jede Menge "Meister". Unter diesen finden wir Jesus, der dem "Venezianischen Meister" namens Paul untersteht, welcher ehedem Papst Paul II (1418-1471) gewesen sein soll. [10]

Hierzu bedarf es wohl ebenso wenig eines Kommentars wie zu der Aussage AABs, die Atombombe sei ein Produkt der okkulten Hierarchie, entstamme einem "Ashram des ersten Strahles" in Zusammenarbeit mit einer Gruppe des fünften, und: "auf lange Sicht gesehen war und ist ihre Zielsetzung rein wohltätiger Natur"! [11] Ob das die zahllosen Opfer von Hiroshima und Nagasaki auch so empfunden haben mögen? Und ob die Nachläufer AABs wirklich außerstande sind, den Zynismus dieser Aussage zu erkennen? Zwar heißt es im "Faust" sehr richtig: "Den Teufel spürt das Völkchen nie, selbst wenn er es beim Kragen hätte"; aber kann Dummheit unter gebildeten und intelligenten Menschen wirklich so ausgeprägt sein, daß die Fratze des Bösen sogar bei gelüfteter Maske nicht mehr erkannt wird? - Niemals würde eine wahrhaft in der Göttlichen Ordnung wirkende Wesenheit sich dazu hergeben, in irgendeiner Weise an Vernichtungsmitteln mitzuarbeiten!

AAB ging im Jahre 1949 zu ihren "Meistern", aber ihre luziferisch-satanischen Schriften trugen vielfältige Frucht und beherrschen heute weitgehend das Denken in der New Age-Bewegung.

Frau Bailey war wesentlich vorsichtiger zu Werke gegangen als HPB oder Annie Besant. Ihre Anhängerschaft wurde vorderhand lediglich angewiesen, eifrig Unterwanderungsarbeit zu leisten und sogenannte "Netzwerke" zu knüpfen. Gemäß dem Wunsche der "Meister" sollte die Untergrundarbeit bis 1975 dauern, dem Hundertjahr-Jubiläum der Gründung der Adyar-TG. Danach jedoch sollten die bis dahin mehr oder weniger geheimgehaltenen Lehren in größtmöglichem Rahmen öffentlich bekanntgemacht werden, vornehmlich die Ankündigung des Maitreya-Christus, der mittlerweile tatsächlich zum neuen "Erlöser" von allen Übeln und als Weltheiland des Wassermannzeitalters hochgejubelt worden ist.

Der - mit Ausnahme des Ostblocks - weltweite Propagandafeldzug begann am 25.April 1982 (nach anderen Quellen 1980) mit großen Zeitungsanzeigen. Der Text: "Die Welt hat genug

Hunger, Unrecht und Krieg gesehen. Unser Hilferuf ist erhört worden. Als Lehrer für die gesamte Menschheit: *Christus weilt jetzt unter uns.* Wie aber werden wir ihn erkennen? Suchen Sie nach einem modernen Menschen, der sich mit unseren modernen politischen, ökonomischen und sozialen Problemen beschäftigt. Schon seit Juli 1977 hat dieser Christus in einem uns allen bekannten modernen Land als gewöhnlicher Mensch gewirkt ... Er ist kein religiöses Oberhaupt, sondern ein Erzieher im weitesten Sinne des Wortes, mit dessen Hilfe wir aus der gegenwärtigen Krisenlage geführt werden können. Er kann an seinem außergewöhnlichen geistigen Einfluß, an der Universalität seiner Ansichten und an seiner Liebe für die ganze Menschheit erkannt werden. Er kommt nicht, um zu richten, sondern um der Menschheit zu helfen und um sie zu inspirieren."

Dann wird weiter gesagt, daß die Christen die Wiederkunft ihres Christus erwarten, die Juden ihren Messias, die Buddhisten ihren fünften Buddha, die Moslems ihren Imam Mahdi und die Hindus ihren Krishna. Tatsächlich seien dies jedoch nur verschiedene Namen für dieselbe Person, den Maitreya-Christus. Bis jetzt habe er sich noch nicht zu erkennen gegeben, "jedoch innerhalb der kommenden zwei Monate wird er überall in der Welt im Radio gehört und auf den Bildschirmen unserer Fernsehgeräte gesehen werden können."

Der Konzern "Lucis Trust", von dem wohl die meisten Gelder für solche Aktionen kommen, brachte sodann in allen Länderausgaben des "Reader's Digest" die erwähnte "Große Invokation", die Anrufung des Maitreya-Christus, wo zuletzt die Wiederherstellung des "Plans auf Erden" beschworen wird. Was hat es mit diesem Plan auf sich?

Der Plan umfaßt realpolitische Ziele, von der Einführung eines weltweiten Steuer- und Kreditkartensystems sowie einer Weltzentrale für Nahrungsmittelverteilung bis zur vereinheitlichten Wehrdienstpflicht und der Verwaltung von Nuklearwaffen durch die UNO. Diese werde nötigenfalls über den Einsatz derselben zu bestimmen haben, "wenn Aggressionen zum Durchbruch kommen." Dabei spiele es keine Rolle, so heißt es in "The Externalisation of the Hierarchy" (S. 548), "ob die Aggression von einer bestimmten Nation oder einer Gruppe von Nationen ausgeht, oder ob sie durch politische Gruppen irgend einer mächtigen religiösen Organisation, wie zum Beispiel der römisch-katholischen Kirche, entsteht ... ". Das Ganze läuft auf eine Weltregierung hinaus, die unter Leitung eines "Rates der Weisen" und des "Maitreya-Christus" alias Luzifers stehen soll. Wer sich dagegen aufzulehnen wagt, der bekommt "das Schwert der Spaltung" zu spüren und wird gegebenenfalls "in eine andere Dimension geschickt", wie eine satanisch-esoterische Umschreibung von Mord und Massenmord lautet. [12]

" ... und siegle zu die Tür zum Übel" wird von AAB auf Seite 754ff. des genannten Buches näher definiert. Nach C. Cumbey sind die Religionen des Christentums, Judentums und Islams gemeint, die es als "Übel" zu beseitigen gilt und die gegeneinander ausgespielt worden müssen. Dem schlagkräftigen und die Weltherrschaft anstrebenden Islam ist dabei eine wichtige Rolle zugedacht. Auf diesem Hintergrund zeigt sich die Überflutung traditionell christlicher Länder mit Millionen Moslems in einem merkwürdigen Licht.

Der schottische Kunstmaler und Theosoph Benjamin CREME, Sprachrohr und seit 1974 rühriger Trommler für den neuen Weltheiland, gab am 14.5.1982 auf einer Pressekonferenz bekannt, daß Maitreya in London lebt, als zeitweiliger Sprecher der pakistanisch-indischen Emigrantengemeinschaft. Creme behauptete unter anderem, Luzifer sei vor achtzehneinhalb Millionen Jahren vom Planeten Venus auf unsere Erde gekommen und habe für uns "das höchste Opfer gebracht". Von Jesus sagt Creme, daß er die Erde niemals verlassen habe (!). Nach der Kreuzigung besaß er zwar einen Wiederauferstehungsleib, mußte diesen jedoch aufgeben, weil "er sich nicht das Recht verdient hatte, ihn zu behalten" (!). Nunmehr lebe er in dem 640 Jahre alten Körper eines Syrers im Himalaya. Jesus sei überdies bloß ein Eingeweihter des 4. Grades, während Buddha ein solcher des 6. Grades sei, und der jetzt gekommene Maitreya den 7. Grad innehabe. [13]

Zu dem ursprünglich schon für 1977 angekündigten großen Auftritt Maitreyas via Rundfunk und Fernsehen kam es nicht. "Mangelndes Interesse von Seiten der Medien", erklärte Creme. Es sollte dann Pfingsten 1982 passieren. Wieder Fehlmeldung. Seitdem gibt es im Rahmen der Vorbereitungen zu Maitreyas öffentlichem Erscheinen die Monatsschrift "Share International". Hier wurde 1985 gemeldet, daß die von ihm gestellte Vorbedingung, nämlich offiziell bekundetes Interesse der internationalen

Hauptmedien, endlich in Erfüllung begriffen sei. Mit dem großen
Ereignis sei nunmehr in absehbarer Zeit zu rechnen ...

Creme gibt an, ihm sei am 7.7.1977 vom Maitreya-Christus
mitgeteilt worden, daß sein Manifestationskörper, der sogenannte
Maya-Virupa, fertiggestellt sei. Zwölf Tage danach, am 19.Juli,
kam der Erwartete per Flugzeug in London an. Nach theosophischer Überzeugung kann nämlich ein Adept durch seine Vorstellungskraft einen künstlichen Körper schaffen und diesen als
"Doppelgänger" benutzen, ohne seinen Astralkörper aussenden zu
müssen. Bei außerkörperlichen Aktivitäten, wie wir sie in der Parapsychologie als "Doppelgänger-Phänomen" kennen, ist es normalerweise der Astralleib, mit und in dem unser Ich mehr oder
weniger bewußt agiert. Dieser wiederum bleibt reperkussionsfä-
hig, d.h. ihm zugefügte Verletzungen übertragen sich auf den physischen Körper. Beim Mayavirupa hingegen soll eine Reperkussionswirkung ausgeschlossen sein, weil er kein natürlich entstande-
ner Organismus ist, sondern ein durch Vorstellungskraft geschaf-
fener Automat. Dem Theosophischen Katechismus von Oskar
STEINBACH zufolge besitzen Adepten noch einen physischen Leib,
sind aber schon vollbewußt zugleich auf der Devachan-Ebene tätig
und schaffen sich aus dortigem Material den Mayavirupa.

Viele werden geneigt sein, das Ganze als Phantasien harmloser
Sektierer abzutun. Gegen diese Annahme spricht jedoch die Tatsache, daß solches Gedankengut über hunderte von Organisationen,
"Netzwerken" und Gruppen auf tausenderlei Weise unzählige Gehirne erreicht und durchaus geeignet ist, ausgerechnet jene Menschen zu faszinieren, die noch zum Eintreten für hohe Ideale bereit
sind. Die gesamte New Age-Szenerie wird praktisch von derlei
Ideen beherrscht, ungeachtet der Widersinnigkeit einiger derselben.
So gedenkt man einerseits die internationale Wirtschaftsordnung
durch Beseitigung egoistischen Macht- und Profitstrebens zu ändern, andererseits betrachtet man die auf solcher Basis arbeitenden
multinationalen Konzerne als "ein gutes Übungsterrain für die
kommende Einbeziehung der ganzen Welt." [14]

Daß die Gesellschaftssysteme des Marxismus-Kommunismus
und des Kapitalismus im Prinzip gleich lebens- und naturfeindlich
sind, ist wohl jedem Einsichtigen klar. Ihre Beseitigung mittels
"luziferischer Initiation" jedoch wäre soviel wie das Austreiben
des Teufels durch Beelzebub (Matth. 12,24). H.G. WELLS, den
Marilyn Ferguson einen bedeutenden Schriftsteller nannte, gab in

seinem Buch "Die offene Verschwörung - Aufruf zur Weltrevolution" strategische Anweisungen zum Erreichen der New Age-Ziele luziferischer Prägung. [15] Das Befolgen dieser Richtlinien ist offensichtlich. Und was unter "luziferischer Initiation" zu verstehen ist, darauf gibt der New Age-Ideologe David SPANGLER in einem seiner zahlreichen Bücher eine deutliche Antwort: "Das wahre Licht Luzifers kann nicht durch Sorge, durch Dunkelheit, durch Ablehnung hindurch wahrgenommen werden. Das wahre Licht dieses großen Wesens kann man nur erkennen, wenn die eigenen Augen mit dem Licht des Christus sehen, dem Licht der inneren Sonne. Luzifer wirkt in jedem von uns, um uns in einen Zustand der Vollkommenheit hineinzuführen. Wenn wir in ein neues Zeitalter eingehen, das Zeitalter der Vollkommenheit des Menschen, wird jeder von uns auf irgendeine Weise an den Punkt gelangen, den ich als luziferische Einweihung bezeichne. Dies ist das besondere Eingangstor, welches das Individuum durchschreiten muß, um völlig in die Gegenwart seines Lichtes und seiner Vollkommenheit zu gelangen."

"Luzifer kommt, um uns die endgültige Gabe der Vollkommenheit zu bringen. Wenn wir sie annehmen, ist er frei und wir sind frei. Das ist die luziferische Initiation. Viele Menschen erleben dies jetzt, und viele werden es in den vor uns liegenden Tagen erleben, denn es ist eine Initiation in das neue Zeitalter ... " [16]

Damit ist eigentlich alles gesagt, was die wahren Ziele des hintergründig gelenkten New Age-Rummels anbelangt. Sollte diesen Bemühungen ein umfassender Erfolg beschieden sein, so haben wir eine weltumspannende Diktatur zu erwarten, mit allen Schattenseiten einer solchen. Einen freilich nur annähernden Vorgeschmack wird uns möglicherweise das "von der Hierarchie gutgeheißene" Projekt Paneuropa liefern; es wird ein Europa der Unfreiheit und der rigorosen Unterdrückung Andersdenkender sein. Gott bewahre uns davor! ORWELL sah gewiß richtig voraus, nur im Datum irrte er sich.

Bei alledem macht Benjamin CREME nicht den Eindruck, als ob er ein ausgesprochener Bösewicht wäre, der ganz bewußt dem Negativen Prinzip dient. Der Himmel mag wissen, was solche Menschen sich eigentlich denken mögen. Ich persönlich verdamme oder verurteile keinen, das kann man getrost jenen Gesetzen überlassen, die auch ein Luzifer nicht zu ändern vermag.

Es ist nur zutiefst bedauerlich, wieviel wertvolles Wollen und die damit verbundenen Energien in offensichtlich falsche Bahnen geleitet werden. Zugegebenermaßen ist vieles, sehr vieles in den Zielsetzungen der New Age-Bewegung richtig und erstrebenswert, aber gewisse Vorzeichen und Begleiterscheinungen - wie eben der Luzifer-Rummel und der Weltbeherrschungswahn - stimmen überaus bedenklich.

Mit welch schönen, verlockenden Worten wird hier doch die Lüge verbrämt: Luzifer bringt uns "das Zeitalter der Vollkommenheit des Menschen", "die endgültige Gabe der Vollkommenheit" und so weiter. - Freunde, Vollkommenheit bekommt man nicht geschenkt, man muß sie sich erringen, und dazu bedarf es noch langer Zeiten, bis wir es, mit Gottes und unserer Schutzengel Hilfe, geschafft haben. Das müßte auch dem gutgläubigsten New Age-Anhänger einleuchten. – Wie lautet 2. Thim. 4,3-4? "... es wird eine Zeit kommen, da sie (die Menschen) die heilsame Lehre nicht leiden werden, sondern nach ihren eigenen Gelüsten werden sie sich Lehrer aufladen, nach denen ihnen die Ohren jucken; und werden die Ohren von der Wahrheit wenden und sich zu den *Fabeln* kehren."

Einer der Schwerpunkte von Creme's Aktivitäten liegt in der Bildung möglichst vieler sogenannter "Transmissions-Gruppen".[17] Transmissionsarbeit gilt als Dienst. Dabei handelt es sich um eine Form von Gruppen-Meditation, bei welcher die Teilnehmer sich selbst bzw. ihre eigenen Energie-Zentren (Chakras) als Instrumente zur Verfügung stellen, um die von der Meisterhierarchie ausgesandten Energieströme auf erdangepaßte Frequenz zu transformieren. Dadurch sollen sie "für die Menschheit und für die anderen Naturreiche" leichter nutzbar werden. Die "Transmissionsgruppen Schweiz" betrachten sich überdies (und vermutlich auch die anderer Länder) als Schwestergesellschaft der Haarlemer Rosenkreuzer.[18]

In Creme's Schrift "Transmission - Meditation für das neue Zeitalter" (München 1984) ist viel von Christus die Rede, aber es ist stets nur der "Lord Maitreya" gemeint und kein anderer. Creme betont, für ihn sei die Existenz der "Meister" eine Tatsache, die er durch direkte Erfahrung und ebensolchen Kontakt kennt. Das Ziel der Meisterhierarchie sei es, uns ins Wassermannzeitalter zu führen. Demnach wird man schwerlich sagen können, Creme wußte nicht, was er tut; er scheint es sehr wohl zu wissen.

Schülern und Mitgliedern geheimwissenschaftlich-esoterisch-okkulter Organisationen wird zumeist die wahre Bedeutung benutzter Symbole vorenthalten. Creme z.b. empfiehlt an jener Stelle der Großen Invokation, wo vom Quell der Liebe im Herzen Gottes die Rede ist, sich Christus vorzustellen, wie er mit segnend emporgehobenen Armen am Kopf eines Tisches steht, der die umgekehrte Form des Ypsilon hat. "Dieser Tisch existiert wirklich und Christus präsidiert", versichert Creme; versäumt aber zu erklären, daß das kopfstehende Ypsilon-Kreuz dasselbe symbolisiert und energetisch aktiviert wie die umgedrehte Lebensrune: den Tod! Fälschlicherweise (hoffentlich nicht bewußt) wurde diese Todesrune zum Symbol der Friedensbewegung gewählt und junge, hoffnungsfrohe Menschen tragen sie als Aufnäher!

So wird auf geschickte Weise das Denken gutwilliger Menschen beeinflußt und falsch programmiert. Man verheißt ein wunderschönes neues Zeitalter mit einer neuen Weltreligion, empfiehlt die häufige Anwendung der Großen Invokation, die Zahl 666 solle man recht oft denken oder aussprechen, und anderes mehr. Wer solcherlei "Ratschläge" befolgt, der bringt sich im Laufe der Zeit gedanklich und seelisch-energiemäßig auf eine ganz bestimmte Vibration, in deren Astralbereich er nach dem Tode gravitieren wird. Denn unser Gedankenleben ist ausschlaggebend nicht bloß für unser irdisches Verhalten, sondern in weit größerem Maße für unser nachtodliches Schicksal. Da die Willensentscheidung des einzelnen unangetastet bleibt, werden diejenigen, die sich weltanschaulich im Banne einer dubiosen "Hierarchie" wohlfühlen, unter deren nahezu absolute Gewalt (die auf niedere und niederste Astralbereiche beschränkt bleibt) geraten.

Dann zeigt sich die Wahrheit des Christuswortes: "Euch geschehe nach eurem Glauben" (Matth. 9,29).

Die allgemeine Unwissenheit über das Wesen des Sterbevorgangs und um die Realität metaphysischer Wirklichkeiten wissen die "Brüder vom linken Pfad" ebenso trefflich für ihre Zwecke zu nutzen wie das ständig zunehmende Interesse breiter Bevölkerungskreise an Parapsychologie und Esoterik. Hier, auf der irdischen Ebene, kann man geistige Fesseln noch leicht abstreifen, drüben ist das anders. Ziel all der hier angedeuteten Aktivitäten sogenannter "Meister" ist die Verdunkelung und schließliche Ausschaltung des vor 2000 Jahren erfolgten Christusimpulses, ist die unumschränkte Weltherrschaft des Negativen Prinzips. Wer da meint, das seien übertriebene Befürchtungen, der täte um seiner selbst willen besser, über die hier verdeutlichten Aspekte nachzudenken.-

Die Zahl 666 und das "Tier"

Gegen Ende des 13. Kapitels der Johannes-Offenbarung ist symbolisch von einem Tier die Rede: "Und es macht, daß die Kleinen und Großen, die Reichen und Armen, die Freien und Knechte, allesamt, sich ein *Malzeichen* geben an ihre rechte Hand oder an ihre Stirn, daß niemand kaufen oder verkaufen kann, er habe denn das Malzeichen, nämlich den Namen des Tiers oder die *Zahl* seines Namens. - Hier ist Weisheit! Wer Verstand hat, der überlege die Zahl des Tieres; denn es ist eines Menschen Zahl, und seine Zahl ist sechshundertsechsundsechzig."

Zahlenmystik ist ihrem Wesen nach viel mehr als eine nette Spielerei. Für uns freilich besitzen die Zahlen nur noch rein rechnerische Bedeutung.

Für Wissende früherer Zeiten hatte die Zahl darüber hinaus einen mystisch-sakralen Aussagewert, und durch Kenntnis desselben vermochten sie der Natur so manches Geheimnis zu entlokken. Alles Naturgeschehen läßt sich ja - wie Chemie, Astronomie und Kernphysik zeigen - auf Zahlengesetze zurückführen. In einem der christlichen Theologie wahrscheinlich so gut wie unbekannt gebliebenen Werk von Peter FRIESENHAHN, des Titels "Hellenistische Wortzahlenmystik im Neuen Testament", wird sogar der Nachweis geführt, daß der griechischen Fassung des NT Zahlensysteme zugrunde liegen. Sollten hierdurch besonders wichtige Textstellen vor Verstümmelungen beim Abschreiben bewahrt werden? [19]

Mysteriöse Zahlenangaben spielen auch in Prophezeiungen oft eine Rolle. Unter den in großen religiösen Weissagungen genannten Zahlen hat wohl noch keine soviel Kopfzerbrechen verursacht und zu Vermutungen Anlaß gegeben wie die 666 der Johannes-Offenbarung. Auf geschichtliche Persönlichkeiten bezogen wurde sie von Kaiser Nero bis Hitler. Letzterer hatte jedoch die Zahl 646. KAHIR, der dies nach den Tarotwerten berechnete, bemerkt hierzu, er halte Hitler nicht für den Antichrist der Offenbarung, sondern für einen unter luziferische Einflüsse geratenen Mann, wie es die meisten machtausübenden Vertreter in Politik oder Finanzwesen

mehr oder weniger zu sein pflegen; der Antichrist stünde woanders!

Die Zahl als Idee ist nach Kahir ein Ausdruck des schöpferischen Wortes "Es werde!" Hebräisch: Sepher = das Wort, deutsch:
Ziffer = die Zahl. Er sagt, der "Antichrist" sei auch als das Tieri-
sche im Menschen aufzufassen, als Gegenüberstellung des ungött-
lichen Eigenwillens gegen den Gotteswillen. Kahir nennt das
"Tier" der Offenbarung: die verzerrte Erkenntniskraft Luzifers und
seiner Schöpfungen, an denen auch der Mensch Anteil habe und es
deshalb "eines Menschen Zahl" sei. Die Sechs gilt demnach als
jene Zahl, die den "Reflex des materiellen alias Stoffprinzips in
der Seele" ausdrückt, also einen Impuls "von unten her" (Sex!)
darstellt. Dies habe in der Urschöpfung die mögliche Gefahr bedingt, zur Verdichtung hin zu gravitieren.

Jakob LORBER gegenüber war zur 666 erklärt worden, das sei
die Zahl des ungerechten Menschen als Verhaltensmuster, der
600 Teile seiner Fähigkeiten für sich selbst verwende, 60 davon
den Mitmenschen zuwende, und nur 6 dem Spender aller Gaben,
Gott, widme. Beim gerechten Menschen sei dies umgekehrt.

Obwohl dieser Deutungsversuch wenig überzeugend klingt,
weil ein krasser Materialist und Atheist, womöglich noch mit
schwerstkriminellen Neigungen, für seine Mitmenschen kaum
etwas und für Gott (an den er sowieso nicht glaubt) gar nichts
übrig hat, so ist damit doch etwas Wesentliches angedeutet: daß es
auf die qualitative Art und Menge der innewohnenden Elemente
(Faktoren) ankommt, ob und inwieweit die energetische Tendenz
einer Zahl sich positiv oder negativ auswirkt. Außerdem dürften
die Bewußtseinsebenen eine wichtige Rolle spielen, auf denen sich
die Kräfte durchaus unterschiedlich manifestieren: die 666 wirkt
auf der körperseelischen Welt der Materie am stärksten.

Oskar Ernst BERNHARDT (1875-1941), der sich Abd-ru-shin
nannte und Begründer der "Gralsbotschaft" war, buchstabierte aus
der 666 das Wort "Sünde" heraus und meinte, im positiven Sinne
wäre es die Zahl von Johannes dem Täufer gewesen. Andererseits
soll Bernhardt diese Zahl auf sich selbst als "Menschensohn" bezogen haben. Nach derselben Quelle (Miers) sah Rudolf STEINER
in der 666 die Zahl der kommenden Entwicklung, und zwar im
Zusammenhang mit der angeblichen Evolution von jeweils sechs
Haupt- und sechs Unterrassen.

Esoteriker wissen um die polare Wirksamkeit der mit Zahlen,
Buchstaben, Tönen und Symbolen verbundenen Energiezentren.

Kehrt man ein Symbol um, so wirkt es entgegengesetzt. Dem rechtsdrehenden Hakenkreuz zum Beispiel, der in Indien heiligen Swastika, wird glückverheißende, unheilabwehrende Wirksamkeit zugeschrieben. Wäre die Führungsspitze des Dritten Reiches wirklich, wie zuweilen behauptet wird, in Geheimwissenschaften bewandert gewesen, so wäre das Hakenkreuz gewiß nicht linksdrehend zum Symbol gewählt worden, denn verkehrt gezeichnete, aufgehängte oder aufgestellte Symbole (wie das bei Schwarzmagiern und Satansmessen verkehrt aufgehängte Christenkreuz), ziehen entsprechend negative Kräfte und Wesenheiten an.

Merkwürdigerweise taucht die Zahl des Antichrist immer häufiger im Wirtschaftsleben auf. Der Code verschiedener Großbanken, darunter der Welt-Bank, soll 666 sein; ich sage "soll", weil ich es nicht nachprüfen kann. US-Kreditkarten tragen diese Zahl als Vorziffer, und als Produkt-Herkunftszeichen dient sie ebenfalls, wie aus mir vorliegenden Abbildungen ersichtlich ist. Ferner wurden Pläne publik, wonach jedem Bürger eine lasertätowierte achtzehnstellige (3 mal 6) Identitätsnummer in Form der heute im Warenverkehr üblichen Strichcode-Markierung verpaßt werden soll, und zwar auf die Stirn oder auf einen Handrücken. Sollte dieser Plan zur Durchführung gelangen, so würde dann tatsächlich niemand mehr kaufen oder verkaufen, ja überhaupt bestehen können, wie es Offb. 13,16-18 heißt. Es wird dann kein Bargeld mehr geben, sondern nur noch die weltweit gültige Kreditkarte. Sollte der Seher von Patmos etwa recht behalten?

Auch in den Schriften der berühmten Findhorn-Gemeinschaft, die David SPANGLER zum Verfasser haben, wird der 666 eine maßgebliche Bedeutung beigemessen. Die von Peter und Eileen CADDY und deren Freundin Dorothy McLEAN gegründete Findhorn-Community ist heute ein Zentrum der New Age-Bewegung. Als Spangler 1970 hinkam, wurde er sofort zweiter Direktor. Er, der von einer "luziferischen Initiation" als Teilhabebedingung am neuen Zeitalter überzeugt ist, erklärte öffentlich, das wahre Licht Findhorns sei das Licht Luzifers! [20] Und Alice A. BAILEY empfahl, die 666 möglichst oft, in Gedanken oder laut, zu wiederholen!

Es ist zutiefst bedauerlich, daß so hoffnungsvoll begonnene Ansätze zu einem besseren Naturverständnis, wie es jene von Findhorn darstellen, sogleich vom Negativen Prinzip in Beschlag genommen werden. Man kann dessen Dienern wirklich keine

Faulheit vorwerfen. Wären die noch immer in erdrückender Überzahl vorhandenen *guten* Menschen nur halb so aktiv, sähe es anders aus auf unserer Welt! So aber konnte das möglich werden, was heute allenthalben geschieht und ganz den Eindruck erweckt, als ob das Satanische die Oberhand gewinnen und letztlich den Sieg davontragen würde. Wenn die Guten nicht kämpfen, siegen die andern. Aber schon PARACELSUS prophezeite, daß die Feinde Christi ungeheure Macht erlangen würden, so daß man meint, alles sei verloren. Aber es würde anders kommen als die Finsternismächte planen, weil die Natur eingreift.

KAHIR war überzeugt, durch die Weltwende in den Wassermann als neuem Frühlingspunkt, würde der astrologische Geburtsaspekt Jesu aus seinem bisherigen Sonnenzeichen Schütze in den des Skorpion eintreten. "In jenes Zeichen, in dem Christus das verzerrte Schlangenwissen des Skorpion wieder zum freien Geistesflug wandeln wird, dessen Sinnbild der im Aether schwebende Adler ist und dessen Wortspiel 'Adel' in seiner höchsten Bedeutung *edel* lautet." Erst dann werde oder könne die 666 eine heilige Zahl sein. Solange sie jedoch von luziferisch-satanischen Kräften in *deren* Sinne genutzt wird, bleibt sie das, was sie in jenen Kreisen bedeutet: die Zahl des Antichrist.

Ob auf unserer derbmateriellen Seinsebene die 666 jemals eine heilige Zahl zu werden vermag, ist füglich zu bezweifeln. Sie symbolisiert nicht bloß den Antichrist, sondern auch das "Menschentier", wie es die altägyptische Sphinx von Giseh darstellt. Wir sollen uns aber von der Stufe des Menschentieres 666 emporarbeiten zur göttlichen Zahl 999 ...

Zu guter Letzt wäre zu fragen, was das Getöse um einen neuen Weltheiland überhaupt soll? Noch hat man die Lehren des "alten" nicht begriffen, geschweige denn in die Tat umgesetzt! Über das christliche "Liebe Gott über alles und deinen Nächsten wie dich selbst" geht nichts hinaus, was noch erstrebenswerter wäre. Wem freilich anstatt solch schlichter Einfachheit irgend welche dicken Bücher komplizierten Inhalts sympathischer sind, mit Meistern, Gurus und Adepten, der mag solche Umwege beschreiten; wenn er nur *Ab*wege als solche rechtzeitig erkennt und nicht stehenbleibt. Wie sagte Friedrich RÜCKERT ?

Das sind die Weisen, die durch Irrtum zur Wahrheit reisen;
die im Irrtum beharren, das sind die Narren!

„An ihren Früchten sollt ihr sie erkennen"

"Das Enthüllen von Betrügereien trägt dazu bei, die Wahrheit reifen zu lassen, und erscheint daher geradezu als eine Verpflichtung jedes ernsthaft nach Wahrheit strebenden Menschen." Diese Worte des Russen M.von PRIBYTKOW ermutigen mich, meinen Mitwanderern eine Orientierungshilfe an die Hand zu geben im Labyrinth der Esoterik, und nur so möchte ich meine Darlegungen und Hinweise verstanden wissen. Wer Echtes von Unechtem unterscheiden lernen will, muß aber auch mit Unerfreulichkeiten rechnen.

Im folgenden geht es darum, einige Persönlichkeiten und Organisationen zu beleuchten, die sich bei vielen Esoterikern eines hohen Ansehens erfreuen. Ralph Waldo EMERSON sagte, wer ein Mann sein will, der darf vor heiligen Namen nicht zurückschrekken, sondern muß untersuchen ob sie heilig *sind*!

Eine schillernde Figur der magisch-mystischen Okkultszene, die schon im Urteil ihrer Zeitgenossen zwischen unkritischer Verherrlichung und empörter Ablehnung schwankte, war der britische Magier Edward Alexander CROWLEY (1875-1947), Aleister Crowley genannt. Auch er trat als neuer Weltheiland und Religionsbringer auf. Er gab an, 1896 aufgrund visionären Erlebens in Stockholm zu der Überzeugung gekommen zu sein, daß er der in der Bibel verkündete Antichrist sei. Daraufhin nannte er sich "To Mega Therion", das große Tier nach der Johannes-Offenbarung, mit der Zahl 666. Im Rahmen intensiver okkulter Studien fand er 1898 Zugang zum Geheimorden "Golden Dawn" (eigentlich "Goldenes Morgengrauen", allgemein jedoch mit "Goldene Dämmerung" übersetzt). Er selber gründete später eine große Zahl neuer Geheimgesellschaften.

Zum Golden Dawn-Orden gehörte damals auch der feinsinnige Dichter William Butler YEATS (1865-1939), der 1923 den Literatur-Nobelpreis erhielt und schließlich Großmeister des Ordens wurde. Yeats erkannte in Crowley mehr und mehr einen gefährlichen Schwarzmagier und distanzierte sich von ihm, aber nur wenige Mitglieder teilten seine Überzeugung. Die anderen schienen zu jenem Zeitpunkt noch nicht begriffen zu haben, daß – um eine Aussage von Dr. Herbert FRITSCHE zu zitieren, mit der sozusagen die Katze aus dem Sack gelassen wird - "moralische Qualitäten, so wünschenswert sie im Vordergründigen sein mögen, für die Wirksamkeit von Initiationsriten nichts zu besagen haben. Mag ein Eingeweihter menschlich beschaffen sein wie er will: soweit und solange er sich mit irgendeiner Wahrheit identifiziert, ist er 'unfehlbar'. Das Dogma von der Unfehlbarkeit des Papstes ex cathedra spiegelt in diesem Sinne durchaus einen okkulten Sachverhalt wider." Wären demnach selbst die schlimmsten Lügen oder Verbrechen erlaubt, sofern sie nur von einem "Initiierten" stammen? [1]

In einem Kairoer Museum entdeckte Crowley 1904 in der Vitrine Nr.666 eine ägyptische Stele, eine Steinplatte mit Hieroglyphen, die Totentafel eines ägyptischen Priesters. Crowley brachte die Platte in seinen Besitz und entwarf ein Anrufungsritual des Horus-Gottes. Als er es praktizierte, will er über seiner linken Schulter eine männliche Stimme vernommen haben, deren Inhaber sich Aiwaz nannte und als Bote eines altägyptischen Gottes ausgab. Aus dieser Quelle soll das "Gesetz von Thelema" stammen, welches besagt: "Tue was du willst, soll sein das ganze Gesetz"! Im einzelnen, gekürzt: Jeder Mann und jede Frau ist ein Stern. Es gibt keinen Gott außer dem Menschen. Der Mensch hat das Recht, nach seinem eigenen Gesetz zu leben; zu arbeiten wie er will, zu spielen wie er will, zu ruhen wie er will, zu sterben wann und wie er will.

Der Mensch hat das Recht, zu lieben, wie er will; "... auch erfüllet euch nach Willen in Liebe, wie ihr wollt, wann, wo und mit wem ihr wollt! Der Mensch hat das Recht, all diejenigen zu töten, die ihm diese Rechte zu nehmen suchen." Dieses "Gesetz" wurde zur Anleitung für Crowleys Denken und Handeln und zur Grundlage seiner 1920 bei Cefalù auf Sizilien gegründeten "Abtei Thelema", die bis 1924 bestand.

Crowley übte sich auf dem Gebiet magischer Prozeduren. Seine angeblich größte magische Operation war eine Beschwörung der Abramelin-Dämonen in der Einsamkeit des schottischen Landsitzes Boleskine. Es habe sich um eine "hochwichtige Beschwörung und Sichtbarmachung des eigenen Schutzengels" (?!) gehandelt, "doch mußten zuvor die Abramelin-Dämonen unterworfen und gebändigt werden". Schon während der Vorbereitungen sei es zu "unerwünschten" Phänomenen gekommen: Schreien, Heulen, Poltern und Lärmen unergründlicher Herkunft. Der Teilnehmer und Gäste bemächtigte sich panische Furcht, der Pförtner wurde plötzlich trunksüchtig und gemeingefährlich. "Immerhin entwickelten sich die Experimente zur Zufriedenheit Crowleys", schreibt sein angeblicher Nachlassverwalter Friedrich LEKVE in einer Kurzbiographie.

Teilweise hätten sich die gerufenen "Kräfte" derart zu wolkigen, verfinsternden Gebilden verdichtet, "daß bei hellichtem Tage zur Herstellung der vorgeschriebenen Talismane Lampenlicht verwendet werden mußte. Bei Kristallvisionen sollen sich Wesen gezeigt haben von teils "erhabener Schönheit, teils von unvorstellbarer Furchtbarkeit ...". Nun, um schauerliche Wesen kennenzulernen, bedarf es keiner mühseligen magischen Operationen; der Magier wird nach seinem Tode sowieso das Vergnügen haben, deren Gesellschaft in ausgiebigster Weise zu genießen ...

Crowley brach das Experiment ab, weil er "in dringlicher Mission" nach Paris mußte. Zu den "höchst unerwünschten" Begleiterscheinungen der magischen Manipulationen gehörten Mordversuche, eigenartige Unglücksfälle und das Absinken der Moral. Da Crowley sich selber als leibhaftigen Satan betrachtete, so läßt sich denken, von welcher Beschaffenheit jener "Schutzengel" war, den zu sehen er begehrte.

In seiner "Abtei Thelema" ging es wüst zu. Schwarze Messen mit Tieropferungen und anderen Bestialitäten blieben nicht ganz verborgen, und nachdem Kinder spurlos verschwunden waren, kam es zur Schließung des "Klosters" und zur Ausweisung Crowleys. [2] Er trieb sich dann in der Schweiz und in Frankreich umher, bis er 1926 von einer deutschen Okkultistengruppe in Thüringen eingeladen wurde. Er wollte von Deutschland aus als neuer Weltheiland auftreten, und jene Gruppe unter Heinrich TRÄNKER, die sich in der Loge "Pansophia" zusammengeschlossen hatte, schien ihm als Ausgangspunkt geeignet. In deren Zeitschrift war Crowleys "Manifest" veröffentlicht worden:

"An die Menschen! Tue was du willst, soll das ganze Gesetz sein. - Da mein Amtsantritt auf Erden im Jahre der Gründung der Theosophischen Gesellschaft gekommen war, nahm ich - weil an der Reihe - die Sünde der ganzen Welt auf mich, damit die Prophezeiungen erfüllt werden, auf daß die ganze Menschheit den nächsten Schritt tun kann von der Magischen Formel des Osiris zu der des Horus. - Und da meine Stunde nun auf mir liegt, verkünde ich das Gesetz. Das Gesetz ist Thelema. - Gegeben in der Mitte des Mittelländischen Meeres. An. XX Sol in 3° Libra, die Jovis. Durch mich To Mega Therion 666, Logos Ainos Thelema."

Die mit der Gruppe um Tränker geführten Verhandlungen führten zu folgender Verlautbarung, die von sieben Personen unterzeichnet wurde:

"Der Lehrer der Welt, dessen Erscheinen für dieses Jahr verkündet war, den alle wahren Sucher - und besonders diejenigen der Theosophischen Gesellschaft - erwartet haben, ist zur bestimmten Zeit in der Person des Meisters To Mega Therion erschienen. Wir, die Unterzeichneten, haben mit eigenen Augen gesehen und mit eigenen Ohren gehört, und wir wissen ohne Lügen gewiß, daß er in Wahrheit der Überbringer des Wortes ist, nach dem die Seele der Menschheit dürstete."

Als sich herausstellte, daß Crowley sehr scharf auf Frauen war und andere Moralvorstellungen besaß als das gastgebende Ehepaar Tränker, wollte man ihn nicht mehr im Hause haben. Man kam vielmehr zu der Überzeugung, daß der Engländer wohl doch nicht der propagierte Weltheiland sein könne. Sogar Lea Hirsig, seine langjährige Begleiterin, zog später ihre Unterschrift zurück, ebenso sein "Kanzler" Norman Mudd.

Einige der Pansophia-Leute hielten trotzdem zu Crowley und gründeten die Loge "Fraternitas Saturni". Andere schlossen sich dem O.T.O. (Ordo Templis Orientis) an, dessen magische Geheimriten Crowley schon in Cefalù praktiziert hatte.

Der O.T.O. war um die Jahrhundertwende von dem Wiener Fabrikanten Dr. Karl KELLNER und dem schon genannten Dr. Franz HARTMANN gegründet worden, die sich gegenseitig zu Großmeistern ernannten. Als dritter kam Theodor REUSS hinzu, der schon mehrere Geheimorden gegründet hatte. Kellner soll den O.T.O. ursprünglich als eine Art Freimaurer-Akademie gedacht haben, und als rosenkreuzerische Oberstufe des britischen Ordens vom sogenannten Memphis- und Misraim-Ritus, der 97 Grade aufweist.[3]

Die Werbung für den O.T.O. klang vielversprechend: "Unser Orden bietet nicht nur ... die Gelegenheit, sämtlich existierende Systeme der Freimaurerei kennenzulernen, sondern er vermittelt auch die Kenntnis der Lehren der Geheimgesellschaften und Geheimkulte aller Zeiten".

Nach dem Tode Kellners übernahm Reuss die Leitung, aber die Sache florierte nicht so recht. Zudem geriet er mit vielen seiner Gefolgsleute in Streit, so daß nur noch wenige übrigblieben. Dennoch nannte er sich stolz "Souveräner General-Großmeister ad Vitam des Ordens der Vereinigten Riten der Schottischen, Memphis- und Misraim-Freimaurer in und für das Deutsche Reich, Souveräner Pontifex, Souveräner Ordensmeister der Orientalischen Templer-Freimaurer, Magnus Supremus Soc. Frat.

R.C., S □ I □ 33°, Termaximus Regens I. O." und benutzte noch eine Reihe anderer hochtrabender Titel.

Reuss kam schließlich auf die Idee, Frauen in den Orden aufzunehmen und Sexualpraktiken einzuführen. So etwas war um jene Zeit, als von einer sexuellen Freizügigkeit heutiger Art keine Rede sein konnte, ungeheuer zugkräftig. In seiner Ordenszeitschrift "Oriflamme" verkündete Reuss: "Unser Orden besitzt den Schlüssel, der alle Maurerischen und Hermetischen Geheimnisse erschließt, besonders die Lehren der Sexualmagie." Damit war nun wirklich etwas anzufangen, bemerkt Horst KNAUT in seinem Buch "Das Testament des Bösen" und fährt fort: "Bald schon fand man neue Interessenten. Geheime Gruppen ..., Männer und Frauen, wollten unter anderem mittels sexualmagischer Übungen den Urgrund allen Seins ergründen, wobei sich wohl schon für die damalige Zeit die Frage stellt: Traf man sich der sexuellen Übungen oder der Vertiefung des okkulten Wissens wegen?"

Aleister Crowley, das Great Beast (große Bestie, wie ihn schon seine Mutter genannt haben soll!), der sich fast alle damaligen Geheimlogen unterworfen hatte, avancierte zum Oberhaupt des O.T.O. in England, der dort die Bezeichnung Mysteria Mystica Maxima bekam. Infolge der Aktivitäten Crowleys gab es für den O.T.O. einen beträchtlichen Aufschwung, der sich auch auf die USA erstreckte. [4]

Zu einem Ableger des O.T.O. wurde die erwähnte "Fraternitas Saturni" des Berliner Buchhändlers Eugen GROSCHE, der sich Gregor A. Gregorius nannte. Knaut bemerkt: "Grosche ... war ein eifriger Okkultpublizist, und in allen seinen Privatdrucken ließen sich seine abartigen Veranlagungen erkennen. Bisexualität und Sadomasochismus wurden zu wichtigen Säulen seiner Lehren. Ab dem 18. Grad wurde Sexualmagie praktiziert. Nach Hitlers Machtergreifung hatte er kein leichtes Spiel mehr in Berlin, konnte sich aber immerhin noch bis 1936 behaupten. Dann wurde seine Geheimloge verboten und der Großmeister setzte sich nach Locarno ins Exil ab. Als "Verfolgter des Naziregimes" kehrte er nach dem Kriege nach Berlin zurück, wurde auf Kosten des deutschen Steuerzahlers dick entschädigt und baute seinen Satansorden wieder auf.

Auch der O.T.O. überdauerte den Krieg. Nachdem 1957 der nachmalige Großmeister Dr. Petersen und dessen Ehefrau nach einem magischen Experiment Selbstmord begangen hatten, befindet sich die Zentrale nunmehr in der Schweiz. [5] Hier ist auch der Sitz der von Crowley gegründeten "Gnostisch-Katholischen Kirche". REUSS hatte 1918 (als Carolus Albertus Theodorus Peregrinus, Souveräner Patriarch und Primat der Gnostisch-Kathol. Kirche, Vicarius Solomonis und Caput Ordinis O.T.O.) Crowleys "Gnostische Messe" in deutscher Übersetzung herausgebracht und zwei Jahre später das "Aufbauprogramm und die Leitsätze der Gnostischen Neo-Christen O.T.O.". Neben dem Gesetz von Thelema wird als Zielsetzung die Abschaffung des Privateigentums und des Bargeldes proklamiert, die Einführung einer zwangsweisen Arbeitspflicht, die Sicherung eines kostenlosen Unterrichts, Gesundheitsdienstes und Kulturangebotes, Namensführung der Mutter und Sexualaufklärung der Kinder, Schaffung einer sexuell lustbetonten Gesellschaft ohne Sündenbewußtsein und anderes mehr. Die zum Teil weitgehende Erfüllung solcher Pläne in unserer Gegenwart hat Reuss (im Fleisch) nicht mehr erlebt; er starb 1923 in München.

Über die Gestaltung einer solchen "Gnostischen Messe" berichtet Horst KNAUT: "Gleich auf der ersten Seite des Canon Missae der Gnostisch-Katholischen Kirche ist Crowleys Baphomet-Unterschrift zu lesen. Und nur wer weiß, was das in Wirklichkeit bedeutet, erfährt schon auf der ersten Seite, daß es sich hier um eine satanistische Messe handelt. Über dieser Unterschrift ist Crowleys sexualmagisches Wappen abgebildet: ein Hahn mit erigiertem Penis." Crowleys Dämon Aiwaz, der sich als falkenköpfiger Gott ausgab, diktierte im 'Buch des Gesetzes' unter anderem: "Mit meinem Falkenkopf picke ich nach Jesu Augen, da er am Kreuz hängt ... Auf dem Rade werde die unbefleckte Maria gebrochen" (S. 59). "Errichte mein Bildnis im Osten ... Ich bin das Ziel der Verehrung ... Macht Hostien ... und eßt sie für mich" (S. 51). Eben dort heißt es: "Erbarmen laßt beiseite, die Mitleidigen verdammt! Tötet und martert, verschont nicht, kommt über sie!" Einzelheiten zur Hostienherstellung versage ich mir um Christi willen, dessen Historizität – ebenso wie jener der Maria – bemerkenswerterweise überhaupt nicht angezweifelt wird.

Wie man unter Esoterikern solch einen Mann als "Meister", als "Faust des XX. Jahrhunderts", als "Quell tiefster esoterischer Wahrheiten" empfinden und ausgeben kann, wäre tiefenpsychologisch untersuchenswert. Selbst LEUENBERGER, der aus seiner

Crowley-Bewunderung keinen Hehl macht und ihn in seinem Buch "Das ist Esoterik" einen wirklich Eingeweihten und echten Esoteriker (!) nennt, scheint sein Gewissen doch nicht allzu sehr belasten zu wollen, indem er schreibt:

"Durch seine Neugierde und magischen Fähigkeiten erschloß er wirklich den Zugang zu Energien und dämonischen Ebenen, die zwar vorhanden sind, aber von den Eingeweihten und Meistern aus guten Gründen verschlossen gehalten und gemieden werden. Dank seiner großen magischen Begabung und seiner starken Kraft mochte es Crowley in den meisten Fällen - wenn auch nicht immer - gelungen sein, mit diesen durch das geschlagene Leck in unsere Sphäre hereinströmenden Energien fertigzuwerden. Das gleiche gelang und gelingt aber den wenigsten seiner Schüler und Nachfolger, die dann unweigerlich zu Opfern jener Kräfte werden, die sie evozieren." Und weiter:

"Wer daher nach Crowleys magischen Schriften lebt und seine Rituale praktiziert, kann sehr unliebsame Überraschungen erleben, die nicht immer sehr spektakulärer äußerlicher Natur zu sein brauchen wie Wahnsinn, Selbstmord oder Brandfall, aber tiefgreifende Folgen im Unbewußten haben können. Der esoterische Schüler, der sich an Crowley orientiert, gleicht einem Kind, das mit einem Blindgänger spielt."

Daß der unter Satanisten hoch im Kurs stehende "Meister Therion" magisch einiges konnte, steht fest; aber ist *das* ein erstrebenswertes Lebensziel? Der deutsche Esoteriker Peryt SHOU (eigentlich Albert Schulz, 1873-1953) besuchte Crowley einmal in einem Berliner Hotel. Auf die Frage, ob ihm sein "Initiationsname" (das große Tier) nicht hinderlich sei in seinem Wirken, lachte Crowley und sagte, er könne gar keinen anderen Namen tragen, da er ja mit dem *Malzeichen* des apokalyptischen Tieres aus dem Abgrund versehen sei. Schulz erzählt: "Während er mir das mitteilte, ließ er auf seiner Stirn ein feuerrotes Zeichen aufglühen, so daß ich erschrak, was ihn zu lautem Gelächter erheiterte." [6] Verwunderlich ist allerdings, daß selbst Esoteriker wie KAHIR und Dr. Herbert FRITSCHE, denen weder die Zustimmung zur satanistischen Zielsetzung Crowleys noch eine Teilnahme an widerlichen Kulthandlungen zuzutrauen ist, beifällige Worte für ihn finden. Fritsche, der meines Wissens eine christlich durchaus annehmbare Esoterik vertrat, widmete ihm sogar ein ihn glorifizierendes Gedicht, das mit den Worten schließt: "Der Eigenweg erschließt das magische Erwachen. Im neuen Aeon führt der Höhenweg zum Grale, durch blitzlos grollende Gewitter der Skandale" (!)

Seine satanische Mission sah "Meister Therion" unter anderem auch darin, okkulte Kräfte mit Hilfe der *Musik* zu wecken und zur Wirksamkeit zu bringen. Seine diesbezüglichen drei Grundforderungen können in ihrer entsetzlichen Tragweite erst jetzt richtig verstanden werden; sie lauten: 1) Wir müssen die Leute einer sich ständig wiederholenden lauten Musik aussetzen. 2) Wir müssen den Drogenkonsum fördern. 3) Wir müssen die Entwicklung im Bereiche der Moral bewußt steuern. - In welchem Ausmaß Crowleys Ideen verwirklicht worden sind, zeigt die Gegenwart täglich!

Wie Crowley starb, erfährt man von seinen Verehrern nicht. Er, der drogensüchtig war, verließ unsere Ebene 1947 in geistiger Verwirrung. An seinem Sarg wurde das "Gnost" rezitiert, an den teufelsgestaltigen "Naturgott", wo es heißt: "Und ich rase und vergewaltige, reiße und tobe, wüte ewig durch die Welt in der Gewalt von Pan." Wie NIETZSCHE, der alle moralischen Werte umkehren wollte und ebenfalls geistig umnachtet starb, hatte Crowley "das Negative so lange methodisch gezüchtet, den Nihilismus mit einer geradezu luziferischen Freude verherrlicht, bis auch ihn der körperliche und geistige Zusammenbruch ereilte. Es half nichts, daß er an Gottes Stelle den in sich selbst verliebten Übermenschen setzte," schrieb ein Esoteriker unter dem Pseudonym PHILO und ergänzt: "Immer sind es nur wenige, welche die Geschicke der Menschheit beeinflussen, und diese wenigen sind Sendboten des Lichtes oder dunkler Mächte; an ihren Werken sind sie zu erkennen."

Ein Schwarzmagier von geringerer Intelligenz als Crowley, aber keineswegs minder brutal und durchtrieben, war der von vielen Esoterikern noch heute bejubelte Georg Iwanowitsch GURDJEW, der 1949 in Frankreich starb. Er soll Georgier gewesen sein und gab als Geburtsjahr 1865 an. Dr. Walter A. KOCH tippt jedoch auf etwa 1875, da er Stalins Mitschüler am Priesterseminar gewesen sein will und um 1930 den Eindruck eines 50jährigen machte. Koch schreibt: "Da Gurdjew das Geheimnis des langen Lebens und des Wohlgefühls ohne Schlaf teuer verkaufte, wollte er natürlich für möglichst alt gehalten werden."

Eine Biographie über ihn verfaßte sein Schüler Louis PAUWELS unter dem Titel "Gurdjieff der Magier". [7]

Hinsichtlich biographischer Angaben bei Leuten wie Gurdjew ist es in der Regel so, daß sie dicke Fragezeichen erfordern. Stets muß man mit Unwahrheiten und Verschleierungen rechnen, was ihnen ihre Verehrer erstaunlicherweise nie verübeln.

Gurdjew gab an, Geheimschulen in Persien, Ostturkestan und in Tibet absolviert zu haben. Ungefähr zehn Jahre lang will er Hauptagent des russischen Geheimdienstes in Tibet gewesen sein, ja sogar Sekretär für auswärtige Angelegenheiten der tibetischen Regierung sowie Erzieher des Dalai Lama (!). Dabei beherrschte er, nach Aussagen vieler die ihn kannten, außer Russisch keine einzige Sprache perfekt, konnte sich jedoch in mehreren Sprachen verständigen. Er sprach und schrieb, wenn er überhaupt schrieb, ein fürchterliches Kauderwelsch.

Als 1903 die Engländer Tibet besetzten, soll Gurdjew angeblich mit dem Dalai Lama in die Mongolei geflohen sein. 1914 ging er nach dem Westen Rußlands und sammelte Anhänger u.a. in Moskau und Petersburg. Nach mißglückten Schulgründungen in Tiflis, Istanbul, Berlin und London, ließ er sich 1922 im Schloß Avon bei Fontainebleau in Frankreich nieder. Dort gründete er sein "Institut zur harmonischen Entwicklung des Menschen". In stiller Konkurrenz zur sogenannten "Abtei Thelema" des gleichzeitig agierenden Kollegen Crowley nannte er es "Abtei Avon". Zu seinen Bewunderern zählten berühmte und wohlhabende Persönlichkeiten wie Aldous Huxley, Arthur Koestler, Arnold Keyserling, die Witwe von Caruso, Maeterlincks erste Frau sowie die Schriftstellerin Katherine Mansfield, deren plötzlicher Tod in der "Abtei Avon" großes Aufsehen erregte. Dr. Koch schreibt: "Inmitten der fortschreitenden Spaltung und Zersetzung des abendländischen Geistes hat dieser erregende Hexer eine Vielzahl begeisterte Anhänger und Gläubige gefunden."

Seine konfusen Lehren, die erst von einigen seiner Schüler und unter Ausmerzung widersinniger oder anstößiger Passagen verständlich formuliert und in ein gewisses System gebracht worden sind, wurzeln u.a. in der Frage: "Bin ich wirklich?". Um zu tun, müsse man sein, ja man müsse überhaupt erst einmal begreifen, was es heißt: sein! Einer seiner Lehrsätze lautet: "Nur wenn ich bin, ist das wahre Leben". An sich eine umwerfende "Weisheit", aber viele Menschen, die anscheinend bereit waren, ihr Sein zu bezweifeln, suchten geistige Labung bei ihm. Dr. Koch schreibt: "Aber anstatt Antworten klar auszusprechen, lehrte er praktische Übungen zur Wesens- und Charakterschulung, die eine Atrophie

(Verkümmerung) der Vernunft zur Folge hatten. Seine außergewöhnliche Autorität, die *nicht* auf Wissen beruhte, gab ihm eine
unbeschreibliche, fast übermenschliche Macht über alle, die er in
seinen Bannkreis zog."

Neben seinen magischen Fähigkeiten war Gurdjew vor allem
ein Könner auf dem Gebiet der Hypnose. Seine diesbezügliche
Meisterschaft stellte er besonders anschaulich in den 20er Jahren
bei seinen öffentlichen Tanzdarbietungen in Paris und New York
unter Beweis. Die begleitende Musik war eine Mischung von Jazz
und fernöstlichen Tempelmelodien. [8] Die Tänzer bewegten sich
wie Marionetten, hölzern, freudlos, automatisch, ohne zu lächeln.
Gurdjew dirigierte sie. Durch eine Schwebehaltung seiner Arme
konnte er sie mitten in der schnellsten Bewegung schlagartig erstarren lassen. Und jedesmal, wenn ein Tanzabschnitt beendet war,
schienen die Tänzer innerlich zusammenzuklappen, sie wirkten
häßlich und glanzlos. - Späterhin beseitigte Gurdjew alles Schrift-
liche, was sich auf diese Tanzdarbietungen bezog.

Dr. Koch schreibt weiter: "Die Art der Schüler, die Gurdjew
heranbildete, läßt erkennen, daß er kein Meister im eigentlichen
Sinne des Wortes gewesen ist. Er teilte kein Wissen mit, das packt
und aufwühlt, sondern ging wie die Katze um den heißen Brei
herum, beraubte die Hörer des klaren Bewußtseins und der Urteilsfähigkeit, und veranlaßte kaum jemanden zu einer tiefgehen-
den (positiven) Wesensänderung. Gurdjew war größenwahnsinnig
und log prinzipiell. Er posaunte auf allen Märkten aus, was er zu
bieten habe ..., und nahm Geld, viel Geld, skrupellos und unver-
schämt." Und weiter:

"Der Entwicklungsweg Gurdjews führte nicht zu Gott, sondern
zur Macht (über andere) ... Seine Brutalität, sein völliger Mangel
an Liebe, an Mitleid, an Herz, entsprang jenen düsteren und teuflischen Praktiken, die in mongolischen Klöstern gelehrt werden. [9]
Dort trieb man die Härte, den Zorn, die Bosheit, das Fluchen, mit
dem man bei Gurdjew bestens vertraut wurde, wissentlich auf
einen Höhepunkt, auf dem auch die physische Brutalität (Stöcke,
Stricke und Fäuste) nicht fehlen durften." Gurdjew machte sich ein
Vergnügen daraus, seine Schüler ständig zu beleidigen und mit
unflätigen Worten zu beschimpfen, was diese zerknirscht und in
Demut anzunehmen hatten. [10] Genau wie BHAGWAN, für den die
Mutter Theresa eine "dumme Kuh" war, pflegte Gurdjew mit zy-
nischem Gelächter auf unsere abendländischen Vorstellungen von

Menschenwürde und Freiheit zu spucken. - Sollte nicht jedem
einleuchten können, daß ein wirklicher spiritueller Meister sich
niemals so verhalten würde?

Die Befolgung Gurdjew'scher Anweisungen sollte zur Entwicklung der feinstofflichen höheren Körper im Menschen führen.
Die hierzu angeblich erforderlichen Übungen umfaßten wechseln-
de Körperbewegungen, geistige Anstrengungen wie z.B. kompli-
zierte Arten des Zahlenzählens und Mantramwiederholens, und
körperliche Arbeit bis zur Erschöpfung mit wenig Schlaf.

Neben Sexualmagie lehrte Gurdjew, nur wenige Menschen hätten eine unsterbliche Seele. Um eine solche zu schaffen, müsse
man kompromißlos alle bisherigen Denkgewohnheiten, herkömmlichen Ideale und religiösen Glaubensvorstellungen über Bord
werfen bzw. in sich ausrotten; dann könne es gelingen, in die Reihe erhabener Meister aufzusteigen. Frauen allerdings hätten wenig
Aussicht, eine Seele zu bekommen, es sei denn durch geschlecht-
liche Vereinigung mit einem Mann Gurdjew'scher Richtung. Er
selber war denn auch eifrig bemüht, möglichst vielen Frauen eine
Seele zu verschaffen. Eine junge Französin, Iréne-Carole R., die
sich seinen sexuellen Attacken widersetzte, starb nach elf Tagen
durch magische Einwirkung an einer medizinisch unerklärbaren
Krankheit.

Wer da meinte, für seine menschlichen Probleme bei Gurdjew
Verständnis oder gar einen guten Rat zu finden, wurde entweder
mit Schweigen übergangen oder in der üblichen Fäkaliensprache
verspottet. Dr. Koch schreibt: "Es war eine Geheimschule der
Unordnung ... Das wahre Wissen sollte bei der inneren Erfahrung
des Körpers beginnen. Bald jedoch bekam man die schreckliche
Vorstellung, zu schwinden, aus sich selbst herausgeschleudert zu
werden." Danach gab es meist keine Rückkehr mehr zu einem
normalen Leben. Ein Schüler rief in der Ekstase des Schreckens
aus: "Das ist die Hölle, die geistige Einöde, ein Gefängnis, die
letzte Minute vor dem Schafott ... Sagt es euch nur immer wieder:
ihr seid nichts! Die ihr hier eintretet, laßt alle Hoffnung fahren!"

Louis PAUWELS urteilt etwas nüchterner und meint, "daß ein
Mensch ... sich nur durch die Pforte des Todes in das von Gurdjew
vorgeschlagene geistige Abenteuer einlassen kann." Pauwels soll
einer der wenigen gewesen sein, die sich dem "Meister" nicht total
auslieferten. Er soll sogar einige Amerikanerinnen aus Gurdjews
tödlicher Hypnose befreit und Abtrünnige, die dieser schwarzma-

gisch verfolgte, gerettet haben. Ob das wahr ist, muß dahingestellt bleiben, denn keinem ist zu trauen, der Leute wie Gurdjew oder Crowley idolhaft verehrt. Kein Paktieren mit satanischen Kräften und Persönlichkeiten bleibt ohne nachteilige Folgen für Charakter und Psyche. Nur sehr willenskräftige Menschen oder solche, die einen starken Schutz von oben haben, können Derartiges relativ unbeschadet überstehen und daraus für sich und andere heilsame Lehren ziehen.

In der "Abtei Avon" gediehen weder Menschen noch Tiere. Das Leben für die Schüler war sehr hart, obwohl es zwischendurch üppige Gelage und Orgien gab. [11] Und obwohl die Schüler große Geldsummen, manche ihr ganzes Vermögen in das Institut steckten, florierte es nicht und mußte, nach etlichen Skandalen, geschlossen werden.

Nachdem das Schloß verkauft worden war, begab sich Gurdjew in die USA, kam aber bald nach Frankreich zurück und nahm Wohnung in Paris. Dort begann er Abhandlungen zu schreiben unter dem Titel "Gespräche Beelzebubs mit seinem Enkel", wobei er selbst sich mit der Titelfigur seiner Schriften identifizierte. Manchmal sah man ihn in Cafés, zigarettenrauchend (seine Zähne waren gelb davon) englische Wörter mit ungelenken Zügen in ein Heft schreiben. Die so entstandenen Manuskripte waren oft kaum zu entziffern und wurden erst von Schülern einigermaßen lesbar gemacht. Eine Amerikanerin zahlte 1.000 Dollar für das Vorrecht, 20 Seiten davon lesen zu dürfen!

Nach Gurdjews Tod war dann ein Teil der Manuskripte in ein verständliches Englisch übertragen worden und erschien in deutscher Sprache unter dem Titel "All und Alles". Eine amerikanische Beurteilung des Buchinhaltes besagt, Nietzsches Umkehrung aller Werte mute hausbacken an gegen das, was Gurdjew darbiete. Außerdem sei es voller fremdartiger Vokabeln und erzähle kunterbunt durcheinander von UFOs, Kunst und Ernährung, von der Sphinx, von Sigmund Freud bis Mesmer, von der Hypnose bis zum Wasserklosett. Einem Gurdjew-Schüler zufolge liest sich das Buch "wie das Ergebnis einer verrückten Wette" und soll unverdaulich sein. Man fühle sich wie durch eine Mühle gedreht; ganz durcheinander werde man wieder an die Luft befördert und herumgewirbelt, ohne zu wissen, wohin man fällt. Dr. Koch kommentiert: "Da Gurdjew weder die westliche Zivilisation noch den abendländischen Geist je so richtig begriff, wurde sein Wälzer eine

eine ungefüge Mischung aus humoristisch sein sollenden Erzählungen, ernsthaft vorgetragenen Lügereien und abstrusen Ideen,
die gläubig hingenommen werden sollen." Bedauerlicherweise
werden sie das tatsächlich infolge der Bearbeitung durch ihn geistig weit überragende Schüler, die ihre eigenen Gedanken ein-
brachten. Von den "unübersetzbaren Derbheiten und massiven
Gemeinplätzen" des ursprünglichen Textes ist nur wenig übriggeb-
lieben. Von manchen Leuten wird Gurdjew heute sogar mit Jakob Böhme, Swedenborg und Sokrates verglichen!

Das Buch "All und Alles" spekuliert nach Dr. Koch auf ein Publikum, das sich einbildet, alles zu verstehen, und dem man daher
jeden Unsinn vorsetzen kann; was an den Ausspruch des Verhal-
tensforschers Konrad LORENZ erinnert, wonach der Mensch das
einzige Tier sei, das jeden Blödsinn glaubt. Das mag so gut wie
für alles gelten, was mit Gurdjew zusammenhängt, auch für die
Publikationen seiner Schüler Peter D. OUSPENSKY und John
G. BENNET. Letzterer vermischte Gurdjews krause Lehren, wozu
auch die rückwärts in die Vergangenheit gerichtete Reinkarnation
(!) gehört, mit jenen von Alice A. BAILEY, so daß aus solcher
Verbindung von Luzifer mit Satan eben nur Beelzebub erwartet
werden kann. Dank Bennet weist auch die *Subud*-Bewegung starke Gurdjew-Züge auf. [12] In mehr als 20 Büchern beleuchtet Bennet "die Ideen des russischen Weisen" Gurdjew, meldet das viel
Irreführendes enthaltende "Handbuch der Esoterik" von David
Harvey. Das Umfunktionieren von Schwarzmagiern in "Meister
der Weisheit" nenne ich schlicht intellektuelle Heimtücke, wenn
es bewußt geschieht, und nicht bloß aus Dummheit. Aber vielleicht wird so das ursprüngliche Gift allmählich neutralisiert, so
daß es keinen sonderlichen Schaden mehr anzurichten vermag?
Ob es sogar noch positiven Nutzen bringen kann, ist eine andere
Frage.

Auf jeden Fall hat Gurdjew sein irdisches Leben in vollen Zügen genossen. Über die Leichtgläubigkeit seiner Anhänger pflegte
er sich köstlich zu amüsieren. Wenn er auf den Höhepunkten seiner Freß- und Saufgelage Wodka in sich hineinkippte wie Wasser,
so toastete er auf alle Arten von Dummköpfen. Dabei unterschied
er sorgsam diverse Kategorien von Idioten: runde, viereckige,
vieleckige, psychopathische und hoffnungslose "Idioten im Quadrat", "Idioten hoch drei" und so weiter. Die einzelnen Toaste
endeten immer mit einem riesenhaften Hohngelächter ...

Ein Schüler Gurdjews namens C.S. NOTT, beschreibt in seinem Buch "Further teachings of Gurdjeff" (1964) seine letzte Begegnung mit diesem "Meister": Nott traf ihn in Paris, im Café de la Paix, und beklagte sich bitter, daß Gurdjew ihn jetzt einfach in der Luft hängen lasse, nachdem er ihn - Nott - doch schon so weit gebracht habe. Gurdjew hörte aufmerksam zu und sagte dann grinsend: "Ich brauche *Ratten* für mein Experiment".

Auf seinem Sterbebett schaute Gurdjew noch einmal seine Schüler an, von deren Geld er gelebt, die er ausgenutzt, beschimpft und mit "Geheimnissen" getäuscht hatte, die er ihnen nie offenbarte. Da es nichts zu offenbaren gab, hatte er auch für keinen Nachfolger gesorgt. Solche fanden sich dann von selber. Und zumindest seine *letzten* Worte waren *keine* Lüge. Er sagte. "Da lasse ich euch also sitzen in der Patsche!"

Und das, liebe Freunde, ist einer der Großen im Reiche der Esoterik, bei dem noch heute zahlreiche Suchende Weisheit zu finden meinen, weil sie die Wahrheit über ihn nicht kennen! LEUENBERGER nennt ihn trotz allem einen "Esoteriker", einen "nichtspiritualistischen". Und ein Verlag preist ihn als einen "der geheimnisvollsten Denker unseres Jahrhunderts" an, der mit seinem System uns "mit dem für eine neue Schöpfung (!) nötigen Material bekanntmachen will!" - Mundus vult decipi, ergo decipiatur: Die Welt will betrogen sein, also werde sie betrogen!

Zwei Dinge sind unendlich:
Das Universum
und die menschliche Dummheit -
aber beim Universum
bin ich mir noch nicht ganz sicher.

Albert Einstein

Es ist nicht alles Gold was glänzt -

... auch nicht, was in weisheitsvoll-frommer Verpackung dargeboten wird. Als Beispiel möge hier der Fall des indischen Swami OMKARANANDA dienen, der am 4.1.2000 völlig überraschend die Daseinsebene wechselte. Im "Materialdienst" der Evang. Zentralstelle für Weltanschauungsfragen in Stuttgart (Nr. 22/1970) lesen wir:

In einem Brief aus dem von Swami Omkarananda gegründeten Divine Light Zentrum in Winterthur an einen Anhänger, wird diesem verheißen, daß der Swami ihn mit Gedanken der Reinheit und Vollkommenheit "nun für immer einhüllt. Swami gibt Ihnen alles, was er hat, und dies ist viel, da er aus der unendlichen Fülle und Güte schöpft, die Gott, der Herr ihm zum Segen für die Welt gegeben hat." Hier erscheint Omkarananda nicht mehr nur als ein Guru, der seine Schüler auf dem Pfad zur Weisheit und zur Einswerdung mit dem Göttlichen geleitet, sondern als der Mittler, der die von Gott empfangenen Schätze an die Welt weitergibt.

Noch höher stellt ihn eine "Maitreya-Durchgabe", die im Divine Light Zentrum am 9.Mai 1968 erfolgte. [1] Da erklärt der Meister Maitreya, Omkarananda sei "einer der Meister aus der Sonne, welche da ist der Gott, der alles geschaffen hat. Er steht hoch über den Söhnen der weltlichen Hierarchie. Er wurde von Gott auserwählt, meisterlich auf der Erde zu wirken, gleich Jesus ein Weltenlehrer zu sein." Seine Inkarnationen fanden aber nicht auf der Erde statt, sondern auf der Venus, dem Stern der Liebe (sprich Luzifers. R.P.). Dort war er schon im Rang eines Meisters. Nun hat er den Auftrag, "Jesus beizustehen bei der endgültigen Auflösung der dunklen Elemente und bei der Aufhellung auch auf dieser Erde", die sich gegenwärtig schon in der Umwandlung befindet. Sie soll damit enger an den Stern der Liebe angeschlossen werden. "Swami Omkarananda ist demnach der Christus, welcher berufen ist, mit Jesus und allen Meistern, in Verbindung auch mit reinen Gotteskindern, die hier als geistige Mitarbeiter einbezogen sind, das Reich Gottes auf Erden wieder in Reinheit herzustellen. Eine neue Erde und ein neuer Himmel - wie es schon in der Bibel steht - wird damit in Erscheinung treten."

"Was, schon wieder ein Christus?" wird mancher erstaunt fragen. Nun, nicht bloß in der Okkultszene gibt ein Christus dem andern

die Türklinke in die Hand, auch in der christlichen Religionsgeschichte traten - bis in die neuere Zeit hinein - Dutzende auf, die
sich als wiedergekommener Christus empfanden bzw. ausgaben.
Insofern wäre das nichts Besonderes und man gewöhnt sich daran.
Aber der Fall Omkarananda soll hier als warnendes Musterbeispiel
aufzeigen, daß bereitwilliges Glauben und Vertrauen leicht auf
Irrwege führen kann.

Omkarananda (der Name bedeutet angeblich soviel wie "glück-
selig durch Tragen der heiligen Silbe OM") war von einer Dame
in die Schweiz geholt worden, die ihm ihre Villa zur Verfügung
stellte. Das Divine Light Zentrum (DLZ) wurde 1966 als Verein
gegründet und umfaßt heute eine stattliche Anzahl (meist von
Privatpersonen treuhänderisch gehaltenen) Liegenschaften in der
Schweiz, Österreich, Deutschland, England und Indien.

Von Winterthur aus entfaltete der Swami seinerzeit eine leb-
hafte Propandatätigkeit. Seine zahlreichen Schriften erwecken
den Eindruck, es mit einem wirklich gottverbundenen Manne zu
tun zu haben; aber schon zweieinhalb Jahre bevor das Göttliche
Lichtzentrum (1975) aufflog, war mir bekannt geworden, daß es
dort anscheinend durchaus nicht immer so göttlich zuging, wie die
immer zahlreicher werdenden Bewunderer des Inders glaubten.

Meinen Gewährsleuten zufolge vollzog sich das Leben im Ashram recht einfach, mit vegetarischer Ernährung und dem Verzicht
auf Tabak, Alkohol und Drogen. Spielraum für eine individuelle
Lebensgestaltung war gewährleistet. Meditationen wurden nicht
still vollzogen, sondern bestanden im lauten Rezitieren von Veden
und Mantren. Jedem wurde empfohlen, möglichst viel oder sogar
ununterbrochen sein Mantra auszusprechen oder zu denken. Zusätzlich tönten Mantren Tag und Nacht über Lautsprecher in alle
Räumlichkeiten (in Privatzimmern allerdings regulierbar bzw.
ausschaltbar), eine von Außenstehenden mitunter stark kritisierte
"Mechanisierung" des spirituellen Reifeprozesses. Der Inder
merkte rasch, wenn jemand im Mantrapraktizieren nachließ.

Was sind nun solche Mantras oder Mantrams? In Magie und
Kabbalistik weiß man seit jeher, daß jeder gesprochene Buchstabe
und somit jeder Laut oder Ton eine bestimmte Schwingungszahl
besitzt, einerlei ob er hörbar oder unhörbar sein mag. Vom Resonanzgesetz her wissen wir ferner, daß tiefere Schwingungen alias
Töne, höhere auslösen, die sogenannten Obertöne. Auf diesem
Prinzip beruhen die Wirkungen von Mantrams und "Zauber-

sprüchen", besonders bei häufiger Wiederholung. Auf der physischen Ebene erzeugte Töne, Melodien oder Gesänge, Worte oder Wortfolgen, wirken resonanzmäßig zugleich auf einer anderen, auf der astralen Ebene. Resonanzen, die ihrerseits wieder auf die materielle Welt zurückwirken; denn alle Lebensäußerungen bestehen ja aus Bewegung und Wechselwirkungen.

Werden Mantrams fortgesetzt wiederholt, so entstehen quasi Energiequanten, von und mit denen eine bestimmte Wirkung ausgeht bzw. erzielt werden kann. Vorrangig wirken sie auf die *Psyche* des Menschen. Dieser Faktor wird insbesonders bei der Pop- und Rockmusik genutzt, wie in dem entsprechenden Kapitel noch aufgezeigt wird. Wenn Mantrams überdies noch recht monoton hergesagt oder gesungen werden (man beachte die eintönigen liturgischen Gesänge römisch- oder griechisch-katholischer Gottesdienste resp. jene der Zauberpriester und Schamanen aller Völker der Dritten Welt), so kommt zur Vibration des Wortes oder Vokals noch die Melodie als dynamisierender Faktor hinzu.

Die Vokal- oder Konsonanten-Magie, wie sie beispielsweise von KERNING oder BARDON gelehrt wurden, beruhen auf derselben Grundlage. Mittels solcher Übungen soll eine Umwandlung molekularer Strukturen im Körper erfolgen, um höhere Schwingungszustände zu erreichen bzw. sich dafür empfänglich zu machen. Leider pflegt sich erst hinterher herauszustellen, ob dem wirklich so ist. In Tibet beispielsweise hat man Erfahrung in erfolgreicher Krankheitsbehandlung allein durch tagelanges Singen gewisser Vokale in bestimmter Reihenfolge und Tonlage. [2]

Uns allen ist bekannt, wie unterschiedlich stimulierend einzelne Musikarten auf uns einwirken: auf Marschmusik reagieren wir ganz anders als auf Walzerklänge oder klassische Musik. Wie kommt es zum Beispiel, daß Musiker, die ausnahmslos Werke moderner Komponisten spielen, depressiv und krank werden? Es sollte daher unschwer zu begreifen sein, daß unablässig wiederholte Worte oder Sätze, noch dazu in Sanskrit, das wir nicht verstehen, auf die Dauer keineswegs ohne Folgen für den Ausübenden bleiben; es werden ja ganz bestimmte Vibrationen erzeugt und dynamisiert, die auf den Erzeuger - dem bereits erwähnten Reperkussionsgesetz zufolge - zurückwirken. Dabei kann man zunehmend in eine Art Selbsthypnose oder sogar in Trance geraten. Wenn dann noch, wie das nicht selten geschieht, die Jünger vor dem Bildnis ihres Meisters meditieren und es anstarren, so wird die autosuggestive Wirkung beträchtlich erhöht und ihre seelische Abhängigkeit intensiviert. So etwas greift unter Umständen markant in die psychische Persönlichkeitsstruktur ein. Solche Menschen können ihres Individualitätsbewußtseins mehr und mehr verlustig gehen; sie machen den Eindruck, zumindest teilweise nicht mehr sie selber zu sein. Wenn dann Leute wie Gurdjew, Crowley oder Bhagwan ihren Opfern noch zusätzlich einhämmern, daß sie ein Nichts seien, daß sie Verstand und Denken ausschalten müßten, so können selbst intelligente Menschen zu mehr oder weniger willenlosen Werkzeugen ihrer Verführer getrimmt werden, ohne es recht zu merken.

Nur so war es auch im Falle DLZ verständlich, daß unbescholtene, grundanständige Menschen sich zu kriminellen Handlungen verleiten ließen, ohne Gewissensbisse zu empfinden und sich der Verwerflichkeit ihres Handelns bewußt zu werden. Ja sie hielten sich sogar für berechtigt und verpflichtet, Gegner ihres Gurus auszuschalten.

Okkultistische Pseudogurus haben es bei uns verhältnismäßig leicht. Es genügt vollauf, wenn man hypnotisieren und magische Kunststückchen vollbringen kann. Gemäß der Aussage eines Gewährsmannes lag bei Omkarananda das Raffinierte darin, daß er derlei Fähigkeiten eben nicht zur Schau stellte bzw. nur selten anwendete. Kommen dann noch eine dunkle Hautfarbe und ein klangvoller fremdländischer Name hinzu, dann ist der Erfolg hierzulande so gut wie garantiert: Frauen, Geld und Wohlstand stellen sich dann von selber ein, und die meist weibliche Anhängerschar sorgt für Publizität. Beherrscht der Betreffende überdies die Praxis des Körperaustritts (Bilokation) und strahlt neben würdevoller Güte auch geistige Überlegenheit aus, so zweifelt kaum mehr jemand an seiner Göttlichkeit. Omkarananda soll öfters in seiner Astralgestalt wahrgenommen worden sein, sowohl innerhalb als auch außerhalb seines Zentrums. Wer von solcherlei Möglichkeiten keine Ahnung hat, wird um so eher bereit sein, in solch einem Menschen Großes zu vermuten. Zumal, wenn dessen Lehre durchaus höchsten Ansprüchen genügt und in sich widerspruchsfrei zu sein scheint, d.h. mit den klassischen spirituellen Lehren übereinstimmt.

Doch die Nachbarschaft des DLZ ließ sich hiervon nicht beeindrucken. Sie sah sich durch den auffallenden hellblauen Anstrich der DLZ-Häuser und durch immer weitere Liegenschaftserwerbungen provoziert und wendete sich an die Behörden. Von diesen wurde der Swami verwarnt. Doch der reagierte recht unspirituell, mit ungehobelten Pamphleten und ließ - entgegen seinem Versprechen - durch Strohleute weitere Liegenschaften in der Umgebung aufkaufen. Der Konflikt eskalierte.

Als dem Swami klar wurde, daß DLZ-Gegner seine Ausweisung betrieben, wurde zu massiven "Abwehrmethoden" gegriffen. Er ließ im Geheimen Schwarzmagier aus Indien anheuern, die ihre üblen Künste teils einigen Swami-Anhängern beibrachten, teils selber ausführten. In einem extra hierfür angeschafften Wohnwagen vollzog man satanistische Rituale, die, wie aus beschlagnahmten Tonbändern ersichtlich war, den Zweck hatten, Gegner des "Lichtzentrums" zu vernichten. Ein Mädchen aus dem DLZ mußte dabei als "Altar" dienen und jeweils eine brutale Vergewaltigung durch den Inder Narajana Rada erdulden.

Was sonst noch alles angestellt wurde, bleibe hier unerwähnt. Die meisten Ashram-Mitglieder bekamen kaum etwas von diesen Dingen mit und erfuhren erst viel später aus der Presse davon. Viele von ihnen wollten ihren Augen nicht trauen, und manche glauben wohl noch heute eher an ein raffiniert inszeniertes Behörden- und Polizeikomplott gegen ihren Meister, als daß diesen selber eine echte Verantwortung treffe. Doch dürfte es als objektiv unbestritten gelten, daß Omkarananda über alle diese Dinge zumindest voll informiert war, daß er sie nicht abgestellt, sondern sie toleriert und somit de facto unterstützt hat.

Fest steht auch, daß eine fanatisierte Gruppe von sechs Omkarananda-Jüngern schließlich dazu überging, mit Giften und Säuren zu arbeiten. Nach entsprechenden Versuchen an Ratten und Hamstern wurden Türklinken und Klingelknöpfe von DLZ-Gegnern mit Säuren bestrichen, schwarzmagisch imprägnierte Gegenstände in deren Gärten vergraben und Schokoladenpralinés mit Zyankali präpariert. Eine Swami-Jüngerin gab sich als Kosmetikvertreterin aus und goß den Frauen von Beamten oder Politikern Essigsäure auf die Hand, was teilweise zu erheblichen Verletzungen führte.

Nebenbei hatte man im DLZ mit der Anlegung eines Waffenlagers begonnen. Zwei Sturmgewehre, eine Maschinenpistole, zwei Pistolen und elf Gaspistolen wurden beschlagnahmt. Schießunterricht erfolgte im Keller des "Tempels". Schließlich kam Sprengstoff zur Anwendung. An den Häusern des damaligen

Polizeidirektors Jakob Stucki und des Rechtsanwalts Willy Hauser montierte man in der Nacht zum 8.10.1975 insgesamt sieben Sprengkörper, wovon glücklicherweise nur einer detonierte. Die anderen sollen entschärft und mit Peilsendern versehen gewesen sein, denn eine französische Swami-Anhängerin, welcher die Dinge wohl zu bedenklich geworden waren, hatte ohne Wissen ihres Meisters mit Zürcher Behörden zusammengearbeitet.

Am 10.7.1976 wurde Omkarananda verhaftet und nach einem aufsehenerregenden Prozeß in Lausanne am 22.5.1979 wegen wiederholten Mordversuchs, Anstiftung zum Mord und einer Reihe weiterer Delikte zu vierzehn Jahren Zuchthaus und fünfzehn Jahren Landesverweis verurteilt. Strafmilderungsgründe entfielen. Zahlreiche im DLZ beschlagnahmte Schriftstücke belegten, daß er praktisch alles bestimmte, was in seinem Ashram geschah. Gegenüber den übrigen Angeklagten - von Ausnahmen abgesehen - waren die Richter nicht bereit, wegen "Gruppenwahns" verminderte Zurechnungsfähigkeit anzuerkennen. In Übereinstimmung mit den psychiatrischen Gutachtern räumten sie jedoch ein, daß die Fähigkeit der Angeklagten, Unrecht einzusehen, herabgesetzt war ("Tages-Anzeiger", Zürich, 23.5.1979). "Der Swami war alles für mich, ich habe mich ihm total ausgeliefert", bekannte eine der Täterinnen. Nach sechsjähriger Haft verfrachtete man Omkarananda 1985 nach Indien. Von dort kehrte er an die Schweizer Grenze zurück, in die Gegend von Bregenz, wo er neue Bewunderer fand.

War Omkarananda in Wahrheit "ein Wolf im Schafspelz"? Mir steht kein Urteil zu, aber das mir vorgelegte Beweismaterial hintergangener Swami-Förderer läßt in erschreckender Weise den totalen Widerspruch seiner frommen Lehren zu seinem internen Verhalten erkennen. Wenn man allerdings dem Communiqué des DLZ vom 6.1.2000 glauben will, so war Omkarananda "ein seit seiner frühesten Jugend weltweit anerkannter Philosoph, Schriftsteller, Weiser, Mönch und Mystiker", der zum göttlichen Bewußtsein zurückkehrte, "von welchem er gesandt wurde, um eine Mission auf dieser Erde zu erfüllen". Sein Leben sei "eine einzige lodernde Flamme wahrer Gottesliebe" gewesen, unermüdlichen selbstlosen Dienens, bedingungsloser Aufopferung für die Höherentwicklung der Menschheit" und so weiter. Bahnt sich hier ein esoterischer Heiligsprechungsprozeß an wie bei dem Guru Bhagwan Shree Rajneesh?

Mag sein, daß Omkarananda nur das Beste wollte. Wenn er jedoch mit dem ihm zur Verfügung gestellten Millionenbeträgen gutgläubiger Verehrer, statt eines mager finanzierten Hill-School-Projekts (zur ashrameigenen Werbung) besser versucht hätte, einiges zur Linderung des namenlosen Elends in seiner Heimat beizutragen, dann wäre dem Walten des göttlichen Liebesprinzips gewiss mehr gedient gewesen als mit einer Flut weisheitsvoller Schriften. Denn: *Ein bißchen Güte von Mensch zu Mensch ist besser als alle Liebe zur Menschheit* (Richard Dehmel). Das mögen sich all jene Gurus, Meister, Swamis, Eingeweihte und Weltlehrer, die es angeht, hinter die Ohren schreiben.

An "spirituellen Meistern und Lehrern" stehen ferner hoch im Kurs:

Eliphas LÉVI, eigentlich Alphonse-Louis Constant (1810-1875). Nannte sich Abbé (Abt), obwohl er sein Priesterstudium hatte abbrechen müssen. Hochintelligent, Autor von rund 200 Schriften okkultistischen Inhalts (Hauptwerk: "Dogma und Ritual der Hohen Magie"). Soll praktizierender Satanist gewesen sein und Verfasser eines "Hymnus an Satan".

Marquis Stanislas de GUAITA (1861-1897). Er soll Mitbegründer des Martinistenordens gewesen sein und gründete 1888 den Orden der kabbalistischen Rosenkreuzer. Dieser Orden, ein "mächtiger und geheimer Bund der Kardinäle der okkulten Kirche", hatte sich angeblich die Bekämpfung der Schwarzen Magie zur Aufgabe gestellt. In Wirklichkeit war Guaita, der seinen Verein "auf preußische Art, mit eiserner Faust" leitete, selber Schwarzmagier und ging schließlich an Rauschgift zugrunde. Titel seiner Werke: "Tempel des Satans", "Schlüssel zur Schwarzen Magie", "Das Problem des Bösen" und andere.

Josephin PÉLADAN (1850-1915; lt. Brockhaus: 1859-1918) war ebenfalls Satanist und nannte sich Sâr (König) Merodak. Nachdem er sich 1890 von Guaita getrennt hatte, gründete er die Gesellschaft "Rose + Croix du Temple" als katholischen Rosenkreuzerorden (er selbst war Jude). W. von Pribytkow nennt ihn als "Verfasser einer Reihe ungereimter und zynischer Romane unter dem gemeinsamen Titel "La décadence latine". Horst Miers zufolge sandte er der Baronin Rothschild eine Exkommunikation ins Haus und verlangte am 14.5.1890, die Öffentlichkeit und der Kardinalerzbischof von Paris sollten sich ihm unterwerfen.

Dr. Franz SÄTTLER, Orientalist, 1884 in Eger geboren, war als "Dr. Mussalam" Begründer der sexualmagisch orientierten "Adonistischen Gesellschaft". In einem (natürlich geheimen) Kloster namens Bît en Nûr im fernen "Nuristan" will er eingeweiht worden sein. Er predigte den Glauben an Adonis als den wahren Schöpfer und rechtmäßigen Herrn der Welt. Mit seiner Lehre wollte Sättler das "Zeitalter des Adonis" als Goldenes Zeitalter einleiten, wo es keinerlei Beschränkungen in der Persönlichkeitsentfaltung - worunter er vor allem sexuelle Freizügigkeit verstand - mehr geben würde.

Franz BARDON, tschechischer Magier (1909-1958) übernahm teilweise adonistische Lehren in das System seiner Konzentrations- und Imaginationsübungen. Zudem gilt der Magier F.W. QUINTSCHER als Bardons "geistiger Vater". Quintscher nannte sich auch Rah-Omir Quintscher oder Ophias und arbeitete mit Sättler in der Wiener Adonistenloge "Hekate". Bardon wird zwar von E.M. KÖRNER über die Maßen gelobt als wahrer Adept, der über Raum, Zeit und Kausalität gestanden habe (?!), aber Körner hielt auch Crowley-Therion für einen Meister ... [3]

Selbstverständlich können auch fehlerhafte und fehlbare Menschen Lehrer und Führer sein, zumal untadelige Charaktere ohnehin selten sind; aber man darf von ihnen zumindest verlangen, daß sie um unser aller Ursprung, Bestimmung und Ziel wissen und diesem Ziel gemäß vorbildlich zu leben versuchen. Unter solchen Voraussetzungen wird ein Führender stets nur Wegweiser zu Gott sein können. Alles andere ist von Übel.

Noch pilgern wir, am Wanderstab,
fast blind durch Raum und Zeit -
Doch tief im Herzen ahnen wir
das Licht der Ewigkeit.

Rudolf Passian

Mit Tantra-Sex zur Erleuchtung?

Weltlehrer Bhagwan Shree Rajneesh

Es gibt gewiß nur wenige Esoteriker, die nicht Indien, zumindest aber Tibet als Hort erhabenster Weisheit betrachten. Als geistig entwurzelte Abendländler strömen sie zu Zehntausenden irgendwelchen Ashrams zu oder suchen in östlich geprägten Religionsrichtungen heilvolle Erleuchtung.

Nichts gegen all diese Sucher, die, wie schon betont, im allgemeinen gewiß nicht zu den schlechtesten gehören; es sei denn, sie sind durch Drogen u. dgl. bereits hoffnungslos abgeglitten. Berücksichtigen sie aber auch die völlig andere Denkungsart Indiens? Bei einer Zählung im Jahre 1950 wurden mehr als fünfeinhalb Millionen sogenannter *Saddhus* gezählt! Alle, ob Asketen, Fakire, Yogis, Einsiedler, Bettelmönche oder Angehörige religiöser Orden werden Saddhus, d.h. fromme Leute genannt. Sie entsagen der Welt, nehmen einen neuen Namen an und pilgern heimatlos, ohne Verbindung zur Familie, auf dem Wege zur vermeintlichen Vollendung. Etwa drei Viertel davon, meint der Indien-Kenner Hans-Hasso von VELTHEIM-OSTRAU, sind Faulenzer, Vagabunden und Schwindler.

Aus dem restlichen Viertel allerdings haben sich zuweilen wahrhaft weise, gütige, erleuchtete Menschen herauskristallisiert, die sich als Lehrer alias Guru entsprechend legitimierten. Aber etwas grundlegend Neues vermochte offenbar keiner zu bringen, denn was gäbe es, das nicht schon gesagt worden wäre? Wozu also nach Indien pilgern? Es ist sowieso falsch, annehmen zu wollen, daß jeder, der sich Spiritualist, Esoteriker, Okkultist, Magier, Guru, Swami, Sri, Bodhisattva, Bhagwan oder sonstwie nennt und sich mit Geheimwissen befaßt, zugleich wie selbstverständlich ein edler Mensch sein müßte. Das Gegenteil ist nur zu oft der Fall, auch unter Indern.

Bei uns wird neuerdings der von Indien herkommende *Tantrismus* propagiert, die "Tantra-Psychologie der Liebeskunst". Es handelt sich hierbei um einen teils zur Philosophie ausgebauten, teils reichlich primitiven Kult, der Hinduismus, Buddhismus und Jainismus gleichermaßen und in vielerlei Abwandlungen durchzieht. Tantra soll zu innerer Erleuchtung führen, zur "androgynen Vollendung" und - wieder einmal - zur "endgültigen Erlösung".

Gustav MEYRINK jedoch nannte Tantrik-Übungen kurzerhand Schwarze Magie. MIERS in seinem Lexikon ebenfalls und Beatrice FLEMMING in ihrem 'Kleinen theosophischen Lexikon' desgleichen. [1]

Im wesentlichen geht es um rituellen Geschlechtsverkehr in Gemeinschaft, wobei die einen es zum Orgasmus kommen lassen und die andern nicht, je nachdem, ob man sich dem Tantrismus der linken oder der rechten Hand verschrieben hat. Alles geschieht im Rahmen peinlich genau zu beachtender Kultvorschriften, denen sehr unterschiedliche und teils nicht uninteressante Theorien zugrunde liegen können. Im rechtshändigen Tantrismus wird auf mehr spirituelle Weise, durch Yoga-, Meditations-, Mantra- und Mudra-Übungen etc. versucht, die im Wurzelchakra schlummernde Kundalinikraft (das "Feuer der Kundalinischlange") zu wecken und über die höheren Chakren zum Aufstieg zu bewegen, bis sie sich mit ihrem Gegenpol im Scheitelchakra vereinigt. Dieser schmerzhafte und keineswegs ungefährliche Vorgang wird als "Vergeistigung sexueller Lust" verstanden und soll Erleuchtungszustände herbeiführen. [2]

Beim linkshändigen Tantrismus geht es derber zu. An den Zeremonien darf nur teilnehmen, wer allen anderen bekannt ist. Mir vorliegende Bücher über Tantra-Sex enthalten weiter nichts als mit esoterischen Floskeln verbrämte Pornographie. Für 3-G-Leute (darunter verstehe ich Zeitgenossen, deren geistiger Horizont sich in drei Hauptinteressengebieten erschöpft: Geld, Genuß, Geschlechtsverkehr) mag dies zur Lebenserfüllung ausreichend sein. Mir hingegen ist schwer vorstellbar, wie man auf solche Art zu höheren Erkenntnissen oder gar zu irgendeiner Erlösung kommen soll in Ländern und Religionen, wo die Frau lediglich als Lustobjekt und Arbeitstier geschätzt wird, ansonsten aber nichts gilt.

Ein indischer Sexapostel ganz besonderer Art war Bhagwan Shree RAJNEESH. Er hieß eigentlich Rajneesh Chandra Mohan, (1931-1990) und wollte als Philosophiestudent ein tiefgreifendes Erlebnis gehabt haben, welches ihm angeblich eine andere Dimension, eine andere Realität erfahren ließ. Dem offiziellen Lebenslauf zufolge soll er ab 1957 Philosophie gelehrt haben. 1966 sei ihm die Lehrerlaubnis wegen seiner Ansichten über Politik, Religion und Sexualität entzogen worden. Als Acharya (Wanderlehrer) ging er dann in die Großstädte. Nachdem er sich mit meditativen und bewußtseinsverändernden Techniken befaßt hatte, gründete er seinen ersten Ashram 1969 in Bombay.

Weithin bekannt wurde jedoch erst der 1974 in Poona eröffnete Ashram, als Mohan "der Guru des Weißen Mannes" werden wollte und zu werden begann. Nun nannte er sich "Bhagwan" (Sanskrit: "der sich selbst als Gott erkennt". Bhag soll zugleich "Meister" bedeuten, und Wan = Jungfrau oder Vagina) und galt unter seinen zahlreichen Anhängern als einziger derzeit lebender Meister. Bald setzte ein enormer Zustrom von Europäern und Amerikanern ein, von denen ein Großteil drogensüchtig war.

Bhagwan versprach seinen Gefolgsleuten die Schaffung einer weltweiten Familie derer, "die auf der Suche nach ihrer inneren Umwandlung sind". Als erstes riet er ihnen, das Beten zu unterlassen. Das sei bloß ein vater- und autoritätsorientierter Brauch, der aus Furcht geboren sei und Furcht begründet.

Unter anderem lehrte er "die meditative Hinführung des Menschen zur Gedankenlosigkeit". Er nannte es "Destruktion des Denkprozesses", indem er die Erfahrung vom Denken zu trennen suchte. Als gesunder und normaler Mensch wertet man ja seine Erfahrungen durch Nach-Denken aus, um daraus Schlüsse für künftiges Verhalten ziehen zu können. "Ganz anders bei Rajneesh," schreibt Eckart FLÖTHER in seinem aufschlußreichen Buch "Der Todeskuss" [3] und fährt fort: Bhagwan "entwickelte die 'Dynamische Meditation' als Mittel zur Geburtenkontrolle der Gedanken". Hierzu nahm er Anleihen auf bei GURDJEW, bei dem er lernte, wie man Menschen dermaßen schikaniert, daß sie sich trotzdem glücklich wähnen. Härte und die Verneinung individueller Persönlichkeit fand er auch im Zen-Buddhismus. Seinen Haß gegen alles Althergebrachte an Werten und Verhaltensmustern motivierte er mit den Lehren von KRISHNAMURTI, den er als einzigen "Meister" respektierte. Der Tantrismus lieferte ihm den Wahn vom "befreienden Sex".

Weitere Grundelemente seiner Lehren sind: Die Familie hat zu verschwinden. An ihre Stelle tritt die Kommune, wo die Kinder gemeinsam erzogen werden und nur ihre Mutter, nicht aber ihren Vater kennen (der bei den Bhagwan'schen Praktiken auch nur schwer auszumachen wäre). Sex mit Kindern ist selbstverständlich. Schuldgefühle sind Unsinn, Schuld ist eine Erfindung der Religionen bzw. Priester, um Menschen besser unterjochen zu können. Bhagwan forderte bedingungslose Hingabe an ihn, den

Meister, plus totalem Aufgeben gewohnten Denkens, bisheriger Bindungen und des eigenen Ichs. "Du bist nichts, Bhagwan ist alles!" Wie Gurdjew bleute er seinen Schülern ein, sie seien absolut nichts, seien Wesen ohne Verstand und Ego. "Man muß eines Menschen Verstand gnadenlos durcheinanderschütteln", war einer von Gurdjews Lehrsätzen.

Bhagwans "Dynamische Meditation" besteht ferner aus Elementen des Yoga und des Sufismus (das ist eine mystisch-magische Richtung im Islam, bei der erotische Symbolik eine Rolle spielt) sowie aus der Rebirthing-Methode nach Arthur JANOV (eine an sich von Leonard ORR entwickelte Technik zum Wiedererleben der eigenen Geburt). Besonders verhängnisvoll bei alledem ist die sogenannte "Hyperventilation". Sie besteht in einem schnellen, chaotischen Ein- und Ausatmen, täglich eine Stunde lang, bis die Überladung des Organismus mit Sauerstoff den Körper verkrampfen läßt und das Denken aufhört. Hierdurch bedingte Veränderungen im chemischen Körperhaushalt lösen Bewußtseinszustände aus, die nur verwirren, statt zu einem klaren und erkennenden Schauen zu führen.

Das New Age-orientierte Esalen-Institut bei Big Sur in Kalifornien schickte seine ganze Führungsriege zu Bhagwan und ließ diese zu Swamis machen; ein Armutszeugnis für ein Institut, das existenzielle Grundlagen für das Wassermann-Zeitalter erarbeiten zu wollen angibt. Eckart FLÖTHER, der die Dinge hautnah miterlebte, schreibt: "Es waren alles Therapeuten der New Age-Bewegung. Sie galten in ihren Ländern als Vorreiter einer 'Psychologie für Gesunde', einer Psychologie zur Hebung bisher ungenutzter Potentiale im Menschen. Sie lieferten Rajneesh das notwendige therapeutische Handwerkszeug, die Psychotechniken, die er für seine Experimente mit anderen Bewußtseinszuständen brauchte." In den sogenannten Therapiegruppen des Bhagwan-Systems hielt man sich nicht an die sonst üblichen Grenzen therapeutischer Sorgfaltspflicht. Der Guru-Gott erlaubte ein 'Spiel ohne Grenzen' mit dem Ergebnis, daß physische Brutalität und seelische Grausamkeit, Knochenbrüche und Vergewaltigungen an der Tagesordnung waren. Freudig tat man alles, was der Guru wünschte, denn Schlafmangel und proteinarme Kost erhöhten die Bereitschaft für Fremdsuggestionen. Tausende ließen sich auf Bhagwans Wunsch hin zwangssterilisieren. Er forderte zur Abtreibung auf und die jungen Frauen gehorchten. Manche freilich wurden verrückt, andere begingen Selbstmord. Flöther bekennt:

"Statt neuem Bewußtsein oder spiritueller Freiheit erlebte ich totale Abhängigkeit und menschliche Zerstörung. Der Ashram, der das Tor zu Wahrheit und Wachstum sein sollte, war in Wirklichkeit ein Experimentierfeld für Menschenversuche. Menschen, die ihre oder die Probleme der Welt lösen wollten, fühlten sich hinauskatapultiert in eine Welt, die sie nicht kannten und in der sie sich nicht mehr zurechtfinden konnten." Flöther erlebte "eine perfekte Maschinerie psychischer Versklavung des Menschen". Viele, nahezu zwei Drittel der "Initiierten" verließen nach einiger Zeit das Erleuchtungs-KZ, darunter schließlich auch Eckart Flöther. Bei ihm mißlang die Umstrukturierung zum Automaten, mißlangen Ichzerstörung und Destruktion des Denkvermögens. Er schreibt:

"Wir waren nicht bereit, auf ein eigenes Leben, unser Recht, uns ein eigenes Bild, ein Urteil von den Erlebnissen, Gesprächen und Begegnungen zu machen, zu verzichten. Wir waren nicht nach Indien gereist, um die neuesten geistigen oder sexuellen Verirrungen eines Rajneesh mitzumachen. Auch hatten wir keine wirklich existentiellen Probleme in unserem persönlichen Leben, wie die Vertreter von Guru-Bewegungen oft glauben machen wollen. Wir waren gekommen, um vielleicht aus der Distanz zu unserer Gesellschaft Lösungen für ihre widersprüchliche Lebenswirklichkeit zu finden ... Uns waren nicht die Sprünge unserer Freunde vom ashrameigenen Dachgarten in den Tod entgangen, die Rajneesh dann in seiner nächstmorgendlichen Rede als 'Alternative, die Erleuchtung zu erlangen', zu beschönigen suchte."

Bhagwans ursprünglichem Verein Jeevan Jagruti Kendra ("Lebenserweckungs-Gesellschaft") war 1969 der Status der Gemeinnützigkeit zuerkannt worden. Das blieb auch der Fall, nachdem 1974 die Umbenennung in "Rajneesh-Foundation" erfolgt war. Bei einer Prüfung der Steuerbehörde 1977 stellte sich aber heraus, daß die eingegangenen Millionenbeträge entgegen der Satzung nicht zu sozialen und wohltätigen Zwecken verwendet worden waren. Als der Staat eine Steuernachzahlung in Höhe von 5,1 Millionen Dollar zu fordern begann, setzte sich Bhagwan (1981) in die USA ab. Dort, im Staate Oregon, entstand als neues Zentrum "Rajneeshpuram". Der "Rajneeshismus" wurde 1983 als Religion anerkannt, was in den USA unschwer zu bewerkstelligen ist.

Als höchstes der Gefühle und als Mittel zur Überwindung von Zeit und Raum propagierte Bhagwan den Tod. Daß es in Rajneeshpuram, wo er ein riesiges Krematorium bauen ließ, nicht zu einer Katastrophe kam, ähnlich jener des "Volkstempel"-Sektenführers Jim JONES 1978 in Guayana (mit einem Massenselbstmord von nahezu 1000 Menschen), [4] ist wohl seiner noch rechtzeitig erfolgten Ausweisung zu verdanken. "Jeder, der in Rajneeshpuram oder im Umkreis von 24 Meilen stirbt, wird erleuchtet sein", wurde in der "Rajneesh-Times" vom 13.7.1984 erklärt.

Im Oktober 1985 wurde Gott Bhagwan verhaftet und bald danach abgeschoben. Nach vergeblichen Bemühungen, in einem westlichen Industriestaat Fuß zu fassen, kehrte er 1987 nach Poona zurück. Anbeter besaß er noch genug, aber sein Stern war im Sinken. In einem neuen Buch gab er Ratschläge, wie sich die künftige Weltregierung zusammensetzen soll (was von anderen, nicht minder bedenklichen Dunkelmännern, auch ohne Bhagwan längst beschlossen ist), wie der neue Mensch leben müßte, wie die sozialen Verhältnisse zu reglementieren wären usw. [5]

Flöther schließt rückblickend mit der Feststellung, daß seine Kritik sich an Bhagwan und dessen Helfershelfer richtet. Sie erkannten "die Defizite unserer Gesellschaft (andernfalls könnten sie nicht Erfolg haben) und bieten dafür Problemlösungen an. Was allerdings spät, meistens zu spät entdeckt wird, ist dies: Der himmelweite Unterschied zwischen der Fassade ..., dem Lächeln auf der einen Seite und der brutalen Wirklichkeit eines von Rajneesh geschaffenen Systems psychischer Versklavung auf der anderen Seite. Die meisten entdeckten diese Diskrepanz sofort und gingen wieder ihre Wege. Viele aber nahmen sie kaum oder gar nicht wahr. Sie wurden von einem Sog erfaßt, dann von einem System vereinnahmt und schließlich nicht mehr losgelassen. Darin liegt die Gefahr der Rajneesh-Bewegung. Es ist ein subtiler Prozeß und läuft bei jedem unterschiedlich ab. Bei stabilen Naturen dauert es länger, weniger stabile Menschen wurden aber schon nach einem Wochenendseminar von der 'Rajneesh-Droge' süchtig."

"Ohne Mitspieler allerdings wäre Rajneesh nie der Rolls-Royce-Guru geworden. Er konnte nur Erfolg haben, weil er immer wieder Menschen fand, die ihre - eigentlich unveräußerliche - Verantwortung für ihr Leben freiwillig aufgaben. Sie mag ihnen zu schwer geworden sein oder sie sahen sonstwie keinen anderen

Ausweg. Gleichwie. Mir hat die Rajneesh-Bewegung gezeigt: Wer
sich aus seiner Verantwortung begibt, entmündigt sich; gleichzeitig wird er entmündigt." [6]

Zur Bestätigung dessen seien hier die Worte des ehemals bekannten Esoterikers und Astrologen Karl BRANDLER-PRACHT
(1864-1939) wiedergegeben, da sie voll auf Leute wie Bhagwan,
Crowley, Gurdjew und ähnlich düstere Gestalten zutreffen:

"Störend greift ein solcher Frevler in die harmonischen Gesetze
ein, schafft Leid und Übel wo er hintritt, bis er endlich einem
von ihm selbst geschaffenen Verhängnis zum Opfer fallen
muß. Es gibt solche Menschen, und wenn man sie erkannt hat,
ist es gut, ihnen aus dem Wege zu gehen ... Manche schreiten
im Gewande des *Meisters* einher, die nicht wert sind, selbst
dem bescheidensten Okkultisten die Schuhriemen zu lösen.
Aber man staunt sie an, hält ihre Worte dem Evangelium
gleich, rechnet es sich zur Ehre an, der Schüler solcher Leute
zu werden und ahnt nicht, daß man Seele und Freiheit an sie
verkauft hat; weiß nicht, daß man zum willenlosen Sklaven ihrer Kräfte, zum blinden Werkzeug ihrer versteckten Leiden-
schaften geworden ist."

Eckart Flöther wird sein Erleben sicherlich als höhere Führung
und Fügung empfinden, damit er anderen mit seinem Buch eine
deutliche Warnung an die Hand geben konnte. Ihm war nämlich
ein Fingerzeig zuteil geworden, der völlig außerhalb Bhagwan-
scher Absichten lag und ihn - Flöther selbst - ganz unvorbereitet
traf: Eine Christus-Vision! - Eines Nachts, in einem miesen Hotel
mit kaputten Fenstern und einer defekten Klimaanlage, wurde er
plötzlich von einem weißen Licht geblendet. Hinblickend gewahrte er eine schemenhafte Gestalt und vernahm eine gewaltige
Stimme: "Ich möchte, daß du *mein* Jünger wirst!"

Als Flöther sich wieder gesammelt hatte, beschloß er,
nächstentags Bhagwan zu fragen, was von diesem Erlebnis zu
halten sei; er war ja zu ihm, Rajneesh gepilgert und hatte nicht
Jesus gesucht. Als er jedoch vor dem Guru saß, geschah wieder
etwas Merkwürdiges: Statt der wohlvorbereiteten Rede sprudelte
es nur so aus ihm heraus, daß Jesus ihn gerufen habe, daß *er* nun
sein Meister sei und daß er nunmehr ihm, dem Bhagwan, nicht
weiter nachfolgen könne. Flöther erzählt: "Rajneesh, der übli-
cherweise gütig lächelnd in seinem Stuhl saß, fiel die Kinnlade
herunter. Er riß die Augen auf und hob abwehrend seine Hände

riß die Augen auf und hob abwehrend seine Hände gegen mich. Ihm hatte es die Sprache verschlagen. - Da saß kein Gott, nicht einmal ein echter Guru. Ich sah hinter seiner aufgesetzten Entrücktheit einen machthungrigen, häßlichen Menschen. Ich sah ihn und er sah mich ... Zwei Welten prallten aufeinander. Ich ging, noch ehe Rajneesh seine Sprache wiedergefunden hatte. Von weitem hörte ich ihn noch sagen: 'Enjoy it' (Zitat Ende)."

Wes Geistes Kind dieser Inder war, zeigen in aller Deutlichkeit allein schon seine Äußerungen und überaus gemeinen Witze. Flöther bringt davon eine Auswahl, mit den Quellenangaben ihrer Veröffentlichung. Mutter THERESA hatte der Guru eine Heuchlerin, Kurpfuscherin und Betrügerin genannt, ihre Arbeit sei kriminell. Sie schrieb ihm daraufhin einen Brief, erklärte die Art ihres Wirkens und bot Vergebung für seine Entgleisungen an. Mit der Bemerkung "eine dumme, idiotische Frau", war für ihn die Sache abgetan.

Wahre spirituelle Meister bleiben vital und gesund bis zur letzten Minute ihres irdischen Daseins. Bhagwan hingegen erkrankte auch körperlich. In der "Rajneesh-Times" vom 1.12.1988 behauptete er, in US-Gefängnissen vergiftet worden zu sein und zwar auf Anweisung von Präsident Reagan. "Ohne jeden Grund zerrte er mich innerhalb von zwölf Tagen durch sechs Gefängnisse". Angeblich, "um das Gift in kleinen Mengen zu geben, damit es mich nicht augenblicklich tötet ...". Der wahre Grund der Verlegungen dürfte gewesen sein, Befreiungsaktionen fanatischer Anhänger vorzubeugen. [7]

Einen "Weg zum freien Selbst", mit Gedankenumerziehung und angeblicher Aktivierung brachliegenden geistigen Potentials, bietet auch - für viel Geld natürlich - die umstrittene Scientology-Kirche des 1986 (oder schon früher) gestorbenen Amerikaners La Fayette Ronald (auch L. Ron) HUBBARD. Da es über diese Richtung genügend aufklärende Literatur gibt, beschränke ich mich auf den vielsagenden Hinweis, daß Hubbard ein Schüler von CROWLEY war. Nach Miers soll er ehedem auch Mitarbeiter des AMORC gewesen sein. [8]

Gewiß mag der eine oder andere Wahrheitssucher in den Lehren eines Bhagwan, Hubbard oder Omkarananda geistige Befriedigung, eine Art geistiger Heimat gefunden haben, die seinem jetzigen Entwicklungsstadium entspricht. Da jedoch alle Lebenserfahrungen letztlich unserer geistig-seelischen Reifung zu dienen haben, sollte man sich vor allzu großer Vertrauensseligkeit hüten, einen gewissen Abstand wahren und die Rolle des kritisch prüfenden Beobachters beibehalten. Wozu denn unnötigerweise negatives Karma aufladen? Das geschieht nämlich, wenn man als Mitläufer eines Guru, wie auch eines Partei- oder Religionsgründers dessen Ideologie vertritt. Man prüfe deshalb gründlich und immer wieder, ob das geschenkte Vertrauen nach wie vor gerechtfertigt ist. "Vertrauen ist gut, Kontrolle ist besser", soll LENIN (eigentlich Uljanow) gesagt haben, und im vorliegenden Zusammenhang ist ihm zuzustimmen. Es geht ja schließlich um *Dich*, lieber Freund und Mitwanderer; um Dich persönlich ganz allein, und um Deine Zukunft. Jeder Entschluß des Fürwahrhaltens und Nachfolgens einer Geistesrichtung bedeutet in der Lebenspraxis eine Weichenstellung über den Tod hinaus. Deshalb schaue man sich das Zugbegleitpersonal und vor allem den Lokführer sehr genau an, ob sie dem hehren Ziel entsprechen, das auf der Fahrkarte steht ...

An welchen Merkmalen nun läßt sich der echte vom falschen Meister oder Lehrer unterscheiden? Oder, anders formuliert, was würde ein wahrer Eingeweihter niemals tun?

Erstens würde er nie dazu auffordern, das Beten zu unterlassen. Auch nicht unter dem Vorwand, das Gebet für andere würde einen unzulässigen Eingriff in deren Karma darstellen. [9]
Zweitens lehnen wahre Meister es strikt ab, die Arbeitskraft anderer auszunutzen oder Geld zu fordern bzw. anzunehmen. Sie geben weder Kurse noch sammeln sie einen Kreis von Bewunderern um sich.
Drittens wird kein echter Meister jemals einen Menschen von sich abhängig machen oder irgendwelchen Zwang ausüben. Er betrachtet sich als Werkzeug Gottes und als einen Wegweiser zu Gott, wobei er niemanden im unklaren läßt darüber, welcher Gott gemeint ist.

Weiterer Kennzeichnungen bedarf es nicht. Wer diese drei Leitpunkte beachtet, dem bleiben Irrwege und bittere Erfahrungen erspart [10]

"Nur über mich führt der Weg ans Licht, in die Seligkeit", pflegte der "perfekte Meister" Guru Maharaj Ji zu verkünden, Oberhaupt der Divine Light-Mission mit acht Millionen Anhängern. In den USA lebte er in Saus und Braus, so daß seine von den Gläubigen ebenfalls als heilig verehrte Mutter 1975 den damals 17jährigen Playboy seines Hirtenamtes enthob.

Ungemein schwierig war es seinerzeit, etwas über die Gruppe "Methernita" in der Schweiz zu erfahren, bevor deren Leiter Paul BAUMANN, genannt "Vatti", 1976 wegen sexueller Vergehen an Kindern zu sieben Jahren Zuchthaus verurteilt wurde. Er soll Analphabet sein, dem hochintelligente Menschen ihre Kinder "zur Erziehung" anvertrauten! Bei ihm deutet allerdings einiges darauf hin, daß er ein von niederen Kräften mißbrauchtes Medium ist; was jedoch die fahrlässige Leichtgläubigkeit seiner Anhänger keineswegs entschuldigt. Nach der Haftentlassung nahm er seinen Okkultbetrieb wieder auf.

"So tanzen Tausende am Narrenseile dieser Meister, Eingeweihten und Adepten, und können froh sein, wenn sie nur Zeit und Geld opfern", schrieb SURYA schon 1921, und das gilt heute mehr denn je. [11]

Zu fragen wäre nun, gibt es überhaupt wahre Meister und Eingeweihte, d.h. Menschen von sehr hoher Entwicklungsstufe und mit entsprechenden Fähigkeiten?

Durchaus! Aber "keiner kann diese Großen richtig einschätzen, außer denjenigen, die zugelassen worden sind zu der Stille ihrer heiligen Stätten und zu ihrem Denken", schreibt Baird T. SPALDING. [12] So ziemlich der einzige Meister, von dessen Existenz und Untadeligkeit ich überzeugt bin, war bzw. ist ein deutscher Offizier und Kriegsteilnehmer von 1870/71, der im Himalaya eine siebenjährige Geheimschulung mitmachte und sich bescheidenerweise "der EREMIT" (1846-1943) nannte. Mit seinem Kontaktmann, dem Deutschamerikaner Felix SCHMIDT war ich noch in Verbindung und schätzte diesen als Mann von einwandfreiem Charakter. Als Schmidt den Eremiten, nach vorangegangener längerer Korrespondenz und Zusammenarbeit, im September 1942 während einer Bahnfahrt von Bozeman nach Livingston/ Montana persönlich kennenlernte, war dieser bereits über 90 Jahre alt, wirkte aber wie ein vitaler Sechziger. Schmidt erzählt:

"Der Eremit war schlicht gekleidet, sah aus wie ein Durchschnittsfarmer, war von einer gewinnenden Herzlichkeit und Liebenswürdigkeit und hatte nicht das allergeringste Geheimnisvolle oder Wichtigtuerische an sich, wie man es bei den hier in Amerika öfters durchs Land reisenden indischen Swamis vorzufinden pflegt. Die persönliche Note des Eremiten. trug das Gepräge von Schlichtheit, Einfachheit und Aufrichtigkeit." [13]

Auf Schmidts Frage, was er von jenen indischen "Heiligen" halte, antwortete der Eremit, er habe kein Recht, "über irgend jemand den Stab zu brechen, wenn selbst Gott es zuläßt". Imitationsheilige könne man leicht an ihrem Auftreten erkennen: Sie sind fast immer arrogant (sie wissen angeblich alles), zwingend (Kurse kosten soundsoviel), anmaßend (sie stellen Zertifikate und Diplome aus), herausfordernd (sie geben fast nie etwas umsonst) und eingebildet (sie bekleiden sich mit Turbanen, um mehr Eindruck zu machen). "An denen, die zu solchen Indern laufen, liegt es selber, das Echte vom Talmi zu unterscheiden. Wir Menschen sind hier auf Erden, um selbst entscheiden zu lernen."
Und an anderer Stelle:

"Was glaubst du wohl, was ... wir von jemandem halten, der sich Macht angeeignet hat, um Tausende, ja Millionen von Menschen ... zu lenken und zu leiten? So etwas gibt es in den Kreisen von uns Eingeweihten niemals. Würden wir es tun, im Augenblick würde Gott uns verlassen, d.h. wir würden *außer* ihm sein und damit unsere Macht (Kraft) verlieren ... Die höchste Beglückung eines Meisters ist es daher, lediglich ein Instrument Gottes sein zu dürfen. Gott ist und bleibt eben auch für uns das Allerhöchste, das Allervollkommenste, weil Gott eben das Ein und Alles der ganzen Weltschöpfung ist." [14]

Auf die weitere Frage von Felix Schmidt, ob denn jene Menschen benachteiligt seien, die keine Gelegenheit zum Besuch einer Schule der Eingeweihten hatten, lautete des Eremiten Antwort:

"Jeder Christ und sonstige Gläubige, der ehrlich und aufrichtig den Geboten seiner Religion folgt - und der Christ den beiden Hauptgeboten des Heilandes: Liebe Gott über alles und den Nächsten wie dich selbst - kommt genau so weit wie jemand, der hier durch eine Schule der Eingeweihten gegangen ist." Und ergänzend: "Warum ich diese dann durchgemacht habe? Weil es mich interessierte, fesselte und ich mich dazu hingezogen fühlte ... Mich lockten, meinem Naturell nach, die Gefahren und das Abenteuerliche bei der Erringung der Meisterschaft; und dann war ich ja auch durch meine ganze Entwicklung in diese Richtung gedrängt worden." – Weiter:

"Wem nicht die Gelegenheit zuteil wird, solche Schulen der Eingeweihten besuchen zu können, der schreite nur ruhig weiter auf dem Wege seiner Religion - ein Christ auf dem Wege der Liebe zu Gott und dem Nächsten - und er wird genau dahin gelangen, wo wir 'Meister' stehen. Das Einzige, worin wir nach Erlangung der Meisterschaft den Vorzug haben, ist, daß uns ganz gewaltige Aufgaben gegeben werden. Man stelle sich deren Lösung trotz erlangter Meisterschaft aber nicht so leicht vor! Sie sind genau so schwer wie eure eigenen Alltagsaufgaben!"

Wirkliche Meister werden also in erster Linie bemüht sein, ihre Mitmenschen auf wahrhaft Wesentliches hinzuweisen. Und das Allerwesentlichste ist unser Hinstreben zu Gott. Hierbei können uns Wissende (Eingeweihte) in beträchtlichem Maße helfen, Grundwahrheiten zu erkennen, unser Gottvertrauen zu stärken und uns zu einem erkenntnisgemäßen Leben ermuntern. Alles andere ist Nebensache!

Vor allem wird, das sei noch einmal betont, ein wahrer Meister und geistiger Führer nie auch nur im geringsten die *Freiheit* eines Bruders oder einer Schwester beeinträchtigen. Wobei Freiheit eben nicht in der von Politextremisten propagierten zügellosen Befriedigung von Begierden besteht, und auch nicht erreicht wird durch gegenseitiges Anbrüllen und Abreagieren von angeblich verdrängten Wünschen oder Komplexen in sogenannten Therapiegruppen, sondern im Freiwerden von allem, was uns an Charakterfehlern und erniedrigenden Neigungen anhaftet.

Mit Freiheit kann stets nur *innere* Freiheit gemeint sein. "Freiheit ist die Kraft, dich von dir selbst zu befreien, ist die vernünftige Ausübung deines Willens, ist die richtige Benützung deiner Kräfte", heißt es in einer Kundgabe von drüben, und: "Die Qualität des Geistes bestimmt das Maß seiner Freiheit." Das nie verwirklichte Ziel "Freiheit, Gleichheit, Brüderlichkeit" nannte Lama TSCHANG-GATSE "abendländischen Unsinn", weil der Begriff Freiheit in den Augen der Menge nur als Freibrief zur Zuchtlosigkeit verstanden werde, "zur Willkür und staatlich erlaubten Dummheit".[15]

Die 'Freiheit der Kinder Gottes' besteht nach KAHIR darin, aus den Zwangsgesetzen der Schöpfungsordnung in die Freiheit geistigen Seins zu gelangen. Unser Abfallen von Gott hatte das Anheimfallen an die Naturgesetze zur Folge, die ihrerseits aber - als Ausdruck von Gnade und Liebe - unsere Hilfsmittel sind, um zu unserem Ausgangspunkt zurückkehren zu können.[16] Dabei haben wir die Freiheit, unsere Anlagen (die "Pfunde") zu entwickeln oder verkümmern zu lassen; sie einzusetzen im positiven oder negativen Sinne. Wertneutralität gibt es da keine. Und wenn Dr. Rudolf STEINER in seinem Buch "Wie erlangt man Erkenntnisse höherer Welten" rät, allem Geistlehrertum mit Devotion (ehrfurchtsvoll, unterwürfig) zu begegnen, mit respektvoller Verehrung, so rät Dr. Herbert FRITSCHE in seiner "Einführung in die Esoterik" das Gegenteil, indem er aus eigener Erfahrung heraus empfiehlt: "Wo immer Seher, Adepten, Medien, Rasputins und Mahatmas von sich reden machen, da sei man skeptisch bis zum Äußersten! Fast alle - denn wirkliche Meister machen nicht oder nur ungern von sich reden - wollen eine Nachfolgerschaft, die sie in Fesseln schlagen. Die Freiheit aber ist dasjenige Gut, das der Mensch so teuer wie möglich verkaufen soll: nur um einen einzigen Preis, den noch größerer Freiheit. Denn da Gott den Menschen, im Gegensatz zu allen übrigen Kreaturen, auf Freiheit anlegte, dient nur das der wahren Menschwerdung und damit den Gotteszielen, was die Freiheit steigert. *Zunahme des Freiseins ist das Kriterium jeder Esoterik.*" [17]

„Die Geisterwelt ist nicht verschlossen" -

... läßt GOETHE seinen Faustus sagen, und die Erfahrung aller Völker und Zeiten gibt ihm recht. Doch bei weitem nicht alles, was auf verschiedenartigste Weise aus dem Jenseits zu uns gelangt oder als von dort kommend aufgefaßt wird, ist in Ordnung. Neuerdings meidet man ja Begriffe wie Spiritismus, Medium oder medial empfangene Botschaft, weil sie mit Vorurteilen belastet sind. Heute ist man kein Medium mehr, sondern ein "Kanal", ein Channel. Nunmehr wird fröhlich drauflosgetschännelt und nebenbei die deutsche Sprache dermaßen verangloamerikanisiert, daß das New Age-Kauderwelsch immer ungenießbarer wird.

All dies ändert jedoch freilich nichts an der Problematik von Jenseitskontakten im allgemeinen und dem, was da so produziert wird, im besonderen. Bei Kontakten unterschiedlichster Bewußtseinsstrukturen kann ja auch das eigene Ich unbewußt tätig werden. Zudem bedeutet mediale Veranlagung an sich noch lange nicht, ein gutes Medium zu sein. In der Regel wird man eine langwierige Ausbildung durchzumachen und vielerlei Erfahrungen zu sammeln haben, bevor man als geeigneter "Kanal" für höhere Lebensbereiche gelten und dienen kann. Vielleicht aber ist die Zeit nahe, wo Medien überflüssig werden, weil die augenblicklich noch in den Kinderschuhen steckende Transkommunikation auf technischem Wege entsprechend vervollkommnet sein wird.

Dem, was da "getschännelt" wird, blindes Vertrauen entgegenzubringen, ist allerdings sehr gewagt. Erstens gibt es Fehlerquellen, die als solche nur schwer erkennbar sind, und zweitens werden bei Jenseitskontakten naturgemäß, aufgrund des Ähnlichkeitsgesetzes, zuerst die niederen Astralbereiche angezapft. Wie es dort aussieht und zugeht, weiß jeder Spiritualist. Sind die erforderlichen Voraussetzungen gegeben, daß eine "arme Seele" sich uns ausreichend wahrnehmbar machen kann, so läßt ihr tiefunglücklicher Zustand nur allzu deutlich erkennen, wie überaus wichtig ein in Gottverbundenheit geführtes Erdenleben ist. Oft auch ist es ein persönlicher Grund zur Manifestation, z.B. um Vergebung zu erlangen. Meist jedoch bittet man um Gebetshilfe. Zwei Beispiele hierzu:

Der russische Schwiegervater des Barons Basile von DRIESEN, N.J. Ponomarew, war gestorben. Mit seinem Schwiegersohn hatte er in keinem guten Einvernehmen gelebt, obwohl dieser sich stets korrekt verhielt. "Ich erinnere mich sehr gut," erzählt von Driesen, "daß ich zwischen ein und zwei Uhr nachts zu Bett ging und vor dem Einschlafen las. Alles war ruhig. Kaum hatte ich das Licht ausgelöscht, als ich im Nebenzimmer Schritte hörte. Es war, wie wenn man in Pantoffeln gehen und sie nachschleifen würde. Vor der Türe hielt es an."

Auf die Frage, wer da sei, erfolgte keine Antwort. Als der Baron das Licht wieder anmachte, stand sein Schwiegervater im Raum, vor der verschlossenen Tür! "Er trug sein gewöhnliches hellblaues Hausgewand, über der Brust offen. Ich sah seine weiße Weste und die schwarzen Beinkleider. Es war kein Zweifel über seine Identität. Ich empfand keinen Schreck. 'Was willst du?', fragte ich. Ponomarew kam bis zu meinem Bett und sagte: 'Basile Fedorowitsch, ich fühle, daß ich gegen dich schlecht gehandelt habe. Verzeih! Sonst finde ich keine Ruhe da, wo ich bin'." Der Baron versicherte ihm: "Nikolas Iwanowitsch, Gott ist mein Zeuge, daß ich niemals einen Groll gegen dich hegte." Die Phantomgestalt des Schwiegervaters verneigte sich. Dann entfernte er sich langsam, in den Billardsaal tretend, wo er plötzlich verschwand.

Anderntags nahm der Pfarrer den Baron beiseite und sagte mit feierlicher Stimme: "Diese Nacht, um drei Uhr, ist mir Nikolaus Iwanowitsch erschienen und bat mich, zu vermitteln, dich mit ihm auszusöhnen ... ".

Eine Engländerin, Mrs. J.T. MOOR, war in ihrer Jugend stark medial veranlagt gewesen. Als sie 14 Jahre alt war, wollte der Vater aus London wegziehen und suchte eine Wohnung in besserer Luft. Trotz mehrerer Zeitungsanzeigen fand sich nichts, weil seine Familie recht groß war. Schließlich schrieb ihm ein Freund aus Berkshire, er wüßte ein geeignetes Haus, aber das ist seit sieben bis acht Jahren unbewohnt, weil es darin spuken soll.

Der Vater besichtigte das zweistöckige Gebäude und mietete es. Den gespenstischen Ruf, den es genoß, verschwieg seiner Familie, um niemanden zu ängstigen.

An einem Wochenende saß die Vierzehnjährige nähend in einem Zimmer des ersten Stockes, als sie plötzlich Geräusche vernahm. Sie fürchtete, ihr im gleichen Raum schlafender kleiner Bruder könne aufwachen, aber der schlief ruhig weiter. Plötzlich stand ein schwarzgekleideter alter Mann vor ihr, der sie traurig ansah. Das Mädchen erschrak natürlich. Sie floh aus dem Zimmer und erzählte das Erlebte ihrer Stiefmutter. Diese gebot, niemandem etwas davon zu sagen und bis zur Heimkunft des Vaters bei ihr zu bleiben.

Der Vater kannte sich in solchen Dingen aus und versetzte seine Tochter am gleichen Abend in Trance. Auf diese Weise bekam er Kontakt mit der Erscheinung und erfuhr von ihr, daß es sich um einen Mann namens Richard T. handle, der aus Eifersucht zum Mörder geworden war, dies aber schon bald bereute und sich dann selber umbrachte. Er nannte die Ortschaft, wo seine Familienmitglieder leben. Bei der späteren Nachprüfung stellten sich alle Angaben als zutreffend heraus. Er versicherte, unter unsäglichen Qualen am Ort seines Verbrechens umherzuirren und hoffe nun, das junge, unschuldige Mädchen könne ihm helfen.

Der "Spirit" bat, das Mädchen möge täglich für ihn beten, bis der Friede in seine Seele wieder einziehen könne.

Nach ihrem Erwachen aus dem Tieftrancezustand erzählte dies der Vater seiner Tochter. Sie war von der ihr zugedachten Aufgabe nicht gerade begeistert, erklärte sich aber bereit unter der Bedingung, daß sich der Jenseitige nur im Beisein ihres Vaters manifestieren dürfe. Dies wurde zugesichert und auch eingehalten. Das Mädchen begann für den alten Mann zu beten. Während der folgenden Zeit erwachte sie oft des Nachts, weil ihr jemand über Haar und Wangen strich. Und einmal vernahm sie die Worte: "Gott behüte dich, mein Kind, für das, was du an mir getan hast!"

Eines Morgens, in der dritten Woche der Fürbitte, sah sie den Jenseitigen in strahlender Helle ins Zimmer treten. Glücklich sprach er: "Deine Mission ist vollendet. Ich fühle mich frei. Ich sehe das Licht und habe Frieden. Gott, unser himmlischer Vater, hat mir durch mein Gewissen vergeben.

Dank sei auch dir, mein gutes Kind. Mögest du frei sein von Leidenschaft und blutiger Schuld, so daß du nach Abschluß deines Erdenlebens sofort in die höheren Sphären des ewigen Lichtes gelangst wo Friede, Freude und Glückseligkeit herrscht."

So sprach er noch lange in schönen Worten und setzte dann hinzu, er hoffe, die Erlaubnis zu bekommen, ihr Schutzgeist sein zu dürfen. Er würde ihr dann als Beschützer zur Seite stehen und sie trösten, wenn Kummer und Sorgen sie bedrücken.

Mit dem wiederholten Segensgruß "Gott schütze dich!" nahm er dann Abschied und die Spukgeräusche im Hause hörten für immer auf. Mrs. Moor versichert, daß sie in den 30 Jahren, die seitdem vergangen sind, oft die väterliche Fürsorge jenes Mannes verspürt habe, der ihr ein wahrer Schutzgeist war und noch immer ist. -

Zurück zum "Tschänneling" bzw. zur Bewertung von Mitteilungen aus der anderen Welt, dem "Parallel-Universum". Ein protestantischer Pfarrer, dessen Hand beim Aufsetzen einer Predigt plötzlich von selber zu schreiben begann, erhielt fortan auf diese Weise hochinteressante und aufschlußreiche Mitteilungen. [1] Unter anderem wurde ihm gesagt, und jeder erfahrene Parapsychologe oder Spiritualist wird das bestätigen, daß es paranormal empfangene Mitteilungen gibt, "die absolut nicht einfach als Erkenntnisquelle gewertet werden dürfen". Wenn das Medium nicht eine wirklich gottverbundene Persönlichkeit ist, werden seine medialen Gaben leicht von niederen Wesenheiten benutzt. Solche Lügengeister verbreiten irrige Vorstellungen. Sie geben sich als ehemals hochstehende Erdenbürger aus. Je klangvoller die Namen, desto größer der Verdacht, daß es unwahr ist. Darum Vorsicht! "Wer in Wirklichkeit dahintersteht, wißt ihr nicht, würdet aber wohl erschrecken, wenn ihr es wüßtet!"

Das mag gleichermaßen auf den religiösen Offenbarungsspiritismus zutreffen, wenn Erzengel, Apostel, Jesus oder gar Gott selber als Urheber der Belehrungen ausgegeben werden. Dennoch sollte man auch hier das Kind nicht mit dem Bade ausschütten, trotz aller Auswüchse auf diesem Gebiet, denn auch auf solche Weise gelangte Wertvolles zu uns. Soweit Jenseitskundgaben jedoch so albern sind, daß ihre Unsinnigkeit offen zutageliegt, kann man zur Tagesordnung übergehen. Leider gibt es anscheinend nichts, was zu dümmlich wäre, um nicht Gläubige zu finden.

Da machte mich, um ein Beispiel zu nennen, eine Buchreklame neugierig: "Jenseitsgespräche. Beweise aus der anderen Dimension. Endlich die Wahrheit! Die bekannte Jenseitsforscherin" (von der ich noch nie gehört hatte) "erklärte sich bereit, ihre Gespräche mit Jenseitigen zu veröffentlichen. Die Niederschrift über den Aufenthalt im Jenseits und die Dialoge sind bisher einmalig in ihrer Art."

Das letztere fand ich tatsächlich bestätigt, als mir das erbetene Exemplar vor Augen kam: Ein solcher Blödsinn war mir noch nie untergekommen. Hier ein paar Kostproben:

Das Jenseits ist ein Wolkenmeer, einsam und freudlos, ohne jeden Kontakt, also auch ohne Wiedersehen mit anderen. Der Gestorbene bleibt nur wenige Tage drüben, dann wird er auf Erden wiedergeboren. Jeder Geist ist gleichwertig, sein irdischer Lebenswandel spielt keine Rolle. Verantwortung gibt es keine im Jenseits. Das bekannte Buch des amerikanischen Nervenarztes Dr. Carl A. WICKLAND, "Dreißig Jahre unter den Toten", ist "von vorne bis hinten erdichtet und erlogen". Gebete an und für die Jenseitigen sind zwecklos. Engel und Boten Gottes gibt es nicht, auch keine verschiedenen Dimensionen (Sphären) im Jenseits. Gott gibt es nur in unserer Vorstellung. Jeder Mensch verändert sich nach seinem Tode sehr zu seinem Nachteil. Es gibt außerdem keine 'himmlische Gerechtigkeit', "also wird auch niemand für seine Tötungen verantwortlich gemacht"! [2]

In manchen Büchern von durchaus beeindruckendem Inhalt stößt man erst beim aufmerksamen Lesen auf Hinweise, denen zufolge sie keiner so hehren Quelle entspringen wie man glauben zu machen versucht. Als Beispiel diene hier "Und ich sah einen neuen Himmel. Die Ramala-Offenbarung" (2.Aufl. München 1984). Die Autoren bleiben anonym. Der Name Ramala "ist aus den Seelennamen ... der Gruppe aus Mann und Frau gewählt, die als Kanal für diese Lehre dienten ...".

Im wesentlichen wird die Reinkarnationstheorie vertreten und die alte Geschichte neu aufgetischt, wonach die Jünger Jesu nach seiner Kreuzigung an den Gestaden Britanniens landeten, angeblich dort, wo heute die Abtei Glastonbury steht. Druiden hätten sie willkommen geheißen und ihnen Land geschenkt "für alle Zeiten". Dort stünde jetzt das Chalice Hillhouse, und aus dessen Mauern ist 1977 "eine erfrischende Inspiration in der Form dieses Buches zur Bestärkung von Suchern in der heutigen Zeit nach außen gedrungen."

Beim Lesen des Kapitels "Die schicksalhafte Bestimmung von Deutschland" wurde ich stutzig. Da wird recht gehässig von den Nazis und der Nazi-Clique gesprochen, der verheerende Bombenkrieg gegen deutsche Frauen und Kinder wird gutgeheißen, und die Alliierten seien Werkzeuge der göttlichen Zielsetzung gewesen. Unter den Alliierten habe es "weise Seelen" gegeben, "die erkannten, daß die negativen Kräfte dauerhaft durch ... eine völlige Ausmerzung des Übels beseitigt werden müßten ... Daher bedeuteten die Bombardierungen und Zerstörungen in Wirklichkeit eine Reinigung für Deutschland"! - Ob die 380.000 Todesopfer der völlig sinnlosen Bombardierung Dresdens vom Februar 1945 der gleichen Auffassung sein mögen? Seit der "Ausmerzung des Übels" haben mehr als 150 Kriege weitere 20 Millionen Menschenleben gekostet ...

Die Grenze zwischen Genie und Wahnsinn ist bekanntlich sehr dünn. Das dürfte auch für den Bereich der außersinnlichen Wahrnehmung gelten, insonderheit bei Jenseitskontakten. Den meisten Medien hierzulande mangelt es infolge Fehlens theoretischer Kenntnisse und praktischer Erfahrungen an der erforderlichen Unterscheidungsfähigkeit. Nur zu gern glaubt man von hoher und höchster Stelle berufen und auserwählt zu sein. Viele solcher Medien und Kreise lernte ich im Verlauf meiner parapsychologischen Studien kennen, und obwohl guter Wille, frommer Sinn und gläubige Opferbereitschaft außer jedem Zweifel standen, mußte ich dennoch fast immer zur Vorsicht raten.

1964 schrieb mir ein Mann aus Meersburg: "Meiner Frau und mir sind von Gott große Aufgaben übertragen worden. Zu diesem Zweck wurden wir schon seit Jahrtausenden darauf vorbereitet, um in dieser Endzeit im Willen Gottes zu wirken. Wir haben seit

Jahren schwere Prüfungen bestehen müssen und befinden uns jetzt im Stadium der Erfüllung." Im Auftrag Gottes habe er vier Bücher geschrieben, die druckreif seien. Weitere würden folgen. Seine Frau sei das Medium. "Die ganze Welt soll auf sie aufmerksam werden, denn sie wird den Gottessohn Imanuel gebären", usw. - Seitdem war nichts mehr zu hören.

Nicht mit Gott selber, aber immerhin mit dem Erzengel Michael, "Lord Mikaal" genannt, glaubte - via Pendel - eine Frau in Verbindung zu sein, die ich vor vielen Jahren in der Schweiz kennenlernte. Zuletzt kamen die haarsträubenden Droh- und Schimpfreden des Lords vom Obersalzberg bei Berchtesgaden. Die Frau fand immer wieder Geldgeber für ihren Wahnwitz.

Gleichermaßen bedauernswert und ein gutgläubiges Opfer ihrer Unkenntnis war eine Frau aus der DDR. Aufgrund medialer Erlebnisse war sie überzeugt, für Deutschland und den bedrohten Westen eine Aufgabe zu haben wie Jeanne d'Arc, die Jungfrau von Orleans. Umgang mit kleinkalibrigen Okkultisten tat ein übriges, sich in diesen Wahn hineinzusteigern.

Die Frau ging nach Westdeutschland und fand Anstellung in einem Bonner Ministerium. Dort ließ sie sich von einer östlichen Spionageorganisation einspannen. 1959 wurde sie wegen Landesverrats zu drei Jahren Zuchthaus verurteilt. Nach ihrer Entlassung wähnte sie sich aus dem Jenseits beauftragt, dafür zu sorgen, daß Robert Kennedy US-Präsident würde. Ihrem Freundeskreis teilte sie mit: "Die Zeit von Präsident Johnson ist abgelaufen. Bob Kennedy ist auserwählt, er soll Nachfolger werden, und zwar wird Johnson Februar, spätestens März 1964 tot sein. Es ist meine Aufgabe, dafür zu sorgen, daß Bob Kennedy Nachfolger wird. Ich muß nach Amerika fahren, das ist mir bestimmt. Es wird sich um Stunden handeln, daß Bob als Nachfolger bestimmt und Johnson tot ist."

An sich wäre es aufgrund ihrer Verurteilung unmöglich gewesen, ein Visum für die USA zu bekommen, aber irgendwie schaffte sie es und flog rüber. Dort trat sie unter dem Namen Lincoln auf und es gelang ihr tatsächlich, an Robert Kennedy heranzukommen. Präsident wurde er aber trotzdem nicht, und Johnson geruhte nicht zu sterben ...[3]

Jene Dame tauchte dann bei einem Freund von mir in den USA auf und führte sich in dessen Kreis als Medium ein. Sie verstand es zu überzeugen, daß der biblische Abraham sich wieder auf die

Erde begeben wolle, und zwar in materialisierter Gestalt. Zu seinem standesgemäßen Empfang mußte ein Thronsessel beschafft werden, mit einem roten Teppich davor. Mir selbst wurde der Auftrag zuteil, eine spiritistische Zeitung herauszubringen, in Art und Aufmachung des grössten deutschen Revolverblattes, und möglichst in gleich hoher Auflage!

Es dauerte geraume Zeit, bis meine Freunde einsahen, welch übler Sache sie da auf den Leim gegangen waren. Belangreich ist übrigens, daß jene Frau eines Morgens ein unerklärliches bläuliches Mal am Körper hatte, wie von einem Schlangenbiss herrührend! - Was aus ihr geworden ist, weiß ich nicht. Aus solcherlei Begebenheiten wolle man jedoch ersehen, was alles möglich ist, und wie wenig ratsam eine Hinwendung zu okkultistischen Praktiken erscheint, wenn man von Tuten und Blasen keine Ahnung hat.

Anders, d.h. entschuldbar ist es, wenn man mit derartigen Dingen - ohne Wollen und Zutun - einfach konfrontiert wird. So erging es in besonders krasser Weise einer Frau B., deren einziger Freundin wir folgenden, von mir erheblich gekürzten Bericht verdanken:

Wie sie erst nach ihrer Verheiratung erfuhr, fiel ihr Mann bisweilen in einen Tieftrancezustand, wovon er selber weder etwas merkte noch wußte. Seiner Mutter, einer Beamtenwitwe, war dies unerklärlich gewesen und sie hielt es vor jedermann geheim, auch ihrem Sohne gegenüber. Sie beruhigte sich bei dem Gedanken, daß dies eine Pubertätserscheinung sei, die wieder verschwinden würde.

Von seinen eigenartigen Zuständen erfuhr er erst durch seine Ehefrau. Die erste Trance, die sie an ihm erlebte, begann mit einer großangelegten hymnischen Verherrlichung Gottes in so erhabenen Worten, wie dies der betont intellektuellen und durchaus nicht sehr religiösen Denkweise ihres Mannes gar nicht entsprach. Die Frau war erstaunt und tief ergriffen zugleich. Dann sprach die Trancestimme von profanen Dingen, um schließlich in einer Prophezeiung über den Ausgang des ersten Weltkrieges zu gipfeln, die sich zwei Jahre später ziemlich genau erfüllte. Aber erst das Auftreten neuerlicher Trancen, während der sich verstorbene Angehörige und Freunde manifestierten, veranlaßten Herrn B. zum Studium einschlägiger Literatur, um sich mit derartigen Phänomenen vertraut zu machen. Nun fand er sich mit seiner Veranlagung ab, konnte jedoch weder auf den Zeitpunkt noch auf die Häufigkeit der Trancen Einfluß nehmen.

B. als Chefredakteur und vielseitig gebildeter Mann war ein beliebter Gesellschafter. Insgeheim freilich machte er seiner Frau das Leben schwer, wovon aber nur die Freundin etwas erfuhr. Zuweilen zeigte sich bei ihm ein ausgeprägter Hang zur Quälsucht. Dennoch hing seine Frau mit großer Liebe an ihm, zumal er sich in punkto ehelicher Treue nichts zuschulden kommen ließ.

Die Sache mit seiner Medialität ging jahrelang gut und es gab keinen Hinweis auf irgendwelche Gefahren. Da trat ein Umstand ein, der verhängnisvoll werden sollte. Die Freundin, Frau Jutta W., berichtet:

"B. war durch eine eigentümliche Verkettung von Umständen seines jahrelang innegehabten Postens verlustig gegangen und geriet - umsomehr als das Vermögen seiner Frau längst der Inflation zum Opfer gefallen war - in finanziell drückendste Notlage. Die beiden fristeten vom gelegentlichen Erlös veräußerter Wertgegenstände kümmerlich ihr Dasein und B., der nicht gewillt war, sich Entbehrungen aufzuerlegen, geriet in übelste Stimmung, in der er seiner Heftigkeit mehr denn je die Zügel schießen ließ."

Da manifestierte sich während einer abendlichen Trance eine männliche Wesenheit, die Frau B. ganz anders vorkam als das sonst Gewohnte. Stimmlage und Ausdrucksweise hatten etwas ironisch Kaltes an sich, von spöttischer Hochnäsigkeit, was ihr unwillkürlich ein Gefühl der Beklemmung verursachte. "Ihr Mann hat seine Stellung verloren und befindet sich in Not", sprach der Unbekannte. "Wir wissen das, denn wir haben es kommen sehen und unseren Plan darauf gegründet. Wir wollen ihm helfen, unter gewissen Bedingungen." Und nach einer Pause: "Seine besonderen Fähigkeiten liegen auf einem wesentlich anderen Gebiet als dem seiner bisherigen Tätigkeit. Er soll Arzt werden." Frau B. wollte etwas einwenden, aber die Stimme fuhr fort: "Ich selbst bin Arzt, mein Name ist Dr. Natas, und als solcher gehöre ich einer großen okkulten Organisation an. Ihr Mann soll sich unserer Führung überlassen. Sind wir mit ihm zufrieden, wird er bald über Geldmittel in Hülle und Fülle verfügen, denn sein Zulauf wird ein ungeheurer sein. Sie zweifeln an meinen Worten?"

Das hatte Frau B. in Gedanken tatsächlich getan, denn obgleich sie wußte, daß ihr Mann, bevor er sich dem Journalismus zuwandte, einige Semester Medizin studiert hatte, reichte dies keinesfalls für eine ärztliche Praxis. "Natürlich kein graduierter Arzt", setzt Dr. Natas das Gespräch fort, "er wird auf dem Umweg über die Naturheilkunde als Psychotherapeut [4] tätig sein. Hellseherische Fähigkeiten, die sich bei ihm in Kürze entwickeln werden, sollen dazu beitragen, ihn bekanntzumachen. Richten Sie ihm das alles aus."

Frau B., die gewohnt war, mit den Unsichtbaren zu diskutieren wie mit normalen Besuchern, wandte ein: "Was haben Sie und Ihre Organisation davon, wenn mein Mann Ihren Weisungen folgt? Und welcher Art sind Ihre Bedingungen?"

Über die Gesichtszüge des Mediums zuckte es wie versteckter Hohn. "Können Sie sich nicht vorstellen, daß ein Künstler - sagen wir ein Maler oder Bildhauer - ohne Arme geboren sein kann? Um seine Kunst ausüben zu können, müßte er sich also quasi Ersatzarme schaffen oder solche ausleihen. Ebenso ist es mit uns. *Wir brauchen Werkzeuge, um das in die Welt zu projizieren, was uns vorschwebt.* Ihr Mann wird Menschen an sich ziehen. Er wird, wie schon gesagt, großen Zulauf haben. *Auf alle diese Menschen wollen wir durch ihn wirken.* Aber genug davon. Sagen Sie ihm nur, was Sie gehört haben, alles andere ist unsere Sache. Damit Sie übrigens sehen, daß wir zu tun vermögen was wir sagen, mache ich Ihnen noch folgende Mitteilung: Ihr Mann wird in einigen Tagen von jenem Institut für okkulte Forschung, in welchem er kürzlich gastweise einen Vortrag über Paracelsus hielt, ein Angebot bekommen, gegen ein bestimmtes, anfangs freilich nicht zu großes Salär, seine Vortragstätigkeit fortzusetzen. Das haben *wir* bewirkt! Er soll das Angebot annehmen, es wird ihn fürs erste über Wasser halten, bis wir ihm die Wege geebnet haben." Damit war die Trance zu Ende.

Frau B. beschloß, ihrem Mann nichts von dem Vorfall zu erzählen, weil ihr alles reichlich sonderbar vorkam. Das vorausgesagte Angebot jedoch traf ein und ihr Mann ergriff gerne diesen Strohhalm.

Eine Zeitlang später meldete sich wieder jener geheimnisvolle Dr. Natas. Seine Rede hatte etwas teils Höhnendes, teils Drohendes an sich: "Sie wollen also, wie wir sehen, keinen unserer Vorschläge unterbreiten. Gut, wir brauchen Ihre Mithilfe nicht. Ihr Mann ist medial gelöst genug, um auch ohne Ihre Vermittlung mit uns in Verbindung treten zu können. Und er wird wollen, verlassen Sie sich darauf! Aber wer nicht *für* uns ist, der ist *gegen* uns, und das wird Ihnen sehr zum Nachteil gereichen. Wir wissen, daß

Sie Ihren Mann lieben. Wir wissen auch, daß Sie seine Treue über alles schätzen. Nun, seine Treue wird bald der Vergangenheit angehören. Wir werden ihm Frauen zuführen, und er wird nicht unempfindlich gegen deren Reize bleiben. Sie aber werden abseits stehen. Das alles könnten Sie vermeiden, wenn Sie unsere Ziele nicht zu durchkreuzen suchten. Überlegen Sie es sich noch einmal. Gehen Sie mit uns, bleibt Ihnen auch Ihr Mann."

Frau B. jedoch verharrte bei ihrem Entschluß, und nun begannen sich die Ereignisse zu überstürzen. Die Vortragstätigkeit ihres Mannes fand wirklich großen Anklang. Nur behauptete er manchmal Dinge, die nicht der Wahrheit entsprachen. So zum Beispiel, daß er vor Jahren in Tibet geweilt und dort okkulte Studien betrieben habe. Als seine Gattin ihn wegen solch faustdicker Lügen besorgt zur Rede stellte, wies er sie mit den Worten zurecht: "Das verstehst du nicht. Meine Förderer wollen das so. Es ist ganz gut, die Menschen hinters Licht zu führen. Es verwirrt sie und sie verlieren bald das Unterscheidungsvermögen für das, was echt und unecht ist. Nicht umsonst heißt es, die Welt will betrogen sein."

B's. Talente erweiterten sich in erstaunlicher Weise um die Fähigkeit des Hellsehens und des Handlinienlesens. Man bestürmte ihn allerseits, doch eine regelrechte Praxis auf diesem Gebiet zu eröffnen. Auch hierin sollte sich die Prophezeiung des "Dr. Natas" schon bald erfüllen, denn B. begann sich mit Naturheilkunde und Psychotherapie zu befassen und hatte in Verbindung mit Handlesen und Hellsehen bald mehr als genug Kundschaft. Finanzielle Sorgen gehörten der Vergangenheit an.

Immer widerspruchsvoller jedoch verhielt sich B. seiner Frau gegenüber. So kam es z.B. öfters vor, daß er, wenn er sie beten sah, die gefalteten Hände auseinanderriß und sie anherrschte: "Unterlass' das! Ich kann so etwas nicht brauchen. Es schadet meinen Interessen. Ich habe geschäftliche Rückschläge dadurch. *Man läßt es mich entgelten wenn du betest!"* [5]

Einmal konnte Frau B. ihren Mann bewegen, einer in Bedrängnis geratenen Familie mit einem Geldbetrag auszuhelfen. Das war an sich nicht allzu schwer, weil er durchaus großzügig zu sein pflegte. Doch unmittelbar darauf erfolgte ein geschäftlicher Rückschlag erheblichen Ausmaßes. Er gab seiner Frau die Schuld daran und schwor, nie wieder Hilfe zu leisten. Es sei denn, fügte er hinzu, man könne damit Aufsehen erregen, so daß es der persönlichen

Reklame dient. Spenden *solcher* Art würden den Absichten seiner "Protektoren" nicht zuwiderlaufen.

Frau Jutta W. berichtet weiter: "Solche und andere Dinge beschwerten naturgemäß das Gemüt meiner Freundin und sie vertraute manches, was sie selbst mir zu sagen sich scheute, einem vor ihrem Mann sorgsam geheimgehaltenen Tagebuch an, in welchem sie, wenn sie allein war, grüblerisch zu blättern pflegte. Dabei kam ihr wieder einmal jene Stelle, die von der ersten Kundgebung des Dr. Natas handelte, zu Gesicht. Ihr Blick blieb an dem Namen hängen. Sie las ihn rückwärts und - wie Schuppen fiel es ihr von den Augen: Satan!"

Nun gab es für sie kein Halten mehr. Insgeheim suchte sie einen Priester auf, der glücklicherweise um derlei Dinge Bescheid wußte und demzufolge in der Lage war, sie richtig zu beraten. Als er Frau B. angehört hatte, gab er seiner Überzeugung Ausdruck, daß ihr Mann eine satanische Bindung eingegangen war. Er riet ihr, ihn über alles auf dem Laufenden zu halten und vorerst ihren Pflichten weiterhin nachzukommen, solange dies ohne persönliche Gefahr für sie möglich sei. Erforderlichenfalls werde Gott eingreifen und ihr den Weg aus dieser Ehe freigeben.

Einigermaßen getröstet begab Frau B. sich nach Hause. Die Dinge aber nahmen ihren Lauf. Ihr Mann ging intime Beziehungen zu mehreren Frauen ein und brüstete sich damit seiner Gattin gegenüber. Kurz, es kam zur Scheidung. Schon nach dem zweiten Termin wurde sie durch drei Richter einstimmig aus Alleinverschulden des Beklagten ausgesprochen. Ihr Rechtsanwalt hatte in seiner 25jährigen Praxis noch keinen so raschen und reibungslosen Verlauf einer Scheidungsklage erlebt und äußerte seine Verwunderung darüber. Frau B. jedoch merkte, daß auch die lichten Mächte zur Stelle sind, wenn es nottut, und man an seinem Gottvertrauen festhält. Die Freundin schließt:

"Ich nehme an, daß das hier Mitgeteilte, das mir ja nicht nur vom Hörensagen, sondern vielfach durch eigene Beobachtung zur Kenntnis kam, beweiskräftig genug sein dürfte, um meinen Hinweis, daß dämonische Gewalten unmittelbar in die irdische Sphäre vorzustoßen vermögen, gerechtfertigt erscheinen zu lassen. In diesem Zusammenhang mag es nun auch verständlich werden, auf welche Weise Menschen zu schwarzmagischer Betätigung kommen können, wenn sie charakterlich und willensmäßig zu derartigen Abwegigkeiten neigen. Durch besondere Veranlagung können sie fähig sein, ganz konkrete Weisungen ihrer dunklen Lehr-

meister entgegenzunehmen oder doch in so engen unterbewußten
Kontakt mit jenen treten, daß sie zu ausführenden Organen solcher
Wesen werden."
Das stimmt, meinen eigenen Erfahrungen zufolge, ganz genau. Es
unterstreicht eindringlich genug meine Warnung vor obskuren
Meistern und Geheimorganisationen, und was sonst noch an
Scharlatanerie in der okkult-esoterischen Szene zu finden ist. Im
Diesseits, wie im Jenseits. Denn die Geisterwelt ist nicht ver-
schlossen ...

Kabbala und Tarot

Kabbala und Tarot, vielgerühmt in der Esoterik, gelten als zwei
Säulen derselben, obwohl sie aufgrund ihrer engen Verflechtung
nur *eine* darstellen.
Das Wort Kabbala, auch Quabalah, soll soviel wie Überliefe-
rung bedeuten. Ob sie wirklich die älteste Quelle esoterischen
Wissens darstellt, muß offenbleiben. Über ihre Herkunft weiß
niemand etwas Genaues, und es dürfte auch unwesentlich sein, ob
sie indischen, ägyptischen oder chaldäischen Ursprungs ist, oder
gar bis ins sagenhafte Atlantis reicht. Den alten Hebräern jedenfalls scheint das Verdienst zuzukommen, kabbalistische Lehren
gesammelt und überliefert zu haben; die ursprüngliche Fassung ist
es ohnehin nicht mehr, und was erhalten blieb, ist oft dunkel und
in einer schwerverständlichen Sprache abgefaßt, die unserer heutigen Denkweise fremd ist.
Dennoch wird das Verbliebene von Esoterikern hochgeschätzt.
Nach Joachim WINCKELMANN (in seinem "ABC der Geheimwissenschaften", Berlin 1956) ist in der Kabbala eine Emanationsleh-
re zu finden wie in Ägypten, "ein Pantheismus wie in China, sie
kennt die mystischen Kräfte der Buchstaben und Zahlen und damit
auch der Töne, Farben, Planeten, Metalle und so weiter. Sie lehrt
psychisch-physisch wirkende Kräfte wie die indischen Yogis und
enthüllt die geheimen Kräfte der Pflanzen, Steine und Planeten
wie die Astrologen Chaldäas und die Alchimisten Europas." Alle
Schalen und Hüllen der Materie abstreifend, schwärmt Winckelmann, "erhebt sich der kühne Schwung ihrer Betrachtungsweise

zu den reinsten Höhen allen Urseins, um von hier aus auf das Dasein abzuleiten." [1]

Die Kabbala wird in den theoretischen und den praktischen
Teil untergliedert. Schriftlich niedergelegt ist nur der theoretische;
ob in vollem Umfang, ist wie gesagt fraglich.

Das Studium der Kabbala umfaßt zwei Richtungen. Die eine
heißt "Bereschit", findet sich im "Buch Jezirah" und bezieht sich
auf die Schöpfung und ihre Gesetze. Die andere wird "Merkaba"
genannt, hat den "Sohar" zur Grundlage ("Buch des Glanzes" : gilt
als esoterische Ergänzung zum biblischen Schöpfungsbericht) und
erstreckt sich auf das Wesen Gottes und die Arten seiner Offenbarungen.

Im Sohar, einem erst im Mittelalter schriftlich niedergelegten
Werk, gipfelt die kabbalistische Seelen- und Schöpfungslehre in
10 göttlichen Schöpfungsprinzipien, die man "Sephiroth" nennt.
Der Kabbala zufolge entwickelt das Unendliche - das Ur - durch
Konzentration auf seine eigene geistige Substanz den "himmlischen Urmenschen Adam Kadmon", dessen es sich bedient, um
gleichsam herabsteigend sich zu offenbaren. Die 10 Sephiroth als
Urkräfte entsprechen zugleich kosmischen Zahlen, die als personi-
fizierte Logoi die Schöpfungsprinzipien des Universums repräsen-
tieren. Gleichzeitig aber werden sie als stufenweises Hervorgehen
alles Unvollkommenen aus der Vollkommenheit gedacht, wobei
diese Kräfte in ihrer Gesamtheit formgebend den Adam Kadmon
bilden. Einfacher formuliert könnte man sagen: Die Urkraft tritt
aus ihrer Verborgenheit, wird zur Lebenskraft und offenbart sich
in unterschiedlichen Eigenschaften. Oder: Der göttliche Ideenkreis
äußert sich in zehn wirkenden Kräften, die allem Geschaffenen
zugrundeliegen. Die Quelle z.B., aus welcher unendliches Licht
hervorströmt, gilt als erste Manifestation Gottes und ist die oberste
Sephira.

Aus ihr gehen kontinuierlich alle übrigen hervor, die ihrerseits
in drei Dreiheiten untergliedert werden.

Die jüdische Kabbala beruht auf dem System der 22 hebräischen Buchstaben, die als Ideen und zugleich als Energieaktivierer
gelten. Deshalb findet man in magischen Formeln und Zauberdia-
grammen vorwiegend hebräische Wörter. Jeder Buchstabe entspricht einem hieroglyphischen Zeichen, einer Idee, einer Zahl
und einem dynamischen Klangwert, der bei richtiger Handhabung
schöpferische Energien auszulösen vermag. Eine bestimmte Buch-

stabengruppierung soll (nach außen) ganz bestimmte Kraftlinien aktivieren, und/oder (nach innen) auf organische Zentren (Chakras) einwirken. Die magisch-mystische Anwendbarkeit von Kabbala und Tarot darf durch praxis-orientierte Erfahrungswerte als bewiesen gelten. Praxisbezogen besonders durch das allgemeine Abgleiten von Kabbala, Tarot und Gnosis in die Schwarze Magie, denn geheimes Wissen um die Anwendbarkeit rätselhafter Kräfte verleitet nur zu bald zum Mißbrauch. Daß sich alles Tun schließlich gegen den Urheber richtet, meinen die Betreffenden ignorieren zu dürfen oder wissen es nicht. Jedenfalls wußte man schon im Altertum um derartige Möglichkeiten gezielten Einwirkens aus dem sichtbaren in den unsichtbaren Bereich oder umgekehrt. Uneingeweihten freilich mußte und muß es wie "Zauberei" vorkommen, was an sich lediglich auf der Kenntnis und Anwendung gewisser Naturgesetze beruht.

Im Hebräischen besitzt jedes Zeichen, ob Buchstabe, Zahl oder Wort, mehrere Deutungsmöglichkeiten. Ersetzt man die Buchstaben eines Wortes oder Namens durch bestimmte Zahlen, so soll die daraus errechnete Grundzahl eine schicksalhafte oder wesensbezogene Namensdeutung ermöglichen. Daraus entstanden schließlich allerlei belanglose Zahlenspielereien und abergläubische Praktiken, zumal die Sache einen beträchtlichen Haken hat: Es herrscht keine Einheitlichkeit in der Zuordnung der Zahlen zu den einzelnen Buchstaben. Ähnlich wie in der Astrologie, schwört jeder auf sein System. Da jedoch die Alphabete sprachlich bedingt sehr unterschiedlich sind und man sie weder mit den alten hebräischen noch mit den griechischen Buchstaben und Zahlen in Übereinstimmung bringen kann, ist es eigentlich müßig, sich - ganz gleich ob Kabbala oder Numerologie - näher damit zu beschäftigen. KAHIR erstellte eine Vergleichstabelle anhand der Buchstabensysteme von fünf ernstzunehmenden Autoren und schreibt:

"Wo bleibt hier die Einheit und Einheitlichkeit, die man mit Recht von Dingen des Geistes erwarten darf? Wo bleibt auch eine sinnvolle Erklärung, warum gerade diese oder jene Zuteilung der Laute zu dieser oder jener inneren Kategorie erfolgte? Jede dieser Lehren und Lehrer hat ihren Kreis von Anhängern, der auf sie als die einzig richtige Wahrheit schwört. Und doch ist GOTT allein die Wahrheit und der Kreis, dessen Zentrum überall und dessen begrenzender Umfang nirgends ist ... "

Kahir bemerkt, daß man heute nur aus relativ späten Überlieferungen schöpfen kann, die im Laufe der Jahrtausende ebenso Abweichungen erlitten, wie es bei den Nachfolgesprachen gegenüber
den ursprachlichen Elementen der Fall gewesen sei. Kahir belegt
dies anhand von Buchstabentabellen in ihrer lautmäßigen Entspre-
chung zu den Elementen und den Tierkreiszeichen: von Übereinstimmung keine Spur! Auch Jakob LORBER zufolge taugt das, was
von der ursprünglichen Kabbala auf uns überkommen ist, nicht
mehr viel. Deshalb hielt auch Kahir nur wenig von modernen
Lehrbüchern auf diesem Gebiet. Er hielt es für praktisch sinnlos,
mit den Buchstaben einer jetzt lebenden Sprache kabbalistische
Berechnungen zu machen und Zahlenmagie betreiben zu wollen,
"ohne die heutigen Vokale und Konsonanten in wahre Beziehung
zu den alten magischen Alphabetreihen zu bringen." Zwar sei es
recht unterhaltsam, z.B. das Wesen eines Menschen aus seinem
Namen kabbalistisch zu deuten, aber auf welcher Zahl seine Wesenheit tatsächlich, d.h. von Ewigkeit her beruht, könne nur aus
der Kenntnis seines wahren *inneren* Namens ergründet werden;
jenes Namens, welcher - wie die Bibel sagt - "im Buche des Lebens verzeichnet" ist. Den aber kennen wir nicht.

Dennoch ist unser derzeitiger Name bedeutsam, nicht nur weil
er unsere Person kennzeichnet. Ein telepathischer Kontakt z.B. ist
zwar möglich auch ohne Namenskenntnis, geschieht aber mit
größerer, ja absoluter "Zielsicherheit", wenn man den Namen
weiß. Das mag auch der Grund oder einer der Gründe sein, warum
Jenseitige meist nur einen simplen Vornamen oder gar keinen
angeben. Man will offenbar vermeiden, einem ständigen "Gedan-
kenbeschuß" ausgesetzt zu sein, einem zu häufigen Angepeiltwer-
den, so, wie es uns ja auch zuviel wird, wenn dauernd das Telefon
läutet. Für Hellseher und Pendler genügt oft nur der Name einer
Person, um über dieselbe verblüffend genaue Angaben machen zu
können. Bei Unkenntnis des Namens reicht meistens etwas Hand-
schriftliches, ein Foto oder ein von der betreffenden Person häufig
benutzter Gegenstand, um zu ebensolchen Informationen zu gelangen (in der Parapsychologie "Psychometrie" genannt).

Schon im Altertum war man von der Einflußnahme auf Götter,
Geister und Dämonen überzeugt, wenn man deren Namen wußte.
Im magischen Denken hat derjenige Macht über ein Wesen, der
dessen Namen kennt oder Bildnis besitzt. Unser Märchen vom
Rumpelstilzchen deutet in diese Richtung.

Mit dieser im alten Orient verbreiteten Vorstellung hing auch die jüdische Scheu vor dem Aussprechen des Gottesnamens zusammen (unser Gott nach christlicher Auffassung braucht allerdings keinen Namen, denn er kann mit niemandem verwechselt werden). Viele damalige Volksstämme hielten den Namen ihres Gottes geheim, weil bei Kenntnis desselben auch ein Feind dessen Hilfe hätte anrufen können. Die Macht des Zauberers und Geisterbeschwörers beruht - neben seinem Vertrautsein mit magischen Praktiken - vor allem darauf, daß er die wahren Namen der Götter und Dämonen kennt und sie sich dadurch dienstbar machen kann. Deshalb sei an dieser Stelle auch eindringlich gewarnt vor einem magischen Arbeiten mit den 72 Genien oder "Gottesnamen" der Kabbala. Mit Gott nach christlicher Vorstellung haben diese Namen absolut nichts zu tun. Es können vielmehr, wie ein Praktiker ehrlich bekannte, Naturkräfte ausgelöst werden, die blindlings zerstörend wirken, "wenn man nicht die Macht besitzt, dieselben zu beherrschen und zu lenken."

Hier dürfte auch der Grund zu der bei uns ehedem gebräuchlichen Gepflogenheit zu suchen sein, die Worte Teufel oder Satan zu meiden und stattdessen vom "Leibhaftigen" zu sprechen oder vom "Gottseibeiuns". Den Tod pflegte man "Freund Hein" zu nennen. Das "nomen est omen" scheint jedenfalls eine gewisse Berechtigung zu haben. Die Annahme eines neuen Namens bei Päpsten z.B. oder beim Eintritt in einen Orden, bedeutet symbolisch den Beginn eines Lebens als anderer Mensch.

Nun kurz zum Tarot: In seiner gewissermaßen klassischen Form stellt er eine Art besonderen Kartenspiels dar mit 78 Blättern. Davon werden 22 die "großen Arkana" genannt (von lat. arcanum = Geheimnis). Die restlichen 56 Karten sind die "kleinen Arkana" und bestehen aus vier Gruppen. Esoterischerseits betrachtet man den Tarot als unausschöpfliche Weisheitsquelle, als ein System der Einweihung, als den durch leichtfaßliche Symbole zum Ausdruck gebrachten Extrakt der Kabbala. Hierbei soll die Symbolik der 22 großen Arkana in ihren tiefgründigen Aussagewerten bis heute nicht vollständig erfaßt worden sein. Deshalb lassen manche die 56 kleinen Arkana beiseite und halten sie für überflüssig.

Nach KAHIR umfassen die großen Arkana des Tarot die Lehren des Buches "Thoth", der "Urbibel Altägyptens". Bildhaft dargestellt befanden sie sich angeblich in Form von 22 allegorischen Wandgemälden im Einweihungstempel zu Memphis. [2] Späterhin habe die jüdische Kabbala sich dieser Symbole bemächtigt und sie mit der Geheimbedeutung der altägyptisch-hebräischen Buchstaben verknüpft. Das Buch Thoth als solches soll dem Altertum als Vermächtnis des Hermes Trismegistos gegolten haben, des dreifach größten HERMES, was ein Name des ägyptischen Gottes Thoth war. In Hermes Trismegistos eine historische Persönlichkeit zu vermuten wäre jedoch - nach Kahir - genauso unangebracht, wie Abraham für den Verfasser des Buches Jezirah zu halten, nur weil die Legende so lautet.

Wie dem auch sein mag, die ältesten noch vorhandenen Tarotkarten befinden sich in der Pariser Nationalbibliothek und stammen aus dem Jahre 1392. Da in jenem Jahrhundert die von Nordindien herkommenden Zigeuner erstmals in Europa auftauchten, vermutete man, sie hätten den Tarot mitgebracht. Dies ist aber sehr unwahrscheinlich, weil jene Pariser Karten bereits ein katholisches Gepräge tragen: Papst, Päpstin, Teufel, Jüngstes Gericht. Ursprünglich war von keinem Papst oder einer "Päpstin" die Rede, sondern von Osiris, dem Magier und höchsten ägyptischen Gott, und von Isis, der Hohepriesterin und Mondgöttin. PARACELSUS, der auf seinen weiten Reisen oft unter Zigeunern lebte und mancherlei magische Künste von ihnen lernte, erwähnt in seinen Schriften nirgends den Tarot.

Über die ursprüngliche Herkunft des Tarot wissen wir also nichts absolut Sicheres. KAHIR zufolge hat die Annahme des ägyptischen Ursprungs einiges für sich, weil MOSES in die altägyptischen Mysterien eingeweiht gewesen sein soll. Durch ihn "haben auch die Juden die Hauptzeichen jener Ur-Hieroglyphen als die 22 Buchstaben ihres Alphabets übernommen und samt ihren Zahlenwerten bis auf die heutige Zeit erhalten. Nur ging ihnen der innere Sinn dieser seltsamen Zeichen verloren, der jedoch in der Mystik der Kabbala erhalten blieb und auch die Grundlage aller Lehren der späteren hermetischen Bruderschaften bildete." Den letzteren sei es zu verdanken, daß die Bildsymbolik der ägyptischen Urreligion im 14.Jahrhundert in Europa in Form des Tarot-Kartenspiels - in volkstümlicher Form "Tarock" genannt - wieder auflebte. Das Zigeunervolk benutzte dann diese Karten als Mittel zur Wahrsagekunst. Kahir sagt weiter:

"Jeder Tarotbuchstabe ist der Ausdruck einer geistigen Schöpfungsidee. Daher ist die Weisheit des Tarot ein Instrument der Erkenntnis, nicht aber ein profanes Mittel zur Schicksalsdeutung und Wahrsagerei, zu der sie von Unberufenen und pseudokabbalistischen Jongleuren so gerne herabgewürdigt wird."

Damit gilt für den Tarot dasselbe wie für die Kabbala: Beim Arbeiten mit beiden Systemen kommt es darauf an, was man damit bezweckt und ob man die Gabe der *Intuition* besitzt oder ob man bloß ein esoterischer Technokrat ist. Intuition ist bekanntlich das Erlangen von Erkenntnissen durch unmittelbares, bisweilen bildhaftes Erkennen, statt aufgrund rational-analytischer Verstandes-Methoden, die uns über das Wesen der Dinge nichts zu sagen vermögen.

Sinnvoll ist ein Befassen mit Kabbala und Tarot nur dann, wenn dies im Endeffekt zur vielgepriesenen Bewußtseinserweiterung führt, d.h. zu einer besseren Wertschätzung des Schöpfers, der Schöpfung und des Lebens überhaupt. Anders dürfte eine wirkliche Lebenshilfe aus der Beschäftigung mit solchen Dingen auch schwerlich zu erwarten sein.

Nach W. von UEXKUELL (in seinem Buch "Eine Einweihung im alten Ägypten. Auf der Grundlage des Buches Thoth" München 1922) werden im Tarot drei Einweihungen unterschieden: Der Osiris-Weg (Arkana 1, 4, 7, 10, 13, 16 und 19); der Isis-Weg (2, 5, 8, 11, 14, 17 und 20) sowie der Horus-Weg (3, 6, 9, 12, 15, 18 und 21). Horus ist der von Isis und Osiris gezeugte Göttersohn. Übrig bleibt dann bloß der *Narr*, die 22.Karte ohne Nummer, d.h. derjenige Mensch, der sein Erdenleben nicht nutzte, um Erkenntnis zu erlangen, ja solches überhaupt nie versucht hat. Und diese Aussage scheint mir mit die wichtigste zu sein, weil sie nur zu wahr ist!

Freilich sind zur Lebensbemeisterung im Sinne unserer spirituellen Bestimmung keinerlei Kenntnisse genannter Art erforderlich; die von Nahtod-Erlebnissen vielfach berichtete und mit einer ethischen Beurteilung verbundene Lebensrückschau im Sinne einer Bilanz, gipfelt in wesentlich anderen Anforderungen als in der, ob man mit Kabbala und Tarot vertraut war.

Magie

Hier betreten wir ein ebenso außergewöhnliches wie unheimliches Lebens- und Wissensgebiet, das gewiß so alt ist wie die Menschheit selber. Bei der Magie als einem Grundpfeiler der Esoterik wollen wir etwas länger verweilen, zumal sie als vielgestaltige Volksmagie ehedem allen Gesellschaftsschichten mehr oder minder vertraut war. Bei Völkern der Dritten Welt ist magisches Denken noch heute vielfach vorherrschend, während uns kaum noch zum Bewußtsein kommt, daß auch alle Religionen sowie religiösen oder pseudoreligiösen Kulte auf mystisch-magischen Weltbildern fußen. Kurt ARAM in seinem Buch "Magie und Zauberei" meint, solange es eine Menschheit gibt, habe sie noch nie mehr als vier Weltbilder hervorgebracht: das magische, das mystische, das mechanische, und als viertes eine Synthese dieser drei. Naturvölker bevorzugen das magische Weltbild, religiös orientierte Menschen das mystische, und Rationalisten das mechanische. Bei Naturvölkern, die Aram "Natursichtige" nennt, herrscht die Beschwörung vor, bei den Religiösen die Versenkung in Form von Gebet und Meditation, bei Rationalisten die Beobachtung. [1]

In seinem Buch "Die Logurgie in den Philippinen" definiert Dr. med. Hans NAEGELI - OSJORD, Zürich, die Magie als "das Bemühen, durch geistige Zielvorstellungen die Materie und besonders das biologische Leben bei Pflanzen, Tieren oder dem Menschen ... zu 'bewirken', sie also körperlich und geistig-seelisch zu beeinflussen und zu verändern". Der menschliche Geist müsse demnach über Energieformen verfügen, die physikalisch und chemisch noch ungenügend erfaßt werden konnten. Durch parapsychologische Experimente sei genügend erwiesen, daß psychische Kräfte sich aktivieren "und speziell über die intensive Vorstellungskraft Energiewirkungen feststellen lassen". Bei der heilmagnetopathischen Behandlung von Tieren oder Pflanzen beispielsweise werden augenscheinliche Wirkungen erreicht. Da in solchen Fällen von Suggestion oder Erwartungshaltung nicht gesprochen werden kann, muß etwas vorhanden sein, eine wirkende Energieform, die der Wissenschaft noch unbekannt ist. Wir Parapsychologen sprechen von Od, Fluidum, Bioenergie. Neben Mana, Prana, Orenda usw. sind diese Bezeichnungen auch in der Magie gebräuchlich. Sie gelten als Teilaspekte einer hintergründigen Wirklichkeit, als eine Art "Welt-Innenraum", als andere Realität, die teilweise der

Raum- und Zeitbarriere nicht mehr unterworfen ist. So wissen wir von der Telepathie her, daß räumliche Entfernungen keine Rolle spielen, und beim Hellsehen in Zukunft oder Vergangenheit entfällt die Zeitkausalität.

Menschen, Tiere, Pflanzen sind Odträger. Und auch hier gilt der Erfahrungssatz "pars pro toto", der Teil enthält das Ganze. Über den Teil ist das Ganze erreichbar und rekonstruierbar, weil beide vom psychischen Weltinnenraum umfaßt werden. Dabei kann der Intensitätsgrad psychischer Kräfte sehr verschieden sein, so daß manche Gegenstände oder Örtlichkeiten als besonders od-oder mangeladen, ja geradezu als Energie-Akkumulatoren gelten können. Solch ein Gegenstand oder Platz ist dann "tabu" bzw. heilig. Naht sich ihm jemand ehrfurchtslos oder ohne magische Schutzmaßnahmen, so kann eine Entladung der aufgespeicherten Energie höchst unerquickliche Folgen haben.

Alle magischen Lehrsysteme gründen auf dem Analogie-Gesetz, dem Gesetz der Entsprechungen und Ähnlichkeiten sowie der geheimnisvoll anmutenden Beziehung zwischen Fakten, Ideen, Dingen oder Lebewesen. Hier gilt der hermetische Grundsatz: "Wie oben, so unten; wie innen, so außen". Man setzt hier das Universum (Makrokosmos) in analoger Beziehung zum Menschen als Mikrokosmos. GOETHE sagte dies mit den Worten: "Müsset im Naturbetrachten immer eins wie alles achten. Nichts ist drinnen, nichts ist draußen; denn was innen, das ist außen." Deshalb darf die Magie definiert werden als Kunst der Hervorbringung außergewöhnlicher Wirkungen, die den uns bekannten Naturgesetzen zu widersprechen scheinen.

Wenn bei der Magie nach systematischer Unterscheidung gefragt wird, so werden gewöhnlich drei Arten genannt: 1) Naturmagie (magia naturalis), 2) Weiße, angeblich göttliche Magie (Theurgie), und 3) Schwarze, satanische Magie (Goetik).

Jede dieser Arten wird unterteilt in eine schauende und eine wirkende Magie. Dabei erfährt die schauende eine weitere Untergliederung in eine äußerlich und eine innerlich schauende. Bei der äußerlich schauenden Naturmagie handelt es sich um Naturbeobachtung und deren Ausdeutung, wie z.B. der Vogelschrei (man denke an den Kauz als angeblichen Todesverkündiger), Signaturen von Mineralien und Pflanzen (die herzförmigen Blätter der Melisse z.B. zeigen ihre Verwendbarkeit bei Herzkrankheiten an), [2] ferner Himmelsbeobachtung (Wolkenzug, Sternschnuppen, Kometen, Astrologie) und anderes mehr.

Zur innerlich schauenden Naturmagie gehören (aus rosenkreuzerischer, nicht aus parapsychologischer Sicht) der Umgang mit Pendel oder Wünschelrute, Kristallsehen, Kartenlegen, Spiegelmagie etc., und in erweitertem Sinne auch die verschiedenen psychischen Ausnahmezustände wie Hypnose, Trance oder Somnambulismus.

Zur wirkenden Naturmagie zählt beispielsweise die Sympathieheilkunde, zu der u.a. die magische Übertragung von Krankheiten auf Tiere oder Bäume gehört. [3] Ferner gewiße Zeremonien, Räucherungen, Amulett- und Analogiezauber, Opferungen und dgl. mehr, einschließlich der Anrufung von Naturgeistern, um sich deren Kräfte nutzbar zu machen. Naturgeister mögen für den "Aufgeklärten" bloß Phantasiegestalten aus Märchen sein; der Esoteriker jedoch weiß, daß es sich um hierarchisch geordnete Seelenwesen handelt, denen im Naturgeschehen wichtige Aufgaben obliegen. Magier können mit ihrer Hilfe Erstaunliches fertigbringen. Das Geheimnis der "Wettermacher" würde aus dieser Sicht verständlich. Freilich kann es flugs passieren, daß man vom Beherrscher solcher Wesenheiten zu deren Opfer wird. Dem gottverbundenen Menschen hingegen, der - auf magische Praktiken verzichtend - gütigen Herzens auf alles und jeden seine Liebe ausströmt, dienen sie gegebenenfalls freiwillig. Auch hat ein solcher nicht nötig, Tag und Nacht auf die peinlich genaue Einhaltung sämtlicher rituellen Bedingnisse zu achten, um nur ja keinen Fehler zu begehen, der verhängnisvoll werden könnte.

Betrachten wir nun die sogenannte Weiße Magie. An sich gibt es nur eine Magie, aber man spricht von weißen oder schwarzen Magiern. Jeder ordnet sich durch seine Gesinnung und den Zweck, den er verfolgt, selber in die entsprechende Kategorie ein. Gut oder böse werden die Dinge ja erst durch den Menschen, der aufgrund freier Willensentscheidung und überlegten Handelns einem Gott gleichkommt. Bei der Magie ist es vergleichsweise wie mit dem Geld, von dem der Volksmund sagt: "Das Geld ist weder bös noch gut, es liegt an dem, der's brauchen tut!" Dennoch sollte man hier etwas differenzieren, denn jene Wesenheiten, mit denen ein Schwarzmagier zu arbeiten pflegt, sind nur selten harmlos oder neutral. Seinem Zwange beugen sie sich meist nur widerwillig und brechen aus, sobald sich eine Möglichkeit hierzu bietet.

Die wirkende weiße Magie hingegen verzichtet weitgehend auf den Einsatz solch gefährlicher Kräfte. Der weiße Magier fordert und zwingt nicht, sondern unterstellt all sein Tun und Wollen einem höheren Aspekt, gemäß dem Wort: "Nicht mein, sondern Dein Wille geschehe!" - Jedes magisch bewirkte Ereignis, auch eine Heilung, welches besagter Voraussetzung entbehrt, kann - wie Dr. Fritz QUADE in seiner "Naturordnung" [4] ganz richtig bemerkt - dämonischen Kräften Angriffsflächen bieten. Und wenn es "im Willen Gottes" liegt, d.h. wenn es dem Karma und der Bestimmung, dem Entwicklungsziel jenes Menschen, für den weißmagisch gearbeitet oder gebetet wird, entspricht, so wird ein magisch bewirkter Erfolg gesegnet sein und im Falle des Betens wird eine "Gebetserhörung" erfolgen. Dem gottvertrauenden und innigen Gebet sollte überhaupt der Vorzug gegenüber magischen Praktiken eingeräumt werden. Dann haben jene lichten Helfer, die als Gottesboten dem Hilfsbedürftigen zur Seite stehen, zusätzlich noch unsere Gedankenenergie zur Verfügung, mit der sie arbeiten können. Freilich sollte man neben Bitte und Fürbitte auch den Dank nie vergessen.

Weiße Magie beginnt gedanklich schon mit dem Einander-Gutes-wünschen und gipfelt im selbstlosen Dienst am anderen. Fühlt man sich darüber hinaus zur Ausübung weißer Magie berufen, so begibt man sich trotz allen guten Wollens auf gefährliches Glatteis. Ein echter Weißmagier wird deshalb in stiller Demut bemüht sein, Liebe und Eintracht in seinem Einflußbereich zu fördern. Auch wird er niemals Reklame für sich machen. Vor magisch bewirkten Partner-Zusammenführungen wird er zurückschrecken, weil er ja nicht wissen kann, ob die betreffende Verbindung für das Schicksal der Beteiligten wünschenswert und ihrem spirituellen Lebensziel dienlich ist. Anders mag es sein, wenn es um die Rettung einer gefährdeten Ehegemeinschaft geht, besonders, wenn unmündige Kinder da sind. Aber auch da wird er größte Vorsicht walten lassen, denn jede, auch eine gutgemeinte magisch herbeigeführte Partnerschaft erfolgt ja unter einem gewissen Zwang.

Wer sich jedoch als Magier anbietet, der steht entweder bewußt im Dienst des Negativen Prinzips oder er hat von den das All regierenden Gesetzen physischer, seelischer und geistiger Art, die auf allen drei Ebenen aus dem Chaos zum Kosmos führen, aus der Unordnung zur Harmonie, wenig oder gar keine Ahnung. Nach eben diesen Gesetzen aber wird jeder Frevler sein verdientes Schicksal zu erleiden haben. Die Naturgesetze, auch die seelisch-geistigen, lassen sich wohl eine Zeitlang überlisten und manipulieren, aber nicht auf Dauer außer Kraft setzen. Zu beneiden ist sowieso keiner von diesen Leuten, mag es ihnen derzeit auch recht wohl ergehen. Mit dem letzten Hemd, das bekanntlich keine Taschen besitzt, hört auch jede magische Betätigung auf. Dann gibt es nur noch das *passive* Erleiden und Erdulden selbstverschuldeter Folgen. Und das muß nach alledem, was wir von drüben wissen, grauenhaft sein! Mit den Worten: "Wer das Schwert nimmt, wird durch das Schwert umkommen" (Matth. 26,52) könnte auch jenes Gesetz gemeint sein, wonach jede Gewalt sich gegen den kehrt, der sie angewendet hat!

Bevor wir uns einigen Formen der Grauen bis Schwarzen Magie zuwenden, sollen hier, gewissermaßen zur Auflockerung, ein paar beispielhafte Begebenheiten folgen. Die erste aus der weißmagischen, die weiteren aus der Gebetspraxis.

Das Venus-Amulett

Ein deutscher Urlauber auf Sizilien ließ sich dort allmorgendlich von einem jungen Mann namens Beppo aufs Meer hinaus fahren. Beppo war ein recht sympathischer, arbeitsamer Geselle, und bald schon kannte der Deutsche alle Herzensgeheimnisse von ihm.

Beppo liebte ein Mädchen heiß und innig. Sie hieß Marietta und liebte den Beppo genauso sehr, aber infolge einer alten Streitigkeit waren beide Familien verfeindet und die Liebe der beiden somit aussichtslos. Als es nun gar zwischen Beppo und dem Bruder Mariettas zu einem heftigen Streit kam, da flammte der alte Zwist von neuem auf.

Dem Deutschen tat der Junge leid, und weil gerade ein alter Freund zu Besuch kam, mit dem zusammen er oft magisch experimentiert hatte, beschlossen sie, dem Liebespaar zu helfen.

In diesem Fall haben wir es mit der sogenannten talismanischen Magie zu tun, wobei es galt, die verfeindeten Familien zu versöhnen und damit die Voraussetzung zu einer eventuellen Heirat Beppos und Mariettas zu schaffen. Das schien unseren beiden Magiern eine gute und somit vertretbare Sache zu sein. Sie besprachen das Für und Wider ihres Planes und vergewisserten sich anhand der Astrologie, ob ihr Vorhaben aussichtsreich erscheint.

Einzelheiten der reichlich komplizierten Prozeduren übergehend, sei hier lediglich erwähnt, daß vorwiegend zur Venusstunde gearbeitet wurde, daß sich beide Akteure in all jenen Tagen vegetarisch ernährten, und daß Räucherungen und bestimmte Symbole eine wesentliche Rolle spielten. So entstand ein Talisman, den sie in blaue Seide einnähten.

Dieses Amulett bekam Beppo mit der Weisung, es - ohne mit jemandem darüber zu sprechen - allen seinen Familienangehörigen für eine Nacht im Bett zu verstecken. Dann sollte er es zurückbringen.

Beppo tat wie geheißen, und es überraschte die beiden Magier keineswegs, als der Sizilianer ihnen erzählte, seine Mutter habe - während der Talisman in ihrem Bett war - von einer Wallfahrt zusammen mit Mariettas Mutter geträumt.

Mit dem gleichen Auftrag gab man nun Marietta das Amulett, und auch sie berichtete danach Absonderliches. So habe ihr Bruder davon gesprochen, daß Beppo eigentlich gar nicht schuld gewesen sei an dem Streit, denn er habe den Beppo gereizt.

Einige Tage später erwischte Mariettas Vater sein Töchterlein bei einer Plauderei mit Beppo. Sonst pflegte ihn das zu einer lauten Schimpferei zu veranlassen, aber diesmal murrte er unerklärlicherweise nicht.

Nun, das war noch keine Versöhnung, aber wie diese dann zustandekam, war höchst merkwürdig und überraschend. Beppos Mutter, eine robuste gesunde Frau, war einkaufen gegangen. Ihr Weg führte sie am Haus der Familie Mariettas vorbei. Und genau an dieser Stelle wurde die kräftige Frau plötzlich ohnmächtig! Welch ein Zufall! Ebenfalls zufällig beobachtete das der Vater Mariettas, eilte der Frau zu Hilfe und veranlaßte, daß sie ins Haus getragen wurde. Als Beppos Mutter bald darauf wieder zu sich kam, staunte sie nicht schlecht, bedankte sich herzlich für die Hilfeleistung und machte sich auf den Heimweg. Weil sie sich noch etwas schwach fühlte, gab man ihr Marietta zur Begleitung mit. Beppo glaubte zu träumen, als er die beiden ankommen sah! Er nutzte die Gelegenheit zu einem ausgiebigen Plausch mit seiner Liebsten. Und dann begleitete er Marietta nach Hause, um ihren Angehörigen den Dank seiner Familie auszusprechen, und ... er wurde freundlichst aufgenommen! So kam es, daß die Familien sich beim sonntäglichen Kirchgang wieder grüßten und miteinander sprachen. - Bleibt nur noch zu berichten, daß Marietta und Beppo ein glückliches Paar wurden, und ... "wenn sie nicht gestorben sind, so leben sie noch heute!"

Was das Gebet vermag

Zu Frau Resi PASSMOSER, einer in den 50er Jahren bekannt gewesenen Sensitiven, kam eine Frau und bat in folgender Angelegenheit um Rat:

Die verheiratete Frau hatte eine Freundin, von Beruf Kellnerin, die vor vier Monaten zugereist war mit der Bitte, sie für ein paar Tage aufzunehmen, bis sie eine neue Stellung, um die sie sich beworben hatte, bekommen und damit auch eine Unterkunft habe.

Das Ehepaar nahm die Frau selbstverständlich auf. Sie bekam aber die erhoffte Stelle nicht, und so blieb sie weiterhin bei ihren Gastgebern. Woche um Woche verging, ohne daß sie Anstalten machte, wieder abzureisen, und schließlich bemerkte die Gastgeberin, daß ihre Freundin intime Beziehungen zu ihrem Mann aufgenommen hatte. Außerdem nahm sie ihr nach und nach den gesamten Haushalt aus den Händen, und zuletzt gab der Mann das Haushaltsgeld nicht mehr ihr, sondern jener Freundin.

Von da an konnte die Frau nichts mehr rechtmachen und eines Tages wurde ihr ziemlich unverblümt nahegelegt, sich eine Wohnung zu suchen. So klagte sie Frau Passmoser ihr Leid und sagte: "Ich halte diese Zustände nicht mehr aus! Was soll ich tun? Soll ich bleiben oder gehn? Ich weiß keinen Rat mehr."

Frau Passmoser kannte die Frau und wußte, daß sie von gutem Charakter und sehr gottgläubig war. Sie sprach: "Ich weiß, daß Sie ein großes Gottvertrauen haben, und nun tun Sie folgendes: Sie bitten ab heute, und zwar neun Tage hindurch täglich, die Schutzengel von Ihnen, Ihrem Manne und der Freundin, sie möchten doch zusammen beraten, was sich in diesem Falle machen läßt. Denn die Schutzengel wissen ganz genau, was vor sich geht und was zu tun ist. Sprechen Sie mit ihnen und bitten Sie vertrauensvoll, im Namen der höchsten göttlichen Führung, daß Ihnen geholfen und im Hause die natürliche Ordnung wieder hergestellt wird. Dann segnen Sie Ihren Mann, Ihre Freundin und Ihr Heim mit dem Kreuzeszeichen, was sehr wichtig ist, denn das Kreuzeszeichen hat eine große Wirkung, es hält alles Ungute ab und strömt eine besonders starke Kraft aus. Hernach beten Sie andächtig und konzentriert einige Vaterunser. Wenn Sie das getan haben, so dürfen Sie aber an die ganze Sache nicht mehr denken, dürfen auch weiter nichts unternehmen, sondern lediglich - ohne alle Sorge und Angst, das ist wichtig - fest daran glauben, daß Ihnen geholfen wird!" Resi Passmoser empfahl der Frau außerdem, für den Fall, daß sie irgendwie Unruhe in sich verspürt oder Zweifel aufkommen wollen, stets die Worte "Christus in mir" zu sprechen. Denn die Christuskraft sei in jedem Menschen guten Willens vorhanden, und alle Schutzengel stünden in seinem Dienst. Zusätzlich gab sie der Frau das Versprechen, sich ebenfalls im Gebet einsetzen zu wollen, auf ihre Art.

Beruhigt und getröstet ging die Frau weg, nachdem sie versichert hatte, alles genau so zu tun, wie es ihr geraten worden war.

Nach elf Tagen kam sie freudestrahlend wieder und rief, kaum daß ihr die Tür geöffnet worden war: "Sie ist fort!" Und nun erzählte sie, daß jene Freundin, am neunten Tag abends, in Gegenwart des Mannes plötzlich erklärt habe. "Morgen reise ich ab! Ich will nicht mehr dableiben. Ich halte es hier einfach nicht mehr länger aus!"

Den Mann hob es fast vom Stuhl und er fragte bestürzt, warum es ihr denn auf einmal nicht mehr gefalle? Während sich die Ehefrau bei dem nun folgenden Gespräch klugerweise absolut passiv verhielt, erklärte die Freundin resolut, daß ihr niemand etwas zuleide getan habe, aber sie wolle einfach nicht mehr dableiben, weil es ihr langweilig geworden sei. Morgen früh reise sie ab!

Und so geschah es denn auch. Die Ehefrau erzählte dann weiter, wie sie gleich darauf Gott und den Schutzengeln im Stillen gedankt habe für diese wunderbare Hilfe. Und als die Freundin das Haus verlassen hatte, entschuldigte sich der Mann bei seiner Frau wegen seines unschönen Benehmens und bat, es ihm nicht übelzunehmen. Seine Frau versprach ihm, an das Vergangene nicht mehr zu rühren und legte ihrem Mann nahe, doch künftig etwas mehr Gottvertrauen aufzubringen, dann könne das Verhältnis zwischen ihnen wieder so gut werden wie es vordem war. Und so ist es dann auch wieder geworden. –

Das intensive, innige Gebet kann allerdings einem magischen Akt gleichkommen und als regelrechte Gebetsmagie (die hawaiianischen Kahuna-Magier z.B. kennen sogar das "Totbeten"), ein zweischneidiges Schwert darstellen, auch wenn es in guter Absicht geschehen mag. Vielleicht hat jene Frau, von der im folgenden die Rede ist, das "Dein Wille geschehe" außer acht gelassen:

Frau A. erzählt von ihrer Mutter, wie diese schwerkrank darniederlag und ärztlicherseits aufgegeben war. Als sie den Ernst ihrer Lage begriff, bäumte sich ihr Lebenswille auf: Nein, sie wollte und durfte nicht sterben! Was sollte aus ihren Kindern werden? Stundenlang, ohne Unterlaß, rang sie im Gebet um Verlängerung ihres Lebens. Gott *müsse* sie erhören, um ihrer Kinder willen!

Da wurde es plötzlich hell vor ihren Augen, ein majestätisch wirkender schöner Greis mit langem schneeweißem Bart stand vor ihrem Bett und sprach: "Liebe Menschenschwester, dein Gebet wird erhört, denn deine Bitte, deine Kinder großzuziehen, entsprang edlen Motiven. Du wirst gesunden, noch .. (die Zahl wurde genannt, aber von ihr vergessen) Jahre leben, wirst deine Kinder großziehen und Freude an ihnen haben, wie du erbeten hast. Aber beklage dich niemals, daß du diese Verlängerung deines Lebens erbatest." Die würdige Erscheinung entschwand ihren Blicken, sie dankte Gott für die Erhörung und schlief ein. Nächstentags bemerkten die Ärzte mit Erstaunen, daß die vermeintlich Sterbende ihrer Genesung entgegenging. "Hier ist ein Wunder geschehen", meinte einer von ihnen. Im Alter von über 60 Jahren wurde diese Frau von schwerem Darm- und Blasenkrebs befallen. Mehr als drei Jahre blieb sie ans Bett gefesselt. Im letzten Stadium schrie sie Tag und Nacht, bis sie unter Qualen starb. Als sie noch reden konnte, erzählte sie ihrer Tochter, jener Frau A., die vorstehende Begebenheit und schloß: "Wer heimgehen soll, der soll gehen, aber niemals um Verlängerung seines Lebens bitten." [5]

Der folgende Fall gedanklicher Magie war von vornherein dämonischer Natur, da hier kein Gebet zu Gott erfolgte, sondern allein Geldgier die allesbeherrschende Triebfeder war:

Herr F., obwohl fleißig, verdiente nur wenig. Seine Frau aber wollte reich sein und kaufte ein ganzes Lotterielos. Von Stund an sprach sie von nichts anderem mehr als von dem zu erwartenden Hauptgewinn. Dr. Joseph MURPHY und Catherine PONDER würden es "positives Denken" nennen. Bis zum Tage der Ziehung war die Frau wie im Fieberdelirium. Tagelang ohne Nahrung, richtete sie all ihr Sinnen auf den einen Punkt, das große Los müsse *ihr* zufallen.

Und das Wunder geschah, sie erzielte tatsächlich den Haupt-
treffer! Wäre es anders gekommen, würde sie wahrscheinlich irr-
sinnig geworden sein, so hatte sie sich in ihre Wunschvorstellung
verkrampft. Segen brachte ihr das viele Geld allerdings keinen:
Spielbank Monaco, Scheidung, Geiz, krankhafte Prozessiersucht.
Das Geld schmolz ihr unter den Händen hinweg, sie verarmte
gänzlich und sank immer tiefer. Der Berichterstatter verlor sie
schließlich aus den Augen. -

Wie schon betont, gibt es allerlei Arten von Magie, wie die
Symbol-, Zeichen-, Wort- und Lautmagie (zugänglich in der Kabbala sowohl als auch in miesen "Zauberbüchern"), ferner Runen-
magie, Sexualmagie, die Psalmenmagie und andere. Letztere war
früher in ländlichen Gegenden sehr verbreitet. Überhaupt wurde
viel Mißbrauch getrieben mit magischen Hinweisen aus der Bibel
und mit biblischen Namen. Die mittelalterliche Magie gründete
sich vorwiegend auf das 3. Buch Mosis, den sogenannten Leviti-
kus, das Priesterbuch. Dort steht nämlich allerlei über magische
Praktiken. In der Volksmagie wurde der 148. Psalm gegen Feuers-
brünste angewendet, andere Psalmen gegen Krankheiten (der 38.
z.B. gegen Krebs). Manche sollen Magie unwirksam machen oder
Prozesse gewinnen helfen.

Mit den Fluchpsalmen wird noch heutzutage Schindluder getrieben. An sich gehören Sie nicht in die Bibel, denn sie stehen im
totalen Widerspruch zum Jesus-Wort "Liebet eure Feinde, segnet,
die euch fluchen". Der 109. Psalm als ausgesprochener Fluch-
psalm aber rechtfertigt die schlimmsten Verwünschungen gegenüber dem Feind und dessen Familie. Wie man so etwas mit der
christlichen Lehre vereinbaren kann, bleibt vorerst eines der
schwer zu ergründenden Geheimnisse abendländischer Theologie.
Und ob Jesus wirklich einen Feigenbaum verfluchte, weil er keine
Früchte trug (Matth. 21,18ff.), ist zweifelhaft. Möglicherweise
wurde dieser Bericht, wie so manches andere, im Laufe der Zeit
entstellt. [6]

Verfluchungen an sich, entsprechend emotionell "geladen",
sind keineswegs harmlos. Wäre man kirchlicherseits nicht davon
überzeugt gewesen, hätte man nicht so oft und ausgiebig davon
Gebrauch gemacht. Allgemein ist es ja leider so, daß Worte des
Wohlwollens und der Liebe gefühlsmäßig weit weniger intensiv
zu sein pflegen als Worte des Schmerzes oder gar solche, die in

der Aufregung oder gar im Zorn ausgestoßen werden. Doch gerade der Intensitätsgrad an innerer Beteiligung ist es, der das Energiequantum eines ausgesendeten Wortes oder Wunsches bestimmt.

Im Volksmund schlug sich die Kenntnis solcher Zusammenhänge in mancherlei Redensarten und Sprichwörtern nieder. In Österreich beispielsweise pflegt man von jemandem, der sich ärgert, zu sagen: "Er giftet sich". Auch der Ausspruch "Gift und Galle spucken" gehört hierher.

Nun, von der psychosomatischen Erfahrung her wissen wir, daß ein zorn- und haßerfüllter Mensch, wenn er unbeherrscht dieser Seelenregung nachgibt, seinen Organismus tatsächlich langsam, aber sicher regelrecht vergiftet und damit sich selbst, d.h. seiner Gesundheit schadet. Der amerikanische Prof. Elmer GATES konnte dies exakt nachweisen, indem er seine Versuchspersonen in gekühlte Glasröhrchen hauchen ließ. Dabei fiel auf, daß die so gewonnenen Kondensate eine unterschiedliche Färbung aufwiesen. Gates untersuchte nun diese Flüssigkeiten. Seine Analysen ergaben das Vorhandensein von mehr oder weniger starken Giften, wenn die Versuchsperson sich im Zustand nachhaltigen Ärgers, Neides oder gar Hasses befunden hatte. In einem Fall soll die Giftwirkung so beträchtlich gewesen sein, daß ein damit behandeltes Meerschweinchen in wenigen Minuten starb!

Zum esoterischen Grundwissen gehört, daß sich all unser Denken zweifach auswirkt: nach innen und nach aussen. Der Gedanke wirkt zuerst in seinem ureigentlichen Bereich, dem mentalgeistigen; danach im astralen, und schließlich auf der physischen Ebene. Fluchkräfte können demzufolge sehr realistischer Natur sein, aber sie unterliegen dem Reperkussionsgesetz genauso, wie jeder ausgesandte Gedanke. Schon im 18. Kap., Verse 20 und 21 der "Sprüche Salomo" lesen wir von der Reperkussionswirkung, der Rückwirkung gedanklicher Energien auf den Erzeuger, wenn es dort heißt: "Jeder bekommt die Frucht seines Mundes sattsam zu schmecken; den Ertrag seiner Lippen muß er auskosten. Tod und Leben stehen in der Gewalt der Zunge, und wer sie viel gebraucht, wird das, was sie anrichtet, zu schmecken bekommen." Damit dürften nicht bloß die nachtodlichen Folgen unseres Denkens und Handelns gemeint sein. Für K.O. SCHMIDT ist ein Fluch "ein in die Kapsel eines Wortes gebannter hochexplosiver Vernichtungsgedanke".[7]

Auf dieser Ebene liegt auch das sogenannte "Zitieren vor den Richterstuhl Gottes", in höchster Todesnot ausgesprochen von unschuldig Verurteilten gegenüber ihren Anklägern und Richtern. Als der Templer-Orden ausgerottet wurde, ordneten der damalige Papst Clemens V. und König Philip IV. (der Schöne genannt), die Verbrennung des Ordensgroßmeisters Jakob von MOLAY an. Auf dem Scheiterhaufen stehend, zitierte er die beiden vor den Richterstuhl Gottes, innerhalb eines Jahres. Wirklich starb der Papst bald danach, am 20. April 1314, und der König am 29. November jenes Jahres. Da diese beiden weder bei der Verurteilung noch bei der Verbrennung ihres Opfers zugegen waren, entfällt der Verdacht auf eine autosuggestive Wirkung. "Alles Zufall", wäre die letzte Ausflucht für Rationalisten; aber das ist zumeist nur ein selbstberuhigendes Verlegenheitsargument.

Ähnlich war es im Zusammenhang mit der Verurteilung von Jeanne d'ARC, der "Jungfrau von Orleans": Der Bischof von Beauvais, als Gerichtsvorsitzender, hatte Johanna - wider besseres Wissen - zum Feuertod verurteilt. Als er am Morgen ihrer Hinrichtung, am 30.Mai 1431 ihre Gefängniszelle betrat, rief ihm Johanna zu: "Bischof, ich sterbe durch euch!" und "Ich rufe Gott an als Rächer allen Unrechts, das ihr mir antut!"

Bevor sie den Holzstoß bestieg, kniete sie nieder, betete laut und verzieh ihren Feinden. - Der Bischof starb bald darauf eines unerwarteten Todes, und auch alle anderen, die Johannas Tod mitverschuldet hatten, sollen eines unnatürlichen oder doch plötzlichen Todes gestorben sein.

SCHILLER sagt: "Das Leben ist der Güter höchstes nicht; der Übel größtes aber ist die Schuld!" Deshalb hüte man sich vor jeglichem Unrechttun. Die Ergebnisse der modernen Sterbe- und Jenseitsforschung lassen dies geraten erscheinen!

Als nächstes wollen wir die Symbolmagie kurz beleuchten. In der Esoterik werden Symbole seit jeher nicht als leblose Zeichen, Embleme und Bilder aufgefaßt, sondern als Angelpunkte lebendiger Kraftfelder von geheimer Bedeutung und Wirkung. Deshalb waren Zeichen, Symbole und Formen für die Geheimgesellschaften aller Zeiten überaus bedeutsam. Nach wie vor gelten sie als Auslöser zur Erschließung und Aktivierung psycho-dynamischer Kräfte.

Unterschieden wird zwischen zwei großen Gruppen von Symbolen: Ur-Symbole und Konstruktionssymbole.

Als Ur-Symbole gelten hauptsächlich die Formen: Kreis, Dreieck, Quadrat, Pentagramm (Fünfstern, Drudenfuß), Hexagramm (Sechsstern, "Davidstern"), Heptagramm (Siebenstern), Oktagon (Achtstern) usw. Ferner die Swastika (Hakenkreuz), die Lemniskate (liegende Acht) und das Kreuz.

Konstruktionssymbole setzen sich aus Ur-Symbolen zusammen, kombiniert mit anderen Zeichen, Glyphen, Sigillen (Siegel) und Charakteren.

Man bedenke, wie stark sich die Natur in ihrer Gestaltungskraft nach mathematisch-geometrischen Ur-Formen richtet (jede Pflanze entwickelt ihre Blätter und Blüten nach festliegenden Zahlengesetzen, Bienen bauen ihre Waben exakt sechseckig nach dem Ur-Rhythmus der Sechs, Kristalle und Schneesterne offenbaren das Grundmuster der Hagalrune usw.), so läßt sich allein schon aus dieser Tatsache die dynamisch-energetische Formkraft naturgesetzlicher Werdeprozesse ermessen.

Symbole können dem Esoteriker in meditativer Versenkung lebendig werden und ihren inneren Sinn offenbaren. Durch Auspendeln läßt sich ihr Kräftepotential feststellen. Je nach dem persönlichen Reife- und Erkenntnisgrad erschließen sie ihm (und darin liegt ihr verborgenes Wesen) einen allgemeineren oder einen tieferen Sinn. Symbole können interessante Einsichten in das geheimnisvolle Walten der Naturkräfte vermitteln. Magisch werden sie benutzt als Träger zielgerichteter Energien. Beim Zeichnen von Symbolfiguren müssen ganz bestimmte Faktoren beachtet werden. Ihr Wirksamkeitsgrad wird überdies von der gedanklichen Konzentration und der Intensität der Gefühle mitbestimmt, die man hineinprojiziert.

Jede Form, ob in der Geometrie, Architektur oder Natur, erzeugt ein Magnetfeld und ein magisches Schwingungsfeld. Dieses wiederum zieht Wesensverwandtes an, auch aus der Astralwelt. Im Fernen Osten sind es die *Mandalas*, die dort zur Meditationshilfe dienen. Das bekannteste ist das schwarz-weiße Yin-Yang-Symbol. In Südamerika sind es die "Pontos riscados", mit deren Hilfe man die gewünschten Astralwesen herbeiruft. Letzeres wird durch kultische Gesänge unterstützt, die man "Pontos candados" nennt. Auch jede Körperstellung, Geste, Fingerhaltung (Mudra) bewirkt eine Aktivierung, Veränderung und Umformung kosmischer Energien, in die wir eingebettet sind, die uns ständig umfluten, durchströmen und mit unseren körperlich-seelischen und spirituellen Kraftfeldern korrespondieren. [8] Durch uns als Transformatoren werden sie dann quasi zu "Knotenpunkten der Weltdynamik". Symbole sind, wie jedem Esoteriker bekannt sein sollte, von dreifacher Wirksamkeit: physisch (irdisch), seelisch (astral) und kosmisch (geistig). Zudem scheint es Sinnbilder zu geben, die auf eine der genannten drei Ebenen primär einwirken. Als das gewaltigste kosmische Symbol gilt das Kreuz. Seine Horizontale versinnbildlicht das negative, die Vertikale das positive Prinzip der Polarität.

Beim sogenannten Davidstern (auch Hexagramm genannt) stellt das mit der Spitze nach unten zeigende Dreieck das dunkle, zerstörende Schöpfungsprinzip dar, während das aufbauende, leben- und lichtbringende Prinzip, vom weißen Dreieck mit der Polspitze nach oben symbolisiert wird.. Die Winkel an den Polspitzen des Davidsterns (Magén oder Schild Davids) entsprechen dem berühmten Neigungswinkel der Seitenflächen der Cheopspyramide. Seine genaue Konstruktion soll noch immer ein ungeklärtes Geheimnis sein. Die herkömmliche Darstellung des Hexagramms in Form der gegenseitigem Verschränkung zweier gleichseitiger Dreiecke gilt als falsch; sie müssen gleichschenkelig sein, um die Kräfte voll zur Entfaltung bringen zu können.

Eine ebenfalls häufig gebrauchte magische Figur, auch in der Heraldik, ist das Pentagramm, der Fünfstern oder auch Drudenfuß genannt. Dieses Zeichen symbolisiert den aufrecht stehenden Menschen, mit gespreizten Beinen und ausgestreckten Armen. Der Kopf ist die Spitze des Fünfsterns. Die Armeen der USA und Rußlands haben beide dieses Symbol, die Amerikaner weiß, die Russen rot. Von der Gemeinsamkeit ihrer Symbole her ist es höchst unwahrscheinlich, daß diese beiden Großmächte sich jemals offen bekriegen. Doch das nur nebenbei. In der Magie dient das Pentagramm sowohl zur Anrufung, als auch zum Schutz, zur Bannung und zur Abwehr. Und je nach dem Zweck, der erreicht werden soll, muß es in ganz bestimmter Weise gezeichnet sein; mit der Spitze nach unten gilt es als Teufelssymbol. Uneingeweihte mögen aber all dies lächeln. In der magischen Praxis aber würde ihnen das Lächeln sehr bald vergehen ...

Auch das buntscheckige Gebiet der sympathetischen alias *Sympathieheilkunde* gehört zum Bereich magischer Praktiken. Das Wort "Sympathie" bedeutet hier, daß eine gewiße Verbindung da sein oder geschaffen werden muß, um gewünschte Wirkungen zu erzielen. Daß auch hierbei nicht alles Hokuspokus ist oder von der Glaubenshaltung abhängt, steht fest. Andererseits zeitigte die Sympathetik eine Unmenge närrisch-abergläubischer Mätzchen von bisweilen erheiternder Art. Der Originalität halber sei hier ein Mittel gegen Impotenz angeführt:

Der Mann soll einen goldenen Ring nehmen und ihn mit einem Seidenfaden von gewisser Farbe am Zeigefinger der rechten Hand befestigen. Durch diesen Ring hat er dann täglich, während der Dauer des zunehmenden Mondes, zu urinieren!

In einer anderen Anweisung der sich zumeist christlich verbrämt präsentierenden alten Volksmagie heißt es: Wer üppigen Haarwuchs erzielen möchte, der schneide sich sieben Haare vom Kopf, bohre schweigend ein Loch in einen ...baum und verstöpsele die Haare darin. Man dürfe aber nicht vergessen, die hl. Dreifaltigkeit anzurufen und ein Vaterunser zu beten!

Zur Warzenbeseitigung beispielsweise gab es vielerlei Methoden, die sich mancherorts z.Teil bis heute erhielten. Die erforderlichen Manipulationen sollen in der Regel bei abnehmendem Mond vorgenommen werden, aber scheinbar gibt es auch hier Ausnahmen: Ein Mann berichtet, er habe als Elfjähriger plötzlich eine Warze am rechten Daumen bekommen. Daraufhin mußte er seinen Vater nachts, bei zunehmendem Mond, auf einen Berg begleiten. Beide schauten zum Mond und der Vater strich dreimal über die Warze. Alles geschah schweigend. Der Bub durfte erst wieder reden, als er im Bett lag. Nächstentags sei die Warze verschwunden gewesen.

Eine Methode bei Neumond hingegen ist folgende: Jede Warze muß mit einer Hülsenfrucht berührt werden. Letztere tut man dann in ein Leinensäckchen und wirft es, ohne sich umzusehen, hinter sich. - Und das soll helfen!

Derartige Volksmagie wurde ehemals sogar von frömmsten Kirchgängern ohne Unrechtsbewußtsein ausgeübt. Eingetretene Erfolge mögen zwar oft von der Intensität des damit verbundenen Glaubens abgehangen haben; doch auch der Aberglaube kann

Erfolge zeitigen, eben weil und wenn die damit verbundene Glaubensvorstellung stark genug ist.

Die Hinwendung zur Sympathieheilkunde mag in früheren Zeiten, als die Menschen bitterarm waren und ärztliche Hilfe sich oft nicht leisten konnten, verständlich gewesen sein, heute läßt man besser die Finger davon. Pfarrer Johann Christoph BLUMHARDT (1805-1880) warnte aufgrund seiner entsetzlichen Erlebnisse mit der Gottliebin DITTUS eindringlich vor sympathetischen Methoden, ja überhaupt vor magischen Praktiken. Auch hier ist die Erfahrung der beste Lehrmeister: Magisch bewirkte Heilungen stellen gegebenenfalls Einfallsmöglichkeiten dar für dämonische Kräfte, besonders wenn man des schützenden Gottvertrauens entbehrt. Selbst ein ausgesprochen guter Mensch kann dunklen Einflüssen preisgegeben sein. Sobald man zu merken beginnt, daß man unfähig wird zu herzlicher Liebe und Freude, so ist dies ein Alarmsignal!

Die auch gegenwärtig noch weitverbreiteten Praktiken des sogenannten *Besprechens* sind gleichfalls der magischen Praxis zuzuordnen. Mit genau festgelegten Worten in sorgfältig einzuhaltender Reihenfolge und evtl. in Verbindung mit einem bestimmten Ritus werden oft erstaunliche Wirkungen erzielt. Da das Ganze aber einer magischen Beschwörung entspricht, pflegt sich der Teufelsfuß zumeist erst später zu zeigen. Daß jedoch am Besprechen etwas dran sein muß, beweist u.a. die Erfahrung, derzufolge es auch schon bei Bewußtlosen wirkte. [9]

Zu warnen ist aber nicht bloß vor dubiosen Praktiken allgemein, auch die Konsultation sogenannter *Heiler* ist keineswegs immer problem- und gefahrlos (was allerdings mitunter auch auf einzelne Vertreter der offiziellen Medizin zutreffen mag). Die Palette außerschulmedizinischer Diagnostizierungs- und. Behandlungsmethoden ist ungeheuer farbenreich. Allein die *Geistheilung* unterteilt Dr. med. Hans NAEGELI-OSJORD in vier verschiedene Grundformen. [11]

Bemerkenswert erfolgreiche Heilmethoden gab es seit jeher in Asien. Bei uns in Europa wurden sie erst in neuerer Zeit allgemein bekannt. Ich meine hier u.a. Akupunktur und Akupressur sowie Shiatsu. Letztere ist eine japanische Heilmassage, die ebenso wie die beiden vorgenannten Methoden, eine Harmonisierung der biologischen Grundkräfte Yin und Yang herbeiführen soll. *Wir* spre-

chen da von Bioenergetik: sie umfaßt das Wissen um die Energie-
zentren (Chakras), die Energiebahnen (Meridiane) und die Energiefelder (Aura) des Menschen. Hier könnte unsere Schulmedizin
viel lernen und zu einer wesentlichen Kostendämpfung im Ge-
sundheitswesen (ehrlicher gesagt: Krankheitswesen) beitragen.

Als "Wissenschaft universeller Lebensenergie zur Förderung
ganzheitlicher persönlicher Entwicklung und Bewußtseinserweiterung" wird REIKI angepriesen. Ein christlicher Mönch namens
Dr. Mikao USUI soll dieses System vor rund einhundert Jahren
wiederentdeckt haben. Aus den mir vorliegenden Unterlagen ist
sein Orden nicht ersichtlich, sonst wäre vielleicht feststellbar, ob
zu jener Zeit Mönche mit akademischen Graden als Missionare in
Japan tätig waren.

Mit der altbekannten Handauflegung (unter Gebet) hat REIKI
so gut wie nichts mehr zu tun. Hier lockt der Erwerb von vier
Einweihungsgraden - gegen erkleckliche Geldsummen natürlich -
bis man als Reiki-Meister und -Lehrer dann selber anderen Geld
abknöpfen darf. Die hohen Preise rechtfertigte man mir gegenüber
mit der reichlich naiven Ansicht, damit solle der Zustrom Unwür-
diger möglichst eingedämmt werden. - Als ob Geld jemals ein
Schutzfaktor vor unlauteren Elementen gewesen wäre!

Weiter heißt es in der REIKI-Werbung: "Durch Reiki lernen
Sie mit der *höchsten* Lichtenergie, der universellen Lebenskraft
direkt in verstärkten Kontakt zu kommen". - Hier muß die Frage
erlaubt sein: Wie viel oder wie wenig Ahnung von der höchsten
Lichtenergie mögen solche Manager eigentlich haben? Vermutlich
gar keine, denn die höchstvorstellbare Lichtenergie kann nur das
göttliche Urlicht sein; und mit solchen "Starkströmen" zu arbeiten
vermochte wohl nur ein Christus, der es von seinem Wesen her
verstand, sie transformierend anzuwenden. Aber von ihm oder
Gott ist in besagter Werbung keine Rede, sondern bloß von der
"Kraft". Kennen wir das nicht zur Genüge von den linkspfadigen
Kraftanbetern her? Erzielte Heilerfolge sollten uns bei alledem nur
wenig imponieren, denn "auch der Teufel kann heilen, wenn er
damit etwas erreichen will", sagt der Volksmund und trifft damit -
wie so oft und ohne esoterische Schulung - ins Schwarze (im
wahrsten Sinne dieses Wortes!). Christlich eingestellte Heiler
hingegen arbeiten um Gotteslohn und aus reinem Helfenwollen
heraus, es dabei dem "Willen Gottes", d.h. Gott und seinen Gei-
stesgesetzen überlassend, ob Besserung oder gar eine Heilung

erfolgen darf oder nicht. Ein in diesem Sinne wirklich begnadeter Heiler wird ohnehin spüren, wissen oder gesagt bekommen, ob er sich einsetzen darf. - Dies zur Aufklärung für jeden, der sich Heiler nennt. Auch für Reiki-Meister, von denen es viele sicherlich gut meinen mögen (mehr darüber im Kapitel "Geschäftsokkultismus").

Auf der Ebene der Körperberührung liegen auch "Touch for Health" und "Therapeutic Touch". Am erfolgreichsten scheint aber immer noch die chinesische Akupunkturmethode zu sein. [12]

Bei den sogenannten *Passes* der Magnetopathen und Spiritisten wird direkte Berührung vermieden und lediglich über die Aura auf den Organismus des Patienten eingewirkt. Dies geschieht mittels Streichbewegungen um den Körper herum.

Man sollte sich aber keinem Heiler anvertrauen, ohne sich zuvor vergewissert zu haben, ob der Betreffende charakterlich in Ordnung ist und eine einwandfreie Grundhaltung im Sinne der Bergpredigt vertritt. Wird nämlich ein ethisch hochstehender Mensch von einem Heiler minderwertigen Charakters behandelt, so empfängt er von diesem einen höchst unerwünschten Zustrom an niederfrequenter Vitalenergie. Aber nicht nur das, bei jeder intensiven Berührung oder Begegnung mit einem anderen Menschen wird neben Vitalkraft auch "seelischer Lebensäther" sprich psychische Energie (vom Astralleib) mitübertragen. Dies um so mehr, wenn die Astralvitalität des Behandlungsbedürftigen sehr geschwächt ist, z.B. durch Kummer, Ängste, Melancholie und dergleichen, und ihm in der Person des Heilers eine dominante Persönlichkeit gegenübersteht. Bei öfterer Konsultation solcher Heiler oder Magnetopathen kann es zur Abhängigkeit führen und zu Phänomenen wie nach häufiger Hypnose. Damit will ich nur sagen, daß auch auf dem Sektor "Heilen" Vorsicht geboten ist.

Wie verhält man sich nun am besten, wenn man einen Heiler aufsuchen. möchte? - Hier ein Rat aus der Erfahrung heraus: *Beten Sie*, wenn Sie bei ihm sind bzw. im Wartezimmer sitzen. Fühlt er sich durch Ihr innerliches Gebet blockiert, dann wissen Sie, wie Sie dran sind!

Dr. Kurt E. KOCH behauptet, berühmte Geistheiler wie Harry EDWARDS oder William BRANHAM hätten nichts ausrichten können, wenn gläubige Christen zugegen waren und still beteten. In Bezug auf Harry Edwards möchte ich dies zwar bezweifeln, aber bei Branham erlebte es Dr. Koch selber mit: Als ersterer in Karlsruhe und Lausanne sprach, war Dr. Koch mit einigen Glaubensgeschwistern unter den Zuhörern. Sie beteten still: „Herr, wenn dieser Mann die Kräfte von dir hat, dann segne und gebrauche ihn. Wenn die Heilgaben nicht von dir sind, dann hindere ihn." Dr. Koch schreibt: "Und was geschah? In beiden Fällen erklärte Branham auf der Rednertribüne: 'Es sind störende Kräfte da. Ich kann nichts tun'." [13]

Ein seinerzeit bekannter Geistheiler war in München Dr. Kurt TRAMPLER. Von ihm berichtet Dr. Koch ähnliches: Als zwei gläubige Frauen betend in Dr. Tramplers Sprechstunde saßen, sagte er: "Mit Ihnen kann ich nichts anfangen. Gehen Sie wieder heim."

Nun, so falsch es sein mag, alle Heiler und alternativen Behandlungsmethoden in Bausch und Bogen abzulehnen oder gar zu verteufeln, so richtig ist es, wenn Dr. Koch schreibt, daß es "oft ein schmaler Grat zwischen Göttlichem und Dämonischem" sei. Aber gilt dies nicht ebenso für die Schulmedizin mit ihren chemischen Giften und Kobaltbestrahlungen? Mir sind Heiler von wahrhaft christlicher Einstellung und untadeligem Charakter bekannt. Freilich nur wenige. Und woran erkennt man solche?

Ein gottverbundener Heiler wird keine Werbung betreiben und nie Geld fordern. Er darf zwar nehmen, was man freiwillig zu geben geneigt ist, aber er soll nicht fordern. Wenn er um die geistigen Gesetze weiß, wird er die Anweisung Jesu befolgen: "Umsonst habt ihr's empfangen, umsonst gebt es auch!" (Matth. 10,8). Alte Erfahrungen deuten hier eine gewiße Gesetzmäßigkeit an: Wer aus seiner Begabung ein Geschäft macht, der wird sie entweder einbüßen oder unter den Einfluß niederer Kräfte geraten. Das gilt für alle medialen alias "Gnadengaben". Deshalb sollte niemand Heiler sein wollen, der finanziell auf Einnahmen aus dieser Tätigkeit angewiesen ist. Jeder halbwegs vernünftige Mensch, der die Zeit und Hilfe eines anderen beansprucht, wird ohnehin zu einem Entgelt bereit sein. Im Übrigen ist jeder für sein Tun oder Unterlassen selber verantwortlich. In einer auf medialem Wege empfangenen Erläuterung zum Matthäus-Evangelium wird betont, daß außergewöhnliche Begabungen als Gnadengaben empfunden und angewendet werden sollen; in erster Linie, um Menschen in ihrem Gottvertrauen zu stärken. "Trachtet am ersten nach dem Reich Gottes, alles andere wird euch zufallen" (Matth. 6,33) bedeutet, daß man immer genug zum Leben haben wird, wenn man sich im Sinne der Grundforderungen des christlichen Glaubens einsetzt. Dies wird durch vielfache Erfahrungen auch bestätigt. Medien, die das mißachten zu dürfen glauben, scheinen nach ihrem Abgang von dieser Erdenbühne in keine beneidenswerte Lage zu kommen.

Auf dem noch unzureichend erforschten Gebiet medialer Behandlungsformen gilt es eben, wie überall, die Unterscheidungsgabe zu entwickeln, gemäß 1.Korinther 12,20. Überhaupt scheinen die christlichen Verurteiler alles Paranormalen das 12. und 14. Kapitel des 1. Korintherbriefes noch nicht begriffen zu haben. Vermutlich lesen es die wenigsten, sonst müßte klargeworden sein, daß nichtalltägliche Fähigkeiten wie Heilen, Weissagen, Zungenreden, Geister unterscheiden usw., im Neuen Testament als göttliche Gnadengaben oder "Geistesgaben" bezeichnet werden. Gaben, die man in rechter Weise gebrauchen und zum Nutzen anderer anwenden solle. Der erste Vers des 14.Kapitels enthält sogar die Aufforderung: "Befleißiget euch der geistlichen Gaben, am meisten aber, daß ihr weissagen möget!" Was aber ist unter "Weissagen" zu verstehen?

Nun, nicht unbedingt Prophetie, sondern vielmehr ein "Weisheiten sagen" in Form praktischer und gottbezogener Lebensberatung. Wenn Paulus dies als "Geistesgabe" betrachtet, als besondere Begabung, so vermutlich deshalb, weil das Weissagen zumeist in einem außergewöhnlichen psychischen Zustand zu geschehen pflegt, in einem ekstatischen "Verzückungszustand", den man heute Trance nennt.

Die Quelle des Weissagens kann im Menschen selber liegen; es kann sein sogenanntes Höheres Ich sein, das da spricht. Auch muß nicht immer ein Trancezustand vorliegen. Ebenso gut kann aber auch ein Jenseitiger sich teilweise oder ganz des Körpers eines "vom Geist Ergriffenen" bedienen und auf solche Weise belehrend wirken im Sinne von "Weissagen".

Dennoch müssen es keineswegs immer regelrechte Weisheiten sein, die bei der Gabe des Weissagens zutage treten. Niedere Geister können sich nämlich ebenfalls einschalten. Das geht schon aus zahlreichen Stellen im Alten Testament hervor. Bei Samuel 18,10 heißt es zum Beispiel: "Der böse Geist kam über Saul und er weissagte". - Kann man von einem bösen Geist oder Menschen gottbezogene Weisheiten erwarten? Wohl kaum. Jedenfalls kämen unsere lieben Theologen bald zu einem besseren Bibelverständnis als bisher, wenn sie den Mut aufbrächten, die ausgefahrenen Schmal-spurgeleise ihres Denkens zu verlassen und aufnahmefähig zu werden für weiterführende Einsichten. Es würden sich ihnen dann Naturzusammenhänge eröffnen und seelisch-geistige Fähigkeiten des Menschen, wovon sie als "blinde Blindenleiter" bislang keine Spur einer Ahnung hatten!

Zurück zur Magie bzw. zur Vorsicht im Umgang mit Heilern im allgemeinen und magisch praktizierenden im besonderen: Dr. Koch erzählt von einer Schweizerin, die einen Heiler konsultierte. Dieser schrieb etwas auf einen Zettel, den sie unterschreiben mußte. Dann forderte er sie auf, den Zettel in kleine Stücke zu zerreißen und mit Wasser hinunterzuschlucken. Sie tat es. Daraufhin wurde sie zwar körperlich gesund, litt jedoch von da an unter Depressionen und Selbstmordgedanken!

Dr. Beat IMHOF pflegt einen Fall zu erzählen, wo die Mutter eines kranken Kindes von einem Heiler ein Amulett erhielt mit der strikten Weisung, das Kind müsse es immer um den Hals tragen und es dürfe nie geöffnet werden, weil es sonst seine Kraft verlieren würde.

Das Kind wurde tatsächlich gesund. Als es einmal allein daheim war, öffnete es das Amulett. Die Mutter erschrak nicht wenig, als sie zurückkam. Aber noch mehr erschrak sie, als sie den Zettel las, der in dem Amulett gesteckt hatte. Da stand im Klartext: "Satan, hilf diesem Kind und es sei Dein!" Das Kind war von da ab wieder krank.

Von harmlosen Maskottchen und Schmuck abgesehen, hüte man sich, irgend welche Talismane oder Amulette zu tragen, wenn man nicht genau weiß, von wem sie mit welchen Absichten angefertigt und mit was für Kräften sie geladen wurden. Auf den Einwand, auch Katholiken pflegen geweihte Medaillons zu tragen, erwiderte der hervorragende kath. Priester und Parapsychologe Prof. Dr. Gebhard FREI (1905-1967), daß man sehr wohl eine Heiligenmedaille wie ein magisches Amulett tragen könne. "Wenn man aber die Anweisung eines Magiers zur Herstellung eines Amuletts und das Gebet der Kirche über eine Benediktusmedaille nebeneinander hält, wird daran der ganze Unterschied zwischen Magie und Religion sichtbar". Während ein Schwarzmagier wie "Meister Gregorius" als Zutaten zur Amulettherstellung u.a. Weingeist empfiehlt, vermischt mit Blut und Sperma und Ähnli-

chem mehr, läßt die Kirche den Priester über der Medaille beten:
"Unsere Hilfe ist im Namen des Herrn, der Himmel und Erde gemacht hat. Allmächtiger Gott, du schenkst uns alles Gute. Wir
bitten dich demütig, gieße du auf die Fürbitte des hl. Benedikt hin
deinen Segen über diese Medaillen. Alle, die sie tragen und sich
guter Werke befleißigen, mögen Gesundheit an Seele und Leib,
die Gnade der Heiligung und die Verzeihung der Sündenstrafen
bekommen. Dämonische Nachstellungen und Täuschungen mögen
durch die Hilfe deiner Barmherzigkeit ihnen fernbleiben. Vor
deinem Angesicht mögen sie heilig und fleckenlos erscheinen.
Durch Christus, unseren Herrn. Amen." Das sei der Ton, bemerkt
Prof. Frei, in dem die Kirche segnet, und sie habe für hundert Dinge solche Segensgebete geschaffen. Von allem magischen Zwingen sei dies weit entfernt. [14]

Im Weiteren leuchten wir noch tiefer in den Sumpf der
Schwarzen Magie hinein, dem zu entrinnen erfahrungsgemäß -
wenn überhaupt - nur durch eine totale Hinwendung zu Gott und
Christus noch möglich ist. Wie schon gesagt: Es muß etwas dran
sein an der christlichen Lehre und ihrem Begründer, sonst würde
sein Name dämonischerseits nicht so gefürchtet und von Satanisten nicht so gehaßt ... Wie kann man etwas hassen, das gar nicht
existiert?

Eine besondere Form menschlicher Dummheit und leichtferti-
gen Wahnwitzes stellt die *Blutmagie* dar. Hierzu gehören die als
finsterer Aberglaube belächelten Bluts- alias Teufelsverschreibun-
gen. Magische Manipulationen mit seinem Blut sind so ziemlich
das Schlimmste, was ein Mensch sich selber antun kann.

In seinem Buch "Seelsorge und Okkultismus" schreibt Dr. Kurt
E. KOCH, er habe so etwas für den Auswuchs mittelalterlichen
Aberglaubens gehalten, bis er dann in der Seelsorge damit konfrontiert worden sei. Warnend schildert er in seinen Schriften
diesbezügliche Fälle. Daß er dabei mitunter genaue Anweisungen
wiedergibt, wie es gemacht werden soll, gehört zu den Unbegreif-
lichkeiten menschlicher Logik. Hier zwei Beispiele aus der Fall-
sammlung dieses Theologen:

Eine Frau hatte sich mit ihrem Blut dem Teufel verschrieben,
brachte aber noch die Kraft auf, sich loszusagen und Jesus Christus nachzufolgen. Als sie diesen Entschluß gefaßt hatte, setzten
furchtbare seelische Kämpfe ein. Eines Nachts erschien auf ihrer
Brust eine rote Tätowierung in Form eines Hufeisens mit einem S

darin. Mit Hilfe eines Gebetskreises wurde diese Frau schließlich frei. -

In einem anderen Fall, dessen nähere Umstände ich hier weglasse, hatte ein armer Mann ebenfalls eine Blutsverschreibung vollzogen und sich eine gewisse Geldsumme erbeten. Als er das Zeremoniell um Mitternacht vornahm, sah er plötzlich zwei rotglühende Augen über sich. Zugleich fuhr eine fahle Hand über den Tisch. Der Mann erschrak und knipste das Licht an. Da lag ein Bündel Banknoten auf dem Tisch, und sein Zettel mit der Blutsverschreibung war verschwunden. Statt dessen lag ein anderer Zettel da, mit der Aufforderung, morgen um Mitternacht an einen bestimmten Kreuzweg oberhalb des Dorfes zu kommen. Die Geldscheine ergaben genau den Betrag, den er gewünscht hatte.

Der Mann beschloß, jener unheimlichen Aufforderung keine Folge zu leisten. Als dann aber der Zeitpunkt heranrückte, fühlte er sich mit unerklärlicher Gewalt zum Gehen gedrängt. Er steckte eine Pistole zu sich und ging. An der Wegkreuzung nahm er eine scheußliche Gestalt wahr, halb Mensch, halb Tier. Er feuerte das ganze Magazin auf die Erscheinung ab, die daraufhin verschwand.

Das Geld hingegen blieb eigenartigerweise erhalten. Es kam auch niemand, es von ihm zurückzufordern, und so gab er es schließlich aus. Aber er wurde eine drückende innere Unruhe, die ihn seit diesem merkwürdigen Erlebnis zu plagen begann, nicht mehr los. Manchmal fühlte er sich wie von Furien gehetzt. Er bekam einen unsteten, flackernden Blick und schlohweißes Haar. Mit seinen 43 Jahren sah er aus wie ein Greis!

Der Mann suchte dann Hilfe beim Pfarrer und beichtete. Es half jedoch nichts, er wurde nie wieder frei. - [15]

Sollte es also doch Geister geben? Oder gar Dämonen? Ist das nicht alles mittelalterlicher Blödsinn? - Ach was, für Psychologie und Psychiatrie sind solche Fälle völlig klar: Wahnvorstellungen labiler Leute, autonome Komplexe psychisch Kranker. Dämonen sind sekundäre Spaltpersönlichkeiten, die von der primären Persönlichkeit nicht integriert werden und deshalb ein Eigenleben führen. Paranoide Psychosen, Epilepsie, Hysterie ... Alles klar, und streng wissenschaftlich.

Nun, wie immer man solche Begebenheiten deuten mag, oft bleibt der berühmte "unerklärbare Rest", und über den pflegt man sich leider keine Gedanken zu machen. Satanisten und Schwarzmagiern kann das nur recht sein und der dämonischen Welt ebenfalls; denn solange seitens unserer Justiz eine magisch bewirkte Schädigung oder gar Tötung als "strafloses Wahndelikt" eingestuft wird, haben sie freie Fahrt ...

Jeder Gebrauch und Einsatz astraler Kräfte und Wesenheiten ist ureigentliche Magie. Bei der diesbezüglichen "Arbeit" weiß der Okkulttäter um die schützende Wirkung des sogenannten Zauberkreises und gegebenenfalls der zweckdienlichen Kleidung. Auch das "magische Schwert" dient keineswegs als theatralisches Requisit, sondern zur Abwehr ätherisch-astraler Wesen, deren relativ dichte Astralkörper verletzbar sind. Und wehe dem Magier, der in seiner Konzentration nachläßt oder einen Fehler macht: Irrsinn (Besessenheit) oder Tod auf der Stelle können die Folge sein.

Daß magische Manipulationen in die Transzendenz wirken und umgekehrt, bekam Polizeikommissar Dr. Alfred STRAUSS zu spüren. Er experimentierte mit einem sehr starken Medium, einer Dame, die sich von Astralwesen zum Selbstmord gedrängt fühlte. Als sie um Hilfe bat, wurde ihr in Trance von wohlwollenden Jenseitigen ein Beschwörungsmodus diktiert, der dem Kommissar reichlich bizarr vorkam. Er hatte von alledem so gut wie keine Ahnung.

Den Anweisungen zufolge mußte sich Dr. Strauss mit einer Lanze bewaffnen und einen genau vorgeschriebenen magischen Kreis herstellen. Während der dann folgenden Beschwörung, die er - immer noch skeptisch - nach den Angaben des in Halbtrance befindlichen Mediums vollzog, wurde ihm dann doch recht eigentümlich zumute. Er sah zwar nichts, hatte aber ein äußerst unangenehmes Gefühl, wie wenn ihm jemand das Rückenmark heraussaugen würde.

Vorschriftsmäßig ging der Kommissar im Kreise umher, die Lanzenspitze nach außen gerichtet, als das Medium plötzlich aufschrie: "Um Gotteswillen, treten Sie nicht aus dem Kreise!" - Er schreibt: "Noch während der ersten Worte, als ich noch gar nicht wußte, was das Medium eigentlich wollte, verspürte ich einen so heftigen elektrischen Schlag gegen das eine Knie, daß ich zurücktaumelte und fast zusammenbrach. Ich war unverhofft mit einem Fuße außer den Kreis getreten." Mit Mühe führte er die Beschwörung, die sich später als wirksam erwies, zu Ende, "nunmehr überzeugt, daß an der Sache doch etwas dran sei." [16]

Zurück zur Blutmagie. Blut spielt seit jeher eine mystisch-magische Rolle im menschlichen Denken. "Blut ist ein ganz besonderer Saft", läßt GOETHE den Mephisto sagen. Daß dem wirklich so ist, beweist die magische Erfahrung.

Blut gilt als Träger des Lebens und als Sitz der Seele. Nicht die Gene sind im magischen Weltbild Träger der Erbanlagen und der Rassenmerkmale, sondern das Blut. Schon JAHWE achtete streng auf die Blut- und Rasseinheit seines Volkes. Im 5. Mose 23,3 lesen wir: "Der Gemeinde Jahwes darf kein Bastard angehören; keiner, der auch nur im 10. Gliede von einem solchen abstammt, darf der Gemeinde Jahwes angehören." [17]

In der Esoterik ist Blut mehr als nur eine rein biologische Flüssigkeit, die in unseren Adern zirkuliert. Blut ist physisch Träger der Lebenskraft. Seelisch, nach PARACELSUS und anderen Eingeweihten, auch Träger astraler Energien. Geistig soll es Träger des Akasha- und Reinkarnationsgedächtnisses sein.

Sogenannte Blutsverschreibungen erstrecken sich, ebenso wie "Blutsbrüderschaften", weit über den materiellen Bereich und damit über das Grab hinaus. Keine Art Blutmagie, und sei es auch "nur" in Form ritueller Blutmischung in Logenbünden, ist harmloser Natur. Durch das schon von manchen Indianerstämmen bekannte Blutzeremoniell wird quasi auf künstliche Weise eine Verwandtschaft geschaffen. Freilich keine körperliche oder seelische, sondern eine energetisch-astrale. Sie bewirkt eine magische Verkoppelung der Astralleiber. Diese Verkettung auf der Astralebene wird dort wohl kaum zu lösen sein. Als Fessel bleibt sie möglicherweise über Inkarnationen hinweg bestehen, bis man endlich den "Zweiten Tod" und damit die Stufen der Astralwelt überwunden hat. Es stimmt nachdenklich, wenn Dr. Kurt E. KOCH bekennt, in der Seelsorge fürchte er Fälle von Blutsverschreibungen mehr als Besessenheit. Immerhin registrierte er an die hundert solch trauriger Vorkommnisse, wußte aber bloß von vier oder fünf jungen Menschen, die von der damit verbundenen furchtbaren Bedrückung freigeworden waren.

Neben den wenig bekannten, aber erfahrbaren Folgen sogenannter Blutsverschreibungen und Blutsbrüderschaften sind es zumindest drei weitere Faktoren, die zu denken geben und zur Warnung dienen sollten:

1. Erfahrungsgemäß kann es nach Bluttransfusionen zu seelischen Verhaltens-Änderungen kommen. Das vergeht erst dann, wenn die ursprüngliche Natur des Blutempfängers sich wieder durchzusetzen beginnt.
2. Der Verwendung von Tierblut für kultische und schwarzmagische Zwecke (die Weiße Magie lehnt Blutzauber ab) werden reale Wirkungen zugeschrieben. Das ist keine unbeweisbare Annahme, sondern erfahrbar, nachvollziehbar und schon aus den einschlägigen Anweisungen im Alten Testament ersichtlich.
3. Andere Erfahrungen aus der magischen Praxis, insonderheit was den sogenannten Liebeszauber mit Menstruationsblut anbelangt.

Dieser letztgenannte Punkt ist überhaupt belangreich. Seit jeher galt eine Menstruierende als unrein. Sie durfte nicht in den Weinkeller, weil sonst die Gärung unterbrochen wurde oder zu stark einsetzte. Sie durfte keinen Brotteig anrühren, weil er dann nicht aufging. Ja in manchen Gegenden ließ man menstruierende Frauen mit hochgehobenen Röcken vor Sonnenaufgang über die Felder schreiten, um Ungeziefer zu vertreiben, (!) was - mit Verlaub - eine biologische Alternative zu den heutigen giftigen Spritzmitteln wäre!

Nun, wir lächeln über solch "verschrobene Ansichten" unserer Altvorderen; aber daß sie naturverbundener waren und infolgedessen auch mehr von der Natur und ihren geheimnisvoll anmutenden Wechselbeziehungen wußten als wir, das steht fest. Und so manches schon, was als abergläubischer Unsinn abgetan worden war, fand sich später wissenschaftlich bestätigt.

In der Nr. 29 der "Umschau", einer der damals angesehendsten wissenschaftlichen Zeitschriften, wurde über Untersuchungen des Wiener Mediziners Prof. Dr. Bela SCHICK berichtet, die ermitteln sollten, ob Zusammenhänge bestehen zwischen Menstruation und Umwelt. Ergebnis: Bei vielen, wenn auch nicht bei allen Menstruierenden fand man jene Erscheinungen bestätigt, die der Volks- und Aberglaube kennt: Blumen verwelken beim Berühren, Gärung geht zurück oder setzt zu heftig ein, das Konservieren von Obst oder Marmeladen durch Einkochen mißlingt, Backteig geht nicht auf und anderes mehr. Ja sogar Fernwirkungen wurden konstatiert, ohne direkte Berührung oder persönliche Anwesenheit der betreffenden Versuchsperson.

Diese Wirkungen sind am ersten Tag am stärksten, lassen am zweiten nach und schlagen am dritten Tag eigenartigerweise ins Gegenteil um. Ab dem vierten Tag ist dann alles wieder normal. Beim sogenannten Liebeszauber war Menstruationsblut als Mittel der Volksmagie schon immer gebräuchlich. Auf dem Balkan, im Orient und bei Völkern der Dritten Welt mag dies noch heute der Fall sein.

Spaßeshalber sei hier eine christlich verbrämte Beschwörungsformel wiedergegeben, die zwar ohne Blut auskommt, jedoch bei verschmähter Liebe helfen soll. Noch zu Anfang des 20. Jahrhunderts wurde diese "Zauberformel" in Schwaben - und vermutlich nicht bloß dort - fleißig angewendet, von Katholiken gleichermaßen wie von Protestanten. Der oder die Betreffende mußte dreierlei Pulver von verschiedenen Kräutern in ein Feuer werfen und dabei sagen:

> Ich streue dir die Pulver in die Glut: Das ist für deine
> Lieblosigkeit, das für deine Hartnäckigkeit, und das für
> deine Zerstreutheit. Diese drei Pulver sollen dich quälen
> bis an den Tag und die Stunde, wo du mir meine Liebe
> zurückgibst!
> Gott der Vater soll dich führen, Gott der Sohn soll dir
> deine Ruhe nehmen, Gott der heilige Geist soll mein
> Gebet erhören!
> Ich, eine Dienerin Gottes, (!) berufe, begehre, beschwöre
> dich bei den heiligen Worten, daß du gewiß kommst und
> erscheinst vor mir, und bringst mir die Liebe, die ich von
> deinem Herzen begehre.
> Aber nur dein Wille geschehe, Herr Zebaoth.
> Du sollst aber weder Rast noch Ruhe haben, wo du gehst,
> wo du liegst, issest oder trinkest!

Dann mußten drei Vaterunser gebetet werden. Ob's half, entzieht sich meiner Kenntnis, aber drollig ist diese ergötzliche Mischung von Frömmigkeit und Begehrlichkeit auf jeden Fall!

Die unter Punkt 2) genannte Verwendung von Tierblut für kultische Zwecke ist in jedem Fall der Schwarzen Magie zugehörig, und es besteht keinerlei Grund, sie im Alten Testament als "von Gott befohlen" zu interpretieren, ansonsten aber als Schwarzmagie zu verdammen. Jede "Opferung" lebender Wesen, wozu auch die

Tieropfer im vielgelobten Hinduismus gehören, ist teuflisch, und nur ein Teufel kann so etwas Perverses fordern und sich daran ergötzen. Das sogenannte Tieropfer diente und dient noch immer als nekromantisches Mittel zur Toten- und Dämonenbeschwörung sowie zur Erlangung magischer Kräfte und Wirkungen. Die Verbrennung bestimmter Teile des Opfertieres, die Verdampfung des Blutes und der Genuß des Fleisches unter Einhaltung spezieller Zeremonien, bezweckt die Bannung der Tierseele und ihre Dienstbarmachung. Das bei der Fleisch- und Blutverbrennung entstehende Od als Kraftfeldverstärkung diente (und dient noch) niederen jenseitigen Wesenheiten zu ihrer Manifestation. Mit derart üblen Mitteln können nach dem Anziehungsgesetz des Ähnlichen freilich nur Verstorbene aus den untersten und erdnächsten Astralbereichen sowie Dämonen erreicht werden, eventuell auch Naturgeister einer gewissen Sorte. Schon so mancher hat sich dabei dermaßen die Finger verbrannt, daß er seines Lebens nie mehr froh wurde!

Ein weiteres Eingehen auf solche Abgründe menschlicher Entartung möchte ich unterlassen. Das betrifft auch Praktiken des Schadenszaubers, die leider Eingang gefunden haben in Gegenwartsesoterik und New Age-Szene. Sogar über "Die Kunst des magischen Tötens" kann man Anleitungen kaufen! Man überwinde jedoch seine Neugierde und meide solche Schriften.

Genauer besehen ist aber auch vieles von dem, was heutzutage unter dem Deckmantel der Wissenschaftlichkeit geschieht, nichts anderes als schwärzeste Magie. Denken wir doch nur an das Erfinden und Herstellen immer grausamerer Massenvernichtungsmittel wie Nuklearwaffen, Nerven- und Giftgase, Bakterienbomben und so weiter. Auf Frauen und Kinder erfolgt überhaupt keine Rücksichtnahme mehr; man geht gegen Menschen vor als seien sie Ungeziefer! Ist das nicht weit satanischer als aller okkultistischer Satanismus? [18]

Teuflisch ist es auch, wenn sogenannte Wissenschaftler vorsätzlich einen riesigen Waldbrand entfachen, wie dies im August 1985 in Kanada geschah. Zweck: Es sollte geprüft werden, ob und wie der Rauch das Wetter beeinflußt. Daraus wollte man schliessen, welche Auswirkungen ein Atomkrieg auf das Wetter haben würde. - Genügen zwei verheerende Weltkriege mit 55 Millionen Toten noch nicht?

Oder nehmen wir in der Medizin die Frischzellentherapie, die den natürlichen Alterungsprozeß hinauszögern soll; was ist das im Grunde anderes als Schwarze Magie? In den Sanatorien für Frischzellen-Kuren werden junge Lämmer, die man kurz zuvor aus den Muttertieren herausgeschnitten hat, geschlachtet, gewisse Organe werden in Mörsern zerkleinert, verdünnt und Leuten, die dafür kräftig bezahlen, in den Hintern gespritzt. Solche Unternehmen machen Millionenumsätze! Berühmtheiten haben auf diese makabre Weise versucht, ihr Leben zu verlängern. Gestorben sind sie alle: Adenauer, Churchill und Eisenhower, Thomas Mann, Aga Khan und Ibn Saud ebenso wie Papst Pius XII.

Meines Erachtens läuft die Frischzellen-Therapie auf dasselbe hinaus wie die "Blutkuren" im Mittelalter und das Menschenbluttrinken als vermeintliches Verjüngungsmittel. Schon die Römer praktizierten das mit Vorliebe. So weiß der römische Geschichtsschreiber Rufus FESTUS zu berichten, daß die von Ausschweifungen aller Art geschwächten Herrschaften "Assiratum" genossen. Dieser Trank war ein Gemisch von aromatischem Wein und dem Blut junger Sklaven. Als Papst Innozenz VIII., in dessen Pontifikat der berüchtigte "Hexenhammer" fällt, im Jahre 1492 im Sterben lag, sollte ihm das Blut von drei zehnjährigen Buben eingeflößt werden, die man für je einen Dukaten gekauft hatte. "Der Sterbende, so sagt man, gab seine Einwilligung dazu nicht, er stieß den Arzt von sich", heißt es in der "Geschichte der Stadt Rom im Mittelalter" von Ferdinand Gregorovius [19]

Im 11. Jahrhundert hatte die Kirche den Genuß menschlichen Blutes als Stärkungs- und Heilmittel verboten. Aber im Frankreich das 17. Jahrhunderts war dies wieder dermaßen Mode geworden, daß es 1668 unter Strafe gestellt wurde. Menschenblut galt im alten Orient als Heilmittel gegen den Aussatz, was auch Paracelsus bekannt war. Zum gleichen Zweck empfahl es der Zürcher Stadtarzt Johannes von MURALT in seinem "Hippokrates Helveticus" (Basel 1692).

Bei primitiven Völkerschaften meinte man seit jeher, der Kraft des getöteten Feindes teilhaftig zu werden, wenn man dessen Blut trinkt. Dagegen klingt es fast human, wenn man im Psalm 58 Vers 11 liest, daß der Fromme, der sich am Anblick der Rache (Gottes) ergötzt, im Blut der Gottlosen lediglich seine Füße baden will ...

Das ursprüngliche Bestreben gottverbundener Magie mag gewesen sein, "die geheimen Gesetze der Natur, ihre wunderreichen Verwandlungen und Wahlverwandtschaften zu ergründen" und hinter das verborgene Wesen der Dinge zu kommen, wie der protestantische Forscher Kirchenrat Georg Conrad HORST (1767-1838) meinte. Horst befaßte sich intensiv mit der Auswertung magischen Schrifttums. Unsere derzeitige Wissenschaft aber wird künftig um Studien auf magischem Gebiet kaum noch herumkommen. Im "Handbuch des deutschen Aberglaubens" (Berlin 1987, Sp.829) heißt es zur Magie: "Als Mahnung an eine einseitig mechanisch und rational orientierte Welt ist in der Geschichte auch der Magie ihre Rolle zugewiesen, die keineswegs ausgespielt ist. Darin liegt Sinn und Bedeutung ihres Studiums für den, der ihrer Dogmatik nicht folgen und noch weniger ihre Praxis sich zu eigen machen kann."

Dem dürfte zuzustimmen sein. "Ich zweifle nicht," schrieb Prof. Dr. Ludwig STAUDENMAIER (1865-1933), "daß über kurz oder lang die Magie als letzte der uralten Künste dem Aberglauben einerseits und der Verachtung andererseits entrissen und zur regelrechten Wissenschaft gestaltet werden wird." Dieser Überzeugung war auch Dr. Carl du PREL. Staudenmaier war Chemiker und katholischer Theologe. Er experimentierte an sich selbst 33 Jahre lang und ging dabei bis an die Grenze des Wahnsinns. Obwohl er alles animistisch interpretierte, ist sein Buch "Die Magie als experimentelle Naturwissenschaft" (3. Aufl. Darmstadt 1968) nicht nur für den akademisch gebildeten Forscher lesenswert. Staudenmaier starb in Rom. Erfolglos hatte er sich um eine Berichterstattung beim Papst bemüht.

Es wäre gewiß verfehlt, die Magie in Bausch und Bogen nur deshalb zu verwerfen, weil mit ihr so viel Mißbrauch getrieben wird. Auf welchem Lebensgebiet war und ist das nicht der Fall? Wurde nicht schon alles, was menschlicher Intellekt erfand oder entdeckte, mißbraucht? - Und was magische Belästigungen anbelangt, so ist Angst davor das verkehrteste Verhalten. Dies betonte auch Gebhard FREI und meinte, einem christgläubigen Menschen sollte bewußt bleiben, daß Christus der Herr ist über alle kosmischen Kräfte und dämonische Wesen. Die panische Furcht der letzteren allein schon vor dem Aussprechen des Namens Jesu beweist dies in aller Deutlichkeit. Im engen Anschluß an ihn und mit Gottvertrauen im Herzen brauchen wir uns vor keinerlei dunklen Mächten und Machenschaften zu fürchten. Vielmehr sollten wir, "ohne die negativen Kräfte in Kosmos und Psyche zu leugnen, nicht angstvoll auf sie starren, sondern in froher christlicher Zuversicht durch sie hindurchgehen im Vertrauen auf Gott und das Wort Christi: "Seid getrost, ich habe die Welt (und damit die Kräfte dieses Aeons) überwunden" (Joh. 16,33).

Hypnotismus, Somnambulismus, Trance und Heilmagnetismus

Diese außergewöhnlichen psychischen Zustände mit ihren vielfältigen Phänomenen gehörten ehedem zur geheimnisumwitterten Magie. Agrippa von NETTESHEIM (1498-1535) erwähnt sie in seiner "Occulta Philosophia". Wegen dieses Werkes und seiner erfolgreichen Krankenheilungen der Schwarzen Magie verdächtigt und 1533 inhaftiert, war Agrippa jedoch wieder freigelassen worden. Er hatte auch im Gefängnis seine Heiltätigkeit fortgesetzt.

Zweihundert Jahre später war es der Arzt Franz Anton MESMER (1734-1815), der mit seinen "magnetischen Kuren" für Aufsehen sorgte. Er begründete seine Lehre vom "animalischen Magnetismus" mit der Annahme einer dem Menschen innewohnenden Lebenskraft, die in Form eines unsichtbaren Fluidums vom Gesunden auf den Kranken übertragen werden kann und heilsam wirkt. Auf Mesmer geht die noch heute gebräuchliche Anwendung der "magnetischen Striche" zurück, der sogenannten *Passes*. Mittels dieser magnetopathischen Methode werden Heilerfolge auch bei Kleinstkindern erzielt, bei denen das Argument der autosuggestiven Erwartungshaltung ebenso entfällt wie bei Tieren oder Pflanzen. Weil hierbei manchmal psychische Ausnahmezustände auftreten können, die den Anschein *hypnotischer* Phänomene erwecken, meinte man später, Mesmers Erfolge hätten auf Hypnose beruht.

Nachdem seine Methode 1840 von der Académie Française in Grund und Boden verdammt worden war, ja deren Mitgliedern jede Diskussion darüber rundweg untersagt wurde, entfachte der britische Chirurg James BRAID (1795-1860) aufs neue das Interesse daran. Er war überzeugt, daß es sich bei alledem um künstliche Schlafzustände handelt. Um die Phänomene jeglicher Geheimnistuerei zu entkleiden, führte er 1843 den Begriff Hypnose ein, vom griech. hypnos = Schlaf. Braid glückten schmerzlose Operationen in Hypnose, was damals größte Verwunderung auslöste; doch trug schließlich die Chloroform-Narkose den Sieg davon.

Damit war der Hypnotismus für die offizielle Wissenschaft kein Thema mehr, bis die Hypnose-Schule von Nancy unter Hippolyte M. BERNHEIM (1840-1919) sowie Ambrose A. LIÉBEAULT (1823-1904) und der Pariser Arzt Jean-Martin CHARCOT (1825-1893) in der Heilanstalt Salpêtrière mit ihren Experimenten an die Öffentlichkeit traten. Charcot deutete die Phänomene als körperliche Reflexerscheinungen hysterischer Personen, während Liébeault von psychischer Beeinflussung durch Suggestion sprach. Bernheim schloß sich dem an und verschaffte dem Hypnotismus mit dem Begriff Verbalsuggestion wieder wissenschaftliche Beachtung. Dennoch wurde die Hypnose noch um die Wende zum 20.Jahrhundert erbittert bekämpft. So schrieb ein Wiener Medizinprofessor, er glaube an die hypnotische Suggestion erst, nachdem er einen solchen Fall gesehen habe. Dies würde jedoch nicht geschehen, weil er sich solche Dinge nicht anschaue!

Braid meinte ursprünglich, der "animalische Magnetismus" der Magnetopathen sei nichts anderes als Hypnotismus, worin er sich jedoch später korrigierte. Die Heilmagnetiseure kämpften ständig gegen diese irreführende Vereinfachung an: Wie könne man z.B. beim magnetopathisch forcierten Pflanzenwachstum von einer Suggestionswirkung reden? [1]

Hypnose, Somnambulismus, mediumistische Trance und Heilmagnetismus werden oft noch heute durcheinandergeworfen und mangelhaft definiert. Unter platzbedingter Weglassung vieler an sich wichtiger Einzelheiten, will ich im folgenden einige Unterscheidungsmerkmale angeben:

HYPNOSE liegt vor, wenn die Versuchsperson die laut ausgesprochenen oder bloß gedachten Suggestionen ihres Hypnotiseurs aufnimmt, nur mit diesem in Rapport ist und posthypnotische Befehle ausführt. Je tiefer die Hypnose, desto leichter die Beeinflussbarkeit. Je geringer die Hypnosetiefe ist, um so stärker bleibt die Kritikfähigkeit der Versuchsperson erhalten, so daß Suggestionen, die dem eigenen Wollen und Wesen zuwiderlaufen, abgelehnt werden können. Bei totaler hypnotischer Unterjochung jedoch kann sogar die innere Hemmschwelle als "ethische Kontrollinstanz" ausgeschaltet werden.

Der Schwede Poul THORSEN definiert die Hypnose als "Zustand körperlicher und seelischer Entspannung, in dem Kritik und Urteil mehr oder weniger ausgeschaltet sind und der Hypnotiseur in Kontakt mit dem Unbewußten steht, das die physischen und psychischen Funktionen lenkt, wodurch die Beeinflussung möglich wird." [2]

Thorsen sagt, jede Hypnose sei eine Leistung der eigenen Psyche und somit eine Selbsthypnose. Ob dem zuzustimmen ist, sei dahingestellt, denn trotz des Vorliegens hunderter Bücher und Arbeiten auf diesem Gebiet ist das Wesen der Hypnose noch immer zu wenig erforscht, als daß Endgültiges feststünde. Jede Hypnose hat nämlich ihren eigenen Charakter und ist - wie Thorsen zugibt - keine für immer und jeden feststehende Prozedur. Sie ist nicht nur von der jeweiligen Persönlichkeitsstruktur abhängig und infolgedessen bei jedem Menschen anders, sondern sie wechselt auch in ihrer Tiefe und Art bei jeder neuen Versenkung! Hinzu kommen fließende Übergänge und bisweilen das Überspringen einzelner oder mehrerer Stufen, so daß sich eine allgemeinverbindliche Klassifizierung dieser psychischen Ausnahmezustände als so gut wie unmöglich erwiesen hat. Thorsen schreibt ganz richtig, seit Mesmer seien die Meinungen alle voneinander unterschieden, und ebenso die Techniken, die gemäß dieser Meinungen anempfohlen werden. Eine einheitliche Auffassung habe sich trotz aller Bemühungen von anderthalb Jahrhunderten nicht durchsetzen können, daher biete sich dem Neuling auf diesem Gebiet ein sehr verwirrendes Bild. Keiner der Experten und Buchautoren habe die wahre Ursache des so geheimnisvollen Phänomens entdecken können. Auch BONIN in seinem "Lexikon der Parapsychologie" gibt an, die physiologischen Grundlagen der Hypnose seien trotz zahlreicher Untersuchungen nach wie vor ungeklärt. Es hat daher wenig Sinn, auf einzelne Theorien näher einzugehen. [3]

Jedermann weiß, daß man sich dies oder jenes einbilden kann, mitunter sogar eine Krankheit. Das Wort "einbilden" besagt unmißverständlich, daß man etwas in sich bildet. Und gerade die Hypnose beweist dies sehr augenscheinlich. Man denke nur an das beliebte Beispiel mit der Münze, die man einem Hypnotisierten auf den Arm legt mit der Suggestion, sie werde heiß und immer heißer. Ja schon die Berührung mit einem harmlosen Holzstäbchen bei gleicher Suggestion kann genügen, um eine Brandblase hervorzurufen. Ebenso gelang die hypnotische Neutralisierung von Giftwirkungen im Körper.

Suggestion klappt aber auch ohne Hypnose. Ein britischer Arzt unternahm folgenden Versuch. Er ließ eine größere Anzahl von Patienten gefärbtes Wasser als angebliche Medizin trinken. Nachdem alle das Scheinmedikament geschluckt hatten, rief der Arzt plötzlich: "Um Himmelswillen, ich habe mich vergriffen! Ich habe Ihnen versehentlich ein starkes Brechmittel gegeben!" Prompt stellte sich bei 80% der Patienten Brechreiz ein!

Durch autosuggestive Vorstellungen kann es sogar zur Stigmatabildung kommen. So wird verständlich, daß auch die Mantram-Technik, dieses fortgesetzte Wiederholen bestimmter Worte oder Formeln - als Wortmagie - im Endeffekt zur Selbsthypnose und damit zur Bewußtseinseinschränkung führen kann.

SOMNAMBULISMUS (vom lat. somnus = Schlaf und ambulare = umhergehen) kennen wir in der Parapsychologie als unwillkürlich-spontan auftretendes Phänomen bei den sogenannten Schlafwandlern (Autosomnambulismus) und als tiefstes Stadium eines hypnotisch oder magnetopathisch herbeigeführten Schlafzustandes.

Während Hypnose die eigene Geistestätigkeit beträchtlich einengt und die Versuchsperson schlimmstenfalls alles tut, was ihr zu tun befohlen bzw. eingeredet wird, bewirkt das Stadium des Somnambulismus keine verminderten, sondern erhöhte geistige Fähigkeiten; hier behält man seinen Willen, während man durch Hypnose zum Sklaven des Hypnotiseurs werden kann.[4] Im somnambulen Zustand sind hellsichtige Wahrnehmungen möglich, die Gedanken Anwesender werden erkannt, Krankheitsdiagnosen bei sich selbst oder Dritten werden exakt gestellt, Heilmittel angegeben und der weitere Krankheitsverlauf zutreffend vorausgesagt.

Beim spontanen Somnambulismus, dem landläufigen Schlafwandeln, das oft mit einer bestimmten Mondphase im Zusammenhang zu stehen scheint, bewegt sich der Betreffende "mit schlafwandlerischer Sicherheit" und geschlossenen Augen durch das Haus oder auf der Straße. Manche vermögen auf Mauervorsprüngen oder Dachfirsten entlangzulaufen ohne abzustürzen, was selbst die stärkste hypnotische Suggestion nie fertigbrächte. Im Gegensatz zur Hypnose ist im somnambulen Zustand die physische Gehirntätigkeit ausgeschaltet, was eindeutig für die Unabhängigkeit des Geistes - unseres Ichs - vom Körper spricht. Es wird quasi eine höhergeistige Macht über den physischen Organismus erlangt, was beim Hypnotismus in diesem Ausmaß nicht erreicht wird.

TRANCE (vom lat. transire / transitus = hinübergehen, Übergang, Durchgang) ist ein weiterer wenig klar umrissener Sammelbegriff für psychische Ausnahmezustände, wie sie uns speziell im Bereich des Spiritismus begegnen. Ein in tiefer Trance befindlicher Mensch ist im Unterschied zur Hypnose nicht bloß auf eine einzige Person fixiert und nur mit dieser im Rapport, sondern von allen Anwesenden ansprechbar. [5]   In Hypnose erfolgt lediglich passives Antworten auf Fragen, in Trance jedoch aktives Reden. Nach spiritistischer Auffassung kann der Tieftrancezustand die erforderliche physiologische Voraussetzung sein zur Manifestation Jenseitiger, indem der Körper des Mediums von fremden Intelligenzen mehr oder weniger in Beschlag genommen wird und somit als Instrument alias "Werkzeug" dient. Mit Persönlichkeitsspaltung im Sinne "autonomer Komplexe" hat dies nichts zu tun. Prof. Giorgio di SIMONE, Neapel, gelang mit Hilfe moderner Meßmethoden der Nachweis, daß Medium und Trancepersönlichkeit voneinander völlig unabhängig sind. [6]

Wenn, wie die Tatsachen zeigen, neben der verbalen auch wortlose, rein gedankliche Suggestionen möglich sind und angenommen werden, d.h. sich umsetzen in Sprechen, Schreiben, Handlungen oder organische Veränderungen, so kommt es doch wohl sehr darauf an, aus welcher *Quelle* die jeweiligen Suggestionen kommen. Gemäß der spiritistischen Hypothese kann die Quelle auch außerhalb des menschlichen Bereiches liegen. Gestützt wird diese Annahme durch den gravierenden Unterschied zwischen Manifestationen in Hypnose und solchen in mediumistischer Trance: Kein Hypnotiseur wird in der Lage sein, der Versuchsperson einen ganzen Vortrag zu suggerieren, der dann von ihr in fließender Sprache wiedergegeben oder mit großer Geschwindigkeit zu Papier gebracht wird, wie dies im Spiritismus gang und gäbe ist. Ganz zu schweigen von anderen Phänomenen, wie jenem der Direkten Schrift (ggfs. in geschlossenen Behältern) oder der Materialisation. Auf einen erheblichen Unterschied zwischen Hypnose und Trance weist auch die Erfahrungstatsache hin, daß Tiere (Hunde und Katzen) sich bei spiritistischen Sitzungen anders verhalten als bei hypnotischen Experimenten.

HEILMAGNETISMUS: Bei der magnetopathischen Behandlung kann manchmal ebenfalls somnambuler Schlaf oder Trance eintreten, aber niemals Hypnose. Hypnotisieren kann jeder lernen; magnetisieren mit Erfolg nur, wem die entsprechende   Fähigkeit angeboren ist und wer über genügend Od bzw. Vitalenergie verfügt. Hypnotiseure pflegen erfahrungsgemäß keine guten Magnetopathen zu sein. Der Hypnotiseur wird nur dann versuchen können eine Heilung einzuleiten, wenn sein Patient sich in Hypnose befindet. Ein Heilmagnetopath bedarf derselben nicht. Er will dem krankheitsgeschwächten Organismus gesunde Vitalenergie zuführen, um den natürlichen Selbstheilungsprozeß zu unterstützen. [7]

Der seinerzeit weithin bekannte Magnetopath Willy REICHEL (1858-1919) fragte einmal eine im somnambulen Zustand befindliche Person nach dem Unterschied zwischen Magnetismus und Hypnose. Die Antwort lautete, der Magnetismus sei eine heilende geistige Kraft, der Hypnotismus eine zwangausübende seelische. Letzterer würde keine Krankheitsursachen beheben, sondern lediglich Symptome beseitigen und evtl. verlagern, so daß die Krankheit später an einer anderen Stelle des Körpers zum Vorschein käme. Dr. Alfred STRAUSS, in seinem gemeinsam mit G.W. SURYA verfaßten Buch "Theurgische Heilmethoden", spricht von "seelentötender" Hypnose und lehnt sogar die Nutzung des Somnambulismus zu diagnostischen Zwecken ab, "weil die seelische Abhängigkeit, in welche Patient und Somnambule *dauernd* verfallen, wenn man das seelische Band nicht wieder zu lösen versteht, schwere seelische und auch organische Schädigungen nach sich zieht, die oft erst nach Jahren erkennbar werden und bei   denen niemand auf diesen Zusammenhang kommt". Nun, immerhin erkannte man im Bereich der Tierhypnose deren negative Auswirkung auf die Fortpflanzungsfähigkeit, selbst bei so fruchtbaren Tiergattungen wie Kaninchen. Mithin sind Hypnoseschäden langfristig auch beim Menschen denkbar. [8]

Die meisten Hypnotiseure werden dies energisch bestreiten, doch sind Beweise und Gegenbeweise nur schwer beizubringen. Poul THORSEN sieht in der Hypnose sogar eines unserer besten Heilmittel und verweist auf die gesundheitsfördernde Wirkung allein schon des hypnotisch bewirkten Ruhezustandes an sich. Er gibt zu, daß die suggestive Beseitigung von Schmerzen und Beschwerden keine Heilung darstellt, meint aber, die Symptombeseitigung könne den *Beginn* der Krankheitsheilung bilden. Thorsen verweist auf Erfolge bei Migräne, schlechter Verdauung, Impotenz und Frigidität sowie bei Stotterern. Auch verbesserter Haarwuchs konnte erzielt werden, sofern die Zellen noch reaktivierbar waren. Ferner kann auf suggestiv-hypnotische Weise die Magensaftproduktion beeinflusst werden, desgleichen der Blut-Kalziumgehalt und der Blutzucker. [9]

Bewährt hat sich Hypnose auch in der Chirurgie, bei Patienten, für die eine Vollnarkose zu riskant wäre. [10]

Bei der Raucherentwöhnung wird schon seit langem mit hypnotischer Suggestion gearbeitet, wenn auch nicht immer mit anhaltendem Erfolg. Dasselbe gilt für Süchte aller Art, wenn die Betreffenden aus eigener Kraft nicht mehr davon loskommen. Minderwertigkeitskomplexe und krankhafte Eifersucht sind der hypnotischen Behandlung ebenfalls zugänglich. Ob sie hingegen bei Schlankheitskuren auf die Dauer ohne gesundheitliche Nachteile nützlich sein könnte, wäre überprüfenswert. Man muß dabei ja nicht übertreiben wie der 1967 verstorbene Tscheche Bretislav KAFKA. Er beließ manche seiner Versuchspersonen jahrelang, ja sogar lebenslänglich in Hypnose! Einmal versetzte Kafka einen Mann drei Wochen lang in einen imaginären Obstgarten. Der Mann lebte die ganze Zeit über nur von dem eingebildeten Obst, brauchte nie auf die Toilette zu gehen und soll am Ende jener Hungerkur sogar zugenommen haben!

In jüngerer Zeit wurde sogar Empfängnisverhütung durch hypnotische Suggestion erreicht. Dies gab der Mailänder Hypnotherapeut Marco MARCHESAN 1975 bekannt. In mehrstündigen Sitzungen sei insgesamt 20 Frauen eingeredet worden, sie würden von einem bestimmten Datum an nicht mehr schwanger. Dies sei zugetroffen. Wie lange die Suggestion anhielt, wird nicht berichtet. [11]

Hypnose ist einsetzbar auch als Hilfe zu besserem Lernen sowie zur Weckung und Entwicklung brachliegender Talente. Der Russe Wladimir RAIKOW soll dies erfolgreich praktiziert haben. Kunststudenten beispielsweise suggerierte er, sie seien dieser oder jener berühmte Maler der Vergangenheit. Die Betreffenden malten dann besser als es vordem der Fall war und die so geförderte Begabung bleibt angeblich auch nach Beendigung der hypnotischen Ausbildungsdauer erhalten. Raikow muß jedoch ungute Erfahrungen gemacht haben, denn er betonte, es sei ein Trugschluß zu glauben, man könne die Hypnosetechnik per Schnellkursus erlernen. Eindringlich wies er auf die Gefahren einer Persönlichkeitsverzerrung hin. Niemand außer einem sehr erfahrenen Fachmann solle versuchen, jemandem oder sich selbst eine Fremdpersönlichkeit zu suggerieren. [12]

Zum Gebiet der hypnotischen Talentförderung gehört auch das Aktivieren *medialer* Fähigkeiten, wie dies Dr. Milan RYZL mit Erfolg getan hat. Aus meiner mehr als vierzigjährigen Erfahrung heraus möchte ich jedoch von derartigen Experimenten abraten; zu groß sind die Gefahren gesundheitlicher Nachteile und der Persönlichkeitsveränderung. Nach Heinz E. HAMMERSCHLAG (1902-1958) bleibt zwar der Persönlichkeitskern "fast unberührt. Erst mit zunehmender Vertiefung (der Hypnose) wird die Willensfreiheit und damit auch die ethische Verantwortlichkeit des Hypnotisierten mehr und mehr beschränkt. "Unter Umständen findet die zeitweilige Ausschaltung des Persönlichkeitskerns statt, so daß von einer Willensfreiheit nicht mehr die Rede sein könne. Die graduelle Abstimmung der hypnotischen Tiefenwirkung spiele eine entscheidende Rolle. [13]

Einen Gefahrenherd besonders heimtückischer Art bildet die Möglichkeit des Erteilens posthypnotischer Befehle. Das sind Suggestionen, die erst mehr oder weniger lange nach dem Erwachen aus der Hypnose zeitgenau ausgeführt werden, mitunter nach Tagen oder Wochen, ohne daß sich ein solches Hypnoseopfer über die wahren Ursachen seines ihm selber unverständlichen Verhaltens oder Handelns klarwerden kann. Hinlänglich bekannt sind z.B. posthypnotisch suggerierte Blindheit oder Taubheit, so daß die Versuchsperson bestimmte Leute, Geräusche oder Gegenstände ihrer Umgebung (beispielsweise eine Tür) nicht mehr wahrzunehmen vermag. Daß mittlerweile auch unter machtpolitischen Aspekten auf diesem Gebiet geforscht und experimentiert wird, läßt nichts Gutes ahnen: Da drillt man Hellseher für Spionagezwecke, Fernhypnose wird ausprobiert, und anderes mehr. Bei den bekanntgewordenen sowjetischen "K.o.-Experimenten" zum Beispiel werden Menschen auf telepathischem Wege regelrecht zusammengeschlagen, k.o.-geschlagen. Die Erfolgsquote soll 80% betragen. [14]

Hier gewinnt nun die Frage an Gewicht, ob auch hypnotisch suggerierte Verbrechen möglich seien?

Sie sind es. Erstaunliche Fälle wurden aktenkundig. Dr. Hammerschlag meinte zwar, dies komme nur selten vor; naheliegender scheint mir jedoch, daß solche Delikte nur ausnahmsweise bekannt werden (z.B. in Bezug auf Sittlichkeitsverbrechen). Häufig hört man das Argument, ein Mißbrauch der Hypnose für kriminelle oder unmoralische Handlungen sei nur bei Personen möglich, die entsprechende Anlagen oder Neigungen hierzu besitzen. Das mag in vielen Fällen zutreffen, aber keineswegs immer. Der Wiener Hypnotiseur Walter SENN inszenierte im Rahmen eines hypnotischen Experiments ein Scheinattentat auf den berühmten Prof. WAGNER-JAUREGG in dessen Klinik. Die Sache wirbelte damals viel Staub auf. Senn jedoch glaubte damit den Beweis erbracht zu haben, "daß mittels Hypnose auch ein moralisch einwandfreier Mensch zu einem Verbrechen gezwungen werden kann." [15]

Nun, dieser Beweis wurde schon öfters erbracht. Beispielsweise in dem aufsehenerregenden Heidelberger Prozess von 1936 gegen den Hypnoverbrecher Franz WALTER, der eine unbescholtene junge Frau sieben Jahre lang in übelster Weise hypnotisch beeinflusst und praktisch an alles gedacht hatte, um sich vor Entdeckung abzusichern. Doch selbst die kompliziertesten in Hypnose suggerierten Gedächtnissperren konnten seitens eines erfahrenen Arztes behoben werden. Hierzu waren allerdings mehr als 400 Sitzungen im Zeitraum von 19 Monaten erforderlich; aber dieser Fall beweist, daß keine noch so raffinierte hypnotische Suggestion geeignet ist, die schließliche Aufklärung eines in Hypnose begangenen Verbrechens zu verhindern. [16]

1951 versetzte der Däne Björn NIELSEN seinen Freund Palle Hardrup in Hypnose und veranlaßte ihn zu einem Bankraub. Während der Hypnotiseur in einem 30 km entfernten Wirtshaus saß, erschoß sein Freund zwei Bankangestellte. Verurteilt wurde aber nicht der Schütze, sondern Nielsen. Er bekam lebenslänglich und beging 1974 Selbstmord.

Zu fragen wäre nun, ob es denn keinen *Schutz* vor Hypnose gebe? - Einen wirksamen Schutz vor Hypnose gibt es durchaus, und zwar ist es vor allem das *Gebet*. Ein ernsthaftes Gebet kann jeden Hypnotiseur blockieren. Diese Erfahrungstatsache beweist, daß die Gebetskraft einer höheren Ebene angehört als die Kraft der Hypnose. Sollte das nicht nachdenklich stimmen?

Hat man jedoch während eines Gesprächs mit einem suggestiv wirkenden Menschen keine Gelegenheit zum innerlichen Gebet, so kann man sich gegen seinen Einfluß auch abschirmen durch das Verschränken der Arme (rechts über links) und, wenn man sitzt, der Beine. Schützend wirkt ferner das Fixieren der Nasenwurzel des Betreffenden, des Punktes zwischen den Augenbrauen. In der großenteils mit haarsträubendem Aberglauben durchsetzten Volksmagie wird außerdem einer bestimmten Handstellung, der sogenannten "Neidfeige", eine schützende Wirkung zugeschrieben, ebenso wie dem vierblättrigen Klee. Das Gebet aber, auf der Grundlage eines krisenfesten Gottvertrauens, hat sich noch immer als der beste Schutz erwiesen gegen dunkle Einflüsse gleich welcher Art und Herkunft.

Wenn nun einerseits mittels Hypnose Giftwirkungen im Körper aufgehoben und andererseits durch Einnahme von Wasser oder harmlosen Tabletten meßbare medizinische Wirkungen erzielt werden können (wie z.B. Änderung von Blut- oder Leberwerten), so veranschaulicht dies recht überzeugend den Primat des Geistes über die Materie. Denn die Hypnose, so betont Thorsen, ist ein *geistiges* Phänomen. Besser gesagt: ein seelisch-geistiges, weil ja nicht unbedingt der *Wille* des Hypnotisierten den Ausschlag gibt, sondern angeblich seine *Vorstellung*. Da sich aber kaum jemand richtig vorzustellen vermag, wie sich beispielsweise seine Blutzuckerwerte bessern sollen, diese Besserung durch Fremd- oder Autosuggestion aber dennoch nachweisbar eintritt, so muß es sich hier um eine schöpferische Aktivität der Gestaltungs- und Regenerationskraft unserer *Seele* handeln, welcher schon Carl du PREL zwei Funktionen zuschrieb: das Denken und das Organisieren!

In Hypnose zeigt sich überdies, wie peinlich genau wir unterbewußt alles registrieren, was wir jemals gehört, gesehen, erlebt und empfunden haben. Selbst Narkose oder Volltrunkenheit behindern in keiner Weise die Speicher- und Erinnerungsfähigkeit unseres Ichs. So konnte ein in Narkose gewesener Patient alles wörtlich genau wiedergeben, was während seiner Operation gesprochen worden war. Das lückenlose Gedächtnis erweist sich auch in Form des "Lebensfilms" bei klinisch Totgewesenen und in Nahtod-Erfahrungen. Aus alledem ergibt sich die Vermutung: Unser Bewußtsein ist sicherlich eine Einheit, erweckt aber in unserer dreidimensional orientierten Denkweise den Anschein einer Schichtung in unterschiedliche Stufen, für die wir Bezeichnungen wie Wach- oder Tagesbewußtsein, Unter- und Überbewußtsein etc. erfanden.

In all den hier angedeuteten psychischen Ausnahmezuständen unterliegt der Mensch ganz offensichtlich anderen Gesetzen, die besser als bisher zu erforschen der Zukunft vorbehalten bleiben mag, und einer Forschergeneration von gehobener ethischer Entwicklungsstufe. Man wird dann unschädliche, zwanglose Möglichkeiten entdecken, die den Hypnotismus überflüssig machen.

Ein wahrhaft Wissender wird jedenfalls kein Freund von Hypnose sein und sie nur ausnahmsweise für vertretbar halten. Auch kein wirklicher esoterischer Meister bzw. Eingeweihter, d.h. ein solcher, der ein Führer zu Gott sein will, wird jemals Hypnose anwenden. Der erwähnte EREMIT sagte: "Hypnose ist für uns nur ein Studiengebiet zum Beweise der ungeheuren Kräfte der menschlichen Seele und des menschlichen Geistes darin, aber niemals irgendein Mittel zu irgendeinem Zweck. Vergiß nicht, das alleroberste Gesetz jedes okkulten Forschens, jedes Eindringens in Mystik und in Gotteserkenntnis lautet: Freier Wille! Wir maßen uns niemals an, jemanden zu zwingen, wenn das nicht einmal Gott, das allerhöchste denkbare Wesen tut ..." [17]

„Musik wird oft nicht schön empfunden ..."

... dieweil sie mit Geräusch verbunden", meinte Wilhelm BUSCH und mußte dafür den Vorwurf einstecken, unmusikalisch zu sein. Dabei hatte dieser Glückliche keine Ahnung vom Geräuschpegel heutiger Pop- und Rock-Veranstaltungen mit ihren Lautstärken bis zu 120 Dezibel!

Die vorherigen Abschnitte über Magie und Hypnose bedürfen einer Ergänzung durch den Hinweis auf ein besonders erfolgreiches Mittel zur negativen Massenbeeinflussung, wie dies in der sogenannten modernen Musik vielfach der Fall ist. Das Wort "vielfach" wähle ich deshalb, weil jede Verallgemeinerung auch hier fehl am Platze wäre, aber das, was an unbestreitbaren Tatsachen vorliegt, ist alarmierend genug. Während Schwarzmagier oder ganze Gruppen von Okkultkriminellen durchaus in der Lage sein können, einzelne Menschen zugrundezurichten ohne der Justiz eine Handhabe zu bieten, sind sie dennoch geradezu harmlos gegenüber dem, was im großen Rahmen und seit langem mit Hilfe von Pop- und Rockmusik inszeniert wird.

Nun läßt sich über Kunst und Geschmack zwar streiten, aber es ist doch auffallend, daß alles, was ein unverdorbenes Gemüt natürlicherweise als disharmonisch und abstoßend empfindet, unter großem Propagandaaufwand bejubelt, mit Steuergeldern unterstützt und zur Kunst erklärt wird. [1] Die hierfür Verantwortlichen scheinen vergessen zu haben, daß das Wort Musik von Muse stammt und Kunst von Können. Die abendländische Kunst gründete auf dem Goldenen Schnitt, und die Musik orientierte sich an der Harmonie des Dreiklangs. "Freilich," schrieb KAHIR, "wenn sich die Verflachung des Seelenlebens eines (großen) Teils der Menschheit fast dem Zustande primitiver Urvölker nähert, nur überdeckt durch etwas Zivilisationskleister, so kann es nicht wundernehmen, daß die musischen Äußerungen solchen Seelenlebens sich gleichfalls den Urwaldklängen nähern, nur überdeckt mit Orchestergefunkel. [2] Würde das Gekreisch dieser maßgebenden Vergnügungsfabrikanten wenigstens auf allgemeine Heiterkeit oder gar Ablehnung stoßen, wäre die Sache o.k., um mit dem Schlager der Schlagworte zu reden. Aber durch Duldung und bereitwillige Aufnahme solcher niederastraler Schwingungen wird das kollektive Unterbewußtsein der Menschheit nur noch mehr vergiftet, als es durch den ewigen Zank und Hader ohnehin schon geschieht. Darüber hinaus besteht die Gefahr, daß unsere Jugend ... eine Verbildung des geistigen Ohres erleidet, das durch keinerlei Harmonie mehr in die Bahnen höherer Feinstofflichkeit geleitet wird. Der Rundfunk trägt dabei ein gerüttelt Maß an Verantwortung." [3]

Kahir schrieb diese Sätze im Jahre 1952. Seitdem ist alles viel schlimmer geworden. "Musikpflege ist Ausbildung der inneren Harmonie", sagte KONFUZIUS, und von Robert SCHUMANN stammen die Worte: "*Licht* senden in die Tiefen des menschlichen Herzens ist die Berufung des Künstlers". Genau das Gegenteil bietet uns, von Ausnahmen abgesehen, die sogenannte Moderne Kunst, auf musikalischem Gebiet Beat, Sound, Pop, Rock und, wie diese Richtungen sonst noch heißen. "Die klangliche Erscheinungswelt des Pop spiegelt in jeder Einzelheit das Gegenteil dessen wieder, was Europa bisher als Wesen der Musik - als eine Botschaft aus der Höhe - erkannt und erlebt hat", schreibt der Wiener Musikfachmann Friedrich OBERKOGLER und bemerkt zum Begriff "Pop" (von "populär"): "Populär ist für ein anspruchsloses Publikum alles, was 'durchhörbar' ist, was keinerlei Anforderungen an Verständnis stellt und im Hören bequem mitvollzogen werden kann ... Demgegenüber versteht der Pop unter Durchhörbarkeit jene an Primitivität grenzende Einfachheit, die von Durchführung und Verarbeitung nichts wissen will und sich auf die

Wiederkehr des Gleichen beschränkt. Dieser 'Popularität' beugen sich im Pop alle drei Grundkomponenten des Musikalischen: Melodie, Harmonie und Rhythmus."[4]

Man muß keineswegs Esoteriker sein um zu wissen, daß jeder Ton als Schwingung über den Körper bis in die seelischen Bezirke hinein wirkt. Sogar das Kind im Mutterleib reagiert auf die Musikart, welche die Mutter hört; der Musik natürlich als Ganzes, weniger des Einzeltones. Neueren Pressemeldungen zufolge registrierten Wissenschaftler bei schwangeren Frauen die Kindesbewegungen während unterschiedlicher Musik. Ergebnis: Mozart und Brahms beruhigten die Kinder, sie hörten auf zu strampeln. Beat und Rock hingegen machten sie geradezu rebellisch. Werdende Mütter sollten daher nur sanfte, harmonische Klänge hören. Es ist genugsam erwiesen, daß solche Musik wohltuend wirkt auf Körper und Gemütsstimmung. Logischerweise ist von stark disharmonischem Getöse und Musik in Überlautstärke das Gegenteil zu erwarten. Die Begriffe "Höllenlärm" und "himmlische Musik" besagen eigentlich alles!

Allein schon der Radau in Diskotheken wirkt auf Dauer gesundheitsschädigend. Das Ärztemagazin "Selecta" sprach von einer "auditiven Vergewaltigung des Menschen", und das bezieht sich nicht bloß auf den harten, schrillen Beat und Rock, sondern erstreckt sich auch auf die moderne Orchestermusik à la Stockhausen, Boulez, Nilson oder Penderecki. Die Folgen derartiger Musik für die ausübenden Musiker umreißt "Medical Tribune" mit den Worten: Nervosität, Gereiztheit, Streitsucht und Impotenz.[5]

Recht Bedenkliches ergab eine Langzeitstudie von M.-L. FUHRMEISTER und E. WIESENHÜTTER, die 208 Berufsmusiker erfaßte. Diese gehörten drei verschiedenen Sinfonieorchestern an, von denen das erste fast ausschließlich, das zweite mit steigender Tendenz und das dritte nur selten Werke moderner Komponisten aufführte. Die meisten der Musiker äußerten sich enttäuscht darüber, daß sie fast alles, was sie gelernt und worum sie sich auch künstlerisch bemüht hatten, bei zeitgenössischer Musik nicht anwenden können. Sie beschwerten sich über Sinnlosigkeit, Unfug und Auswegslosigkeit in den Werken moderner Komponisten, sprachen von unmotiviertem Krach und Lärm bis zum Exzeß. Gesundheitlich klagten sie über Schlafstörungen, Kopfschmerzen, Nervosität und Gereiztheit, über Herzbeschwerden, Durchfall und Erschöpfungszustände bis hin zu Störungen des Ehe- und Fami-

lienlebens und zur Impotenz. Die Mitglieder jenes Orchesters jedoch, das nur klassische Musik spielt, sind von all diesen Beschwerden nicht betroffen. Nach anstrengenden Proben fühlen sie
sich weder zermürbt noch ausgelaugt, sondern spüren bestenfalls
eine "allgemeine wohlige, zufriedene Ermüdung". [6]

In neurophysiologischen Untersuchungen wurde zu klären versucht, ob es generell das jeweilige Musikstück ist, das Beeinträch-
tigungen im Herz-Kreislauf-System verursacht, oder ob es daran
liegt, wie man individuell die Musik aufnimmt.

Beides trifft zu. Gerhard und Hildegund HARRER, Autoren des
Buches "Grundlagen der Musiktherapie und Musikphysiologie"
fanden bestätigt, daß es Kompositionen gibt, die streckenweise zu
einer beschleunigten Herztätigkeit führen, zur Anspannung von
Muskeln und Ähnlichem mehr. Ein Trommelwirbel beispielsweise
ergab eine Steigerung der Pulsfrequenz von 80 auf 100 pro Minute. Andererseits hängen musikbedingte innerkörperliche Reaktionen auch von der Intensität des Aufnehmens ab: Bewußtes Hinhö-
ren bedeutet mehr Erlebnistiefe und bringt die in der Musik liegenden Kräfte besser zur Entfaltung, egal, ob diese heilsamer oder
gegenteiliger Natur sein mögen. Daß Radau nervenzehrend und
auf Dauer gesundheitsabträglich wirkt, darf als Binsenweisheit
gelten. Harmonische Melodien dagegen, mögen sie auch noch so
einfach sein, erfreuen uns, lenken unsere Sinne auf Schönheit und
Friedfertigkeit, wirken veredelnd auf Seele und Gemüt. [7]

In Parapsychologie und Esoterik wissen wir vom aurischen
Hellsehen her, daß Töne nicht bloß aus physikalischer Schwingung bestehen, sondern zugleich auch *Form* und *Farbe* erzeugen,
und zwar außerhalb des uns wahrnehmbaren Spektrums. Wunderbar anzuschauen soll z.B. das Farbenspiel eines Chorals oder mancher Werke der klassischen Musik sein, und KAHIR bemerkt, viele
würden wohl für immer von ihrer Vorliebe für moderne Musik
kuriert, wenn sie diese Zerrbilder von Musik und Kunst in ihrer
astral-energetischen Manifestation hellsichtig schauen könnten!

Jeder Ton und jede Tonfolge erzeugt aber auch Schwingungen
auf astral-seelischer und mental-geistiger Ebene, deren Energie
sich im jeweils zuständigen Bereich niederschlägt. Daher können
ständig wiederholte Klang- und Wortfolgen (vgl. Mantrams) uns
über die Psyche von innen her beeinflussen, können im Endeffekt
heilsam oder störend wirken. Letzteres steht außer Zweifel, selbst

wenn man robust genug ist, "eine gute Portion" zu vertragen. Wer täglich stundenlang, via Kopfhörer, "heiße Rhythmen" aufnimmt, der setzt sich zugleich ihren dreifachen (körperlich-seelisch-geistigen) Wirkungen aus, und die sind vor allem auf die *unteren* Körperregionen ausgerichtet. Belangreiche Aufschlüsse hierzu ergaben die beobachteten Reaktionen Somnambuler auf Musik: die untere Körperhälfte reagiert auf den Rhythmus der Bassbegleitung! [8]

Atonale Musik, Pop, Rock, besonders Hardrock etc. gehören wohl mit zum Schlimmsten, was in der Welt der Klänge möglich erscheint. KAHIR meint, das sei keine Musik mehr, sondern "die Tonkatastrophe des 20. Jahrhunderts", ein Rückfall in die Urinstinkte der primitivsten Menschheitsstufe. [9]

Begonnen hatte es mit Elvis PRESLEY, dessen hüftenwackelnder Musikstil als Protest vor allem gegen das (angebliche) sexuelle Tabu interpretiert wurde. Mit den BEATLES kam dann die Drogenpropagierung und -verharmlosung. Eine weitere Steigerung stellten Gruppen wie "Led Zeppelin", "Black Sabbath" und die populären "Rolling Stones" dar. Mit ihnen gewannen satanistische Strömungen mehr und mehr die Oberhand, bis zur Verherrlichung der totalen Anarchie.

Seitdem nahmen alle Formen von Satans- und Hexenkulten in erschreckendem Masse zu. Ein gewisser Anton La VEY (s. Fußnote [15] auf S. 376) hatte 1966 in San Francisco offiziell eine Satanskirche gegründet. In der California-Street. Mit dem Song "Hotel California" der Gruppe "Eagles", der ein Super-Hit wurde, ist jene "Church of Satan" gemeint. Diese Gruppe kann auf den Verkauf von mehr als 90 Millionen Plattenalben verweisen! Nach längerer Pause gingen die "Eagles" 1996 wieder auf Tournee. "Das legendäre 'Hotel California' empfängt neue Gäste" jubelte die BILD-Zeitung (am 17.7.96) und bescheinigte ihnen den "wohl besten mehrstimmigen Gesang des Universums"(!). Mit dem Song "Sympathie für den Teufel" erreichten auch die "Rolling Stones" Höchstumsätze. Dagegen war Rex GILDO mit seiner Platte "Ein Fest für Luzifers Freunde" ein kleiner Fisch.

Seither tauchen auf Plattenhüllen in vermehrtem Maße Teufelsfratzen und schwarzmagische Symbole auf: Umgekehrte Kreuze und Pentagramme, die Zahl 666 und das satanistische Handzeichen, welches mit dem Spruch "Lang lebe der Hardrock" getarnt wird. Viele der Musiker selber putzen sich entsprechend heraus

und führen sich während ihrer "Konzerte" demgemäß auf: Lebende Kleintiere werden zertrampelt, Mäusen der Kopf abgebissen,
das hysterisch rasende Publikum wird mit tierischen Eingeweiden
- meist von Schweinen - beworfen, man onaniert öffentlich u.a.
mehr. [10]

Gewiß ist in der Rock- und Pop-Szene bei weitem nicht alles
negativ. Zahlenmäßig stellen die satanistisch orientierten Gruppen
eine kleine Minderheit dar, aber sie gewannen überragenden Einfluß, erzielten die größten Umsätze und werden mit Vorliebe propagiert. Und: Schlechte Beispiele verderben bekanntlich gute Sit-
ten. Ein junger Rock-Komponist sagte mir, daß zehnmal mehr
Pop- und Rockplatten verkauft werden als solche mit klassischer
Musik, und mindestens 95% der ersteren seien gut und positiv
gemeint. Könnte es aber nicht sein, daß harmloser Rock in seiner
musikalischen Eigenart zur "Einstiegsdroge" wird für den durchweg negativen Hardrock, der mit seinen Exzessen fraglos zur Ver-
rohung führt und zur Abtötung aller edlen Empfindungen des
Menschenherzens? Mithin dessen, was uns überhaupt erst zum
Menschen macht? - Wenn nämlich das natürliche Empfinden für
Schönheit, Wohlklang und Harmonie abgetötet wird, so bemerkt
Rolf CARSJENS in seinem Buch "Macht und Wahn" ganz richtig,
dann "entfesseln sich die niederen zerstörerischen Triebe, die den
mühsam erarbeiteten Wohlstand vernichten, den Nebenmenschen
zum Feind werden lassen und damit das Gemeinwesen zum Ein-
sturz bringen". Das gelte besonders für Eindrücke und Einwirkun-
gen der Musik, die vom Intellekt nicht sogleich erfaßt werden und
deshalb - den Filter des kritischen Verstandes durchdringend - auf
die tieferen Bewußtseinsschichten einwirken, "die vom Geist noch
nicht durchleuchtet und beherrscht werden". [11]

Töne, soweit sie im hörbaren Bereich liegen, werden uns über
Gehör und Gehirn bewußt. Nach allem bisher Gesagten sollte
klargeworden sein, daß Klangwirkungen nicht allein auf ihrer
Hörbarkeit beruhen. Es sind vielmehr die von den Klangfolgen
ausgehenden Schwingungen, die auf Körper, Seele (d.h. unsere
feinstofflichen Systeme) und Gemüt eindringen. Dieser Beweis
wird vor allem und besonders überzeugend erbracht durch die
Reaktionen *Gehörloser* auf Musik: Der jugendlichen Insassen
eines Zürcher Gehörlosenheims bemächtigte sich nach Rockdar-
bietungen im Fernsehen jedesmal eine regelrechte Zerstörungswut,
sie wurden rabiat, traten Türen ein und zerschlugen Einrichtungs-

gegenstände. Die Klänge des Mozart-Films "Amadeus" hingegen beeinflussten sie überraschend positiv, sie benahmen sich danach ungewohnt höflich und zuvorkommend und besuchten den Film mehrere Male. Man bedenke: Gehörlose! Ob sie die Klangschwingungen, vielleicht besonders jene der ohnedies kaum hörbaren Obertöne, spüren mögen? [12]

Wenn also mancher Psychologe oder Seelsorger meint, satanistische Musik könne unmöglich schaden, wenn die Texte nicht verstanden werden, so übersehen sie die Möglichkeit, daß vor allem die Schwingungen wirken, nicht die hörbaren Klänge oder Texte allein; obwohl letztere sich nachgewiesenermaßen im Unterbewußtsein festsetzen. Und ist es nicht schlimm genug, wenn große Rockstars, mit ihrem Einfluß auf Millionen Jugendliche, sich zum Anarchismus bekennen und offen Gewalt verherrlichen? Wenn sie dies mit sozialpolitischen Bezügen bemänteln, so hört sich das dann so an: "Jim MORRISON ist eine der ganz großen Rockmythen, einer der letzten großen Fixpunkte einer sozial und kulturell wichtigen Dekade: der 60er Jahre. Er versuchte, mit einem innerlich und äußerlich ausschweifenden Leben seine engen persönlichen und gesellschaftlichen Grenzen zu sprengen. Seine Devise war, alles zu versuchen aus dieser Welt auszubrechen, um zu einer anderen, geläuterten (!) und visionären Welt zu gelangen. Der Weg dazu hieß Revolte, Unordnung und Chaos. Er sagte einmal: 'Man muß in einem permanenten Zustand der Revolution sein oder man ist tot'". Und: "Die einzige Kultur, die es wert ist, daß man über sie spricht, ist die Kultur der Revolution." Rockmusik aber, so erklärte ein Schweizer Fernsehkommentator, "ist im Kern Revolution. Sie ist ohne soziale Bezüge nicht verständlich und nicht interpretierbar ... " [13]

Mittlerweile wurden ganz besonders heimtückische Methoden zur unterschwelligen Beeinflussung der "Kids" und "Fans" ruchbar, und es ist schier unglaublich, wozu menschlicher Intellekt fähig ist. Ich meine hier das Backward-Masking-Verfahren, auch "revers-masking" genannt: Spielt man die Platte oder das Band rückwärts ab, so vernimmt man Texte wie "Satan ist Gott", "Christus, der Dreckige", "Satan, du bist mein König" oder "Ich beginne, Marihuana zu rauchen" und ähnliches in mehrfacher Wiederholung, wie bei einer hypnotischen Suggestion.

Bei diesem technischen Kniff gibt es zweierlei Methoden. Bei der ersten sind Liedtexte so gestaltet, daß sie rückwärts gelesen ihren wahren Wortlaut ergeben. Beispiel: Während des Stückes "When daylight electricity came to Arkansas" der Gruppe "Black Oak Arkansas" hört man plötzlich grunzende Töne und Schreie: "dog, dog, natas, natas!" Richtig lauten diese rückwärts gesprochenen Worte: Gott, Gott, Satan, Satan. Da es sich um ein Live-Konzert handelte, muß das Rückwärtssprechen, das Crowley ausdrücklich empfahl, absichtlich erfolgt sein. - Im weiteren Text: "Satan, er ist Gott" in mehrmaliger Wiederholung. [14]

Bei der zweiten Methode verfährt man folgendermaßen: Die zur Aufnahme der Stücke verwendeten Bänder haben 24 oder 32 Spuren, die zur getrennten Aufnahme einzelner Instrumente und des Gesangs dienen. Es ist technisch kein Problem, ein oder zwei Spuren mit Rückwärtstext zu belegen. Die eingeschleusten Texte kann man abhören, indem man den Keilriemen des Plattenspielers andersherum einlegt, so daß der Plattenteller sich in entgegengesetzter Richtung bewegt. Oder man überspielt das Stück auf ein Tonband, das man umgekehrt einlegen kann, so daß die Aufnahme rückwärts zu hören ist.

Wem dies alles als Zufall erscheinen mag, der höre beispielsweise den rückwärts eingespielten Text der Platte "Leiter zum Himmel" der Gruppe "Led Zeppelin": "Ich möchte in das Reich. Ich möchte in die Hölle hinabsteigen ... Ich singe im Einklang mit Satan. Alle Macht meinem Satan. Er wird uns dreimal sechs geben. Ihr müßt für Satan leben". Das Unterbewußtsein kehrt die Botschaft um und liefert die korrekte Version, wie sich in Hypnose herausstellte. Der Rocksänger Jimmy HENDRIX, der an Heroin starb, wußte offensichtlich wovon er sprach, als er erklärte: "Durch unsere Musik können wir in das Unterbewußtsein hineinlegen was wir wollen". Und wozu auch all der Aufwand, wenn man sich keinen realen Nutzeffekt davon verspräche?

Die Beatles, die aus ihrer Sympathie für den Teufel nie ein Hehl machten und denen von Radio Vatikan Ende August 1989 bescheinigt wurde, daß ihre Musik "gottesfürchtig" sei, bedienten sich als erste der "maskierten Botschaften" und zwar 1968 in dem Stück "Revolution Nr.9" ihrer Doppellangspielplatte "The Devils White Album". 1988 verlieh die Universität von Sussex dem Ex-Beatle Paul McCARTNEY den Doktor ehrenhalber. Der also Geehrte erschien in geziemender Kleidung: scharlachrote Robe und schwarze Handschuhe. Schwarz und Rot gelten weltweit als des Teufels Farben. [15]

Eine weitere Raffinesse zur Förderung unterschwelliger Beeinflußbarkeit stellt der Einsatz sogenannter Stroboskop-Anlagen in
Diskotheken dar. Sie verbinden Ton und Rhythmus mit grellem
Licht- und Schattenwechsel, woraus sich ein Verlust der Tiefen-
wahrnehmung ergibt (bei sechs bis acht Unterbrechungen pro
Sekunde). Zwanzig Unterbrechungen in der Sekunde ergeben
bereits eine Überlagerung (Interferenz) mit den Alphawellen des
Gehirns, wodurch eigenes Denken eingeengt oder völlig ausgeschaltet wird. Mit solcher Wellenüberlagerung wurde Massenhyp-
nose weitgehend zu einer Sache der Technik. Realitätsbewußtsein,
Orientierungssinn und Selbstkontrolle scheinen in dem Maße ab-
zunehmen, wie der Licht-Schattenwechsel erhöht wird. Das enge
Zusammensein mit vielen anderen, die der gleichen *Suggestivwir-
kung* ausgesetzt sind bzw. ihr mehr oder weniger unterliegen, kann
leicht zu tranceähnlichen Zuständen führen. Die durch Rhythmus
und Lärmpegel bewirkten chemischen Reaktionen im Gehirn sollen der Wirkung von Drogen ähneln. Beruhen die Lichtblitze gar
auf Laserstrahlen, so schädigen sie nachhaltig die Hornhaut der
Augen. [16]

Aber es geht noch weiter: Erzeugnisse der "Schwarzen Musik"
müssen nicht unbedingt versteckte Informationen enthalten, sie
können noch auf ganz andere Art imprägniert sein, nämlich magisch. Von einem ehemals leitenden Direktor des angeblich größten US-Konzerns für Konzertaufnahmen ("Producciones Zodia-
co") erfuhr die hierüber beträchtlich schockierte Öffentlichkeit
einiges von dem, was bislang geheimgehalten worden war:

Jede Erstaufnahme einer Schallplatte oder Kassettenaufnahme
mit destruktiver Musik - die sogenannte Matrix, von der dann
Kopien angefertigt werden - bringt man in einen für Uneingeweihte nicht zugänglichen Raum.
Dort befindet sich innerhalb eines auf den Boden gezeichneten
magischen Kreises eine Art Altar. Im Rahmen eines Rituals legen
13 speziell ausgewählte Leute ihre Hände auf die Matrix und rufen
bestimmte Namen an. Die so beschworenen Dämonen werden
beauftragt, jede einzelne Platte oder Kassette der neuen Matrix zu
begleiten und die in die Musikstücke hineingelegten Kräfte zur
Wirkung zu bringen bei jedem einzelnen Hörer! Aus meiner
Kenntnis der Dinge kann ich jenem Konzertmanager nur zustimmen wenn er versichert, dies seien ernstzunehmende Tatsachen. Er
sagt, die Anzahl der Rockplatten oder -bänder, die man besitzt,

ergebe zugleich die Anzahl der magisch beschworenen Dämonen, die man in der Wohnung hat und die sich von dieser Musik nähren. Man sollte daher solche Musikträger vernichten und keine neuen mehr kaufen. Manchmal verzichtet man auf jegliche Tarnung der eigentlichen Beweggründe und Absichten. So stand auf einer Plattenhülle von "Black Sabbath" zu lesen: "Und du, armer Narr, der du diese LP in Händen hältst, wisse denn, daß du mit ihr deine Seele verkauft hast; denn sie wird schnell in diesem höllischen Rhythmus, in der teuflischen Kraft dieser Musik gefangen sein. Und dieser musikalische Tarantelbiß wird dich tanzen lassen, ohne Ende, ohne Pause".

Aber selbst wenn der Jugendliche keine Rockkonzerte besucht oder Platten kauft, kann er sich dem gefährlichen Sog kaum entziehen, denn aus den Lautsprechern der Radios tönt vorwiegend Beat-, Pop- und Rocklärm. "Wenn man es recht bedenkt", sagte ein Vertreter der Marktbeobachtungsstelle eines Schallplattenkonzerns, "sie *können* uns ja nicht entgehen. Wenn sie das Radio anstellen, haben wir sie schon." [17]

All dies verniedlichen oder als harmlos hinstellen zu wollen halte ich für gefährlich. Hier wird nämlich handfeste Dämonomagie praktiziert in ihren übelsten erfahrbaren Formen. Führende Pop- und Rockgrößen gaben das schon öfters offen zu. "In einer spiritistischen Sitzung versprach mir der Spirit Ruhm und Weltherrschaft durch die Rockmusik und Reichtum im Überfluß. Das einzige, was er von mir verlangte, war mein Körper, um ihn zu besetzen. Und so wurde ich weltberühmt unter dem Namen, den er mir als den seinen gab, Alice COOPER ", erklärte der unter diesem weiblichen Namen auftretende Satanist, der eigentlich Vincent Fournier heißt. [18]

Mit dem "Körper besetzen" ist Besessenheit im spiritistischen (und auch biblischen) Sinn gemeint. Der Sänger der Hardrockgruppe "Meat Loaf" erklärte am 11.9.1978 der "Times" gegenüber: "Wenn ich auf die Bühne komme, werde ich besessen", d.h., eine Fremdpersönlichkeit nimmt von seinem Körper Besitz. Es liegt eine Reihe ähnlicher Aussagen vor. Unter dem Titel "Rock und Schwarze Magie" heißt es in "Spotlight" Nr.10/1978: "Kreativität, emotionales Über-sich-hinaus-gehen, explodierende Energie, Trance und sich total ausgeben: Attribute, die *jede* Rockschau beherrschen und denen *jeder* Rockmusiker unterliegt, sind gleichwohl Attribute der Magie. Und so ist der Schritt nicht weit, den

Künstler und Musiker unternehmen müssen, um sich den dunklen Mächten der Magie zu stellen, sie herauszufordern, sie dienlich zu machen, ihnen zu begegnen suchen"(!) Und man weiß nicht, über was man sich mehr wundern soll, über die Unverfrorenheit oder über die Leichtfertigkeit, wenn Jimmy PAGE erklärt, Magie sei niemals gut oder böse, schwarz oder weiß, "sondern einfach eine Methode, der dämonischen Wirklichkeit teilhaftig zu werden und diese für sich zu erschließen." [19]

Derlei Aussagen als unbedeutend einzustufen zeugt von eklatanter Unkenntnis jener "anderen Wirklichkeit", die sich unserer begrenzten Wahrnehmbarkeit entzieht und zumeist erst jenseits des Grabes in ihrer Realität erkannt wird. Dämonische Kräfte für sich erschließen zu wollen setzt ja deren Vorhandensein und Dienstbarkeit voraus, doch scheint es noch keinem gut bekommen zu sein, der sich auf solches einließ. Das Dämonische kennt keine Gratis-Dienstleistungen, irgendwann muß man dafür bezahlen. Andererseits beweisen diese an sich bedauernswerten Geschöpfe durch ihr Verhalten und ihren Haß indirekt das Vorhandensein übergeordneter Lichtkräfte. Sie bestätigen ungewollt die prinzipielle Richtigkeit unserer Gottesauffassung, ja sogar der Historizität Jesu Christi. Ihre haßgeprägte Haltung gegen seine Person und gegen christlich-ethische Prinzipien kommt ja nicht von ungefähr. Für mich hat dies ausreichende Beweiskraft. Für die meisten Mitmenschen freilich gilt Joh. 1,5: "Das Licht scheint in der Finsternis, und die Finsternis hat's nicht begriffen."

Und wie verhält es sich mit der den jugendlichen Rockfans versprochenen Freiheit? - Nun, kann von Freiheit noch die Rede sein, wenn statt einer Bewußtseinserweiterung in positivem Sinne, dessen Einengung erfolgt auf ein rein trieborientiertes Denken? Und was soll die Erziehung zum Haß, zur Rebellion, zur Ablehnung altbewährter ethischer Normen und jeglicher Autorität? Welcher halbwegs vernünftige Mensch könnte von solcher Saat gute Früchte erwarten?

Man verstehe mich recht: Als Demokrat würde ich niemals für ein Verbot von Rockveranstaltungen oder irgendwelchen Gruppen und Bestrebungen plädieren, wohl aber für Wachsamkeit und eine rückhaltlose Aufklärung. Damit allein ist es aber nicht getan. Wir sollten vermehrt jene Verteidigungswaffe einsetzen, die von den Dunkelmächten am meisten gefürchtet wird: Das gottvertrauende Gebet! - Als in Zofingen/Schweiz am 19.4.1989 eine Rock-Großveranstaltung mit dem Satansverehrer Ozzy OSBOURNE beginnen sollte (3000 ausverkaufte Plätze zwischen 28 und 50 Franken), sah dieser sich plötzlich außerstande, aufzutreten. Das Konzert platzte. Was war geschehen?

Hunderte, wenn nicht tausende Christen hatten zuvor und besonders an jenem Abend *gebetet*, "daß Gott die Führung übernehme und dieses satanisch-okkulte Konzert verhindere". [20] Von jungen Christgläubigen waren 3000 Aufklärungsschriften verteilt worden, und so geschah "das Wunder von Zofingen". Das danach für den 20. April vorgesehene Konzert in der BRD fiel ebenfalls aus. Osbourne hatte schon am 31. März in der schwedischen Stadt Salna eine Pleite einstecken müssen; auch dort war in größerem Rahmen gebetet worden. - Zufälle?

Nun, jedermann kann selber entscheiden, welcher Musik er den Vorzug geben will. Der große Cellist Pablo CASALS meinte, es läge auch an den Eltern, "etwas zu tun. Sie sollen ihren Kindern gewiß nicht verbieten, Beat zu hören, aber sie könnten ihre Kinder lehren, bessere Musik zu verstehen und zu würdigen." Und weiter: "Ich glaube, die Musik, die man Rock'n Roll nennt, ist ein Greuel, eine Schande, ein vertontes Gift, und wenn ich sie höre, tut mir nicht nur die Musik leid, sondern auch die Menschen, die ihr verfallen sind. Ich trauere um die Länder, in denen die offenen Ohren der Menschen dieses wilde Destillat der Häßlichkeit unserer Zeit aufnehmen müssen, und ich halte es für eine seltsame Fügung des Schicksals, daß unsere Kinder nicht nur unter der ständigen Gefahr atomarer Bomben aufwachsen müssen, sondern auch unter so scheußlichen Einflüssen, wie sie Rock'n Roll, Twist und Beatmusik darstellen." Der Sound des Beat brutalisiert nach Meinung von Pablo Casals den Menschen, "er macht ihn zum wilden Tier; er ist gegen die Kunst und gegen das Leben, denn er führt fort von jener Erhöhung des Geistes, zu der jede gute Musik hinführt." (in "Vital", Nr.3/1967).

Zur modernen Kunst im allgemeinen sei noch gesagt, daß selbstverständlich auch hier nicht alles über einen Leisten geschert werden darf; es gibt Darstellungen von positiv-künstlerischer Gestaltungskraft, die Bewunderung verdienen. Leider jedoch überwiegen "Plastiken" skurrilster und dümmlichster Art, "Dichtungen" aus "sinnfreien" Wort- und Buchstabenorgien, Theaterstücke perversen Inhalts, alberne Schmierereien in der Malerei etc. pp., von Narren für Narren produziert. Wie soll man z.B. seinen Kindern erklären, warum ihre Strichmännchen und Klecksereien *keine*

Kunst sind, dieselbe Qualität aber in der "documenta" ebenso als Kunstwerk gilt wie eine am Besenstiel montierte Wurst oder ein Klacks Fett an einer alten Badewanne? Es ist bezeichnend, daß diese "Kunstrichtungen" allesamt im 20. Jahrhundert entstanden, dem - wie Nobelpreisträger Kurt LORENZ sagte - Jahrhundert der Narren.

Mir scheint, die Erzeugnisse heutigen Kunstgeschmacks lassen sich grob in drei Kategorien einordnen. In a) harmlose Scherze, die aber ernstgenommen werden, b) Hochstapeleien, und c) Produktionen psychisch und/oder geistig Kranker. [21]

Über das Wesen *echter* Kunst sagte Willy HESS in einem Vortrag: "Was hat der unverbildete Mensch in der Kunst eh und je gesucht? *Schönheit*! Schönheit in der Welt der Klänge, Schönheit in der Welt des Sichtbaren. Damit haben wir ein erstes und untrügliches Merkmal des Künstlerischen. Tatsächlich bedeutet den meisten Menschen die Kunst jenes Schöne und Sonntägliche, das uns aus dem Grau des Alltags in eine höhere und geläuterte Welt entführt. - Schönheit aber bedeutet Ordnung (Harmonie), ist das Gegenteil von Unordnung, Willkür und Chaos. Und wenn wir hier die Tatsache (vorwegnehmen), daß dieser künstlerischen Ordnung ewige Gesetze zugrunde liegen, die von eines Höheren Hand geschaffen sind und im Aufbau des ganzen Kosmos gestaltend wirken, so verstehen wir, weshalb große Kunstwerke über das Emotionale hinaus als eigentliche Offenbarungen des Göttlichen empfunden werden, uns das Walten von *über* uns stehenden Kräften ahnen lassen."

Richtig! Deshalb mahnte SCHILLER die Künstler mit den Worten: "Der Menschheit *Würde* ist in *eure* Hand gegeben. Bewahret sie! Sie sinkt mit euch, mit euch wird sie sich heben!" Wie recht hatte unser Dichterfürst; tiefer als gegenwärtig sank die Menschheit als Ganzes noch nie, und ihre Kunst desgleichen. Der Kunstkritiker Prof. Richard W. EICHLER schrieb 1986:

"Es ist typisch für die materialistische Denkweise von Leuten, die heute etwas zu sagen haben, daß sie beim Stichwort 'Umweltschutz' nur an Wasser-, Luft- und Bodengifte denken, an Strahlung, Staub und Lärm. Das ist zwar wichtig, aber keinesfalls das einzige an Gefährdung, das uns bedroht.

Werden wir im Seelischen und Geistigen nicht ebenso geschädigt? Wer denkt von den Verantwortlichen an die bereits unübersehbaren und in Zukunft noch auftretenden Folgen einer Pseudokultur, die nur noch das Häßliche und Ordinäre, also schlechthin Inhumane, kennt?

Am 9.12.1948 hat die 'Internationale Konvention zur Verhinderung des Verbrechens des Völkermordes' im Artikel IIb den Begriff des Genozids ausgelegt als "schweren Angriff auf die leibliche und geistige Unversehrtheit einer Gruppe". Wir betonen den Begriff 'geistige' Unversehrtheit. Zu prüfen wäre, "wieweit das Bedrängtwerden durch Miserabilismus (in der Kunst) diesen Tatbestand erfüllt."

Schließlich sollen noch zwei *jenseitige* Freunde zu Wort kommen, deren aufschlußreiche Stellungnahmen von erreichter höherer Stufe zeugen. Auf die Frage nach seiner Meinung zur abstrakten Kunst, erklärte AREDOS im seinerzeitigen Berliner Speer-Kreis: "Wenn die Schöpfung so aussehen würde, wie sie sich die abstrakten Künstler vorstellen, wäre sie ein einziges Chaos. Die wahre Kunst ist eine zusammengefaßte oder ausgesuchte Wiedergabe der Schöpfung. Wo keine Harmonie und keine Schönheit ausgedrückt werden, da gibt es auch keine Kunst und keine Künstler." [22]

Zu Pfarrer LANDMANN wurde gesagt: "Die Kunst ist neben der Religion und dem Erkenntnisdrang das Höchste, was Gott der Menschheit gegeben hat. Wer danach hungert, d.h. wer empfänglich ist für ihre Wirkungen, hat vor anderen, die es nicht sind, viel voraus. Kunst, so wie sie immer sein und bleiben wird als Symbolisierung tiefer göttlicher Gedanken ist Schönheit, Harmonie, weckt erhebende Empfindungen, hebt aus dem Staub des Alltags heraus und führt zu lichten Höhen." Und: "Kunst ist in der geistigen Lichtwelt dasselbe, was in der irdischen Welt das tägliche Brot ist. Sie ist für unser Leben unentbehrlich." [23]

Hier wird uns also genau das bestätigt, was unser großer Friedrich SCHILLER mit den Worten kündete: "Was wir als Schönheit hier empfunden, wird einst als Wahrheit uns entgegengehn." Man

lasse sich also von der internationalen Kunst-Mafia nicht beeindrucken, sondern bewahre sich sein gesundes Empfinden für
das zeitlos Gute, Wahre und Schöne auf allen Lebensgebieten. –

Alle Macht den Hexen!

"Hexen-Kunst bringt Macht und Reichtum", verspricht ein Zei-
tungsinserat von 1989 und bietet für 36 Mark plus Versandkosten
"Anleitungen für Beschwörungen, Anrufungen, Rituale und Zau-
berformeln, die jedes Problem lösen können". Und nach einer
Pressemeldung vom 22.4.89 bewilligte das Oberkommando der
US-Luftwaffe der Rekrutin Patricia H. (21) acht zusätzliche
Feiertage zur Ausübung ihrer Religion, weil jedem Rekruten freie
Religionsausübung erlaubt sei. Patricia H. bekennt sich zum
Wicca-Kult und betrachtet sich als Hexe.

Auch im deutschen Sprachraum sind die Hexen im Kommen.
Es gibt Hexenschulen, einschlägige Seminare sogar an Volkshochschulen (getarnt als Kurse zur weiblichen Persönlichkeitsentfaltung) und radikale Feministinnen auf der politischen Bühne, die
sich als Hexen fühlen. In fast allen Städten existieren geheime
Zirkel dieser Art, denen zumeist nicht mehr als 13 Frauen angehören dürfen. Ihre Vorliebe für diese Zahl wird mit den 13 Voll-
mondnächten im Jahr begründet; der Mondkult spielt eine bedeutende Rolle im Hexenglauben.

Die Sensationspresse nimmt sich mit Vergnügen dieses Themas an, und das Fernsehen darf natürlich auch nicht fehlen: "Ich
töte, wenn Satan es befiehlt", lautete eine ZDF-Sendung vom
17.9.1984, bei der die Schwarzmagierin Ulla von BERNUS (UvB),
Tochter des anthroposophischen Schriftstellers Alexander Freiherr
von Bernus (1880-1965, bekannt u.a. durch seinen "Gesang an
Luzifer") ein magisches Tötungsritual vorführte. Da für unsere
Justiz so etwas "objektiv unmöglich" ist, war UvB vom Landge-
richt Kassel zur Rückzahlung von 30.000 Mark an eine Frau aus
Bremen verurteilt worden, deren Freund zurückzuholen mißlungen
war. Und ein protestantischer Pfarrer, der wegen jener Fernseh-
sendung Strafanzeige wegen Mordes und Verführung zum Mord
erstattet hatte, wurde belehrt, daß es sich um ein strafloses Wahndelikt handle, weil so etwas nicht funktionieren könne.

Eine Art Heimat der Hexen scheint England zu sein. Nach der
1951 erfolgten Aufhebung des Hexereigesetzes nahm der dortige
Wicca-Kult einen Aufschwung. Das Wort Wicca soll keltischen
Ursprungs sein und angeblich soviel wie "weise Frau" bedeuten
(später witch = Hexe, Zauberin). Offiziell wird Weiße Magie praktiziert, und im Gegensatz zu den rein feministischen Hexenzirkeln,
sind im Wicca-Kult auch Männer beteiligt. Bei den Einweihungs-
riten, die teils noch von CROWLEY persönlich für den ehemaligen
Oberhexer Gerald B. GARDNER verfaßt wurden, agiert der leitende
Hexenmeister in der Maskerade des Teufels. Der Leitspruch lautet
auch hier: "Tue was du willst". Nicht grundlos wird dem einzu-
weihenden Neuling in allem Ernst die Frage vorgelegt, ob er sich
seinen Schritt reiflich überlegt habe und bereit sei, die Geheimnisse und Rituale des Coven "Unter allen Umständen" zu wahren
(Coven = die Bezeichnung für Hexenzirkel). Bedürfen edle Bestrebungen irgendwelcher Geheimhaltungsgelöbnisse?

Insgesamt betrachtet kann von einer einheitlichen Hexenbewegung allerdings nicht die Rede sein. Die britischen Hexen z.B.
sind in zwei Richtungen gespalten, in die "Gardnerians", die sich
als Anhängerinnen von Gerald B. Gardner verstehen, und die
"Alexandrians" des Alexander SANDERS. [1] Daneben gibt es He-
xenbünde, die auf das Mitwirken von Männern verzichten. Allen
gemeinsam jedoch ist Haß. Haß auf irgend etwas und gegen ir-
gendwen ist Grundlage allen satanistischen Denkens. Die modernen alias "neuen" Hexen als radikale und politisch linksextrem
orientierte Feministinnen erhoffen sich wenig vom astrologischen
Wassermannzeitalter, sie wünschen sich ein weibliches herbei.
Ihnen geht es nicht mehr um Gleichberechtigung, sondern um eine
Art Kulturrevolution, eine Wiedereinführung des absoluten Matriarchats, um Zurückdrängung des Mannes aus dem öffentlichen
und privaten Leben. Dies geht einher mit der Entthronung des
jüdisch-christlichen Vatergottes und dessen Ersatz durch weibliche Gottheiten wie Diana oder Astarte, Isis und Artemis. Erdmut-
tergöttin und Mondgöttin genießen hierbei ebenso Verehrung wie
jener ziegenbockgestaltige "Gott", den manche Esoteriker uns als
Thot/Hermes/Pan/Christus schmackhaft machen wollen.

Hexliche Gemeinsamkeiten zeigen sich ferner im Befürworten
der Abtreibung und in Kinderfeindlichkeit, sowie in der Hinwendung zur Magie als Mittel der Machterlangung über andere. "Du
sollst die Kunst des Giftmordes lehren, jene zu vergiften, die sich
große Herren über alles dünken. Ja, in ihren Palästen sollst du sie

sterben lassen, und die Seele des Unterdrückers sollst du fesseln", heißt es in einem erstmals 1886 veröffentlichten Text. Unter dem Deckmantel des Rechtes auf weibliche Geselligkeit wird "der Anspruch auf die Nacht" propagiert, "auf eigenständige sexuelle Lüste, auf luziferische Wißbegierde und das Recht auf Kontrolle des eigenen Körpers", d.h. auf Abtreibung, wie es in einem Frauenlexikon heißt. [2]

Von "Befreiung" ist natürlich auch wieder die Rede. "Die Befreiung fängt an, wenn Frauen sich weigern, nach den herrschenden Maßstäben 'gut' und/oder 'gesund' zu sein", erklärt Mary DALY in ihrem Buch "Jenseits von Gott Vater Sohn & Co". Ihre Kennzeichnung einer Hexe (sie schreibt "Häxe") lautet: "Häxliche Frauen sind solche, die widerspenstig, eigensinnig, zügellos, unkeusch sind und, vor allem, männlicher Werbung nicht zugänglich. ... Als Furien lehnen die Frauen in der Tradition der großen Häxen den Fluch des Kompromisses ab". Ziel des Hexenglaubens sei nicht, Gott zu erkennen, sondern Gott zu *sein*. [3]

In der hexlichen Religionsphilosophie wird der biblische "Sündenfall" merkwürdigerweise zugegeben, aber so interpretiert, daß Eva erkenntnismäßig dem Adam weit vorausgewesen sei. Ihr Wissen hatte sie von Luzifer. Der Apfel, den sie Adam gab, symbolisierte ihre Bereitschaft, ihr frauliches Wissen mit ihm, dem Manne, zu teilen. - Luzifer ist in Wirklichkeit Gott. Teufel sind die Männer, denn "sie raubten den Frauen die Macht ganzheitlichen Denkens". Und: "In jeder Frau leben hexische, teuflische, göttliche Energien, die Kraft zum Ganzen, zum höchstmöglichen Leben ...". "Unsere weibliche Göttlichkeit erreichen wir mit der Verbindung des ursprünglichen 'Teufels'," nämlich Luzifers. Und wenn überhaupt noch etwas aus dem atomaren Dilemma herausführen könne, "dann der Weg zu uns selbst, zur eigenen luziferischen Kraft, mit unserem weiblichen Geist. Der Weg der heutigen Hexen." [4]

Für diesen Weg wird geworben und gelockt mit wohlklingenden Buchtiteln und Werbesprüchen wie "Heilung und Erfüllung durch die Große Mutter"; "Leben aus der Kraft der Göttin" - "Dieses Buch kann der Leserin zu ihrer schon lange erwarteten und ersehnten Neugeburt verhelfen"; "Der Weg zur Göttin der Tiefe" - "Ein neues Bewußtsein wird aus der Umarmung mit der weiblichen Weisheit der Tiefe entstehen: sensibel, instinktvertrauend, kreativ und weise". Im Veranstaltungsangebot eines Zentrums "für weibliche Entfaltung" heißt es: "Wir versuchen, mit unseren Kursen zu den verborgenen, unbewußten Quellen weiblicher Kraft vorzudringen ... zum schöpferischen Ur-Feuer, das Deine Intuition erweitert, Dir zu neuen geistigen Fähigkeiten verhilft, Dir Dein eigentliches Wesen mitteilt, das einer kraftvollen, eigenmächtigen Frau". Nach außen also die Wiedererrichtung des Matriarchats, nach innen "die Wiedergeburt der Göttin in uns. Der Göttin als dem Einen, universalen Selbst". Womit wir abermals bei der narzißtischen Selbstvergottung angelangt wären (Narzißmus = Verliebtheit in die eigene Person, den eigenen Leib), die in der heutigen Esoterik fröhliche Urständ feiert.

An sich sollte das bisher Dargelegte zur Einschätzung der ideologischen Grundtendenz moderner Hexenkulte ausreichen; denn daß hier alles denkbar andere, nur keine Wege zu Gott gelehrt und beschritten werden, ist deutlich erkennbar. Die Erdgöttin und sonstige Naturgottheiten in Ehren, und soweit sie in der Natur beseelend weben und schaffen, haben auch sie im weisheitsvollen Schöpfungsplan ihren Platz und es ist keineswegs falsch, ihnen dankbare Anerkennung zu zollen; die Moderne hat da viel altes Wissen in Vergessenheit geraten lassen. Doch sollte bei alledem nicht verschwiegen werden, daß jedem Menschen - neben einem Dämon als Vertreter des Negativen Prinzips - auch ein wirklicher Lichtbringer und Führer zum göttlichen Urlicht beigesellt wurde, nämlich unser Schutzengel. Wäre es nicht klüger, sich an diesen zu wenden, statt an Seelenwesen (Naturgottheiten und -geister), die des Gottesfunkens persönlicher Unsterblichkeit noch entbehren? "Weh dem, der zur Wahrheit geht durch Schuld", sagt SCHILLER im "Verschleierten Bild zu Sais". Man wundere sich daher nicht, wenn die erhoffte weibliche Entfaltung zur Eigengöttlichkeit, im Satanismus endet oder in der Psychiatrie. Manche Hexen (und das sind eigentlich schon keine mehr) wissen sehr wohl, warum sie jede Art von Schadenszauber wie z.B. Partnertrennung ablehnen, wegen der alten Hexen-Erfahrung: "Was du aussendest, bekommst du dreifach zurück". Gegenmanipulationen können den auch in der Parapsychologie bekannten "Choc de retour" zwar verzögern, aber nicht ausschalten. [5]

Die heutige Zunft der Hexen und Radikal-Feministinnen rechtfertigt ihr Verhalten gerne mit dem Hinweis auf die ehemals tonangebende Rolle der Frau als Priesterin und man will diesen Status wiedererlangen. In der Tat stand die Frau als naturbevorzugte Trägerin übersinnlicher Fähigkeiten bei manchen Völkern in hohem Ansehen. Der männlichen Priesterschaft schien das noch nie so recht zu behagen, denn es steht historisch fest, daß die Herren so ziemlich alles, was ihre Stellung zu festigen vermochte, monopolisierten. So nahmen sie die Kochkunst ebenso für sich in Beschlag, wie die Astronomie, die Heilkunde und die Kunst der Wettervorhersage. Klar, daß sie den magischen und divinatorischen Künsten der Frauen gegenüber nicht gleichgültig bleiben konnten. Mancherorts nahmen sie solche Frauen als Prophetinnen in ihre Dienste, doch deren Einfluß und Ansehen überwog oft die priesterliche Autorität. So war es zum Teil im alten Rom. In die Geheimnisse der "Guten Göttin", deren Priesterinnen die Vestalinnen waren, wurden nur Frauen eingeweiht und stellten damit eine Konkurrenz zur männlichen Priesterschaft dar. Diese muß irgendwann auf die Idee gekommen sein, sich selber mit Frauengewändern zu bekleiden. Cesare LOMBROSO schreibt: "Wo die Priester die Frauen nicht aus dem Felde schlagen noch bemeistern konnten, maskierten sie sich als Frauen. Der Erfolg gab ihnen recht. Die Oberhoheit blieb ihnen, nachdem sie auch in der Magie und in Prophetenkunst wieder die erste Stelle eingenommen hatten." [6]

Bei den Germanen galten Frauen als Vertreterinnen der hochheiligen Nornen-Dreieinheit Urda, Verdandi und Skuld. Das Noviziat bildeten die sogenannten Halgadomsmaiden, aus deren Mitte sich die höheren Grade rekrutierten:

1. Die Druda oder Truthe (= altdeutsch, für Hexe). Unter "Trut" versteht man im Bayerischen noch heute eine Frau mit magischen Fähigkeiten (Trude, Drude, Drudenfuß, Druiden).
2. Die Hag-Idise oder Hechsa, und
3. die Wala oder Totenfrau, auch Trotenweib oder Trotenwählerin genannt. Sie vollzog als Opferpriesterin den Ritualmord an Männern, vorwiegend an Kriegsgefangenen. Als "Heilsrätinnen" blieben sie unverheiratet und mußten den Mann, der ihre Gunst genossen hatte, töten. [7] Die Leibesfrucht solcher Begattungsakte wurde, sofern man sie für rasserein hielt, als Halgadomskind erzogen oder - wenn männlichen Geschlechts - als Koting anerkannt. [8]

Zurück zum Verhältnis Frau - Mann. Der Frauengleichstellung wurde in unserem Sozialgefüge weitgehend Rechnung getragen, wiewohl das eine oder andere noch verbesserungsbedürftig sein mag. Heute stehen jeder Frau sämtliche Berufe offen, ja im marxistischen Sozialismus dürfen sie gleichberechtigt sogar in Bergwerken oder als Straßenarbeiter schuften. Letzte Sinkstufe der Umkehrung des Weiblichen ist dann die "Soldatin" mit der Waffe in der Hand; Flintenweiber, die erfahrungsgemäß in punkto Gefühlskälte und Grausamkeit entsprechend veranlagten Männern in nichts nachstehen. Aber ist so etwas erstrebenswert? Esoterisch betrachtet tritt die Frau aus ihrem Gesetz und vermännlicht, wenn sie sich als Parodie des Mannes gibt. Das Eindringen in typische, den Frauen wesensfremde Männerberufe macht sie nicht liebenswerter, sondern rächt sich durch den Verlust ihrer Fraulichkeit. Letztere zu bewahren, gelingt nur wenigen Frauen in Männerpositionen. Unsere neuen Hexen, die sich auf ihr esoterisches Wissen soviel zugutetun, scheinen erstaunlicherweise das Dualitätsgesetz, dem die Geschlechter unterliegen, ebenso zu ignorieren wie das Polaritätsgesetz in der Schöpfung. Ohne Kenntnis und Beachtung dieser und anderer Lebensgesetze ist man aber kein Esoteriker, sondern eher jemandem vergleichbar, der im Nebel die Orientierung verloren hat. [9]

Man sollte wissen, daß die allgemeine Polaritätsauffassung männlich = plus, weiblich = minus, nur für die physische Welt Gültigkeit besitzt. Im Astralbereich ist es umgekehrt, und in der Mentalebene wieder andersherum. Nach Hans GEISLER, der sich auf die Aussagen Eingeweihter stützt, setzt sich dies auch in den darüberliegenden Ebenen fort, bis auf der letzten und höchsten Ebene-(die allerdings nicht auf dem Mond zu finden sein dürfte, Ihr lieben Hexen), "die Polarität völlig verschwindet und in der alles Denken, Vorstellen und Spekulieren übersteigenden Einheit aufgeht." [10]

Schon auf der Gefühlsebene des Astralbereichs wird die gegenläufige Polarität für jedermann erkennbar: Der Mann ist in punkto gefühlsbetonter Erotik, die weit mehr ist als bloßer Sex, der (noch weiblich gebliebenen) Frau unterlegen. Hier hat *sie* das Plus, und der Mann ist im Minus. Fast jedes Mädchen geht mit heiligsten Gefühlen in die Ehe, bereit, dem Manne alles zu geben und alles zu sein. An sie stellt das Leben von vornherein die grösseren Anforderungen. Allein Kindererziehung und Haushalt stellen sie täglich zigmal vor Entscheidungen und erweitern ihre Verantwortlichkeit in einem Maße, wie sie dem Manne in nur wenigen Berufen abgefordert werden.

Auf der nächsthöheren Ebene, der gedanklich-intellektuellen (mentalen), ist naturgemäß das männliche Prinzip dominierend Die Frau neigt ja schon deshalb mehr zur Magie und auch zur Mystik, weil sie infolge ihrer Mutterschaftsberufung naturnäher ist und noch nicht so weitgehend intellektualisiert ist wie der Mann. Das ist, nach Kurt ARAM, "einer ihrer größten Vorzüge vor dem anderen Geschlecht". Eine echte Frau denkt mehr mit dem Herzen als mit dem Kopf; eine bewundernswerte Fähigkeit, die für Hexen außerhalb ihrer Begriffswelt zu liegen scheint. Mit ihrer Gabe der Intuition reicht die Frau bereits in jenen Bereich hinein, wo Begabungen wie Hellsehen, Hellfühlen, Hellwissen usw. beheimatet sind. In divinatorischen Künsten (divinatorisch = vorahnend, seherisch) wie dem Handlinienlesen, dem Kristallsehen, dem Kartenlegen etc., und in ihrer oft ans Wunderbare grenzenden Gabe der Ahnungen, der Eingebungen, des gefühlsmäßigen Erfassens wesensverborgener Zusammenhänge, sind die Frauen uns Männern weit überlegen. Kurt Aram hat gewiß recht, wenn er meint, dadurch, daß die Kirche während vier Jahrhunderten der Hexenprozesse das Erbgut solcher Begabungen weitgehend ausrottete und damit dem Leben entzog, habe sie ungewollt, aber sehr wirksam, ihrem stärksten Gegner in die Hände gearbeitet: dem wachsenden Intellektualismus und Rationalismus. Nur sollten derlei Fähigkeiten nicht mißbraucht werden, sondern zu unser aller Heil, zum Heilwerden des Menschen, der Menschheit und der Natur dienen. "Dem Ganzen zum Heil tue jeder sein Teil", lautet ein alter Spiritualisten-Leitspruch. Jeder Mißbrauch aber rächt sich irgendwann.

Aus christlich-spiritualistischer Schau sind weder Mann noch Frau bevorrechtigt. Jeder hat seinen naturgesetzlichen Aufgaben- und Entfaltungsbereich, so daß beide einander ergänzen können und sollen. Vom Dualseelenprinzip her [11] sind Frau und Mann in ihrer wesensbedingten Unterschiedlichkeit zwei gleichwertige Hälften eines ursprünglich spirituellen Ganzen und zur Wiedereinswerdung naturgesetzlich bestimmt. Wissen Hexen, die doch so gerne von der Ganzheit reden, nichts von alledem? - Dieser Naturgesetzlichkeit können wir zwar zeitweilig widerstreben, sogar ein Erdenleben lang und noch darüber hinaus, uns ihm auf Dauer jedoch nicht entziehen. Jede Absonderung (das Wort "Sünde" kommt von "Absondern") entfernt uns von diesem Entwicklungsziel und erschwert unnötigerweise die Rückkehr zum Gesetz.

Unbestrittenermaßen finden wir in orientalischen Religionen eine teils geradezu wahnhafte Frauenverachtung. Sie ist somit kein

Ausschließlichkeitsmerkmal des Christentums. Die unsere Kirchengeschichte so belastende Frauenfeindlichkeit geht zweifellos auf das alttestamentlich verhaftete Denken des PAULUS zurück und widerspricht fundamental der Lehre Christi. Jesus ließ den Frauen Schutz und Gerechtigkeit angedeihen. "Wer unter euch ohne Sünde ist, der werfe den ersten Stein", lautet eine der ergreifendsten Stellen im Neuen Testament. Leider obsiegte das paulinische Christentum, nicht jenes des Jesus von Nazareth. Andererseits bestreitet heute niemand mehr das Unrechtmäßige der entsetzlichen Hexenprozesse im Mittelalter; aber erstens waren nicht *nur* Frauen davon betroffen, und zweitens wird sich jeder wahre Esoteriker vor heftigen Pauschalverurteilungen lange zurückliegender Ereignisse hüten, weil er unter dem Gesichtswinkel des Reinkarnationsgedankens möglicherweise selber schuldhaft beteiligt war. Freilich hätte die Minderschätzung der Frau im Christentum keinen Boden finden dürfen. [12]

Fazit: Trotz meines redlichen Bemühens, Andersdenkende zu verstehen, indem ich deren Argumente kennenlerne und prüfe, komme ich auch im Hinblick auf das radikal-feministische Hexenwesen und den Wicca-Kult zu keiner besseren als der angeführten Gesamtbewertung. Vom rein Menschlichen her kann ich desillusionierte, vom Leben bitter enttäuschte Frauen sehr wohl verstehen, wenn ihnen die Motive und vorgeblichen Ziele der Hexenbewegung sympathisch dünken. Hier finden sie über ein bis dahin ungeahntes Weltbild zu einem vielleicht nie gekannten Selbstwertgefühl und erkennen Möglichkeiten, sich für erlittene Unbill zu rächen. Aber das Sich-rächen-wollen zeugt von einem sehr unterentwickelten Charakter. Das Verzeihenkönnen hingegen läßt menschliche Größe erkennen. Freilich mag es verlockender erscheinen, anderen die Alleinschuld an dieser oder jener Misere zuzuweisen und Haßgefühle abzureagieren, statt einen tieferen Sinn auch im eventuell unschuldig erlittenen Leid zu suchen und sich zu einer höheren als der allgemein üblichen, im Grunde genommen primitiven Lebensauffassung durchzuringen.

Nun, des Menschen Wille ist bekanntlich sein Himmelreich, und das göttliche Prinzip respektierte noch stets die menschliche Willensentscheidung, sie den naturgesetzlichen Folgen überlassend. Daher die Volksweisheit: "Gottes Mühlen mahlen langsam, aber sicher". Wenn nun irdische Evastöchter sich für Göttinnen halten und lieber den "fortschrittlichen" *linken* Pfad wählen, statt des etwas mühseligen, aber lohnenden rechten, so steht ihnen auch das frei. Man entsinne sich jedoch einer anderen zum geflügelten Wort gewordenen Erfahrungsweisheit: "Hochmut kommt vor dem Fall!"

Mit viel gutem Willen kann man ein Positivum der modernen Hexenszenerie vielleicht in der Wiederhinwendung zur Natur und ihren heilsamen Kräften erblicken, doch wäre dies auch ohne Schwarzmagie und Mondscheinrituale erreichbar. Meines Erachtens hat die heutige Frau durchaus eine Befreiung nötig, nämlich die Befreiung vom Makel des Sexkonsumartikels, der sexuellen Wegwerfware, wozu sie sich von skrupellosen Leuten herabwürdigen lässt. Schamlosigkeit ist zwar allenthalben Trumpf, aber wenn Sigmund FREUD recht hat, so ist dies ein Zeichen von Schwachsinn. Jenes Ewigweibliche jedoch, das GOETHE meinte, zieht uns hinan, nicht aber hinab. Eine noch nicht aus ihrem Gesetz getretene Frau verbindet Herzensbildung mit der Bereitschaft zum selbstlosen Dienen, was für sie zugleich Reifung bedeutet und ihr eine Anmut verleiht, die keinem Alterungsprozeß unterliegt. Außerdem wird sie sich ihrer Rolle als Mittlerin wahren Gottglaubens bewußt sein, besonders den ihrer Obhut anvertrauten Kindern gegenüber, deren seelische Entwicklung sie maßgeblich mitprägt. [13] Gustav MEYRINK schrieb in seinem Vorwort zu Bo Yin Ra's "Buch vom lebendigen Gott":

"Seit ... die Russin H.P. Blavatsky die sogenannte Theosophische Gesellschaft ins Leben rief, die Lärmtrommel rührend für die fast stumm gewordene Kunst der Magie, seitdem ist eine geistige Bewegung im Anschwellen, die - wird sie nicht noch in letzter Minute in richtige Bahn gelenkt - ein neues finsteres Mittelalter mit Hexenglauben, Hysterie und Wahnvorstellungen heraufbeschwören wird. Ja Schlimmeres noch: Eine Nachäffung der echten Magie, eine fratzenhafte Maske vor dem wahren Antlitz unsterblicher Geistigkeit, eine Scheusalsgestalt, die drapiert mit dem Modermantel sogenannter Wissenschaftlichkeit einherstolpert."

Meyrink behielt leider recht. Und würden die Anstrengungen des Negativen Prinzips, den Lauf der spirituellen Entwicklung umzukehren, nicht (infolge Haßdenkens) in sich selber zum letztlichen Scheitern verurteilt sein, so käme es möglicherweise tatsächlich zur erbarmungslosen Diktatur eines Hexenmatriarchats. Dann könnte es so kommen wie szt. auf Feuerland, wo die Männer jährlich ein Fest feierten zum Gedenken an das Freiwerden von der magischen Gewaltherrschaft der Frauen. [14]

Vorrangig in den USA fand der moderne Hexenkult offizielle Anerkennung als "Witchkraft-Religion". Im Zusammenwirken mit ausgesprochen satanistischen Bestrebungen und Organisationen konnte bereits ein beträchtlicher Einfluß in Politik, Wirtschaft und Kultur errungen werden. [15]

Dennoch überschätzen diese Leute nicht bloß die vermeintliche Allmacht des "Herrn dieser Welt", sondern auch die naturgesetzmäßige Begrenztheit aller magischen Bemühungen, da diese im wesentlichen auf die Materie beschränkt bleiben. Und dies, obwohl die meisten jener Leute um die höherstufige Wirksamkeit und Überlegenheit des Christusprinzips wissen! Der Haß gegen die christliche Religion kommt jedenfalls nicht von ungefähr; aber Haß macht bekanntlich geistig blind und ist ein erwiesenermaßen schlechter Ratgeber.

Manche von denen, die sich dem linken Pfad verschrieben hatten, fanden aufgrund besserer Einsicht und dank eines noch nicht völlig verdrängten Gewissens, die Kraft zur Umkehr. Allerdings riskieren sie Kopf und Kragen, wenn eine solche Kurskorrektur verbunden ist mit einem klaren Bekenntnis zu Christus. Solche Menschen werden physisch und psychisch terrorisiert und leben meistens nicht mehr lange; aber sie sind von sieghafter Zuversicht erfüllt in dem Bewußtsein, die richtige Entscheidung getroffen zu haben.

Erstaunlicherweise hat sich auch die anfangs dieses Kapitels erwähnte Ulla von BERNUS (UvB) vom 'Schwarzen Weg' offiziell losgesagt. Nachteilige Folgen ihrer (hoffentlich ernstgemeinten) Entscheidung scheint sie nicht zu befürchten. Sie gibt weiterhin Kurse in verschiedenen esoterischen Fächern, erklärte jedoch, keine Tötungsrituale mehr praktizieren zu wollen. Zur Einführung empfiehlt sie ihren Kursteilnehmern das Studium des Buches von Dr. Rudolf STEINER (1861-1925) "Wie erlangt man Erkenntnisse höherer Welten". Eine blindvertrauende Anhängerin Steiners scheint sie allerdings nicht zu sein, denn sie vertritt teils andere Ansichten als er. Beispielsweise betrachtet sie Luzifer, im Gegensatz zu Steiner, nicht als Lichtbringer. Sie sagt: "Luzifer ist jetzt der *gestürzte* Engel und steht eindeutig auf der Seite Satans." Luzifer-Anrufungen seien tödlich-gefährlich. Schwarze Magier könnten nicht mit Luzifer arbeiten, wenn dieser eine positive Wesenheit wäre. Übrigens könne man mit letzterem Pakte schließen (worauf man drei Inkarnationen an ihn gebunden bleibe), mit Satan nicht. [16]

Gleichwohl empfand UvB sich jahrzehntelang als erklärte Dienerin Satans, den sie in hymnischen Gedichten verherrlichte. Einem Anthroposophen gegenüber erklärte sie, Gut und Böse seien "Begriffe aus der Vorstellungswelt von Lieschen Müller, positiv und negativ dagegen sind Polaritäten des Universums". Durch alle ihre bisherigen Inkarnationen sei ihr Weg der schwarze gewesen. Es sei nicht gut, den Weg zu wechseln, man müsse dies in späteren Inkarnationen büßen. Den weißen Weg lehne sie nicht ab, stehe ihm sogar mit Respekt gegenüber, aber sie selbst habe mit dem weißen Weg nichts zu tun. Karmische Nachwirkungen ihres Tuns befürchte sie nicht, weil ihr Gott (Satan) sie beschützt; ein sehr gutes Dienstmädchen werfe man ja auch nicht hinaus, sondern gebe ihm eine Gehaltserhöhung.

Im Juli 1992 jedoch wechselte UvB die Seiten! Den letztlichen Ausschlag hierzu gab eine Christus-Vision. Sie sah Christus am Kreuz und hörte ihn mit lauter Stimme sagen: "Am Ende bin doch ich der Sieger!" Daraufhin habe sich das Kreuz nach rechts geneigt und die Vision war zu Ende. UvB betet nunmehr auch das Vaterunser und versichert: "In dem Moment, in dem man das Vaterunser spricht, kann sich die schwarze Seite nicht einschalten". Dasselbe sei der Fall, wenn man ein Kruzifix anfaßt.

Frau von Bernus ist zu wünschen, daß ihre Abkehr vom Negativen Prinzip gründlich und von Dauer sein möge. Sie will nun überall warnen vor den Gefahren ihres bisherigen Weges; man werde ständig belogen. Dennoch sei das Dunkle eine Realität. UvB dürfte zuzustimmen sein, wenn sie meint: "Im Augenblick hat Satan den Planeten Erde voll im Griff, und von ihm geht eine starke Faszination aus. Da ihm die weiße Seite die Möglichkeit gibt, *bis zu einem gewissen Punkt* zu wirken, tut er das natürlich. Deshalb sind ihm derzeit kaum Grenzen gesetzt."

Auf die Frage, ob UvB sich vorstellen könne, abermals den Weg zu wechseln, lautete ihre Antwort:

"Nein, das ist vollkommen ausgeschlossen, auch wenn die Verlockungen in den letzten Monaten sehr heftig waren. Man kann mir anbieten was man will, dies werden doch nur materielle Dinge sein. Man kann mir Geld anbieten oder ein 50 Jahre langes junges Leben, ich werde alles ablehnen. Sie bekommen mich nicht mehr! Die Versuche, mich auf ihre Seite zu ziehen, werden auch schon langsam schwächer. Natürlich bin ich mir darüber klar, daß ich jederzeit wieder auf dem schwarzen Weg aktiv werden kann, aber gerade weil ich mir darüber klar bin, werde ich es unterlassen. Das *Wissen* um diese Dinge ist das Wichtigste ...". [17]

Naturgeister und Elementseelen

G.W. SURYA kannte einen Bergwerksdirektor, der im Laufe seiner jahrzehntelangen Tätigkeit mehrmals Gnomen und Berggeister gesehen zu haben versicherte. Ihr Erscheinen war ihm stets Veranlassung, den Stollen sofort zu verlassen. Einmal befand er sich mit seinem Sohn zu Vermessungsarbeiten unter Tage, als wieder ein grünes Bergmännlein vorbeihuschte. "Sofort Schicht aus und auffahren", befahl der Direktor. "Fällt mir nicht ein," erwiderte sein Sohn, "ich bleibe unten und vermesse mit meinen Leuten weiter. Wer wird denn so abergläubisch sein." Da alles weitere Drängen vergeblich war, entfernte sich der Vater. Nach zwei Stunden erfolgte in jenem Schacht eine Schlagwetter-Explosion! Von den fünf Begleitern des Sohnes waren drei tot; er selbst wurde bewußtlos geborgen und konnte erst nach langen Wiederbelebungsversuchen gerettet werden.

Frau Marianne PFLAUM war von Kindheit an zeitweise hellsichtig. Während eines erholsamen Waldspaziergangs nahm sie unter einer mächtigen Eiche Platz, um in deren Schatten auszuruhn. Ein Gefühl des dankbaren Losgelöstseins von Alltagsproblemen hatte sich ihrer bemächtigt, als sie plötzlich, einen Ballwurf weit entfernt, ein Wichtelmännchen gewahrte, wie es in den Volksmärchen beschrieben wird: Etwa einen halben Meter groß, stand es an den Stamm einer Eiche gelehnt und lugte mit fragendem, etwas ängstlichen Blick zu ihr herüber. Sie nickte ihm freundlich zu und bat ihn, herzukommen. Der Gnom blieb bewegungslos und schaute nur lange zu ihr herüber. Sie schreibt: "Da bemerkte ich einen goldenen Strahlenweg, der alle Bäume der gleichen Art verband, und ahnte, daß die Betreuung der Waldriesen dem lieben Zwerglein anvertraut war. Dieses glitt nun über den lichtgezeichneten Pfad von einer Eiche zur andern, schaute vom Stamm hinunter ins Wurzelwerk, ob auch alles in Ordnung sei ... Ich kam aus dem Staunen nicht heraus, bis plötzlich das Märchenbild verschwunden war. Während ich über das seltsame Erlebnis nachsann und die Weisheit der Schöpfung bewunderte, die auch den Bäumen einen treuen Wächter gibt, wehten auf einmal frische grüne Blätter von oben auf mich herab. War es ein Gruß von meinem Wurzelmännchen oder ein Zeichen der Gruppenseele der alten Eichen?" [1]

Baronin Adelma von VAY konnte ihre Hellsichtigkeit, wenn sie sich dazu disponiert fühlte, aktivieren, indem sie in ein mit Wasser gefülltes Glas blickte. Sie gab an, nebelartige Wolken darin zu sehen, aus denen sich dann klare und bewegliche Bilder formten. Einmal sah sie im Wasserglas Gnomen zwischen dem Felsengestein ihres Parks herumhuschen. Hierzu erhielt sie auf schreibmedialem Wege folgende Aufklärung:

"Die Gnomen, die du sahst, sind wirklich existierende Elementseelen. Sie lieben euch beide (Adelma und ihren Gatten; R.P.) sehr, weil ihr ihnen Ruhe lasset und die Grotten nicht sprengt, wo sie wohnen. - Wenn die Leute hier bauen, sind die armen Gnomen in großer Angst und Qual; sie müssen sich in der Erde dann andere Grottengänge suchen. Diese Gnomen können sehr gut und hilfreich gegenüber den Menschen sein, die sie lieben; aber feindlich und böse gegen jene, die ihnen schaden. Sie freuen sich, wenn man Blumen und Bäume pflanzt, da fühlen sie sich sicher. Wenn du im Garten wandelst, so sprich nur zu ihnen, sie verstehen dich ...".[2] Weiter heißt es, die Wichtelmännchen würden Musik lieben und den Garten vor Unwetterschäden schützen. Sie hätten sich gefreut, als Adelma unlängst einen Kaktus in die Höhlung ihres Felsens gepflanzt habe. Dafür würden sie die Ratten aus dem Park vertreiben. Die Baronin bemerkt hierzu, dies habe sich erfüllt. Zwei Wochen nach dieser Mitteilung seien die sonst zahlreichen Nager vom Grundstück verschwunden gewesen.

Mit diesen drei kurzen Erlebnisschilderungen, denen ich zahlreiche ähnliche anfügen könnte, gelangen wir in ein weiteres und weites Feld geheimnisvoller Naturzusammenhänge, die dem Esoteriker zumindest nicht fremd sein sollten. Von "Aufgeklärten" geringschätzig lächelnd als Humbug, Halluzination und Märchenerzählerei abgetan, haben wir es dennoch wiederum mit erfahrbaren Fakten zu tun.

Was an Berichten hierzu vorliegt, deckt sich in den Angaben der äußeren Erscheinungen völlig. Auch hinsichtlich der Kategorien von Luft-, Wasser-, Erd- und Feuergeistern herrscht Übereinstimmung, aber die übliche Uneinheitlichkeit beginnt spätestens bei den Unterscheidungen und Namen. So wird von Elementalen gesprochen, von Elementseelen, Elementargeistern, Naturgeistern und Devas. Was die einen Elementale nennen, sind für andere Naturgeister. Nach theosophischer Ansicht - obschon auch da widersprechende Aussagen zu finden sind - stellen die Naturgeister die niedrigste Stufe im Reiche der *Devas* dar. Dieses Sanskritwort rangiert als Bezeichnung "für sämtliche Engel und Naturgeister im Universum, vom Erzengel bis zum Gnom". [3]

Als "Elementargeister" gelten bei den Theosophen die Seelen bzw. niederen Wesensbestandteile gestorbener Menschen, die sich im Kama-Loka, dem "Fegefeuer" der unteren Astralwelt aufhalten, in spiritistischen Sitzungen angeblich als Foppgeister auftreten und zuletzt der Auflösung anheimfallen. Unter dem Begriff "Elementale" ordnen manche die Naturgeister ein, wie Gnomen, Sylphen, Nixen usw., jedoch herrschen allenthalben unterschiedliche Auffassungen vor. Einig ist man sich nur in der Überzeugung, daß es diese Naturwesen gibt, wobei es sich um gute und böse (dämonische) oder indifferente Wesenheiten handeln kann. Die guten, in der gesetzlichen Ordnung wirkenden Naturseelen gelten als Mittler zwischen der astralen und der materiellen Welt sowie als Träger und Bewahrer der Naturgesetze. Letzteres können gegensätzlich gewordene und wirkende Wesenheiten nicht mehr sein, doch sind auch sie den tragenden Naturgesetzen unterworfen.

In den uns über Adelma von VAY zugekommenen Aufschlüssen wird zwischen Elementargeistern (Naturgeistern) und Elementseelen unterschieden. Letztere seien "Seelengruppenkeime" und wirken naturgesetzlich-mechanisch, während erstere bereits aus solchen Gruppenkeimen entstandene Geister sind, deren Aufgabe es ist, Naturabläufe und das Wirken der Elementseelen zu überwachen.

Auch bei Jakob LORBER finden wir diese Unterscheidung. In der Schöpfung gebe es keinen Geist ohne Seele, hingegen Seelen ohne Geist, eben diese Naturwesenheiten. Betont wird, sie seien keine unsterblichen Individuen, sondern lebendige Einzelerscheinungen eines Gruppenseelenprinzips, in das sie nach ihrer Auflösung wieder eingehen zu neuer Verwandlung. Wir wollen hier bei der Bezeichnung "Natur*geister*" verharren, um die aus dem Elementseelenbereich herausgebildeten höherstufigen Wesen als solche zu kennzeichnen.

Im allgemeinen spricht man von vier Gruppen. 1. *Erdgeister:* Gnomen, Wichtelmännchen, Berggeister, Kobolde, Zwerge, Hausgeister (Penaten), Satyre, Faune, Trolle etc. 2. *Wassergeister:* Nixen, Nymphen, Undinen, Wassermänner, Sirenen; im Meer die Nereiden, in Quellen und Bächen die Najaden (Nixen). 3. *Feuergeister:* Salamander. Die Sturmgeister mit in diese Rubrik einzuordnen, halte ich für verfehlt. 4. *Luftgeister:* Sylphen, Feen, Elfen, Wald- und Lichtgeister, Dryaden. Die Angaben hierzu differieren allerdings und sind ein Merkmal unseres mangelhaften Wissens über diesen Schöpfungsaspekt.

Anschaulicheres fand ich wiederum bei Adelma von VAY. Hier werden *fünf* Gruppen genannt: Licht-, Luft-, Wasser-, Erd- und Feuergeister. Jede Gruppe unterteilt sich in jeweils fünf Kategorien (A, B, C), wovon die Gruppe A von magnetischer Beschaffenheit sein soll, die Gruppe B mehr elektromagnetischer, und die Gattung C von elektrischer Art. Als höchstentwickelte Wesen werden jene der Kategorie A genannt, ihnen unterstehen die anderen (aus B und C). Bei der Gruppe B soll es sich um gefallene Embryogeister aus den Paradieswelten handeln, die niemals Menschen waren, während zur C-Klasse ehemalige Menschen gehören sollen, die eventuell reinkarnieren müssen. Nixen, Sirenen, Sylphen, Gnomen etc. gehören hier zur untersten Stufe C, während Elfen und Feen, die durchweg in sehr anmutiger menschlicher Form beobachtet wurden, zur führenden Gattung A gehören. Freilich sollte man keiner der diesbezüglichen Aussagen irrtumsfreie Gültigkeit beimessen; aber solange keine besseren Forschungsmöglichkeiten als die bisherigen gegeben sind, müssen vorhandene Angaben als hypothetische Grundlage dienen. [4]

Zur *Entstehung* der Naturgeister, über Herkunft und Zweck, gibt es ebenfalls uneinheitliche Angaben. Karl SPIESBERGER bringt in seinem Buch "Naturgeister" (Berlin 1978, 64ff.) vier Theorien. Jene nach "Geist, Kraft, Stoff" scheint ihm unbekannt zu sein. Nach Erhard BÄZNER (1867 - 1963), dessen theosophisch orientiertes Buch "Die Naturgeister" ebenfalls viel Richtiges enthält, sind letztere "Schöpfungen des menschlichen Willens, Verkörperungen des selbstlosen bzw. selbstsüchtigen Willens der Menschen", sind somit des Menschen Schöpfungen, deren Dasein von dem unseren stark abhängig sei. Man könne sie als Schöpfungen des Manas, des Denkprinzips, bezeichnen. [5]

Was die *Entwicklung* der Elementarwesen und Naturgeister anbelangt, so schreibt Gina L. HIRSCHE in ihrem Buch "Auf dem Pfade der Mystik": [6]

"Im Laufe ihrer Evolution durchschreiten diese Wesen alle Bereiche der Natur, angefangen vom Erdreich, über das Element des Wassers, des Feuers, der Luft bis zum Licht. Die Wesen im Bereiche des letzteren sind bereits hochentwickelt und engelhaft. Als Gruppenseelen wirken sie zuerst im Gestein, im Pflanzen- und Tierreich, bis hinauf zu den höchstentwickelten Tierrassen, die im Haustier gipfeln. Hier wirkt bereits ein eigenes Seelenprinzip, das seinen Weg der Höherpotenzierung weiterschreitet."

"Einer dieser Wege führt solche Seelen von der Erde fort in höhere Welten, wo sie von den dortigen Bewohnern gesehen und weitergebildet werden. So geht ihr Weg durch das All, bis sie als vollentwickeltes dynamisches Seelenprinzip in das Urlicht eingehen, wo sie vom Hauch Gottes zu unsterblichen Geistern erweckt werden und als sogenannte *Paradieses-Geister* ihren Weg fortsetzen."

Dem "Buch Emanuel" zufolge entstanden aus dem Urprinzip "Gott", nach dem Fall der Erstlinge, neue Naturgesetze, welche die durch den Geisterfall in chaotischer Form entstandene - sagen wir - "Halbmaterie" entwicklungsfähig machten. In langen Zeitumläufen waren mittlerweile die nichtgefallenen Erstlingsgeister zu hohen Geistern herangereift und standen entwicklungsmäßig so hoch über den Gefallenen, daß diese "dem ewigen Gesetze des Ähnlichen gemäß", die Sprache der ersteren nicht mehr verstanden. Deshalb sollte als Bindeglied zwischen Hohem und Niederem eine *zweite Schöpfung* dienen, aus der sogenannte Paradiesesgeister hervorgingen. Diese reinen, entwicklungsfähigen und mit Willensfreiheit begabten Geschöpfe bewohnten nunmehr jene quasi halbmateriellen Welten, die sich gesetzmäßig aus den durch den Geisterfall entstandenen Stoffkeimen gebildet hatten. In der Bibel wird dies sinnbildlich dargestellt als "Erschaffung Adams". [7]

Gleichzeitig und als weitere Folge des "Engelsturzes", entstand in unfreier Entwicklungsnotwendigkeit, "ein zweites Lebendiges" von sekundärer Natur, das EMANUEL *Lebensprinzip* nennt. Dieses entwickelt sich über die Stufen des Mineral-, Pflanzen- und Tierreiches allmählich zum *Seelenprinzip*, mit einer Art Empfindungs-

leib und Nervensystem, plus eines aufdämmernden Bewußtseins.
Nach der höchsterreichbaren Stufe der Tierwelt erfolgt dann die
Umwandlung zu Naturgeistern. Hier gelangt das Seelenprinzip zu
mannigfacher Gestaltung, die sich mehr und mehr der Menschen-
form nähert. Und erst dann, wenn auch hier die Wesensheitsvol-
lendung erreicht wurde, erfolgt durch einen Schöpfungsakt im
Urlicht, die Umwandlung zu ichbewußtem Geist, dessen nunmehr
erworbene Willensfreiheit zugleich Selbstverantwortlichkeit für
Denken und Handeln bedeutet. Diese Willens- und Entscheidungsfreiheit als Attribut persönlichkeitsbewußten Geistes geht soweit,
daß derjenige, der vorsätzlich in ständigem Gegensatz zum göttlichen Urprinzip verharrt, bis zur Entwicklungsstufe des Lebens-
prinzips zurücksinken kann. Er muß sich dann "in Unfreiheit gesetzlich fortentwickeln, bis er wieder eine Stufe erreicht hat, auf
der ihm Willensfreiheit, Schöpfungskraft und Gesetzeserkenntnis
neuerdings möglich werden" (Emanuel). Beides, Rückfall und
Neubeginn, beansprucht allerdings ungeheure Zeitspannen, und
das ist der Grund, warum das luziferisch-satanische Prinzip keine
Anstrengung scheut, möglichst viele Menschen irrezuführen und
wahre Erkenntnis zu verhindern, um dadurch den Fortbestand der
Materie zu sichern! Nach Emanuel wäre demnach die Ebene der
Elementar- und Naturgeister eine höhere, als jene der Tiere. [8]

In "Geist, Kraft, Stoff" wird klar unterschieden zwischen dem
Lebens-, Seelen- sowie Geistprinzip:

1) Das Lebensprinzip, aus dem Urlicht strahlenförmig strömend,
folgt dem Naturgesetz mechanisch. Durch die Kraft der Urlicht-
Vibration in rotierende Bewegung versetzt, belebt es nach abwärts
verdichtend, nach aufwärts vergeistigend. Beim Aufwärtsweg
belebt es den Äther, das Licht, die Fluide, gewinnt an Kraft und
Bewußtsein, bis es sich zum
2) Seelenprinzip gestaltet, um zuletzt geläutert in die Verschmelzung mit Gottes Urlicht eingehend, von dort dreifach beeigen-
schaftet, als individuelles
3) Geistprinzip zu erwachen und nun in Form von "Embryogeistern" das All zu beleben.

Auf diese Weise, so heißt es weiter, ginge "kein Hauch der
Pflanze, kein Atom der Luft, kein Atem des Menschen, kein Leben des Tieres, und wäre es noch so klein, im Universum seelisch
verloren. Die kleinste Bewegung der Atome, das mikroskopischste

Leben, gehört zum großen Lebensprinzip (1), welches in seiner Ausbildung seelisch wird (2), und nach seiner Einswerdung im Urlichte als geistiges Prinzip (3), als individuelle Schaffung, von dort in das All wiederbelebend zurückkehrt." [9]

Bei alledem stellt der "Hauch Gottes" als gebendes Prinzip den männlichen Pol dar (Gott = Vater), das Seelenelement als Empfängerin (von der Erde kommend, Erd-Mutter) den weiblichen Pol. Aus der Vermählung des Seelenprinzips mit dem göttlichen Urlicht entstehen somit unsterbliche Geistwesen, und zwar dualitätsbezogene Embryo- alias Paradiesesgeister ("Embryo" weil sie geistig wachstumsfähig sind). Im Sinne des Dualgesetzes stellen diese freien und ichbewußten Geschöpfe metaphysische Individualitäten mit jeweils zwei "Verdichtungszentren" dar, die innigst miteinander verbunden sind und eine nur ihnen eigene Prägung aufweisen.

Bemerkenswert ist ferner folgende Angabe: Wenn ein Mensch zur Welt kommt, so würden sich "in seinem Nervengeiste und Fluiden" sieben Arten von Elementseelen miteinverleiben. Man behält sie sein Leben lang und soll sie beherrschen lernen. Es sind dies Licht-, Luft-, Erd-, Pflanzen-, Wasser-, Feuer- und sogenannte Haus-Elementseelen. Jedes dieser Seelenprinzipien nimmt, artgemäß auf seiner Ebene, Einfluß auf den Menschen. Angeblich können sie Formen annehmen, als Gespenster oder in Träumen auftreten, im Mediumismus physikalische und psychische Phänomene bewirken und sich als verstorbene Menschen ausgeben. [10]

In seinem Buch "Die Naturordnung. Von der Mechanistik zur Pneumatologie" (Pforzheim 1958, 59ff.) spricht Dr. Fritz QUADE (1848-1944) von "Gesetzesgeistern". Er schreibt, es genüge nicht, die Gesetzmäßigkeiten bei physikalischen und chemischen Vorgängen als Naturgesetze zu konstatieren; es müsse vielmehr der Versuch einer Deutung ihres Zustandekommens gemacht werden. LEIBNIZ habe mit seiner Monadologie einen derartigen Versuch unternommen. Quade, dem 1941, nach dem Englandflug von Rudolf HESS, jede weitere parapsychologische Tätigkeit untersagt worden war, schreibt hierzu:

"Mit der Einführung der Vorstellung, daß gleichsam atomisierte lebende Gotteskräfte, die Gesetzesgeister, sich in Äther, Quanten und Uratomen verkörpern und, in Einheit mit Gott, in Kenntnis der göttlichen Pläne und Absichten, die Elemente und Moleküle aufbauen und ihr Verhalten regeln, wurde eine neue Grundlage geschaffen für eine *spirituelle* Auffassung der irdischen Natur."

Quade (Chemiker und Patentanwalt) gelangte aufgrund seiner umfangreichen und gründlichen Studien zu der Überzeugung, daß kein Zufall zufällig entstandene organische Verbindungen zu Zellen zusammenfügt, keine Naturauslese aus zufällig durch Mutation (= plötzliche Veränderung erblicher Eigenschaften) entstandene Abarten herauszüchtet, "sondern von einem vorausschauenden, zielbewußten höchsten *Geist* sind die Instrumente geplant, die die inkarnierten Geister hier zu spielen lernen müssen, und durch deren Gebrauch sie die Erfahrungen machen und Erlebnisse haben können, die zur Erreichung bestimmter Ziele erforderlich sind. Während ihres ganzen irdischen Lebens halten die Gesetzesgeister die von ihnen gebauten Leiber funktionstüchtig und bewirken alle die Anpassungen, Regenerationen und Regelungen, für die eine mechanistische Biologie auch nicht den Schatten einer Erklärung zu geben vermochte."

Soweit Dr. Quade. Nun, es besteht Hoffnung auf ein Umdenken in Wissenschaftskreisen. Neuerdings machten einige Forscher von sich reden, die den *Geist* in der Materie, im Atom suchen und hoffen, ihm in der Quantenmechanik auf die Spur zu kommen. Immerhin galt es schon Ende der 70er Jahre nicht mehr als unwissenschaftlich, von "denkenden Elektronen" zu reden und von unsterblichen "Elektronen-Ichs", von denen die Substanz unseres persönlichen Ichs angeblich bestimmt werde.[11] Spiritualisten und Esoteriker können also guter Dinge sein: Es hat nämlich den Anschein, als ob der theoretische Materialismus auf dem letzten Loch pfiffe. Freilich kann es noch geraume Zeit dauern, bis ein neues Denken die Allgemeinheit erfaßt; zumal der Materialismus - nach du PREL - ja nur deshalb so viele Anhänger hat, weil er den geringsten Verstandesaufwand erfordert.

Adelma von VAY war von drüben gesagt worden, daß die Zeit kommen werde, wo Wissenschaftler mit Naturwesen und ihren Kräften, unter Anleitung höherer Naturgeister, arbeiten und bedeutende Erfindungen machen werden. Doch würde dies erst dann der Fall sein können, wenn Wissenschaftler "demütige Schüler der Geister höherer Ordnung werden".

Jedenfalls beruhen die Sagen und Märchen von Kobolden, Gnomen und Heinzelmännchen, von Nymphen, Nixen und Feen auf einem wahren Kern. Vor hundert Jahren noch war dieser Glaube im Volke stark verwurzelt. In der Mark Brandenburg galt der St. Johannestag als Tag der Elfen, Feen und Naturgeister.

Schon zuzeiten des Altertums wußte man recht gut zu unterscheiden zwischen den Manifestationen verstorbener Menschen
und solchen der Naturdämonen. In letzteren sah man mächtige
Gottwesen von wohlwollender oder feindseliger Art. Unter Dämon bzw. Dämonion verstand man bei den Griechen ursprünglich
eine Gottheit schlechthin, aber auch des Menschen Seele sowie
das Phänomen der inneren Stimme (wie beispielsweise das Dämonion des SOKRATES. Er vernahm diese Stimme, derentwegen er
angeklagt wurde, bis an sein Lebensende). Schließlich begann
man zu unterscheiden zwischen Dämonen guter Art (Agathodä-
monen) und den bösen alias Kakodämonen. Im Christentum gewann das Wort "Dämon" ausschließlich negative Bedeutung. Der
protestantische Theologe Dr. Kurt E. KOCH gibt zwar die Existenz
von Naturgeistern zu, hält sie aber allesamt für schlimme Dämonen, deren oberster Chef der Teufel persönlich sei. [12]

Es ist jedenfalls recht unvernünftig, anzunehmen, daß alle, die
solche Naturwesen wahrnahmen oder gar mit ihnen in Kontakt
traten, halluziniert haben sollen, und nur jene sich eines klaren
Verstandes rühmen dürfen, die das alles für Hirngespinste halten.
Daß man gegenwärtig bei uns kaum noch Menschen mit derlei
Erfahrungen findet, mag zur Hauptsache wohl an unserer Hast und
Unruhe liegen, ja an der Naturwidrigkeit unseres Lebens überhaupt. Feen, Elfen, Gnomen usw. zeigen sich nicht im Lärm unserer Städte und Schnellstraßen. Manche Kinder vom Land mögen
sie gelegentlich noch wahrnehmen. Ansonsten wohl nur noch solche Menschen, bei denen die erforderliche Hellsichtigkeit vorliegt
und das Empfinden für alles Schöne, Natürliche und Edle noch
nicht abgestumpft ist.

Dr. Wilhelm MRSICH, ein verdienter Forscher auf dem Sektor
des Übersinnlichen, konnte auf mehrere Erlebnisse mit Naturwesenheiten zurückblicken. Sein erstes Erlebnis dieser Art, das er
schon in jungen Jahren hatte, war ganz außergewöhnlich. Es wäre
schade, wenn es in Vergessenheit geriete:

Als Junge pflegte Mrsich die Schulferien bei seinen Großeltern
an einem oberbayerischen See zu verbringen. Damals war Fischen
seine Leidenschaft, und so radelte er allmorgendlich zum See hinunter, einen ziemlich steilen und schmalen Fahrweg hinab, der
unten in eine breite Querstraße einmündete. Gegenüber dieser
Einmündung lag ein altes Gehöft, dessen Tor immer offenstand. In
der Mitte des weiten Hofes befand sich ein runder, gemauerter

Ziehbrunnen, mit einem Dach darüber, das von zwei starken Pfosten getragen wurde. An diesen war eine Seilwinde angebracht, zum Hinablassen und Heraufwinden eines Holzeimers. Eines Tages gegen Mittag vom See zurückkehrend, verspürte er Durst und labte sich am kühlen Wasser jenes Brunnens. Seitdem fühlte er sich irgendwie zu dem Brunnen hingezogen. Noch früher als sonst brach er zu seinen Fischzügen auf, um in der Stille des Morgengrauens eine Weile an "seinem" Brunnen verbringen zu können. Dr. Mrsich erzählt:

"Ich saß dann auf dem Brunnenrand an einen der Dachpfosten gelehnt, den Kopf leicht vorgebeugt und blickte unverwandt in die Tiefe, wobei mich ein nie gekanntes Sehnen überkam. Ich war damals noch unberührt von geschlechtlichen Regungen, hatte noch keine Erfahrungen mit weiblichen Wesen, noch kaum eine Schwärmerei. Umso seltsamer war mir jenes Sehnen ... ".

Eines Tages war er besonders früh aufgebrochen. Der volle Mond tauchte den Brunnenhof in silbrigen Schein. Auf der Brunnenmauer sitzend, störte ihn der Druck seines Geldbeutels in der Hosentasche. Er zog die Börse hervor und legte sie auf den Mauersims. Aber dort störte ihn ihr Anblick. Er entleerte sie auf dem Brunnenrand, um den leeren Beutel wieder einzustecken. Dabei rollte ein Goldstück unbeabsichtigterweise in den Brunnen. "Ich sah ihm nach, wie es unten aufschlug und kleine Wellenkreise warf. Da formte sich plötzlich in diesen Wellen ein hauchzartes, unirdisch schönes Antlitz für einen flüchtigen Augenblick nur, aber so eindrucksvoll, daß es sich mir unvergeßlich einprägte. Es hatte große, goldglänzende Augen, einen fein geschwungenen, üppigen Mund, bebende, fast durchsichtige Nasenflügel ... Umrahmt war das milchig zarte Gesicht von wogendem, blauschwarzem Haar."

Noch lange saß der Jüngling da und blickte hoffend in die Tiefe, aber die märchenhafte Erscheinung blieb verschwunden.

Fortan verweilte er jeden Morgen, zwischen Nacht und Tag, am Brunnen, dessen Wasser immer still, dunkel und geheimnisvoll blieb. Begreiflicherweise sann er darüber nach, wie er es erreichen könne, jenes holde Geschöpf wiederzusehen, dem sein Sehnen galt. Ob er es nochmals mit einem Goldstück versuchen sollte? Aber es kam ihm zu unschön vor, die Erscheinung des geliebten Wesens mit einer Münze erkaufen zu wollen. Er wollte seiner Fee

ein passenderes Geschenk machen und erbat von der jungen
Schwester seiner Mutter einen kleinen, goldenen Ring mit einer
Perle. Ohne zu zögern gab sie ihm den Ring. Der Erzähler fährt
fort:

"In einer dunklen, mondlosen Nacht nahm ich ihn mit mir zum
Brunnen. Auf dem Mauerrand sitzend, mit heftig klopfendem
Herzen an den Dachpfosten gelehnt, streckte ich meinen linken
Arm aus, bis sich meine Hand mit dem Ring über der Mitte des
Brunnenschachtes befand. Dann ließ ich den Goldreif mit der Perle in den Schacht fallen. Wie im Fieber atmend horchte ich ihm
nach, hörte, wie ihn das Wasser mit einem leise zischenden,
schluckenden Geräusch aufnahm und sah in der Tiefe ein vibrie-
rendes Flimmern und Funkeln wie von feinsten Silberstäubchen.
Aus dem Silbernebel bildeten sich schleierhafte Formen. Kühle
wehte mir entgegen ..."

"Dann sah ich die Fee. Sie hatte dasselbe unirdisch zarte, be-
rückende Antlitz wie das erste Mal. Aber es hob sich diesmal aus
der Tiefe des Brunnens über den Wasserspiegel empor und ich sah
auch ihre Schultern und Brüste schimmernd, wie Perlmutt, ihre
Arme und ihren Leib bis etwa unter die Hüften. Von da ab war die
Gestalt nur noch ein flimmerndes Fließen ...". "Mein Körper lehnte wie erstarrt am Pfosten. Trotzdem beugte sich mein Oberleib
vor, aber nicht der fleischliche. Ich hatte in diesem Augenblick
zwei Oberleiber. Einer lehnte starr und steif am Dachpfosten; der
andere, leicht und durchsichtig, beugte sich über den Brunnen und
in den Brunnen hinein, ohne daß ich Übergewicht bekam. Vom
Kreuzbein abwärts waren fleischlicher und feinstofflicher Leib in
einem ... Ich strebte so tief in den Brunnen und die zarte Elemen-
targestalt der Brunnenfee hob sich mir so weit entgegen, bis wir
Mund an Mund waren. Ein Wonneschauer durchrieselte mich wie
einen Durstigen ein kühles Labsal. Ich breitete die Arme aus, um
die Feengestalt zu umfassen. Aber sie sank schnell hinab wie ein
Hauch von Kühle, der in die Tiefe fließt, und verschwand im Wasser. - Berauscht und benommen blieb ich zurück, und erst als die
Sonne aufging, kam ich richtig zu mir und verließ den Brunnen."

Mit zunehmender Sehnsucht im Herzen, strebte der Vierzehnjährige weiterhin jeden Morgen vor Tagesanbruch seinem Brunnen zu, bis zu jener unvergeßlichen Nacht zum Sonntag, dem
14. September. Doch lassen wir ihn selbst erzählen:

"Schon gegen drei Uhr morgens traf ich am Brunnen ein. Ich war ungewöhnlich erregt und hastig, konnte es kaum erwarten, mich auf den Brunnenrand zu schwingen. Dabei streifte ich unversehens mit der Innenfläche des linken Handgelenks einen vorstehenden Nagel am Dachpfosten und riß mir eine stark blutende Wunde nahe der Pulsader. Ich war so erregt, daß ich die Beträchtlichkeit der Verletzung erst merkte, als das warme Blut über meine Hand zu fließen begann. Unwillkürlich, wie durch eine plötzliche Erleuchtung veranlaßt und wie von einer äußeren Macht gezwungen, hielt ich den blutenden Arm über die Mitte des Brunnens nach unten und ließ das Blut über die Hand in die Tiefe tropfen."

"Mir wurde dunkel vor Augen. Ich lehnte mich krampfhaft an den Pfosten, um nicht zu fallen. Dann fühlte ich meinen Körper erstarren. Gleichzeitig aber löste ich mich aus diesem erstarrten Leib und schwebte frei und leicht, als feinstoffliche Gestalt, über dem Brunnen und in ihn hinein. Wunderbare Kühle durchwehte mich, und erschaudernd nahm ich wahr, wie das zarte, hauchfeine Haupt der Brunnenfee sich aus dem Wasserspiegel erhob, ihre schimmernden Schultern, die Brüste, der Leib, und wie sie mich liebend umfing. Ich fühlte mich von ihr durchströmt, von einem kühlen, prickelnden Schauer erfaßt, in kreisende Wirbel gesogen und selber saugend, aufnehmend; in überirdischer Wonne gebadet, durchtränkt von Glück, erfrischt, gelabt. Man kann diese Erfüllung nicht beschreiben. Sie übertrifft unmeßbar alles, was Körpersinne empfinden können. Wir gingen ganz ineinander auf."

"Wie lange es währte, ist nicht zu ermessen. Was ist der höchsten Wonne die Zeit? Wenn der feinstoffliche Leib eines Menschenwesens und die ätherische Hauchgestalt eines Elementargeschöpfes sich liebend vereinigen, dann könnten Jahrtausende verrinnen, es könnte die Welt vergehen, sie würden es nicht achten in ihrem Glück ... Als wir endlich beseligt voneinander ließen und uns entschwebten, graute der Morgen. Nebel umwehten den Brunnen, und in diesem Nebel entschwand und versank die Liebesbotin des Elements. Ihre großen, goldschimmernden Augen glänzten feucht und dankbar und doch traurig zugleich, als wollten sie von mir Abschied nehmen. Ihr Antlitz war bleicher als sonst, und ihre Gestalt noch zarter und wesenloser, als sei ihre Kraft erschöpft."

"Ich aber war erfüllt von Freude. Wohl eine Stunde noch lehnte ich, langsam zu mir kommend, taumelig vom Rausch des überreichen Erlebens, am Pfosten des Brunnendaches, bis die ersten Sonnenstrahlen mich aus meiner Verzückung lösten. - So war meine erste Geliebte ein Wesen nicht von Menschenart, und das mag auch der Grund gewesen sein, warum ich später als Sechzehnjähriger so bitter enttäuscht war von meiner ersten Liebesvereinigung mit einem weiblichen Menschenkind, von der ich mir in meinen Träumen noch mehr Glück erhofft hatte und dann die Schalheit allzu hart erfuhr, die alle Menschenlust hinterläßt."

Nach jenem unvergleichlichen Erlebnis hielt ihn eine gewiße Scheu davor zurück, den Brunnen sogleich wieder aufzusuchen, und er vermied es längere Zeit, an jenem Gehöft vorbeizufahren. Erst an seinem Geburtstag wagte er es, fast sechs Wochen später:

"Es war ein dunkler, feuchter Morgen. Leichter Nieselregen hatte den steilen Fahrweg, der zum Brunnen führte, schlüpfrig gemacht. Ich war ungeduldig und ließ meinem Rad freien Lauf, so daß es mehr und mehr in Schuß kam und ich schließlich die Gewalt darüber verlor. Zum Unglück versagten auch die Bremsen und ich glitt in sausender Fahrt hinab, geradewegs auf den Brunnen zu. Kurz vor ihm schlitterte das Rad. Ich konnte nicht mehr abbiegen und raste mit Wucht gegen die Brunnenmauer, stürzte und schlug mit dem Kopf an einen der Dachpfosten. Es hätte nicht viel gefehlt, und ich wäre kopfüber in den Brunnen gefallen, hätte ich mich nicht mit einer letzten Kraftanstrengung von seiner Mauer weggestoßen, so daß ich neben ihr niederfiel. - Eine Weile mochte ich bewußtlos dagelegen sein. Dann erhob ich mich. Mein Kopf schmerzte heftig, aber der Schädel war noch ganz und meine übrigen Knochen auch. Ich getraute mich nicht in den Brunnen zu schauen; denn ich ahnte irgendwie, daß das Opfer meines Lebens gefordert war zur Vereinigung mit meiner Fee für immer. Mein Lebenswille war stärker gewesen als meine Liebe. Mich beschämte das, und doch war ich froh, daß ich noch da war. Bedrückt verließ ich den Brunnen, ohne einen Blick hinein getan zu haben. Es kam mir wie eine Flucht vor ..." -

Dr. Mrsich schließt: "Der November kam. Ich mußte in die Stadt und tat es, ohne von meinem Brunnen, der mir unheimlich geworden war, Abschied zu nehmen. Erst im nächsten Jahr, im Mai, wagte ich wieder einen Besuch am Brunnen. Aber diesmal ging ich vorsichtigerweise zu Fuß. Doch ich war nicht freudig erregt wie früher, als ich vor meinem Brunnen stand. Ich fühlte mich von einer unbestimmten Schuld bedrückt und von bangen Ahnungen betrübt. Fast hatte ich Furcht, einen Blick in den Brunnen zu tun. Schließlich überwand ich mich und schaute hinab. Da war ich zutiefst erschrocken: Kein Wasserspiegel war in der Tiefe zu sehen. Der Brunnen war leer, versiegt, vertrocknet, und blieb so den ganzen Sommer lang."

"Im Jahr darauf hatte das alte Gehöft einen neuen Besitzer, der es umbauen und erneuern ließ. Der versiegte Brunnen wurde abgerissen, sein vertrockneter Schacht zugeschüttet, das Tor des Hofes geschlossen. Meine Fee war tot."

Dr. Mrsich, den ich persönlich kannte, traue ich keine Phantastereien zu. Ihm waren Einblicke vergönnt in unseres Herrgotts geheime Werkstatt, wie selten einem Menschen. Ob man seine Schilderung glaubt oder nicht, was tuts! Der Wissende streitet nicht, und wer streitet weiß nichts. Der überaus vorsichtige niederländische Parapsychologe Prof. Dr. W. TENHAEFF sagte, wer, wie er selber, "jahrzehntelang in Gesellschaft sensitiver Menschen gelebt hat, weiß, daß es unter ihnen welche gibt, die viel mehr erfahren haben, als die Parapsychologie bisher ans Licht gebracht haben kann." Und: "... all diese Menschen ohne Unterschied als verwirrte Phantasten anzuschwärzen, ist etwas, dem ich aufgrund meiner Versuche und Gespräche mit manchen von ihnen nicht beipflichten kann." [13]

Yoga und Meditation

Das Sanskritwort "Yoga" pflegt übersetzt zu werden mit "Joch" oder "Bindung". Diese Definition mag für christgläubige Ohren nicht gerade verlockend klingen, denn wir sollen ja nur *eine* spirituelle Bindung akzeptieren, nämlich unsere Bindung an Gott, von dem wir ausgegangen sind, und zu dem wir zurückkehren wollen (religion, von lat. = religio = festbinden; religare = zurückbinden).

KAHIR interpretierte das Wort Yoga dahingehend, daß der Yogaschüler sich selber ins Joch spannt, um durch Beherrschung seines Gedanken- und Trieblebens den Weg zur Vervollkommnung zu gehen. Dieser Weg soll zum Ziel jedweder Yogapraxis führen: zur Erleuchtung, zum Samadhizustand, zum Aufgehen im Absoluten, in der All-Einheit. Die beste Definition des Yoga scheint mir jene des Indologen Heinrich ZIMMER (1890-1943) zu sein, welcher sagte: "Yoga ist Aufhebung des Gewahrwerdens zugunsten des Innewerdens". Die meisten Yoga-Arten dürften somit einen Weg der *inneren* Erfahrung darstellen. Ein Weg, der sowohl zu selbsterkennender Bewußtseinserweiterung als auch zur Gotterkenntnis führen kann; eines ist ohne das andere wohl auch kaum denkbar.

Freilich ist die Gottesvorstellung des indischen Yogi von der unsrigen grundverschieden. Wenn wir hier den Theosophen glauben wollen, so besteht die "geistige Wiedergeburt" des Yoga-praktikers in der Verbindung mit dem eigenen Höheren Selbst, wodurch dieses zur Herrschaft über den ganzen Menschen gelangt. Der Christ hingegen versteht darunter die Vereinigung mit Gott oder Jesus Christus, die er sich als Persönlichkeiten sowohl außerhalb seiner selbst, als auch in ihm lebend vorstellt (vgl. Gal. 2,20: "Ich lebe, doch nicht mehr ich, sondern Jesus Christus lebt in mir"). [1]

MIERS in seinem Lexikon definiert Yoga als Möglichkeit, "das spirituelle Bewußtsein zu erweitern und auf diesem Wege dem kosmischen Bewußtsein oder der höchsten Bewußtseinsschicht im Weltall, praktisch der Gottheit, näherzukommen oder mit ihr eins zu werden." Diese Einswerdung bilde letztlich das Ziel ernsthafter Yogaübungen. Aber auch beim Yoga ist es so wie bei der Magie und eigentlich auf allen Lebensgebieten: Es kommt darauf an, zu welchem Zweck, mit welcher Gesinnung und Zielsetzung man etwas tut. Immer ist es der Mensch selber, der seinem Tun und Wollen die ethische Wertung verleiht.

Da als Begleiterscheinung jahrelanger Yogapraxis, neben einer enorm gesteigerten Sensibilität, auch paranormale Fähigkeiten wie Hellsehen und außerkörperliche Erfahrungen aufzutreten pflegen, sind gewisse Bedenken nicht von der Hand zu weisen. Zum einen bestehen sie in der Gefahr des Abgleitens in die Magie und des Verharrens in Selbstgefälligkeit als Guru und "Meister". Zum anderen darin, daß solche in uns schlummernden Begabungen zu früh geweckt und aktiviert werden. Ob dies durch Yogapraktiken geschieht oder im Rahmen eines passiven Mediumismus, bleibt sich gleich; gefahrlos ist beides nicht. Dr. Georg SULZER hielt denn auch eine gottbezogene Lebensführung für die einzig richtige und ungefährlichste Trainingsmethode. Hinsichtlich der Frau Blavatsky, die ihren Anhängern die Ausübung des Raja-Yoga empfahl, schrieb er, sie habe den Menschen durch den vorbildhaft dargestellten Adeptenweg auf eine Entwicklungsstufe heben wollen, wo bereits die Wahrnehmungsweise jener Daseinsform herrscht, in die wir erst nach dem Tode eintreten, "ohne zu bedenken, daß dies bei der großen Mehrzahl der Menschen über das Ziel ihres irdischen Lebens hinausgeht." Wir seien ins Erdenleben versetzt, um dessen Pflichten zu erfüllen, "und nicht um schon so zu leben, wie wir dereinst im Jenseits leben werden, und Kräfte auszuüben, die einer höheren Ebene angehören."

Im Yoga werden bekanntlich ganz bestimmte Körperstellungen praktiziert (Asanas), verbunden mit Atemtechniken (Pranayama) und Meditation. Was ist von alledem zu halten? [2]

Nun, wir wissen, daß jede Körperhaltung, ebenso wie der Atemrhythmus und jeder gesprochene oder gesungene Ton, unser bioenergetisches Kraftfeld unterschiedlich beeinflußt und mitgestaltet; die vitalen Energiebahnen in unserem Organismus desgleichen. Zutreffenderweise wird der menschliche Körper in der Yogaphilosophie mit einer Art Diagramm verglichen. Man nennt dieses Diagramm "Yantra". Die subtilen Zentren, aus denen sich das Yantra zusammensetzt, können durch Yogaübungen und Atemkontrolle so verändert werden, daß durch Umgestaltung jenes Diagramms eine Struktur- und damit Persönlichkeitsveränderung von innen her erfolgt.

Vieles spricht für die Richtigkeit dieser Theorie. Das bedeutet jedoch, daß Yoga keine harmlose Sache ist, sondern auf die Dauer einen erheblichen Eingriff in die Persönlichkeitsstruktur des Schülers darstellen kann. Man sollte deshalb in der Auswahl des Yogasystems die gleiche Sorgfalt walten lassen wie in der Wahl des Yogalehrers. Es ist ja erstaunlich, wo all die vielen Yogalehrer bei uns plötzlich herkommen. Ob sie wirklich alle über die Voraussetzungen indischer Yogameister verfügen, die aufgrund erlangter Aura-Hellsichtigkeit ihre Schüler mit individuell abgestimmten Übungen weiterführen können? Wenn es dann noch (in einer Prospektempfehlung zu Dr. Franz Hartmanns Buch "Was ist Yoga?") heißt, die Yogalehre habe während der Jahrtausende ihrer Existenz "auch manche Wandlungen erfahren, die eine Verunreinigung, wenn nicht gar eine Verfälschung der ursprünglich reinen Yogalehre bedeuten", so wird man erst recht unsicher. Zudem soll es 108 Yoga-Arten geben, und wenn Horst MIERS in einem Diskussionsbeitrag über Bewußtseinserweiterung durch Yoga schreibt, nichts täusche darüber hinweg, "daß Yoga ein fast mechanisches

Hilfsmittel ist, dessen eigentliches Wesen dem westlichen Menschen *fremd* bleibt", so muß einmal mehr die Frage   erlaubt sein, ob man hier unseren Nachahmungstrieb nicht etwas zügeln sollte?

Trotzdem wäre es gewiß ungerechtfertigt, Yoga aus den vorgenannten Gründen in Bausch und Bogen abzulehnen; grundsätzlich falsch scheint mir nur zu sein, den Weg mit dem Ziel gleichzusetzen und Yoga als Religionsersatz aufzufassen. [3]

Von Sadhu Sundar SINGH wird berichtet, er habe sich jahrelang Yoga- und Meditationspraktiken gewidmet, bevor er zum Christentum übertrat. Er gab an, über das kontemplative (betrachtende) Gebet einen anderen psychischen Zustand zu erleben als durch Yoga. Diesen nannte er "Ekstase" im Unterschied zur "Yogatrance". Erstere identifizierte er mit dem, was im Johannes-Evangelium "im Geiste sein" genannt wird. Sundar Singh erklärte:

> "Die Ekstase ist keine gewöhnliche Trance. Als ich Yoga übte, fühlte ich keine andauernde Erfrischung, obgleich die Yogatrance angenehm war, solange sie anhielt ... Nach der Ekstase"(womit der im Neuen Testament erwähnte "Verzückungszustand" gemeint sein dürfte) "fühle ich mich gestärkt, wie belebt und erfrischt. Diesen Erfolg hatte Yoga nicht. Der Zweck der Yogatrance besteht nicht darin, das *Herz* zu befriedigen, sondern den *Kopf*." [4]

Über Yoga und Meditation existiert ein reichhaltiges Literatur- und Kursusangebot. Folgende Yoga-Arten sollen für Europäer ungefährlich sein: Inana-, Kriya-, Karma-, Bhakti- und Raja-Yoga.

Inana- oder *Gnana-Yoga* als Weg des Wissens und der Erkenntnis ist mehr theoretisch-philosophischer Natur, zu welchem das Studium heiliger Schriften gehört. Im Vordergrund steht angeblich die Unterscheidung des Wirklichen vom Unwirklichen; als unwirklich gilt alles, was Wandlung und Tod unterworfen ist.

Kriya-Yoga soll als "Weg des Handelns" die Quintessenz des Raja-Yoga sein.

Karma-Yoga als Weg der Schicksalsmeisterung, ohne Rücksicht darauf, ob Aussicht auf Erfolg besteht, erzieht zur Pflichterfüllung. Miers sieht hier viele Parallelen zum Christentum. Wäre es nicht überhaupt denkbar, daß ein richtig verstandenes und gelebtes Christentum all diese Yoga-Wege in sich vereinigen würde?

Bhakti-Yoga, ein Weg der Anbetung und Versenkung in das Wesen der Gottheit, des spontanen Hinwendens aller inneren Kräfte zu Gott; praktisch die wahre Anbetung Gottes "im Geist und in der Wahrheit" (Joh. 4,24). Möglicherweise spielt hierbei die Gottesvorstellung als solche eine untergeordnete Rolle.

Raja-Yoga (sprich Radscha) wird fast durchweg als höchster Yoga-Pfad eingeschätzt und soll praktizierter Inana-Yoga sein. [5]

Als nicht ungefährlich werden genannt: Mantra-, Kundalini-, Pan-Amrita- und Hatha-Yoga.

Mantra-Yoga lehrt das Erreichen höherer Bewußtseinsebenen mittels Konzentration auf die Lautkräfte, die als Abbild des göttlichen Logos im Menschen wirken und weben. [6]

Kundalini-Yoga bezweckt die Entfaltung und spirituelle Umwandlung des im ersten Chakra (am unteren Ende der Wirbelsäule) ruhenden "Feuers des Muladhara-Zentrums" alias Basis-, Wurzel- oder Geschlechts-Chakras.

Pan-Amrita-Yoga als "Magie des Sexus" gehört zu den Tantra-Praktiken. Deren Einschätzung erfolgte bereits zu Beginn des Kapitels "Mit Tantra-Sex zur Erleuchtung?"

Allenthalben gewarnt wird vor *Hatha*-Yoga, dessen Techniken sich auf die vorzeitige Entwicklung der physischen und psychischen Zentren richten. "Die auf diesem Weg erworbenen Kräfte können Schaden bringen, wenn den mentalen, emotionellen und ethischen Bereichen nicht genügend Aufmerksamkeit geschenkt wird", schreibt Anna Kennedy WINNER in ihrem "Leitfaden zur okkulten Weisheit". Nach MIERS ist dies die volkstümlichste Form des Yoga und die einzige, dem Europäer direkt zugängliche. Beim Hatha-Yoga arbeitet man, nach Dr. Norbert LAUPPERT, von außen nach innen; laut Beatrice FLEMMING, von unten nach oben, um psychische Fähigkeiten zu wecken. In der Werbung zur Schrift "Hatha Yoga, die Physiologie des Astralkörpers" (von Dr. Franz Hartmann übersetzt) heißt es, dies sei "die niedrigste und verbreitetste Art von Yoga". Sie berge schwere Gefahren in sich, da sie vorwiegend der Entwicklung astraler Kräfte diene. Schon so mancher sei dadurch dem Siechtum, der Besessenheit, dem Irrsinn "oder, was noch schlimmer ist, der Schwarzen Magie verfallen".

Hatha-Yoga ist Magie, versichert KAHIR, betont allerdings, daß vieles von dem, was bei uns hierzulande als Hatha-Yoga ausgege-

ben wird, lediglich eine Art Gesundheitstraining darstellt, das
geeignet sei, so manches feiste Bäuchlein mit Erfolg zu dezimie-
ren. Und dagegen sei ja auch nichts einzuwenden.

In Übereinstimmung mit Annie BESANT erklärte Dr. Norbert
Lauppert: Hatha-Yogis würden zwar durch ihre Phänomene ver-
blüffen und dadurch das Interesse westlicher Wissenschaftler wecken bzw. deren Skepsis überwinden, aber jedem Angehörigen
unseres Kulturkreises könne nur geraten werden: Hände weg von
Hatha-Yoga, Lebensgefahr! Raja-Yoga hingegen erwecke die
feineren Kräfte im Menschen auf dem umgekehrten Wege, von
innen nach außen. [7]

Vor Übungssystemen zur Erlangung übersinnlicher Fähigkeiten ist wohl allgemein zu warnen. KAHIR ist auch hier zuzustimmen, wenn er meint, viele Menschen westlicher Prägung würden
durch die Art ihres Denkens, Fühlens und Wollens unbewußt Yoga treiben. Auch der EREMIT betont, die allein richtige Weise, in
uns schlummernde außergewöhnliche Kräfte zu wecken, besteht in
Verinnerlichung durch Gebet und gottbezogene Meditation, um
unser Gottvertrauen zur Gottverbundenheit zu entwickeln. "Laßt
euch nie durch Anzeigen und Anpreisungen dazu verleiten, an
Kursen zur gewaltsamen Entwicklung okkulter Kräfte in euch
teilzunehmen. Jeder (wirklich) Eingeweihte warnt ernstlich alle ...
vor solchen Versuchen. Und sie warnen euch, weil sie als Eingeweihte sehr wohl in der Lage sind, die manchmal geradezu entsetzlichen Folgen solch gewaltsamer Entwicklung zu überschau-
en." Wer einen derartigen Weg aus freien Stücken gewählt habe,
dem könne kein Eingeweihter - und vermutlich auch kein Schutzengel - mehr helfen!

Der Theologe Dr. Kurt E. KOCH warnt in seinen Büchern unterschiedslos vor sämtlichen Formen von Yoga, ja sogar vor der
Meditation. Er gibt an, zahlreiche Fälle kennengelernt zu haben,
wo Yogapraktizierende in den Bann dunkler Mächte geraten waren, aus welchem sie, wenn überhaupt, nur mit größter Mühe wieder herauskamen. Für Dr. Koch ist zudem der oberste Chef des
Yoga ... der Teufel persönlich! Und wenn es stimmt, daß Gott
Shiva als dritter und zerstörender Aspekt der Hindu-Dreieinigkeit,
der "beständig alle Dinge neu macht", "Herr des Yoga" ist, so läßt
man als Westler vielleicht besser die Finger davon. [8]

Wenn Dr. Koch aber auch glaubt, vor Meditation warnen zu
müssen, so sei daran erinnert, daß sich dieses Begriffes auch die

Kirchenväter bedienten. Ferner wird es auch hier auf die *Art* der Meditation ankommen sowie auf die Gesinnung und Absichten des Praktikers. Versucht man während des Meditierens, an Licht und Liebe zu denken, sich oder andere lichtvoll eingehüllt vorzustellen in die schützende Liebe Gottes, dann kommt doch dies - so meine ich - einem tiefempfundenen Gebet gleich. Besteht ein Gebet mehr aus inwendig gedachten als aus auswendig gelernten Worten, so wird es zur Meditation, zum Sich-Öffnen für die Kraft der Stille, in der das Göttliche am wirksamsten waltet. Warum sollte das verwerflich sein? Nur wenn dies ohne Gottbezug geschieht, können sich - wie beim Yoga ohne religiösen Rückhalt - unerwünschte Mächte einschleichen. Zum Selbstzweck freilich sollte Meditation niemals werden; Weg und Ziel sind nicht dasselbe. [9]

Yoga allgemein als Weg zur Selbstfindung nicht anerkennen zu wollen, liegt mir fern. Die Yogaliteratur beweist zur Genüge, daß man hier zu tiefen Einsichten gelangen kann. Sri AUROBINDO ist ein gutes Beispiel. Er revidierte die bislang als Richtschnur geltenden Ansichten vieler Yoga-Asketen und zeigte auf, daß der als Ziel angestrebte Nirwanazustand erst ein *Anfang* ist, der Beginn einer neuen Etappe auf unserem Wege zu Gott, den Aurobindo offenbar nicht als unpersönliches Sein erfuhr. "Was die abendländischen Mystiker philosophisch als Unio mystika bezeichnen, nennen die Weisen des Ostens das Eingehen ins Brahman, Nirwana, Samadhi oder das große Satori", heißt es in einer Vortragseinladung des Paters Ulrich BRAND über Meditation. Hier sei die Nahtstelle und Begegnungsmöglichkeit aller Weltreligionen, und seien sie noch so kontrovers. Dogmen und sektiererischer Buchstabensinn würden sich hier kindisch und engherzig ausnehmen.

Viel wird geschrieben über den schon im Kapitel zur Wesensstruktur des Menschen erwähnten *Kundalini*-Yoga, die Kundalinikraft. Sie wird geradezu als die Evolutionsenergie angesehen. Gopi KRISHNA, der darüber eine Reihe bemerkenswerter Bücher verfaßte, sieht in ihr eine biologische Grundlage zur Religionserfahrung, zur Erleuchtung im Sinne eines transzendentalen Bewußtseins nicht bloß für den einzelnen, sondern für die gesamte Menschheit. KAHIR schreibt hierzu:

"Die 'Schlangenkraft Kundalini', wie sie so oft in den Yoga-Lehren genannt wird, stellt die universelle Lebensenergie des

Weltäthers (Shakti) dar, und zwar in ihrer *statischen* Form konzentriert im 'Muladhara-Chakra'. Zweck des Kundalini-Yoga ist es
nun, diese latente Kraft *dynamisch* zu gestalten, d.h. sie als lebendigen psychischen Nervenstrom (Prana) durch die anderen Zentren
des Ätherleibs (Chakras) bis zum Scheitelpunkt, dem 'tausendblättrigen Lotus' zu leiten, wodurch diese geistseelischen Sinnes-
organe erweckt und aktionsfähig werden und die Einheitlichkeit
des Bewußtseins auf allen Ebenen hergestellt wird. [10]

Kenneth RING in seinem Buch "Den Tod erfahren, das Leben
gewinnen" (München 1985) weist nun nach, daß die überwälti-
genden Eindrücke höherer Bewußtwerdung, wie sie als Ziel und
Ergebnis langwieriger Kundalini-Yoga-Übungen auftreten, sich
erstaunlicherweise mit den Nahtoderfahrungen und Berichten
klinisch Totgewesener decken! Dies stellt eine weitere Stützung
der Hypothese dar, wonach in uns Fähigkeiten schlummern, die
uns - wenn sie im irdischen Leben zeitweilig zutagetreten - außergewöhnlich dünken, nach dem Körpertode jedoch die Regel zu
sein scheinen (sofern man eine entsprechende Entwicklungsstufe
erreicht hat), weil sie offenbar Attribute unseres Geistes sind. Der
Sinn jener heute so vielfach berichteten Todeserlebnisse liegt anscheinend im Erkennenlassen und Erkennbarwerden einer höheren, den ganzen Kosmos umfassenden Bewußtseinsebene. Dies
berechtigt zur Hoffnung, daß bei Zunahme und verstärktem Be-
kanntwerden solcher Erlebnisse das verkrustete materialistische
Primitivdenken der Allgemeinheit allmählich doch zu einem evo-
lutionären Um- und Weiterdenken führt.

Kundalini-Erfahrungen anzustreben ist ein riskantes Unternehmen. Ohne religiöses Fundament und geeigneten Lehrer sind
derartige Experimente ein leichtsinniges Spiel mit dem (Kundali-
ni-) Feuer. Manchen scheint dies schadlos zu glücken. Zum Beispiel dem japanischen Wissenschaftler Hiroshi MOTOYAMA, der
auch in der Parapsychologie einen guten Ruf hat und dessen "geradezu prototypischen" Erlebnisbericht Kenneth Ring, ab Seite
224 seines Buches bringt:

Schon als junger Mann war Motoyama spirituell interessiert
und übte eifrig Yoga. Mit 25 Jahren machte er seine erste Kunda-
lini-Erfahrung, als "eine unglaubliche Kraft" durch die Wirbelsäule in den Kopf schoß. Enorme Kopfschmerzen den ganzen Tag
über waren die Folge. Bald stellten sich prophetische Träume und
telepathische Fähigkeiten ein. Bei der Aktivierung seines Herz-

Chakras geschah dann erstmals ein Körperaustritt. Er spürte, wie die Kundalini-Energie vom Herzen aufwärts stieg und empfand sie dabei als leuchtend weiß. Motoyama erzählt:

"Ich verließ meinen Körper durch den Kopf und schwang mich hinauf in eine höhere Dimension ... Als ich zehn, zwanzig Minuten später wieder zu mir kam, sagte mir meine Mutter, sie habe über meinem Kopf und um das Herz herum ein goldenes Licht gesehen ... Seither besitze ich die Fähigkeit des Geistheilens ... Meine psychische Verfassung hat sich seit diesem Erwachen ebenfalls grundlegend verändert; vor allem klammere ich mich nicht mehr an materielle Dinge."

Im Verlaufe weiterer Übungen gelang ihm die Erweckung des 5. und 6. Chakras, was mit jeweils noch höheren psychischen Eindrücken verbunden war, die zunehmend besagten Nah-Todeserfahrungen zu ähneln begannen. Das Geschehen bei der Konzentration auf sein Stirn-Chakra beschreibt Motoyama mit den Worten:

"Mein Atem ging so leicht und ruhig, daß ich das Gefühl hatte, leben zu können, ohne zu atmen ... zwischen meinen Augenbrauen strahlte ein weißes Licht. Ich hörte, wie mich eine Stimme rief gleich einem Echo ... Wenn ich mich in diesem Zustand befinde, sind Vergangenheit, Gegenwart und Zukunft gleichzeitig wahrnehmbar."

Eines Tages entfaltete sich das siebente und höchste Energiezentrum, das Scheitel-Chakra:

"Ein leuchtendes goldenes Licht begann durch meinen Körper zu fließen und ihn durch den Kopf wieder zu verlassen ... Ich sah etwas, das aussah wie der Kopf Buddhas ... und ein weißgoldenes Licht brach hin- und zurückpulsierend aus dem Tor der Buddha-Krone ... Ich konnte eine mächtige und zugleich zarte Stimme hören, die das ganze Universum durchdrang. Während ich der Stimme lauschte, wurde mir plötzlich meine Mission klar, mein vergangenes Leben, meine eigene geistige Verfassung und viele andere Dinge ... Nach einiger Zeit spürte ich, wie ich gezwungen wurde, in die physische Welt zurückzukehren ... Ich mußte meinen Körper ganz bewußt von Energie durchströmen lassen, denn er war steif und meine Gliedmaßen waren wie gelähmt. Schließlich konnte ich Hände und Füße ein bißchen bewegen, und allmählich kehrte das normale Körpergefühl zurück."

Wie immer man hierzu auch stehen will, das Positive an alledem scheint mir Gopi KRISHNA anzudeuten, wenn er versichert,
daß die nachhaltige Erlebniswirkung solcher durch Kundalini-
Yoga vermittelten Umwandlungsprozesse (sofern richtige Zielsetzung vorliegt) zu einem unerschütterlichen Glauben an die Existenz Gottes führe, "selbst bei Menschen, die früher eher skeptisch
waren". Und zu einer radikalen Neuorientierung des Lebens, bei
dem jede Ichbezogenheit in den Hintergrund tritt.

Nun, auch hinsichtlich der Kundalinikraft gilt: sie selber ist
neutral. Wird sie jedoch künstlich und unter Mißachtung ethischer
Voraussetzungen forciert, so kann sie verheerend wirken und zum
leiblichen wie astralen Tode führen. Dann freilich ist es aus mit
aller Esoterik. Letzerer wurde, so meint Dr. Herbert FRITSCHE,
"durch nichts gründlicher geschadet als durch das Heer jener, die
Atemübungen mit Freiheit verwechseln oder Belesenheit mit Einweihung." [11]

EMANUEL sagt: "Jedes Ding hat seine Zeiten der Reife ... In
den kommenden Zeiten einer geistigen Ära eurer Erde wird der
Mensch durch seine Erkenntnis *ewiger* Gesetze sich bis zu einem
gewissen Grade von dem Bann *endlicher* Gesetze frei machen, der
ihn jetzt noch - seiner Stufe gemäß - umgibt. Doch nicht im Frei-
machen von diesem Banne liegt der Fortschritt, sondern das Freiwerden ist nur eine Folge seiner Entwicklung. Dann wird euch von
selbst, als Folge eurer Stufe, das gegeben sein, was der Buddhist
als Folge mühevoller Übungen erreicht. Wenn er aber in der Zeit,
die er auf diese Übungen verwendet, *einem* ringenden Brudergei-
ste durch die Kraft seiner Liebe geholfen hätte, nur *eine* Träne
stummen Schmerzes durch den Hinweis auf ewige Gerechtigkeit
und ewige Liebe getrocknet hätte - er wäre der Gottheit näher
gekommen." [12]

Wenn jedoch hinsichtlich des Yoga das stimmt, was Dr. H. H.
KRITZINGER (kompetent als langjähriger Herausgeber der Fachzeitschrift "Psychische Studien") in seinem Buch "Magische Kräfte" (Dresden 1921, S. 12) angibt, wonach "die letzten Geheimnisse
der Yogalehre nur unter Gefahr für Leib und Leben, *durch Unterschrift mit dem eigenen Blut*, dem Adepten mitgeteilt" werden, so
gilt auch hier: Hände weg!

Wisse, wolle, wage, schweige!

Von Rosenkreuzern, Druiden und Gralsorden

Die Rosenkreuzer

Nach ihrem Ursprung befragt, verweisen die meisten Rosenkreuzer-Gesellschaften auf zwei Persönlichkeiten, sofern sie nicht bei den alten Ägyptern anfangen: auf Christian ROSENKREUTZ, der von 1378 bis 1484 gelebt haben soll (und demnach 106 Jahre alt geworden wäre),und auf den lutherischen Theologen Johann Valentin ANDREAE (1586-1654). Andreae, später Hofprediger in Stuttgart, studierte in Tübingen und war bald als kritischer Schriftsteller für seine humorvolle Satire bekannt. Sein Familienwappen stellte ein Andreaskreuz dar, mit je einer Rose zwischen den Kreuzbalken. Er bekannte sich als Verfasser des 1616 anonym erschienenen Buches "Chymische Hochzeit des Christiani Rosenkreutz". Zuvor schon waren, ebenfalls ohne Autorenangabe, zwei Schriften aufgetaucht, und zwar die "Fama Fraternitatis oder Bruderschaft des Hochlöblichen Ordens des R.C." (1614) sowie die "Confessio Fraternitatis R.C." (1615). Ob Andreae daran beteiligt war, ist nicht erwiesen, doch tragen die inhaltlichen Gedankengänge den Stempel seines damaligen Tübinger Freundeskreises.

In der "Fama Fraternitatis" wird der Lebensweg des vorgeblichen Ritters Rosenkreutz beschrieben, der im Kloster aufwuchs und als Sechzehnjähriger einen Bruder auf der Reise zum Heiligen Grab begleitet habe. In Damaskus sei er mit arabischen Wissenschaften bekanntgeworden und habe gehofft, auf ähnlicher Basis das europäische Geistesleben reformieren zu können. Da dieser Plan fehlschlug, habe er die Rosenkreuzer-Bruderschaft gegründet.

Außerhalb rosenkreuzerischer Kreise steht heute fest, daß Ritter Rosenkreutz eine Romanfigur ist. Andreae distanzierte sich ab 1617 öffentlich von seinem Buch, das er lediglich als romanhafte Spottschrift auf die Geheimnistuerei okkultistischer Gruppen seiner Zeit aufgefaßt wissen wollte. Es hatte jedoch beträchtliches Aufsehen erregt und der Spaß war ernstgenommen worden. Andreae lag nach wie vor an seinen christlichen Reformideen.

Er schlug die Schaffung aktiver Gruppen zur Neubelebung des Christentums vor und gründete eine solche in Calw. Der Dreißigjährige Krieg aber brachte alles zum Erliegen. Erst im 18. Jahrhundert sollen wieder Rosenkreuzerorden entstanden sein. Der bedeutendste unter ihnen war bis um 1800 der alchemistisch arbeitende "Orden der Gold- und Rosenkreuzer", der (besonders in Preußen) auch politischen Einfluß gewann. [1]

Vermutlich um die "Chymische Hochzeit" zu retten, wird mancherorts behauptet, das Manuskript habe schon 1571 vorgelegen und stamme von einem gewissen Aegidius GUTMANN. Andere wiederum führen den Ursprung des Ordens auf den Mitbegründer der britischen Royal Society Elias ASHMOLE (1617-1692) zurück, der jedoch - nach 1660 - selber um Aufnahme in die Bruderschaft bat. Nach Karl KIESEWETTER, dem "Geschichtsschreiber des Okkultismus" (1854-1895), ist die "Fraternitas Rosae Crusis" erstmals 1374 - also schon vor Rosenkreutz - nachweisbar. Von seinem Urgroßvater, der rosenkreuzerischer Ordensimperator gewesen war, besaß er urkundliches Material. Zu jener Zeit war der Orden noch christlich fundiert. Allmählich aber starben die echten Rosenkreuzer aus. Kiesewetter schreibt: "Offenbar hatte das Eindringen illuminatischer und freimaurerischer Elemente das alte Gebäude des Ordens aus den Fugen gedrängt, weshalb nach einem Memorandum meines Urgroßvaters im Jahre 1792 beschlossen wurde ..., die Bibliothek wie das Archiv zu vernichten. Wann und wo das geschah, läßt sein Memorial unklar." [2]

Der Illuminaten-Orden hatte sich die Feindschaft der Jesuiten zugezogen und wurde auch von den Rosenkreuzern abgelehnt, die ihrerseits, wie schon betont, auf christlichem Gedankengut fußten. Ihre sieben Grundregeln lauteten:

1) Alles Große und Göttliche ist einfach.
2) Gottes Kraft ist in uns, wenn wir in ihm sind. Diese Kraft überwindet die Welt.
3) Wirke durch deinen Willen den Willen Gottes, und du erwirbst dir das Leben.
4) Es gibt nur *ein* Gesetz, das keine Ausnahme kennt, das Gesetz der Liebe.
5) In dem Maße, als wir schuldig werden, können wir uns auch erlösen. (Das klingt, sofern der Text richtig überliefert wurde, mißverständlich und nach Selbsterlösung. Vielleicht ist hier Wiedergutmachung im Sinne des Karma- und Ausgleichsgesetzes gemeint).

6) Was du gibst, empfängst du (gemäß Matth. 7,2 "Mit welcherlei Maß ihr messet, wird euch gemessen werden").

7) Der größte Schatz der Menschheit ist für alle Zeiten die Bergpredigt.

In Anbetracht dieser Grundsätze erhebt sich die Frage, wieso deren Realisierung einen Geheimbund erfordern soll? - Weil, so wird argumentiert, die Rosenkreuzerei eine Mysterienschule ist. So jedenfalls lautet die Antwort des schon an anderer Stelle genannten Max HEINDEL alias Carl Louis GRASHOF (1865-1919), der als Maschinist zur See fuhr und sich 1903 in Los Angeles niederließ. Als Vizepräsident der Theosophischen Gesellschaft (Adyar) in Kalifornien reiste er nach Deutschland, zu Dr. Rudolf STEINER, von dem er sich jedoch enttäuscht abwandte. 1909 gründete Heindel in den USA "The Rosicrucian Fellowship". Als "Rosenkreuzer-Gemeinschaft" in Deutschland spaltete sie sich 1954. [3]

Auch bei den Rosenkreuzern - wie könnte es anders sein! - gibt es Irrungen, Wirrungen und Abspaltungen. Eine davon ist die sogenannte Haarlemer Richtung des 1968 gestorbenen Holländers Jan LEENE, der unter dem Namen Jan van RIJKENBORGH das "Lectorium Rosicrucianum" gründete und als 1. Großmeister leitete. Seit 1936 befindet sich die Zentrale in Haarlem. Rijkenborgh hatte 1965 seinen Sohn Henk Leene zum Nachfolger ernannt und zuletzt geklagt: "All meine Arbeit ist umsonst gewesen, sie haben es nicht begriffen." [4]

Zwischen Henk Leene und seines Vaters langjähriger Mitarbeiterin Catharose de Petri (Pseudonym), die sich an die Spitze des Lectoriums gestellt hatte, kam es zu Differenzen. Henk gründete daraufhin im Mai 1969 einen eigenen Verein, die "Gemeinschaft R. + C." (Rosae Crucis), die 1972 umbenannt wurde in "Esoterische Gemeinschaft Sivas". Die Bezeichnung Rosenkreuzer würde bei vielen Menschen Abneigung hervorrufen, "weil heute viele Rosenkreuzerbewegungen ihre fragwürdigen Methoden, Lehren und Verhaltensweisen unter dieser Fahne verbergen." - Man höre und staune!

Bei van Rijkenborghs Gruppe ist, ähnlich wie in anderen esoterischen Gemeinschaften, von katharischen Mysterien die Rede, vom heiligen Gral, von einer wahren universellen Lehre und Kirche, von gnostischer Transfiguration, von einer "neuen transfiguristischen Welt-Freimaurerei des 3. Tempels" und sog.

Eckstein-Freimaurerei, von unmittelbaren Kontakten zur "9. Sphäre" (wo es angeblich keiner Reinkarnation mehr bedarf) sowie Verbindungen durch "geistige Schächte" zu Shamballa. Und natürlich vom Auserkorensein und vom kommenden Weltlehrer des Wassermann-Zeitalters, dem "Maitreya-Christus". Offenbar übersah man, daß dieses hohe Amt schon für "Meister Morya" proklamiert worden war. [5]

Unter dem Begriff *Shamballa* wird in der Esoterik teils ein Bewußtseinszustand, mehr jedoch ein "ätherischer Ort in der Wüste Gobi" verstanden. Laut HPB ist Shamballa der Sitz des "Herrn der Welt" (Sanat Kumara), des höchsten der von der Venus (andere behaupten vom Saturn) zur Erde gekommenen "Herren der Flamme", den mit der 9. Einweihung versehenen Begründern der Meister-Hierarchie.

Shamballa, zumeist als unterirdisches Zentrum der Gewalt und Schwarzmagie charakterisiert, soll das Gegenstück darstellen zu AGARTHI alias Aggartha, dem nicht minder legendären Zentrum der Weißen Magie und Meditation. Manche der spärlichen Quellen besagen Gegenteiliges. Als Zentren spiritueller Kräfte sollen Shamballa und Agarthi vor Urzeiten oberirdisch existiert haben. Am Ende des gegenwärtigen Zeitalters, des Kali-Yuga, auch Eisernes oder Dunkles Zeitalter genannt, soll Agarthi wieder an die Erdoberfläche gelangen und für jedermann, der reinen Herzens ist, erkennbar werden. Angeblich sprach schon SOLON (gestorben ca. 560 v.Chr.) davon und habe gesagt, daß dann die Menschen das Paradies wiedererlangen würden.

Manchmal ist von überlebenden Führern aus Hyperboräa die Rede, die nunmehr jene mystischen Orte bewohnen und deren Land - der griechischen Sage gemäß - ein Hort des Friedens, des Lichtes und der Seligkeit war (als hyperboreischer Kontinent gilt das jetzige Nordpolargebiet). Ähnlich soll es sich mit *Asgard* verhalten: Einerseits mystische Stadt im Kaukasus, als deren Erbauer die Asen gelten, das mächtigste Göttergeschlecht der nordischen Mythologie; andererseits die Wohnung der Asen am Götterhimmel, verbunden mit der Erde (Midgard) durch die Brücke "Bifröst" (Regenbogen). Interessanterweise ist der Regenbogen ein New Age-Symbol.

All dies und noch mehr geistert durch den bunten Dschungel Esoterik. Womit jedoch keinesfalls in Abrede gestellt sein soll, daß uralten Mythen und Sagen kein Wahrheitskern zugrundeliegen könne. Nur scheint mir der Glaube oder Unglaube daran für unser derzeitiges Leben ziemlich unwichtig zu sein, ja vielleicht werden derartige Vorstellungen überhaupt erst durch menschliche Gedankenkräfte "genährt" und dadurch zu astralweltlichen Realitäten? Es ist da möglicherweise wie mit den Naturgottheiten, die als Seelenwesen von der Glaubenskraft, den Gebeten und ggfs. Opfern ihrer Verehrer abhängig sind. [6]

Eine andere Rosenkreuzergruppe, die durch viel Inseratenwerbung auffällt, ist der AMORC (Antiquus Mysticus Ordo Rosae Crucis, d.h. Alter Mystischer Orden vom Rosen-Creutz). Gegründet 1909 (nach Miers 1916) in New York von Dr. H. Spencer LEWIS (1883-1936), der sich die Vollmacht hierfür in Toulouse geholt haben soll. Der in (nach Miers) 16 Gradstufen eingeteilte Lehrstoff des AMORC beruht im wesentlichen auf der Blavatsky-Ideologie, so daß man ebenso gut bei den Theosophen bleiben kann (13. Grad: Gott ist die Natur; 14. Grad: Christus ist ein Rosenkreuzer; 15. Grad: Jeder ist selbst Gott; es wimmelt also nur so von Göttern auf unserer Welt!). Der Rosenkreuzer Eberhard GRANITOR (Pseudonym) vom AAORRAC nennt den AMORC eine Familiendynastie, die das Gedankengut eines Letten namens KIIMALETHO verwertet "und mangels jeder historischen Tradition ihr Wissen auf Amenhotep (15. Jh.v.Chr.) zurückführt, was indes eine reine Erfindung darstellt". Mit autorisierten Rosenkreuzern habe dies nichts zu tun. [7]

Meinen bisher gewonnenen Eindrücken zufolge scheint der AAORRAC (Antiquus Arcanus Ordo Rosae Rubeae Aureae Crusis, Alter geheimer Orden des rubinroten Goldkreuzes) historisch noch am glaubwürdigsten fundiert zu sein. Hier wird Rupert von MOOSHEIM (1493-1555) als Ordensgründer vorgestellt, der das angebliche Urwissen atlantisch-arisch-keltischen Ursprungs "zum ersten Male überhaupt schriftlich zusammenstellte und festlegte". [8]

Im wesentlichen scheinen die Rosenkreuzergruppen, ebenso wie die sich mit ihnen führungspersonell oft identitätsgleichen Templer-, Freimaurer-, Grals- und sonstigen Gesellschaften, auf pansophischer Grundlage zu beruhen. Unter *Pansophie* verstand man im 17. Jahrhundert eine hauptsächlich von Paracelsus und Comenius herstammende religiöse Naturphilosophie, deren Grundanschauungen neuplatonischer Herkunft sind. Der pansophische Weg wird betrachtet als ein solcher von unten nach oben, wogegen auch kaum etwas einzuwenden wäre. Im Verborgenen mag es sicherlich echte Rosenkreuzer gegeben haben und vielleicht noch geben. Nach WELRETOR (Ps.) indes ist keine der jetzigen Rosenkreuzer-Gesellschaften im Besitz des Universal-Auflösungsmittels oder AZOTH der Weisen, noch im Besitze der weißen oder roten Tinktur. Zudem könne der Crowley-orientierte O.T.O., der "Orientalische Templer-Orden" "als die Muttergesellschaft aller neueren sogenannten Rosenkreuzer-Gesellschaften angesehen werden", von denen es derzeit etwa 40 (!) gebe, die alle nach 1900 entstanden sind. Diese seien "Rosenkreuzer ohne Kreuz und Rosen". Welretor zufolge hat die hermetische Tradition noch heute lebende Nachfolger, "die allerdings kaum in den öffentlichen 'Rosenkreuzer-Vereinen' zu finden sein dürften". - Mögen die Rosen an ihrem Kreuze blühen!

KAHIR bekennt, noch keinem echten Rosenkreuzer begegnet zu sein. SURYA warnt in seinem Roman "Moderne Rosenkreuzer" vor "in den letzten Jahrzehnten in Europa und Amerika gegründeten sogenannten 'Rosenkreuzer-Gesellschaften', denen es meist nur um die Werbung reicher Mitglieder zu tun ist und die nicht *mehr* Wissen besitzen", als heute jedermann im einschlägigen Schrifttum zugänglich ist. Er, der ein gewiß sehr toleranter Mann war, empfiehlt: "Man gehe also 'rosenkreuzerischen' Vereinen aus dem Wege!" [9]

Druiden

Die Druiden, die "Hochweisen", waren im vorchristlichen Gallien, Britannien und Irland die Priester keltischer Völkerschaften und genossen hohes Ansehen. Ihnen oblag die Wahrung und Pflege aller kulturellen Faktoren, wie Religionsausübung, Rechtsprechung, Heilkunde, Astronomie, Unterricht und Sozialordnung. Die Weitergabe ihres umfangreichen Wissens geschah nur mündlich in Versform und soll an die 20 Jahre beansprucht haben.

CAESAR schreibt über sie in "De Bello Gallico" (Sechstes Buch, 14, 5-6): "Ihre Hauptlehre ist, daß ihre Seele unsterblich sei und nach dem Tode von Körper zu Körper wandert. Das halten sie für den kräftigsten Antrieb zur Tapferkeit, wenn man den Tod nicht scheut. Außerdem lehren sie noch vieles von den Himmelskörpern, ihrem Lauf, der Größe der Welt und der Länder, dem Wesen der Dinge, der Macht und Gewalt der unsterblichen Götter, und bringen das alles der Jugend bei." Kaiser Claudius verbot den

Druidenkult mit der Begründung, er sei mit Menschenopfern verbunden.

Die druidischen Symbole waren: Das vierblättrige Kleeblatt (Frühling), die Eiche (Sommersonnenwende), für den Herbst die Kornähre und zur Wintersonnenwende der Mistelzweig. Speziell die Mistel wurde hochgeschätzt. [10]

Den Druidenpriestern wird nachgesagt, sie seien als Träger und Wahrer hyperboräischen und atlantischen Wissens auch Hüter des (geistigen) Grals gewesen. Die verchristlichte Gralsrittersage von König Arthur sowie die nachmaligen Tempelritter hätten demnach hier ihren Ursprung. Die Druiden selber sollen an Kämpfen nicht teilgenommen, sondern währenddessen in regungsloser Meditation verweilt haben.

1781 entstand in London ein Druidenorden als Geheimgesellschaft. Heutige Mitglieder derselben kann man zuweilen an vorgeschichtlichen Kultstätten wie Stonehenge beobachten. Das Wissen und Können der alten Druidenpriester jedoch, die keine Kelten und schon vor diesen dagewesen sein sollen, werden ihre in etliche Gruppen aufgespaltenen Nachahmer wohl kaum erreichen. Die Insel Iona vor Schottland gilt übrigens als Insel der Druiden, und eine alte gälische Prophezeiung besagt, Christus würde zuerst von dort wiederkommen.

Gralsorden

Das Wort "Gral" stammt aus dem Französischen und bedeutet Schüssel. Einerseits verlautet, die Sage vom Gral sei syrisch-persischen Ursprungs und mit den Kreuzfahrern nach Europa gelangt, andererseits stamme sie von Irland her. Sicher scheint bloß ihre christliche Umformung zu sein.

Der Sage nach handelt es sich bei der wundertätigen Gralsschale um einen Kelch, der aus einem beim Sturze Luzifers aus dessen Krone gefallenen Jaspis geschnitten ist. Engel brachten den Kelch zur Erde. Jesus benutzte ihn beim letzten Abendmahl, und Josef von Arimathia fing in ihm das Blut Jesu bei dessen Kreuzigung auf.

Diese Fassung der Legende scheint im 12. Jahrhundert von britischen Klöstern ausgegangen zu sein und fand dann in Frankreich literarische Bearbeitung. Wolfram von Eschenbach übertrug sie ins Deutsche und gab ihr die jetzt bekannte Form, derzufolge Josef

von Arimathia mit einigen Gefolgsleuten bis nach England gelangt
sei. Nach seinem Tode nahmen Engel die Schale wieder in Obhut,
bis Titurel, ein französischer Königssohn, sie fand. Er brachte das
kostbare Gefäß auf den heiligen Berg Monsalvatsch, in die dortige, im Schutz tiefer Wälder gelegenen Burg. [11]

Zur Bewachung des Heiligtums entstand nun der Orden der
Gralsritter oder Templer (nicht zu verwechseln mit dem Orden der
Tempelherren). Nur ein Berufener kann zu dieser erhabenen Bru-
derschaft gelangen, und nur ein Reiner kann ihr König sein.
PARSIFAL schließlich, nachdem er während langer Irrfahrten alles
Weltliche in seinem Denken abgelegt hatte und sein Sehnen dem
Göttlichen zuwandte, errang damit die höchsterreichbare irdische
Weihe, nämlich die Würde des Gralskönigs; und die höchste
himmlische Gnade, die Einheit mit Gott. - Ihre Aufgabe sahen die
Gralsritter im kämpferischen Eintreten für Recht und Gerechtig-
keit. Nach ihrem Aussterben nahmen Engel das Gralsgefäss wie-
der in Verwahrung. Richard WAGNER legte das Gralsmotiv seinen
Opern "Parsifal" und "Lohengrin" zugrunde.

Was nun die verschiedenen Gralsorden der Gegenwart anbelangt, so stimme ich Horst MIERS zu, wenn er in seinem Lexikon
unter diesem Stichwort vermerkt, die Gralssage sei im Laufe der
Zeit von vielen Scharlatanen mißdeutet und für pseudoesoterische
Zwecke mißbraucht worden. Gegenwärtig sind mir mehrere Gruppen bekannt, die sich mit dem Gralsbegriff schmücken. [12]

Im Jahre 1893 gründete der Deutschamerikaner Dr. P. BRAUN
einen Gralsorden. Miers erwähnt ihn und nennt als Ziele die Verbreitung von Selbsterkenntnis und Nächstenliebe. Braun schuf die
üblichen drei Grade (Lehrling, Geselle, Meister) und nannte sich
"Großmeister des Gralstempels im Westen". In Deutschland kam
es später zu Gruppenbildungen, die mit Braun anscheinend keinen
Kontakt mehr pflegten. Dieser hatte damals in Arkansas billig
Gelände erworben. Mit seinen Schriften und der Werbung für eine
christliche Gralskolonie lockte er Interessenten an, denen er Land
parzellenweise zu respektablen Preisen verkaufte. Dieses jedoch
war felsig und zu einem Drittel unkultivierbar.

Auch der damals 83jährige Dr. Georg von LANGSDORFF (1822-
1921), ein namhafter Spiritualist, vertraute Braun und reiste im
Jahre 1905 zu ihm. Bald darauf wurde das unehrenhafte Verhalten

des Gralstempelgründers, dessen Doktortitel ebenso falsch war wie seine Großmeisterwürde, offenkundig.

Die zur Zeit im deutschen Sprachraum bekannteste Grals-Organisation dürfte die 1928 von Oskar Ernst BERNHARDT (1875-1941) gegründete sein. Miers charakterisiert sie als eine "Glaubensgemeinschaft auf pantheistischer Grundlage und dem Vokabular des Christentums". Das Zentrum dieser Gruppe befindet sich auf dem Vomperberg bei Schwaz in Tirol.

Bernhardt, der sich den Namen ABD-RU-SHIN zulegte, nannte sich Parzifal und empfand sich als "Immanuel, der wiedergekehrte Menschensohn", als der von Jesus verheißene Tröster. Schon zur Zeit des Moses will er auf Erden geweilt und diesem die Kraft geschenkt haben zur Aufnahme der zehn Gebote und zur Befreiung des jüdischen Volkes. Seine Anhängerschaft glaubt, er habe vor Gott die gleiche Stellung inne wie Christus; während letzterer die Gott-*Liebe* verkörperte, repräsentiere Bernhard den Gott-*Willen*. Durch ihn (Bernhardt) sei die Schöpfung entstanden (!), er ist Mittler zwischen Gott und der Welt, ja er trägt das Weltall. Als die Menschheit dem Fluch der Erbsünde verfiel, wurde ihm die Aufgabe zuteil, Luzifer entgegenzutreten und ihn zu überwältigen. [13]

Bernhardts Buch "Im Lichte der Wahrheit" wurde zur Bibel der Gralsgemeinschaft, die von ihm nur in der dritten Person spricht: ER. Manche mögen Bernhardt für größenwahnsinnig halten, anderen wiederum bedeutet seine "Gralsbotschaft" sehr viel oder gar alles. In der Tat enthält sie allerlei Wahrheiten, beispielsweise über das Weiterleben nach dem körperlichen Tode. Dennoch dürfte bedingungsloses Vertrauen auch hier unangebracht sein. Man sollte sich vielmehr unserer begrenzten Erkenntnisfähigkeit bewußt bleiben und bedenken, daß letztere mit dem individuell errungenen Reifegrad in Wechselbeziehung steht. Infolgedessen, und im Hinblick auf das allgemeine geistige Menschheitsniveau, wird es noch einer sehr langen Entwicklung bedürfen, bis uns das reine ungebrochene Licht vollkommener Erkenntnis evolutionsgesetzlich zuteil werden kann. Vorerst gewinnt man eher den Eindruck, daß unsere gute Mutter Erde als Irrenhaus des Universums dienen muß ...

Spiritismus und Spiritualismus

Hier wäre zu unterscheiden zwischen Nekromantie, Spiritismus und Spiritualismus. Spiritismus wird fälschlicherweise oft und gern mit *Nekromantie* verwechselt. Nekromantie ist Totenbeschwörung mit Hilfe schwarzmagischer Prozeduren und in jedem Fall abzulehnen. Im modernen *Spiritismus* entfällt jedweder Zwang. Die Jenseitskontakte vollziehen sich zumeist via Medien, d.h. über sensitive bzw. entsprechend begabte Personen. Unter *Spiritualismus* schließlich ist die Weltanschauung zu verstehen, die sich aus den experimentell und erfahrungswissenschaftlich gewonnenen Erkenntnissen dieser Forschung ergibt.

Streng genommen darf jeder als Spiritualist gelten, der irgendwie an Auferstehung und ewiges Leben glaubt, auch wenn er sich als Materialist gebärden mag. Letzteres wird allerdings kaum mehr möglich sein, wenn man das Wesentliche dessen, was die moderne Todes- und Jenseitsforschung erarbeitete, zu erfassen in der Lage ist. [1]

Der Beginn des sogenannten modernen Spiritismus setzt mit dem Jahre 1848 ein; demselben Jahr, in welchem durch die Verkündung des Kommunistischen Manifestes eine große antispirituelle Gegenbewegung ihren Anfang nahm (was wiederum bestätigen würde, daß jeder Kraft sich eine gleichstarke entgegensetzt). Während der Spiritismus von Anbeginn für Religion eintrat und das nachtodliche Weiterleben zu beweisen versuchte, brachte der Marxismus blutige Religionsverfolgungen mit Millionen Opfern, kategorisch erklärend: "Mach dir's im Leben gut und schön, kein Jenseits gibts, kein Wiedersehn!"

Beide Strömungen schwollen zu Massenbewegungen an, und um die Wende zum 20. Jahrhundert schien aufgrund der Leistungen hervorragender Medien, mit denen die damals bekanntesten Wissenschaftler der Welt experimentierten, der endgültige Sieg über den Materialismus als Weltanschauung nahe zu sein. Zwei entsetzliche Weltkriege jedoch sicherten dessen Herrschaft aufs Neue, und erst seit zwei, drei Jahrzehnten ist das öffentliche Interesse an spirituellen Dingen wieder im Kommen. "Ihr Deutschen habt es in der Hand, den Spiritualismus zum Siege zu führen," erklärte im Jahre 1860 der Führer des amerikanischen Spiritualismus, Andrew Jackson DAVIS (1826-1910) gegenüber dem deutschen Vorkämpfer auf diesem Gebiet, Dr. Georg von LANGSDORFF. "Aber erst nach Beendigung eines Europa erschütternden blutigen Krieges".

Auslösender Faktor jener Bewegung, die als "moderner Spiritismus" in die Annalen der Geschichte einging, war der berühmt gewordene Spukfall von Hydesville/NY. In seinem Buch "Prinzipien der Natur" hatte A.J. Davis 1846 vorausgesagt, daß nach Ablauf zweier Jahre Beweise für das Weiterleben nach dem Tode geliefert würden. Daraus ging in den USA der sogenannte amerikanische Spiritualismus hervor. In Europa entwickelte sich auf gleicher Basis der romanische Spiritismus, unter Führung des französischen Professors Hippolyte RIVAIL, der sich später Allan KARDEC (1804-1869) nannte.

Der Unterschied zwischen beiden Richtungen, die schon bald Millionen Anhänger zählten, lag lediglich in der Wiederverkörperungslehre: Kardec befürwortete sie, Davis lehnte sie ab. Heute hat sich dies weltweit zugunsten der Reinkarnationsidee verschoben, nicht zuletzt durch das Wirken des weithin bekannt gewordenen US-Mediums Edgar CAYCE, genannt "der schlafende Prophet" (1877-1945). Von Bedeutung ist der organisierte Spiritismus gegenwärtig nur noch in Brasilien, und zwar die kardecianische Richtung, deren Mitglieder auf etwa 40 Millionen geschätzt werden. Ungefähr ebenso viel Anhänger weist der dort zur Volksreligion gewordene Umbanda-Kult auf. Bei ihm handelt es sich um christlich verbrämten niederen Spiritismus, der sich aus afrikanischen und indianischen Elementen zusammensetzt. Umbanda versteht sich als weißmagische Richtung und betrachtet sich als Religion der Zukunft. Schon jetzt macht sie der katholischen Kirche, gemeinsam mit den Kardec-Spiritisten (obwohl letztere sich von den Umbandisten distanzieren) schwer zu schaffen. Die Gegenkraft hat sich hier in der schwarzmagischen Quimbanda-Bewegung etabliert, wozu in erweitertem Sinne Candomblé, Macumba, Woodoo usw. gehören.

An sich gab es spiritistische Phänomene schon immer. Der Beginn des modernen Spiritismus wäre eigentlich mit Emanuel Swedenborg (1688-1772) anzusetzen. Ihm folgten Oetinger (1702-1782), Mesmer (1734 oder 44-1815), der Arzt Justinus Kerner (1786-1862), der die Phänomenologie zu studieren begann und als erster deutscher Parapsychologe gelten darf, ferner Ennemoser (1787-1854) und andere.

Im deutschen Sprachraum erlebten Spiritismus und Spiritualismus ihre Blütezeit ungefähr von 1890 bis zum Ersten Weltkrieg. Ab 1897 erschien im Leipziger Oswald Mutze-Verlag die "Zeitschrift für Spiritismus und verwandte Gebiete" als sechste Publikation dieser Art. Unter Leitung der Brüder Fritz und Dr. Rudolf FEILGENHAUER (beide Lehrer in mehr als zehn europäischen Sprachen), entwickelte sie sich zum Organ des Zentralverbandes der Spiritisten und Spiritualisten, das 1915 umbenannt wurde in "Zeitschrift für Seelenleben und neuere Psychologie" und erst bei Kriegsbeginn 1939 ihr Erscheinen einstellte. [2]

Nach 1945 konnte sich der deutsche Spiritualismus nie mehr so recht erholen. Stärker denn je dominierte der Materialismus, im Westen repräsentiert durch den Amerikanismus, im Ostblock durch das Sowjetsystem. Trotzdem gab es im Westen Entfaltungsmöglichkeiten. In marxistisch regierten Ländern war dies völlig ausgeschlossen, ja mit Lebensgefahr verbunden, wie die dortige, im Westen schamhaft verschwiegene Christenverfolgung deutlich genug erkennen ließ. [3]

Es fällt auf, daß in der New Age-Szene bzw. deren ideologisch dominierenden Strömungen, der Spiritismus keine gute Beurteilung erfährt. Ebenso seitens der etablierten Wissenschaften und der Kirchen. Somit gilt als feststehend, daß bloß Leichtgläubige oder Betrüger dem Spiritismus etwas Positives abgewinnen können. Ob dieser nun zu Recht oder Unrecht in Verruf geriet oder absichtlich diskriminiert wurde, sei dahingestellt; doch lohnt es sich fast immer, das, was öffentlich allzu einhellig verdammt wird, vorurteilsfrei zu untersuchen. Unter Punkt G) des Kapitels über Theosophie nahm ich zum Spiritismus bereits Stellung. Soweit es die gebotene Kürze erlaubt, sei dazu noch folgendes vermerkt:

Hinsichtlich des Todesproblems wird in der Parapsychologie mit zwei Grundhypothesen gearbeitet, mit der animistischen (von lat. Anima = Seele) und der spiritistischen. Soweit auf ein nachtodliches Weiterleben hinweisende Phänomene unter Mitwirkung eines Mediums zustandekommen, deuten dies die Vertreter der animistischen Theorie als unbewußtes Hellsehen, als Telepathie, Persönlichkeitsspaltung, Leistungen des Unterbewußtseins und ähnliches mehr. Fazit: Ein persönliches Überleben des Todes ist weder beweisbar noch widerlegbar.

Anwender der spiritistischen Hypothese sehen die Dinge nicht so einseitig. Unter Anerkennung animistischer Argumente ziehen sie darüber hinaus ein nachtodliches Weiterleben als Denkmöglichkeit in Betracht und halten wenig von allzu phantastisch ausgeklügelten Deutungsversuchen, die unser Unterbewußtsein zum Wunder aller Wunder machen. Wer das umfangreiche Forschungsmaterial zum Todesproblem einigermaßen kennt, der weiß, daß es in seinem Aussagewert konvergierend und unmißverständlich auf ein ichbewußtes Weiterleben nach dem Sterbevorgang hinweist.

Die zentrale Rolle bei alledem spielt der Mensch in seiner von der Medizin noch unerkannten Wesensstruktur. Schon das Altertum kannte einen äußeren und einen inneren Leib. Man wußte, daß letzterer - bei den Griechen "Eidolon" genannt - sich unter bestimmten physiologischen Voraussetzungen zeitweilig aus dem physischen Körper herausbegeben, sich von ihm bis zu einem gewissen Grade trennen kann. "Astralleib" wurde zur gebräuchlichsten Bezeichnung für jenen in uns befindlichen feinstofflichen Organismus, der im Falle von Austrittserlebnissen unser Persönlichkeitsempfinden beherbergt. Wenn er sich dann genügend verdichtet, so kann er auch gesehen werden; daher der weltweit verbreitete Geister- und Gespensterglauben. In der Parapsychologie wird hier von Bilokation oder vom Doppelgänger-Phänomen gesprochen, wenn man sich - wie von klinisch Totgewesenen häufig versichert wird - außerhalb des physischen Leibes sieht und man dennoch einen Körper, der oft als "Lichtkörper" empfunden wird, besitzt.

Schon Carl du PREL sah hierin den Schlüssel zur Lösung des Todesrätsels, indem er argumentierte: Was beim Doppelgänger-Phänomen ohne *Benutzung* des fleischlichen Körpers möglich ist, nämlich daß man außerhalb desselben und ohne Bewußtseinsverlust existieren kann, das muß auch ohne *Besitz* dieses Körpers möglich sein, nämlich nach dem sogenannten Tode, der dann nichts anderes wäre als ein Ablegen und Zurücklassen des irdischen Leibes. Dann wäre logischerweise ein Dauerzustand, was im Erdendasein nur ausnahmsweise erlebt werden kann.

Dies würde der spiritistischen Hypothese entsprechen. Wobei es weniger auf eine allgemeinverbindliche Definition von Geist, Seele und Leib ankommt, als vielmehr auf die Einsicht, daß der Mensch offenbar ein Bürger zweier Welten zugleich ist: des für unsere Sinne erfaßbaren Diesseits, und des Jenseits, das schon von der Logik unserer Sprache her existieren muß. Das vielumrätselte

Jenseits wäre somit lediglich der *jenseits* unserer Wahrnehmungsfähigkeit liegende andere Teil der Natur. Beide Bereiche wären
eigentlich nur eine Sache des Frequenzunterschiedes und könnten
somit - räumlich betrachtet - durchaus an ein und demselben Ort
gleichzeitig existieren, ohne einander zu behindern. Da nun Jenseitige weiter nichts sind als Menschen ohne physischen Leib,
müßten Kommunikationsmöglichkeiten unter bestimmten Voraussetzungen gegeben sein.

Ob der Satz von der Erhaltung der Energie in seiner Verlängerung auch für unser Persönlichkeitsbewußtsein gilt, darüber zu
spekulieren sei anderen überlassen. Wir halten uns vorerst an er-
lebbare und somit erfahrbare Tatsachen, wie sie von der Parapsychologie aufgezeigt werden. Ob man die Ergebnisse der modernen
Todes- und Jenseitsforschung ablehnt oder für wahrscheinlich hält
und daraus weltanschauliche Konsequenzen ziehen mag, muß
jedermann selber anheimgestellt bleiben. Es ist auch wenig emp-
fehlenswert, auf die Anerkennung solcher Forschungsergebnisse
durch die offizielle Wissenschaft warten zu wollen. Das kann erfahrungsgemäß sehr lange dauern, weil - um mit Max PLANCK zu
reden - die Gegner neuer Erkenntnisse erst aussterben müssen. [4]
Trotzdem besteht Hoffnung, denn auch zur Anerkennung der anfänglich erbittert bekämpften Hypnose brauchte es Jahrzehnte.

Zu den Einwürfen gegen den Spiritismus insgesamt oder im
einzelnen sei grundsätzlich betont, daß sie nur bedingt richtig sind.
Stets kommt es darauf an, unter welcher Motivation man sich damit beschäftigt. Die katholische Kirche verbot zwar am 24.4.1917
(also reichlich spät) die Teilnahme an spiritistischen Sitzungen,
aber nicht die Forschung. Aus Neugierde jedenfalls sollte man
sich nie mit derlei Experimenten befassen, und auch nicht
ohne ausreichende theoretische Kenntnisse bzw. einen erfahrenen Leiter.

Zu den hauptsächlichsten Einwendungen gegen den Spiritismus wäre folgendes zu sagen:

1) ***Das biblische Verbot des Totenbefragens*** nach 5.Mose
18,10ff. bezieht sich eindeutig auf die Nekromantie, vor allem auf
geistig Tote, nicht auf Verstorbene schlechthin. Das besagt u.a.
auch der Ausspruch Jesu (Matth. 8,22): "Laß die (geistig) Toten
ihre (leiblich) Toten begraben." Daß sich Gestorbene gegenseitig
beerdigen können, ist wohl auszuschließen. Im biblischen Sinn ist

"geistig tot", wer keinen Gottglauben hat, egal, ob er nun Bewohner des Diesseits oder des Jenseits sein mag. Von Bedeutung aber ist - und das wird meist übersehen - daß Tote (Verstorbene) befragt werden *können*, also müssen sie irgendwo existieren! Und eben das sollte Anlass genug sein für wissenschaftliche Untersuchungen, um mehr Klarheit über Wesen und Sinn der menschlichen Existenz zu erlangen.

2) *Das Zitieren Jenseitiger*, sei es auf welche Art auch immer, ist daher als Nekromantie abzulehnen. Zudem kann es mit beträchtlichen Gefahren verknüpft sein. Anders ist es, wenn ein Kontakt spontan geschieht oder durch Gebet zustandekommt. Im Übrigen nutzt Zitieren überhaupt nichts, wenn die andere Seite nicht kann, will oder darf. Aus den erdnächsten Astralregionen drängt man sich jedoch gern an mediale Menschen heran; nur ist das, was von dort kommt, qualitativ der Menschheit ebenbürtig. Deshalb läßt

3) *die Qualität von Jenseitskundgaben* im allgemeinen sehr zu wünschen übrig. Kontakte mit der anderen Welt sind jedoch ein komplexes Geschehen und es können viele uns unbekannte Faktoren beteiligt sein. Dabei kann die Art der Manifestation (z.B. durch Klopflaute) mitunter gar nichts aussagen über das Wesen des Urhebers, der durchaus kein ehemaliger Mensch zu sein braucht. In den meisten Fällen wird das nötige Energiefeld unzureichend sein, um eine bessere Verständigung zu gewährleisten.

4) *Durch den Tod wird man kein anderer.* Er verändert in keiner Weise unsere Persönlichkeit, sondern bloß unsere Lebensbedingungen und die Art unserer Wahrnehmung. Es ist daher irrig zu meinen, man könne von Hinübergegangenen viel erfahren. Manche wissen noch nicht einmal, daß sie gestorben sind, weil sie von alledem keine Ahnung hatten und sich nunmehr in einer Art Traumzustand befinden. Wer jedoch schon zuvor um diese Dinge wußte, findet sich rascher zurecht.

5) *Widersprüche und Offenbarungs-Spiritismus.* Widersprüchliche Aussagen auch von unzweifelhaft hoher Warte haben ihren Grund vornehmlich in der unterschiedlichen Erkenntnisstufe der Kommunikatoren. Verzerrungen können auch beim Heruntertransformieren von Informationen aus höheren Seinsbereichen entstehen. Daher gilt grundsätzlich die Weisung 1.Joh. 4,1: "Prüfet die Geister, ob sie von Gott sind", d.h. ob sie eine christliche

Einstellung vertreten, und 1.Thess. 5,21: "Prüfet alles und das Gute behaltet." Gut kann in diesem Zusammenhang nur das sein, was uns unsere Bestimmung besser erkennen läßt. Nutzen von alledem hat infolgedessen bloß derjenige, von dem man sagen kann, daß er durch seine Beschäftigung mit Spiritismus und Geheimwissenschaften zu einem besseren Menschen wurde. Von daher hat auch der vielgeschmähte religiöse Spiritismus seine Daseinsberechtigung.

Beim Phänomen der sogenannten Jesus- oder Vatermedien ist es irrig zu glauben, es sei in jedem Falle Jesus, der sich persönlich manifestiert oder Mutter Maria oder sonst ein hoher Geist. Zwar kann sich eine Wesenheit wie Jesus sicherlich über tausend Kanäle zugleich manifestieren; zu beurteilen jedoch, ob Mitteilungen wirklich aus höchster Quelle stammen, ist nur anhand des Niveaus des Empfangenen möglich. [5]

Daß Gott selber sich manifestieren könne, dürfte energetisch eine Unmöglichkeit sein. Uns in tiefer Depotenz Befindlichen würde das Urlicht in direkter Einstrahlung atomisieren. Erst über viele Stufen herunter transformiert und unserer Aufnahmefähigkeit angepaßt, kann uns höheres Wissen zugänglich gemacht werden.

6) *Der Spiritismus kann keine neue Religion sein* und es obliegt ihm auch nicht, die alten zu bekämpfen. Er ist aber geeignet, einen besseren Zugang zur Religion zu ermöglichen, "Ihr seid nicht gesandt worden, die Kirchen zu zerstören" (wie jene linkspfadige Meister-Hierarchie), "sondern sie zu erfüllen im Geiste der Wahrheit durch Glaube und Liebe", heißt es in einer Jesus-Kundgabe. Friedrich FUNCKE hat gewiß recht, wenn er schreibt: "Wer sich in seinem Glauben wohlfühlt und die Bedürfnisse von Vernunft und Gemüt durch ihn befriedigt sieht, wer sich nicht nach höherer Erkenntnis sehnt, der bleibe bei seinem Glauben, er ist für ihn der richtige, und es ist kein Grund vorhanden, sich von ihm abzuwenden. Wenn er die von Christus gegebene Lehre tatkräftig befolgt, wird er dereinst an den ihm gebührenden Ort kommen, und es macht wenig aus, ob er an Geister geglaubt hat oder nicht." [6]

7) *Die Identifizierung Jenseitiger* gehört zu den schwierigsten Problemen des Jenseitsverkehrs. In Anbetracht der geringen Kontrollmöglichkeiten (geeignete Hellseh-Medien sind rar) ist der jeweilige Identitätsnachweis nur selten und bestenfalls privatim

für die Bezugspersonen überzeugend zu erbringen. Überdies müssen es nicht in jedem Falle Verstorbene, d.h. ehemalige Erdenmenschen sein, die sich bei Kontakten manifestieren. Als Kommunikationspartner können auch Naturgeister oder Wesenheiten dämonischer Art auftreten. Bei alledem schützt Unkenntnis gewisser Gesetzmäßigkeiten nicht vor "Strafe" in Form der Folgen falschen Verhaltens. - Wenn große Namen genannt werden oder der erhoffte (gestorbene) Verwandte oder Freund sogleich zur Stelle ist, sei man auf der Hut. In 99 von hundert Fällen sind Täuscher am Werk.

8) *Auch Lebende können sich manifestieren.* Da unser Ich nicht in jedem Falle vom physischen Organismus abhängig ist, kommt es vor, daß ein noch auf Erden Lebender sich in einer spiritistischen Sitzung manifestiert. Zu der Zeit wird sich der Betreffende im Schlaf oder in einem außergewöhnlichen psychischen Zustand befinden. z.B. Übermüdung oder Erschöpfung. Gelegentlich einer Materialisations-Sitzung in Ofen (Stadtteil von Budapest) war unwissentlich ein Lebender zitiert und dessen Tod durch falsches Verhalten eines Sitzungsteilnehmers herbeigeführt worden. [7]

9) *Die Gefahren spiritistischer Betätigung* sind, obwohl sie oft übertrieben werden, keineswegs zu unterschätzen. Vor allem die des Belogenwerdens ist groß. Wer nicht reinen Herzens an derlei Dinge herangeht, der lasse lieber die Finger davon. Wie bei der magischen Praxis, können auch hier psychische Störungen und sehr unangenehme Belästigungen die Folge des Verlassens gottbestimmter Gesetze sein. Man lasse auch nie das Anziehungsgesetz des Ähnlichen außer Betracht: Wir empfangen vorwiegend das, was uns zusteht, was unserem eigenen innersten Wesen entspricht. Und da bei Kontakten naturgemäß zuerst die erdnächsten Astralzonen angezapft werden, ist von dort kaum etwas Erbauliches zu erwarten. Als Folge unsachgemäßen Verhaltens kann es zu Spukerscheinungen kommen, zu lästigem Stimmenhören und schlimmstenfalls zur Besessenheit. Von jedweder Übertreibung ist daher dringend abzuraten.

10) *Schwindelmedien, Betrüger und Geschäftemacher* auch auf diesem Gebiet, berühren nicht das Wesen der Sache. Es ist deshalb töricht, die Verdienste des Spiritismus zu ignorieren oder einfach abzutun mit dem Hinweis auf "Schemen und Astrallarven" oder "Ergebnisse der dramatisierten Spaltung der Gruppenseele" und wie ähnlich ausgeklügelter Unsinn sonst noch genannt werden mag.

11) *Gegen den dialektischen Materialismus* liefert der Spiritismus und im Verein mit ihm der christliche Spiritualismus die schärfsten Waffen. Die Kirchen hingegen erweisen sich als ohnmächtig. Er ist zwar nicht die letzte Wahrheit, aber ein bedeutender Schritt zur Erkenntnis dessen, was man sich unter Wahrheit vorzustellen pflegt.

Der experimentell und erfahrungsmäßig untermauerte Spiritualismus als Weltanschauung unterscheidet sich schon in seiner Grundforderung diametral vom ideologischen Materialismus: Weltverbesserung nicht durch gewaltsamen Umsturz mit Blut und Tränen, sondern Selbstverbesserung des einzelnen. Je mehr Menschen das einsehen, um so gerechter und angenehmer muß logischerweise das Gemeinschaftsleben werden. Hier ist sogar die simpelste spiritistische Offenbarungsschrift dem durchfeiltesten sozialistischen System, das an Neid-, Mißgunst- und Haßgefühle appelliert und ohne Unterdrückung Andersdenkender gar nicht vorstellbar ist, ethisch himmelhoch überlegen. Nirgends in der von mir studierten umfangreichen spiritistischen Literatur fand ich auch nur eine Spur von Haßgedanken; hingegen stets die Grundtendenz zu vernünftigem Denken und Handeln im Sinne der Bergpredigt. Darüber hinaus ist keine andere Denkrichtung so wie der Spiritismus geeignet, die ausgerechnet in der Christenheit so extreme Angst vor dem Sterbenmüssen zu beseitigen. Als spiritualistische Lebensphilosophie läßt er zudem die Härten des Daseins leichter ertragen und würde sowohl Selbstmordzahlen als auch Kriminalität drastisch senken, wenn diesbezügliche Kenntnisse Allgemeingut würden.

12) *Ein rechtverstandener Spiritualismus* - der freilich auf die "Hypothese Schöpfergott" nicht verzichten kann – vermittelt ein für unsere derzeit allgemeine Entwicklungsstufe ausreichendes Verständnis für die göttliche Weltordnung, für den gesetzlichen Ablauf allen Geschehens im Kleinen wie im Großen, für unsere vorgeburtliche und den Leibestod überdauernde Existenz, über Sinn, Zweck und Ziel unseres Daseins sowie über die kausalitätsbedingte Selbstverantwortlichkeit des Menschen für sein Denken und Verhalten. Damit ist der Spiritualismus - im Gegensatz zum Materialismus - in der Lage, ethische Verhaltensregeln glaub-

würdig zu begründen und ohne Vermassungstendenzen ein tragfähiges Fundament zu gestalten für ein friedvolles Miteinander aller Menschen guten Willens. Ob man sich dabei zum Christentum bekennt oder zu einer anderen oder gar keiner Religion, dürfte für die Allgemeinheit von minderer Bedeutung sein, wenn nur Liebe und gegenseitige Achtung dominieren.

Wenn der Materialismus im vorstehenden schlecht wegkommt, so möchte ich auch hier eventuellen Mißverständnissen vorbeugen und auf keinen Fall den Eindruck erwecken, als seien Materialisten samt und sonders primitiv und weniger achtbar als Gottgläubige. Mitnichten! Denn erstens finden sich überall sämtliche Schattierungen menschlicher Existenz, weil Charakter und Weltanschauung zwei grundverschiedene Dinge sind (wiewohl ersterer durch letztere geformt werden kann). Zweitens haben wir der wissenschaftlichen Methodik des Materialismus unseren technischen und wirtschaftlichen Aufschwung sowie allerlei Bequemlichkeiten und noch vieles andere zu verdanken (daß dies auf Kosten unserer Lebensgrundlagen geschah, weil man rücksichtslos und von falschen Voraussetzungen ausging, steht auf einem andern Blatt). Und drittens stellt der Materialismus im Grunde genommen auch nichts anderes dar als einen *Glauben* im Sinne von Fürwahrhalten, eine Religion, jedoch ohne Gottbezogenheit. Denn ob man nun glaubt, alles sei von selbst entstanden oder alles wurde geschaffen, läuft doch beides in letzter Konsequenz auf dieselbe Unbegreiflichkeit hinaus, und damit auf die Kapitulation menschlichen Verstandesdenkens! [8]

Wir müssen zugeben, daß ein Dasein Gottes nach exaktwissenschaftlicher Methode ebenso wenig beweisbar ist wie der materialistische Glaubenssatz, wonach Geist sich aus Materie entwickelt habe. Verstandesmenschen können die Existenz einer allem übergeordneten, unvorstellbar intelligenten Macht bestenfalls *erahnen*; aber kausales Denken führt uns da in eine Sackgasse, weil dann ja auch Gott eine Ursache haben müßte, die ihrerseits wieder von einer anderen Ursache herrührt, und so weiter. Zuletzt bleibt nur entweder Resignation oder Glaube, was Emanuel GEIBEL (1815-1884) richtig mit den Worten beschrieb:

Studiere nur und raste nie, du kommst nicht weit
mit deinen Schlüssen; das ist das Ende der Philosophie,
zu wissen, daß wir glauben müssen.

Ein kindlich-einfaches Gottvertrauen, ohne Wenn und Aber, erwies sich in den Stürmen des Lebens noch stets am tragfähigsten und hat so manchen vor dem Verzweifeln bewahrt. In hoffnungsloser Gefangenschaft zum Beispiel konnte man das anschaulich beobachten. Doch auch im Jenseits, so wird uns von dort versichert, sei der religiöse Mensch im Vorteil, denn dort gestalte sich dies zu einem inneren Licht ...

Was jedoch die Religionsgemeinschaften ganz allgemein angeht, so stehen diejenigen in der Gefahr des zeitlichen Überrollt-werdens, die sich weiterführenden Kenntnissen und Erkenntnissen - und damit dem Strom des Lebens - beharrlich verschließen. Möge ihnen die Geschichte untergegangener Religionen eine Warnung sein, die sich zu ihrer Zeit auch als die allein richtigen dünkten.

Nach der kommenden großen Wende soll ja auch die Religion "ausgeputzt und gereinigt" werden, wie es in einer ernstzunehmenden Prophezeiung heißt. [9] Leo TOLSTOI (1828-1910) schrieb kurz vor seinem Tode: "Es wird eine Zeit kommen, wo die Welt kein Bedürfnis mehr haben wird für Armeen, scheinheilige Religionen und entartete Kunst."

Worauf nur zu sagen wäre: Das walte Gott!

Diese plumpe Welt aus einfachen Elementen zusammensetzen und sie jahraus jahrein in den Strahlen der Sonne rollen zu lassen, hätte Gott sicher wenig Spaß gemacht, wenn er nicht den Plan gehabt hätte, sich auf dieser materiellen Unterlage eine Pflanzschule für eine Welt von Geistern zu gründen. So ist er nun fortwährend in höheren Naturen wirksam, um die geringeren heranzuziehen.

Goethe zu Eckermann

Im Sog der Aufgestiegenen Meister

Wie bereits dargelegt, begann mit der Russin Helena Petrowna BLAVATSKYs "Theosophie" der geradezu messianische Glaube an die Existenz einer Hierarchie Aufgestiegener Meister. Um ihre starke mediale Veranlagung war sie gewiß nicht zu beneiden, denn sie hatte ihre Medialität ganz offensichtlich nicht unter Kontrolle. Daraus resultierte zu einem guten Teil ihr oft widersprüchliches und rätselhaftes Verhalten, unter welchem sie eingestandenermaßen selber litt. Einmal schien sie kapitulieren zu vollen, denn an ihren berühmten Landsmann Wselowod Sergejewitsch SOLOWJEW schrieb sie, sie wolle in der "Times" und anderen Zeitungen bekanntgeben, "daß Meister MORYA und Mahatma KOOT HOOMI nur das Produkt meiner eigenen Phantasie sind, daß ich sie in allen Stücken *frei erfunden* habe."

Für eine solche Symptomatik gibt es meines Wissens bloß zwei Deutungsmöglichkeiten: Entweder wurde HPB von jenseitigen Wesenheiten zeitweilig besetzt gehalten und ihre Medialität mißbraucht, oder es handelte sich um eine Verdichtung ihrer eigenen Denk- und Vorstellungsmuster. Wie in Fußnote 13 des Kapitels über Theosophie erwähnt, können sich gedankliche Vorstellungen verdichten bis zu ihrer Sichtbarwerdung im Astralbereich. Die recht zahlreiche Schar der fest an "Aufgestiegene Meister" glaubenden Esoteriker würde somit durch ihren Glauben solche Phantomgebilde quasi nähren. Derartige Astralformen können dann bis zu einem gewissen Grade ein roboterhaftes Eigenleben entwikkeln, oder aber - was wahrscheinlicher ist - von jenseitigen Wesenheiten zur Manifestation benutzt werden; weniger bzw. kaum von gestorbenen Menschen, als vielmehr von Naturgeistern oder Dämonen. Letztere bedürfen allerdings nicht unbedingt eines solchen Hilfsmittels.

Man verstehe mich recht: An der Existenz einer wahrhaft "Weißen Bruderschaft" spirituell hochentwickelter Menschen und ehemaliger Menschen zweifle ich keineswegs; nicht zuletzt dank des Buches "Der Eremit", mit dessen ursprünglichen Herausgeber Felix SCHMIDT ich noch in Verbindung war. [1]

Wahre, d.h. gottverbundene Meister ziehen aber keine Organisationen auf oder raten zur Gründung einer solchen. Sie lassen sich von keiner Interessengruppe vereinnahmen, sondern verhalten sich unauffällig und leben zurückgezogen. Auch lehren sie nicht, daß man zwecks spirituellen Vorwärtskommens eines "lebenden Meisters" bedarf. "*Einer* sei euer Meister: Christus!" (Matth. 23,10). Nur bietet eben seine Lehre keinerlei Einweihungsrituale und -grade an, sondern macht bloß einfache Lebensregeln zur Pflicht. Würden diese jedoch allgemein - zumindest von der Christenheit selbst - befolgt, um wieviel sorgenfreier wäre unser Leben! Aber JESUS war ja, Mahatma KOOT HOOMI zufolge (auch "Kuthumi" geschrieben), nur "eine spirituelle Abstraktion, und keine lebende Person dieser Epoche". Desgleichen erklärte HPB, Jesus Christus sei niemals eine historische Persönlichkeit gewesen. Vielmehr sei der Christus "eine Kopie der Avatare aller Länder, von Krishna bis Horus", und Jesus sei die Kopie einer Persönlichkeit gewesen, die "etwa 120 Jahre vor unserer Zeit(rechnung) in Lud oder Lydda geboren worden ist". [2]

In der Zeitschrift "Mensch und Schicksal" (Jg.1951, Nr.1, S.5) war mitgeteilt worden, MORYA würde mit Meister KOOT HOOMI zusammen in einem "stillen Tal von Tibet" leben. Koot Hoomi besitze dort ein Landhaus, "in dem sich eine umfassende Weltbibliothek aller Schriften befindet, die Bezug auf Religion und Philosophie haben". Das Haus muß demnach respektable Ausmaße haben! Früher habe Koot Hoomi in England gelebt und an der Universität Oxford studiert. "Seine Gestalt ist großgewachsen, majestätisch. Seine blonden Haare fallen bis auf seine Schultern. Das Schönste aber sind seine herrlichen blauen Augen, in denen die ganze Unendlichkeit seiner Liebe und Güte und hohen Weisheit Ausdruck findet. Er hat hohe Einweihungen abgelegt und wird im nächsten Zyklus die Stelle einnehmen, die Christus derzeit in der Hierarchie inne hat: er ist der künftige Welt-Erlöser".

In dem Esoterik-Blatt "Zeiten-Schrift" wiederum (Nr.5/ 1994) wird diese erhabene Meister-Persönlichkeit "Kuthumi Lal Singh" genannt und als einer der großen Weltlehrer bezeichnet, "die von den höheren Ebenen aus inspirierend auf die Menschheit einwirken. Er gehört dem Zweiten Strahl der göttlichen Weisheit an und war in seinen früheren Verkörperungen u.a. der griechische Universalgelehrte Pythagoras und Franz von Assisi".

In der Monatsschrift "Die andere Welt" vom März 1961 (S.137) befindet sich eine Abbildung des Meisters 'Kut HUMI', mit der Angabe, er sei 62 Jahre alt (am 25.4.1899 in Darjeeling geboren). Sein Vater soll demnach Kalil Adun Schernrezig Khan gewesen sein, seine Mutter die mandschurische Prinzessin Devaki Alokananda Mai. Seiner Abstammung nach Tibeter, ließ er sich 1926 in Kuba einbürgern. Angeblich studierte er in Heidelberg, Madrid, Wien und New York, durchreiste 1910 (also mit elf Jahren?!) ganz Asien und weilte 1913 in Rußland. Von 1914 bis 1916 unternahm er angeblich eine Weltreise. 1923 soll er "als General tartarischer Divisionen" an den Kämpfen gegen die Rote Armee teilgenommen und sie 1924 "im Norden von Urga vernichtend geschlagen" haben.

Später avancierte Kut Humi zum Generalpräsidenten der "Universal Religious Alliance", welcher (um 1961) angeblich 840 Religionsgemeinschaften angehörten. Im kommunistischen Kuba berief er 1959 einen Weltreligionskongreß ein (wenn das wahr ist, so muß er über gute Beziehungen zum atheistischen Regime verfügt haben). Auf eine Rückfrage bei der Verfasserin jenes Beitrages, ob es sich tatsächlich "um den allen Theosophen bekannten Meister Kut Humi handelt", lautete deren Antwort: "Selbstverständlich, es gibt nur einen Meister Kut Humi".

Dies als Beispiel der fatalen Leichtgläubigkeit auf esoterischem Gebiet. Zu allem Überfluß kann man einer anderen Quelle entnehmen, [3] daß Kut Humi gar kein Mahatma gewesen sei, sondern "ein im Dienste der russischen Regierung befindlicher Spion und zudem ein Plagiator des amerikanischen Spiritualisten Mr. Kiddle". MORYA hingegen sei "eine rein mythische Figur, die der Blavatsky nie im Astralkörper erschienen ist". Kut Humi "habe sich späterhin den niederträchtigen Feinden Blavatskys (den Colombs usw.) zugesellt, als HPB sein Treiben klargeworden war". HPB sei "ihr Leben lang ein Werkzeug in den Händen hinterlistiger Personen gewesen", die mit ihrer außergewöhnlichen Begabung "schändlichen Mißbrauch" trieben.

Somit wäre die bedauernswerte HPB zu einem guten Teil entlastet, doch bleibt zu berücksichtigen, daß sie - wie jeder Mensch und besonders jedes Medium - *das* anzog, was ihrer geistigen Einstellung entsprach.

SOLOWJEW gibt in seinem Buch "Eine moderne Isis-Priesterin" (erschien zuerst 1892 in dem russischen Journal "Russky Wjestnik") seine Gespräche mit HPB und ihre Geständnisse wieder. Eines davon lautet: "Wären meine Bücher und der 'Theosophist' auch tausendmal interessanter und ernster geschrieben, sie würden dennoch keinen Erfolg haben, wenn dahinter nicht meine Phänomene ständen. Ohne dieselben werde ich nichts erringen und wäre längst Hungers gestorben. Niemand würde daran denken, daß auch ich ein lebendiges Geschöpf bin, welches des Essens und Trinkens bedarf ... Aber ich habe diese lieben Menschen längst begriffen, und *ihre Dummheit gewährt mir oft ungeheures Vergnügen*" !! [4]

Solowjew redete ihr ins Gewissen, sie möge doch mit ihren Schwindeleien aufhören. Er forderte sie auf (S.224):

"Befolgen Sie meinen wohlgemeinten, mir von Kopf und Herz kommenden Rat. Schonen Sie sich selbst, treten Sie zurück von der Theosophischen Gesellschaft, wie Sie es kürzlich beabsichtigten. Sorgen Sie für Ihre Gesundheit und Ruhe, und schriftstellern Sie. Sie haben ein ungewöhnliches literarisches Talent, das Ihnen Mittel zum Leben und Ihrem Ehrgeiz Genugtuung bieten wird. Sie arbeiten so leicht. Schreiben Sie in russischen Journalen über alles, was Sie wissen und gesehen haben ... Möge wenigstens der Abend Ihres Lebens friedlich und ungetrübt sein. Nehmen Sie keine zu große Schuld auf Ihr Gewissen, halten Sie ein!"

"Zu spät," antwortete sie dumpf, "für mich gibt es keine Umkehr mehr." [4]

Vorgenannte Fakten, die in der theosophischen Literatur wohlweislich unerwähnt bleiben, werden der an sich tragischen Persönlichkeit der Mme. Blavatsky sicherlich gerecht. Auch sie ist ja letztlich auf die Liebe und Geduld jenes Gottes angewiesen, gegen den zu agitieren sie sich verleiten ließ. Die Folgen ihres Wirkens jedoch klingen bis heute nach, speziell eben auf dem buntscheckigen Gebiet der Esoterik, die auf dem Büchermarkt seit Jahren die größte Zuwachsrate aufweist.

Dem "Kleinen theosoph. Lexikon" von Beatrice FLEMMING zufolge waren die Meister MORYA und KOOT HOOMI diejenigen Adepten, "welche 1875 mittels HPB die Theosophische Gesellschaft gründeten, wodurch zum ersten Mal in der Geschichte, das esoterische Urwissen frei und öffentlich verkündet wird".

HPBs Meister und Adepten halfen ferner mit bei der Gründung und Unterstützung von Organisationen wie die ICH BIN-Aktivität (I-AM-Bewegung, 1929-1939) und der "Brücke zur Freiheit"

(1949-1980). Letztere wiederum führte zur "Universalen Kirche" des Peter W. LEACH-LEWIS und dem "Fundament für Höheres Geistiges Lernen" (FfHGL, seit 1981). Dessen Schrifttum zufolge spielten gewiße "Meister" eine wichtige Rolle auch bei der Gründung von Rudolf STEINERs "Anthroposophischer Gesellschaft" (1890), bei den HEINDEL-Rosenkreuzern (1909), beim Lucifer-Trust der Alice A. BAILEY (1919), bei der "Society of The Inner Light" der Schriftstellerin Dion FORTUNE, die eigentlich Violet M. FIRTH hieß (1922) sowie bei der "White Eagle-Loge" (G. Cokke, 1936) und anderer Gruppierungen. Womit die spirituell negative Grundtendenz derselben klar sein dürfte.

Der (in FN 16 des Theosophie-Kapitels schon erwähnte) P.W. LEACH-LEWIS selbst betrachtet sich als Verkünder des angeblich seit dem 1.1.1980 angebrochenen neuen und besseren Zeitalters. Als von Gott beauftragter Erneuerer der "Kirche des Christus" hielt er es für angebracht, weißgekleidet auf einem Esel reitend, in Jerusalem einzuziehen. Auch das hohepriesterliche Gebet Jesu (Joh. 17) ahmt er nach: "Ich bin Peter und mein Bekenntnis ist der Eckstein für den Christlichen Glauben; ein Fels der Stärke. Auf diesen Felsen wird die Kirche des Christus gebaut, gegen die alle Mächte von Scheol (der Hölle) erfolglos bleiben! Mir sind die Schlüssel des Himmlischen Königreiches gegeben worden, damit die Türen des Lebens den Söhnen und Töchtern der Menschen geöffnet werden. Und so gelobe ich hiermit feierlich, daß ich unablässig fortfahren werde, vor alle Völker dieser Erde zu treten, um den neuen Bund Gottes mit den Menschen zu verkünden." [5]

Leach-Lewis beruft sich ausdrücklich auf die grundlegenden Wahrheiten, "die 1884 durch den Weltlehrer KUTHUMI und den Meister EL MORYA erlassen wurden". Letzerer wird auch von anderer Seite als "Lehrer des Wassermann-Zeitalters" vorgestellt, z.B. von "seiner Schülerin Helena Iwanowa ROERICH (HIR). Die von ihr verbreitete Lehre des "Agni-Yoga" (Agni = Feuer) stellt eine Grundlage der "Weltspirale" des Esoterikers Leo BRANDSTAETTER dar, der sich LEOBRAND nannte (1915-1968). Gemäß Aussagen von HIR leitet Agni Yoga als "größte geistige Offenbarung der Menschheitsgeschichte" ein, (!) [6] die "feurige Aera, das Zeitalter des Geistes". Agni Yoga sei eine psychische Energie, und Leobrand war bemüht, sie technisch nutzbar zu machen: Implosion statt Explosion. Mit seiner "Wirbelturbine" blieb ihm jedoch der Erfolg versagt.

Leobrand propagierte eine neue Gottesvorstellung. Der Gottesname lautet hier UNIVERALO, gebildet aus Unitas, Veritas und Logos. Um spirituell eine höhere Stufe zu erlangen, müsse man einen Guru haben, einen Meister der "Hellen Hierarchie", die (in den feinstofflichen Welten) gegen die Glieder der dunklen Hierarchie - unter Luzifer - kämpft. Seine 'Weltspirale" verstand Leobrand als Religion, jedoch im starken Gegensatz zum Christentum und den Kirchen: Taufe und Abendmahl gelten hier als schwarzmagische heidnische Relikte.

Laut MIERS kündigte Leobrand Anfang 1986 einem TV-Reporter den Tod "mittels strahlender Gedankenkräfte" an für den Fall, daß eine negative Berichterstattung im Fernsehen erfolge. Wen jedoch der Tod traf, das war Leobrand! Einen Monat vor jener TV-Sendung.

Als ein weiteres Meisterstück luziferischer Irreführung darf der 11:11-Rummel jenes US-Mediums gelten, welches sich SOLARA Antara Armaa-Ra nennt.

Diese rührige Dame will als Einsiedlerin mehrere Jahre "in den Bergen" verbracht und dabei "neue dimensionale Türwege erforscht" (!) haben. Sie verfaßte u.a. elf Schriften, die für je 11,11 Mark verkauft wurden, gab weltweit Vorträge und teure Kurse "um Engel zu erwecken" und rief - mir nichts dir nichts - die Legionen des Erzengels Michael herbei. Seitdem kann man sich als 11:11-Anker aktivieren lassen, wobei man seine Planetenherkunft ebenso erfährt wie seinen persönlichen Engelnamen und den Namen seines Geistführers, um mit ihm Kontakt aufnehmen zu können.

Nachdem das Tor 11:11 sich am 11.1.1992 öffnen würde, bestünde die einmalige Gelegenheit zum "Massenaufstieg in neue Bewußtseinssphären"; eine Gelegenheit, "die uns niemals vorher gegeben worden ist, und die uns in ungezählten Äonen nicht wieder geboten werden wird!" [7] 11:11 sei "ein vor-codierter Auslöser, der in unsere zelluläre Erinnerungs-Datenbank, vor unserem Abstieg in die Materie, eingegeben wurde. Wenn dieser aktiviert wird, bedeutet dies, daß die Zeit unserer Vollendung nahe ist".

Das 11:11-Tor, dessen Schließung am 31.12.2011 erfolgen wird, werde sich jedoch überhaupt nicht öffnen, "wenn nicht wenigstens 144.000 von uns, entweder körperlich oder im Geist, am 11.1.1992 über den Planeten verteilt zusammenkommen." Und weiter: "Wir werden diese goldene Gelegenheit der Massenauferstehung in neue Ebenen des Bewußtseins haben ... Ihr seid aufgerufen, diesen Sprung ins Ungewisse zu tun; in das Neue, denn alles andere hat den Punkt der Vollendung erreicht", usw. [8]

Bei dieser Aktion ist die Handschrift des Lügners von Anbeginn (Joh. 8,44) überdeutlich erkennbar. Was wird da nicht alles versprochen! Und erfreulicherweise bedarf es keiner großen Anstrengungen zur persönlichen Vervollkommnung, man braucht bloß den "Sprung ins Ungewisse" zu wagen und den Offenbarungen jener SOLARA zu vertrauen!

Die geistigen Hintergrundakteure dieser esoterischen Modewelle benötigen also mindestens 144.000 Gefolgsleute auf Erden. Deren Glaubens-, Vorstellungs- und Gedankenkräfte sind zur Schaffung der nötigen Energiefelder offenbar erforderlich, um den Plänen der dunklen Hierarchie physisch zum Durchbruch zu verhelfen. Die wahrhaft gottverbundene Engel- und Geisterwelt bedarf keiner bestimmten Anzahl Menschen und deren Mitgliedschaft in speziellen Organisationen. Zwar vermögen sie uns leichter zu helfen, wenn wir unsere Vertrauens- und Gebets-Energien entfalten, aber sie sind nicht unbedingt darauf angewiesen, weil ihnen jederzeit die unversiegbare "Kraftquelle Gott" zur Verfügung steht. Außerdem halte ich persönlich es für unwahrscheinlich, daß göttliche Liebe uns Termine setzt.

Heftig widersprochen wird dem "Engel Solara" in dem Buch "Mahatma" von Brian GRATTAN, welches medial empfangene Botschaften von ebenfalls "höchster Ebene" enthält. Hier zeigen sich die "Aufgestiegenen Meister" besorgt über "die Verwirrung, die Solaras schöne 'Engel-Geschichte' bei vielen ... hervorgerufen hat" (S. 18). Zudem sei die Aktivierung der 11:11-Energie (die hier "Mahatma-Energie" genannt wird) nicht am 11.1.1992 erfolgt, sondern bereits am 26.1.1991 (S. 17/18).

Grattan selbst will der reinkarnierte Apostel Simon Petrus sein. VYVAMUS, ebenfalls "ein hoher Lehrer der spirituellen Ebene, Angehöriger der Geistigen Hierarchie dieses Planeten und der Weißen Bruderschaft", nennt Grattans Buch "das Wichtigste, was je auf der Erde und für die Menschheit geschehen ist" (Umschlagrückseite). Es enthalte "Methoden für die Erschaffung unseres spirituellen Lichtkörpers für den Aufstieg". Unter anderem wird verkündet, Luzifer sei *kein* gefallener Engel; und jener, "den das Massenbewußtsein JESUS nennt; (man beachte die perfide Formulierung!) war zuletzt Apollonius; doch ziehe er jetzt den Namen SANANDA vor." [9]

Erwähnenswert scheint mir, daß auch unter den Piktogrammen der rätselhaften Getreidekreise das 11:11-Motiv auftaucht. Dies läßt Rückschlüsse auf deren dämonischen Ursprung zu. Heißt es doch schon in der neutestamentlichen Prophetie, daß falsche Christi und falsche Propheten auftreten werden, die große Zeichen und Wunder tun (Matth. 24,24; 2.Thess. 2,9). Diese Zeit ist zweifellos da. Hier eine weitere Blütenlese vom Jahrmarkt esoterischer Eitelkeiten:

Laut "esotera" vom Juli 1977 unternahm die US-Autorin Jane ROBERTS spiritistische Versuche mit einem Buchstabenbrett. Es funktionierte, und am 8.12.1963 begannen die ersten Mitteilungen einer Intelligenz, die sich SETH nannte (der Name des Teufels in der altägyptischen Religion, aber auch Adams dritter Sohn). Bald manifestierte er sich durch Jane im Trancezustand, mit tiefer männlicher Stimme. Da er sein Medium "Kanal" nannte (Channel), bekam diese altbekannte Variante des Offenbarungespiritismus die moderne Bezeichnung "Channeling".

Mrs. Roberts und ihr Mann, ein Maler, ließen sich beeindrukken vom intellektuellen Niveau dessen, was dieser Seth von sich gab. In der Tat entsprechen seine Ausführungen zumindest streckenweise wissenschaftlichen Ansprüchen. Aber intellektuelle und charakterlich-sittliche Qualität müssen nicht unbedingt miteinander übereinstimmen (was uns das tägliche Öffentlichkeitsgeschehen zur Genüge veranschaulicht). Und wiewohl in den USA rund ein Dutzend Seth-Bücher erschienen und er jetzt als großer Weisheitslehrer gilt, wird dem Kundigen sehr bald klar, woher er kommt. Überdies kam seine oft sarkastische Argumentation auch in den grimassenhaft verzerrten Gesichtszügen des Mediums zum Ausdruck.

Vom historischen JESUS sagte Seth, er sei nicht gekreuzigt worden; man habe einen anderen, der unter Drogen stand, gekreuzigt. [10] Und während Rudolf STEINER von *zwei* Jesus-Knaben sprach, die er in der Akasha-Chronik erblickt haben wollte, redet Seth gar von *drei* Jesus-Persönlichkeiten!

Am 5.9.1984 starb Jane Roberts im Alter von 55 Jahren. Eine radiästhetische Überprüfung des Seth-Materials ergibt, daß es sich bei ihm "kaum um ein Wesen der hohen Geisterwelt Gottes" handelt. [11]

RAMTHA ist eine andere Wesenheit, bekannt seit 1977 durch Judy KNIGHT. Ramtha gibt an, vor 35.000 Jahren ein blutiger

Eroberer auf Atlantis gewesen zu sein. Nunmehr gehöre er zu den Aufgestiegenen Meistern.

Sein Medium wurde durch ihn Multimillionärin. Für eine Ramtha-Sitzung nimmt sie bis zu 1.000 Dollar pro Teilnehmer! Mehr als genug Leichtgläubige und Neugierige zahlen das klaglos. Im Zuge der allenthalben beobachtbaren mediumistischen Psychose, bei welcher sich Wesenheiten unter gleichem Namen manifestieren, meldete sich "Ramtha" auch über eine Deutsche. Judy Knight aber griff energisch durch und schaltete die unliebsame Konkurrenz per Beschluß des Landgerichts in Linz kurzerhand aus: Das Gericht sprach der Amerikanerin das Urheberrecht zu. In der Urteilsbegründung heißt es, die Klägerin habe mit Ramtha "parapsychologischen Kontakt". [12]

CASTANEDA, Paulo COELHO, James REDFIELD. - Ihre Bücher erreichten Millionen-Auflagen, aber für deren Inhalt gilt das Wort aus Goethes "Faust": "In bunten Bildern wenig Klarheit, viel Irrtum und ein Fünkchen Wahrheit". Plus einigem an esoterisch-schamanistischen Kenntnissen, eine rege Phantasie und eine gute Portion Unverfrorenheit. Dies alles zusammen genügt für die Voraussetzungen zu einem esoterisch verbrämten Bestseller-Autor. Es lohnt sich daher kaum, den genannten Leuten sowie Autoren wie Taisha Abelar, Irina Tweedie, Reshad Feild, Marlo Morgan, Frederick Lenz, James F. Twyman, Dan Milman oder Lynn Andrews viel Platz in diesem Buch zu widmen. Letztlich muß ja jeder selbst seinen geistigen Weg suchen, finden, beschreiten, und das hierfür dringend erforderliche Unterscheidungsvermögen entwickeln.

Wenn z.B. jemand in CASTANEDA "einen Gigant in der Schamanenforschung" sehen möchte, "ein Monument der Besessenheit des logischen westlichen Geistes, den Geist der Stammesvölker zu ergründen", so ist das seine persönliche Angelegenheit. Carlos Castaneda (sofern er überhaupt so hieß) gelang es, um seine Person den Nimbus des Geheimnisvollen zu weben. Selbst das Foto, das nach seinem Ableben in der Presse erschien, soll falsch gewesen sein! Immerhin lieferte er sogar Stoff für Kurse an Volkshochschulen, die gut besucht wurden.

Ähnliches spielt sich derzeit mit den "Prophezeiungen von Celestine" von James REDFIELD ab; esoterische Saison-Angebote, bei denen man außer Geld auch sein klares Denkvermögen verlieren kann. Es ist spirituelles Falschgeld, was da geboten wird, heißt es in einer Kritik von Christine STEIGER, "garniert mit einer Prise

Raubgold". Nicht Weisheit sei gefragt, sondern die Fähigkeit, Wunder zu tun. Von Mitgefühl und Liebe sei selten die Rede. "Ich war, was ich immer gewesen war: kalt", beschreibt Taisha ABELAR ihren Lehrabschluß. "Jetzt wußte ich endlich, was es heißt, ohne Mitleid zu sein". - Ist *das* die Quintessenz von esoterischen Bestsellern? [13]

Eine weniger harmlose Angelegenheit stellen die "Gespräche mit Gott" dar von Neale Donald WALSCH. Hier sei die Beurteilung von Armin RISI wiedergegeben, der in einer Analyse der Gegenwarts-Esoterik schreibt:

"Das Versprechen, daß hier Gott spreche, könnte als anmaßend eingestuft werden, vor allem wenn jemand seine eigene Meinung zu Gottes Meinung erhebt. Doch Gott hat schon immer zu den Menschen gesprochen, warum also nicht auch heute? - Walschs Bücher enthalten viele gute Gedanken und tiefgründige Wahrheiten ... Doch es stimmt skeptisch, wenn dieser Gott sagt:

*Es ist alles relativ. Es ist alles Teil dessen, was ist. Ich liebe das 'Gute' nicht mehr als das 'Schlechte'. HITLER ging in den Himmel ein. Wenn ihr das begreift, begreift ihr Gott ... Im gleichen Sinn ist Gottes größter Moment der Augenblick, in dem ihr erkennt, daß ihr **keinen Gott braucht** ... Wiederholen wir noch einmal: Es gibt nichts 'Falsches' an irgend etwas."*

Aus dem Gesagten zieht Risi die einzig möglichen Folgerungen: "Ist es also letztlich egal, ob man das Gute oder das Schlechte tut? Denn Gott liebt das eine ja nicht mehr als das andere. Wenn wir keinen Gott brauchen und wenn es nichts Falsches gibt, hat dann auch ein Hitler nichts Falsches getan? Und dann hätte auch Luzifer – falls es ihn gibt, was dieser 'Gott' bestreitet – nichts Falsches getan!" Eines weiteren Kommentars zu den "Gesprächen mit Gott" von Walsch bedarf es wohl kaum. [14]

Von ähnlicher Qualität, aber intellektuell weit anspruchsvoller, sind die Darlegungen eines Übermittlers, der sich Drunvalo MELCHIZEDEK nennt. Neben außerkörperlichen Erlebnissen schildert er Begegnungen mit Engeln. Welcher Herkunft diese sein mögen, ist in "Die Blume des Lebens", Bd. 2, S. 415 erkennbar: "Vor etwa einem Jahr, anfangs 1999, erschienen mir zwei Engel gleichzeitig ... Es waren keine geringeren als die Erzengel Michael und Luzifer. Sie hielten sich an den Händen ... ".

Ausführlich wird u.a. erläutert, daß Luzifers Tun keine Rebellion war, sondern "ein Experiment" (419), das nicht auf Liebe basiert (421). Vor demselben habe es keinen freien Willen gegeben, dieser sei erst durch Luzifer zur Realität geworden (420). Nur: Wie konnten Engelwesen sich für Luzifer entscheiden, wenn sie keinen freien Willen besassen?!

Die Quellen des Autors sind wiederum "Aufgestiegene Meister". Der Faszination ihres geschliffenen Intellekts kann man leicht erliegen.

Schließlich sei noch das "WASSERMANN-EVANGELIUM" erwähnt, dessen Inhalt ein Amerikaner namens Levi H. DOWLING (1844-1911) in der viel strapazierten Akasha-Chronik gelesen haben will. Hier haben wir eine der ersten Schriften, die den Begriff "Wassermann-Zeitalter" populär machte. An sich bezieht sich der Inhalt mehr auf das Fische-Zeitalter; nur vereinzelt finden sich Hinweise auf das neue Aeon, welches eine geistige Vollendung des Menschen (?!) prophezeit und einen neuen Messias ankündigt. Dieser Messias ist jedoch niemand anderes als der Verfasser selbst!

Das Buch erschien im Jahre 1908 unter dem Titel "The Aquarian Gospel of Jesus the Christ". Und weil "Meister" eine Rolle darin spielen, so paßte das Ganze recht gut in die theosophische Ideologie. Der palästinensische JESUS unternahm demnach weite Reisen. Nicht nur nach Indien, Tibet, Persien und Ägypten, sondern auch nach Ur, Persepolis, Babylon, Delphi und Athen. Im ägyptischen Heliopolis erfolgte seine Einweihung in die erhabensten Mysterien, wodurch er den Rang eines "Christus" erlangte. Schließlich gipfelt dies alles in der Lehre von der Selbsterlösung des Menschen, aber erst nach einer Vielzahl von Wiedergeburten. [15]

Was die vielfach behauptete Reise Jesu nach Indien und Kaschmir anbelangt, so habe ich mich mit dieser Frage speziell befaßt und war als Mitglied einer Kommission in Kaschmir, beim angeblichen Jesus-Grab. Niemand weiß, wer oder ob überhaupt jemand in jenem Grab liegt. Die Behauptung, wonach Jesus in Indien gewesen sein soll, dürfte durch das Buch des Indologen und Tibetologen Günter GROENBOLD, "Jesus in Indien. Das Ende einer Legende" (Kösel-Verlag, München 1985) endgültig widerlegt sein.

UFOs - Hoffnungsbotschaften
von Außerirdischen?

Nach dem Zweiten Weltkrieg tauchten zunehmend Berichte von eigenartigen Flugobjekten auf, die man - ihrer Form wegen - Fliegende Untertassen nannte. Begonnen hatte es mit einer Sichtung des Amerikaners Kenneth ARNOLD, der über dem 4000 m hohen Mount Rainier-Massiv im Staate Washington eine Formation von neun silbern glänzenden Scheiben beobachtete. Von da an kam das Thema UFOs' nicht mehr zur Ruhe. Die Zahl der Sichtungen schwoll auf Tausende an, weltweit. Vieles stellte sich als Täuschung heraus, aber es befanden sich auch ernstzunehmende Berichte darunter.

Heute gibt es eine riesige UFO-Literatur. Nicht bloß über Sichtungen als solche, sondern auch über angebliche Kontakte mit UFO-Besatzungen, ja sogar über Entführungen durch (scheinbar) Außerirdische, mit Vornahme medizinischer Untersuchungen der Opfer. Allen Ernstes behaupten Menschen auch im deutschen Sprachraum, Implantate empfangen zu haben. Rätselhafte kreisrunde Narben am Körper gelten als Beweis.

Lange Zeit über fiel es mir schwer, an die Wahrheit von UFO-Geschichten zu glauben, bis ich glaubwürdige Augenzeugen kennenlernte. Beispielsweise Eduard KEFFEL, den damaligen Korrespondenten der "Bunten Illustrierten" in Rio. Und eine Dame schilderte mir ein Erlebnis, das sie schon im Jahre 1941 in Westpreußen hatte.

Andererseits gilt als Tatsache, daß im Dritten Reich, während des Krieges, so genannte Flugscheiben resp. Flugkreisel in Entwicklung waren. Viktor SCHAUBERGER z.B. konstruierte ein Modell, das vom Oberkommando der Wehrmacht beschlagnahmt wurde. Es gab unterschiedliche Entwicklungsprojekte. Einen Erstflug erprobte Dr. Ing. Richard MIETHE am 17. April 1944. Zumindest ein Teil der gesichteten UFOs könnten somit sehr irdischen Ursprungs sein, denn nach Kriegsende unternahmen die Sieger regelrechte Jagden auf deutsche Wissenschaftler. Ein Hinweis auf die Berechtigung dieser Annahme wäre z.B. die Ähnlichkeit der deutschen "Flugkreisel" mit einigen Fotos des umstrittenen amerikanischen Kontaktlers Georges ADAMSKI, sofern seine Bilder kein Schwindel sind.

Adamski behauptete, am 20. November 1952 in der kalifornischen Wüste einem Außerirdischen begegnet zu sein. Dieser hatte angeblich schrägstehende Augen, sprach englisch und stellte sich als von der Venus kommend vor. Adamski will dann nähere Kontakte mit dem "Venusier" gehabt haben und sogar im UFO mitgeflogen sein. Seine Bücher, die in vielen Sprachen reißenden Absatz fanden, enthalten Einzelheiten über das angebliche Leben auf der Venus und anderen Planeten unseres Sonnensystems. Adamski unternahm weltweite Vortragsreisen, wurde sogar von der holländischen Königin empfangen und erreichte über Rundfunk und TV an die 40 Millionen Menschen. Als jedoch bekannt wurde, daß er Besitzer einer Imbißbude war, auf deren Dach er ein kleines Fernrohr montiert hatte, erlosch bald sein Nimbus als UFO-Kontaktler. Für unentwegt UFO-Gläubige jedoch gilt sein Buch "Im Innern der Raumschiffe" noch heute als "Standardwerk der UFO-Literatur".

Der Riesenrummel um Adamski hatte das Auftauchen weiterer Kontaktler und eine bis heute anhaltende Flut entsprechender Bücher zur Folge. Es war wie seinerzeit beim Beginn des modernen Spiritismus, nach dem Spukfall von Hydesville/USA. Da begannen auch plötzlich überall Tische zu tanzen und Geister zu klopfen.

Viele der Adamski-Nachfolger versuchten, ihn möglichst zu übertreffen; und so ziemlich alle finden einen mehr oder weniger großen Kreis von Gläubigen und Bewunderern. Ein gewisser Howard MENGER beispielsweise wollte per UFO einen viertägigen Ausflug auf den Mond unternommen haben. Seinen Lesern mutet er zu glauben zu, er habe dort Hunderte von deutschen, russischen und japanischen Wissenschaftlern getroffen. Er schwört sogar bei Gott, daß es wahr sei.

Ein Mann namens Elary WILLSIE aus Los Angeles behauptet nicht bloß, zum Mars und zur Venus geflogen zu sein, sondern er sei auch - beim Nordpol - durch eine trichterförmige Öffnung ins Innere unserer Erde getaucht. Ebenfalls auf dem Mars gewesen sein will Narciso GENOVESE. Dort hätten ihn hunderttausend Marsianer erwartet, mit rund eintausend Raumschiffen. Zum Abschluß seiner Besichtigungsreise gab es ein Geschenk von den Marsianern, in Form von 25 Zentnern Gold! Dieses Märchen wurde selbst UFO-Gläubigen zuviel.

Nur noch zwei Musterbeispiele solcher Art seien angeführt, die Fälle Michalek und Gloria Lee:

An den Fall MICHALEK kann ich mich noch gut erinnern. Im Mai 1958 gab dieser Held in der okkultistischen Monatszeitung "Neues Europa" bekannt, er sei der "autorisierte Sprecher der o-bersten Führung des Planeten Venus", und von den Venusiern zum "designierten Präsidenten der Weltrepublik Erde" ernannt worden.

Michalek sammelte einen Hofstaat um sich, ließ sich mit "Ex-zellenz" anreden, begann Ämter zu verteilen und auf der Venus Grundstücke zu verkaufen! Er fand genug Dumme und ergaunerte auf diese Weise mehr als eine halbe Million D-Mark. Das war damals, als das Briefporto noch 20 Pfennig betrug, enorm viel Geld.

Für Weihnachten 1958 kündigte Michalek die Landung einer Venusier-Flotte auf dem Flughafen Berlin-Tempelhof an. Die Landung mußte jedoch auf den 5.2.1959 verschoben werden, weil angeblich der Präsident der Venus "infolge Altersschwäche" just gestorben war.

Die Auflage der Zeitung "Neues Europa" war mittlerweile um 30.000 Exemplare gestiegen, aber im Juli 1960 platzte die Seifen-blase: Es hatte sich herausgestellt, daß dieser Michalek, der in Chile lebte, in Wahrheit Franz WEBER hieß und ein polizeibe-kannter Gauner war!

Nun zum Fall Gloria LEE: Sie war Stewardeß gewesen und gab an, regelmäßig mediale Botschaften von Bewohnern des Jupiter zu empfangen. Diese hätten ihr kundgetan, daß die Erde vorzeiten ein spirituell hochstehender Planet gewesen sei, bevölkert mit Wesen von ätherischer Natur. Deshalb schickten andere Planeten ihre geistig unterentwickelten Leute auf die Erde zur Erziehung. Zu guter Letzt habe sich dies auf die Erdbewohner nachteilig ausge-wirkt; sie nahmen zuviel Negatives auf und degenerierten schließ-lich zu physischen Wesen. Daraufhin beschloß man auf dem Jupi-ter, die Erde zu zerstören. SANAT KUMARA jedoch, "die große Seele von der Venus" (Venus, der Stern Luzifers) besuchte aus Mitleid die Erde. Er fand nur zwei Seelen, in denen noch "ein schwaches geistiges Licht glomm". Daraufhin erbat sich Sanat Kumara vom Logos die Erlaubnis, einen letzten Rettungsversuch unternehmen zu dürfen, was ihm bewilligt wurde. Das war vor achtzehn Millionen Jahren. Die erwähnten beiden Seelen wurden in ihren späteren Inkarnationen BUDDHA und KRISHNA genannt. Durch sie sei die Rettung der Erde eingeleitet worden. Schließlich erfolgte die Ankündigung, jetzt (d.h. in den 60er Jahren des vergangenen Jahrhunderts) würden bald Jupitermenschen landen und uns auf eine höhere Entwicklungsstufe bringen.

Kommentar: Im Fall Gloria Lee ist der luziferische Trug so leicht durchschaubar, daß man sich nur wundern kann, wie so etwas trotzdem gutgläubige Gefolgsleute fand! Dies umso mehr, als Esoteriker sich ja zumeist deshalb von den Kirchen abwenden, weil sie deren Dogmen und Verkündigung nicht mehr zu glauben vermögen; aber von "UFOnen", "Aufgestiegenen Meistern" und sonstigen pseudo-esoterischen (Un-)Heilsbringern glauben sie den hanebüchensten Unsinn." [1]

Ein Buch des Titels "Herzstern" enthält "Mitteilungen der Weißen Bruderschaft". Um welche es sich handelt, besagt die angebliche Quelle: das "Christusbewußtsein". "Der kosmische Meister Jesus spricht" lautet ein anderer Buchtitel. Hier wird u.a. von der "Wiederkunft Christi in Sternenschiffen" gesprochen, und von einer *Evakuierung der Erdbevölkerung durch UFOs*.

Auf diese seit Jahrzehnten angekündigte UFO-Rettungsaktion warten unzählige UFO-Gläubige nach wie vor. Dabei taucht meistens der Name ASHTAR SHERAN auf. In dem Buch "Schritte zur Vorbereitung auf die Evakuierung in den Weltraum" ist zu lesen:

"Die interplanetare Konföderation, unter der Leitung von Ashtar Sheran, steht mit ihrer Strahlschiff-Flotte der Menschheit für eine beispiellose Hilfsaktion zur Verfügung. Aufgrund der nach dem Gesetz von Ursache und Wirkung kommenden Reinigung, wird die Erde in nächster Zukunft für eine kurze Zeitspanne nicht bewohnbar sein. Alle Menschen, die den göttlichen Funken in sich nähren, werden, wenn sie dies nach ihrem freien Willen wünschen, mit Raumschiffen vorübergehend evakuiert, um danach auf der neuen Erde das Friedensreich Christi aufzubauen."

In einem Buch mit dem Titel "In kommenden Tagen", welches als "Standardwerk der Welt-UFO-Literatur" gilt, wird uns Ashtar Sheran vorgestellt als "Kommandant einer Weltraumflotte mit 10 Millionen Wesen". Mittlerweile avancierte er zu einem "Weltlehrer im Auftrage des Vaters", und man wisse nicht, "wo überall im Kosmos er in dieser Funktion arbeitet". [2]

Meinen Unterlagen gemäß findet der Name Ashtar Sheran erstmals um das Jahr 1954 Erwähnung, bei einem amerikanischen "Kontaktler" namens George van TASSEL. [3] Bei ihm nannte sich Ashtar Sheran noch "Kommandant des Quadro-Sektors, war also anscheinend noch nicht oberster Chef der sogenannten *Santiner.* Später, in den 60er Jahren, meldete sich unter diesem Namen eine Wesenheit im damaligen "Medialen Friedenskreis" von Herbert Viktor SPEER in Berlin. Die empfangenen Botschaften seinerzeit besaßen ein beachtenswertes Niveau. Auch ich hielt sie für echt. Doch seither wird mit dem Namen Ashtar Sheran dermaßen viel Unfug getrieben, daß ich zu der Auffassung gelangte: Irgendwo mag es vielleicht einen echten Ashtar Sheran geben, aber woran erkennt man mit Sicherheit eine Imitation? Ein meiner Vermutung nach Pseudo-Ashtar schmückt sich nunmehr mit der Vignette "Ashtar-Command", ähnlich den Abzeichen der NASA-Raumfahrer. Früher war das nicht der Fall. Warum nicht?

Von Ashtar kursieren Bildnisse, angeblich medial gezeichnet, die nach meinem Dafürhalten nicht sonderlich sympathisch wirken. Eines davon, mit der Angabe "Ashtar aus der 6. Dimension", zeigt ein stark stilisiertes Gesicht. Auf der Stirn ein großes Dreieck, dessen Spitze bezeichnender Weise nach unten zeigt. Es ist ja eine alte Erfahrung vom Spiritismus her, daß Trug- und Foppgeister sowie dämonische Wesen "mit der Zeit gehen" und sich dem jeweiligen irdischen allgemeinen Kenntnisstand anpassen.

Daß der Name Ashtar Sheran längst von den linkspfadigen "Brüdern des Schattens" in Beschlag genommen wurde, das geht besonders augenscheinlich hervor aus den Schriften eines Mediums namens TUELLA. In deutscher Sprache gibt es von ihr etwa ein halbes Dutzend Schriften. Eine davon erreichte innerhalb von nur einem Jahr (1992/93) eine Auflage von 32.000 Stück! Und hier begegnen wir wiederum der hochwohllöblichen "Bruderschaft der Aufgestiegenen Meister". Mit von der Partie sind Namen wie Orthon, Lord Kuthumi, St. Germain, Erzengel Lord Michael, Mutter Maria, Lord Ashtar, und vor allem Lord JESUS SANANDA. In Tuellas Publikationen sind die Argumente geschickt aufbereitet und überdies christlich verbrämt. "Wir haben in der Vergangenheit große Weltlehrer überschattet", wird u.a. verkündet. GORBATSCHOW "hört uns bewußt zu", denn "wir stehen regelmäßig in Verbindung mit ihm, wie auch mit Ronald REAGEN und anderen ...". In der zweiten Hälfte der 90er Jahre müsse die Erde "mit ihrem Göttlichen Dual vereinigt werden", usw., usf. [4]

Im "Aufruf an die Erdbewohner" von Gauch-Keller (CH) wird auf Seite 55 die Frage beantwortet "Wer ist SANANDA? " Die Antwort "der höchsten Energie des ICH BIN" lautet: "Lord Sananda wird bei den Raumschiffbesatzungen auch ORTHON genannt. In seiner letzten Verkörperung hier auf der Erde trug er den Namen JESUS, auch 'Jesus der Nazarener' genannt." Von sich selbst sagt "Sananda": "Ich habe viele Namen ... Ihr kennt mich unter dem Namen Jesus, andere unter dem Namen Buddha, und wieder andere unter dem Namen Orthon oder Sananda. Doch immer bin ich die gleiche Wesenheit." Sodann heißt es weiter:

"Jesus Sananda hat das höchste Bewußtsein allen Lebens erreicht und wird nun, wie Er selbst gesagt hat und es in vielen Prophezeiungen geschrieben steht, am Ende der Zeit 'in den Wolken' oder 'wie ein Blitz' (Lichtstrahlschiffe) wiederkommen, um Sein Werk, das Er vor rund 2000 Jahren begonnen hat, zu beenden. Erst danach wir Er diese Erde seinem Nachfolger übergeben und endgültig zum Vater aufsteigen" (dann folgen entsprechende Bibelstellen).

Noch deutlicher kann sich, meines Erachtens, dieser "Sananda" wohl kaum entlarven! Wie man aus alledem folgern und glauben kann, bei ihm handle es sich um den Jesus der Evangelien, gehört zu den Rätselhaftigkeiten überstrapazierter esoterisch denkender Gehirne!

Hinsichtlich der angekündigten Rettungsaktion selbst, sei hier aus Platzgründen auf nähere Angaben verzichtet. Das Nichteintreffen angesagter Termine besagt sowieso genug. Belangreich jedoch ist, was über die Zusammensetzung der Mannschaften gesagt wird, die an der großen Evakuierungsaktion beteiligt sind. [5] Es gebe drei Arten von Mannschaften, eigentlich vier: "Die erste Mannschaft besteht aus den Geschwistern, die oben in den Schiffen tätig sind. Die zweite wurde und wird direkt auf der Erde abgesetzt. Zusammen mit der dritten Mannschaft wirken sie überall, ... um das göttliche Licht zu verbreiten" (Anm.d.Verf.: die im Glauben an die Hierarchie der Aufgestiegenen Meister tätigen "Lichtarbeiter" also). Die dritte Mannschaft besteht aus normalen Erdenmenschen. Und nun folgt eine Angabe, die abermals stutzig machen sollte: Nebst den genannten Mannschaften gebe es auch die sogenannten "Walk-Ins".

Unter diesem Begriff (siehe auch Fußnote 16 des Kapitels "Theosophie") wird ein Seelenwechsel verstanden, eine Seelenvertauschung: Bei günstiger Gelegenheit wird der Körper eines Menschen von einer körperlosen Fremdpersönlichkeit besetzt, und zwar auf Dauer! Solches kann im Komazustand geschehen, während einer Narkose, bei einem schweren Unfall oder während des "Astralwanderns". Es kommt ja zuweilen vor, daß nach solchen Ereignissen jemand seine Angehörigen und die gewohnte Umgebung plötzlich nicht wiedererkennt und behauptet, ein anderer zu sein. Wird so etwas von einer jenseitigen Wesenheit gewollt inszeniert, so gehört das in den Bereich schwarzmagischer Betätigung. Solcher Praktiken bedienen sich also auch die Santiner?! Das läßt tief blicken! Zwar wird versichert, sie würden so etwas nur mit vorheriger Einwilligung der betroffenen Person tun; aber selbst wenn ein solches Einverständnis vorläge, vermag ich persönlich nicht zu glauben, daß dies im Einklang wäre mit den göttlichen Lebensgesetzen. Meinem gegenwärtigen Kenntnisstand gemäß bin ich überzeugt, daß wirklich hochentwickelte und gottzugewandte Geistwesen niemals eine Walk-In-Prozedur vollziehen würden. Vertreter der Gegenseite freilich haben da gewiß keinerlei Skrupel in der Wahl ihrer Mittel und Möglichkeiten, um auf unserer irdisch-materiellen Ebene aktiv werden zu können.

Auf der gleichen Ebene liegt das Phänomen eigenartig verstümmelter Tierleichen sowie das Entführen von Menschen zwecks Vornahme medizinischer Untersuchungen und Experimente. Zwar scheint sich das Ganze auf der Astralebene abzuspielen, wird aber von den Betroffenen physisch empfunden, mit Ängsten und Schmerzen. Den Opfern erscheinen - meist nachts, jedoch bei vollem Bewußtsein - unsympathisch aussehende kleine graue Wesen mit großen haarlosen Köpfen. Im Buch "Unternehmen Aldebaran" von Jan van HELSING werden zwei Gattungen dieser "kleinen Grauen" beschrieben: die einen, nur ca. 1,20 m groß, erwekken angeblich den Eindruck von Bio-Robotern, und andere, von etwa 1,50 m Größe. "Das ganze Szenarium der Grauen", so lautet eine Aussage im Rückentext jenes Buches, "entpuppte sich als ein großes Tarnmanöver für die über zwei Meter großen und äußerst hübschen Besucher aus dem Sonnensystem Aldebaran, die der Menschheit auf der Erde in der kommenden schwierigen Zeit des Umbruchs hilfreich zur Seite stehen wollen." Mit der Beschaffung von erdenmenschlichem Genmaterial wollen die körperlich dege-

nerierten Grauen angeblich ihre Rasse auffrischen. Infolge Über-
züchtung ihres Intellekts seien sie ihres   "Emotionalkörpers"
(des Astralkörpers) verlustig gegangen, d.h. sie können keine Gefühle mehr empfinden. Infolgedessen sei ihnen der Aufstieg in
eine höhere Seinsdimension verwehrt. Die Aldebaraner selbst
sprechen angeblich hochdeutsch, ihr Sonnensystem soll sich 68
Lichtjahre von uns entfernt befinden. Sie pflanzen ausgewählten
Erdbewohnern Implantate ein, durch die deren Träger jederzeit
"aktiviert" werden können. Näheres lese man im van Helsing-
Buch nach. [6]

Mir selbst bemächtigt sich bei alledem kein gutes Gefühl, auch
wenn die (angeblichen) Aldebaraner schöne Menschen sein und
hochdeutsch sprechen sollen. Ihr Abzeichen, im weißen Kreis ein
schwarzes Dreieck mit der Spitze nach unten, ist von der Symbolik her negativ. Auch die Erwähnung von "Sternentoren" (S. 228)
nährt meine Skepsis (siehe meine Darlegungen zum pseudo-
esoterischen 11:11-Rummel des Mediums SOLARA, im Kapitel
"Im Sog der Aufgestiegenen Meister".

Was die Entführung von Menschen durch angebliche UFOs
anbelangt, so kam mir dies lange Zeit unglaubwürdig vor. Jetzt bin
ich mir nicht mehr so sicher, Derartiges für unmöglich zu halten.
Ob Geschehnisse, die auf Kontakte mit Außerirdischen hindeuten,
immer richtig interpretiert werden, sei allerdings dahingestellt.
Andererseits veröffentlichte ein US-Autor namens Whitley
STRIEBER 1988 ein Buch über Entführungen durch UFOs. Allein
im Jahre zuvor will er fast 4.500 Berichte von Betroffenen gesammelt haben. Er selbst sei mehrmals Entführungsopfer gewesen.
Soweit sich bei ihm Erinnerungslücken zeigten, wurde mit Hypnose nachgeholfen.

Relativ harmlos wäre das ganze UFO-Problem, wenn es sich
mit "Dramatisierungen des Unterbewußtseins" oder ähnlichen
Erklärungsversuchen einer materialistisch verankerten Pseudo-
Psychologie abtun ließe. Handelt es sich jedoch um Manifestationen dämonischer Natur, so sollte hinlänglich bekannt sein, daß
deren Träger bewußt im Dienste gottabgewandter und –ver-
neinender Mächte stehen. Erfahrungsgemäß bereitet es ihnen Vergnügen, uns zu belügen und zu betrügen, falsche Hoffnungen zu
wecken, irrezuführen und uns Leid zuzufügen. Gäbe es nicht die
wahrhaft himmlischen Mächte, wir wären mehr als übel dran!

So nimmt es denn keineswegs wunder, wenn wir auch in der umfangreichen UFO-Literatur vielfach auf Widersprüchliches stoßen, auf nicht eingetroffene Prophezeiungen, auf den Konkurrenzneid und ausgeprägten Geschäftssinn sogenannter Channeling-Medien, und eben auf die nimmermüde Präsenz der Handlanger des Negativen Prinzips. So entstanden regelrechte UFO-Religionen.

Nehmen wir als Beispiel die "RAEL"-Gruppe des Franzosen Claude VORILHON, der Botschaften von einem Außerirdischen empfangen zu haben meint. Im Rückentext seines Buches mit dem Titel "Das Buch, das die Wahrheit sagt" sind die Lehren der Rael-Gruppe zusammengefaßt.

Diese Lehren lauten, in leicht gekürzter Wiedergabe:

1) "Es gibt keinen Gott, und es gibt keine Seele, die nach dem Tode entschwebt.

2) Der Mensch wurde vor langer Zeit von Wissenschaftlern in einem Labor erschaffen von Menschen, die von einem anderen Planeten kamen, den *ELOHIM*.

3) Das erste Buch der Bibel, die Genesis, berichtet vom Werk der Elohim... Der Begriff Elohim wurde fälschlich mit *GOTT* übersetzt,... obwohl er im Hebräischen im Plural steht und 'die vom Himmel Gekommenen' bedeutet" (siehe Seite 312, Fußnote [4]. – Diese Angabe findet man sogar in theologischen Nachschlagewerken wie dem sechsbändigen Handwörterbuch "Die Religion in Geschichte und Gegenwart", Band 2, Spalte 117/18).

4) "Jesus Christus entstammte der Vereinigung eines der Außerirdischen mit einer irdischen Frau.

5) Moses, Buddha, Mohammed und alle großen Propheten wurden von diesen Außerirdischen gesandt.

6) Seit 1945 befinden wir uns im Zeitalter Apokalypse, im Zeitalter der Offenbarung; jener Epoche, in der, wie in der Bibel vorausgesagt, das Volk Davids sein Land wiederfindet (Staat Israel), in der Blinde wieder sehen können (elektronische Prothesen), der Mensch seine Stimme über die Ozeane schickt (Fernmelde-Satelliten)" und so weiter.

Vorilhon, der sich RAEL nennt, versteht sich als Gründer der "Raelistischen Religion", mit Anhängern in (angeblich) mehr als 50 Ländern. Gepredigt wird u.a. die freie sexuelle Betätigung, denn es sei wichtig, das Leben zu genießen.

Das Symbol der Rael-Gruppe ist ein Davidstern mit eingearbeitetem umgekehrten Hakenkreuz. Wer von solcher Symbolik Gutes erwartet, dem ist unbekannt, daß das Hexagramm (irrtümlich Davidstern genannt) die Zahl 666 graphisch zum Ausdruck bringt. - Soviel zur UFO-Religion des "Rael". [7]

Eine (angebliche) Ufonen-Botschaft lautet: "Wir vollenden die Schöpfung (!) und schaffen eine galaktische Gesellschaft". [8] Wenn uns neue Technologien versprochen werden, und daß unsere Erde durch einen "Photonenring" gehen wird, um dadurch eine enorme Höherpotenzierung zu erfahren, ferner, daß sie zu einem "unvergleichlichen Paradies" werden und "in den ursprünglichen Zustand des Himmels auf Erden zurückverwandelt" wird, oder daß es - nach der Wendezeit - keine Krankheiten mehr geben soll und wir dann unser Aussehen selber gestalten können und Hunderte, ja Tausende von Jahren leben werden, so sei man skeptisch bis zum Äußersten! Wer uns mit einem tausendjährigen Erdenleben zu locken versucht, der kann nur bei Leuten Gehör finden, die nichts von einem Weiterleben nach dem körperlichen Tode wissen; vom Weiterleben auf einer Daseinsebene, deren Qualität kontinuierlich von der Art unseres Erdendaseins abhängt. Aufgrund der Sterbe- und Jenseitsforschung darf dies als wissenschaftlich gesicherte Tatsache gelten. Für diese simple aber logische Einsicht benötigen wir weder irgendwelcher UFOs, noch einer galaktischen Föderation, sondern bloß eines ausreichenden Grades an unverdorbener Denk- und Beurteilungsfähigkeit.

In seiner damaligen Zeitschrift "Verborgene Welt" (Nr. 2/1961,13) erklärte der namhafte katholische Parapsychologe Josef KRAL, es wäre denkbar, daß *Dämonen* sich des UFO-Phänomens bedienen. Höchst verdächtig sei allein schon der bekannte Gruß der (angeblichen) Santiner: "Friede über alle Grenzen!" Wenn nur auf unsere Erde bezogen, auf Ländergrenzen sowie auf nationale, kulturelle, rassische und Standesunterschiede bezogen, so wäre dies ein schöner Gruß. Wenn damit aber auch ein Friede mit den Finsternismächten gemeint wäre, so sollte dies für uns unakzeptabel sein.

In der neutestamentlichen Prophetie finden wir eine erstaunlich exakte Kennzeichnung der Merkmale unserer Zeit. Im 2.Thess.2,9 ist die Rede von allerhand verlogenen Zeichen, Wundern und Verführungskünsten, denen die Menschen ausgesetzt sein werden. Lukas 21,11 spricht von "großen Zeichen am Himmel". Könnte hiermit das UFO-Phänomen gemeint sein? In ihrem Buch "Die Fakten der UFOs" erklären die beiden Forscher John ANKERBERG und John WELDON: "Nachdem wir dieses Gebiet 20 Jahre lang erforscht und dabei zigtausend Seiten mit Berichten und Informationen von mehreren hundert Autoren studiert haben, ist uns bis jetzt nicht der kleinste Hinweis begegnet, daß die UFOs oder UFO-Besatzungen *göttlichen* Ursprungs sein könnten." Nach Drunvalo MELCHIZEDEK verfügt nur Luzifer über Raumschiffe, ja die gesamte Technologie sei luziferisch (Explosion statt Implosion). [9]

Es ist also in jedem Fall Vorsicht geboten. Zumal aus dem vorhandenen Material hervorgeht, daß es negative wie auch positive UFOs zu geben scheint. Man findet diese Unterscheidung auch im altvedischen Schrifttum. Der vedischen Schöpfungslehre zufolge war und ist unsere Erde nie der Mittelpunkt des Weltalls. Ein solch kindischer Fehlschluß konnte nur in kulturell und erkenntnismäßig unterentwickelten Völkerschaften entstehen, Wie bei den Geistwesen, den Suras und den Asuras (den Götterwesen und den Dämonen), unterschied man auch bei den Außerirdischen zwischen gottzugewandten und gottabgewandten Wesenheiten.

Vor den Außerirdischen fürchteten sich besonders die sogenannten Naga-Völker. Das waren und sind die Schlangen- und Drachenvölker, die "Reptiloiden", wie Armin RISI sie in seinen Büchern nennt.

Im altvedischen Schrifttum finden sich auch Angaben, *wie* es diesen negativen Kräften vor rund 5000 Jahren gelang, auf unserem Planeten Fuß zu fassen. Und hier ist erstmalig von *VIMANAS* die Rede, die dabei eine Rolle spielten. Erstaunlicherweise übersetzen sogar unsere Indologen das Wort Vimana mit "Raumschiff, Himmelsgefährt bzw. Himmelsfahrzeug". Heute ist hierfür das Wort UFO gebräuchlich.

Das vedische Weltbild umfaßt nicht bloß die irdisch-materielle Welt; es kennt insgesamt 14 Existenzebenen oder Dimensionen. Sieben davon stellen die spirituell oberen Stufen dar, die anderen

sieben gehören zum unteren (niederen) Bereich. Während nun
unsere Erde zur "Zone der Wahlfreiheit" gehört, und wir uns *hier*
zu entscheiden haben, zu welchem der beiden Machtbereiche wir
gehören wollen, haben die Bewohner der Ober- und Unterwelten
diese Entscheidung bereits getroffen: die oberen dienen bewußt
Gott und den Kräften des wahrhaftigen Lichtes, während die
unteren sich - ebenso bewußt - für die Finsternismächte entschieden haben.

In der genannten 14er Einteilung gehört unsere Erde zwar zum
oberen - sagen wir - "Siebener-Block", jedoch zur untersten Stufe
der Verdichtungs-Skala. Sie ist also dem Siebenerblock der Unterwelten am nächsten. Das ist der Grund, weshalb auf ihr sowohl
positive, als auch negative Einflussmöglichkeiten gegeben sind.
Die Erde ist also wahrhaftig ein Kampfplatz zwischen Gut und
Böse. Deshalb ist es so ungeheuer wichtig, für welche der beiden
"Großmächte" wir uns hinieden - bewußt oder unbewußt entscheiden. Die Qualität unserer persönlichen, wie auch der allgemeinen
Zukunft programmieren wir hier und jetzt!

Die Wesen der unteren Weltstufen sind von der Berechtigung
und der Richtigkeit ihres Tuns ebenso überzeugt wie die Wesen
der oberen Seinsdimensionen. Hieraus ergibt sich der Umstand,
daß beide Seiten sich für "gut" halten, und die Gegenseite für "böse". Es scheint daher ratsam, die Außerirdischen nicht pauschal als
negativ oder positiv einzustufen. Die Entscheidung, wem wir
glauben wollen, obliegt uns selbst. Armin RISI sagt: "Beide Seiten
bezeichnen sich als Helfer, geben Versprechungen und warten mit
wundersamen Kräften auf: Die Wesen der dunklen Seite brillieren
insbesondere mit technischen Errungenschaften, die Wesen der
göttlichen Seite mit spiritueller Weisheit und Gottbezogenheit.
Uninformierte oder falschinformierte Menschen halten gewöhnlich beide Seiten für 'göttlich', weil beide Seiten über höherdimen-
sionale Kräfte und esoterisches Wissen verfügen. " [10]

Persönlich bin ich heute soweit, daß ich sogar dem Namen
Ashtar SHERAN mißtraue. Dr. Erik SIGDELL kam auf die Idee,
diesen Namen mal rückwärts zu lesen. Das ergibt zwei Sanskritworte, nämlich Naresh Radja. Laut Risi sind das zwei Titel für
vedische Könige. Übersetzt bedeuten sie soviel wie "Gott unter
den Menschen". Gewiß, Leute in Raumschiffen wurden seit jeher
als "vom Himmel kommende Götter" bezeichnet, aber erstens sind

auch sie (nach eigener Bekundung von Ashtar Sheran) sterbliche Wesen, die auf einer physischen Ebene leben, und zweitens wäre die Rückwärtsschreibung seines Namens - wenn es so zutrifft - ein spirituell keineswegs positives Merkmal. Dr. Sigdell läßt die Frage offen, was das im Falle Ashtar Sheran zu bedeuten hat.

Auf wissenschaftlich erarbeitete Fakten im Hinblick auf die UFO-Forschung und dessen technologische Aspekte eingehen zu wollen, versage ich mir - obwohl höchst aufschlußreich - aus Platzgründen. Auch die gebräuchlichsten Erklärungs-Modelle des UFO-Phänomens mögen hier unerwähnt bleiben. Lediglich auf eine oft verlautete Behauptung sei noch kurz eingegangen, wonach von Regierungen und Geheimdiensten UFO-Dokumentations-material unterschlagen würde. Auch seien UFO-Zeugen unter Druck gesetzt und zu falschen Aussagen veranlaßt worden.

Mittlerweile sickerte durch, daß dem wirklich so ist. Armin RISI hatte Gelegenheit zu einem Interview mit Prof. Dr. Dino DINI. Dieser, als Kapazität auf den Gebieten der Physik, der Technik und der Raumfahrt, war ehedem Mitarbeiter der NASA. Im Tessiner Fernsehen übte er öffentlich Kritik und erklärte, der Öffentlichkeit werden schwerwiegende Tatsachen vorenthalten. Auch er selbst sah sich zu Falschaussagen gezwungen, um nicht seine Verbindung zur NASA zu gefährden. Über seltsame Beobachtungen während der Apollo-Flüge z.B. sei in den internen Publikationen der NASA einiges veröffentlicht worden, das rasch dementiert wurde! - Nun, im August 1996 gab die NASA einen Teil diesbezüglicher Dokumentationen endlich frei und bestätigte damit die bis dahin praktizierte strikte Geheimhaltung.

Wie dem auch sein mag, in Anbetracht der sich häufenden UFO-Sichtungen und -Berichte fällt es zunehmend schwerer zu glauben, bei den Berichterstattern handle es sich durchweg um Wichtigtuer oder Phantasten. Sogar im katholischen Klerus scheint sich ein Umdenken zu vollziehen. Zwar ist mir keine offizielle Stellungnahme bekannt, aber es gibt inoffizielle Stellungnahmen, beispielsweise von Msgr. Corrado BALDUCCI. Er ist Mitglied der Kurie und Prälat einer Kongregation. Als in Italien das Buch des UFO-Kontaktlers Giorgio DIBITONTO erschien mit dem Titel "Engel in Sternenschiffen", da brachte Balducci immerhin den Mut auf, diesen Buch öffentlich vorzustellen. Überdies erklärte er in einem (im Dezember 1997 veröffentlichten) Interview:

"UFOs existieren. Keine Frage. Das kann niemand mehr bestreiten. Sicher ist, daß die christliche Religion, daß die Theologie die Existenz von Außerirdischen nicht ausschließt." [11]

Mitte Juni 2000 berichtete die Presse von einem Astronomen-Kongress mit 250 Wissenschaftlern an der Gregoriana, der päpstlichen Universität in Rom. Daselbst erklärte der Argentinier Pater DDr. José FUNES, daß Außerirdische wirklich existieren; in weit entfernten Galaxien, viele Lichtjahre von der Erde entfernt. Auch sie seien Kreaturen der Schöpfung, "alles unsere Brüder".

Armin RISI schreibt in seinem Buch "Machtwechsel auf der Erde" (S. 387): "Das UFO-Phänomen ist ein ... multidimensionaler und jahrtausendealter Faktor. Die Tatsache, daß dieses Phänomen seit dem Ende des Zweiten Weltkrieges plötzlich in aller Munde ist, heißt nicht, daß es erst seit dieser Zeit existiert, sondern nur, daß es seit dieser Zeit in *eine entscheidende neue Phase* getreten ist. Eine seriöse Erforschung des UFO-Phänomens erfordert demnach ein umfassendes Weltbild ... Ansonsten wird dieses vielschichtige Phänomen neuzeitlich interpretiert, was zu keinen befriedigenden Schlüssen führen kann."

Als ein lieber Freund mich brieflich fragte, ob ich wohl einsteigen würde, wenn ein UFO landet und mich zum Mitkommen einlädt, antwortete ich ihm: "Ja, aber nur, wenn Du der Kommandant bist!"

Die Existenz des Schattens ist vom Licht abhängig, aber das Licht ist nicht vom Schatten abhängig und kann vom Schatten nie erreicht werden. Solange der Schatten Schatten bleibt, ist er vom Licht getrennt. Ebenso bleiben die Dunkelmächte in ihrem Dasein gefangen, solange sie nicht ihren Standpunkt (ihre Mentalität) ändern und ihre Ideologien korrigieren. Da sie jedoch überzeugt sind, daß ihre Ansichten wahr sind, werden sie sich nicht ändern und halten an der Dunkelheit fest. So bleiben sie in einem Teufelskreis und schaffen Philosophien, um ihre Ansichten und Handlungen zu rechtfertigen.

Armin Risi

Geschäftsokkultismus

Preiswerte Titel plus Erleuchtung

Zu den bekanntesten kommerziellen Unternehmen auf esoterischem Gebiet gehören:

REIKI: Im Kapitel über Magie fand Reiki bereits Erwähnung. Bei der Einweihung werden dem angehenden Meister bestimmte Symbole, Handstellungen und Mantras übermittelt, die angeblich "eine bleibende Verbindung zur Quelle der universellen Lebensenergie herstellen". [1] Wenn das wahr wäre, dann verwundern die auffällig vielen Selbstmorde unter Reiki-Meistern!

Mittlerweile stieß ich auf die Behauptung, der Reiki-Begründer Mikao USUI sei "Leiter einer christlichen Priesterschule in Kyoto" gewesen, nach anderer Quelle "christlicher Vorsteher einer kleinen Universität in Kyoto". [2] Eine Zuschrift an mich besagt, Usui habe keinen Doktorgrad besessen.

Bei alledem fällt es schwer, die Usui-Erzählung überhaupt für bare Münze zu nehmen. Er habe wissen wollen, wie JESUS geheilt hat. Zu guter Letzt habe er 21 Tage lang auf einem heiligen Berg meditiert. In einer Licht-Vision, die ihn zu Boden warf, seien ihm dort die Heilungssymbole und ihre Anwendung übermittelt worden. Anderen Quellen zufolge soll ihm Jesus erschienen sein. Merkwürdig mutet allerdings an, daß hiervon sowie von der christlichen Ausrichtung des angeblichen Herrn Usui so gut wie gar nichts in der heutigen Reiki-Praxis zum Tragen kommt. Eine Dame schrieb mir: "Sie haben vollkommen recht, wenn Sie schreiben, von Gott oder Jesus sei im Reiki keine Rede. Jeder Reikimacher verbeugt sich im Geiste vor den vier Großmeistern und bedankt sich nach der Behandlung auch wieder bei ihnen. Von ihnen allen hängen Fotos im Behandlungszimmer, möglichst immer mit angezündeten Kerzen."

Als Usuis Nachfolger agierte ein gewisser Dr. Chujiro HAYASHI, der - ebenso wie Usui - "den wahren Meister verkörperte". Er sei Stabsoffizier gewesen und endete durch Selbstmord. Seine Nachfolgerin, die US-Bürgerin Hawayo TAKATA (sie lebte auf Hawaii) soll die hohen Preise für die jeweiligen Grade eingeführt haben. Dem Vernehmen nach waren ihr jedoch, als Ausländerin, nicht alle Reiki-Geheimnisse anvertraut worden, sondern nur gewisse Anwendungen. Näheres würde hier zu weit führen.

Dr. Barbara RAY, eine andere "Meisterin", behauptet, das "wirklich authentische System" weiterzugehen. [3] Diese Dame gründete die T.R.T.A.I. (The Radiance Technique Association International, früher A.I.R.A.). Die jetzige "Großmeisterin" Phyllis Lei FUROMOTO, eine Enkelin von Frau Takata, gründete ihrerseits die "REIKI-Alliance" und gab die Meisterweihe frei, die vordem nur vom Großmeister vorgenommen werden konnte. Damit entstand jene Flut von Reiki-Meistern und Meister-Ernennern, der wir uns heute ausgesetzt sehen. Allein in Deutschland soll es bereits an die 10.000 Reiki-Meister geben!

Einer Information aus Holland zufolge kostet der erste Grad 300 Gulden. Der zweite immerhin 1.200 Gulden, mit der Begründung, man bekäme dafür das Vierfache an Kraft als beim ersten Grad. Im zweiten Grad wird Fernbehandlung gelehrt sowie Mental-Training, Darmsanierung (Angaben entstammen einem Buchprospekt), Reinigung von Wohnräumen, Reiki-Dusche (!) Blockadeauflösung, Karma-Reinigung (!) und die Behandlung schwerer Krankheiten. Und selbstredend werden auch Rückführungen angeboten. Bis zur Meister-Einweihung durch die Allianz sollen dann drei Jahre oder mehr vergehen. Das kostet dann die Kleinigkeit von 20.000 Gulden!

Für Wirbel in der Reiki-Geschäftsszene sorgte ein gewisser Eckart STROHM (Jahrgang 1950), der 1991 die "Reiki Association International" (R.A.I.) gründete und im Schnitt nur halb soviel verlangt wie die Allianz: die ersten drei Grade für 280, 680 und 2.500 Mark, und für den Meister-Lehrer-Rang 10.000 Mark.

Laut Prospekt gehört Strohm, der sich "Magus" nennen läßt, "zu den wenigen Menschen, denen vom Erzengel Uriel erlaubt wurde, in der Akasha-Chronik, dem Gedächtnisspeicher der Menschheit, zu lesen" (Uriel gilt in der Ostkirche als Todesengel!). Strohm behauptet kühn, in besagter Chronik alte Heilmethoden aus Atlantis gefunden zu haben und dieses "Meisterwissen aus Atlantis" weiterzugeben. Neben den herkömmlichen Reiki-Titeln gibt es bei ihm "Arolo-Grade" zu kaufen, plus dem Titel "Arolo-Großmeister". Selbstverständlich erhält man durch die Einweihung auch hier "den Zugang zum höchsten göttlichen Energiestrom"; was von reichlich kindischen Vorstellungen zeugt, es sei denn, man betrachtet den "Herrn *dieser* Welt" als Gott.

QingBo SUI, laut "esotera" in Hamburg lebender Qi-Gong- und Taiji-Lehrer, hält die horrenden Reiki-Preise für pure Geschäftemacherei. Er findet es lächerlich, zu glauben, etwas sei umso wertvoller und wirksamer, je teurer es sei. Und das Getue mit Graden und Titeln kommentiert er mit der trockenen Feststellung: "Die Geschäfte im Westen erfordern Titel".

Reiki wird normalerweise in drei Graden vermittelt. Laut "esotera" 2/97 (S. 40) sind alle Informationen über den 2. und 3.Grad geheim und "dürfen nicht offengelegt werden, um das System zu schützen". Und: "Kein Seminar und keine Behandlung dürfen kostenlos vermittelt werden, weil der Energieaustausch gewährleistet sein (!) und der Empfangende sich selbst mit einbringen muß". Gemeint ist sein Geld. Wer sich nicht an die vorgeschriebenen Preise hält, muß mit Repressalien rechnen. "Es hat schon sehr unschöne Szenen gegeben, sie erinnern mich an die Zeugen Jehovas", berichtet meine holländische Quelle. - Wozu nur noch zu sagen wäre: Sapienti sat, dem Verständigen genügt es!

AVATAR-Kurse: Je dubioser, desto erfolgreicher. Dieses bewährte Rezept gilt besonders für den Esoterik-Markt. Mit genügend Unverschämtheit, der richtigen Mixtur an "Geheimlehren", großen Versprechungen, Titelerwerb, Einweihungs-Firlefanz und saftigen Preisen liegt man fast immer richtig. Und wenn schon nicht aus Indien oder Fernost, so muß die Sache doch zumindest aus den USA kommen ...

Harry PALMER beispielsweise hat den Dreh gut heraus. Bei ihm kann man in bloß einer Woche ein Avatar werden, ein "Miterlöser der Welt"! Kostenpunkt: etliche tausend Mark! Ein Klacks! Möglichst bald danach soll man den "Meisterkurs" absolvieren; doch der kostet dieselbe Summe bereits in US-Dollar. Den obersten erreichbaren Grad in der Avatar-Hierarchie (jedenfalls bis etwa 1994) erlangt man in einem "Wizard-Kurs". Für mindestens 5.000 Dollar, einen weiteren für 7.500 Dollar, und so weiter. Der Begriff Wizard läßt sich von Hexerei und Schwarzmagie schwerlich trennen, aber der erleuchtete Palmer sieht das anders. Dank der Leichtgläubigkeit seiner Avatare wurde er zum vielfachen Millionär; wodurch seine Einschätzung der geistigen Kapazität vieler "Esoteriker" überzeugende Bestätigung fand.

Palmer gründete die Organisation "Star's Edge International", welcher (laut "esotera" 3/91, S.29) lediglich er selbst, seine Frau und zwei Mitarbeiterinnen angehören. Von den enormen Kursgebühren geht ein beträchtlicher Teil sowohl an die Lehrer, als auch an Palmer. Das System wird nach dem Schneeballprinzip betrieben. In seinem Buch "Avatar, die Kunst befreit zu leben" dreht sich alles um das liebe Ich, und um die Nichtigerklärung herkömmlicher moralischer Wertvorstellungen. Die teils konfusabstrakten Gedankenkapriolen liegen auf der Ebene der Empfehlung im "Faust", die Menschen zu verwirren. Doch Palmer tut dies "in grenzenloser Liebe". Im Avatar-Informationsmaterial wird (lt. "esotera" 12/94, S. 36) vorgegaukelt, das Ganze habe mit alten Weisheitslehren, z.B. mit den indischen Veden zu tun. "Diese Behauptung trifft nicht zu". Und weiter: "In den Avatarkursen wird mit Hilfe von Gehirnwäsche-Methoden gelehrt, wie man Unerwünschtes "diskreiert" und Erwünschtes "kreiert". Dabei steht ein einziges "ethisches" Prinzip im Hintergrund: "Ob eine Kreation (Botschaft, Idee, Ware oder Dienstleistung) ethisch ist, hängt ausschließlich davon ab, welchen Wert sie für die am unmittelbarsten von ihr Betroffenen darstellt".

Weiter lautet es in den als streng vertraulich gekennzeichneten Avatar-Seminarunterlagen: "Wenn man diesen Codex versteht und in seinem Sinne kreativ ist, kann man für sich selbst Wohlstand und Macht kreieren ... oder die Ursache für seinen Mangel an Wohlstand und Macht erkennen".

Selbstverständlich verspricht auch Palmer Freiheit. "Wo Freiheit ist, ist Energie .... kann nichts falsch getan werden. In der Freiheit gibt es kein rechtes oder unrechtes Tun mehr ... Ein Mensch, der keine Furcht mehr hat, ist großer Liebe fähig. Und der wahrhaft Liebende kann tun, was er will." Crowley läßt grüßen!

Außer zur Drogenszene, gehörte Palmer elf Jahre lang der Scientology-"Kirche" an. Die Prägungen von Ron HUBBARD und CROWLEY ("Meister Therion") sind denn auch deutlich erkennbar. Palmers Lehren entsprechen genau den Tendenzen jener luziferisch-satanischen Hintergrundmächte des Weltgeschehens, welche Armin RISI in seinem Buch "Machtwechsel auf der Erde" (Govinda-Verlag) akribisch genau kennzeichnete. Jedenfalls erscheint es ratsam, um Avatar-Anbieter freundlich grüßend einen Bogen zu machen, wiewohl sie ihre Einstellung als untadelig empfinden mögen. [4]

BEP / UNH / Pegastar: Zu einer der schillerndsten aber auch erfolgreichsten Figuren im Sumpf des Geschäftsokkultismus wurde der Österreicher Helmut Josef AMENT. Anfangs gab er Dianetic-Kurse (Scientology), bis er den Esoterik-Trend zu nutzen begann und seitdem mehr als ein Dutzend einschlägige Firmen gründete. Zuerst proklamierte er mit seinem "Bewußtseins-Erweiterungs-Programm" (bep) und der "United Human Organisation" (UNH) eine Art Weltbürgerschafts-Vereinigung. Für seine Bücher und Kassetten baute er ein Vertriebssystem nach dem üblichen Schneeballprinzip auf, mit Gebietsaufteilung und Lizenzgebühren. Im Juli 1986 wurde "bep" als "Hersteller und Vertreiber esoterischer Literatur" zu 48.000 Mark Schadenersatz verurteilt, weil ehemalige Mitarbeiter sich betrogen fühlten. [5]

Versprochen wurde und wird die Vermittlung "jahrtausendealten Wissens, angereichert mit modernen Erkenntnissen der heutigen Wissenschaft". Ohne dieses Wissen habe man keine Chance, zu Erfolg und Reichtum zu gelangen.

Mit seinem Buch "Erfolg durch geheimes Wissen", mit Computer-Software-Paketen (für 10.800 Schweizerfranken), einem 640-seitigen Lehrgang "Die universellen Gesetze des Erfolgs" (in 12 Monatsraten à 59 SFr. zahlbar) und anderen Ködern wird versucht, Leute als Lizenznehmer zu gewinnen. Meditationskassetten, esoterische Bücher und anderer Krimskrams soll zusätzliche Einnahmen sichern. Aments Firma "Pegastar" trat bereits unter verschiedenen Bezeichnungen in Erscheinung: Cosmosoft, Cosmotronics, Futuresoft, Rainbow-Team, Profimade, New Age-Verlag, Institut für Modernes Lernen oder Humanpower. "Beim Stichwort Humanpower wird mir heute noch mulmig", schrieb die Schweizerin Andrea K. an die Konsumenten-Zeitung "K-Tip", in der Aments Methoden angeprangert worden waren. "Vor bald 20 Jahren köderte man mich unter dem Namen 'bep-Verlag': ich mußte eine gewisse Anzahl Bücher und Kassetten kaufen und weiterverkaufen. Doch außer psychischer Gehirnwäsche gab es keine Unterstützung. Die damalige Erfahrung war mir eine Lehre fürs ganze Leben" (8.4.98).

Die von Ament verkauften "Repräsentanzen" (Gebietsvertretungen) kosteten von 22.500 Mark an aufwärts. Der Repräsentant hat innerhalb eines Jahres einen bestimmten Umsatz zu machen; andernfalls veräußert Ament das Gebiet weiter. Die wenigsten schaffen diese Auflage.

Das von Ament und seinen Helfershelfern verbreitete Gedankengut ist eine Mischung aus Psychologie, Parapsychologie, Astrologie, Radiästhesie (Pendelübungen) und Allerweltsokkultismus. Das alles kann man in jedem esoterischen Buchladen billiger kaufen als z.b. bei der Ament-inspirierten "Kosmologie-Universität" und "Gesundheits-Akademie", allwo man "Dipl. Kosmologe" werden kann. Ohne irgendwelche Voraussetzungen! "Nur" 7.500 SFr. kostet das (8.500 SFr. bei Ratenzahlung). Da kommt man schnell auf eine Summe von mehr als 10.000 Franken!

Die auf seriös getrimmte Reklame verspricht u.a. finanzielle Unabhängigkeit und Verschontbleiben von Krankheiten. Und: "Was Sie auch anfassen, es gelingt!" Im Lehrgangsmaterial inbegriffen ist eine Buchreihe mit dem unseriösen Titel "Geheimnis der Großen" (844 SFr.). Für BEP- oder "Geheimnis der Großen"-Teilnehmer oder UNH-Mitglieder gibt es 5% Rabatt. Neu: KAIZEN-Mentaltraining. KAIZEN, so wird erklärt, bedeute dauernde Entwicklung.

Entlarvend ist die schematische Darstellung der Seinsebenen: Als Spitze der Pyramide gilt die Materie (der Körper). Darunter folgen die Aether-Ebene, dann die Emotional-Ebene, danach die Mental-Ebene, und zuunterst (!) die Spirituelle Ebene. Materie ist demzufolge das Höchste! Kommentar überflüssig. Erstaunlich ist nur, daß sich für so etwas ein Dr. med., smart lächelnd, zur Verfügung stellt.

In einer Stellungnahme zu den Aktivitäten der Ament-Leute wird gesagt: "Ob es den Autoren überhaupt um die Verbreitung von weltbewegenden Gedanken geht, darf erheblich bezweifelt werden. Man hat eher den Eindruck, daß hier mit besten Marketingmethoden Marktnischen ausgesucht und ausgenutzt werden und gutgläubige Menschen nicht nur Geld, sondern auch inneres Engagement und Zeit verlieren. Gewinner sind hier immer nur wenige: die, die längst in den oberen Etagen regieren. Auf der Strecke bleiben wieder einmal, wie so oft, die Erfolglosen, denen nur noch der Traum vom schnellen Glück und Geld bleibt." [6]

NATHAL-Methode: Unter die Rubrik Geschäftsokkultismus dürfte auch das "NATHAL-Institut" in Wuppertal einzuordnen sein. Die Methode wird als "Weg der Erkenntnis und der Entwicklung" angepriesen, als "Weg zur Genialität und zum Supra-Dialog". Unter letzterem wird offenbar die Verständigung mit

jenseitigen Ebenen verstanden, einschließlich der Möglichkeit,
"andere solare Systeme zu kontaktieren" (aus der in einem
akademisch-gestelzten Deutsch gehaltenen Programmschrift "Die
Nathal-Methode").

NATHAL ist der rückwärts gelesene Name des Mediums Dr.
Gertje LATHAN, die gemeinsam mit ihrem Lebensgefährten Dr.
Philippe EVRARD diese Kommunikationsmethode vermarktet. Als
er sich von ihr in diese "Psychotechnik" einführen ließ, trat bei
ihm eine Art Schreibmedialität auf, die sich im Entstehen von
merkwürdigen Schriftzeichen äußerte. [7]

Aus meiner nunmehr 45jährigen Erfahrung heraus kann ich behaupten: Spirituell wirklich höherentwickelte und in der göttlichen
Ordnung wirkende Geistwesen lehnen es strikte ab, sich für ge-
schäftsorientierte und egoistische Zwecke herzugeben. 1993 kostete hier ein Training von vier bis fünf Tagen die stolze Summe von
drei- bis viertausend Mark! Im übrigen läßt die Aussage von Frau
Dr. Lathan mangelnde Kenntnis der zahllosen Nah-Todes-
Erfahrungen (NTE) erkennen, wenn sie sagt, der Gehirntod sei der
Anfang des Lebens im feinstofflichen Bereich "und damit das
Leben im Glück", das keine Zeit kennt. Das stimmt nicht. Man
lese das Buch von Dr. med. Maurice RAWLINGS, "Zur Hölle und
zurück" (Verlag C.M. Fliss, Hamburg). [8]

Die erfahrene Parapsychologin und Gründerin der Wiener "Liga für parapsychologische Forschung" Gina L. HIRSCHE schrieb:
"Ein Medium, das seine Begabung aus egoistischen Gründen
zur Verfügung stellt, ist für die höhere geistige Welt unbrauchbar.
Es wird nur Wesen aus den unteren Ebenen anziehen, nämlich
diejenigen, von denen die Bibel sagt: Du sollst nicht die Toten
befragen." Womit *geistig* Tote gemeint sind; denn die Bibel unterscheidet bekanntlich zwischen dem körperlichen und dem geistigen Tod. Geistig tot ist, wer in Gottferne lebt, was vor allem durch
praktizierten Materialismus geschieht.

AURA SOMA: Die besonders von den Damen BLAVATSKY
(HPB) und BAILEY (AAB) propagierte Ideologie des "Luci's
Trust" (anfänglich "Lucifer-Trust" genannt; siehe diese Stichwor-
te) treibt üppige Blüten. Hierzu gehören Produkte wie Aura Soma,
Meister-Essenzen, Meister-Ketten (aus Halbedelsteinen), Erzen-
gel-Tropfen und ähnliches mehr. Eine mir bekannte Dame wurde

aggressiv, nachdem sie ihre Handflächen mit "Erzengel-Tropfen" eingerieben hatte.

Aura Soma wurde, laut Werbeschrift, von einer blinden aber hellsichtigen britischen Heilerin namens Wicki WALL "in tiefer Meditation empfangen und besteht aus vier Anwendungsweisen: Balance-Oelen, Aura-Reiniger und Aura-Schutz, Meister-Quintessenzen und Tinkturen". Allen gemeinsam sei eine Basis von 49 Aromen, Pflanzenauszügen und Kristall-Essenzen.

Die Balance-Oele bestehen aus zwei Farbschichten, die durch die Verwendung von Oel und Emulsion erreicht wird. Aus alledem entstand ein Riesenangebot an Mittelchen, die zu respektablen Preisen verkauft werden. 1995 waren es 90 Balance-Oele, zu je 28 Mark! Dazu kommen Pomander, Colour-Tinkturen und Meister-Essenzen à 25 Mark. Um welche "Meister" es sich handelt, sagen die Namen: Serapis Bey, St. Germain, El Morya, Djwal Khul, Kuthumi, Sanat Kumara usw. [9]

Viele mögen nach Anwendung solcher Präparate den gewünschten Erfolg erzielt haben, aber ich frage mich: Wie kann man aus einer trüben Quelle - nämlich jener der Aufgestiegenen Meister luziferischer Prägung - die heilende Kraft sauberen Wassers erwarten wollen?

SILVA MIND CONTROL: Nach José Silva, wird als ein Verfahren angepriesen, um Zugang zu unserem "inneren Helfer" zu bekommen; zu unserer "inneren Stimme, die uns mit unserem höheren Selbst verbindet". Mit Hilfe dynamischer Meditation und positiver Imagination (bildhaftem Vorstellungsvermögen) "lassen sich Alltagssorgen schnell überwinden ... Von der entspannten Bewußtseinsebene, die 'Alpha-Grundstufe' genannt wird und alle Lebensabläufe steuert, lassen sich Probleme des Alltags mühelos beherrschen" und sogar Führungsqualitäten erlangen und steigern. Im Alpha-Zustand unserer Gehirnwellen muß man sich eine Räumlichkeit visualisieren, die fortan als Ausgangspunkt der Mind-Control-Aktionen zu dienen hat. Es würde sich dann ein "Ratgeber" ein- und vorstellen, den man künftighin sehen und mit dem man alles besprechen möchte. Die Persönlichkeit als solche könne man nach Belieben wählen, solle aber nicht erstaunt sein, wenn sich eine andere Wesenheit manifestiert.

Johanna MICHAELSEN berichtet in ihrem Buch "Der Geist befahl mir: Heile! " (Asslar, 1984) über ihre Erfahrungen mit dieser

Methode. Als Christin wünschte sie sich, Christus zu begegnen, gemäß dem Wort "Klopfet an, so wird euch aufgetan" (Luk. 11,6 und Offb. 3,20). Tatsächlich nahm sie eine ehrfurchtgebietende Gestalt wahr, doch stellte sich dieselbe sehr bald als raffinierte dämonische Täuschung heraus. Man kann sich also denken, woher, aus welcher Ecke die mittels der Mind-Control-Methode aktivierten "Ratgeber" kommen. Vielleicht nicht alle, aber man läßt besser die Finger von solchen Praktiken.

JASMUHEEN und die "Lichtnahrung": 21 Tage nichts essen, davon die ersten sieben Tage auch ohne Flüssigkeiten. Danach zwei Wochen lang nur verdünnte Fruchtsäfte. Im Idealfall erreicht man dann Erleuchtung und die Fähigkeit, sich fortan nur noch von der (Prana genannten) Lichtnahrung aus dem uns umgebenden Aether zu nähren. So jedenfalls lautet die Theorie der Australierin Ellen GREVE, die sich Jasmuheen nennt und die sich über mangelnden Zuspruch zu ihrem "21-Tage-Prozeß" nicht beklagen kann. Sie behauptet, von dieser "Lichtnahrung" zu leben. Nur ab und zu gönne sie sich ein Stückchen Schokolade.

Im deutschen Sprachraum sollen sich um die 4.000 Menschen dieser Hungerkur unterzogen haben. Unbedenklich ist das freilich nicht. Es gab bereits Tote. Schon nach drei Tagen kann infolge Nichttrinkens Nierenversagen eintreten. Für Jasmuheen kein Problem: Es sterben doch täglich Leute. Wenn jemand an der Gewaltkur zugrunde geht, so ist das eben sein Karma. Zudem sei ein Toter unter 5.000 erfolgreichen Absolventen des Prozesses zu verschmerzen. [10]

Nahrungslosigkeit, oft über Jahre, ist nichts Neues; sie wurde zumeist bei sehr einfachen, aber zutiefst gottverbundenen Menschen schon öfters beobachtet. Beispielsweise bei der Stigmatisierten Therese NEUMANN von Konnersreuth, die 17 Jahre lang täglich nur eine Hostie und etwas Wasser zu sich nahm. Maria FURTNER aus Frasdorf lebte 52 Jahre nur von Wasser. Ebenfalls aus Oberbayern stammte Therese FREUTSMIEDL. An fester Substanz genossen diese Frauen lediglich die Hostie. Auch der schweizer Nationalheilige Niklaus von der FLÜE lebte rund zwanzig Jahre von Wasser. Bei den Genannten war demnach deren religiöse Grundhaltung ausschlaggebend; eine solche werden jedoch die wenigsten Jasmuheen-Anhänger in drei Wochen schaffen. Deshalb stellt die Jasmuheen-Methode eine grobe Fahrlässigkeit dar, auch in geistiger Hinsicht.

Über Jasmuheens geistige Quellen wird man nicht im Unklaren gelassen: "Seit sich Jasmuheen von Prana ernährt, arbeitet sie intensiv mit den Aufgestiegenen Meistern zusammen ... Mutter Maria, Sananda, Arcturius, Kuthumi und St. Germain ... " (Buchtitel: "Botschaft der Aufgestiegenen Meister"). Zum Buch "Camelot" heißt es: "In diesem Werk wird dem Leser durch moderne Magie und göttliche Alchemie das Paradies enthüllt. Die Aufgestiegenen Meister haben Jasmuheen zu ihrem ersten Roman angeleitet ... ".

Natürlich weiß diese (an sich recht sympathisch wirkende) Botschafterin luziferischen Lichtes auch, wie man in der Akasha-Chronik liest, wie man Engel kontaktiert oder einen magischen Schutzschild erschafft u. a. mehr. Gutgläubig sieht sie in ihren Meistern eine "himmlische Bruderschaft". – Ob sie es wirklich nicht besser weiß?

LICHT, LICHT, LICHT: Lichtbotschaften, Lichtflügel, Lichtarbeit jede Menge! Die Botschaften kommen zumindest - wer's glaubt wird selig - von Erzengeln. Die scheinen nur darauf gewartet zu haben, sich endlich in unsere Esoterikszene einschalten zu können. Zuhauf findet man "Engel-Medien" im Angebot, sie preisen "Almadin-Energie" an, den "Ophaniel-Kodex", Erzengel-Seminare, Seraphim-Seminare und Schamanen-Seminare. Auch den Titel eines "Dipl. Lichtarbeiter" kann man erwerben, an 28 Abenden, zum Preise von 2.520 SFr. Eine Ausbildung zum Schamanen, an 14 Wochenenden, kostete schon 1988 runde 5.000 Mark! Wieviel mag es heute sein?

RELEASING: Hier handelt es sich um eine Methode des Loslassens. Entwickelt von Dr. E. E. LINDWALL und seiner Frau Ruth. Auch da ist viel von Liebe die Rede. Releasing, so wird verkündet, "möchte uns Menschen daran erinnern, daß wir eine Seele sind". Mit Verlaub: Wir *sind* keine Seele, wir *haben* eine! Weiter: "Die Seele ist ihrem Wesen nach eins mit der *EINEN LEBENSKRAFT*, aus der alles kommt, die in allem ist und zu der alles geht" heißt es in einer Reklame von 1955, wo zwei Tagesseminare à 170 Mark angeboten werden und Einzelsitzungen (von nur 30 Minuten!) für 120 Mark! Möglichkeiten um Geld loszuwerden gibt es also mehr als genug "für alle, die auserwählt sind, für den Frieden und die Liebe auf der Erde in Gottes Namen zu dienen". - Nun, so zahlt denn auch in Gottes Namen!

Schlußbetrachtungen

In diesem Buch wurden notgedrungenermaßen überwiegend negative, d.h. Schattenseiten der Gegenwartsesoterik und des New Age-Denkens aufgezeigt. Welches sind nun die Lichtseiten? Unter Zugrundelegung diesbezüglicher Erwägungen des Zürcher Religionswissenschaftlers Dr. jur. Robert KEHL [1] seien hier die wichtigsten Aspekte zusammengefaßt:

1) Der Rationalismus mit seinem einseitigen Verstandesdenken wird entthront. Verstand allein ist entseelte Vernunft. Immer mehr Menschen begreifen, daß der seelenlose Wirtschaftswachstums- und technologische Machbarkeitsglaube einen *Irrglauben* darstellt, der zu keinem guten Ende führen kann. Gründliches Umdenken ist erforderlich, wenn ein weltweites Chaos vermieden werden soll.

2) führt Dr. Kehl den *Holismus* an, nämlich "das Prinzip, daß alle Wesen und Dinge im ganzen Kosmos wie ein riesiges Uhrwerk, eine Einheit, ein Ganzes bilden, zusammengehören, voneinander abhängig, miteinander in feinster, ja subtilster Art vernetzt sind. Es ist ein großes Miteinander, ein Zueinander-hingeordnet-sein, was nach der Vernunft des Ganzen auch ein Füreinander sein muß." Hierzu gehört auch die Wiederanerkennung und Respektierung der Naturgeister und Elementarwesen.

3) *Persönlichkeitsentfaltung durch Bewußtseinserweiterung.* Zwar hat auch die Industriegesellschaft einen neuen Menschentypus hervorgebracht, aber der ist als rücksichtsloser und genußorientierter Ellenbogenmensch außerstande, eine friedvolle Welt zu schaffen.

4) Das Bewußtwerden der Unvernichtbarkeit unseres Ichs, und daß die menschliche Existenz mit diesem Erdenleben weder begonnen hat, noch enden wird. Tod ist nur Wechsel von einer Seinsebene zur nächsten, mit allen Konsequenzen des Gesetzes von Ursache und Wirkung.

5) Die Erschließung bislang mißachteter Hilfsmittel zur besseren und naturangepaßten Lebensgestaltung, als da sind: Positives Denken, Meditation, praktizierte Hilfsbereitschaft, die Entwicklung und verantwortungsbewußte Anwendung angeborener paranormaler Fähigkeiten wie Hellsehen, Heilen, Pendel, Wünschelru-

te etc., die es zwar immer schon gab, aber wissenschaftlich ausgegrenzt wurden. Daß alles profaniert und kommerzialisiert werden kann und wohl auch künftig wird, liegt im allzu Menschlichen begründet.

6) Der Versuch einer *Spiritualisierung der Wissenschaften*. Vorreiter ist hier die Physik, zumal sie bei der Erforschung der Materie deren Grenzen bereits überschritten hat.

7) Horizonterweiternde Einbrüche in herkömmliches *religiöses Denken* können sich positiv auswirken, sofern das, was wir GOTT nennen, nicht zu einem unpersönlichen Weltgeist degradiert und der Mensch selber zum Gott erhoben wird. Zudem wohnen der Karma- und Wiedergeburtslehre Aspekte von hohem ethischen Wert inne, die sich mit der christlichen Weltschau durchaus vereinbaren lassen. Bedenklich ist (unter anderem) nur, wenn jedweder *Dualismus* abgelehnt und behauptet wird, es gebe nur *Polarität*. Gut und Böse, Licht und Finsternis wären somit keine Gegensätze mehr, sondern sind zwei naturnotwendige Prinzipien, Plus- und Minuspol, wie es das Mandala des Yin-Yang versinnbildlicht.

Hier besteht die große Gefahr der Grenzverwischung zwischen Gut und Böse, die auf der irdischen Ebene nun mal beieinander sind. Im Jenseits nicht mehr. Dort wirken andere Gesetze, und jeder gravitiert zu seinesgleichen, in entsprechender Umgebung.

Ein tibetanischer Lama, der gewiß kein Technikum besucht hatte, erklärte dem Forschungsreisenden Dr. Th. FAUCHEUR: "Alles *Gute* ist zentripetal (zum Mittelpunkt strebend), es führt zu Gott, dem Zentrum hin. Alles *Böse* ist zentrifugal (vom Mittelpunkt wegstrebend) und führt von Gott, dem Urquell des wahren und ewigen Lichtes weg nach der Peripherie, wo der Tod allen Lebens lauert, in die ewige Finsternis." Dies deckt sich völlig mit der christlich-spiritualistischen Überzeugung, wonach die Macht des Bösen begrenzt und vergänglich ist, und die Macht des Guten deswegen weiter reicht, weil es in Harmonie mit den Schöpfungsgesetzen steht und wirkt. Das dem zeitlos Guten Gegensätzliche jedoch unterliegt den Rückführungsgesetzen. [2]

An sich wäre der propagierte Menschentypus des Neuen Zeitalters durchaus zu bejahen, aber es fehlen allgemeinverbindliche Richtlinien zur dringend gebotenen Charakterveredelung, gemäß Goethes "Edel sei der Mensch, hilfreich und gut". Abgesehen von

einzelnen Gruppen und Gemeinschaften, scheinen ethisch hoch-
wertige Zielsetzungen - wie sie beim christlichen Spiritualismus
selbstverständlich sind - im New Age-Szenario keinen sonderlich
hohen Stellenwert zu besitzen. Zwar klingt es begeisternd, wenn
es im Song "Aquarius" dem Musicals "Hair" heißt:

> *"Harmonie und Recht und Klarheit,*
> *Sympathie und Licht und Wahrheit!*
> *Niemand wird die Freiheit knebeln,*
> *niemand mehr den Geist umnebeln.*
> *Mystik wird uns Einsicht schenken,*
> *und der Mensch lernt wieder denken,*
> *dank dem Wassermann, dem Wassermann!"*

Gewisse Ideen führender New Age-Denker machen jedoch stutzig
und lassen erkennen, daß lediglich ein verfeinerter Materialismus
gepredigt wird; etwas weniger primitiv wie der herkömmliche,
dem wir die endlose Krisensituation in der Welt zu verdanken
haben. Absolute moralische Grundsätze, so wird uns versichert,
gäbe es nicht, sie seien eine menschliche Erfindung. Einer dieser
Propheten, Mark SATIN, formulierte das kurz und bündig so: "Ein
spiritueller Weg ist für uns nur dann gültig, wenn er unseren Be-
dürfnissen, die wir selbst definieren, angemessen ist." [3]

Auf den ersten Blick mag es bestechend anmuten, wenn der
hochverehrte 'Prophet der Zeitenwende", Hermann HESSE (1877-
1962) schreibt: "Der Weg der Erlösung führt mich nach links und
nicht nach rechts, er führt ins eigene Herz; und dort allein ist Gott,
und dort allein ist Friede." Aber sein Lebensweg war kein solcher
des Friedens, sondern des "Tue was du willst", mit Drogenroman-
tisierung und dem Hingezogensein zur "Unterwelt der Seele". Wie
es in einer Würdigung Hesses heißt, entlarvte er den "guten Christengott" als ein kastriertes Wesen, denn er sei ja nur (!) eine
Lichtgestalt, also nicht vollkommen. Das Vollkommene müsse
Licht *und* Finsternis in sich vereinigen. In seinem "Demian" nennt
Hesse den Namen des Gottes, der seinen Vorstellungen entspricht:
Es ist ABRAXAS, der gnostische Demiurg (Weltgestalter), der ein
helles und ein dunkles Gesicht hat. Abraxas aber ist einer der Namen Luzifer-Satans, dem Hesse sich sein Leben lang verbunden
fühlte. [4]

Mit Skepsis ist auch der schöne Traum von einer verbrüderten
Menschheit zu betrachten, soweit dies auf dem Wege einer

Völkervermischung erreicht werden soll. Jedes Volk besitzt eine Kollektivseele und stellt ein seelisch-geistiges Kraftfeld dar, dessen biologisches Zentrum in der Jenseitswelt liegt. Wird dieses zerstört - und das geschieht durch den angestrebten Völkermischmasch - so erfolgt Vernichtung statt Entfaltung, Kulturzerstörung statt einer gegenseitig befruchtenden Völkerfreundschaft. Wie schön sind z.B. die Baustile einzelner Kulturkreise, wie öde hingegen die geistlose Bunkermentalität moderner Architektur in aller Welt! Das massive Verächtlichmachen alles Heimatverbundenen und Bodenständigen, wie dies besonders kraß im deutschen Sprachraum geschieht, beruht auf dem Denkfehler der Begriffsverwechslung von national und nationalistisch (ähnlich jenem von sozial und sozialistisch). "Wo Gott dich hingesät hat, da sollst du blühen" lautet ein Sprichwort. Volkstypische Kräfte sind stets bewahrender, das Kulturerbe pflegender Art und somit naturgemäß, sonst verliert ein Volk seine Identität und besiegelt damit seinen Untergang. [5]

Mein ausgiebiges und unvoreingenommenes Studium der New Age-Aktivitäten führte mich zu dem Verdacht, daß hier von maßgeblichen Hintergrundkräften die Esoterik mißbraucht wird, um ein ungeheures Potential an gutem Willen für machtpolitische Zwecke fehlzusteuern. Auf der Basis eines Edelmaterialismus mit Luzifer- und Maitreya-Kult läuft das Ganze auf eine Weltdiktatur à la Orwells Schreckensvision "1984" hinaus. Diese Vision ist durch inzwischen entwickelte neue Technologien in den Bereich des Machbaren gerückt.

Aber keine Bange: Der "große Plan", der sich ohnehin bloß auf die dem Gesetz der Unterwelten zugehörende Materie erstrecken kann, ist allein schon deshalb zum letztlichen Scheitern verurteilt, weil Machtgelüste statt höherer Liebe seine Triebfedern sind. Wer beständig gegen die Liebe als dem Grundprinzip der Schöpfung verstößt, (so besagt eine Mitteilung aus höheren Bereichen als jenen der Aufgestiegenen-Meister-Hierarchie), wird durch dieses Prinzip - am Ende eines Aeons - gesetzmäßig ausgeschieden und muß dereinst auf einer noch tieferen Sinkstufe als der irdischen, unter erschwerten Bedingungen, mühselig wieder von vorn beginnen.

Dem derzeitigen Niedergang und Verfall muß und wird demzufolge ein neuer hoffnungsfroher Aufstieg folgen, wofür allein schon das Ausgleichsgesetz sorgen wird. Eines bedingt das andere, und Hochmut zieht bekanntlich den Fall nach sich. Deshalb sind die Aktivisten des Negativen Prinzips an sich zu bedauern, sie werden den Folgen ihres Tuns nicht entfliehen können. Als "Kraft, die stets das Böse will und doch das Gute schafft" (Faust), tragen sie durch ihr gottfernes und leidbringendes Wirken dennoch und widerwillig zum geistigen Erwachen vieler Menschen bei, die auf andere Weise nie oder nicht so bald zur Besinnung gekommen wären.

Freunde, zum Wichtigsten in unserem Leben gehört Religion. Diese Einsicht ist zumeist die Frucht leidvoller Erfahrung, wenn einem in auswegloser Lage nichts anderes mehr verblieb als die Zuflucht zum Gebet. Ohne religiösen Glaubens- und Vertrauensrückhalt fällt man nur zu bald der Verzweiflung anheim und meint schließlich, Selbstentleibung sei die Erlösung von allem Übel. Und doch ist religiöse Glaubenslosigkeit nur eine Folge von Nichtwissen. Wenn allein in Deutschland jährlich rund zehntausend Menschen Selbstmord begehen, so bezeugt dies nicht bloß ihre eigene entsetzliche Unwissenheit, sondern auch das Unvermögen der Kirchenvertreter zu wahrhafter Seelsorge. Stattdessen entströmen den theologischen Fakultäten vorwiegend linkshirnig getrimmte Rationalisten, die das, was sie predigen, selber nicht glauben; Heuchler, die von anderen Realitäten als den sicht- und meßbaren, keine Spur einer Ahnung haben. Wen wundert es, wenn solch blinde Blindenführer außerstande sind, Trost dort zu spenden, wo er am nötigsten ist: am Grabe innig geliebter Menschen?[6]

Religion und Theologie sind zweierlei Dinge. Theologie kann man studieren, Religion hingegen will erfahren sein. Sie ist *inneres* Erleben und spürbare Beziehung zu einem personenhaft höchstvorstellbaren Wesen, in dessen Liebe man sich geborgen fühlen kann. Religion ist die Überzeugung vom Vorhandensein einer sittlichen Weltordnung und des schützenden Begleitetwerdens durch unsichtbare und uneigennützig liebende Freunde. Zur Religion gehört schließlich das Wissen um die persönliche Fortdauer nach dem körperlichen Tode sowie um die von Christus geebneten Möglichkeiten zur letztlichen "Heimkehr ins Vaterhaus".

Religion sollte mit unserem alltäglichen Denken untrennbar verbunden und nicht bloß sonntags in der Kirche eine Stunde lang aktuell sein. Religion bedeutet ja keineswegs nur Glauben im Sinne von Nichtstun, sondern erfordert das Erbringen einer Eigenleistung in Form bewußter Charakterveredelung. Dies wiederum hat die Bereitschaft zur praktizierten Nächstenliebe (die sich nicht nur auf Menschen erstrecken sollte) zur Folge und stellt zugleich eine wichtige Vorbereitung dar für ein Leben auf einer höheren Qualitätsstufe als der gegenwärtigen. Religion sollte in der Lage sein, uns aufzuklären über den metaphysischen Sinn unseres Daseins, wodurch sie ihren Wert behält und ein brauchbarer Kompaß bleiben kann auch in den nichtmateriellen Welten.

Wenn uns die Physik erklärt, daß nichts verlorengeht, so besteht kein vernünftiger Grund, dies für den Bereich der Psyche und des Geistes auszuschließen. Schon anlagemäßig und seinem Wesen nach muß der Mensch *mehr* sein als nur ein sinnvoll zusammengefügtes Konglomerat von Organen und Zellverbänden. Das Ganze ist sowieso stets mehr als die Summe seiner Einzelteile, und solange die Naturwissenschaft bloß eine beschreibende bleibt, nicht aber das *Wesen* der Dinge erklären kann, so lange wird die Religion - sofern jedwede dogmatische Erstarrung vermieden wird - unangefochten und lebensnotwendig bleiben.

Freunde, dieses Buch, als Vermächtnis 45jähriger Studien, soll lediglich eine Orientierungshilfe bieten, wobei ich EMANUEL zustimme, wenn er empfiehlt, niemandem eine Meinung oder Lehre aufzudrängen. Er sagt: "Laßt jedem auf solchem Wege sich seinem Ziel nähern, der ihm sympathisch ist. Mit der Zeit reift seine Erkenntnis und er wird vielfach gewundene Wege verlassen, um direktere zu betreten." [7]

Dies mag besonders auf esoterischem Gebiet gelten, wobei die Mahnung des Esoterikers Dr. Herbert FRITSCHE beherzigt werden sollte, wenn er in seiner Einführung in die Esoterik erklärt: "Jeder, der sich in das Weltbild der Esoterik hineinbegibt, ohne ein festes Abhängigkeitsverhältnis GOTT gegenüber, erhält dort *Gift* statt *Balsam*!" Und: "Jede Esoterik, die nicht unterbaut ist durch den Geist der Zehn Gebote und der Bergpredigt, kann luziferischen Mächten als Aktionsbasis dienen."

Fritsche wußte, wovon er sprach, denn er lernte die Dunkelmächte kennen. Wie sehr seine Warnung berechtigt ist, veranschaulicht dieses Buch, dessen Verfasser allen ehrlichen Wahrheitssuchern GUT LICHT auf ihrem Wege wünscht!

Rudolf Passian

Quellenangaben und Ergänzungen

Benutzte Abkürzungen:

MuSch = „Mensch und Schicksal" (nach 1945 erschienene Zeitschrift).

PsStud = „Psychische Studien" (grenzwissenschaftliche Zeitschrift, erschien von 1874 bis 1934 in Leipzig).

RiGuG = „Die Religion in Geschichte und Gegenwart" (theologisches Nachschlagewerk, 2. Aufl., Tübingen 1927).

ZfO = „Zentralblatt für Okkultismus" (Leipzig, von 1907 bis 1932).

ZfS = „Zeitschrift für Seelenleben" (Leipzig, von 1915 bis 1939).

Zur Wesensstruktur des Menschen

[1] SURYA bemerkt hierzu, man könne diese 7 Prinzipien auch als 7 Oktaven eines Musikinstruments denken: Die ewige Melodie des unsterblichen Lebens klingt in den höheren Oktaven ungehindert weiter, wenn auch die unteren vier Oktaven zeitweise wegfallen. Dieses Gleichnis mit den Oktaven ist auch deshalb passend, weil jede Ebene des Universums - den Geheimlehren zufolge - wieder aus 7 Unterabteilungen besteht. Jedem Prinzip im Menschen (Mikrokosmos) entspricht ein gleiches im Makrokosmos. Mithin hat auch der Kosmos 7 Ebenen. (Surya, "Der Mensch im Spiegel der Schulweisheit und im Lichte der Geheimwissenschaft", Lorch 1935, 75).

[2] IMAGO MUNDI-Band 6,"Paranormale Heilung", Innsbruck 1977, 313.

[3] Zitiert nach der "Zeitschrift für Spiritismus", Jg. 1900, 8.

[4] Im theologischen Handwörterbuch "Die Religion in Geschichte und Gegenwart" (fortan RiGuG genannt), Bd. 2, Sp. 117/18, heißt es : "Elohim ist der *Plural* eines (als Singular im AT erst spät bezeugten) Appellativums 'Eloah' mit der Bedeutung 'Gott', das auch bei anderen semitischen Völkern ... vorkommt. Es ist dem Ursprung nach wohl mit 'El' identisch und wie dieses etymologisch undurchsichtig. Es kommt an zahlreichen Stellen als wirklicher Plural vor ... , aber meist ist es doch die Bezeichnung des *einen* Gottes Israels. Die Verwendung des Plurals von 'El' für *einen* Gott kommt auch bei den Babyloniern und Assyrern ... vor, und wahrscheinlich haben die Israeliten diesen Sprachgebrauch von den Kanaanäern übernommen."

[5] Arthur Schult, "Vom übersinnlichen Wesen des Menschen", Bietigheim

1966, 70.

[6] Bernhard Forsboom, "Das Buch Emanuel", München, o.J., 110.

[7] Ostrander/Schroeder, "PSI", München 1971, 78. Heute spricht man von "morphogenetischen Feldern" (Rupert Sheldrake).

[8] Carl du Prel, "Der Spiritismus", Reclam-Universal-Bibliothek Nr. 3116, 36.

[9] Robert Friese, "Stimmen aus dem Reich der Geister", 2.Aufl., Leipzig 1880, 26.

Zur Grundfrage nach Gott

[1] "Welträtsel", 333. Zitiert nach "Psych. Studien" 1913, 296 (fortan "PsStud" genannt).

[2] RiGuG, Bd. 1, Sp. 1084.

[3] Unter diesem Begriff versteht man die Anbetung einer Gottheit, die im Leben einer Gemeinschaft, eines Stammes, einer Stadt oder eines Volkes zu so hoher Bedeutung gelangt ist, daß sie das höchstvorstellbare Idealprinzip seiner Verehrerschaft darstellt (vgl. Passian, "Neues Licht auf alte Wunder", St. Goar 1985, 259).

[4] Nach einer 1961 von der Württemberg. Bibelanstalt (Stuttgart) der Menge-Bibel beigefügten Aufstellung sieht bezüglich ihrer Entstehungszeit die Reihenfolge der bekanntesten Religionen folgendermaßen aus: Vorgeschichtlichen Ursprungs ist der japanische Shintoismus. Um 3000 v. Chr. datiert der Hinduismus, während die mosaische Gesetzgebung in das 13. Jahrhundert fällt, also verhältnismäßig "jung" ist. Noch jüngeren Datums sind der im 6. Jh. v. Chr. in Indien entstandene Jainismus sowie der Buddhismus, in Persien die Religion des Avesta und in China der Konfuzianismus. Hier setzte 300 Jahre danach mit Lao-Tse der Taoismus ein. Der Anfang des Christentums datiert um das Jahr 30. Der chinesische Zen-Buddhismus beginnt mit dem 6. Jh. nach Christus, der Islam mit dem Jahr 622, der indische Sikhismus im 15. Jh., und im 19. Jh. im Iran die Bahai-Religion.

[5] Vgl. Jean E. Charon, "Der Geist der Materie", Berlin 1979. - "Die Entstehung des menschliches Geistes ist ein Geheimnis, wissenschaftlich nicht erklärbar und damit Gottes Werk", erklärte Medizin-Nobelpreisträger John C. ECCLES vor über eintausend Wissenschaftlern 1988 in Hannover.

[6] "Reformierende Blätter", Budapest 1878, 35.

[7] Karl Dworski, "Die Entdeckung eines arischen Evangeliums", Stuttgart 1939, 43.

Schöpfungsgedanke und Seelenherkunft

[1] RiGuG Bd.5, SP. 225 und 228. Im allgemeinen wird der Logos-Begriff in der Esoterik anders aufgefaßt als im Christentum. Als oberstes schaffendes Prinzip gilt der "Kosmische Ur-Logos" oder *Brahman*, "welcher nach einer Universalen Welten-Nacht (Pralaya) immer wieder das Universum neu ins Leben ruft und erhält. Ihm allein gebührt der Name 'Gott', weil alle Wesen (auch die Logoi) seine Geschöpfe sind" (B. Flemming, "Kleines Lexikon und Register für das theosophische Weltbild", München 1976, 20).
Die Logoi sind demnach Manifestationen des kosmischen Logos, des Weltgeistes, und wirken als "Sonnen-Logoi". Ein Sonnensystem ist gewissermaßen der sichtbare Leib eines Sonnen-Logos, eines Schöpfer-Gottes mit drei Aspekten, "der aus der Ursubstanz (Mulaprakriti) ein Sonnensystem erschafft und eine Anzahl von Monaden aus dem 'Urgrund' dahineinverpflanzt, damit sie in langen Äonen einmal seinen Status erreichen" (Flemming, aaO. 33). Mit "Urgrund" bezeichnet der deutsche Mystiker Meister Ekkehart die unmanifestierte Gottheit. - Auf das Weltbild der Blavatsky-Theosophie kann man gut und gerne verzichten, wenn man sich an die altvedischen Schriften hält (s. Armin Risi, "Gott und die Götter. Das vedische Weltbild revolutioniert die moderne Wissenschaft, Esoterik und Theologie", Govinda-Verlag, 1996).

[2] Hierzu noch folgendes Beispiel: Der Stern VVCephei im Sternbild des Cepheus in der Nähe des Großen Bären hat einen Durchmesser von 2,2 Milliarden Kilometern. Wäre er an der Stelle unserer Sonne, so würde er über die Umlaufbahnen der Planeten Merkur, Venus, Erde, Mars und sogar Jupiter hinausreichen! Astronomen zählen diesen gigantischen Himmelskörper zur Kategorie der Roten Riesen.

[3] Jean E. Charon, "Der Geist der Materie", 1979, 147.

[4] Im 56. Kap. von "Erde und Mond" wird gesagt, Satana als Geist sei der Gottheit (hier wird der Begriff Gottheit verwendet statt Gott) gegenübergestellt "wie das Weib gegenüber dem Mann". Die Gottheit habe in das Wesen Satana-Luzifers "Ideen ohne Zahl hineingezeugt, daß sie reif geworden wären in seinem gesammelten Lichte. Und es wäre aus dem Lichte dieses Geistes eine Wesensschöpfung von höchster Klarheit hervorgegangen, und die ganze Unendlichkeit wäre fort und fort aus eben diesem Lebenslichte stets mehr und mehr bevölkert worden. Aber da dieser Geist eine so hohe Bestimmung hatte, nahezu ein zweiter Gott *neben* dem Schöpfer zu sein, so mußte er auch eine seiner Bestimmung

entsprechende Freiheitsprobe bestehen, die er jedoch nicht bestanden hat, weil er sich über die Gottheit erheben und diese sich unterwürfig machen wollte. Ein Rangstreit also war es, was dieser Geist gegen die Gottheit verbrochen! Da aber die Gottheit ihm den Vorrang nicht erteilen konnte, so erbrannte er in seinem Grimm und wollte die Gottheit förmlich vernichten. Sie aber ergriff ihn in allen seinen Teilen, nahm ihm alle spezifische Wesenheiten, *bildete daraus Weltkörper* und umhüllte den Geist dieser endlosen Wesensseele mit den allermächtigsten Banden in den Tiefen der Materie." Im Kapitel zuvor heißt es hierzu: "Und wollt ihr wissen, wo dieser allerböseste Geist mit seinem eigentlichen Ich oder Lebenszentrum seinen Aufenthaltsort hat, so kann euch dieses unschwer gesagt werden. Der Sitz oder Kerker dieses Geistes ist der eigentlich festeste Mittelpunkt *eurer Erde*, auf den alles eindrückt, auf daß der Gefangene sich nicht allzu gewaltig bewege und alles Wesen der Erde zerstöre."

[5] Kahir, in "Mensch und Schicksal", 5.Jg., Nr. 9,16. - Das folgende Zitat entstammt "Erde und Mond", 4. Aufl. 1953, 151.

[6] "Monaden": Dieser Begriff findet sich in der Leibnitz'schen Monadologie, wonach die Welt aus Monaden verschiedenen Vollkommenheitsgrades aufgebaut ist. Dabei ist z.B. jedem (aus zahllosen Monaden bestehenden) Körper eine Zentralmonade (Seele) zugeordnet. Lebensgrund aller Monaden ist die unendliche Zentralmonade der Welt (Gottheit). - Aus "Wörterbuch der Philosophie", Berlin 1981, 162.
Nach theosophischer Definition sind Monaden "die in der Ur-Gottheit ruhenden 'Göttlichen Funken', welche von einem Sonnen-Logos in sein System aufgenommen und nach äonenlanger Entwicklung in allen Bewußtseinsbereichen zu seinem eigenen Status gebracht werden". Die "Monadische Ebene" gilt als zweithöchste Region eines Sonnensystems, wo die Monaden warten, um von einem Sonnen-Logos aufgenommen zu werden (Flemming, aaO. 24 und 25).

[7] Vgl. Teilhard de CHARDIN, "Hymne an die Materie": "Du herrschest, Materie, in erhabenen Höhen, wo die Heiligen glauben, dir auszuweichen; so durchsichtiges und so bewegliches Fleisch, daß wir dich nicht mehr von einem Geist unterscheiden. Trage mich empor, Materie, durch das Bemühen, die Trennung und den Tod. Trage mich dorthin, wo es endlich möglich sein wird, das Universum keusch zu umarmen!"
Wie immer T. de Chardin, der von führenden New Age-Leuten sehr geschätzt wird, diese Worte auch gemeint haben mag: Weder herrscht die Materie "in erhabenen Höhen", noch vermag sie uns irgendwohin zu tragen. Sie wurde uns notwendig als Schule, um unsere schwerwiegenden Irrtümer zu erkennen und um einiges wiedergutzumachen; sie selber jedoch trägt Merkmale zweckgebundener Vergänglichkeit.
Selbstverständlich fühlen wir uns der "Mutter Natur" in liebender Dank-

barkeit verbunden für alles, was sie uns zum Leben schenkt und ferner-
hin schenken wird, sofern wir sie nicht kaputtmachen. Nur verwechseln
wir bei alledem nicht das Erschaffene mit dem Schöpfer, sondern erkennen und bestaunen in ihren Wundern die vielfältigen Ausdrucksformen
göttlichen Liebewirkens. "Alles Natürliche ist wunderbar, und alles
Wunderbare ist natürlich!"

[8] Johannes GREBER, "Der Verkehr mit der Geisterwelt", 2. Aufl.
Teaneck/USA 1932, 265 und 268. Obwohl in Grebers faszinierendem
Buch nicht alles als letzte und absolute Wahrheit zu bewerten sein dürfte,
so halte ich doch die auf Luzifer bezogene Angabe für glaubwürdiger als
bei Lorber. Landläufig ausgedrückt: Luzifer kann unmöglich so blöd
gewesen sein, es mit Gott aufnehmen zu wollen!

[9] Wozu noch Emanuel SWEDENBORG gehört. Zu ihm war gesagt worden,
es gäbe keinen Teufel und keinen Engel oder Geist, der nicht Mensch
gewesen wäre; alle hätten ihr Dasein als Mensch begonnen ("Himmel
und Hölle", Nr. 311-317).

Theosophie

[1] PsStud 1907, 27 und Hans Freimark, "Moderne Theosophen und ihre
Theosophie", Leipzig 1912, 11. Gemeint ist hier die durch Justinus
KERNER (1786-1862) bekanntgewordene Somnambule Friederike
HAUFFE, geb. Wanner (1801-1829), die seine langjährige Patientin war.

[2] Siehe H. Freimarks psychologische Studie im "Jahrbuch für sexuelle
Zwischenstufen", Band 8/1906, herausgegeben von Dr. med. Magnus
Hirschfeld.

[3] Da sich Tibet zu jener Zeit hermetisch gegen alle Fremden abschloß, ist
es sehr unwahrscheinlich, daß HPB dort war. Vielleicht nur an der Grenze, und möglicherweise bereits unter schwarzmagischem Einfluß von
Leuten, die ihre außergewöhnliche Veranlagung und Energie erkannt
hatten und für eigene Zwecke zu nutzen gedachten. Hinweise in dieser
Richtung gibt C.G. HARRISON in seinem Buch "Das transzendentale
Weltall" (1893, 31). Im Zustand einer magisch bewirkten Bewußtseins-
einengung wäre HPB demnach bloß bis Kathmandu gekommen. Schließlich sei ihr von indischen Freunden, die sich in derlei Praktiken auskann-
ten, geholfen worden. Diese Information gebe ich unter Vorbehalt wieder. Grundsätzlich bei allen Zitaten muß ich die Verantwortung dem
jeweiligen Verfasser überlassen, denn die Dinge liegen lange zurück und
sind nur zum Teil - durch Aussagenvergleiche - überprüfbar.

[4] Ein zu jener Zeit führender russischer Spiritist und Herausgeber der
Zeitschrift "Rebus" in St. Petersburg, W. von PRIBYTKOW, stand mit
HPB in Schriftwechsel. Er räumt ein, daß sie ein starkes Medium war

und schreibt, in den USA habe sich HPB als eifrige Spiritistin betätigt "und verkündigte den Spiritismus mit allen ihr zu Gebote stehenden Mitteln, indem sie erklärte, daß ihr ganzes Leben den großen Wahrheiten dieser Lehre gewidmet sei." Dann habe es jedoch unliebsames Aufsehen wegen eines Gauners gegeben, der sich als Medium ausgab. "Die amerikanische Öffentlichkeit stellte sich plötzlich eine Zeitlang kühler dem Spiritismus gegenüber, und die Sache der Frau Blavatsky wie ihres Freundes Olcott - auch eines Spiritisten - stand äußerst schlimm." Die beiden hätten sich nun eilig losgesagt von dem, was sie bis dahin als große Wahrheiten gepriesen hatten und gründeten die den Spiritismus ablehnende Theosophische Gesellschaft. Die Erbschaft eines Barons namens PALM habe ihnen schließlich die Übersiedlung nach Indien ermöglicht, wo sie Ihr Hauptquartier aufschlugen.

Pribytkow betont, daß diese Darstellung der Entstehungsgeschichte der TG von HPB selber stammt, und zwar aus ihren Briefen an den russischen Staatsrat Alexander AKSAKOW (der Name Aksakow, als dem Herausgeber der Monatsschrift "Psychische Studien" und der "Bibliothek des Spiritualismus in Deutschland", ist für jeden seriösen Parapsychologen noch heute ein Begriff. Die ausgezeichnet redigierte Zeitschrift erschien 60 Jahre lang, von 1874 bis 1934, und wurde ab 1926 "Zeitschrift für Parapsychologie" genannt; sie stellt noch immer eine seither unerreichte Fundgrube parapsychologischen Wissens dar).

Pribytkow selbst erhielt von HPB "einen umfangreichen und interessanten Brief", worin sie "hart über den Spiritismus herfällt" und sich "über die geradezu unglückliche Lage der Medien ausspricht", die von irgendwelchen "astralen Larven" unterjocht werden. Anders sei dies bei Theosophen, hier bringe man die Phänomene durch eigenen Willen (!) hervor, mittels des persönlichen "Höheren Ichs" (W. v. Pribytkow, "Aufrichtige Unterhaltungen über den Spiritismus und andere Erscheinungen des nämlichen Gebiets", Leipzig 1895, 60).

[5] In "Die vierte Dimension", Leipzig 1906, 35ff. zitiert Robert BLUM ebenso wie Hans FREIMARK in "Geheimlehre und Geheimwissenschaft", Leipzig 1913, 39, Stellen aus "Isis entschleiert", die im Widerspruch stehen zu der von den Theosophen späterhin vertretenen Reinkarnationslehre. Dr. Anna KINGSFORD, nachmalige erste Präsidentin der europäischen Theosophenloge, war wegen ihres Eintretens für die Wiederverkörperungslehre sogar gerügt worden, bis nach dem Erscheinen der "Geheimlehre" die Reinkarnation zu einem Hauptlehrsatz wurde. Robert Blum (aaO, 42) meint, "Isis entschleiert" sei unter *guten* Einflüssen zustandegekommen. HPB habe sich jedoch dann mehr und mehr von ihren Grundsätzen entfernt und sei schließlich zunehmend in die Gewalt dunkler Einflüsse geraten, unter welchen sie ihr Hauptwerk "Die Geheimlehre" verfaßte.

[6] In dem Buch "Apostasie im Zeichen des Anti-Christus", dessen Verfasser unter dem Namen Carolus schreibt (Leipzig, o.J.).

[7] Olcotts Tagebuch soll zu entnehmen sein, daß er und HPB von Anfang an nichts vom herkömmlichen Gottglauben hielten. Als beispielsweise der erwähnte Baron PALM gestorben war, gestaltete man ihm folgendes "Begräbnis": HPB im weißen Leinenkleid, Olcott im Leopardenfell. Auf den Sarg legten sie drei Hühner. Ein Mr. Felt hielt eine ausgetrocknete Schlange in der Hand, und mehrere Negerbuben folgten dem Zuge zur Einäscherung mit Kartoffeln, Spargel, französischen Pfannkuchen, Rindfleisch, Bockbier und Cidre (ein in Nordfrankreich beliebter Apfelwein). Ob man derartige Tagebucheintragungen Olcotts auch heute noch veröffentlicht?

[8] R. Blum in "Die vierte Dimension", 36/7.

[9] F. Funcke, "Christentum als Weltanschauung und Lebenskunst", Lorch 1929, 287.

[10] A. Besant, "H.P. Blavatsky und die Meister der Weisheit", 18; zitiert nach A.L. Matzka, "Theosophie und Anthroposophie", Graz 1950, 58 und 60.

[11] Laut MIERS am 26.3.1885, nach BESANT am 7.2.1884 (Besant, aaO, 22).

[12] Karl Rohm, "Die Truggestalt der Annie Besant und andere Irrlichter der theosophischen Gesellschaft", Lorch 1916, 69. Der Verleger K. Rohm war mit Dr. Hartmann befreundet und schreibt: "Meine Erinnerung an Dr. Franz Hartmann ist eine freundliche, er ist mir wie ein lieber Kamerad, der im Leben neben mir hergegangen ist, der nichts aus sich machte, dessen Fehler und Schwächen man gerne in Kauf nahm, weil seine guten Seiten die schlechten überwogen und weil man tatsächlich viel von ihm lernen konnte" (67). "Seine Klarheit, Fähigkeit, Kürze und Unzweideutigkeit, mit der er die Blavatsky-Lehren vertrat, dürfte indes unerreicht dastehen; immer hat er es fertiggebracht, das Tatsächliche und Nüchterne in den Vordergrund zu stellen, nie hat er sich bestechen lassen vom schönen Schein. Als Mensch war Hartmann nichts weniger als ein Heiliger; er hat auch niemals irgend etwas unternommen, sich einen Heiligenschein beizulegen. Im Gegenteil, er liebte es, all derartiges zu verspotten und zu verulken. Er schätzte die Blavatsky und erzählte von den Fähigkeiten der übrigen, Olcott etcetera, ließ aber zugleich durchblicken, daß er *keine* große Achtung vor diesen Bauern und Springern auf dem theosophischen Schachbrett hatte. Die Meister der Blavatsky seien, so erklärte er, wenn auch kluge, so doch *gewöhnlich sterbliche Menschen* gewesen. Er stellte nicht in Abrede, daß in Adyar die fanatischen Meistergläubigen und Meisterjäger *verulkt* wurden und ließ erkennen, daß er selbst nichts weniger als auf diese "Meister" sich verlassen

oder gar den Meisterglauben als das Fundament der Theosophie angesehen haben wollte. Ich selbst war Zeuge, wie Hartmann zum Gaudium der anwesenden Freunde erzählte, wie er mittels Taschenspielerkünsten wundersüchtige Narren, die Meisterbriefe haben wollten, zum Besten hielt."

Solche Äußerungen eines Blavatsky-Vertrauten werfen freilich ein entlarvendes Licht auf die theosophischen „Meister", und Rohm ergänzt: "Von der Dummheit solcher Menschen sprach Hartmann so frisch von der Leber weg, mit so goldenem Humor, daß es fast unmöglich ist, daß dieser selbe Dr. Franz Hartmann die Theosophische Gesellschaft in Leipzig gegründet hat mit der Behauptung, die 'Meister' hätten ihn dies geheißen" (66).

Rohm verweist sodann auf Hartmanns Schrift "Geheimschulen der Magie", wo die Namen Jakob Böhme, Paracelsus und Eckartshausen erwähnt sind. Diese alten deutschen christlichen Mystiker "haben in der demütigsten Weise GOTT die Ehre gegeben und nur *einen* Meister anerkannt: Christus". Nach Hartmann waren die Lehren dieser Männer *Weisheitsschulen*, jedoch ohne organisatorische Form. "Sobald sich aber Schulen in organisatorischer Form auftaten und sich der großen Menge öffneten, nahmen der Unverstand und die Torheit darin überhand, bis schließlich die wenigen Erleuchteten vertrieben wurden oder sich zurückzogen, und nurmehr die Karikatur einer Weisheitsschule vorhanden war." Dies sei, nach Hartmann, stets das Schicksal aller Geheimschulen gewesen, "sobald sie öffentlich wurden, und wird stets ihr Schicksal sein, solange nicht die Weisheit unter den Menschen die Herrschaft über den Unverstand erlangt" (68). Außerdem gibt es eine Sorte von Betrügern, die den menschlichen Hang zum Geheimnisvollen nutzen, um sich "eine behagliche Existenz" zu sichern und als "unbekannte Obere" gegen Zahlung einer festgelegten oder der "Opferwilligkeit" des Wahrheitssuchers entsprechenden Summe "Geheimnisse und Einweihungsgrade" verkaufen. Hartmann sagte: "Der Tölpel, welcher sich fangen läßt, wird dann mit mehr oder weniger lächerlichen Zeremonien in den Bund der künstlich 'Erleuchteten' aufgenommen, und wenn er nicht, wie es häufig geschieht, am Ende selber ein Narr oder Betrüger wird, so verläßt er die Gesellschaft nach kürzerer oder längerer Zeit wieder, an Geld und Selbstachtung ärmer, aber an einer durch getäuschte Hoffnungen gewonnenen Erfahrung reicher." Auch sei der blinde Glaube an Mitteilungen irgendwelcher Art, selbst wenn sie wahr sind, "noch lange keine Theosophie, sondern nur das Fürwahrhalten einer Theorie" (69). Soweit Dr. Hartmann als führender Theosoph.

[13] MIERS bringt ein Verzeichnis der in der theosophischen Literatur vorkommenden Meisternamen (S.276/77 seines "Lexikon des Geheimwissens") und bemerkt, daß die Existenz "von Meistern der gedachten Art, also in Form mehr oder weniger überirdischer Lebewesen im Himalaya,

sehr umstritten" sei. Wenn man jedoch HPB selber glauben will, so ist die Sachlage recht eindeutig: Wie bereits erwähnt, bekannte sie im Februar 1886 ihrem Landsmann Wsewolod Sergejewitsch SOLOWJEW in einem Brief: "Ich werde in der 'Times' und in allen Zeitungen veröffentlichen, daß Meister Morya und Mahatma Koot Hoomi nur das Produkt meiner eigenen Phantasie sind, daß ich sie *in allen Stücken frei erfunden* habe" (wiedergegeben in ZfO 1931/32, 59. Diesen Briefwechsel erwähnt auch Pribytkow in seinem in Leipzig 1895 erschienenen Buch "Aufrichtige Unterhaltungen über den Spiritismus" sowie Freudenberg in den PsStud 1907, 32).

Mit diesem Selbstbekenntnis dürfte die Frage nach Ursprung und Realität jener "Meister" ein für allemal geklärt sein. Als fiktive Vorstellungsbilder können sie aber, infolge theosophischer Glaubensstärke, zu pseudorealistischen Astralformen verdichtet worden sein, genährt durch und abhängig von der Vorstellungs- und Glaubenskraft ihrer Anhänger. Bis zu einem gewissen Grade können solche Phantasiegestalten alias Gedankenautomaten ein scheinbar eigenständiges Leben erlangen und gegebenenfalls hellsichtig wahrgenommen werden. Man bedenke doch, für einen Hypnotisierten beispielsweise pflegen sogar die ihm suggerierten fiktiven Personen oder Dinge von realer Natur zu sein.

Übrigens verweist der seinerzeit recht gut informierte Ernst HENTGES auf einen rosenkreuzerischen Vorwurf gegenüber HPB. Er schreibt: "René GUÉNON (in "Le Théosophisme", Paris 1931, S.23 und 91ff.) weiß verschiedene Rosenkreuzerschriften namhaft zu machen, die HPB gemeinsam mit Olcott in Amerika studierte und die ihr als Quelle dienten, um den Mahatmas jene fabelhaften Eigenschaften anzudichten, die den rosenkreuzerischen 'Adepten' nachgerühmt wurden. Entgegen ihrer Behauptung hat sie also die Mahatmas nicht in allen Stücken frei erfunden, sondern den von den Rosenkreuzern geschaffenen Prototyp getreulich kopiert" (ZfO 1931/32, 62).

"Eine schöne Bescherung!", könnte man sagen. Aber den Theosophen bleibt noch ein Hintertürchen offen. Es könnte doch sein, HPB irrte sich in der Annahme, die Meister erfunden zu haben; in Wirklichkeit war ihr deren Existenz von eben diesen Meistern inspiriert worden ...

[14] wie 10), S. 71.

[15] PsStud 1907, 30.

[16] Das Walk-In-Phänomen soll übrigens auch auf den indischen Wundertäter und Guru Sathya SAI BABA zutreffen: Geboren am 23.11.1926 in Puttaparthi, sei er 1940 von einem Skorpion gestochen worden und habe sich danach so merkwürdig benommen, daß seine Eltern einen Exorzisten konsultierten. Zweieinhalb Monate später geschahen die ersten Materialisationen in Form von Süßigkeiten und Blumen, und plötzlich habe der Dreizehnjährige erklärt, er sei Sai Baba von Shirdi (im westindischen

Bundesstaat Naharashtra). Dieser war ein von vielen Hindus und Muslims verehrter heiliger Mann, der 1918 in Shirdi starb.

Der nunmehrige Sai Baba hieß ursprünglich Sathyanarayan RAJU. Im Jahre 1961 rief er die "Sathya Sai Ära" aus. Das Ganze gipfelte schließlich in der Proklamierung der "Sai-Religion" am 1.10.1976. Die Essenz derselben lautet: "Es gibt nur einen Gott. Er ist allgegenwärtig. Es gibt nur eine Religion, die Religion der Liebe. Es gibt nur eine Sprache, die Sprache des Herzens." Gegen diese Leitsätze, die dem Christentum entstammen könnten, wäre an sich nichts einzuwenden, nur zeigt sich leider auch bei Sai Baba jene Selbstüberhebung, wie sie bei vielen Gurus und sich auserwählt dünkenden Gründern von Glaubensgemeinschaften zu finden ist. Sai Baba ist ja nicht der erste Guru, der sich als *Avatar* empfindet. als "eine Verkörperung des Göttlichen Selbst" bzw. als "Herabkunft des Göttlichen in menschlicher Gestalt". Für seine Anhänger ist Sai Baba ein Welterlöser. Er selbst sagte von sich: "Ich bin der Allgegenwärtige, Allmächtige und Allwissende." Auf die Frage, ob er es war, der Jesus von Nazareth "in die Inkarnation sandte", antwortete er mit "Ja" (Materialdienst der Evang. Zentralstelle für Weltanschauungsfragen, Jahrg.1984, 29ff.) Wenn im Falle Sathya Sai Baba wirklich das Walk-In-Phänomen vorliegt, so läßt sich dessen Herkunft unschwer erraten, so positiv sein Wirken auch anmuten mag.

Auch in Bezug auf das "Herbeizaubern" kleiner Gegenstände aus dem Ärmel seines Gewandes geriet Sei Baba ins Zwielicht. Die "esotera" (Juni 1993) berichtete: "Unlängst war Sei Baba neben politischen Ehrengästen zur Einweihung einer neuen Festhalle in Haiderabad geladen und führte dort eines seiner Kunststücke vor. Dabei wurde er gefilmt, und zwar aus einer Perspektive, die eindeutig zeigt, daß die Goldkette, die er mit dramatischer Handbewegung aus der Luft holte, ihm vorher von einem Assistenten in den Ärmel- geschoben worden war. Als bekannt wurde, was auf dem Film zu sehen war, wurde panikartig versucht, die Entlarvung zu verhindern. Zu spät; denn schon nach wenigen Stunden hielt die Presse 50 Kopien des Videos in den Händen."

Ein Ableger der HPB-Lehren von den "Aufgestiegenen Meistern" und deren angeblich "Weißer Bruderschaft" ist die "Universale Kirche" des Peter W. LEACH-LEWIS, mit Sitz in Centreville, Virginia / USA. Hier befindet sich die Zentrale vom "Fundament für Höheres Geistiges Lernen", das auch im deutschen Sprachraum über Anhänger verfügt. Leach-Lewis wird als "*Das* Orakel für die Meister der Weisheit und Die Geistige Hierarchie" (Originalschreibweise) angepriesen und HPB als eine "sensitive junge russische Emigrantin" (?!) vorgestellt. –

Zur Inbesitznahme des Körpers eines sterbenden Menschen durch eine Fremdpersönlichkeit, derzeit "Walk-In" genannt, wäre folgendes zu sagen:

Im Grunde handelt es sich um eine Form von Besessenheit, wenn der Körper eines sterbenden, im Koma befindlichen oder sich in einen außerkörperlichen Zustand (auch Tieftrance) befindlichen Menschen, von einer Fremdpersönlichkeit in Beschlag genommen wird. Solche Fälle kommen gelegentlich vor, so daß der oder die Betreffende einen totalen Persönlichkeitswechsel an den Tag legt: Angehörige und die gewohnte Umgebung werden nicht wiedererkannt, jedwede Erinnerung an die persönliche Vergangenheit scheint ausgelöscht zu sein. Manche dieser Fälle werden als Bestätigung der Wiederverkörperungslehre interpretiert, weil die "neue" Persönlichkeit genaue Angaben zu machen vermag über Personen, Örtlichkeiten und Vorkommnisse ihres bisherigen Lebens, bis zum Zeitpunkt des "Walk-In".

Hinweise auf das Walk-In-Phänomen finden sich auch in der UFO-Literatur. So wird z.B. in der Schrift "Aufruf an die Erdbewohner" von W. & Th. Gauch-Keller, im Zusammenhang mit der angeblich bevorstehenden Evakuierungsaktion durch UFOs erklärt, daß die hierfür bereitstehenden SANTINER (unter Führung von Lord SANANDA und ASHTAR SHERAN) sich aus vier Gruppen zusammensetzen (S. 53f.):

"Die erste Mannschaft besteht aus den Geschwistern, die oben in den (Raum-)Schiffen tätig sind. Die zweite Mannschaft wurde und wird direkt auf der Erde abgesetzt und diese, sowie die dritte Mannschaft sind unter dem Volk in jeder Schicht tätig, um das göttliche Licht zu verbreiten und alles in eine positive Richtung zu lenken. In der dritten Mannschaft sind diejenigen, die einen irdischen Körper annahmen, also eine normale irdische Geburt und Entwicklung durchmachten ... ". Und dann heißt es weiter:

"Nebst diesen Mannschaften gibt es auch noch die sogenannten 'Walk-Ins'. Ein Walk-In ist eine Seele, die eine andere Seele in gleichen physischen Körper ablöst. Das heißt, daß eine Seele bei einen Unfall, einer Operation o.ä. den physischen Körper verlassen kann, wobei, durch eine vorgängige Einwilligung mit der abtretenden Seele, der noch 'brauchbare' Körper einer anderen Seele überlassen wird. Somit kann diese 'neue' Seele unabhängig von einer irdischen Geburt ihre Aufgabe auf der Erde direkt übernehmen. Durch solche Seelenaustausche entsteht jedoch nach der Genesung des Patienten bei vielen Verwandten und Bekannten das Gefühl, einem fremden Menschen gegenüber zu stehen."

Es scheint nur wenigen Esoterikern klar zu sein, daß die Manipulation eines Walk-In übelster schwarzer Magie gleichkommt. Kein spirituell hochentwickelter Jenseitiger, der sich zur göttlichen Schöpfungsordnung im Sinne Jesu Christi bekennt, egal ob ehemaliger Erdenmensch, Engel oder 'UFOne', würde so etwas jemals tun! Auch dann nicht, wenn die betroffene "Seele" mit der Überlassung ihres Erdenkörpers einverstanden wäre. So etwas ist gegen das "Gesetz". Nur der Gegensatz (die Kirche sagt "Teufel") und sein rebellischer Anhang bringt es fertig, bewußt gegensätzlich, d.h. 'gegen das Gesetz' zu handeln.

Der Walk-In-Faktor stellt zugleich eine Gefahr auch für "Astralwanderer" dar, d.h. für Menschen, die ihren Körper bewußt zeitweilig verlassen können. Als bekannter Experte auf diesem Gebiet gilt der Amerikaner Robert A. MONROE ("Der Mann mit den zwei Leben", 1972. "Der zweite Körper", 1987). Ihm soll es während seiner Experimente mehrmals passiert sein, "daß er nicht in seinen eigenen Körper, sondern in einen fremden zurücktauchte. Beispielsweise in den Körper eines Patienten, der im Sterben lag und dessen Seele sich eben löste. In solchen Fällen muß er die Leiden des Kranken mitmachen, als wäre er selbst todkrank. Er wußte aber stets, daß er nach wie vor Monroe ist und nicht der Fremde, in dessen Körper er 'gefangen' war. Voller Panik versuchte er, wieder loszukommen, um heimkehren zu können." (Zitiert nach Kurt Allgeier, "Das Ende der Unsterblichkeit", München 1984, 57).

[17] Miers 398/9, der hier Gustav Meyrink zitiert. - Meine Meinung: Hätte HPB dem ernsthaften *Gebet* mehr Gewicht beigemessen und es in Demut und Gottvertrauen praktiziert, dann wäre vielleicht manches anders gelaufen.

[18] Hierzu heißt es in einem jenseitigen Kommentar zum Matthäus-Evangelium ("Reformierende Blätter zur Bildung reiner Ethik", Bd.1, Budapest 1878, 331), daß die vielfältigen Mediumschaften gegeben worden seien, um Mitmenschen geistig und physikalisch vom Vorhandensein höherer Kräfte zu überzeugen, "vom Vorhandensein eines Urgeistes, einer Urkraft, eines Urlichtes; von der Wahrheit des erlösenden Wortes, von der erlösenden Kraft christlichen Tuns, vom Gnadenreichtum des erlösenden Gesetzes; um sie zu überzeugen von der Unsterblichkeit und Verantwortlichkeit des ihnen innewohnenden geistigen Wesens." Und an anderer Stelle (371):

"Wehe euch Medien, die ihr den falschen Geistern folgt, die euch hinausführen auf die Schaubühne, um aus euren geistigen Gaben - über die ihr gar nicht selbständig verfügen könnt - Geld zu machen und so die Menschen verführt, daß sie im Physikalischen und nicht im Moralischen die Wahrheit suchen!"

[19] H. Freimark, "Geheimlehre und Geheimwissenschaft", Leipzig 1913, 61ff.

[20] Miers gibt S. 286 an, daß der wirkliche Autor Solomon SPALDING geheißen habe, der in jungen Jahren Pfarrer gewesen sei.

[21] "Mensch und Schicksal" (fortan MuSch genannt), 6.Jg.. Nr.10, 15 sowie PsStud 1901, 79/80.

[22] Hans Freimark, "Moderne Theosophen und ihre Theosophie", Leipzig 1912, 45. Der marxistische Dialektische Materialismus tut das ebenso.

[23] "Reformierende Blätter", Budapest 1879, 431.

[24] Adelma von Vay, "Geist, Kraft, Stoff", 6.Aufl. Berlin 1969, 11.

[25] Ödön Nerei, "Christentum, Theosophie und Spiritismus", in ZfS 1918, 12. - Assimilieren = angleichen, verschmelzen, aufnahmefähig sein.

[26] "Geheimlehre" I, 132 und 266.

[27] Zitiert aus der "Geheimlehre", nach A.L. Matzka, "Theosophie und Anthroposophie", Graz 1950, 29.

[28] Vgl. "Materialdienst" der Evang. Zentralstelle für Weltanschauungsfragen der EKD, Stuttgart, Nr. 2/1977, 42ff. - Die Zeitschrift "Adyar" Nr. 4/1974 enthält folgendes Glaubensbekenntnis:

"Ich glaube nicht an meine Sündhaftigkeit, wiewohl ich weiß, daß ich lange noch nicht gut bin. Ja, ich glaube an keine Sünde als eine Sache, die strafbar wäre. Dagegen weiß ich, wenn ich auch gelegentlich strauchle oder mein Fuß vom Wege abgleitet, daß ich diesen einmal gefundenen Weg nun nicht mehr verlasse. Und ich glaube an keinen Erlöser, er wäre denn in mir selbst. Ich wüßte auch nicht, wovon ich erlöst werden sollte, da ich meinen Weg doch selbst gewählt habe und auf ihm auch bis zum Ende ausharren will. Und ich bitte um keine Gnade als eine besondere, ausnahmsweise Begünstigung. Und ich flehe um keine Erlösung vom Übel, denn ich vertraue dem Walten der absoluten Gerechtigkeit als einer Gesetzlichkeit; und ich weiß, daß jenes Übel, das mir begegnet, die unausbleibliche Folge meines eigenen Tuns und Lassens ist und daß das Leiden, welches daraus folgen mag, eine Belehrung enthält, die ich zu meinem eigenen Besten nutzen kann. Aber ich glaube an eine wohlwollende, urgütige Allmacht, die mir hilft zu bestehen, die mir beisteht im Ringen mit meiner äußeren und inneren Natur, damit das Göttliche, welches zutiefst in mir verborgen ist, allmählich in mir und durch mich offenbar werde."

[29] "Geheimlehre" II, 533.

[30] wie 24), S. 43 und 45.

[31] wie vor, S. 61. - Auf die Frage, warum Gott den Geisterfall zuließ oder dessen jeweilige Folgen nicht aufhob, wäre zu erwidern, daß dann Gott seinen Erstlingen die *Willensfreiheit* (als höchste Gabe) gar nicht erst hätte verleihen dürfen. Ohne dieselbe aber kann es keine freie, ichbewußt-individuelle Entwicklung geben. Gerade die Willensfreiheit und die damit verknüpfte Eigenverantwortlichkeit unterscheidet ja den Menschen (in seinem Wesen von Geist, Seele und Leib) prinzipiell vom Tier (als einem Wesen von Seele und Leib).

[32] Tübingen 1974, 42. - Auf Anfrage schrieb mir der Verfasser: "Die Legende, wonach der Teufel ein gefallener Engel sei, findet sich, wie Sie mit Recht bemerken, nicht in der Bibel. Er kam durch außerbiblische jüdische Schriften, vor allem das 1. Henoch-Buch, in den Glauben der Kirche. Wie Sie wissen, ist mit aus dem Zusammenhang gerissenen Bibelstellen viel Mißbrauch getrieben worden. So ist die von Ihnen erwähnte Stelle Jes. 14,12, wo der Sturz des Königs von Babel mit dem Sturz des Morgensterns (Morgenstern = in der lat. Bibel *Lucifer*), verglichen wird, als eine Bestätigung der Legende vom Engelsturz herumgeboten worden, mit dem sie in Wirklichkeit rein gar nichts zu tun hat." - Nach meinem Dafürhalten deutet jedoch der 6. Vers des Judasbriefes den Engelsturz unmißverständlich an. Ebenso die Stelle 2. Petrus 2,4.

[33] Zitat aus der Zeitschrift "Theosophische Kultur", Leipzig, Mai 1934.

[34] Franz Hartmann, "Kurzgefaßter Grundriß der Geheimlehre von H.P. Blavatsky", Leipzig o.J., 83 und 135/6. - Von höherer jenseitiger Warte (s. Fußnote 25) wurde hierzu ausgeführt: "Wenn ein Theosoph euch sagt ..., der Fall der Engel bestand in Ihrer Weigerung, sich in ganz unvollkommene Formen zu inkarnieren, weil dies sie in ihrer Entwicklung gehindert hätte, so kann ich nur sagen, wie könnt ihr Gott also beeigenschaften? Soll er in seiner Weisheit unter den Engeln stehen? Soll er kindisch mit Formenschaffen und -zerbrechen sich unterhalten? Soll ... nur der eine Weg der Qual (Entwicklung in der Materie) für alles Leben bestimmt worden sein? Und der Endzweck des Bewußtwerdens, des individuellen Lebens, wird der Untergang dieses Bewußtseins sein? Könnt ihr euch nicht eine Gottheit vorstellen - wenn auch nicht fassen - deren Größe die gewordene 'Welt der Individualität' umfassen kann, *ohne* sie erst wieder individualitätslos zu machen, um sie wieder in sich aufnehmen zu können? Wenn ihr die Irrtümer eurer Gottesauffassung im Laufe der bildenden Zeiten überwinden wollt, müßt ihr zuerst alle Grenzen abbrechen, die ihr seiner Liebe, seiner Weisheit und seiner Größe gezogen (habt). Erst dann kann die Wahrheit, die ewig euch umgibt, von euch assimiliert werden." - Und: "Soweit es in euren Kräften liegt, sucht euch *systemfrei* zu machen. Und so euch ein Mensch sagt: 'Ich glaube an den Gott in mir, ich glaube an unsere Unfreiheit', und ein anderer: 'Ich glaube an einen Sündenfall, ich glaube an eine beschränkte Willensfreiheit', und ein dritter: 'Ich glaube an das erlösende Blut Christi', so seht in all diesen Äußerungen *Wahrheitsteile*, und entgegnet: 'Ich glaube an die Vollendung der Wahrheitsoffenbarung und der Wahrheitsempfindung'. Indem ihr die Kräfte *dieser* Überzeugung aussendet, verändert ihr die Substanz eurer Atmosphäre und erfüllt die gesetzlichen Bedingungen für klarere Offenbarung in eurer Welt."

[35] "Geheimlehre" I, 220.

[36] Beatrice Flemming, "Kleines Lexikon und Register für das theosophische Weltbild", München 1976, 139. - Von der Venus, dem angeblichen Planeten Luzifer-Satans, sollen denn auch die Lehrer und "Meister" der Adyar-Theosophie stammen (nach Johannes Fährmann, "Einführung in das Theosophische Weltbild der Gegenwart", Buenos Aires 1951, 35. Der Verfassername ist vermutlich das Pseudonym von Hans Fändrich).

[37] "Geheimlehre" II, 245. - Eliphas LÉVI, der eigentlich Alphonse-Louis CONSTANT hieß (1810-1875), gilt unter Esoterikern als unbestrittene Autorität. Auch HPB schätzte ihn sehr und zitierte (aaO, 533) seine Lobrede auf Satan: "Das ist jener Engel, der stolz genug war, sich selbst für Gott zu halten; tapfer genug, seine Unabhängigkeit um den Preis ewiger Leiden und Qualen zu erkaufen; schön genug, sich selbst im vollen göttlichen Licht angebetet zu haben; stark genug, noch immer in Finsternis inmitten von Pein zu herrschen und sich selbst einen Thron aus seinem unauslöschlichen Scheiterhaufen gemacht zu haben. Das ist der Satan des republikanischen und ketzerischen Milton ... der *Fürst der Anarchie*, bedient von einer Hierarchie reiner Geister." (!) HPB bemerkt dazu: "Diese Beschreibung, die so geschickt theologisches Dogma und kabbalistische Allegorie versöhnt, und es sogar zustande bringt, eine politische Artigkeit in ihre Redewendung einzuschließen, ist - wenn im rechten Geiste gelesen - ganz richtig."

[38] In ihrem "Schlüssel zur Theosophie" (Altmann, Leipzig, S. 54) schreibt HPB: "Die Gesellschaft zerfällt, wie bekannt ist, in eine äußere und eine innere. Diejenigen, welche zur letzteren gehören, haben eine besondere Philosophie oder - wenn dieser Ausdruck vorgezogen werden sollte - ein eigenes religiöses System. Die Grundlinien desselben sind vor einigen Jahren im 'Theosophist' und im 'Esoterischen Buddhismus' (von Herrn Sinnett) dargestellt worden und können noch ausführlicher in der 'Geheimlehre' gefunden werden." - Und eben diese "Geheimlehre" gipfelt in der Luzifer-Satan-Verehrung! Es sei allerdings so, bemerkt Friedr.Wilh. HAACK in seiner Schrift "Satan-Teufel-Luzifer" (5. Aufl. München 1987, 43), "daß in der deutschsprachigen Theosophie nie eine große Neigung bestand, diese Satan/Luzifer-Gnosis groß herauszustellen."

[39] Hierzu ein Beispiel aus der parapsychologischen Praxis, anläßlich einer Sitzung mit dem damals berühmten Materialisationsmedium Rudi SCHNEIDER (1908-1957), die in Graz stattfand. Der Berichterstatter erzählt den Vorgang des Intrancegehens, was bei solchen Medien einem Sterben gleichkommt. Danach wurde Schneiders Gesicht "leuchtend grün. Es ist nicht *sein* Gesicht, brutale Züge voll Haß! Die Hände werden leuchtend, erheben sich, greifen nach meinem Hals ... Ich sage: 'Jesus gebe dir Frieden!' - Das war wie in einen luftgefüllten Sack gestochen! Das grüne Leuchten erlischt plötzlich. Wie ein Toter sackt Rudi zusam-

men." (Hier handelte es sich um ein Phänomen, welches wir "Transfiguration" nennen. Die Gesichtszüge des Mediums verändern sich dermaßen, daß es deutlich eine Fremdpersönlichkeit darstellt. - Der Bericht stammt von Ing. Viktor Nußbaumer, mit dem ich korrespondierte).

[40] "Geheimlehre" I, 445, II, 533; I, 406. Luziferische Philosophie: "Alles Licht setzt ein Dunkel voraus und wird nur Helligkeit durch den Gegensatz aus diesem Dunkel" (Hans Wolff, in "Lucifer", Pforzheim 1959, 16)

[41] "Reformierende Blätter" 1878, 439. - Der Text lautet im Zusammenhang: "Jede Folge ist ein Kreis, und jeder Kreis hat seine Farbe, sein Licht und seinen Schatten, seine Arten von Kräften und Fluiden, und seine ihm adäquaten (angepaßten) Geister. So hat, von Gott dem Urlicht an, alles seinen Ausdruck in Geist, Kraft und Stoff, nach seiner Art, nach seiner Folge. Und jeder Kreis hat seine Pole; diese bedingen Potenz und Depotenz im eigenen Kreise. Obgleich sie eins in ihrem Kreise sind, sind sie doch wieder so verschieden, wie Gesetz und Gegensatz; sie bedingen sich jedoch im Dasein. Der Gegensatz könnte ohne das Gesetz nicht leben, denn er ist wie ein fauler Sumpf, der frisches Wasser als Lebenszufluß braucht, um wenigstens Sumpf zu bleiben und nicht in eigener Fäulnis zu ersticken und ganz zu vertrocknen. Und die gesetzliche Vernunft findet Arbeit an der gegensätzlichen Vernunft. Durch den Kontakt mit ihr lernt sie sich überwinden ... "

[42] MuSch 6.Jg., Nr.5.4. - HPB meint, "Wenn daher die Kirche den Satan verflucht, so verflucht sie den kosmischen Widerschein Gottes. Sie tut Gott in Bann, der in der Materie oder im Gegenständlichen offenbar geworden (ist), sie schmäht Gott oder die ewig unfaßbare Weisheit, die sich selbst als Licht und Schatten, als Gutes und Böses in der Natur offenbart - die einzige Weise, die dem beschränkten Verstande des Menschen faßbar ist ("Geheimlehre" II, 245). Und: "Der Logos und Satan sind eins" (aaO., 541) und Logos und Luzifer desgleichen (aaO., 542). "Das würde letztlich heißen", bemerkt F.-W. HAACK in "Satan-Teufel-Luzifer" (5.Aufl.,München 1987, 43), "Christus und Satan sind eins, denn Joh. 1,1 heißt 'Im Anfang war das Wort', und der griechische Begriff für 'das Wort' ist 'ho Logos' (der Logos)." Diese Gleichsetzung wird in vielen Darstellungen der Theosophie übersehen, meint F.-V. Haack, womit er recht hat.

[43] Von Leadbeater erzogen wurden u.a. der Sohn von A.P. SINNETT sowie der nachmalige TG-Präsident C. JINARAJADASA, der mit 13 Jahren zu Leadbeater stieß (Miers-Lexikon, 216). Das Magazin "Der Spiegel", in seiner oft ordinären und ätzend-satirischen Sprache, kennzeichnet Leadbeater in der Nr. 9/1986 mit den Worten: " ... ein rasputinhafter, bekennender Päderast". Vieles in seinen Schriften ist jedoch ohne weiteres akzeptabel.

[44] wie 12), S. 36. Karl ROHM zitiert Annie Besant wörtlich aus einer theosophischen Zeitschrift, ohne Quellenangabe.

[45] Leadbeater erwies sich seiner Gönnerin gegenüber dankbar und pries deren Qualitäten in den höchsten Tönen: "Was kann ich Euch noch sagen von Eurer Präsidentin, was Ihr nicht schon wüßtet? Ihre kolossale Intelligenz, ihre *unfehlbare* Weisheit, ihre unerreichte Beredsamkeit, ihr wunderbares Selbstvergessen, ihre unermüdliche Hingabe an die Arbeit für andere, das ist Euch alles bekannt. Jedoch diese Eigenschaften und Fähigkeiten sind nur ein Teil ihrer Größe, sie liegen an der Oberfläche; alle können sie sehen, sie springen ins Auge. Aber es gibt andere Eigenschaften, andere Fähigkeiten, wovon Ihr gar nichts wissen könnt, denn sie gehören zum Geheimnis der Initiation. Sie ist eine Schülerin unserer Meister, aus der Quelle ihrer uralten Weisheit entspringt ihre eigene; die Pläne, welche sie ausführt, sind die Pläne der Meister zum Heile der Welt."

"Bedenket also, wie groß die Euch erwiesene Ehre ist, daß Ihr zugelassen werdet unter ihr zu arbeiten, denn indem Ihr dieses tut, arbeitet Ihr tatsächlich unter den Meistern. Bedenket, wie Ihr wachen müßt, um auch nicht eine Andeutung zu verlieren, die von ihren Lippen fällt; um die Weisungen zu befolgen, welcher Art sie auch immer sein mögen, die sie Euch gibt. Erinnert Euch, daß sie - weil sie eben eine Eingeweihte ist - auch weit mehr weiß als Ihr; aber gerade weil ihr Wissen okkult und unter dem Siegel der Einweihung erlangt ist, kann sie es nicht mit Euch teilen."

"Ihre Handlungen sind daher fortwährend inspiriert von Erwägungen, die Eurer Fassungskraft entgehen. Es wird Augenblicke geben, wo Ihr ihre Beweggründe nicht erkennen könnt, denn sie zieht viele Dinge in Berechnung, die Ihr nicht seht und von denen sie Euch nichts sagen darf. Aber, ob Ihr sie versteht oder nicht, Ihr werdet weise sein, ihr *blind* zu folgen, aus dem einfachen Grund, weil sie wissend ist. Alles dies ist nun keine bloße Annahme meinerseits oder ein Trugbild der Einbildungskraft; ich war zur Seite unserer Präsidentin in Gegenwart des höchsten Leiters der Entwicklung dieser Weltkugel, und ich weiß, wovon ich spreche. Lasset die Weisen meine Worte hören und danach handeln!" - Mich selber eines Kommentars hierzu enthaltend, lasse ich Karl Rohms Bemerkung folgen: "Und die Annie Besant schämt sich nicht, diesen Erguß in der von ihr selbst herausgegebenen Monatsschrift abzudrucken!"

[46] Vom typisch menschlichen "Spaltpilz" blieb eben auch die sich besonders elitär fühlende theosophische Bewegung nicht verschont. Ihren Führern mißlang die propagierte Weltverbrüderung untereinander ebenso wie den Führern der Christenheit die vorbildliche Nächstenliebe. "Das Vertrauen der Geheimwissenschaftler in ihre gegenseitige Redlichkeit scheint sehr gering zu sein," schrieb der Indologe und Religionsforscher

Prof. Jakob Wilhelm HAUER. "So urteilt z.B. Mme. Blavatsky über ihren Freund und Mitarbeiter (Dr. Franz) Hartmann, er sei ein Zyniker, ein Lügner, schlau und rachsüchtig. Hübbe-Schleiden ... behauptet von Frau Tingley: 'Nie bin ich so konzentriert angelogen worden'. Olcott, der Nestor der Theosophie, klagt Judge an. Im Besant-Steiner-Streit ... sucht Mrs. Besant Steiner schlechtzumachen ... " (J.W. Hauer in ... "Werden und Wesen der Anthroposophie", 2.Aufl. 1923, 46). Fürwahr, eine tolle Brüderlichkeit unter Esoterikern!

Was die sogenannten Mahatma-Briefe anbelangt, so gab es schon vor der Panne mit dem "Wunderschrein" von Adyar einen Skandal ähnlicher Art in den USA. Dort konnte ein Spiritualist namens KIDDLE, am 13.8.1883 gegenüber dem Herausgeber des Londoner "Light" nachweisen, daß ein von Sinnett in dessen Zeitschrift "Occult-World" 1881 veröffentlichter Mahatma-Brief des Koot Hoomi, in Wirklichkeit das Plagiat einer von Mr. Kiddle am 15.8.1880 beim spiritualistischen Camp-Meeting zu Lake Pleasant gehaltene Rede sei. Dieser Vorfall erregte peinlichstes Aufsehen (K. Kiesewetter, "Geschichte des neueren Okkultismus", Leipzig 1909, 568).

[47] Im Talmud ist die sog. Pandera- oder Panthera-Version verzeichnet, wonach der Vater von Jesus ein römischer Offizier gewesen sei, der Miriam, die Verlobte des Joseph, verführt und geschwängert habe. Sehr wahrscheinlich handelt es sich hier um eine erfundene Zweckmeldung, um Jesus in den Augen strenggläubiger Juden zu diskreditieren, denn seine Herkunft wäre dadurch mit dem Makel einer schweren Sünde belastet. HPB nun schloß sich dieser Auffassung an und läßt diesen Jeshu oder Jeshua (auch Jehoshua) ben Pandera im Jahre 105 v.u.Z. geboren werden, obwohl andererseits behauptet wird, Jesus habe nie existiert. So darf denn jeder glauben, was ihm behagt. MIERS dürfte jedenfalls zuzustimmen sein, wenn er schreibt, in manchen esoterischen Gruppen würde "der Name Jesu Christi übernommen, um den Eindruck zu erwecken, die verbreitete Lehre sei christlich oder stände nicht im Widerspruch zum Christentum; Christentum ist indes einzig und allein der Glaube an die Erlösung durch Jesus Christus. Gerade dieser Glaube wird aber von den betreffenden Gruppen abgelehnt." (Miers-Lexikon, 215). Mit der komplizierten Geschichte von den beiden Jesusknaben soll es sich folgendermaßen verhalten:

Jesus ist Mensch und Person, Christus als der "Logos" ist Wesenheit, die nur während der drei Jahre von der Taufe bis zur Gefangennahme im physischen Körper des Jesus wirkte.

Als Jesus von Johannes getauft wurde, soll sich ein Persönlichkeitswechsel vollzogen haben (ähnlich, wie es im Tieftrancezustand beobachtet werden kann) und zwar dergestalt, daß das Ich des Jesus sich ins Jenseits zurückzog. Infolgedessen stand sein Körper der Wesenheit des Christus zur Verfügung.

Da die beiden Geschlechtsregister Jesu im NT nicht übereinstimmen, wird nun behauptet, damals seien *zwei* Knaben geboren worden. Die Eltern des einen wohnten in Nazareth, die des andern in Betlehem. Beide wurden in Betlehem geboren und bekamen den Namen Jesus. Zufällig hießen die Eltern von beiden Maria und Josef. Der eine stammte aus der königlichen Linie, die von David über Salomo verläuft, der andere stammt aus der priesterlichen Linie des Nathan. Wir hätten also den salomonischen und den nathanischen Jesus. Der nathanische wurde von den Hirten angebetet, der salomonische von den drei Weisen aus dem Morgenlande.

Der salomonische Jesus besuchte - nach Rudolf Steiner - während seines dreitägigen Aufenthaltes in der ägyptischen Stadt Heliopolis die dortige alte Mysterienstätte und wurde dabei vom Geist des Zarathustra überschattet; ja Zarathustra selber inkorporierte sich in ihm, so daß dieser Jesus Träger der zarathustrischen Weisheit wurde.

An jenem Osterfest, von welchem Lukas die Begebenheit mit dem zwölfjährigen Jesus im Tempel schildert, waren beide Familien nach Jerusalem gepilgert. Beide Buben begaben sich in den Tempel. Und hier geschah etwas Bedeutsames, indem das Ich des salomonisch-zarathustrischen Knaben auf den nathanischen überging. Bei letzterem vollzog sich ein totaler Persönlichkeitswechsel, so daß seine Eltern ihn kaum wiedererkannten, als sie ihn nach drei Tagen fanden. Der bisherige salomonische Junge siechte, von seinem Ich verlassen, langsam dahin und starb. Inzwischen war seine Mutter Witwe geworden, und bei dem andern Jesus hatte der Vater das Zeitliche gesegnet, und die beiden übriggebliebenen Elternteile heirateten sich, so daß alles wieder ins Lot kam: es gab nur noch *einen* Jesus, *eine* Maria und *einen* Josef. In diesem Familienkreis wächst der nathanische Jesus nun auf und wird fähig, später bei seiner Taufe im Jordan die Wesenheit des göttlichen Christus in sich aufzunehmen. Hier hätte sich also mehrmals das Phänomen des „Walk-In" vollzogen (vgl. FN [16]).

[48] A. Besant in "Erweiterte Ausblicke", S.41, zitiert nach Matzka, 74. Wenn es stimmen sollte, daß der Junge sich nicht in gewünschter Weise entwickelte, so daß AB ihm - wie Rohm schreibt - "über Nacht den Laufpaß gegeben und ... einen neuen Burschen in Paris aufgegabelt und zum Christuskandidaten proklamiert" hätte, so wäre dies ein Gipfel an Unverfrorenheit. Obwohl Rohm recht gut informiert war und ich auch im "Zentralblatt für Okkultismus" (1921/22, 551) eine diesbezügliche Aussage fand, möchte ich dennoch bezweifeln, daß AB sich ein solch starkes Stück leistete.

[49] So z.B. im 2. Jahrgang des "Theosoph. Leben" unter dem Titel "Befähigung zur Chelaschaft" und später als Sonderdruck im 5. Band der "Okkultistischen Bibliothek".

[50] "Das muntere Bürschchen hat das richtige Zeug zum Lehrer an einer Sowjetschule", schreibt der Anthroposoph Hans Liebstoeckl in seinem Buch "Die Geheimwissenschaften im Lichte unserer Zeit" (Wien 1952, 361).

[51] Er schreibt (aaO, 131): "In aller Ehrerbietung wurde sie als Präsidentin gefragt, was nun zu tun sei, nachdem Krishnamurti knapp 24 Stunden vorher - wie man sagte – alles, und auch ihre Lebensarbeit, zerschlagen habe. Nach kurzer Pause erhob sich die ganz in Weiß gekleidete weißhaarige Greisin und sagte mit fester, wohlklingender Stimme etwa folgendes: 'Freunde! Ich selber weiß nicht, warum mein geliebtes Kind Krishnaji so gehandelt hat. Ich weiß nur dieses: Was immer er tat, tut und tun wird, stets wird es nur das Richtige und Notwendige sein!' Nach diesen wenigen, alle Anwesenden beeindruckenden und mich zutiefst erschütternden Worten blieb sie stehen, winkte mich heran und verließ, auf meinen Arm gestützt, die Versammlung aller ihrer Unterführer in der Welt. Ich brachte sie ins Schloß Eerde, wo sie mich aufforderte, mit ihr, Krishnamurti, Leadbeater und vielen anderen, die im Schloß Eerde wohnten, gemeinsam zu essen. Jedenfalls gehört die Haltung, welche die achtzigjährige Annie Besant und ebenso der junge Krishnamurti in diesen Tagen zeigten, sowie die Worte, welche beide aus tiefer Überzeugung in Wärme sprachen, zum Unvergeßlichsten an menschlicher Größe und Vornehmheit, was ich in meinem langen, an Ereignissen reichen Leben erfahren durfte."

[52] Hierzu schrieb der Theosoph und Zeitzeuge Ludwig DEINHARD (1847-1917) in seinem Nachruf auf Dr. Hübbe-Schleiden: "Im Herbst 1911 brach der Sturm los, den der kurz vorher in Adyar ins Leben gerufene 'Orden vom Stern im Osten' in der deutschen Sektion entfachen mußte, und die ganze große internationale Adyar-Weltgesellschaft mit Frau Besant an der Spitze war empört über die deutsche Sektion, als diese bestimmt erklärte, jenem Orden nicht beitreten zu können, weil seine Satzungen gegen die Wahrheit und gegen die Auffassung des Christus-Problems verstoßen, die sich die deutsche Sektion zu eigen gemacht hatte. Es kam zum Bruch und die deutsche Sektion wurde im Frühjahr 1912 aus der Adyar-Gesellschaft ausgeschlossen." (PsStud 1916, 333).

[53] Das erste Zitat stammt aus D. Hornung, "Kundgebungen aus dem Geisterreiche", Stuttgart 1862, 154. Die folgenden: A.J. Davis in "Die Philosophie des geistigen Verkehrs", Lorch 1937, 7. – Kahir: MuSch 4.Jg., Nr. 16,18.

[54] E. von Bergbach, "Geisterkundgebungen", Berlin 1891, 99.

[55] Auch bei Sir. 25,22 sind gewiß keine "Drachen der Weisheit" gemeint, wenn es heißt: "Lieber bei Löwen und Drachen wohnen, als bei einem

bösen Weibe"!

[56] In einer Mitteilung aus höheren Welten wird gesagt: "Die Kohäsionen (= die Kraft des Zusammenhaftens kleinster Teilchen eines Stoffes) in den Sphären bilden sich, die repulsiven (zurück- bzw. abstoßenden) Elemente des Erdinnern gruppieren sich und erzeugen Druck und Gegendruck. Und unter diesem Druck und Gegendruck befindet sich die Erdrinde jetzt mit allen ihren Bewohnern, und ein Zusammenstoß der schlechten Kräfte und Stoffe ... steht unvermeidlich in Aussicht."

Weiter: "Und die Menschen fühlen diesen Druck und Gegendruck, und wissen auch, daß dies zu einer Katastrophe führen muß. Doch können sie sich keine Rechenschaft geben, weder über die Art, noch über die Kraft, noch über die Tragweite dieser bevorstehenden Katastrophe" (Ref. Blätter, Bd.II, 214/15).

[57] Margarethe Eckel, "Christentum und östliche Geistigkeit", in der Monatsschrift "Das Wort" Nr. 3/1982, 163.

[58] Weiter lesen wir: "Der Materialismus ist der Gegensatz von Christi Wort. Er will *selbst* schaffen. Es liegt hierin eine große Bewegung der Gegensatz-Geister, welche die Menschen bei ihrer schwachen Seite, dem *Wissenwollen* nehmen, um gegen Gottes Lehre des Geistes anzustürmen; gegen welche sie nur stürmen, aber sie nicht vernichten können!"

[59] In "Abschied ohne Wiederkehr?" (St. Goar 1984), bringe ich S. 197 einen solchen Fall.

[60] Georg Sulzer, "Moderne indische Theosophie und Christentum", (Leipzig 1909, 92). Sulzer nennt den geschilderten Vorgang ganz richtig eine Bekehrung, da bei solchen Gelegenheiten unwissende Jenseitige auf Gott, Christus und das Gebet hingewiesen werden. Er betont, daß es auch auf *Täuschung* beruhende "Geisterbekehrungen" gibt. Von den echten würden sie sich jedoch dadurch unterscheiden, "daß sie sehr leicht vonstattengehen und sich oft in großen Massen gleichzeitig vollziehen". Dies käme besonders bei falschen "Vatermedien" vor, ausgehend vom Unterbewußtsein des Mediums oder von Lügengeistern. Sind jedoch Personen anwesend, deren Hellsichtigkeit eine gute Beobachtung gestattet, so werden solche Täuschungsmanöver nur ausnahmsweise gelingen. Sulzer schreibt:

"In den echten Fällen, bei denen ich Augenzeuge war, gab es niemals Massenbekehrungen, und der Fortschritt zur Selbsterkenntnis und Buße vollzog sich ziemlich langsam, wenn auch einzelne überraschende Szenen nicht mangelten. Auch konnten die sich manifestierenden Verstorbenen durch die anwesenden Hellseh-Medien, die jene in der Regel im Trancemedium selber erblickten und oft schon bevor dieses zu sprechen begann, im Sitzungszimmer neben ihm stehen sahen, genau beschrieben werden, so daß sich durch Erkundigungen über ihr Aussehen, bei einigen sogar die Identität konstatieren ließ. Ebenso wurden die Angaben, welche die Verstorbenen über ihr Leben und ihren Tod gemacht hatten, in verschiedenen Fällen verifiziert."

[61] Leadbeater revidierte allerdings später sein Pauschalurteil über den Spiritismus und schrieb in "Isis" (Jahrg. 1908, S. 557): "Die Menschen sind häufig geneigt, nur auf die Schattenseiten des Spiritismus zu sehen, aber wir sollen nie vergessen, daß er in dieser Art guter Werke sehr viel Erfreuliches geleistet hat, denn auch er gab den Verstorbenen häufig die Möglichkeit, nach einem plötzlichen, unerwarteten Abschied ihre Angelegenheiten zu ordnen."

[62] "Geheimlehre", Adyar-Ausgabe Bd. 5, 435; zittert nach C. Cumbey, "Die sanfte Verführung", Aslar 1987, 131.

[63] Zitiert nach R.J. Mund, "Jörg Lanz von Liebenfels und der Neue Templer-Orden", Stuttgart 1976, 189.

[64] B. Forsboom, "Kundgebungen das Geistes Emanuel" (Band 2), Schutterwald 1997, 39.

Schon wieder ein neuer Christus?

[1] Die theologische Deutung in RiGuG, Bd.5, SP. 1062 lautet hierzu, ehedem habe man Jahwe auch Verführungen zum Bösen zugetraut; eine spätere, sittlich entwickeltere Epoche aber habe eine solche Verführung "lieber auf Satan abgeschoben".

[2] Geheimlehre II, 536. - Unter *Gnosis* (griech. Erkenntnis) werden zusammengefaßt mystisch-philosophische Lehren des Altertums verstanden, die man später mit der Esoterik des Christentums zu verbinden suchte. Ihre Blütezeit erlangten die gnostischen Lehren - die sehr verschiedenen Ursprungs sind und nur bruchstückhaft erhalten blieben - im dritten nachchristlichen Jahrhundert. Auf sie berufen sich die meisten esoterischen Richtungen.

[3] Übrigens wurden nach Vers 27 Mann und Weib zugleich erschaffen, während nach Mose 2,21-22 die Frau erst später aus einer Rippe bzw. aus der "Seite" Adams entstanden sein soll.

[4] Solange die alttestamentliche Theologie kompetente Hinweise wie die Goldbergs außer acht läßt, führt sie uns in wesentlichen Punkten in die Irre. Es ist ohnehin belangreich, daß sein zweiter Band in deutscher Sprache nicht mehr erschien. Goldberg betont in seinen fachlich solide untermauerten Darlegungen, daß jedes Volk sein biologisches Abstammungszentrum besitzt, das jedoch in der übersinnlichen Welt zu suchen ist. Ebenso jede Rasse. Diese biologischen Zentren seien die "Götter" der verschiedenen Völker und Rassen. "Diese Götter werden als in Wirklich-

keit existierende betrachtet," schreibt Goldberg und fährt fort: "es handelt sich somit um eine verstandesmäßige Erschließung des Polytheismus. Unter Polytheismus ist mithin nicht wie bisher die Alternative "*ein* Gott" oder "viele Götter" im Glauben der Menschheit zu verstehen (indem dann - wie die mythologische Wissenschaft es will - sich das Pantheon des einen Volkes mit dem des andern vergleichen und sich ein Pantheon auf das andere zurückführen läßt), sondern: der Gott des einen Volkes ist ein *anderer* als der des anderen Volkes, weil sein biologisches Zentrum, d.h. sein Abstammungszentrum von dem des andern verschieden ist. Denn: jedes Volk, d.h. die Summe der Einzelwesen, die eine echte anthropologische Artgemeinschaft bilden, hat ein oder mehrere zusammengehörige biologische Zentren, von dem bzw. von denen es herstammt. Das ist dann der Gott (oder die Götter) des betreffenden Volkes. Daraus folgt erstens, daß der Begriff des Gottes nicht mit dem der Menschheit, sondern mit dem des *Volkes* auf das engste verknüpft ist, und zweitens, daß der Gott für das Volk eine eminent *biologische* Bedeutung hat."

"Der ganze Umkreis dieses Verhältnisses (von Volk zu Gott), das sich sowohl durch psychophysiologische als auch durch psychophysische Wechselwirkungen *experimentell* nachweisen läßt, ist die *Mythologie* des betreffenden Volkes."

"Damit tritt das, was hier unter Mythologie verstanden wird, in schroffen Gegensatz zu dem, was die mythologische Wissenschaft darunter versteht: Mythologie ist nicht eine Sammlung ethnologischer Phantasmagorien, sondern die Lehre vom Bestehen einer metaphysischen Volkswirklichkeit und einer vom Volkskörper getrennt vorhandenen metaphysischen Volkskraft, dem biologischen Zentrum oder dem Gott" (S. 15ff.). Abgesehen von alledem kann sich das Wort von der Gottebenbildlichkeit des Menschen nur auf die reingeistigen Menschen der Urschöpfung beziehen; genauer gesagt auf die Geister der *zweiten* Schöpfung (im Unterschied zu den aus Gott direkt hervorgegangenen Erstlingen) und nicht auf den Zustand, den der eigenwillige Mensch durch seinen Abstieg und die damit verbundene Verdichtung in der Materie annahm. Auch daraus geht hervor, daß Jahwe niemals Gott im höchsten Sinne sein kann.

[5] Das wurde auch von der Altertumsforschung festgestellt. HPB hat in diesem Punkt wohl recht, wenn sie schreibt: "Die Geschichte zeigt bei jeder Rasse und bei jedem Stamme, insbesondere bei den semitischen Völkern, den natürlichen Trieb, ihre eigene Stammesgottheit über alle anderen bis zur Oberherrschaft über die Götter zu erheben und beweist, daß der Gott der Israeliten ein solcher Stammesgott war und nicht mehr; wenn es auch der christlichen Kirche, die der Führung des auserwählten Volkes folgt, beliebt, die Verehrung jener *einen* Gottheit zu erzwingen und alle anderen in den Bann zu tun." (Geheimlehre II, 534; ähnl. I, 454).

[6] Geheimlehre II, 406. - Samael ist in der Kabbala der Fürst der Finsternis (Teufel).

[7] Gr. Johannes-Evangelium Bd. 6, Kap. 165, 7-10; Bd. 2, Kap. 229, 3-7. Dr. Walter LUTZ zitiert diesbezügliche Stellen aus dem Lorberwerk in seiner Schrift "Der Fall Luzifers und die Entstehung der Materie" (Bietigheim 1925, S. 3; 9ff; 16ff.), z.B. aus "Bischof Martin", wo Gott zu Luzifer sagt: "Weißt du denn wohl, ob das nicht Mein geheimer Wille ist, daß du eben also sein *mußt* wie du bist? Weißt du es, ob Ich dich nicht schon von Urbeginn an zum Falle *bestimmt* habe?" - Und weiter: "Ich bin aber kein harter Erzgießer, sondern ein Meister voll Liebe, so daß Ich sogar Meine Tiegel aus ihrer langen Glut ziehen will, so sie es wünschen und in die Ordnung Meiner freien Werke übergehen wollen. Wollen sie das aber nicht, und es macht Ihnen mehr Freude, Meine ewigen Schmelztiegel zu verbleiben, so ist es Mir auch recht; denn da brauche Ich Mir keine neuen zu schaffen. Bleiben sie aber Tiegel, so sind sie, wie sie sein müssen, und unmöglich, wie sie sein wollen. Denn ein Werkzeug kann nicht anders sein, als wie Ich es gestalte und haben will."
"Daher ist dein vermeintlicher Trotz, an dem du eine Freude hast, auch nichts als eine Chimäre, entstammend deiner großen Blindheit! Denn so wenig ein Topf zum Töpfer sagen kann: 'Ich bin, wie ich will', während doch der Töpfer dreht und gestaltet wie e r will, ebenso wenig kannst du zu Mir sagen, daß du seist, wie du wollest, während du doch nur sein mußt, wie Ich es will. Nur gebe Ich, als die ewige Liebe selbst, dir nebst diesem deinem Gerichte auch so viel lebendige Freiheit, der zufolge du deinen qualvollsten Zustand fühlen, begreifen und ändern kannst, so du es willst. Willst du es nicht, so bleibe wie und was du bist; nicht aber, weil du es also willst, sondern weil Ich es also will! Willst du aber dein Los verbessern, so werde ich an deine Stelle ein anderes Mir in deiner Art dienliches Werkzeug setzen!" (Kap. 117, 287).
Das durch Lorber vermittelte Schrifttum enthält unzweifelhaft viel Wertvolles und Lehrreiches. Manches aber wird dennoch unter Vorbehalt aufzunehmen sein, nämlich dem, ob es auch wirklich immer Jesus bzw. Gott selber ist, der da spricht. Bei Lorber ist Jesus Christus Gott selbst. Im Lorberbuch "Robert Blum" (Bd. 1, Kap. 126) heißt es: "Gott, der da ist unser aller Vater Jesus ... " oder, "Jesus, der Gekreuzigte, ist *allein* Gott über alle Himmel und über alles, was den unendlichen Raum erfüllt. Er allein ist der Urschöpfer aller Dinge, aller Engel, Menschen, Tiere, Pflanzen und aller Materie. Er ist der *Vater* seinem urewigen Liebeswesen nach, der ewige *Sohn* seiner Weisheit und der *Heilige Geist* seiner unendlichen Macht, Kraft und Wirkung nach."
In der Parapsychologie kennen wir viele solcher "Vatermedien", und wäre es stets Jesus oder gar Gott selber, der sich da kundtut, so müßten Widersprüche eigentlich ausgeschlossen sein. Mit diesem schwierigen

Problem mußte sich die Kirche schon öfters beschäftigen, wie der katholische Theologe und Parapsychologe Prof. Dr. jur. et rer. pol. August Friedrich LUDWIG in seiner "Geschichte der okkultistischen Forschung von der Antike bis zur Gegenwart" (Pfullingen 1922, 68ff.) darlegt. Bei Jakob LORBER z.B. sagt "der Herr" (Im Gr. Ev. Joh., Bd.7, Kap. 50, 37), die Juden würden kein Volk mehr bilden und bis ans Ende der Welt kein eigenes Land mehr haben. Auch eine Mondlandung würde niemals möglich sein, und "wenn es euch noch so sehr gelüsten möchte, eine Reise in den Mond zu machen" ("Natürliche Sonne'" Kap. 9,9). - Dr. Georg SULZER schätzte die Lorber-Schriften sehr, bekundete jedoch die Auffassung, daß - ebenso wie bei SWEDENBORG - vieles aus dem Unterbewußtsein des Empfängers stammt. Deshalb gilt auch hier der Leitsatz: "Prüfet alles und behaltet das Gute!"

[8] Claude Schweighart in MuSch 6.Jg.,Nr. 10,4. - *Sanat Kumara* ist in der Arkanschule "das große Leben, in dem wir leben, weben und unser Sein haben, Welches Selbst das Wahre LICHT *dieser* Welt und der planetarischen Erleuchtung ist" (Miers-Lexikon, 357); somit Luzifer, der König bzw. Herr der Welt, der Höchste der von der Venus zur Erde gekommenen "Herren der Flamme".

[9] B. Creme in "Die Wiederkehr von Maitreya dem Christus und der Meister der Weisheit", London 1980. Deutsch im New Age-Verlag, München, S. 7.

[10] C. Cumbey, "Die sanfte Verschwörung", Asslar 1986, 71. - Auch in den lichten Bereichen des Jenseits ist die auf Erden wirkende Hierarchie des linken Pfades bekannt. So heißt es in einer am 6.8.1872 in Budapest schreibmedial empfangenen Mitteilung: "Gott hat die Geister erschaffen, doch schuf er sie nicht alle auf einmal. Von den erstgeschaffenen fielen viele von Gott ab, ebenso auch von den späteren" (den Geistern der zweiten Schöpfung; R.P.). "Viele von den ersteren *bilden noch heute die Spitze des Gegensatzes* und **eine *eigene Hierarchie* in der Depotenz.** Diese anerkennen Gott nicht, dünken sich Herrscher und glauben Ihm das Gegengewicht halten zu können; sie sind, was Ihr Menschen *Satan* oder *Teufel* nennt" ("Reformierende Blätter", Bd. 5/1882, 275). Diese Mitteilung erfolgte drei Jahre vor Gründung der Theosophischen Gesellschaft und kennzeichnet deutlich genug deren "Meister-Hierarchie", wie sie sich seither über vielerlei Kanäle Gehör zu verschaffen gewußt hat. - Man lasse sich also warnen und bedenke überdies, daß es die Linkspfadigen stets leichter haben, mediale "Empfangskanäle" zu finden, während lichte Gottesboten auf naturgemäß rare, ethisch hochqualifizierte Medien angewiesen sind. Dieser Umstand wird oft außer Acht gelassen.

[11] A.A. Bailey in "The Externalisation of the Hierarchy", New York, 548; deutsch: "Die geistige Hierarchie tritt in Erscheinung", Genf 1967. In

jenen beiden japanischen Städten soll der in Japan größte Anteil an christlichen Einwohnern gelebt haben (E. Nörr, "Steige herauf", Heilbronn 1986, 138/9). Übrigens ist nur wenig bekannt, daß Japan bereits acht Monate vor dem Atombombenabwurf die bedingungslose Kapitulation angeboten hatte! General McArthur drängte den damaligen US-Präsidenten zur Annahme, um weiteres Blutvergießen zu vermeiden. Roosevelt tat diesen Rat mit der bezeichnenden Bemerkung ab, McArthur sei zwar "unser größter General, aber unser kümmerlichster Politiker". Dann reiste Roosevelt zum Treffen nach Jalta (wo man im Beisein des Massenschlächters Stalin das Lied "Vorwärts, christliche Soldaten" sang). Jenes Dokument war von Beamten fotokopiert und später zwei Washingtoner Zeitungen zugespielt worden, die es am 19.8.1945 veröffentlichten. McArthur bestätigte die Echtheit. Roosevelt starb noch vor dem Atombombenabwurf.

Sein Nachfolger Truman hatte am 18.7.1945 eine Unterredung mit Stalin, wo dieser ihn über ein Kapitulationsangebot Japans informierte. Truman seinerseits konnte berichten, daß der schwedische König von Japan gebeten worden war, Kapitulationsverhandlungen einzuleiten. Dies alles wurde jedoch ignoriert, um die Atombomben, die an sich für Deutschland bestimmt gewesen waren, noch ausprobieren zu können. Der am Bau derselben maßgeblich mitbeteiligte Prof. OPPENHEIMER erklärte 1954 vor der US-Atomenergie-Kommission: "Wir haben immer angenommen, wenn man die Bombe brauche, so würde man sie auch einsetzen. Wir wollten, daß es geschah, ehe der Krieg vorüber war und keine Gelegenheit mehr dazu sein würde." (!) Sein Kollege Dr. ALVAREZ bestätigte vor dem gleichen Gremium: "Das Labor wünschte eine Möglichkeit, die Wirksamkeit der Atombombe über feindlichem Gebiet auszuprobieren." - Das militärisch völlig sinnlose Experiment von Hiroshima und Nagasaki kostete schätzungsweise nahezu 400.000 Menschenleben! Als danach Gruppen amerikanischer Ärzte und Wissenschaftler die zerstörten Städte aufsuchten, durften sie an den teils furchtbar zugerichteten Überlebenden bloß Untersuchungen vornehmen, aber keinerlei Hilfe leisten!

Die Atomkernspaltung aus esoterischer Sicht beurteilt KAHIR (in MuSch 3.Jg. Nr.6,17) folgendermaßen: "Die zerstörende Atomkraft wird durch die Zertrümmerung der Atome gewonnen, wobei der Atomkern seiner positiven Lichtschwingungen beraubt wird. Hierdurch wird die negative Elektronenkraft aus ihrer Bindung gelöst und vermag daher alles mit ihr in Berührung Tretende in den Zustand 'Satans', d.h. der Erstarrung durch Zerstörung des Lebens zu treiben. Bausteine Gottes und Lebensspender aber können Atome nur sein, wenn der Atomkern als positiver Pol, Träger des Lichtes und geistiger Widerschein des schöpferischen Urlichtes der Gottheit ist." Und weiter: "So schafft sich der moderne Mensch der

Technik sein eigenes Schicksal, indem er das Leben der Atome vernichtet und damit einen Eingriff in das Leben des Alls unternimmt. Wenn daraufhin die Natur in Aufruhr geraten wird, die Elektrizität erlahmt und dunkle Nebenwelten in die Erdbahn treten werden, so ist dies kein Strafgericht Gottes, sondern das ewige Gesetz von Ursache und Wirkung, das der Mensch nicht erkennt oder nicht begreifen will. Die Menschheit des kommenden Zeitalters aber wird die Heiligkeit der Naturkräfte - als den Willen des Schöpfers - wieder achten und darum auch aus der Welt der Atome wieder sein Leben statt Vernichtung empfangen."

[12] David Spangler in "Revelation, Birth of a New Age", 163; deutsch: "New Age - die Geburt eines neuen Zeitalters", Frankfurt/Main 1978 (zitiert nach C. Cumbey, aaO., 168/9; 82/3; 216).

[13] Nach C. Cumbey, 108. - In einem Vortrag erklärte Creme: "Viele tausend Jahre lang hat der Weltlehrer, der Maitreya-Christus, in einem großen geistigen Zentrum in den Himalayas gelebt, in einem Lichtkörper. Das ist ein physisch fester Körper, aber seine atomaren Bestandteile sind subatomar. Es ist ein auferstandener und aufgestiegener Körper, d.h. der Materie-Aspekt ist vollkommen vergeistigt. Darin liegt die Bedeutung der 'Auferstehung'."
"Die fünfte Einweihung geschieht, wenn ein Meister in einem Körper aufersteht, den Er selber umgewandelt hat in Licht. Maitreya-Christus ist nicht nur *einer* der Meister, sondern *der* Meister der Meister; das, was man 'Planetarisches Leben' nennt. Er hat bis jetzt in einem unzerstörbaren Körper gelebt. Sie würden mir kaum glauben, wenn ich Ihnen sagte, seit wieviel tausend Jahren schon. In Palästina erschien Er nicht körperlich; Er überschattete einen seiner Jünger - JESUS von Nazareth - während seiner letzten drei Lebensjahre. Aber der Christus selbst blieb in den Himalayas, Sein Bewußtsein ging in den Körper des Jüngers Jesus ein und wirkte durch ihn." ("Die Wiederkehr von Maitreya dem Christus und der Meister der Weisheit", London 1980; in Deutsch zusammengefaßt 1984, S. 9).

[14] New Age-Prophet David Spangler, am 1.2.1982 in Southfield/ Michigan (laut Cumbey, aaO., 79).

[15] In einem Artikel "H.G. Wells, ein Vorläufer", im Lucis-Trust-Organ "The Becan" (Mai/Juni 1977) wird festgestellt: "Es gab nur wenige, die damals *mehr* getan haben, um zum *Aufstand gegen das christliche Dogma* und *gegen allgemein gültige Verhaltensmaßregeln* aufzurufen ..." (Cumbey, aaO., 146).

[16] "Reflexions on the Christ", 1978 (zitiert nach Cumbey, aaO., 165). - Manche scheinen diese "Initiation" schon zu haben oder vorwegzunehmen, wie beispielsweise der Satanist Richard Ramirez aus El Paso/Texas, der 13 Menschen totquälte und nach seiner Verurteilung in den Saal rief:

"Ich bin jenseits von Gut und Böse. Ich werde gerächt werden. Luzifer wohnt in uns allen!" (Pressemeldung vom 9.11.1989).

[17] Unter Transmission versteht man in der Technik eine Vorrichtung zur Übertragung von Antriebsenergie vom Antriebsteil (im Falle Creme wären das die "Meister") auf mehrere Arbeitsmaschinen (auf die Meditierenden).

[18] Jan van Rijkenborgh (eigentlich van Leene, gest. 1968) war Gründer des "Lectorium Rosicrucianum" und empfand sich (nach Miers) als Abgesandter der Großen Lichtbruderschaft.

[19] Peter Friesenhahn, "Hellenistische Wortzahlenmystik im Neuen Testament", Leipzig 1935. Der Verfasser kam aufgrund bemerkenswerter Quellenstudien zu recht aufschlußreichen Ergebnissen hinsichtlich der Zahl 666 (S.192 und 283ff.). Man darf ihm glauben, wenn er schreibt, die alten Kirchenväter "scheinen keine unmittelbar Wissenden, keine Eingeweihten im ursprünglichen Sinne gewesen zu sein", denn zu Ihrer Zeit sei die alte Geheimlehre der Arithmologie wohl schon stark im Verfall gewesen (S.283. - Arithmologie ist die Lehre von den geheimen Eigenschaften der Zahlen). Trotz vieler Bemühungen und Deutungsversuchen sei es daher dem Kirchenvater IRENÄUS nicht geglückt, "den Schleier, der über das Zahlenrätsel ausgebreitet war, zu lüften." - Noch viel weniger wird dies der am äußeren Buchstabensinn klebenden Gegenwartstheologe gelingen (vgl. auch Oskar Goldberg, "Die fünf Bücher Mosis - ein Zahlengebäude", Berlin 1908).

[20] David Spangler ist nicht in Findhorn geblieben, und es gibt Stimmen, die sich von ihm distanzieren. Seine Schrift über die luziferische Einweihung erschien jedoch in der Findhorn-Comunity-Press 1978, findet also die Zustimmung dieser Gemeinschaft.

An ihren Früchten sollt ihr sie erkennen

[1] MuSch 6.Jg., Nr.24,6. - Jene Golden-Dawn-Mitglieder, die keinen Grund zu einem Ausschluß von Crowley sahen, hatten auf ihre Art gewiß nicht unrecht, denn der Ordensgründer selbst, Samuel Liddell Mc Gregor MATHERS (1854-1918) war Schwarzmagier und einer der Mentoren Crowleys. Auch Mathers wähnte sich von "unbekannten Übermenschen" beeinflußt. In einem Manifest an die "Mitglieder des zweiten Grades" schrieb er 1896 unter anderem, er kenne nicht die irdischen Namen jener geheimen Führer, die ihm "die Weisheit zweiten Grades" übermittelten. Die physischen Begegnungen fänden zu festgesetzten Zeiten und an vorher bestimmten Orten statt. Er habe sie nur selten in ihrer physischen Gestalt erblickt, doch wäre dies stets von heftigen Atembeschwerden begleitet gewesen, wobei ihm Blut aus Nase und Mund strömte und

bei einigen Gelegenheiten auch aus den Ohren" ("Die andere Welt", Nr. 9/1963, 673). Wenn das stimmt, so läßt sich unschwer vorstellen, um welche Sorte von "geheimen Oberen" es sich bei den Inspiratoren des Golden-Dawn-Ordens handelte.

[2] In der Abtei Thelema starb überraschend der britische Mathematik-Professor Raoul LOVEDAY. Seine Frau, die zugegen gewesen war, behauptete, er sei durch das Trinken von Blut während eines magischen Zeremoniells vergiftet worden ("Neues Zeitalter", 20.12.1987).

[3] Der 90. Grad ist der Baphomet-Grad (Baphomet, der Sabbathbock, eine ziegenköpfige dämonische Gottheit mit Flügeln und Brüsten, mit einer brennenden Fackel zwischen den Hörnern). Diesen Grad hatte auch Dr. Franz HARTMANN inne, neben dem 33. Grad des Schottischen Ritus, dem X. Grad Rex Summum Sanctissimus ("Höchster und Heiligster König") und anderen Gradtiteln, denen der Makel eines gelinden Größenwahns schwerlich abzusprechen sein dürfte.

Reuss war es auch, der Dr. Rudolf STEINER dem O.T.O. zuführte und ihm ein selbstfabriziertes Patent für gutes Geld verkaufte, mit dem Recht zur Gründung einer Geheimgesellschaft "Mystica Aeterna" (Miers, 343). Steiner arbeitete neun Jahre lang im O.T.O. mit, muß also - auch in Anbetracht seiner Stellung - sämtliche "Geheimnisse" des Ordens kennengelernt haben. Leuenberger meint jedoch, er sei kein Crowley-Anhänger gewesen; es ist auch kaum vorstellbar, daß Steiner sich ihm unterworfen hätte.

[4] Crowley war in der "Oriflamme" vorgestellt worden als "The Most Holy, Most Illustrous, Most Illuminated and Most Puissant Baphomet, X°, Rex Summus Sanctissimus 33°, 90°, 96°, Past Grand Master of the USA, Grand Master of Ireland" usw. - Crowley schrieb unter verschiedenen Decknamen, z.B. das Büchlein "Acht Vorlesungen über Yoga" unter dem Pseudonym Mahatma Guru Sri Paramahansa Shivaji.

[5] Bald war auch in Deutschland wieder vom Thelema-Orden zu hören, in Berlin und danach im Hannoverschen. 1987 gab es Pressemeldungen über einen Prozeß gegen den Ordensleiter Michael D. ESCHNER. Erzwungener Geschlechtsverkehr, Gehorsams-Eide, Ekeltraining, bizarre Körperübungen, Verzicht auf Außenkontakte und auf Privatbesitz, Schlafentzug, Arbeit ohne Entgelt und sadistische Quälereien gehören zur "Grundausbildung" mit dem Ziel einer "Umprogrammierung zu Menschen einer höheren Bewußtseinsstufe" ("Quick", Nr. 42/1987). Eschner betrachtet sich angeblich als wiedergeborener Crowley. - Es kam jedoch zu einer recht milden Verurteilung, wobei der Richter nicht die Lebensweise der Thelema-Mitglieder als strafbar ansah, sondern nur nachweisbare Straftaten ("Es geht nicht an, daß die Gesellschaft Gruppen, die außerhalb der Norm stehen, kritisiert oder unmoralische Lebens-

einstellungen verurteilt", lt. DNZ v. 30.12.1987). Crowleyorientiert war auch der Satanist Charles MANSON mit seiner Gruppe, die 1969 fünf Menschen, darunter die berühmte Schauspielerin Sharon TATE, ermordeten.

[6] MuSch 7.Jg., Nr.24,3. - Crowley stellte sich in einer Zeichnung als Teufel dar, mit einem erigierten Penis auf der Stirn (Knaut, aaO., 138). Seine Notdurft pflegte er auf Teppichen zu verrichten und seine Exkremente erklärte er für heilig.

[7] Dr. Walter A. KOCH hielt sie "zwar als Roman der Verirrungen eines Schwarzmagiers interessant, aber für ein ernstes Studium der Geheimwissenschaften unergiebig." Mittlerweile erschienen weitere Werke über Gurdjew, speziell von dem Engländer J.G. BENNET, der "nach dem Vorbild der Gurdjew-Schule in Frankreich", ein solches Institut in England einrichtete. Er brachte die von ihm veredelten Lehren des "Meisters" in vielen Büchern auf den Esoterikmarkt. In Deutsch gibt es von ihm "Gurdjieff - Der Aufbau einer neuen Welt". Das unter Gurdjews Namen herausgekommene Buch "Begegnungen mit bemerkenswerten Menschen" kann ebensowenig von Gurdjew selber verfaßt worden sein wie alle anderen. 1933 z.B. ließ er eine Broschüre drucken mit dem Titel "Gurdjew, der Verkünder des kommenden Heils". ROM-LANDAU, der bei einem Interview von Gurdjew keine klaren Antworten, dafür jedoch besagtes Büchlein bekommen hatte, meinte nach dessen Lektüre, der Verfasser müsse den Verstand verloren haben. Da die Schrift wirklich sehr ungeschickt abgefaßt worden war, ließ der "Meister" die Bestände aufkaufen und vernichten.

[8] Im Empfangszimmer seiner Managerin, Frau Salzmann-Blank, lag auf dem Notenhalter des Klaviers eine Partitur von Gurdjew, stets unverändert an einer bestimmten Stelle aufgeschlagen und von zwei schwarzen Kerzen flankiert (was an sich schon genug besagt).

[9] Auch im Zen-Buddhismus, wo man weder Gott, noch Jenseits oder persönliche Unsterblichkeit kennt, weder Individualität noch Persönlichkeit, ist Liebe ein fremder Begriff. Zentraler Bestandteil des Zen ist Meditation. Beim Za-Zen sitzen die Mönche stundenlang in Meditationsstellung und denken über ein "Koan" nach. Darunter ist eine kurze Geschichte zu verstehen mit einem logisch unlösbaren Problem; damit soll ein "innerer Zugang zum Selbst" erreicht werden. Zur Erreichung dieses Ziels sind Bedürfnislosigkeit und Abtötung des Gefühlslebens erforderlich. Dem westlichen Verstandesdenken ist Zen kaum zugänglich.

[10] Die wörtliche Wiedergabe derartiger "Schulung" widerstrebt mir zwar, aber ein von Dr. Koch gebrachtes Beispiel kann das wahre Wesen Gurdjews am besten veranschaulichen: Ein Schüler erlaubt sich eine Frage und bekommt zur Antwort: "Sie Sch .... sein!" Dann ein gütiges Lächeln,

und: "Sie verstehen, Sie Sch .... sein?" - Der solchermaßen Belehrte gibt voll guten Willens zu. "Ja." Daraufhin wird der "Meister" wütend und schnaubt: "Sie *nicht* verstehen, Sie vollkommener Idiot, Sie letzter Dreck!" - Der Unglückliche zerfließt zwischen Demut und Demütigung; doch auch die anderen erfahren abschließend ihre Bewertung vom Verkünder des kommenden Heils, mit der hochesoterischen Feststellung: "Ihr völlig zugeschissen!"

[11] Pierre SCHAEFFER notierte: "Den Auserlesenen reichte Gurdjew Scheiben von Melonen oder einer äußerst kostbaren orientalischen Konfitüre. Denen, die er nicht mochte, übergab er als besondere Auszeichnung eine rohe Zwiebel, die sie unverzüglich hinunterschlucken mußten, auch wenn sie angefault war." Es pflegte eine Überfülle von russischen Gerichten zu geben und sehr viel Wodka. Dabei mußten sich gerade diejenigen mit Wodka alkoholisieren lassen, die ihn verabscheuten. Wer gern Süßigkeiten mochte, bekam das Gegenteil in reichlicher Menge verabfolgt, und so fort.

[12] Auch von den Büchern des Gurdjew-Anhängers CASTANEDA gilt die Empfehlung des Faust'schen Theaterdirektors: "Sucht nur die Menschen zu verwirren, sie zu befriedigen ist schwer."

Es ist nicht alles Gold was glänzt

[1] Der "Lord Maitreya" ist nach bekannter buddhistisch-theosophischer Ansicht derjenige, der alle 2000 Jahre sein Amt als Weltlehrer erfüllt, indem er ein speziell vorbereitetes Medium "überschattet", um eine neue Lehre zu verkünden, die für die weitere Entwicklung der Menschheit geeignet ist. Das letzte Mal, vor rund 2000 Jahren, soll JESUS das Medium gewesen sein. Für ein ähnliches Schicksal war KRISHNAMURTI vorgesehen worden, heißt es in einer Fußnote auf S. 300 des 2. Bandes "Der Eingeweihte" (München 1985).

[2] Nach Pressemeldungen vom 29.5.1990 gelang Forschern der Universitäten Hamburg und Salzburg der Nachweis, daß lautes Singen gesundheitsförderlich sei. Atmung, Herz- und Kreislauffunktionen würden verbessert und die Endorphin-Hormone in unserem Gehirn vermehrt. Diese "Glücklichmacher" beugen Depressionen vor und hemmen die übermäßige Bildung von Magensäure. Jeder gesungene Vokal, so heißt es in jener Presseverlautbarung, "setzt im Körper ganz bestimmte Schwingungszentren in Gang und sorgt so für eine bessere Durchblutung der Organe: das U beispielsweise bei Magen und Geschlechtsorganen, I und E beim Kopf, O beim Herz." - Nun, Esoteriker wußten das längst! Und sie wissen darüber hinaus, daß sich die Lautwirkung nicht nur auf den physischen Organismus beschränkt. "Rein technisch gesehen," schreibt KAHIR, "ist die Macht gewisser Lautverbindungen damit zu erklären, daß

jeder Selbstlaut und Mitlaut als besondere Schwingung auf die verschiedenen Organe unseres Astralkörpers (Chakras) einwirkt und dadurch im
Bereiche des Seelenäthers *Kraftströme* induziert, denen bestimmte Wirkungen harmonischer oder disharmonischer Art zukommen. In den *Mantrams* spielen die Vokale und besonders die Tonhöhe eine ausschlagge-
bende Rolle; siehe das Indische heilige Wort 'Aum' (A-O-U-M) , von
dem unser Amen herstammt" (MuSch 5.Jg., Nr. 4,14). Was mittels Tönen möglich wird, zeigen die folgenden Beispiele:

In den 20er Jahren lebte in Boston der deutschstämmige Geiger
JASPER. Bei seinen öffentlichen Auftritten verstand er es, durch sein
Geigenspiel Spiegel zu zertrümmern. Seine Vorführungen begann er
gewöhnlich mit heiteren Musikstücken, um dann plötzlich in eine ganz
ungewöhnliche, aus dem Rahmen fallende Tonfolge überzugehen. Die
großen Saalspiegel hatten dann jedesmal dran zu glauben. Jaspers erklärte, er habe fünf Jahre an diesem "Trick" gearbeitet und könne sogar,
durch wieder andere Tonfolgen, bei den Hörern einen Nervenschock
herbeiführen.

Etwa um die gleiche Zeit stand der Gastwirt PETTER aus Amsterdam
in dem Ruf, durch seine bloße Stimme - wenn er wollte - Gläser zer-
springen zu lassen ("Zeitschrift für metaphysische Forschung", Berlin
1935, 84).

Der Schwede Dr. JARL filmte den Vorgang einer Schwerkraftaufhe-
bung durch Töne. In einer genau festgelegten Aufstellungsordnung, mit
einem Instrumentarium von 13 Trommeln und 6 Trompeten, begannen
Mönche ein ohrenbetäubendes Konzert. Dazu sangen sie unaufhörlich
eine bestimmte Melodie. Auf solche Art brachten sie schwere Steinqua-
der zum Schweben (Levitation) und beförderten sie in einer Parabelflug-
bahn 250 m hoch auf den Absatz einer Felsenhöhle, wo andere Mönche
eine Mauer errichteten (Näheres: Passian, "Neues Licht auf alte Wunder", Buschhoven 1985, 168).

Dem Japaner Emoto MASARU gelang mit Hilfe einer speziellen Ge-
friertechnik der Nachweis, daß *Wasser* ein Informationsträger ist. Wird
es z.B. einer Musik ausgesetzt, so lassen Mozart oder Bach schöne sym-
metrische Kristallbildungen entstehen, während Heavy-Metal-Music
chaotisch anmutende Bilder erzeugt. Mit dem gleichen Verfahren weist
Masaru auch die Macht unserer Gedanken und Worte auf unsere Umwelt
nach: Deutlich auf einen Zettel geschriebene Worte, die man einige Zeit
am Wassergefäß aufgeklebt läßt, verursachen je nach ihrem ethischen
Wert die entsprechenden Kristallisationsbilder. Worte wie "Liebe", "Engel", "schön" u.dgl. bilden harmonisch geformte Kristalle, im Gegensatz
zum Einfluß von. negativen Ausdrücken wie "Teufel", "Ich bringe dich
um" oder "Du machst mich krank". - Emoto Masaru, "The Messages
from Water", Tokio 1999 (Verlag HADO Kyoikusha).

Schon zu Adelma von VAY war gesagt worden, daß allem negativen Denken und Tun "ein böses nachteiliges Fluidum entsteigt, welches die Ursache vieler Epidemien und neuer Krankheiten sein wird"; denn "ein jedes Gefühl, ein jedes Wort hat seine Nachwirkung." Zugleich aber würden - quasi gesetzmäßig - entsprechend negative Geister und Naturwesen angezogen, und das habe Rückwirkungen auf die Luft und die Atmosphäre, die "von unreinen Fluiden geschwängert, nun ihrerseits nachteilig auf Mineralien, Pflanzen, Tiere und Menschen wirkt" ("Reformierende Blätter", Bd. II, Budapest 1879, 155).

Eine Bestätigung von anderer Seite kommt von der Sterbeforschung, im Zusammenhang mit der vielerwähnten Lebensrückschau. Eine Frau, die dem körperlichen Tode nahe war, berichtet: "In diesem wunderbaren Frieden, den ich empfand, zog mein Leben an mir vorbei. Nicht wie im Kino, sondern eher wie ein Wieder-Erleben jedes Gedankens, der gedacht, jedes Wortes, das gesprochen worden war; und die *Wirkung* der einzelnen Gedanken, Worte und Taten auf alle und jeden, die sich jemals in mein Umfeld, in meinen Einflußbereich begeben hatten, ob ich sie nun kannte oder nicht. Ebenso die Wirkung der einzelnen Gedanken, Worte oder Taten auf das Wetter, die Luft, den Boden, die Pflanzen und Tiere, das *Wasser*, und auf alles in der Schöpfung, die wir Erde nennen." Jene Frau versichert weiter: "Ich hatte keine Ahnung, daß eine Lebensrückschau *so* sein könnte! Niemals zuvor war mir bewußt, daß wir verantwortlich sind und zur Rechenschaft gezogen werden für alles noch so Kleine, das wir getan haben!" (Carol Zaleski, "Nah-Todeserlebnisse und Jenseitsvisionen", Insel-Verlag 1993, 201).

[3] Miers gibt als Todesdatum den 10.7.1938 im KZ Brünn an. Das ist offensichtlich falsch, denn Eberhard Maria Körner nennt in seinem Nachruf auf Bardon den 10.7.1958 als Sterbedatum.

Franz Bardons Bücher "Der Weg zum wahren Adepten" und "Die Praxis der magischen Evokation" (Beschwörung) erfreuen sich in Okkultistenkreisen nach wie vor hoher Wertschätzung. Ein deutscher Mystiker warnt jedoch eindringlich mit den Worten: "Allen Geistesfreunden, die sich für die Beschreitung des magischen Weges nach Franz Bardon entschieden haben, möchte ich den dringenden Rat geben, die Übungen nur in enger Anlehnung an Gott und seine Gesetze durchzuführen, d.h. vor Beginn jeder Übung den All-Einen um Gnade, Hilfe und Erleuchtung zu bitten und sich in tiefer Meditation in Gott und Christus zu versenken, soweit es dem einzelnen möglich ist. Denn ohne innere Führung durch die göttliche Kraft sind *alle* magischen Praktiken gefährlich." ("Die andere Welt", April 1961, 202).

Mit Tantra-Sex zur Erleuchtung?

[1] Als den bekannten Okkultschriftsteller Gustav MEYRINK (eigentlich Gustav Meyer, 1868-1932), der anscheinend vielerlei Methoden zur Bewußtseinserweiterung und Persönlichkeitsentfaltung durchpraktizierte, nach einer qualvoll durchwachten Nacht erleuchtungsartig die Erfolg- und Aussichtslosigkeit all seiner okkulten Bemühungen klargeworden war, schrieb er in sein Tagebuch: "Die Tantriübungen sind, wie alle Askese, falsch, führen in den Abgrund und sind eigentlichste Schwarze Magie!" Und weiter: "Ich kann keineswegs alles das, was ich ein Leben lang hindurch im Yoga versuchte und tat, als Irrtum bezeichnen. Ich glaube aber, solche Mühen sind nötig, um das zu erkennen, was mir heute, am 7.August (1930) klargeworden ist." (MuSch 6.Jg., Nr. 18,8).

Was den Sex-Tantrismus anbelangt, so gibt es da natürlich auch "Einweihungen", und man darf sich einen exotischen Vornamen zulegen. 'Saleem' Matthias und 'Nutan' Gabriele R. erklären Tantra wortreich als "Wiederverbindung von Liebe, Sexualität und Bewußtsein". Sie geben zu: "Im traditionellen Tantra mußten sich die Schüler in jahrelanger Meditationspraxis üben, bevor sie in die sexuellen Praktiken eingeführt wurden. Damit war die Voraussetzung geschaffen, daß es nicht um Ausleben von Sex ging. Jemand, der das dort gesucht hätte, hätte längst vorher aufgegeben. In unserer Zeit und Kultur sind die traditionellen Rituale und Methoden kaum anwendbar. Statt dessen wurde die Essenz von Tantra - hauptsächlich vom indischen Mystiker OSHO inspiriert - in neue Formen gekleidet ... " (Wassermann-Zeitalter 3/99,47).

Der "Mystiker" Osho also, Bhagwan Shree Rajneesh, mit seinen als "Energie-Darshan" deklarierten Gruppensexgehabe, gilt diesen Esoterikern als Kapazität!

Den Tantra-Sexrummel kennzeichnen folgende Aussagen: "Der Weg zur Macht. Praktischer Führer zur Tantrischen Mystik Tibets" (Buch von John Blofeld, 1970). "Tantra - Lust, Liebe, Spiritualität. Tantrische Philosophie und Energiearbeit" (Vortragsangebot, München, Dezember 1999). "Die Magie des Duals. Die Macht der Liebe. Partnerzusammenführung. Energieübertragung. Geschäftserfolg. Befreiung vom Negativen. Magische Hilfe aus der vierten, fünften und sechsten Dimension .(!) Engelgleiche Geistwesen helfen auch Ihnen" (Anzeige in einer esoterischen Zeitschrift, Februar 1999). Die Konsumentenzeitschrift "saldo" (CH) berichtete in ihrer Nr.5 vom 17.3.99 von einer "Erwachsenenbildnerin" namens 'Calaidoo' Susana K., die per Inserat Tantra-Rituale sowie Schamanismus und Kontemplation anbietet. In ihrer "kultivierten Erotikschule" können Frauen sich zur "Sexologin" ausbilden lassen. Kosten: angeblich zwischen SFr. 450.-- und SFr. 1.900.--. Während der Ausbildung gebe es Verdienstmöglichkeiten, nämlich 60% der Einnahmen bar auf die Hand. "saldo" meint, das Angebot dieser Dame entspreche eher

"dem handfesten Job in einem Edelbordell." - Nun, wems Spaß macht ...
Nur: Was hat das alles mit spiritueller Erleuchtung zu tun?

Als der DALAI LAMA über seine Meinung zur westlichen Esoterikszene befragt wurde, erwiderte er: "Über New Age und die Vermischung
verschiedener geistiger Traditionen weiß ich zu wenig, um darüber etwas
sagen zu können. Grundsätzlich glaube ich, daß es nicht ganz ungefährlich ist, ohne entsprechende Führung und ohne erfahrenen Lehrer bestimmte tantrische Praktiken zu üben. Es kann sogar physische Auswirkungen haben und zu Krankheiten führen, wenn man gewiße Yoga-
Techniken falsch anwendet. Man sollte damit sehr vorsichtig, sehr bewußt umgehen. Deshalb sind die tantrischen Lehren des Buddhismus
esoterische Traditionen, also Geheimlehren." ("Die Weltwoche",
Nr.33/15.8.91,S.7).

[2] In ihrer Schrift "Das Spiel mit dem Feuer. Erweckung der Kundalini"
(Sonderdruck Nr. S 26/1999) schreibt Brunhild BÖRNAR-KRAY (S. 8):
"Der auch bei uns ... bekannte geistige Lehrer Gopi KRISHNA ... schrieb
in seiner Biographie über eigene Kundalini-Erfahrungen als Warnung
und Mahnung für jeden, der Kundalini unwissend und ungeläutert mani-
puliert. Gopi Krishna schreibt wörtlich:
'Ohne es zu wollen, ohne Vorbereitung, selbst ohne ein angemessenes
Wissen, hatte ich die wunderbare Kraft im Menschen zur Tätigkeit er-
weckt und unwissend den Schlüssel zum meistbehüteten Geheimnis der
Alten berührt. Von nun an hing mein Dasein an einem Faden, der zwischen Leben und Tod hin- und herschwang, zwischen Gesundheit und
Wahnsinn, zwischen Licht und Finsternis, zwischen Himmel und Erde.'
Er berichtet weiter, daß er den Fängen des Wahnsinns und des Todes
nur knapp entkommen sei. Es folgten für ihn noch zwölf schlimme Jahre,
und einen Meister, der ihn hätte führen können, fand er nicht. Erst viele
Jahre nach seiner Gesundung konnte Gopi Krishna sich wieder kurzen
Meditationszeiten zuwenden. Von seinen früheren, siebzehn Jahre lang
täglich praktizierten Meditationen, die einige Stunden dauerten, hat er
Abstand genommen und rät von längeren täglichen Meditationszeiten
ohne geistige Führung ab."

[3] "Der Todeskuß. Wahn und Wirklichkeit der Bhagwan-Bewegung".
Neuhausen 1985.

[4] Bis zu jener Irrsinnstat wurde Jim Jones mit seiner Sekte stolz zur New
Age-Bewegung gezählt, ja sogar "geistliches New Age-Zentrum" ge-
nannt! Aufgabe solcher Zentren ist es, gemäß der berüchtigten "Großen
Invokation" den (luziferischen) "Plan" auf Erden zu verwirklichen
(C. Cumbey, "Die sanfte Verführung". Asslar 1987, 65).

[5] Unter der Devise "Alle Macht der Intelligenz" sollen nur gebildete
Bürger Stimmrecht haben. Wer ein öffentliches Amt anstrebt - auch auf

kommunaler Ebene - muß einen Hochschulabschluß vorweisen können. Bedingung jedoch ist, daß in jeder Universität ein "Deprogrammierungsinstitut" eingerichtet wird, damit "man dich als Christ, als Hindu, als Moslem, als Jude deprogrammiert - oder was immer deine Handelsmarke war".

Bei der Menschenzeugung soll künftig der Zufall ausgeschaltet (der Mann scheint wirklich nicht zu wissen, daß bei der Zeugung karmische Aspekte dominieren und keine Zufälle), das Erbgut analysiert und die künstliche Befruchtung vorgeschrieben werden, "damit es zu einer wissenschaftlichen Verbindung zwischen dem besten Mutterei und dem besten Spermium kommt". Bhagwan befürwortet die Euthanasie bei Kindern mit Geburtsfehlern. "Nur weil Leben nicht zerstört werden darf, wird dieses Kind leiden müssen ... Wenn die Eltern willens sind, sollte das Kind in ewigen Schlaf (?!) geschickt werden. Die Beseitigung der Familie predigt er nach wie vor. Sein Buch trägt den Titel: "Die goldene Zukunft".

[6] "Mich hat Rajneesh noch eins gelehrt," fährt Flöther fort: "Wer einem Menschen seine Geschichte nimmt, raubt ihm nicht nur seine Orientierung und seine Identität, sondern auch seine Sprache." Eine nachdenkenswerte Feststellung, die sich ebenso auf ein ganzes Volk beziehen kann, wie die deutsche Geschichte nach 1945 so augenscheinlich beweist. Das nachfolgende Zitat von Karl Brandler-Pracht stammt aus der von Ihm redigierten Zeitschrift "Prana", 2.Jg. 1910/11, 25.

[7] Als im Herbst 1989 der Flüchtlingsstrom aus der DDR einsetzte, ließ Bhagwan vernehmen, eine entvölkerte DDR könne Heimat für ihn und seine Anhänger werden: "Ich und meine Jünger könnten ein Paradies aus der DDR machen." - In diesem Falle hätten Mauern, Stacheldraht und Todeszäune gleich stehenbleiben können (siehe "Sicherheitseinrichtungen" in Rajneeshpuram, Oregon).

[8] AMORC ist ein theosophisch orientierter Rosenkreuzerorden (Antiquus Mysticus Ordo Rosae Crucis), gegründet etwa 1916 von dem Adyar-Theosophen Spencer LEWIS, und mit den gleichen Zielen wie der O.T.O. (einschließlich Sexualmagie).

[10] Im Extremfall freilich mag das Wort gelten: "Keine Regel ohne Ausnahme". Ein Freund von mir hält die genannten Merkmale für ungenügend, denn OMKARANANDA beispielsweise würde diese Prüfungspunkte "locker bestanden" haben: "Ich halte mich weder für besonders gutgläubig noch unerfahren, und habe doch die Janusköpfigkeit dieses 'Meisters' jahrzehntelang nicht erkannt. Nicht erkennen können, auch wenn ich persönlich das Glück und die innere Führung hatte, weder materiell noch spirituell sein Opfer zu werden ...".

Den *falschen* Guru charakterisiert BHAGWAN in selbstentlarvender

Weise (in seinem Buch "Mein Weg, der Weg der Weißen Wolke", Poona, S.263) wie folgt: "Nächstenliebe ist nur versteckte Grausamkeit. Er
ist ein Sadist im Mantel der Nächstenliebe. Er genießt es, euch zu quälen
... Er ist grausam und quält seine Anhänger; aber natürlich auf eine solche Weise, daß sie denken, diese Torturen gehören zur Disziplin. Er
zwingt sie, schmerzhafte und unnötige Dinge zu tun und vergnügt sich an
ihren Schmerzen ... Ein solcher Meister ermordet euch, aber langsam,
Stück für Stück, in kleinen Portionen."

"Die Gewissenlosigkeit und Abgefeimtheit dieser selbsternannten
Gurus, die nicht davor zurückschrecken, aus dem tiefempfundenen Bedürfnis des Menschen nach Geborgenheit und Verständnis Kapital zu
schlagen, ist eines der traurigsten Kapitel unserer Zeit", schreibt Dr. med.
Eugen G. JUSSEK in seinem Buch "Begegnung mit dem Weisen in uns"
(München 1988, 99). Die von Dr. Jussek zu diesem Problem befragte
Trancepersönlichkeit des Mediums Charles Roberts, namens Yan Su Lu,
erwiderte hierauf:
"Wenn jemand das Bedürfnis nach einem von Angesicht zu Angesicht erfahrbaren Lehrer und Führer empfindet, dann ist nichts dagegen
einzuwenden; allerdings nur, nachdem er die Lehren und Anschauungen
des besagten Gurus zuvor kritisch geprüft hat." Und weiter:
"Es gibt unendlich viele Wege zu unserem Vater, und nicht alle Lehren und Philosophien sind für den einzelnen auf seiner jeweiligen Stufe
der geistigen Entwicklung hilfreich." Jussek bemerkt hierzu, diese Antwort Yan Su Lus stimme überein mit der Äußerung von Sathya Sai
BABA, wenn er sagt: "Derjenige, der euch von der Existenz des allge-
genwärtigen Gottes erzählt, ist der wirkliche Guru, und nicht der, der
euch Erlösung verspricht. Erlösung nur dann, wenn ihr ihm eure Briefta-
sche zu Füßen legt. Laßt euch nicht von diesen profanen, von Gier und
Egoismus erfüllten Männern irreführen. Betet zu Gott, er möge euren
Geist erleuchten, euren Verstand erwecken und euer Guru sein. Er wird
euch sicher auf den rechten Weg führen."
Auf das Konto falscher Gurus geht z.B. die Selbstverbrennung der
24-jährigen Millionenerbin Lynette PHILLIPS vor dem Genfer UN-Palast,
ebenso wie jener der etwa gleichaltrigen Frankfurterin Erika RUPPERT
vor der Berliner Gedächtniskirche. Beide waren Mitglieder der Ananda-
Marga-Sekte des Inders SARKAR (Ananda Marga = freudiger Pfad!).
Desgleichen sei hier des Freitodes der Schauspielerin Christiane
SCHRÖDER gedacht, die sich in den USA mit einem glatzköpfigen Guru
eingelassen hatte. Wer aber kennt und nennt all die anderen, hier unge-
nannten Opfer?

[11] Der österreichische Ing. Demeter GEORGIEWITZ-WEITZER (1873-1949)
verfaßte unter dem Namen SURYA achtzehn Bücher und zahlreiche
Aufsätze. Er gehörte zu den wenigen vertrauenswürdigen Okkultisten

größeren Bekanntheitsgrades. Er vermied es z.B., magische Praktiken zu beschreiben. Lange Zeit war er Schriftleiter des "Zentralblatt für Okkultismus", gehörte aber, obwohl (oder gerade weil) er ein Wissender war, keinem Geheimbund an.

Eng mit Surya befreundet war mein Kollege Wilhelm Otto ROESERMUELLER (1902-1979). Er schrieb, wer den Okkultismus studieren will, der greife zu den Büchern Suryas. "Er, der keinen Meistertitel trug, der keinem Geheimbund angehörte, er, der demütige und höchst bescheidene Mann ist ein wahrer Führer auf diesem leider auch vielfach mißbrauchten, vielseitigen Forschungsgebiet" (in "Begegnungen mit Jenseitsforschern und Gespräche mit Geistern", Nürnberg 1961, 47).

[12] Baird Spalding, "Leben und Lehren der Meister im Fernen Osten", München 1961, 264. Die Übersetzerin, Frau Dr. Marta USTERI, kannte Spalding leider nur von einem kurzen Briefwechsel her und vermochte mir nicht zu sagen, ob die in seinen Büchern geschilderten Begebenheiten auf der physischen oder möglicherweise auf einer der Astralebenen stattfanden oder ob es bloß ein Roman ist. Die Bücher enthalten jedenfalls viele gute Gedanken. - Nach dem Tode Spaldings verschwand auf eigenartige Weise sein letztes Manuskript, das er als besonders wichtig bezeichnet hatte. Sein Verleger wurde ermordet.

[13] Felix Schmidt, "Der Eremit. Erlebnisse in der Schule der Weißen Bruderschaft im Himalaya". St.Goar 1988, 197. Das Buch ist überaus lesenswert. Man bedauert, daß es von so geringem Umfang ist. Eine ergänzende Broschüre mit dem Titel "Erläuternde Erklärungen des Eremiten" erschien im Verlag Hans Jakob, CH-8623 Wetzikon. Der Verleger, ein inzwischen heimgegangener Freund von mir, gibt allerdings im Vorwort ein unrichtiges Sterbejahr des Eremiten an.

[14] "Mitteilungen des Eremiten", 2.Aufl., Cleveland/Ohio 1949, 35.

[15] ZfO 1910/11, 666. "Zwei Dinge sind unendlich", sagte Albert EINSTEIN, "das Universum, und die menschliche Dummheit. Aber beim Universum bin ich mir noch nicht ganz sicher." Das deutsche Sprichwort "Der Klügere gibt nach" ist nach Marie v. EBNER-ESCHENBACH "eine traurige Wahrheit. Sie begründet die Weltherrschaft der Dummen!" In der Tat: man gibt solange nach, bis man der Dumme ist. -

[16] "Reformierende Blätter" Bd. II, Budapest 1881, 282. In einer Erläuterung zum Markus-Evangelium heißt es von drüben, die Menschen seien ganz unfähig, sich einen richtigen Begriff von der in allem waltenden göttlichen Gerechtigkeit zu machen.

Die Gnade bestünde darin, uns die Mittel an die Hand zu geben, durch deren Gebrauch wir - wenn wir die erforderlichen Anstrengungen nicht scheuen - fortschreiten können. Ohne Aufgabe bzw. Bestimmung hätte alle Menschwerdung weder Zweck noch Sinn.

[17] H. Fritsche, "Der große Holunderbaum". Göttingen 1982, 9. "Alle öffentlichen Geheimlehrer, die durch Verabfolgung unerklärter Übungen in das Innenleben der Schüler eingreifen, sind mehr oder weniger schwarze Magier. Es gehört nicht viel Vernunft dazu, um zu begreifen, daß ein wahrer Geheimlehrer - wegen der großen Verantwortung - sich niemals öffentlich als solcher ausgeben oder in Büchern okkulte Übungen verabfolgen wird", schrieb Erich BAMLER, München, der durch Rudolf Steiner'sche Geheimschulung schwere gesundheitliche Schäden davontrug (in seinem Beitrag "Magische Kräfte", PsStud 1917, 455).

"Die Geisterwelt ist nicht verschlossen"

[1] Sie wurden zum Teil von dem verdienstvollen Jenseitsforscher Dr. Rudolf SCHWARZ als "Landmann'sche Jenseits-Protokolle" (jener Pfarrer schrieb unter dem Pseudonym P.H. Landmann) in zwei Büchern veröffentlicht: "Wie die Toten leben" und "Mehr Licht aus dem Jenseits" (Büdingen 1954 und 1956). Aus meiner Sicht stimme ich Dr. Schwarz zu, wenn er schreibt (Wiedergabe etwas gekürzt): "Das Fortleben nach dem Tode kann heute einwandfrei als *wissenschaftlich bewiesen* gelten. Es wäre daher eine reine Vogelstraußpolitik, zu tun, als ob wir nicht wüßten, ob es nach dem Tode überhaupt weitergeht und was dann kommt. Was dann kommt, wissen wir nämlich ... ganz genau: das Leben geht drüben unverändert weiter. Diese Kontinuität bezieht sich aber nur auf die seelische Ebene. Die Umgebung drüben entspricht unserer seelischen Einstellung. Und nun ist es unsere wichtigste Lebensaufgabe - es gibt keine wichtigere - dafür zu sorgen, daß unser Leben hier so verläuft, daß es wert ist, drüben fortgesetzt zu werden."

[2] Frankfurt 1988. Die Dame glaubt verstorbene Berühmtheiten interviewt zu haben, von Pastor Niemöller bis Indira Gandhi, die ihr all das, was sie als richtig erkannt zu haben meint, bestätigten. Ihr sei versichert worden, "noch nie ist es einem Erdenmenschen gelungen, so weit in das Jenseits vorzustoßen und das zu erfahren, was Du weißt"(!).

Mit Tonbandstimmen hatte es bei jener Autorin begonnen, später stellte sich mediales Schreiben ein. Sie ist überzeugt, mit ihrem "Buch ließe sich die Welt aus den Angeln heben" und ist "gerne bereit, jedem Interessenten Dialoge mit Verstorbenen beizubringen", was höchstens bis zu 15 Minuten dauert, "damit meine gesamten Niederschriften, des Wahrheitsgehaltes wegen, überprüft werden können".

Die Dame, sicherlich Idealistin, tat mir leid. Mit dem zurückgehenden Buch teilte ich ihr höflich mit, daß sie meiner Meinung nach falsch informiert wird. Auch brachte ich mein Erstaunen zum Ausdruck über die wörtliche Wiedergabe eines längeren Abschnittes aus meinem Buch "Abschied ohne Wiederkehr?", ohne Quellenangabe. Darauf sandte sie meinen Brief, mit bissigen und beleidigenden Bemerkungen versehen, unfrankiert und mit fingiertem Absender, an mich zurück. - Soweit mein Kontakt mit einer "Jenseitsforscherin".

[3] Die Herrschaften der "High-Society", nicht bloß in den Staaten, haben scheinbar fast alle eine wenig Schlagseite für den offiziell so verachteten Okkultismus, besonders wenn es um Zukunftsvoraussagen geht. Was Jeane DIXON für Washington, war Madame BUCHELA für Bonn. Sogar Adenauer, Ehrhardt und Genosse Honecker verschmähten nicht ihre Dienste. Über letzteren heißt es auf Seite 275 ihres Buches "Ich aber sage euch" (Droemer-Knaur 1983): "Das Jahr 1990 wird er *nicht* als Mächtiger erleben." Für Deutschland prophezeite sie ab 1989 zunehmend chaotische Verhältnisse mit schließlich vier Millionen Arbeitslosen, und daß falsche Freunde die Wiedervereinigung hintertreiben würden. "Eure Feinde wollen nicht, daß Deutschland eins wird, das ist ihnen zu mächtig. Es hat Falschheiten im Vergangenen gegeben, die werden vor dem Jahre 2000 nicht aufgedeckt werden. Aber danach werdet Ihr Euch Eurer Freunde schämen." Ungewohnt hart beurteilte Mme. Buchela die Politiker: "Die Politiker sind Lebewesen - ich kann das Wort Menschen nicht gebrauchen - (!), die ihren Charakter, Ihre Persönlichkeit und inneren Werte vergessen *müssen*, um an der Spitze und im Geschäft zu bleiben. Da macht keiner eine Ausnahme,(!) da sind mir Diebe doch lieber" (aaO., 152). Und. "Eine Macht, der Ihr nicht auf die Finger schauen könnt, will Euch um die Früchte Eures Schweißes bringen" (186).

Frau Buchela war Zigeunerin und hieß Margarethe GOUSSANTHIER. 1969 gab sie den entscheidenden Tip zur Ergreifung von Mördern, die damals ein Munitionsdepot der Deutschen Bundeswehr überfallen und dabei vier Soldaten getötet hatten. 27.200 Mark = 40% der zur Aufklärung ausgesetzten Belohnung, wurden ihr zugesprochen. 87jährig starb sie 1986 in einem Bonner Spital. Nicht alles, schrieb sie, was Menschen mit dem Zweiten Gesicht wahrnehmen und voraussagen, trifft ein. Der Seher schaut lediglich das Vor*bestimmte*, und sagt es auch. Aber ein Mensch könne sein vorbestimmtes Schicksal durch Vorsicht und energisches Handeln abmildern. "Kein Schicksal, nichts, was vorherbestimmt scheint, ist unabwendbar" (11). Eine bedeutsame Aussage!

[4] Das scheint ein Lieblingstummelplatz luziferischer Kräfte zu sein, siehe Bhagwan-, Scientology- und New Age-Therapeuten. Um die "Auswüchse des Psycho-Booms" und die "kritiklose Vermarktung der Psyche" anzuprangern, bot Prof. Fritz REIMER vom Psychiatrischen Landeskrankenhaus Weinsberg ein Wochenend-Seminar an für Nonverbale Gesprächstherapie (NVGT) (in der Zeitschrift "Psychologie Heute" vom Oktober 1980). Es meldeten sich 87 Teilnehmer! Mit Reizworten wie "dynamisch", "ganzheitlich" oder "Kommunikationstherapie", möglichst

noch mit Abkürzungen in Klammern, könne man auf dem Psycho-Markt "den größten Unsinn an den Mann bringen".

[5] Diese überaus belangreiche Aussage läßt wiederum den Wert des innigen Gebets ermessen. Welch lichtvolle Kraft muß ihm innewohnen, wenn die Linkspfadigen es so fürchten! Auf diese Tatsache ausdrücklich hinzuweisen, gehört zu den Hauptanliegen des vorliegenden Buches.

"Kabbala und Tarot"

[1] Ein unter dem Pseudonym -i- schreibender Kenner, spricht von sieben Schlüsseln zur Kabbala und betont, es sei ein den Okkultisten geläufiger Satz, daß magische Werke ihre Geheimnisse mit sieben Schlössern verschließen. Zu jedem derselben sei ein eigener Schlüssel erforderlich, "den man siebenmal im Schloß umdrehen muß, bevor es aufspringt".

"Odi profanum volgus et arceo" soll ein Grundsatz der Eingeweihten gewesen sein: Odi = Ich beehre mit dem ganzen Hasse (!) meiner Verachtung; volgus = die unterschiedlose Masse der Nichteingeweihten; pro fano = vor dem Heiligtum, im Vorhof des Tempels des Wissens und der Weisheit; et arceo = und wehre ihrer frevlen Gier nach Wissen, das für sie nur ein Mittel zur Befriedigung ihrer niedersten Selbstsucht bedeutet. -i- fährt fort, "Das beste Mittel, diese Menge abzuwehren, war immer, ihr die heiligen Bücher der Weisheit in der harmlosesten Form als Märchen, Geschichten und als Geschichte zu geben, hinter denen sie nichts weiter vermutete. Was da nun weiter hineingeheimnist wurde, wieviel und wie, war nur für die Eingeweihten kein Geheimnis. Selbst da wurde aber strenge geschieden und dem Schüler und Jünger nur langsam Teil um Teil geoffenbart, *nie das Ganze!* - Jedes Geheimnis ist von mehreren Schleiern bedeckt. Ist der erste gehoben, so läßt sich der zweite durchaus nicht auf dieselbe Art lüften. Der bereits gefundene Weg wird, von da an beschritten, zum Irrpfad."

Unter Berufung auf PAPUS bemerkt Franz Buchmann-Naga in seinem "Schlüssel zu den 72 Gottesnamen der Kabbala", daß man für die Kabbala mindestens 50 bis 60 Jahre fleißigen Studierens benötige, ehe man Hoffnung haben könne, tiefer einzudringen. Nach Papus sind zehn Jahre intensiver Studien und der Einsamkeit (!) erforderlich, um hinreichende Voraussetzungen zum weiteren erfolgreichen Kabbala-Studium zu schaffen. Ein Kabbalist solle "ohne jede Vorbereitung, ein beliebiges Werk der rabbinistischen Literatur lesen können und dabei imstande sein, in derselben Sprache der jüdischen Mystik, eine Erklärung der gelesenen Stelle zu geben, d.h. sie durch Texte zu stützen, die von einer Autorität gerade auf diesem Gebiete herrühren, und überdies eigene Erläuterungen aufgrund eigener Erwägung und Forschung zu geben. Bei dem dazu erforderlichen Studium würde der Jünger neunzig Jahre alt (!), da ein

Leben gerade noch genügen würde, um eine solche Vollendung zu erlangen. – *Und der Lehrer? – Wo würde man ihn suchen müssen?"*
Eben! - Diese wenig ermutigenden, aber vermutlich wahren Aussagen, sind in ihrer Art wohl deutlich genug. Öffentlich erhältliche Kabba-
la-Lehrbücher scheinen demnach bloß Stückwerk zu bieten, (ZfO
1918/19, 25 und 296).

In Safed, einer der vier heiligen Städte Israels (Jerusalem = Erde, Ti-
beria = Wasser, Hebron = Feuer, Safed = Luft), befindet sich ein Institut
zum Studium der Kabbala und der jüdischen Mystik. Hier erklärte Rabbi
Noah HEFEZ unter anderem: "Israel ist das Haupt der Welt. Safed ist das
Herz der ganzen Welt, und deshalb muß jedermann die Juden lieben.
Wenn die Menschen die Thora, die Bibel, lieben, wenn sie erkennen, was
Safed Ihnen durch die Kabbala geben kann; wenn sie Israel helfen, dann
finden sie zum Leben" (in der Fernseh-Dokumentation von Kaplan
August Paterno und Regisseur Peter Zurek. "Die Stadt auf dem Berg.
Kabbala - Jüdische Mystik in Safed", am 2.Juli 1990 im Kanal Öster-
reich 2). - Jüdische Kabbalisten und Mystiker erwarten den Messias in
Safed.

[2] Das Wort "angeblich" stellte sich nachträglich als richtig heraus, als ich
den Beitrag "Parapsychologie und Esoterik" von Prof. Dr. Gebhard FREI
las (in "Neue Wissenschaft", 6.Jg. 1956, 43). Auf dessen Anfrage erwiderte Dr. Herbert RICKE vom "Schweizerischen Institut für ägyptische
Bauforschung und Altertumskunde in Kairo": "Es gibt in Memphis keinen 'Einweihungstempel', und es ist nichts von einem Bilderzyklus wissenschaftlich bekannt. Der große Ptah-Tempel ist so sehr zerstört, daß
sich daraus keine Möglichkeit ergeben kann, 22 Bilder zu rekonstruie-
ren." Alles über Memphis Gefundene sei dargestellt in Porter, "Topo-
graphical Bibliographie etc.", Vol. VIII. Memphis, S.217ff. - Andeutun-
gen oder gar Behauptungen betreffs jenes Einweihungstempels im Zusammenhang mit Tarotbildern (wie z.B. von Eliphas Levi, Paul Brunton
oder Woldemar von Uexkuell) sind daher ins Reich der Spekulation zu
verweisen, wie leider so Vieles in der Esoterik. Oder muß da wieder die
Akasha-Chronik herhalten?

Magie

[1] Berlin 1929. Aram ergänzt: "Die Natursichtigen scheuen das Jenseits,
die Religiösen erstreben es, die Rationalisten diskutieren es aus der
Welt". - Das nachfolgend erwähnte Buch von Hans NAEGELI-OSJORD
erschien 1977. Zusammen mit dem Werk von Prof. Alfred STELTER.
"PSI-Heilung" (München 1973) stellt es die zur Zeit beste Einführung
dar zum Verständnis paranormaler Heilmethoden, speziell der umstrittenen philippinischen Heiler.

[2] Signatur = vom lat. signum. - Paracelsus verstand darunter die allen Lebewesen anhaftende astrale Schwingung, die sie mit anderen von gleicher oder sehr ähnlicher Schwingung in Beziehung setzt. Die Signaturenlehre beim Menschen, heute Psychophysiognomik genannt (z.b. jene von Carl Heinrich HUTER, 1861-1912), erlaubt von Gesichtsbildung und Schädelform her recht genaue Rückschlüsse auf Wesen, Charakter und Veranlagung.

[3] Die Krankheitsübertragung auf Bäume ist riskant. Wird nämlich der betreffende Baum gefällt oder vom Sturm umgerissen, so erlischt das mit ihm sympathetisch verbundene Menschenleben ebenfalls. Stirbt aber der Mensch zuerst, so geht sein Lebensgeist angeblich in den Baum über (nach Dr. J. Nistler in ZfO 1931/32, 129). Wäre somit die Vorstellung, manche Naturgeister seien ehemalige Menschen, von der Magie her begründet? - Früher leisteten Holzfäller dem Baum, den sie fällen wollten, Abbitte.

[4] "Die Naturordnung. Von der Mechanistik zur Pneumatologie". Pforzheim 1958, 57.

[5] Warum jene Mutter zuletzt so furchtbar leiden mußte, bleibt ein Rätsel, auch im Hinblick auf das Bild, das wir uns von Gott machen. Diesbezügliche Zweifel freilich können nur entstehen aufgrund unserer Unkenntnis der maßgeblichen Gesetze, die jeglichem Geschehen zugrundeliegen.

Ohne Bezugnahme auf die vorgenannte Begebenheit sei hier Dr. Fritz QUADE (aaO.,57ff.) zitiert: "Auch ein hartnäckiges Wünschen in scheinbar guter Absicht, etwa zur Erzwingung der Gesundung eines erkrankten Familienangehörigen, kann Luzifer mißbrauchen, wenn es eigensinnig fordert, nicht demütig bittet. So ist mancher Heiler, der sich auf seine Menschenliebe etwas zugute tut und sich als weißer Magier fühlt, doch durch seine Eigenwilligkeit dem Teufel in die Schlinge gegangen." - "Viele Menschen wissen nicht, daß die Wunschkräfte nur im Namen Gottes oder Christi und mit Unterordnung unter den göttlichen Willen betätigt werden dürfen; daß sich aber bei aller eigensinnigen, eigennützigen Mobilisierung dieser Kräfte der Widersacher einschaltet, so daß schon beim *Besprechen* oder der Erteilung an das Unterbewußte gerichteter Befehle in der *Hypnose*, die Dämonen ihre Hand im Spiel haben können." Und weiter:

"Man müßte aber die dunklen Mächte für sehr töricht halten, wenn man glaubte, daß sie *immer* täuschten und Mißerfolge brächten. Gerade dadurch, daß sie eine Zeitlang die Wahrheit sagen und Erfolge verschaffen, gewinnen sie Vertrauen. Außerdem haben sie dadurch die Wissenschaftler zu der Vorstellung geführt, es ließe sich auf diesem Gebiet wie auf jedem anderen experimentieren, jenseits von Gut und Böse ... und es gäbe Heilungen überall und keinen Unterschied zwischen solchen der

Christusjünger und der Selbsterlöser."

[6] Dasselbe gilt für die angebliche Äußerung Jesu (Luk. 19,27): "Doch jene meine Feinde, die nicht wollen, daß ich über sie herrschen sollte, bringet herbei und erwürget sie vor mir", d.h., man solle sie vor seinen Augen ermorden! Ob er so etwas wirklich gesagt haben sollte?

[7] Auf einem Hügel des Dorfes *Cibanas* in Portugal soll vor vielen Jahren eine alte Frau einen Fluch ausgesprochen und danach gestorben sein. Nunmehr fällt jeden Tag ab 16 Uhr Regen auf den Hügel, auch wenn die Sonne scheint. Meteorologen bestätigen es, haben aber keine Erklärung (Pressemeldung vom 16.9.1988). - Das Werk von Naturgeistern in Zusammenhang mit einem Fluch?

[8] Unter dem Begriff "Mudra" oder "Mudras" werden bestimmte Hand- und Fingerstellungen verstanden, wie sie nicht bloß bei rituellen Tänzen im Hinduismus üblich sind. Es ist eine Liturgie der Gestik. Ähnlich wie bei den verschiedenen Körperstellungen des Yoga, wird hierdurch das persönliche Kraftfeld unterschiedlich beeinflußt und auf gewisse Wechselwirkungen eingestimmt. - Die erhobene Faust als "Gruß" gehört zum Negativsten, was auf diesem Gebiet möglich ist.

[9] Die entsprechenden Anweisungen und "Zauberformeln" entstammen zumeist üblen Machwerken in Buchform, wie z.B. das angeblich 6. und 7.Buch Mose (das geht bis zum elften! Im 6. Kapitel des 6. Buches Vers 6 wird ausdrücklich der Schutz Satans verheißen für den Buchbesitzer und -benützer). KAHIR nannte es eine Unverfrorenheit, solche Schwarten auf den Markt zu bringen. Damit ist das Problem aber nicht abgetan, denn derlei Erzeugnisse werden gekauft wie frische Semmeln. Man beachte jedoch folgendes: Jedes Buch bildet entsprechend seiner Grundtendenz, die der Verfasser hineinlegte, ein Kraftfeld von ganz bestimmter Frequenz. Bücher der genannten Art nun ziehen nach dem Gesetz der Wesensverwandtschaft (Affinitätsgesetz) dämonische Einflüsse an. Wer derartige Druckwerke besitzt, sollte sie schleunigst verbrennen. Mir sind Personen bekannt, bei denen sich nach dem Erwerb solcher Literatur (in einem Fall sogar die "Gespräche mit Seth") spukartige Erscheinungen und nächtliche Belästigungen einstellten.

[10] "Die Logurgie in den Philippinen", Remagen 1977, 24ff.

[11] "Shiatsu (zu deutsch: Fingerdruck) soll zu Beginn des 20. Jahrhunderts entwickelt worden und inzwischen vom japanischen Gesundheitsministerium als verläßliche Therapieform anerkannt sein. Shiatsu nutzt 14 Energiebahnen (Meridiane) im Körper und versucht durch sanften Druck (mit Fingern, Ellenbogen, Knien und Füßen) diese Energien besser zirkulieren zu lassen. Es soll eine Mischung aus Yoga und Massage sein.

[12] "Touch for Health" nennt Dr. Harald RICHTER (in "Esoterik und Wis-

senschaft" Nr. 155/157-1988, 6) eine umfrisierte Akupressur, und verweist auf die Tatsache, "daß sich hinter neuen Begriffen eigentlich zum Teil altbekannte Methoden verbergen, die lediglich erweitert und umgearbeitet, d.h. modifiziert wurden." Trotz der Gefahr, daß hochgeschraubte Erwartungen unerfüllt bleiben müssen, werden solche Neuerungen "von sogenannten Therapeuten als der Weisheit letzter Schluß in kostspieligen Seminaren an den Mann gebracht."

[13] "Okkultes ABC", Basel O.J., 351.

[14] "Neue Wissenschaft" Nr. 6/1958, 248.

[15] Jenen verhängnisvollen magischen Akt hatte der unglückliche Mann mit einer Luzifer-Anrufung verbunden; ein abermaliger Hinweis darauf, daß sich unter diesem Namen nur Dämonisches manifestiert. - In der brasilianischen Umbanda-Religion werden solche Wesenheiten "Exús" (sprich Eschus = Teufel) genannt. Deren hierarchische Gliederung gipfelt in einer teuflischen Dreieinigkeit: Exú-Lucifer, Exú-Beelzebub, Exú-Rei.

[16] Alfred Strauß, "Theurgische Heilmethoden", 2. Aufl. von G.W. Surya, Lorch 1936, 170.

[17] Aufgrund dieser Weisung löste ESRA, der 458 v.Chr. mit einer zweiten Gruppe Rückwanderer aus Babylonien nach Jerusalem gekommen war, rücksichtslos alle Mischehen zwischen Juden und Nichtjuden auf. Nach Kurt ARAM war diese Rassentrennung aber nicht bloß biologisch zu verstehen, sondern vor allem magisch (Esra, Kap. 10).

[18] Auf gleicher Ebene liegt der Handel mit Föten, mit ungeborenen Menschen, die u.a. zu Busencreme "verarbeitet" werden! Pressemeldung vom 28.3.1984. "In Frankreich wird Frauen fast 13.000 Mark geboten, wenn sie per Kaiserschnitt abtreiben. An den lebenden Embryos werden dann Experimente gemacht (!). An der Grenze Schweiz/Frankreich wurde ein Lastwagen der DDR mit einer Ladung tiefgefrorener Embryos sichergestellt". Ein amerikanischer Arzt nannte das Abtreibungsgeschäft in den USA bei einer ständig steigenden Nachfrage nach Embryos "eine der zehn größten Industrien, mit einem jährlichen Umsatz von 500 Millionen Dollar". Die Nachfrage sei so groß, daß man Frauen mit Geld und moralischem Druck zur Abtreibung zwinge. Die Rockefellerstiftung unter Führung von Bruder David des ehemaligen Vizepräsidenten Nelson ROCKEFELLER begann eine großangelegte "Familienplanungs-Aktion". "Aufgabe des privaten wie des öffentlichen Sektors ist es, die Entwicklung der legalen Abtreibungen zu beschleunigen, damit sie in den USA 1,2 bis 1,8 Millionen pro Jahr erreichen"! Noch mehr Satanismus gefällig?

"Ich tue es nie wieder!", erklärte New Yorks berühmter Abtreibungsarzt Dr. Bernard NATHANSON. Er selber hat mehr als 5.000 Kinder im Mutterleib zerstückelt und von 35 Kollegen während zehn Jahren rund

100.000 Abtreibungen vornehmen lassen! Als er den Vorgang einer Abtreibung filmen ließ und den Film sah, packte ihn das Entsetzen: Die Kamerasonde im Mutterleib zeigt, wie das winzige, erst elf Wochen alte Baby vor dem Abtreibungsgerät zurückweicht, strampelt, mit den Ärmchen um sich schlägt und den Mund zu einem stummen Schrei öffnet, bevor es von den stählernen Instrumenten gepackt, zerstückelt und dann abgesaugt wird! Den Film, dem Dr. Nathanson den Titel "Der stumme Schrei" gab, ließ er vom Fernsehen ausstrahlen und erklärte dazu: "Bei jeder anderen Abtreibung würde die Kamera dasselbe zeigen: Das Kind im qualvollen Todeskampf, wie es auseinandergerissen wird. Abtreibung ist Mord."

Zur selben Kategorie einer sich wertfrei nennenden und damit luziferisch gewordenen Wissenschaft, gehören die Gen-Technologie ("Menschen nach Maß"), die künstliche Befruchtung (wobei im Falle von Mehrlingsschwangerschaften die "überzähligen" Embryos abgetötet werden) sowie Manipulationen mit dem Gedächtnis: Schon 1967 war auf einer Tagung der "US-Vereingung für den naturwissenschaftlichen Fortschritt" bekanntgegeben worden, daß es gelungen sei, bei Fischen das Gedächtnis chemisch auszulöschen ("Saarbrücker Zeitung", 23.6.1967). Und was soll man von Wissenschaftlern halten, die menschlichen Samen in Schimpansenweibchen verpflanzen? ("Esoterik und Wissenschaft" Nr. F 143/44-1988, 32). KAHIR nennt jene, "die ihre Erkenntnis in den Sold luziferischer Kräfte stellen", bei allem Intellekt "vollendete Repräsentanten eines Untermenschentums, um dessentwillen das 'Weltgericht' so nahegerückt ist". Die heiligen Gesetze der Natur verkennend, wissen sie nicht, "daß ihr 'Fortschritt' ein Fortschreiten ist dem Abgrunde entgegen." (Kahir, "Nahe an 2000 Jahre", Bietigheim 1961).

[19] In dem Dokumentationsband "CEAUSESCU - der rote Vampir" (Hamburg 1990) berichtet Joachim Siegerist über die allmonatlichen "Blutkuren" des kommunistischen Staats- und Parteichefs: jedesmal fast drei Liter Baby-Blut, das den Kindern am Hals entnommen, gereinigt und dem in einem Nebenraum liegenden Diktator - per Tropfinfusion - in die Venen geleitet wurde. "Es ist unbekannt, wie viele dieser Säuglinge, die nie älter als ein Jahr waren, nach der Blutentnahme starben oder schwerste körperliche und geistige Schäden davontrugen."- Komisch, daß hier das sonst so überaus empfindsame "Weltgewissen" unberührt bleibt!

Hypnotismus, Somnambulismus, Trance und Heilmagnetismus

[1] Beim Kongreß deutscher Heilmagnetiseure 1888 in Eisenach war die Berufsbezeichnung "Magnetopath" beschlossen worden. Wer öffentlich als solcher wirken wollte, mußte sich nunmehr einer Prüfung unterzie-

hen, "um das Publikum vor Pfuschern auf diesem Gebiete zu sichern".

[2] Poul Thorsen, "Methodik und praktische Anwendung der Hypnose", Freiburg 1961, 50. Hypnose bewirkt vor allem erhöhte Beeinflußbarkeit, sofern eine Person ausreichend suggestibel und konzentrationsfähig ist. Geistig Behinderte, Geistesschwache und Schizophrene sind unempfänglich für Hypnose, weil sie sich keine zwei Minuten auf etwas konzentrieren können. Thorsen behauptet, jeder normale Mensch sei hypnotisierbar, vorausgesetzt, der richtige Hypnotiseur wendet die richtige Methode mit genügender Energie und Geduld an.

Hypnose wird gewöhnlich als eine Art Schlafzustand betrachtet, doch bestehen hier wesentliche Unterschiede. Mit dem Schlaf verwandt ist lediglich die fehlende Bewußtseinskontrolle, mehr nicht. Während ein Schlafender sich im Zustand verringerter Konzentration befindet, ist es beim Hypnotisierten (im Hinblick auf die ihm erteilten Suggestionen) umgekehrt. Im Schlaf werden Sinneseindrücke bestenfalls in Träumen verarbeitet, und im Falle sehr starker Eindrücke reagiert man durch Erwachen. In der Hypnose hingegen tendiert man zur Verwirklichung der angenommenen Suggestionen. - Die wesentlichsten Unterschiede zwischen Schlaf und Hypnose bringt Dr. Heinz E. HAMMERSCHLAG in seinem Buch "Hypnose und Verbrechen", Basel 1954, 24.

[3] Fest steht, daß der Suggestion bei den meisten Hypnosen eine vorrangige Rolle zukommt, wobei eine Suggestion sich immer im Unbewußten vollzieht (nach Dr. med. Karl SCHMITZ / "Was ist, was kann, was nützt Hypnose?", München 1951, 25). Schmitz meint, jede Suggestion erzeuge im Unbewußten eine Vorstellung, so daß jede Fremdsuggestion letztlich eine Autosuggestion sei. Unser Gedächtnis würde ja nicht aus sprachlichen Gedanken bestehen, sondern aus bildhaften Vorstellungen, deren Wiederauftauchen durch gedankliche Assoziationen bewirkt werde. Dies sei selbstverständlich, weil das Gedächtnis älter ist als die menschliche Sprache und hauptsächlich aus visuellen Bildern zu bestehen scheint, während die Sprache mit dem Gehör verbunden ist (aaO, 66).

[4] Ein Mann, selber Hypnotiseur, erwähnte einmal einem Kollegen gegenüber sein Erstaunen, daß ein gemeinsamer Bekannter sich grundlos feindselig verhalte. "Was?", erwiderte jener Kollege, "das hätten Sie mir schon längst sagen können. Er steht doch unter meiner Suggestion. Er wird von jetzt ab Ihr Freund werden, denn er *muß tun, was ich will*." - Eine recht deutliche Aussage!

[5] Wer den Hypnotiseur während des Experiments berührt, kommt mit der Versuchsperson ebenfalls in Rapport. - Übrigens wäre nachzuprüfen, ob Magneten tatsächlich die Suggestionswirkung umkehren können, wie Cesare LOMBROSO in seinem Buch "Hypnotische und spiritistische Forschungen" (Stuttgart, 1909, S. 55) angibt.

[6] "esotera" Nr. 4/1979, 317ff. (s. auch R. Passian, "Neues Licht auf alte Wunder", Buschhoven 1985, 225ff.)

[7] Der Glaube, in diesem Falle an die Fähigkeiten des Heilers (die sogenannte Erwartungshaltung des Patienten), kann einen Erfolg zwar ebenso begünstigen wie beim Vertrauensverhältnis Patient - Arzt, ist aber keineswegs Voraussetzung, wie Experimente an Tieren und Pflanzen erwiesen haben. Hinzu kommt, daß der Heilmagnetismus oft als wohltuender Strom empfunden wird, während Hypnose keine organische Kraft darstellt, sondern einen mentalen Zwang, den ein willensstarker Mensch auf einen weniger willensstarken ausüben kann.

[8] Zu Adelma von VAY war von drüben gesagt worden: "Der Hypnotismus heilt nicht, er hebt nur momentan, zum Scheine, die Krankheiten auf; ein Eingreifen in den freien Willen seines Subjektes, was oft schädlich wirkt. Dem Hypnotismus fehlt die heilende Lebenswärme." Laurentius, der jenseitige Kommunikator, unterscheidet drei Arten von Magnetismus: den animalischen, den medialen und den geistigen. Der animalische Magnetismus "liegt in allem, was auf der Erde existiert, in jedem Element, in Erde, Stein, Pflanze, Tier und Mensch."
Der "mediale Seelenmagnetismus" ist mit animalischem gemischt. Letzterer stammt vom Menschen, ersterer von dessen Geiste, und stellt die wirkende Kraft jedweder Medialität dar.
Der geistige "Urlicht- oder Akasha-Magnetismus" (für uns verstehbare Begriffsbildungen scheinen schwierig zu sein) wirkt vor allem im *Gebet*, in Wort und Gedanke, im Willen. "Er ist die höchste Kraft, er ist das Band, welches alle Geister mit dem Vater verbindet, und das alle zu Ihm und zum Urlicht führt" (A.v.Vay, "Aus meinem Leben", Bd.1, Wien 1900, 411).

[9] Demgegenüber verweist Dr. Franz VÖLGYÖSY in seinem Buch "Menschen- und Tierhypnose" (Zürich, 1938) darauf, daß sich durch hypnotische Einwirkung die feinsten Verästelungen der Blutgefäße (Kapillaren) verändern. Infolge der hierdurch hervorgerufenen Veränderungen in der Zellatmung, käme es auch zu solchen in den Nervenbahnen. In weiterer Folge könnten Wandlungen ganzer Organe erfolgen, doch würden derartige Schädigungen oft erst viel später zutagetreten. Aus diesem Grunde müsse auch der ärztlich angewendeten Hypnose, selbst wenn sie hinsichtlich des unmittelbar behandelten Leidens Heilerfolge aufweisen mag, mit Vorsicht begegnet werden.

[10] Außer James BRAID arbeitete schon in den 40er Jahren des 19. Jahrhunderts der in Indien praktizierende Chirurg J. ESDAILE unter Verzicht auf die damals lebensgefährliche Vollnarkose mit hypnotischer Suggestion. Trotz der sensationell geringen Sterblichkeitsrate seiner Patienten wurde ihm keine Anerkennung zuteil (A. Stelter, "PSI-Heilung",

München 1973, 156). Die erste Amputation (eines Beins) in Hypnose
nahm Anfang Juli 1903 Dr. Frank ALDRICH in Clapton an einem
38jährigen Patienten vor.

In der neuzeitlichen Hypnotherapie bedient man sich der modernen
Technik: Mit dem "Multihypnophon" können über ein Verteilersystem
bis zu zwölf Patienten gleichzeitig in Hypnose versetzt werden, indem
sie über Ohrhörer von einer Tonbandkassette einschläferndes Meeresrauschen und Suggestivformeln vernehmen. Der Hypnotherapeut Claus H.
BICK erklärt hierzu, zunächst käme es darauf an, die für logisches und
analytisches Denken zuständige linke Gehirnhälfte außer Aktion zu setzen. Dies geschehe durch monotones Meeresrauschen und die knapp
unter der Hörschwelle liegende suggestive Stimme. Nun sei der Weg zur
rechten Gehirnhälfte frei. "In ihr sitzen die Schaltstellen für gefühlsmä-
ßiges Denken und Handeln. Von dort aus lassen sich über hypnotische
Befehle im Unterbewußtsein verborgene Ängste ausräumen. Außerdem
kann das körpereigene Immunsystem gegen Krankheitserreger mobili-
siert werden. Da werden dann gewaltige Energien geweckt. Sie setzen
alle verfügbaren Abwehrmechanismen des Körpers in Gang." (lt. "Bild
am Sonntag", 8.10.1989).

[11] "esotera" Nr. 1/1976, 80. - Wie sehr Hypnose zum Mißbrauch verleitet, stellte der kalifornische "Psychologe" John WALLACE unter Beweis.
Auf einem Psychologenkongreß in New York führte er seine Frau Kathy
als Roboter vor: Nachdem er sie in Hypnose versetzt hatte, funkte er über
einen Minisender Signale zu einem winzigen Empfänger in ihrem Ohr.
Diese Signale lösen in ihrem Gehirn die gewünschten Reaktionen aus. So
kann er sie jederzeit auf "Liebe" einstellen oder zur Hausarbeit schicken.
Dies sei eine phantastische Methode, das Eheglück zu garantieren", erklärte Wallace. Kathy sei jetzt die ideale Ehefrau und würde nie widersprechen. - Wie er die bedauernswerte Frau auf die Elektroimpulse trai-
nierte, wollte er nicht verraten (Pressemeldung vom 27.2.1990).

[12] Ostrander / Schroeder, "PSI, die Geheimformel des Ostblocks",
Bern/München 1971, 135ff. - Talententwicklung und -förderung mittels
Hypnose ist keineswegs neu. Raikow war hierzu angeregt worden durch
eine gleichartige Begebenheit, die den russischen Komponisten Sergej
W. RACHMANINOW (1873-1943) betraf. Nachdem dessen Erste Sinfonie
bei ihrer Uraufführung im damaligen St. Petersburg durchgefallen war,
resignierte Rachmaninow und beschloß, das Komponieren aufzugeben.
In den folgenden Jahren schien jedes schöpferische Schaffen bei ihm
blockiert zu sein, worauf seine Freunde ihm die Konsultation eines Hyp-
nosetherapeuten namens Dr. Dahl empfahlen.

Rachmaninow befolgte diesen Rat. Dr. Dahl bestätigte ihm suggestiv
sein großes Talent und die Fähigkeit, es zum Ausdruck bringen zu können. Die Inspiration in ihm würde völlig frei strömen, nichts könne sie
behindern. Schließlich lehrte Dahl ihm noch die Autosuggestion (was

gemäß der COUÉ- Methode lediglich in der Stärkung des Selbstvertrau-
ens via Unterbewußtsein durch bewußt positives Denken besteht), und so
kehrte in Rachmaninow die Fähigkeit des Komponierens zurück. Er
schuf sein weltberühmt gewordenes Zweites Klavierkonzert in C-Moll
und widmete es seinem Hypnotiseur Dr. Dahl! (aaO, 142).

[13] Heinz E. Hammerschlag, "Hypnose und Verbrechen", Basel 1954, 113.

[14] wie 12), 107/08.

[15] ZfO 1920/21, 500. - Derartige Experimente können für das Seelenleben des Mediums von Nachteil sein. Dr. August VOISIN, ein seinerzeit
namhafter Arzt der Salpêtrière, gab im Beisein von hohen Justizvertre-
tern einem seiner Medien die posthypnotische Suggestion, eine im Bett
liegende Frau mit einem Messer umzubringen. In das Bett hatte man eine
täuschend aufgeputzte Figur gelegt. - Die Hypnotisierte wurde geweckt,
führte sofort den Auftrag aus, setzte sich wieder hin, als ob nichts geschehen wäre, und wußte offenbar nichts von dem, was sie getan hatte.
Sie wurde in guter Verfassung entlassen.

Nach drei Tagen jedoch kam sie wieder und klagte, sie habe in den
letzten Nächten nicht schlafen können, weil sie von einer entsetzlichen
Vision geplagt worden sei. Sie sähe beständig eine alte Frau vor sich, die
ihr bittere Vorwürfe mache, von ihr ermordet worden zu sein. - Durch
erneute Hypnose befreite man sie von ihren Halluzinationen ("Revue de
l'Hypnotisme", Januar 1894. Wiedergegeben in "Sphinx", Bd.18 / April
1894, 247).

[16] Ludwig Mayer, "Das Verbrechen in Hypnose und seine Aufklärungs-
methoden", Berlin 1937. - Als Sachverständiger vor Gericht erklärte Dr.
Mayer, aufgrund dieses Falles habe er seine Ansicht über Hypnose revi-
dieren müssen. Ebenso wie andere Experten sei er bislang der Meinung
gewesen, daß hypnotisch suggerierte Verbrechen unmöglich seien. Man
habe angenommen, im Menschen bleibe auch dann noch ein Rest persönlicher Widerstandskraft und sittlicher Urteilsfähigkeit wirksam, wenn er
durch Hypnose der freien Willensbestimmung beraubt sei. Doch komme
es wohl nur darauf an, daß der Hypnotiseur etwas könne und das Opfer
leicht beeinflußbar sei.

Carl du PREL empfahl im Falle des Verdachts auf ein hypnotisch be-
wirktes Verbrechen, (das auch bei unglaubwürdigen Selbstanklagen
vorliegen kann, wie die berüchtigten stalinistischen Schauprozesse in den
30er Jahren vermuten lassen), den Angeklagten oder Selbstankläger
zweimal hintereinander in Somnambulismus zu versetzen; beim zweiten
Mal würden alle Erinnerungen wieder aufleben (C. du Prel, "Das hypnotische Verbrechen und seine Entdeckung", München 1889, 36). Auch die
Suggestion, niemand anderer als man selbst könne die betreffende Person

hypnotisieren, kann auf besagte oder ähnliche Weise umgangen und die gewünschte Information posthypnotisch erlangt werden (aa0, 38).

[17] Felix Schmidt, "Der Eremit", St.Goar 1988, 56/7.

"Musik wird oft nicht schön empfunden"

[1] Man geht wohl kaum fehl in der Deutung dieses Rummels als gelenkte und bewußte Volksverdummung (das bestätigt u.a. Richard W. EICHLER in seinen mutigen Büchern "Könner, Künstler, Scharlatane" und "Der gesteuerte Kunstverfall"; beide München, 1962 und 1965. Ebenso Willy HESS in seinem von der Presse totgeschwiegenen Werk "Parteilose Kunst, parteilose Wissenschaft", Tutzing 1967). Eine Mafia von skrupellosen Geschäftemachern im Verein mit wendigen "Kunstkritikern" und Redakteuren bestimmt selbstherrlich und keinen Widerspruch duldend, was als Kunst zu gelten hat. Von Willy HESS stammt das Wort: "Der Kritik von gestern war das Meisterwerk der Gegenwart ein Chaos. Der Kritik von heute ist das Chaos der Gegenwart ein Meisterwerk". In Bezug auf Kunstkritiker meint Hess, sie hätten eine fast pathologische Angst, "sich zu blamieren, als rückständig zu gelten; sie zergliedern wortreich den blühendsten Unsinn, nur um unter allen Umständen mit der Zeit zu gehen. Daß im übrigen heute eine enge Zusammenarbeit und Interessengemeinschaft zwischen dem futuristischen Pseudokünstler und dem Presseschreiberling herrscht, ist den Wissenden ein offenes Geheimnis" (in einem später im Druck erschienenen Vortrag vom 16.2.1978). In einem Brief vom 17.4.1990 schrieb mir Willy Hess: "Da hat man vor Jahren in Zürich ein Konzert veranstaltet, wo der Orgel ab und zu die Luft abgestellt worden sei, sodaß Quietschlaute die Folge waren. Der akademisch gebildete Kritikaster aber orakelte tiefsinnig: 'Es wäre völlig verfehlt, solche Experimente nicht ernst zu nehmen. Denn sie offenbaren den Kampf des Menschen mit der Technik.' Also: Einer, der in die Hosen macht, offenbart den Kampf des Menschen mit der Natur! Das wäre ungefähr ebenso geistreich, aber es zeigt die ganze intellektuelle Versumpftheit heutiger Akademiker. Silvio GESELL sagte einmal spottend zu mir: 'Es ist erstaunlich, wie viele intelligente Menschen es immer noch gibt trotz unseren Hochschulen'."

Wenn jede Lebensäußerung des Menschen ein Spiegelbild seiner Seele ist, so muß es in den Seelen der meisten modern sein wollenden und avantgardistischen Abstraktionstechniker schauerlich aussehen, es sei denn, sie machen den Trend bloß mit, um rasch zu Geld zu kommen und lachen sich dabei heimlich ins Fäustchen. Wie PICASSO (1881-1973) zum Beispiel. Vor dem Ersten Weltkrieg war er wegen seines gediegenen Könnens bereits hochangesehen. Bald aber verursachten seine Werke zunehmend Kopfschütteln unter Kennern. Trotzdem oder vielleicht gerade deswegen nahm seine Berühmtheit rasch zu. Eine Bewunderin seines ursprünglichen Schaffens fragte ihn, warum er jetzt so anders male. Auf einer Karte antwortete er: "Weil mein Gut an der Riviera mich so viel kostet". Bei anderer Gelegenheit gestand Picasso: "Ich wollte sehen, wie weit sich die Menschheit an der Nase herumführen läßt, und ich wollte auch mehr Geld verdienen" (MuSch 8.Jg., Nr. 2,18). In Madrid erklärte er am 2.5.1952 ganz offen, daß er sich nicht mit großen Meistern wie Giotto, Rembrandt und Goya messen könne. Er sei "nur ein Spaßmacher, der seine Zeit verstanden hat und alles, was er konnte, herausgeholt hat aus der Dummheit, der Lüsternheit und Eitelkeit seiner Zeitgenossen".

In Ihrem Buch "Picasso - Schöpfer und Zerstörer" weist die US-Autorin Arianna STASSINOPOULOS nach, daß Picasso ein *Sadist* war. Der nur 1,55 m große Vergötterte schlug seine Freundinnen, bis sie bewußtlos am Boden lagen. Seine erste Ehefrau beging Selbstmord. Eine Geliebte desgleichen, eine andere wurde verrückt. Mit 17 verführte er seinen ersten Nachhilfelehrer. Politisch linksextrem, hätte Crowley seine blanke Freude an ihm gehabt. Dessen Praktiken schienen Picasso sowieso vertraut gewesen zu sein, denn vom Friseur pflegte er alle ihm abgeschnittenen Haare sorgsam mitzunehmen, aus Angst, "irgendein anderer könne das Haar gegen ihn als bösen Zauber verwenden" (Pressemeldung vom 9.6.1988).

Picasso unterschätzte das Format der meisten "Kunstverständigen" keineswegs. Es gibt heute auf dem Gebiet der Pseudo- und Afterkunst kaum etwas, das zu dummdreist wäre, um nicht Geld einzubringen. So erwarb die Bayerische Staatsgalerie im Haus der Kunst vier "Werke" von Fontana. Eines davon besteht aus vier "provokativen" Schnitten in einer Leinwand, betitelt "Erwartung" ("Abendzeitung" vom 7.5.1986). Postminister Schwarz-Schilling, kaufte im Jahr einer saftigen Portoerhöhung für 63.000 Mark (!) zwei mit Kabeln verbundene leere Blechbüchsen, die BEUYS als "Plastik" unter der Bezeichnung "Telefon S-E" zum Kunstwerk erhoben hatte ("Spiegel" Nr.50/1989, 248).

Ein mehrteiliges Altarbild schuf eine Hamburger "Künstlerin", indem sie in der Gnadenkirche von St. Pauli mit dem Luftgewehr auf selbstbemalte Pappscheiben schoß, die sie an den Altar stellte. Solchermaßen entstandene "Schußbilder" belegt sie hinterher mit Blattgold. Vom Amt des Kultursenators bekam sie 1.250 Mark aus dem Etat für "projektgebundene Zuschüsse für die Entstehung von Kunstobjekten"! Der Irrsinn scheint mit Methode betrieben zu werden. "Irre und Tollhäuser gab es schon früher," meint Prof. Dr. Karl STEINBUCH in seinem Werk "Kurskorrektur" (2. Aufl. 1973, 103), "aber neu in unserer Zeit ist, daß der Irrsinn akademisch geweiht wird und die Tollheit über unzählige Kanäle in Millionen Köpfe fließt." - Hierbei ist in seiner Breitenstreuung nichts so geeignet wie das Fernsehen.

Die öffentlich-rechtliche Fernsehanstalt ARD zum Beispiel zeigte am 19.3.69 Szenen aus einem Film des "Aktionskünstlers" und Kulturpreisträgers Hermann NITSCH aus Österreich, Gründer eines "Orgien- und Mysterien-Theaters", wo man sich für 400 Mark Eintritt mit Tierblut und Fäkalien bewerfen lassen konnte. - "Reden wir nicht von Kunst. Denn das kann wohl keine sein, wenn ein Mann eine nackte Frau ans Kreuz fesselt, Tierblut über sie gießt und sie mit einem Kunstpenis malträtiert", schrieb eine Sonntagszeitung vom 26.3.89 über jene Filmszenen. - Laut Pressemeldungen jener Zeit bekam Nitsch eine Stelle als Kunstprofessor (mit 8.000 Mark Monatsgehalt!) am 1816 gegründeten Städelschen Kulturinstitut in Frankfurt. Dessen Rektor erklärte: "Wir sind eine Akademie, an der auch in solchen Grenzbereichen geforscht (?!) werden muß. Ich will Nitsch." Dieser sei ihm "als Kollege herzlich willkommen."

Diese kleine Auswahl an staatlich geförderter Unkultur möge genügen. Aber hat eine solche Staatsverwaltung überhaupt noch das Recht, Gesetzesverstöße "im Namen des Volkes" zu ahnden, da sie doch offensichtlich selber die Zerstörung sittlicher und kultureller Werte fördert? - Auf einer österreichischen Briefmarke wird als "modernes Kunstwerk" eine verfaulte Birne dargestellt. Erst nachdem die Marke erschienen war, interpretierte der Künstler sein Werk und erklärte, die faule Frucht symbolisiere den "maroden Staat"!

"Es darf daher gar nicht wundernehmen," schreibt Willy HESS in seinem Buch "Parteilose Kunst, parteilose Wissenschaft" (Tutzing 1967, 189), "daß alle diese Produkte der Abstraktion nicht nur im rein Künstlerisch-Formalen, sondern auch im Ausdruckhaften nur zu bald zu Exzessen widernatürlichster und unappetitlichster Perversion abgleiten. 'Dada' (laut Brockhaus eine "revolutionäre literarisch-künstlerische Bewegung, die die besonders durch den Ersten Weltkrieg fragwürdig gewordene überlieferte bürgerliche Kultur lächerlich machen wollte."R.P.) blieb keineswegs beim sinnlosen kindlich-lallenden Silbengebimmel stehen, sondern bedeutete so ziemlich von Anfang an die Invasion des Gemeinen, des Satanischen, das unsere gesamte Kultur zu vernichten gewillt ist. Skurrile Verrücktheiten, unflätige Zotereien, Verhöhnung aller religiösen und ethischen Begriffe, das alles gehört zu Dada wie der Gestank zur Jauchegrube." Und weiter: "Wer seinen Geist nicht bildet, der verblödet, und wer seine Seele nicht pflegt, der verroht. Eines der wunderbarsten Mittel zur Pflege der Seele aber ist die Kunst, und wenn die Kunst in die Sphäre des Niedrigen abgleitet, dann wird sie zum tödlichen Gifte für die Menschheit, für Kultur und Religion."

In seinem Beitrag "Die satanische Pseudokunst unserer Tage" sagt Frithjof FISCHER-SÖRENSEN (in "esotera" Nr. 11/1972, 982ff.). "Lebten nicht allzu viele gute und starke Menschen in angeekelter Gleichgültigkeit vor dem Treiben dieser Zeit, lebten nicht allzu viele Esoteriker weltabgewandt nur in ihren Jenseitsgedanken, würden sie den Blick in diese Zeit lenken und ein entschiedenes, weithin hörbares *Nein* ! zu ihrem (der

"Brüder des Schattens", R.P.) Treiben sagen, es wäre nicht so weit gekommen wie jetzt" (987). Fischer-Sörensen, der wohl kaum ahnen konnte daß es noch viel schlimmer kommen würde, schließt mit den Worten:
"Lerne *nein* sagen, ein hartes und unbeugsames 'Nein' zu allem, was
nicht den urewigen und unwandelbaren Menschheitsgesetzen von Zucht,
Sitte und Ordnung entspricht, denn ihre Verleugnung führt zum Zusammenbruch und zum Chaos. Und bringe den Mut auf, das gleiche 'Nein!'
zu allem zu sagen, was du als ungut und schlecht empfindest und was
man dir als gut und nützlich aufschwatzen will. Aber sage 'Ja!' zu allem,
was du in deiner Seele als gut empfindest, vor allem aber: *'tue es* !' Dieser Mut wirkt wie ein Funke in trockenem Gras und wird im Nu zum
Steppenbrand, der alles satanische Unkraut verzehrt. - Aber darauf wartet
die Menschheit noch, zumindest die Einsichtigen unter ihnen, denn *sie
wissen um den Ernst der Stunde.*"

[2] Hierzu schrieb mir der Musikwissenschaftler Willy HESS: "Die Musik
aller außereuropäischen Völker war *einstimmig.* So war das Melos dieser
Musik noch nicht an die Harmoniegesetze gebunden, sondern konnte
sich auch in Drittel- und Vierteltönen sowie gleitend ergehen. Das war
für jene Stufe der Musikentwicklung ganz normal und natürlich. Erst
nachdem das harmonische Element hinzu kam, traten die Gesetze der
Tonverwandtschaften in Kraft und damit wurde die Musik ausdruckshaft
und in ihrer geistigen Strahlung auf eine Höhe gehoben, in welcher der
Rückfall in die 'Urwaldklänge' sich als Zerstörung des Harmonischen
und damit als schwarzmagisch erwies."

[3] Diese und weitere Stellungnahmen Kahirs entstammen der Zeitschrift
"Mensch und Schicksal" (MuSch), 5.Jg., Nr. 20,15.

[4] Prof. Dr. Friedrich OBERKOGLER in seinem Beitrag "Pop-Musik, die
Faszination der Jugend" (in "Soziale Hygiene, Merkblätter zur Gesund-
heitspflege im persönlichen und sozialen Leben", Bad Liebenzell, Nr. 42,
2ff.). Oberkogler zitiert Gedankengänge von Dr. med. W. BÜHLER, wonach in Pop und Rock die Kräfte des Melodischen, welche die ungeläu-
terte Gefühlswelt zu durchlichten und zu klären ausersehen sind, perver-
tiert werden. "Denn gerade sie sollten den im Herzen erweckten Gefühlen den Zugang in das Haupt eröffnen und durch ein solcherart von Empfindung durchwärmtes Denken die wahren Ichkräfte der Seele wachru-
fen." Und KAHIR bemerkt: "Was ist Musik anderes, als geistiges Schöpfen; was sind Töne anderes, als übersinnliche Gebilde, denen Zahl und
Idee als Schwingung innewohnt? Darum ist Musik die unmittelbarste
Kunst und wird zum direkten Spiegelbild dessen, der sie gestaltet."

[5] "Die Welt" vom 3./4.4.1976. Die Kassenärztliche Vereinigung Nord-
rhein in Düsseldorf gab 1977 bekannt, daß die dauernde Berieselung mit
moderner Musik zu Hirnschäden führen könne. Durch den Beat seien

Teile des Wissens vorübergehend nicht verfügbar oder würden ausgelöscht ("Passauer neue Presse" vom 18.6.1977).

[6] Diese Untersuchung erschien 1973 unter dem Titel "Meta-Musik" im J.F. Lehmanns Verlag, München.

[7] "Aufjaulende Saitentöne elektronisch verstärkter Gitarren, hektisches Stakkato von Schlagzeugen lassen die Nerven vibrieren, schalten jegliches Denken aus ... Die Kontrolle über die Körperfunktionen geht verloren. Ein Zustand der Verzückung mit epilepsieartigen Gliederzuckungen, Heulen, Beißen, Lachen, Einnässen und Zerreißen der Kleider wird als Glücks- und Lusterlebnis empfunden." (Beitrag "Musik als Droge und Umweltschutz" in "Medizin heute", Nr. 8/1982, 15).

[8] L. Deinhard, "Das Mysterium des Menschen" (Berlin 1910, 125). Das Spielen der Tonleiter von unten nach oben ruft ein Zittern des ganzen Körpers hervor, bei den Füßen beginnend, aufwärts durch Brust und Schultern bis in den Kopf. Wird die Tonleiter von oben nach unten vernommen, so erfolgt der umgekehrte Vorgang. Dabei zeigen sich Reaktionsunterschiede bei Dur und Moll: Die Ausdrucksbewegungen sind zwar ziemlich dieselben, bei der Moll-Tonleiter jedoch schwächer und weniger frei.

[9] MuSch 8.Jg.,Nr.4.15. - Atonale Musik empfindet Rolf CARSJENS (in seinem Buch "Macht und Wahn. Panorama der Weltgeschichte", Düsseldorf 1984, 64) als das letzte Röcheln einer sterbenden Kultur, "vermischt mit Klagelauten primitiv-tierischen Ursprungs und dem triumphierenden Grunzen der Hölle". Die Veranstalter von Konzerten verstünden es immer wieder, atonale Stücke in die Programm-Mitte zu plazieren, "so daß sich die Zuhörer weder durch späteres Kommen noch durch früheres Gehen entziehen können".

KAHIR weist darauf hin, "mit welcher Sorgfalt die moderne Musik den reinen Dreiklang und seine Umkehrungen vermeidet. Gerade aber dies bildete den erhebenden Zauber in der Kunst der alten Meister ... Jeder irgendmögliche Dreiklang wird (heutzutage) durch Beifügung der Sekunde oder Septime seiner geistigen Eigenart entkleidet. Erfüllung wird zur Unerfülltheit abgebogen, Bejahung wird zur Verneinung, und Sammlung verliert sich in Zerstreuung" (MuSch, aaO).

[10] Menschen darstellenden Puppen wird das Gesicht eingeschlagen, der Bauch aufgeschlitzt und sonstiges an Scheußlichkeiten demonstriert. "Wenn ihr blutgeil seid, müßt ihr auf unser nächstes Slaughter-in-Hell-Konzert" (Schlächterei, Gemetzel in der Hölle) "kommen. Wir zersägen blutige Köpfe auf der Bühne, erschießen Mönche und Jesus Christus", heißt es in der Einladung einer solchen Gruppe. Es erfordert eine dicke Portion Zynismus, Abgebrühtheit oder Schwachsinn, derlei Aktionen als harmloses Vergnügen zu bemänteln. Wer sich an Bildern von Brutalität

und Grausamkeit (auch im Fernsehen) aufgeilt, der wird gegebenenfalls auch vor Verbrechensausführung in der Praxis nicht zurückschrecken. Dies um so mehr, wenn das Schänden, Morden und "Ausrotten" als gottgewollt betrachtet wird, z.B. im Alten Testament. "Wohl dem, der deine kleinen Kinder packt und am Felsen zerschmettert" lesen wir im Psalm 137,9 (nach der Übersetzung Menge). Man lese z.B. 1.Samuel 22,19; 27,9; 5.Mose 13,16 sowie 2.Sam. 12,31 und all jene vielen Bibelstellen, in denen rassistischer Haß und extremste Gewalt glorifiziert werden.

Die Greueltaten gegen Juden während des 2. Weltkrieges waren und sind ebenso praktizierter Satanismus wie das Wüten der Siegertruppen gegenüber der deutschen Zivilbevölkerung in Ostdeutschland. Nur zwei Beispiele:

Als die Ortschaft Nemmersdorf, südlich von Gumbinnen, von den Deutschen vorübergehend zurückerobert wurde, boten sich ihnen grauenhafte Bilder: "An dem ersten Gehöft, links von der Straße, stand ein Leiterwagen. An diesem waren vier nackte Frauen in gekreuzigter Stellung durch die Hände genagelt ... Am Gasthof 'Roter Krug' stand längs der Straße eine Scheune. An den beiden Scheunentüren waren je eine Frau, nackt, in gekreuzigter Stellung, angenagelt. Weiter fanden wir dann in den Wohnungen insgesamt 72 Frauen einschließlich Kindern und einen Mann von 74 Jahren, fast ausschließlich bestialisch ermordet bis auf nur wenige, die Genickschüsse aufwiesen. Unter den Toten befanden sich auch Babys, denen mit einem harten Gegenstand der Schädel eingeschlagen war ... Sämtliche Frauen, wie auch Mädchen von 8 - 12 Jahren, waren vergewaltigt worden" (aus der Dokumentation der Vertreibung, die der Öffentlichkeit vorenthalten wird).

Das Grauen von Vilmsee bei Neustettin: Am Morgen des 16.2.1945 besetzte eine sowjetische Abteilung das Lager Vilmsee des weiblichen Reichsarbeitsdienstes. In ihm befanden sich 500 Maiden. Lagerleiterin war Leonora Geier, geb. Cavoa aus Lübben, deren brasilianische Staatsangehörigkeit sie vor dem Gemetzel rettete. Sie wurde aber gezwungen, zuzuschauen, wie diese Mädchen hingeschlachtet wurden. Sie berichtet (gekürzt wiedergegeben):

"In dem großen gekachelten Raum der Werksküche, die man völlig ausgeräumt hatte, standen ein paar Tische an der Fensterseite ... Nun kamen zwei Polen, nur mit einer Hose bekleidet. Rasch hatten sie ein Mädchen (die sich zuvor ausziehen mußten) ergriffen und mit den Rükken über die Tischkante gebogen, bis ihre Gelenke knackten. Ich war fast einer Ohnmacht nahe, als eine das Messer zog und ihr die rechte Brust vor den Augen der anderen herunterschnitt. Dann hielt er einen Augenblick inne und schnitt die andere Seite ab. Ich habe noch nie einen Menschen so verzweifelt schreien hören wie dieses Mädchen! Danach stach er mehrmals das Messer in den Unterleib, was wiederum vom Johlen der Russen begleitet war.

Die Nächste schrie um Gnade, aber vergebens. Die anderen (Mädchen) schrieen nach ihrer Mutter und bettelten um einen raschen Tod. Die Letzte (von den ersten fünf Mädchen) war noch ein halbes Kind mit kaum entwickelter Brust. Ihr riß man buchstäblich das Fleisch von den Rippen, biß der weiße Knochen zum Vorschein kam.

Wieder brachte man fünf (nackte) Mädchen herein. Alle waren gut entwickelt und hübsch. Als sie die Leiber der Vorgängerinnen sahen, begannen sie zu weinen und zu schreien. Mit schwacher Kraft versuchten sie verzweifelt, sich zu wehren. Doch die Polen wurden immer grausamer. Der einen schnitten sie den Leib der Länge nach auf und gossen eine Dose Maschinenöl hinein, das sie anzuzünden versuchten. Der anderen schoß ein Rotarmist in das Geschlechtsteil, bevor sie ihr die Brüste abschnitten. Ein großes Gejohle begann, als aus einer Werkzeugkiste eine Säge gebracht wurde. Damit zerriß man den übrigen Mädchen die Brüste damit ... Ein Blutrausch packte die Mörder. Laufend brachte man Mädchen.

Wie in einem roten Nebel sah ich das schreckliche Geschehen. Immer wieder vernahm ich den unmenschlichen Aufschrei beim Martern der Brüste und das laute Aufstöhnen beim Verstümmeln der Schamteile. Als mir die Knie versagten und ich mich erbrechen mußte, zwang man mich auf einen Stuhl und achtete darauf, daß ich weiterhin hinblickte. - Eines der Mädchen mochte etwas älter als die übrigen sein, deren Alter um die 17 lag. Man tränkte ihren Büstenhalter mit Öl und entzündete dies, und während sie aufschrie, trieb man ihr einen dünnen Eisenstab in die Scheide, bis dieser am Nabel heraustrat.

Auf dem Hofe liquidierte man mit Knüppeln ganze Gruppen von Mädchen, nachdem man die hübschesten für diesen Marterraum ausgesondert hatte. Die Luft war erfüllt vom Todesgeschrei vieler hundert Mädchen. Doch angesichts dessen, was sich in den Marterraum abspielte, war der Totschlag draußen geradezu human. - Es war eine furchtbare Tatsache, daß keines der hier verstümmelten Mädchen die Besinnung verlor. Jede erlitt die Verstümmelung bei vollem Bewußtsein!

Mehrmals unterbrach man das Morden, um das Blut herauszukehren und die Leichen wegzuschaffen. Am Abend fiel ich in ein starkes Nervenfieber. Von da an fehlt mir jede Erinnerung bis zu dem Zeitpunkt, in dem ich in einem Lazarett erwachte: Deutsche Truppen hatten Neustettin zurückerobert. Wie ich später erfuhr, wurden in den ersten drei Tagen der russischen Besetzung noch in sämtlichen, im Raume um Stettin gelegenen Arbeitsdienstlagern ebenfalls rund 2000 deutsche Mädchen ermordet."

[11] Carsjens, aaO, 62.

[12] Auf meine Frage, wie Musik von Gehörlosen aufgenommen werden könne, antwortete Willy HESS unter anderem: "Man weiß heute, daß

Blinde mit den Händen Farben fühlen können. Farben sind ja Schwingungen verschiedener Art, und es ist durchaus möglich, die Schwingungen der verschiedenen Farben wahrzunehmen und auf diese Weise, um ein Beispiel zu nennen, blau von rot unterscheiden zu können. Nun sind ja auch Töne Schallwellen, und warum soll hier nicht das Gleiche möglich sein: Der *Tastsinn* ist bei solchen Menschen derart entwickelt, daß sie Töne als Wellen empfinden und emotionell erleben können."

[13] Aus "Ticket", Adliswil/CH, von einem "Swami" redigiert, Nr.1/Segt.1981, 14. - Jim MORRISON bekannte: "Wir sind Politiker und Erotiker. Was uns interessiert, ist der Umsturz und das Chaos" (F.S. Banol, "Die okkulte Seite des Rock", München 1987, 74. Banol, Schlagzeuger in seiner eigenen Rockband, organisierte Rockfestivals und ist heute Professor für Musiktherapie, laut "Münchner Buchmagazin" Nr.60 vom April 1987). Paul Mc CARTNEY von den "Beatles" ist überzeugt, die Rockmusik habe auch Anteil am Zusammenbruch des Ostblocks (im Interview mit dem SPIEGEL, Nr. 38/1991). "Popbewußtsein schafft immer auch politisches Bewußtsein", heißt es in SPIEGEL-Spezialheft 2/1994 "Pop und Politik".

Ein Journalist äußerste: "Um eine Nation zu vernichten, bedarf es keiner Atombombe; es genügt. die *moralischen* Strukturen der Jugend durch diabolische Musik, Drogen, Zigaretten, Alkohol und Sex zu zerstören. Wenn wir so weitermachen, werden wir in Kürze eine Generation von Geisteskranken haben" (Banol, aaO 73). Schon PLATON (427 - 347) in seinem "Staat" warnte: "Ja, Gesetzlosigkeit dringt leicht in die Musik ein, ohne daß man es gewahr wird. Freilich, sie scheint bloßes Spiel zu sein und ohne üble Wirkung zu bleiben. Sie hat auch keine andere Wirkung, als daß sie sich allmählich festsetzt und heimlich auf Charakter und Fähigkeiten überträgt, dann weiter und offener um sich greift und das bürgerliche Leben vergiftet, bis sie schließlich alles zerstört, das ganze Leben des einzelnen sowohl wie der Gesamtheit" (Carsjens, aaO 64).

[14] W. WEIRAUCH in den "Flensburger Heften" Nr. 19/1988, 167ff. (wiedergegeben im "Materialdienst" der Evang. Zentralstelle für Weltanschauungsfragen, Nr.5/1988, 148). In "Abschied ohne Wiederkehr?" (St.Goar, 5. Aufl. 1988, 328) schildere ich einen Jenseitskontakt, der mittels Planchette (Buchstabenbrett) erfolgte. Die sich ungestüm meldende Wesenheit antwortete auf das "Gott zum Gruß" der Teilnehmer mit den Worten: "TTOG. Es gibt keinen TTOG. Ihr seid alle Narren, blödsinnige Narren, mit eurem TTOG." Auf die Frage, ob das Verkehrtschreiben des Wortes "Gott" eine Art bewußter Gotteslästerung darstellen solle, lautete die Erwiderung: "Ja, TTOG, TTOG."

[15] Paul Mc CARTNEY gibt offen zu, daß "seit 'Rubber-Soul' (1965) jedes Beatles-Album unter Drogeneinfluß entstand". Er selbst sei nahe daran

gewesen, zugrunde zu gehen. Mittlerweile scheint er sich eines Besseren besonnen zu haben, er schätzt wieder den Wert traditioneller moralischer Normen ("Nur weil sie traditionell sind, sind sie nicht falsch"). Zudem ernährt er sich vegetarisch und hat auf seinen Ländereien die Jagd verboten, "weil auch Tiere Rechte haben".

Zum 150jährigen Jubiläum der Liverpooler Philharmoniker schuf Mc Cartney, gemeinsam mit dem Komponisten Carl DAVIS, ein Oratorium, welches am 28.6.91 in der Kathedrale von Liverpool uraufgeführt wurde. Die Hauptperson des Libretto findet am Schluß in den Schoß der Familie zurück und zu Gott! Erstaunlich nicht nur, weil Mc Cartney keine Noten beherrscht (was Im Drogenrausch unnötig sein dürfte, weil man da lediglich Instrument ist für eine fremde Intelligenz), sondern auch sein Mut zur Kurskorrektur. Zu hoffen bleibt, daß er seinen neuen Weg beibehält und die gleiche breite Nachahmung findet wie seinerzeit das destruktive Vorbild der Beatles.

[16] Aus dem Gesundheitsteil von "Bild am Sonntag", 11.2.1990. - Eine grundlegende Darstellung der verborgenen Einflüsse aller Musikgattungen bringt Cyrill SCOTT in dem Buch "Musik - ihr geheimer Einfluß" (München 1985). Wenn auf visueller Ebene eine Getränkewerbung, die als Einzelbild in einem Kinofilm mitläuft und wegen des kurzen Augenblicks vom Bewußtsein gar nicht erfaßt werden kann, dennoch in der Pause zu einen beträchtlich erhöhten Getränkekonsum führt, so werden beim Rock über die viel sensibleren Aufnahmekanäle des Musikempfindens die niedersten, archetypischen Instinkte des Menschen geweckt und angeregt. - In einem US-Supermarkt ließ man mehrere Tage lang in kodifizierter Form (d.h. unter rascher Abspielung, so daß kein Wort zu verstehen war) die Sätze hören- "Ich bin ehrlich. Ich bin gut. Ich stehle nicht." Ergebnis: Die Diebstähle gingen um 70% zurück!

[17] Laut D. Hartwig-Wiechell in "Pop-Musik" (Köln 1974, zitiert in "Soziale Hygiene" Nr.42, 9). Dies darf als weiterer Hinweis auf die Tatsache gelten, daß unser Unterbewußtsein restlos alles registriert, auch das bewußt nicht Wahrgenommene oder Unverstandene.
Aleister CROWLEY war dies bekannt. Und auch hier waren es die Beatles, die seine kultische Verehrung begannen. Auf dem Umschlag Ihrer LP "Sergeant Pepper's" ist er mit einigen anderen seines Schlages abgebildet. "Das sind Leute, die uns beeindruckt haben", erklärte Ringo STARR. - Jimmy PAGE, Rock-Kultfigur der ehemaligen Gruppe "Led Zeppelin", fühlt sich als Nachfolger Crowleys und bewohnt dessen Haus am Loch Ness. "Seit den frühen 60er Jahren beruft sich eine große Zahl führender Beat-, Pop- und Rockmusiker auf Crowley", schreibt Arnold GROH in seinem Beitrag "Rockmusik im Zwielicht" ("Material-Dienst" Nr. 12/1986, 356). Ozzy Osbourne's Platte zu Ehren von Crowley "Blizzard of Ozz" (1981) gelangte als meistverkaufte Picturedisc (Schallplatte mit

eingearbeitetem Bild) in das Guinnesbuch der Rekorde. Mick JAGGER spielte die Hauptrolle in dem Film "Luzifer Rising" des Regisseurs, Schwarzmagiers und Crowley-Schülers Kenneth ANGER. John LENNON ruft in seinem Song "Bring on the Lucie" (auf seiner Platte "Mindgames" von 1973) Satan-Luzifer unter dessen Code-Nummer 666 an, er möge doch die Leute befreien. Crowley ahnte oder wußte anscheinend, was sich in unserer Zeit zutragen würde; die von ihm mit in Bewegung gesetzten dunklen Kräfte sollten gegen Ende des 20. Jahrhunderts in der "Erleuchtung aller" gipfeln. Dieselbe "Erleuchtung", die laut Bhagwan im Tode erfolgen soll?

Crowleys Forderung nach einer sich ständig wiederholenden lauten Musik, nach Drogenkonsum und hemmungslosem Sex, wird in der "Schwarzen Musik" ausgiebig entsprochen. "Sex and Drugs and Rock'n Roll is all your body needs". Sex und Drogen und Rock'n Roll ist alles was dein Körper braucht (Ian Dury). Geist interessiert sowieso nicht, und die Seele nur insofern, als sie von gewisser Seite begehrt wird. "Die Verehrung des Teufels ist nichts anderes als die Religion des Fleisches und der Materie", erklärte Satanskirchengründer La VEY (s. FN [15], S. 376).

[18] Bei "Alice Cooper" soll es sich um eine ehedem verbrannte Hexe handeln. - Wegen Gewaltverherrlichung verbot München im April 1988 Jugendlichen unter 18 die Teilnahme an einem Schreckens-Konzert dieses "Künstlers". "Coopers Show ist wahrhaft sadistisch", hieß es dazu in einem Pressebericht. "Er schlitzt Schwangeren den Bauch auf, zerfetzt Babys und reißt Menschen Arme und Beine ab, natürlich nur mit Puppen. Aber auf der Bühne siehts wie echt aus. Die Musik von Cooper (Besucher: ein Lärm-Inferno!) ist Nebensache. Nach zwei Stunden Horror-Rock wird Cooper zu seinem Song 'Killer' an einem sechs Meter hohen Galgen 'erhängt'. 3000 Besucher johlten 'Zugabe' !" - Wäre so etwas im Dritten Reich inszeniert worden, so gälte dies heute als Musterbeispiel sadistischer Jugenderziehung.

[19] S. Schmidt-Joss und B. Graves, "Rock-Lexikon", Reinbek 1975, 54. - Tony SHERIDAN gibt an, 1962 mit John LENNON in Hamburg eine spiritistische Sitzung besucht zu haben. Dort sagte ihm Lennon: "Ich weiß, daß die Beatles Erfolg haben werden wie noch keine andere Gruppe. Ich weiß es genau, denn für diesen Erfolg habe ich dem Teufel meine Seele verkauft" ("Pop" Nr. 23/1976, s. Bäumer, 54). Zwei Jahre danach waren die Beatles bereits weltberühmt und landeten einen "Hit" nach dem andern. Bis 1973 wurden 90 Millionen Langspielplatten und 125 Millionen Singles ihrer Stücke abgesetzt!
Die "Rolling Stones" ihrerseits kassierten allein für die TV-Rechte eines einzigen Konzerts (am 19.12.1989 in Atlantic City) 36 Millionen Mark. Laut Pressemeldungen brachte ihnen die gesamte US-Tournee 350 Millionen Mark ein.

[20] Nationalrat Reinhard MÜLLER, Williberg, im "Zofinger Tagblatt" vom 22.4.1989. Leider ist es selten geworden, daß Politiker sich nachhaltig für christliche Wertvorstellungen einsetzen.

[21] In Abhandlungen über die Gestaltungskraft Geisteskranker in der bildenden Kunst verschweigt man stets schamhaft die nachweisbare Verwandtschaft dieser "Kunst" mit dem Schaffen sogenannter abstrakter Künstler. Die Produktionen beider Gruppen sind absolut identisch. Hierzu ein historisches Beispiel:

Kaiserin Charlotte von Mexiko, eine belgische Prinzessin (1840-1927), war eine talentierte Malerin. Als das Kaiserreich Mexiko bedroht war, reiste sie nach Europa, um Hilfe von Napoleon III. zu erbitten. Da dieser aber zu jener Zeit all seine Truppen gegen Preußen benötigte, mußte er ihre Bitte abschlagen. Die Kaiserin regte sich darüber dermaßen auf, daß sich ihre Sinne zunehmend verwirrten. Als "vollkommene Geisteskranke" wurde sie in einem belgischen Schloß interniert. Dort begann sie wieder zu malen, aber nicht mehr "gegenständlich" wie früher, sondern wirre, unverständliche Klecksereien. Spätere Kunstkritiker erklärten, keinen Unterschied feststellen zu können zwischen diesen Bildern der Kaiserin und den Werken abstrakter Maler (H. Kotulla in "Rheinpfalz", 7.3.1964). Vgl. auch H. Prinzhorn, "Bildnerei der Geisteskranken", 2. Aufl., Berlin 1923. Neudruck 1969.

[22] "Mene Tekel", März 1963, 1119.

[23] Rudolf Schwarz, "Mehr Licht aus dem Jenseits", Büdingen 1956, 54. - Mit der "geistigen Lichtwelt" sind Bereiche des höherstufigen Jenseits gemeint. Es heißt dann weiter: "Alles, was wir hier sehen, hören, erleben, ist irgendwie Kunst. Es gibt nichts Häßliches, Unharmonisches, den Gesetzen der Schönheit und Folgerichtigkeit Widersprechendes ... (Unsere) Lichtwelt spiegelt das Wesen Gottes in all ihren Erscheinungsformen wider; ist also viel mehr als die irdische Welt, als Seiner Hände Werk zu erkennen."

Alle Macht den Hexen!

[1] Der führende britische Oberhexer SANDERS war Fabrikarbeiter und wollte "etwas mehr vom Leben haben". Eigenen Angaben zufolge vollzog er, unter Anrufung eines im Alten Testament erwähnten Dämons, einen Sexualritus mit seiner Schwester, um zu "Reichtum und Macht" zu gelangen. Sie starb nach sechs Monaten überraschend an Krebs. Sanders jedoch wurde mehrfacher Millionär und Besitzer von 17 Häusern, davon acht Bungalows auf den Seychellen, auf Barbados und Kreta ("UNICORN", Zeitschrift für Magie, Schamanismus etc., Nr. X/10984,177;180). Während seiner ersten Deutschlandtournee 1984, zahlten Hunderte seiner Anhänger jeweils 280 Mark für ein dreitägiges Seminar. Meistens Frauen.("QUICK", Nr. 46/1987, 18).

[2] Claudia Honegger im "Frauenlexikon", München 1983, 139.

[3] Miriam Simons, genannt Starhawk, in "Der Hexenkult als Ur-Religion der Großen Göttin", Freiburg 1985, 88. Als Israelitin sollte sie es eigentlich besser wissen. - Das vorhergehende Zitat von Mary DALY stammt aus "Gyn/Ökologie. Eine Meta-Ethik des radikalen Feminismus", München 1983, 130. Daß der Hexenglaube aus Urzeiten überliefert sei, hielt der Sektenbeauftragte Pfarrer Friedrich-Wilhelm HAACK für Unsinn (in "Jugend & Gesellschaft", Nr. 4/1988, 2), weil seine rituelle Ausprägung erst im 19.Jahrhundert erfolgte.

[4] Renate Schweizer in "Hexen gegen den Atomtod", Bonn 1984, 66.

[5] Pfarrer F.-W. HAACK warnte davor, sich "einfach mal so aus Spaß" aufs Hexentum einzulassen oder gar "Hexe zu spielen". Eine Frau, die einmal an einem Hexenritual teilgenommen hatte, erzählte ihm, es sei anfangs recht schön gewesen. Doch dann sei dies alles für sie zum Alptraum geworden. Erst habe sie überall Schritte gehört, dann Stimmen, und dann war es ihr, wie wenn um sie herum irgendwelche Wesen wären. Sie habe dann sogar mit Selbstmordgedanken gespielt. ("QUICK", Nr. 46/1987, 17).

[6] Cesare Lombroso, "Hypnotische und spiritistische Forschungen", Stuttgart 1909, 194.

[7] "Neue metaphysische Rundschau", Bd. 8/19o6, 225.

[8] Nicht rassereiner Nachwuchs verfiel dem Opfer. Es scheint völlig unserer Naturentfremdung und dem zunehmend schizophrenen Denken zu entsprechen, wenn man rassische Gesetzmäßigkeiten nur Tieren zubilligt, sie beim Menschen aber als "Rassenwahn" abtut, obwohl man doch sonst so gern, im Rahmen der Verhaltensforschung, vom Tier auf den Menschen schließt. Die Rassen, als materieller Ausdruck seelisch-geistiger Bedingnisse, entstanden infolge gottgegebener Naturgesetzlichkeit und haben sicherlich nicht bloß einen physisch-materiellen Sinn. Jahwe wußte offenbar sehr genau, warum er strikte Rasse-Reinhaltung gebot (vgl. u.a. Josua 23, Verse 7 und 12). Demgemäß schrieb der britische Premierminister Benjamin D'ISRAELI (18o4-1881) in seinem Buch "Endymion": "Rasse ist eine Gruppe von typischen Erbanlagen, nicht eine Gruppe von Menschen. Nicht die vielen Menschen einer Gruppe 'bilden' zusammen die Rasse, sondern jeder von Ihnen *hat* Rasse, *eine* Rasse oder mehrere Teile von verschiedenen."

"Systematisch haben wir versucht," erklärte der Mikrobiologe und Nobelpreisträger für Medizin und Physiologie, David BALTIMORE, "das Gefühl der Unterschiede auszurotten, das auf so abergläubischen Kriterien wie Rasse und Hautfarbe beruhte." Nun aber gebe die Molekularbiologie den "alten Vorurteilen" neue Nahrung, und zwar mit dem naturwissenschaftlich exakten Nachweis von Unterschieden im genetischen Programm ("Spiegel", Nr. 47/1982). Differenzierung ist eines der Grundprinzipien der fortwährenden Schöpfung. Sie bildete im Laufe von Jahrtausenden unterschiedlich veranlagte Rassen und Völkerschaften heraus, von denen ein deutscher Philosoph einmal sagte, sie seien "Gedanken Gottes".

[9] Dr. Beat IMHOF stellte zwölf erkannte Schöpfungsgesetze zusammen, unterteilt in drei Gruppen: I. Lebensgesetze: Dualitätsgesetz, Polaritätsgesetz, Sympathiegesetz, Energiegesetz. II. Entwicklungsgesetze: Rhythmusgesetz, Resonanzgesetz, Ausgleichsgesetz, Stirb- und Werde-Gesetz. III. Ordnungsgesetze: Wandlungsgesetz, Kausalitätsgesetz, Entsprechungsgesetz, Ganzheitsgesetz.

[10] "Die andere Welt", Nr. 12/1968, 1080.

[11] Zusammengefaßt dargelegt in "Wiedergeburt, ein Leben oder viele?", Kapitel "Die Dualseelen-Lehre", 124ff. (Knaur-Taschenbuch Nr. 4154, vergriffen).

[12] Im indischen Nationalepos Mahabharata mit seinen rund 100.000 Doppelversen aus elf Jahrhunderten, lesen wir: "Der Mensch häuft um des Weibes willen böse Werke auf, dafür muß er Pein erdulden im Jenseits und schon hinieden." (XII, 321, 85). "Die Weiber sind es, welche das Gewebe des Samsara fortsetzen" (Samsara bedeutet im Hinduismus den ewigen Kreislauf der Wiedergeburten). "Sie sind von Natur das Akkerland, die Männer sind ihrem Wesen nach die Kenner des Ackerlandes. Darum soll der Mann sie ohne Unterschied ganz besonders meiden. Denn verschmitzt sind sie und von schrecklicher Art und betören den Unkundigen; sie sind ganz in Leidenschaft versunken und eine ewige Verkörperung der Sinnlichkeit" ("Indriyanam", XII, 213, 7-9). Im Gesetzbuch des Manu 3,56 hingegen heißt es: "Wo die Frauen geehrt werden, da freuen sich die Götter."
Im Alten Testament überwiegt das negative Urteil über die Frau, z.B. Sirach 9,18ff; 25,12ff., und das 26.Kapitel. Im Neuen Testament ist dies auf die Weisung abgemildert, das Weib habe dem Manne untertan zu sein und zu schweigen in der Gemeindeversammlung (Kol. 3,18; Eph. 5,24; 1.Kor. 14, 34-35; 1.Petr- 3, 1-6; 1.Thim.. 2.11-12). In der Offb. Joh. 14,4 jedoch kommen die lieben Frauen wieder schlecht weg, denn jene 144.000 Geretteten auf Zion sind solche, "die sich mit Weibern nicht befleckt haben".
Auf dem Konzil zu Nicäa (325) debattierte man die Frage, ob der Frau eine Seele zugesprochen werden könne, und fränkische Bischöfe disputierten noch Ende des 6.Jahrhunderts, ob die Frau den Namen "Mensch" überhaupt verdiene! LUTHER bezweifelte ebenfalls das Vorhandensein einer Seele im Weib. Im ISLAM gilt die Frau noch heute als

seelenloses Wesen, und Kap. 3 Vers 38 des Korans erlaubt, Frauen zu schlagen. Thomas von AQUIN (1222-1274), der "Doctor Angelicus" und größte Scholastiker, hing den Frauen gleich eine dreifache Minderwertigkeit an: die biogenetische (weil sie aus der "Rippe" des Mannes erschaffen wurden), die funktionelle (wegen der passiven Rolle der Empfangenden beim Fortpflanzungsakt), und die qualitative (weil sie dem Geist des Mannes nicht gewachsen sei).

TRITHEMIUS, Abt von Sponheim (1462-1516), von Esoterikern hochgeschätzt, der die Magie in drei Richtungen unterteilte, in die natürliche, die kabbalistische und die satanische, schrieb in seiner "Anleitung zum priesterlichen Leben" über die Frauen: "Pforte des Teufels, Tor der Hölle, Weg der Ruchlosigkeit, harte Verderbnis des Skorpions und schädliches Geschlecht: den keuschen Mann zu täuschen, ist die vertraute Frau. Wenn sie sich nähert, reizt sie an; wenn sie spricht, entzündet sie; wenn sie berührt, facht sie jäh an." - Diese traurige Aufstellung ließe sich fortsetzen.

[13] In einer Jenseitskundgabe heißt es, das Weib solle die Erhalterin und Trägerin des Gottglaubens sein. Im göttlichen Sinne zu wirken und selber das Bild seelischer Reinheit darzustellen, gehöre zu ihrer Aufgabe. Dadurch könne sie auch den Mann vom Wert höherer Anschauungen überzeugen. "Je mehr die Frauen keck ihre Häupter zwischen Männer stecken, desto erbärmlicher werden sie, weil sie aus ihrem Gesetz - der empfangenden, hingebenden Natur - heraustreten, erzeugen wollen und es nicht können." Und weiter: "Ihr wollt ... öffentlich auftreten, den Männern gleichgestellt worden, und hoffet hierin eine nie geahnte Größe zu erreichen? O Frauen, wollt Ihr euch eurer *angeborenen* Größe berauben? Wollt Ihr euren Wirkungskreis, der so umfassend in das innere soziale und zivilisatorische Leben eingreift, selber zerstören? Es wäre dies der größte Fehltritt und eine ungeheure Derotation aus eurem Gesetze." (Adelma von VAY, "Studien über die Geisterwelt", Leipzig 1874, 25). In der Tat entsprach die soziale und rechtliche Geringschätzung der Frau weder früher noch heute ihrem tatsächlichen Einfluß. SCHILLER hat wohl auch hier recht mit seinen berühmten Worten: "Mächtig seid ihr, Ihr seids durch eurer Gegenwart ruhigen Zauber. Was die stille nicht wirkt, wirket die rauschende nie." - Gewiß, und schon gar nicht als Hexe!

[14] Am Internationalen Frauentag 1990 zogen 450 Damen parolenschreiend durch Zürich, riefen "Feuer und Flamme dem Patriarchat", forderten die "Abschaffung der Institution Ehe", blockierten den Verkehr, besprayten Gebäude und machten Jagd auf krawattentragende Männer. Entledigten letztere sich nicht unverzüglich ihres "mackrigen Statussymbols", so wurde mit Schere und Farbspraydose "gearbeitet" und es setzte Prügel ab. "Aufruhr, Widerstand, es gibt kein ruhiges Vaterland!" lautete eine der geschlechtskämpferischen Parolen. - Soll *das* die künftige Frau im Wassermann-Zeitalter sein? (Zürcher Presse vom 10.3.1990).

[15] Beispiel Wirtschaft: Die US-Weltfirma Proctor & Gamble (P&G) vertreibt u.a. die Markenartikel Pampers-Windeln, Shampoo "Head & Shoulders", Camay-Seife und die Waschmittel Ariel, Dash, Lenor und Meister Proper, Wick-Hustenbonbons, Zahnpasten, Deodorants, Nahrungsmittel und Toilettenpapiere. Der Generaldirektor von P&G erklärte in einer TV-Direktübertragung (laut Wisconsin Report, The Phil TV-Show, Oktober 1984) ungeniert, er habe einen Pakt mit Satan geschlossen und ihm als Gegenleistung seine Seele verschrieben. Von da an sei es mit seiner Firma enorm aufwärts gegangen. Ein Großteil der Gewinne fließe seither der "Kirche Satans" zu. Gründer jener Satanskirchen war 1966 ein gewisser Howard LEVY, der sich Anton Szandor La VEY nannte. Bücher von ihm: "Satanische Bibel" (1969), ein Hexenbuch (1971) und "Satansrituale" (1972). Im Horrorfilm "Rosemarys Baby" spielte er als Teufel die Hauptrolle. Er starb 68jährig am 31.10.1997, bezeichnenderweise an Halloween, dem Festtag der Dämonen. Auf die Frage, ob er denn keinen Umsatzrückgang befürchte, wenn er öffentlich solch ein Geständnis mache, erwiderte jener Generaldirektor, daß es in Amerika und Europa nur noch wenige überzeugte Christen gebe, die seine Firma boykottieren würden. Das Firmenzeichen von P&G zeigt das seitliche Gesicht Luzifers in Halbmondform mit 13 Pentagrammen.

[16] Aus "Der schwarze Pfad. Interview mit Ulla von Bernus", in "Hexen, New Age, Okkultismus", Flensburger Hefte, Heft Nr.13 (Flensburg 1999, 3.Aufl., 15, 17, 39, 41, 44ff.). Die "Flensburger Hefte" vertreten die Anthroposophie Rudolf Steiners. Dessen Bekenntnis zu Luzifer ist unbestritten, gab er doch - wie H.P. Blavatsky - seiner ersten Zeitschrift dessen Namen. Insofern also verständlich, wenn die zitierte Publikation die Nr. 13 trägt und der Buchumschlag in den weltweit gebräuchlichen Satansfarben schwarz/rot gehalten ist.

[17] Aus "Schwarze und weiße Magie. Von Satan zu Christus". Flensburger Hefte. Sonderheft 12 (2.Aufl.), 11, 17, 25, 27.

Naturgeister und Elementseelen

[1] Wenn man sich mit der Kraft eines Baumes "aufladen" will, so sollte man möglichst wissen, welche Baumart zu einem am besten paßt (kann gegebenenfalls mit dem Pendel ermittelt werden). Gefühlsmäßig und von der Sympathie her wird man ohnedies gewiße Bäume bevorzugen. Schon COMENIUS empfahl, alte Buchen oder Eichen aufzusuchen. Vor diese stelle man sich hin, mit dem Rücken an den Stamm gelehnt und die Handinnenflächen fest an die Rinde drückend. Dann beginne man mit tiefen Atemzügen sich in das Baumwesen einzufühlen, um Übertragung seiner Kraft zu bitten und der Baumseele - Gottes Segen wünschend - zu danken. Etwa zehn Minuten reichen erfahrungsgemäß zu einer spürbaren

Kraftaufladung, besonders wenn dies öfters und am gleichen Baum geschieht.

[2] Wenn man Blumen pflückt, betrübt man die Naturgeister, denn sie betreuen dieselben, bis die Fortpflanzung gesichert ist. Blumenelfchen müssen vorzeitig sterben, wenn man abgerissene Blumen wegwirft oder eine Wiese mäht.

[3] B. Flemming, "Kleines Lexikon & Register für das theosophische Weltbild", München 1976, 10. - Die Devas bilden hier eine eigene Entwicklungslinie. Nach HPB soll es 330 Millionen geben, was - auf das ganze Universum bezogen - ein bißchen wenig wäre. Im Christentum sind Engel (vom griech. angelos = Botschafter) "überirdisch geschaffene Wesen", als Mittler zwischen Gott und den Menschen ("Konstanzer kleines Bibellexikon", 3.Aufl., Konstanz 1964, 96). Ob sie unsterblich sind, wird nicht gesagt. Es werden allerlei Rangstufen angenommen, von Erzengeln und Engeln angefangen, über Seraphim, Cherubim und "Throne" bis zu Morgensternen (Hiob 38,7). Von den sieben Erzengeln (das Wort kommt vermutlich von Erst-Engeln = Erstlingen) werden in der Bibel namentlich bloß Michael und Gabriel genannt; apokryph, d.h. außerhalb der kanonischen Schriften, Raphael und Uriel. Das zweite Konzil zu Nicäa im Jahre 787 erlaubte die Engelverehrung bzw. deren Anrufung, jedoch keine Anbetung.

Vielfach herrscht die Ansicht vor, Engel als bewußtseinsbegabte Teilkräfte des Gotteswillens hätten selber keinen freien Eigenwillen. Das dünkt mir fragwürdig zu sein; denn beim Urprinzip "Gott" scheint es keinerlei Zwang zu geben (selbst in den 10 Geboten heißt es nicht "du mußt", sondern "du sollst"), und da es uns offenkundig freisteht, durch die Wahl einer naturwidrigen Lebensweise gegen in uns, um uns und durch uns wirkende Naturgesetze bewußt oder unbewußt zu verstoßen, so können die hochentwickelten Engelwesen - so meine ich - unmöglich Instinktautomaten sein. Wie hätte es auch zu einem Engel- resp. Geisterfall kommen können, ohne Wahl- und Entscheidungsfreiheit? - Auch die Ansicht, jeder Engel müsse Mensch gewesen sein, mutet mir unwahrscheinlich an; kann es dann *vor* der Menschwerdung schon Engel gegeben haben? Am glaubwürdigsten kommt mir persönlich die Aussage in "Geist, Kraft, Stoff" vor, derzufolge Engel entweder gut *gebliebene* oder gut *gewordene* (geläuterte) Geister der Nachschöpfung, der zweiten Schöpfung, sind ("Reformierende Blätter" II, Budapest 1879, 105).

[4] Eine sich als Naturseele ausgebende Wesenheit erklärte Baronin von VAY gegenüber: "Wir sind erschaffen wie ihr, nur nehmen wir andere Wege als ihr Menschen." Und bei anderer Gelegenheit: "Ich lebe, walte, schaffe in der Natur nach dem Gesetze, das mich leitet und dem ich gerne willig folge ... Wir, die Scharen der Wärme-Geister, heilen das, was die ... Kältegeister zerknittern" (ein etwas unpassender Ausdruck). "Wir

rufen ins Leben, was sie erstarrten, und heilen, wo sie zu töten glaubten.
Wir schmelzen das Eis, treiben die Wellen, erwecken der kalten Erde
Schoß. Wir hauchen den erstarrten Gräsern und Blumen Leben, Farbe,
Duft ein. Wir erweitern die Brust des Kranken, geben Lebenslust dem
müden Pilger. Wir nehmen viele starre Geister mit uns und bringen junge
Wesen der Einverleibung zu. Wir leiten die Einverleibung des Seelen-
prinzips, d.h. jenes Seelenlebens, welches zur Bildung, Erhaltung und
Wärme dient. Wir erzeugen ausgleichende Fluide ... Wir treiben die
Knospen auf, machen die Blüten erspießen, die Früchte reifen."
(A.v.Vay, "Visionen im Wasserglas", Budapest 1877, 81). Auf die Frage,
wieso sie unsere *Sprache* verstünden und sprechen, lautete eine Antwort:
"Ich kenne die Menschensprache und Schrift, ohne sie je gelernt zu haben, indem ich die Prinzipien derselben kenne. Ich suche mir die Ingre-
dienzen (Bestandteile) zusammen und sage, was ich zu sagen habe. Das
ist wahre Wissenschaft, die Prinzipien der Dinge zu kennen" (aaO., 82).

[5] 2. Aufl., Berlin 1967, 33, 173 u.a. Stellen. Bäzner schreibt: "Der starke,
von magischer Kraft erfüllte Wille des Menschen vermag Naturgeister,
sei es bewußt oder unbewußt, zu schaffen." Dasselbe könne jede Mutter,
die in selbstloser Liebe auf das Wohl ihres Kindes bedacht ist, und jeder
Mensch, der helfen und dienen will. Auch jene "leitenden Mächte des
Weltalls", die man Adepten und Meister nennt, würden Naturgeister
schaffen "als Werkzeuge zur Erfüllung ihrer erhabenen Aufgabe der
großen Welt- und Menschheitsentwicklung".

Bäzner scheint hier Gedankenformen und -kräfte mit Naturgeistern zu
verwechseln. Andererseits entspricht es der Wahrheit, daß jeder Mensch
Gedankenformen erzeugt, die als zweifach (nach innen und nach außen)
wirkende Energiequanten nach ihrer Verwirklichung streben, je mehr
man sie "nährt", d.h. je öfter und intensiver man sie denkt und daher die
schemenhaften Formen mit Energienachschub versorgt. Im Extremfall
können auf solch rein gedankliche Weise durchaus eine Art Elementarwesen entstehen, aber das sind Gedankenautomaten, keine Naturgeister.
Leider lassen die esoterischen Vorstellungen auf diesem Sektor oft mehr
Unwissenheit als Wissen erkennen.

[6] Remagen 1963, 131. - Die stark medial veranlagte Autorin war Gründerin und langjährige Leiterin der Wiener "Liga für parapsychologische
Forschung".

[7] Die Paradiesesgeister empfingen Belehrung nicht mehr direkt aus Gott,
sondern von den treugebliebenen Erstlingsgeistern, während die Versuchung von seiten der gefallenen Erstlinge an sie herantrat. Der Gegensatz, die "Versuchung", war also schon vorhanden. Die Geister der 2.
Schöpfung sollten durch Ihren Widerstand, "im Erhalten ihrer Reinheit,
den Gefallenen zur Lehre dienen. Es war daher ihre Bestimmung eine
zweifache: zu lehren und zu lernen."

[8] Emanuel zufolge (in "Zu freien Ufern", Nr. 6/1978, 515) entstehen Elementargeister aus hochentwickelten Tierseelen. Bei Jakob LORBER hören wir dasselbe mit anderen Worten (vgl. Walter Lutz. "Die Grundfragen des Lebens in der Schau des Offenbarungswerkes Jakob Lorbers", Bietigheim 1969, 95 und 162). Ebenso Herbert ENGEL in seinem Buch "Der Sphärenwanderer" (Interlaken 1981, 235) und "Der Eremit" (St.Goar 1988, 99).

[9] A.v.Vay, "Geist, Kraft, Stoff", 6. Aufl., Berlin 1969, 76, sowie "Die Sphären zwischen der Erde und Sonne", Berlin 1890, 222. Hier findet sich eine der kürzesten Erläuterungen, die Adelma von Vay hierzu erhielt:

"Ein jedes Atom findet seine Belebung, Form und Ausbildung vom Geistigen bis zur Materie, durch alle Mineralien und Vegetabilien. Diesen Verwandlungen stehen leitende Erstlingsgeister vor. Aus der Belebung der Mineralien führt die Rotation das Lebensprinzip in das pflanzliche Reich ein, wo es sich zu einem bewußteren seelischen Leben entwickelt, denn hier entfalten sich die belebenden Kräfte schon einzeln und nach Arten, es beginnen die Abstammungen des einen aus dem andern. Das Verwandeln des fluidischen, mineralischen, pflanzlichen, tierischen Lebens ist *ein* Leben, ist das innige Band, welches alles aneinanderknüpft. Nirgends ist eine Trennung, sondern überall Übergänge, Verwandlungen. Das Lebensprinzip wird geartet, indem es sich zum Seelenprinzip entwickelt.

Der Geisterfall erzeugte Gegensatz-Fluide, -Kräfte und -Eigenschaften, ebenfalls durch das Lebensprinzip belebt, wodurch die gröbere Materie, die Giftpflanzen und die bösen Tiere entstanden, *als Folgen des Geisterfalles*. Es gibt kein uneinverleibtes Seelen- oder Lebensprinzip; nach dem Absterben erfolgt sofort die Wiedereinverleibung dieser Prinzipien. Das Lebensprinzip der abgestorbenen Pflanze erweckt sofort ein neues Leben, und ebenso ist es mit dem Seelenprinzip der Tiere. In der Erde und den Mineralien liegt das Lebensprinzip in der Kindheit. Wenn es diese Phase - sich potenzierend - durchgemacht hat, so belebt es das Pflanzenreich; es wird dann sozusagen empfindsamer und fühlt Wärme, Kälte, Licht. Es hat einen rascheren Wechsel von Tod und Leben, es macht nun dieselbe potenzierende Stufenleiter durch und wird dann, das Tierreich belebend, ein Seelenprinzip, mit Instinkt, Selbsterhaltungstrieb, Gesicht, Gehör, Geschmack begabt. Das Seelenprinzip nähert sich dem Menschen im Tiere, daher ist das mutwillige Töten der Tiere unrecht, *die Vivisektion eine Barbarei*, ein Verbrechen gegen die empfindenden Seelen der Tiere. Einer unschuldigen Seele im Tierleibe mutwillig Leiden und Schmerzen der entsetzlichsten Art zu bereiten, ist ein Verbrechen vor Gott und der Natur. Der Mensch hat nicht das Recht, Seelen so grausam zu quälen. Gott gab ihm andere, bessere Mittel an die Hand, wissenschaftlich zu forschen."

"Nachdem das Seelenprinzip das Tierreich belebte, zieht es in die Belebung der Elemente ein und wird zu Element-Seelen. Diese haben Empfindung, Gehör, Gesicht, Sprache, Form; sie sind aber keine Individuen, sondern eben Seelen, die einer Verwandlung harren, welche sie erst individualisieren soll. Sie müssen dem Gesetze, an das sie gebunden sind, folgen und haben keinen freien Willen."

"Die gereinigten Elementseelen steigen ... empor bis zum Urlicht, wo sie zu Embryogeistern werden. Die Verschmelzung mit dem Hauche Gottes, diesem Element der Unsterblichkeit, schafft aus den Elementseelen Geister." Dadurch bekomme der Geist zwei "Essenzen": Die unsterbliche individualisierende Essenz Gottes, und die Seelenessenz, welche der Natur innewohnt. Damit seien männliches und weibliches Prinzip im Dualgeiste vereint.

[10] Wirkende Kräfte bei paranormalen Phänomenen wie Tischrücken, Klopfen, spukhaften Vorgängen, Levitation (Schweben von Menschen oder Gegenständen) u. dgl. werden oft irrtümlicherweise auf Verstorbene zurückgeführt. Soviel wir bis jetzt wissen, ist die Vermutung, daß es sich um Seelenwesen aus dem Astralbereich handeln könnte, naheliegender. Schon die alten Hebräer führten das Tischrücken sowie das selbständige Schweben eines mit schweren Gewichten belasteten Tisches auf die Tätigkeit der *Schedim*, Zidim und Ohim zurück, der Elementargeister. Von JESUS wird berichtet, daß er die Macht besaß, z.B. über Sturmgeister zu gebieten (Matth. 8,26).

Das seinerzeit weltberühmte Medium Daniel Douglas HOME (1833 - 1886), dem trotz unwahrscheinlichster Phänomene niemals Betrug nachgewiesen werden konnte (und der auch nie Geld für seine Demonstrationen nahm), arbeitete viel mit Elementar- und Naturgeistern zusammen. In Trance schwebte er manchmal bis zur Zimmerdecke, als ob er getragen würde. Am 16.12.1868 levitierte Home im Ashley-House, in der Londoner Victoria-Street, durch ein Fenster hinaus und kam zu einem anderen wieder hereingeschwebt. Das Stockwerk befand sich 21 m über dem Erdboden (W. Bormann, "Der Schotte Home", Leipzig 1909, 71). Den Eindruck des Getragenwerdens hatte man auch bei dem in Trance schwebenden afrikanischen Medizinmann, in dem Film "Reise ins Jenseits" von Rolf OLSEN.

[11] Jean E. Charon, "Der Geist der Materie", Wien 1979, 147.

[12] Kurt E. Koch, "Okkultes ABC", o.J., 195. - Der christliche Platoniker Michael PSELLUS verfaßte um 1100 ein Buch über die Naturgeister und unterteilte sie in sechs Klassen, in Luft-, Erd-, Wasser- und Feuerwesenheiten sowie unterirdische und lichtscheue Geister. Trithemius und Agrippa behielten diese Einteilung bei. Für PARACELSUS sind die Naturwesen keine gefallenen Engel, sondern "die Blüten der Elemente"; natür-

liche Wesen, mit einem gewissen Verstand begabt und in ihren Elementen lebend.

Während manche Naturgeister ihre Form ständig wandeln, bleibt bei anderen die menschliche oder menschenähnliche Form mehr oder weniger konstant, obwohl auch sie ihr Aussehen und ihre Größe verändern können.

In alten Chroniken wird manchmal sogar von ehelichen Verbindungen zwischen Feen oder Wassernymphen und Menschenmännern berichtet. Auch Paracelsus war hiervon überzeugt und führt das Beispiel eines Stauffenbergers an. Die solchen Verbindungen entsprungenen Kinder sollen normale Menschen gewesen sein, während es die jeweiligen Mütter erst durch ihre Ehe mit einem "Mann aus Adam" (lt. Paracelsus) wurden, d.h. geistige Unsterblichkeit erlangten. Ob möglicherweise hier die Wurzel zu suchen ist für den Wahn, Frauen hätten keine Seele?

[13] W.H.C. Tenhaeff, "Kontakte mit dem Jenseits? - Der Spiritismus-Report", Berlin 1973, 252.

Yoga und Meditation

[1] K.O. SCHMIDT schreibt in einem seiner Werke: "Yoga ist seinem Wesen nach nichts als Konzentration auf das Höhere, das in dir zur Entfaltung kommen will und wird. Christlicher Yoga ist stete Besinnung auf den Christus in dir, als den Garanten deines ewigen Fortschritts und Aufstiegs." Und "Erwarte darum stets das Höchste von dir, dann rufst du Großes aus dir hervor. Dein Glaube an dich (im Sinne von Selbstvertrauen. R.P.) weckt und steigert dein Leistungsvermögen, und das ist ohne Grenzen."

[2] Was Atemübungen anbelangt, so schreibt MIERS in seinem Lexikon (S. 52), solche seien heute in den meisten theosophischen und esoterischen Gemeinschaften verpönt, "zumal sie dem einfachen Mitgliede ermöglichen könnten, den Entwicklungsstand der *Meister* zu prüfen und zu kontrollieren."

[3] Rudolf F. SIEBER meint (in MuSch 9.Jg., Nr. 14,4), für einen religiösen Menschen seien Yogapraktiken keine Gefahr, sondern eine Ausweitung. Wer jedoch meine, hierdurch zu Gott zu gelangen, der gebe sich falschen Vorstellungen hin. Die Aussagen von Hiroshi MOTOYAMA und Gopi KRISHNA besagen allerdings das Gegenteil. - Das Zitat von Horst MIERS stammt aus der Zeitschrift "esotera", Nr.4/1970, 361.

[4] Wiedergegeben in K. Aram, "Magie und Mystik", Berlin 1929, 598. - Jener ekstatische Zustand setzte beim Sadhu meistens ein, nachdem er ungefähr 20 Minuten betend und meditierend verbracht hatte (wobei ihm seine Yogapraxis zugutegekommen sein mag) und dauerte oft mehrere

Stunden. Er versicherte, dabei jeglicher Zeitempfindung verlustig zu gehen, alles sei ihm Gegenwart. Dies sei weder krankhaft noch mit Halluzination oder Träumerei vergleichbar, sondern ein gesteigertes Wachsein. "Ich vermag darin klar und scharf zu denken ... Ich wage zu behaupten, daß die Geistestätigkeit in diesem Zustand nicht mehr durch das physische Gehirn behindert wird." Die dann für ihn wahrnehmbaren Bilder würden zwar denen unserer Welt gleichen, und doch sei ein Unterschied vorhanden. Diesen versucht er mit den Worten zu verdeutlichen: "Wenn ich in dieser (physischen) Welt Blumen und andere schöne Dinge sehe, so bewundere ich sie, sie aber bleiben passiv. In der geistigen Welt jedoch, die ich während der Ekstase aufsuche, ist gerade das Gegenteil der Fall: sie sind aktiv und ich bin passiv."

[5] Miers-Lexikon, 337/8. - Hans FREIMARK schrieb: "... das erzieherische Werk von Raja-Yoga ist das Herausholen der höheren Natur und die Umwandlung alles dessen, was nicht der göttlichen Seite zugehört. Damit wird in diesem System sowohl die physische, als auch die intellektuelle und moralische Natur berücksichtigt und mit jener Aufmerksamkeit bedacht, welche ein vollkommenes Gleichgewicht in die Wege leitet" (in "Moderne Theosophen und ihre Theosophie", Leipzig 1912, 37). Raja-Yoga, der "königliche Weg", soll vom legendären PATANJALI (die Angaben seiner Lebenszeit schwanken zwischen 800 vor und 400 nach u.Z.) in seinen "Yoga-Sutren" schriftlich niedergelegt worden sein. Hiervon gibt es mehr als zwanzig englische Übersetzungen, "und alle geben voneinander abweichende Auslegungen" (laut Anna Kennedy-Winner, in "Leitfaden zur okkulten Weisheit", München 1981, 120). "Um das Patanjali-System richtig zu praktizieren und nicht nur seine Philosophie intellektuell zu erfassen," schreibt die Verfasserin, "wird geraten, daß der Schüler ständig von einem fortgeschrittenen lebenden Guru überwacht wird, der nachprüft, ob die Übungen des Schülers wirklich korrekt ausgeführt werden." Ein solcher Guru sei jedoch für einen westlichen Studierenden nicht leicht zu finden. - Ein weiterer Hinweis auf die Problematik hiesiger Yoga-Schulung.

[6] Kahir, in "Das verlorene Wort. Mystik und Magie der Sprache'" Bietigheim 1980, 39.

[7] N. Lauppert, "Spiritismus, Magie, Yoga. Eine vergleichende Kritik", Graz 1948, 27. - Trotzdem dürfte auch hier Vorsicht geboten sein gemäß dem Motto "Eines schickt sich nicht für alle". Mir kam ein schlimmer Fall zu Ohren, der im Zusammenhang mit Raja-Yoga einen jungen Mann betrifft. Vielleicht auch lag es weniger am System, als vielmehr am Lehrer; solches läßt sich nur schwer beurteilen.

Auf Hatha-Yoga-Ebene liegen soll ferner das vielgelesene Buch von Karl WEINFURTER (1870-1942) "Der brennende Busch" (Lorch 1953) sowie die von dem Deutschrussen Otto Hannisch (unter Esoterikern bekannt als Dr. Ottoman HANISH gegründete Mazdaznan-Bewegung. Nach MIERS nannte er sich seinen Anhängern gegenüber "Seine Demut Zar Aduscht Hanish". Er soll sich als Perser ausgegeben haben und - wie kann es anders sein - aus Tibet kommend, wo er des Dalai Lamas Geheimnisse erfahren haben will. Miers schreibt, seine Lehren würden jedoch aus handelsüblichen Büchern stammen und eine Mischung aus Zarathustra, Hinduismus, Buddhismus, Christentum und Islam darstellen.

Dr. Norbert LAUPPERT schreibt (aaO., 25ff): "Durch die Konzentration des Atems oder das Meditieren einzelner Buchstaben auf bestimmte Körperstellen (ersteres gehört zur Mazdaznan-Methode, letzteres wird in Weinfurters Buch angeraten) besteht aber weiter einerseits die Gefahr, daß infolge fehlerhafter oder ungenauer Anwendung Zerstörungen hervorgerufen werden, die nicht wieder gutzumachen sind, andererseits aber wird das Bewußtsein durch diese Methoden auch der unmittelbaren Einwirkung niederastraler Kräfte zu einem Zeitpunkt geöffnet, in den der Mensch denselben noch keineswegs moralisch gewachsen ist ... Wenn aber ein moralisch nicht gereinigter Mensch mit den Bereichen der Astralwelt in bewußte Verbindung tritt, so kann er dies notwendigerweise nur mit ihren niedersten und dichtesten Unterabteilungen tun." Dies aber sei die Welt der Dämonen. Durch vorzeitiges Öffnen seiner Chakras setze der Mensch sich diesen gefährlichen Einflüssen aus, noch ohne ihnen wirksam begegnen zu können. Überdies laufe er Gefahr, die erworbenen Kräfte für selbstsüchtige Zwecke zu mißbrauchen. Dies sei insbesondere auf sexuellem Gebiet nicht selten und werde in ihrer verderblichen Bedeutung zu wenig beachtet.

[8] Dr. Fritz QUADE schreibt auf S. 53 seiner "Naturordnung": "Darum befinden sich die Selbsterlöser in Indien, so hoch sie auch bei ihren Bemühungen um äußere Beherrschung niederer und egoistischer Triebe, überhaupt Ihres ganzen Gefühls- und Gedankenlebens steigen mögen, *nicht* auf dem richtigen Wege. Bringen sie es nicht zu der Gethsemane-Demut des: 'Aber nicht wie Ich will, sondern wie Du willst' und zu der Erkenntnis, daß sie ohne den Erlöser (Christus) noch in Lichtwelten werden Luzifer unterliegen können, so gewinnen sie nicht das 'Himmelreich'. Und ergänzend (S.63): "Auf allen Gestirnen, auf denen gefallene Menschengeister inkarnieren, hat Luzifer Macht. Behält er doch die Beziehung zu den Geistern, die in den seiner Herrschaft unterstellten Welten lebten und ihm auf dem Wege der Trennung (Absonderung) vom Schöpfer gefolgt waren. Wäre diese Macht schrankenlos, so könnte kein gefallener Menschengeist zu Gott zurückfinden." - Aus meiner gegenwärtigen Erkenntnis heraus kann ich dieser Aussage nur zustimmen. Außerdem findet Dr. Quades Hinweis Beachtung, wonach Yoga allgemein auf dem wenig empfehlenswerten Prinzip des "*Mein* Wille geschehe" beruht.

[9] Eugen VINNAI (1899-1961) schrieb: "Stille ohne Gott ist eine gefährliche Sache. Sie zieht dämonische Mächte heran und macht den passiv erschlossenen Menschen zur medialen Austragsstätte dunkler Einflüsse. Viele Künstler sind daran zugrunde gegangen. Daher sagt die Schrift: 'Sei stille im Herrn!' (Ps. 37,7 und 62,2); also nicht außerhalb des lebendigen Gottes, sonst füllt der Geist der Gottferne das Vakuum der passiven Stille mit sich selbst, d.h. mit Satansgedanken" (Sédir, "Esoterisches Christentum", 2.Aufl. St.Goar 1988, 123).

[10] MuSch 8.Js., Nr. 9,15.

[11] "Der große Holunderbaum", Göttingen 1982, 9. - KAHIR sprach in diesem Zusammenhang vom Verstandes-Okkultismus" und bemängelte jene "verstofflichende Geistigkeit", die zu einer allzu materiellen Auffassung der Geheim- bzw. Geisteswissenschaften verleitet. Hierzu rechnete er u.a. die Methoden zur Aktivierung paranormaler Kräfte, wie "durch Atem-Gymnastik (Hatha-Yoga; Atemübungen sind höhere Magie), zeremonielle Magie, Beschwörungen, Talismane und alle stofflichen Hilfsmittel zur Erreichung astraler Wirkungen". Nicht alle diese Wissens- und Erkenntniswege seien an sich 'vermatertalisierend', sondern das, was viele daraus machten und noch immer machen. Geistig aufgefaßt, könne uns ein jeder dieser Wege zum Entwicklungsziel hinführen, denn die Vielfalt des Seelenlebens erfordert persönliches Eingehen auf die jeweilige Entwicklungsstufe. Stufen jedoch seien zum Weiter- und Höherschreiten da, nicht aber zum Stillstehen (MuSch 4.Jg.,Nr.5,20). Das wiederum entspricht völlig dem "Cherubinischen Wandersmann" des Angelus Silesius, wenn er sagt: "Freund, so du etwas bist (weißt), so bleib doch ja nicht stehn; man muß von einem Licht fort in das andre gehn!"

[12] Aus "Das Buch Emanuel", München o.J., 237. Mit freundl. Genehmigung des Drei-Eichen-Verlages.

Wisse, wolle, wage, schweige!

[1] H. Reller und M. Kießig, "Handbuch Religiöse Gemeinschaften", 3.Aufl.,Gütersloh 1985, 424. - Der preußische Staatsminister Joh. Chr. Wöllner (1732-1800) sah in der obersten preußischen Schulaufsicht eine Angelegenheit des Ordens. Auch Friedrich Wilhelm II. war Ordensmitglied.

[2] ZfO 1929/30, 540. - Die Illuminaten waren 1776 von dem Ingolstädter Israeli Adam WEISHAUPT (1748-1830) gegründet worden. Er lehrte eine vernunftbegründete Religion ohne Gott, derzufolge der Mensch keiner obrigkeitlichen Regierung und auch keines Gottglaubens bedarf, wenn Vernunft obwaltet.

Weishaupt nannte seinen Orden anfangs "Perfektibilisten-Orden", erst später "Illuminaten" (die Erleuchteten). Freiherr von KNIGGE, Mitglied seit 1780, arbeitete einen Teil der Ordensgebräuche aus und führte der Gesellschaft Mitglieder aus hochstehenden Kreisen zu. GOETHE war ebenfalls dabei, besuchte die Zusammenkünfte aber nur sehr selten. MIERS schreibt (Lex., 207): "Da Weishaupt für seinen Orden nur schwer Anhänger gewann, gab er ihn bald für die echte Freimaurerei aus und versuchte, sich ganze Freimaurerlogen zu unterstellen. Ob Weishaupts Motive redlich waren, ist noch immer umstritten." Von Gegnern werden die damaligen Ziele des Ordens als frühe Form des Anarchismus und mitverantwortlich für den Ausbruch und die Greuel der französischen Revolution angeprangert, bei der das Christentum abgeschafft und durch einen Kultus der Vernunft ersetzt werden sollte, was Tausenden das Leben kostete (vgl. Goethes "Faust": Er, der Mensch, "nennt's Vernunft und braucht's allein, nur tierischer als jedes Tier zu sein"). - Weishaupt mußte Herrn von Knigge eingestehen, daß die geheimnisumwitterten "hohen Oberen" ebenso wenig existierten wie die höheren Grade, auf die v. Knigge ständig vertröstet worden war. Er verließ sodann den Orden.

[3] Mitbegründer war seinerzeit der sich "Freiherr von SEBOTTENDORF" nennende Theosoph Ing. R. GLANDECK. Johannes Welretor weist (in MuSch 9.Jg., Nr. 14,6) nach, daß dessen Schrift "Die Praxis der alten türkischen Freimaurerei" (Freiburg 1954) Unsinnigkeiten enthält und sehr wahrscheinlich von J.B. Kerning entlehnt ist.

[4] Wenn das Begreifen so schwierig ist, dann wird wohl auch der von ihm proklamierten "weltumfassenden modernen gnostischen Bewegung" kaum ein großer Erfolg beschieden sein, der sich anzuschließen nach dem September des Jahres 2001 nicht mehr möglich sein soll (J. v. Rijkenborgh, "Die Gnosis in aktueller Offenbarung", Haarlem 1956, 22; 45; 281).

[5] Durch Helena Ivanowa ROERICH ("Das geistige Reich", 1965, 182). Von den Rijkenborgh-Anhängern wird u.a. strenger Vegetarismus verlangt, Verzicht auf Nikotin, Alkohol und das Tragen von Pelzen und Federn. Synthetische Stoffe in Nahrungs- und Heilmitteln werden ebenso abgelehnt wie Fernsehen, Kino und Zeitunglesen. An esoterischer Literatur sind nur die Schriften des Lectorum erlaubt. Kirchen-, Partei- oder Vereinszugehörigkeiten gelten als unvereinbar mit der Lectoriums-Mitgliedschaft. Bei Miers ("Lexikon des Geheimwissens", 117; 249; 344) findet die Rijkenborgh-Gesellschaft keine positive Beurteilung; mit dem klassischen Rosenkreuzertum habe dies alles nichts zu tun.

[6] Ein Beispiel hierzu: 1974 befand sich in einer Besuchergruppe der Externsteine ein hellsichtig veranlagter Teilnehmer (die "Eggesternstei-

ne" sind als Ort der Kraft ein uraltes germanisches Heiligtum). Unerwartetermaßen gewahrte der Mann am Fuße des Turmfelsens eine weiße, nebelhafte Erscheinung. Beim Nähertreten verdichtete sie sich immer mehr zu einer weiblichen Gestalt von erhabener Schönheit. Auf die ehrerbietige Frage wer sie sei, antwortete sie mit leiser Stimme: "Ich wohne schon seit uralten Zeiten hier. Früher haben mich alle Bewohner in weitem, weitem Umkreis gekannt und verehrt. Die Mädchen erhielten hier ihre Weihen. Aber heute kennt mich niemand mehr und *darum habe ich keine Kraft.*" Nach Befragung nannte sie ihren Namen: "Ve-Eda". Und: "Ich nähre mich von der Liebe meines Volkes."

Sigrun Schleipfer-Friese schreibt (in "Irminsul", Nr.6/1976), ihr sei sogleich klargeworden, daß es sich hier um unsere Volksmutter "VON EHE DA(mals)" handelt, "die berühmte WELEDA oder ihre Lehrerin, die einstmals dem germanischen Feldherrn Armin Kunde über die bevorstehende Schlacht im nahegelegenen Teutoburger Walde gab." - Nun, jede Nation hat ihren Schutzgeist auch in der Seelenwelt, und es war noch nie gut, wenn ein Volk seiner mystischen Wurzeln entsagen zu dürfen meinte. Hätte man jüdischerseits ebenso unklug gehandelt, gäbe es heute kein Israel.

[7] (MuSch 9.Jg., Nr. 2,9). Dies dürfte der Wahrheit entsprechen. Es mutet überdies merkwürdig an, daß der AMORC in dem sonst extrem amerikafeindlichen Kuba frei arbeiten und werben darf. Mit dem nach außen hin propagierten "esoterischen Christentum" scheint es demnach nicht weit her zu sein, denn solches würde in keiner marxistischen Diktatur geduldet.

E. Granitor bemängelt aaO. auch gegenüber Theosophie und Anthroposophie, daß sie "wesentlich durch teils phantastische Verbrämung und Verdünnung des echten Weistums entstanden" seien. Frau Blavatsky hätten Teile der Rosenkreuzerlehre zur Verfügung gestanden und es sei unnötig gewesen, historisches Weistum europäischer Herkunft nach Indien zu verlagern. - Wir sehen, eine esoterische Gruppe macht der anderen den Rang streitig, man wirft einander Unwahrheiten und Irrtümer vor! Bedingungsloses Vertrauen zu esoterischen Aussagen ist daher unangebracht. Gewiß, lernen kann man überall, aber im Alleinbesitz überragender oder gar aller Wahrheiten ist sicherlich niemand.

Der AMORC hat natürlich ebenfalls einen geheimen "Oberen alias Meister", der mit dem sagenhaften Kut Humi der Adyar-TG ranggleich sein und Amatu heißen soll. Angeblich besitzt er eine geheime Bibliothek mit der Geschichte der Rosenkreuzer bis 800.000 v.Chr. und verkehrt nur über den jeweiligen "Imperator" (Ordensleiter) mit unserer Welt (Miers, 21).

[8] MuSch 9.Jg., Nr.1,7. - Hier gilt die jüdische Kabbala als ein Plagiat ursprünglich arisch-keltischen Weistums, vom Rabbi Mose Ben

SCHENTOP aus Leon ins Hebräische übersetzt. Die keltische Fassung wurde zum "Sepher Jezirah", die westgotische zum "Sepher Sahar" alias Sohar. Erstere sei in der Zeit vom sechsten bis Mitte achtes Jahrhundert aufgetaucht, letztere zwischen 1204 bis 1492. Da Karl des Sachsenschlächters blutige Ausrottung heidnischer Kulte sich vor allem gegen die Armanenschaft als Träger und Hüter heiliger Überlieferungen richtete, beschlossen diese, Rabbinern ihr Wissensgut anzuvertrauen (vermutlich der Synagoge zu Köln), um es vor dem Vergessenwerden zu retten. Eberhard Granitor gibt genaue Daten an, an wen und an welchem Tage Abschriften der Moosheimschen Lehren weitergegeben wurden. Johannes Reuchlin, Rupert v. Moosheim und Paracelsus wären demnach die ersten Hierarchen des (auf der materiellen Wirkungsebene neu konstituierten) Rosenkreuzerordens gewesen. Als deren Schüler werden genannt: Trithemius, Giordano Bruno, Agrippa v. Nettesheim, Rico v. Mirandola, Friedrich III. sowie die rheinischen Kurfürstbischöfe von Mainz, Köln, Trier und Speyer, bei denen sich R. v. Moosheim nach seiner Flucht aus Passau aufgehalten haben soll.

Sodann taucht der Name Anna SPRENGEL auf, die im Besitze Moosheimscher Schriften gewesen sein und 1887 einen britischen Kreis, der sich "Hermetic Students" nannte, in diese Lehren eingeweiht haben soll. Frau Sprengel (oder Sprengels) sei "Heilsrätin im höchsten Adeptengrad" der Nürnberger Loge des Moosheimschen Geheimordens gewesen. Auf dieser Basis entstand im gleichen Jahr der "Orden der Goldenen Dämmerung", welchem am 7.3.1890 William Butler YEATS, und am 18.11.1898 Aleister CROWLEY beitrat. Spätestens mit ihm sowie mit "Zar" Peladan und Guaita beginnt dann der vielverzweigte pseudoesoterische Morast, und es besteht kein Grund mehr, auf diese rosenkreuzerische Sukzession (Rechtsnachfolge) stolz zu sein. Granitor betont denn auch, das alte Weistum sei vergessen worden. Das Gesamtwissen v. Moosheims befinde sich ausschließlich im Besitze des AAORRAC auf Burg Krämpelstein bzw. an verschiedenen geheimgehaltenen Orten (bei meinem Besuch war die Burg unbewohnt).

[9] Pfullingen 1930, 9.Aufl. 1937, 118. - Auch in diesem Falle tut es mir leid, kein besseres Ergebnis meiner Nachforschungen vorlegen zu können. "Wahre Nachfolger der RC-ler zu sein, beanspruchen auch Theosophen und Anthroposophen, ja im Grunde überhaupt alle esoterischen Gruppen der Gegenwart", schreibt Pfarrer F.-W. HAACK in "Geheimreligion der Wissenden. Neugnostische Bewegungen" (6.Aufl., Stuttgart 1985, 52). - Die angeblich derzeit älteste Rosenkreuzer-Gesellschaft soll in England die von Dr. R. Wentworth Little 1865 gegründete SRIA (Societas Rosicruciana in Anglia) sein, die jedoch nur Freimaurer aufnimmt (Miers-Lexikon, 383).

[10] Nach Plinius (in seiner "Naturgeschichte", Bd. XVI, Leipzig 1881, 248) fand das Mistelpflücken um Neujahr statt, so daß dies zu einem

druidischen Hauptfeiertag wurde. Der Oberdruide im weißen Gewand bestieg den Baum, erntete die Mistelzweige mit einer goldenen Sichel und legte sie in ein weißes, von zwei weißgekleideten Druiden gehaltenes Tuch; denn sie durften die Erde nicht berühren, wenn sie ihre magischen Kräfte behalten sollten. In der keltischen Sprache hieß die Mistel "All-heal", die Allheilende, welche die Kräfte von Sonne und Mond in sich vereinigte (das Gold der Sichel bezog sich auf die Sonne, ihre Form auf den Mond). Als wirkungsvollste galt die auf einer Eiche gewachsene Mistel.

[11] Die Lage der sagenhaften Gralsburg ist umstritten. Neben den Pyrenäen wird der Montserrat bei Barcelona genannt. Andere wollen in Monsalvatsch den altfranzösischen Namen für Wildenburg bei Amorbach im Odenwald erkennen. Für die Bewohner der Bretagne ist es die malerische Felseninsel Mont Saint Michél, mit der prächtigen 709 gegründeten Benediktinerabtei. Auf diesen Felsen sollen sich einst die letzten Druiden zurückgezogen haben, als auf dem französischen Festland das Christentum gesiegt hatte. Auf dem Gipfel des M. St. Michél soll die letzte Weihestätte ihrer Gottesverehrung gewesen sein.

Auch Österreich steht in dem Rufe, Gralsland zu sein. Nach dieser Version gilt als Monsalvatsch der Berg Va in der Nähe des Städtchens Pettau in der Untersteiermark, jetzt zu Jugoslawien gehörig. Auf seinem Gipfel sollen sich die Reste eines Venustempels befinden und in seinem Innern ein See sein.

[12] Ein Gralsordensgründer in Niederbayern betreibt einen schwunghaften Handel mit Fernlehrkursen für Astrologie und Parapsychologie. Eine andere Gruppe wird geleitet von "Frater Parzival von Montsalvat, Ritter vom heiligen Gral" in der Schweiz, der sich als "erblicher Nachfahre von den Tempelrittern" betrachtet. Auf meine Frage, ob andere Gralsgruppen ihn nicht als Konkurrenz empfinden würden, erwiderte er, daß er sein Gralsrittertum vom Großvater überkommen habe und die Gabe der Prophetie seine Legitimation sei, mit einer Trefferquote von 94 Prozent. Leider fallen seine 1982 veröffentlichten Voraussagen unter die restlichen sechs Prozent.

[13] Wiedergegeben aus "Seher, Grübler, Enthusiasten" von Kurt HUTTEN (Stuttgart, 11.Aufl. 1968, 725). Die nachfolgende Aussage stammt aus Heft 6 der Schriftenreihe der Stiftung Gralsbotschaft (Stuttgart 1968, 17ff.). Abd-ru-shin soll arabisch sein und "Sohn des Lichts" bedeuten. Nach dem arabischen Wörterbuch von Hans Wehr allerdings nicht, schreibt Miers, sondern eher das Gegenteil.

Die Behauptung Bernhardts und seiner Anhänger, er sei der von Jesus verheißene Tröster und "Menschensohn", ist bei genauer Kenntnis diesbezüglicher Bibelstellen unhaltbar, wenn man sie in die Muttersprache Jesu - ins Aramäische - rückübersetzt. Außerdem ist an jenen Stellen im

Neuen Testament, wo Jesus von einem Tröster spricht, der als heiliger Geist für immer bei uns bleiben werde (Joh. 14,16 und 26; 15,26; 16,7. In der Zürcher Bibel heißt es "Beistand", Hermann Menge übersetzt u.a. "Anwalt"), von einem Menschensohn keine Rede. "Schon das Wort selbst ist ein Mißgriff", schrieb mir der Aramäisch-Experte Dr. Günther SCHWARZ, denn der Terminus "Menschensohn" sei eine *Fehlübersetzung* des aramäischen "Bar Nascha", das einmal mit "der Mensch" und ein andermal mit "der Menschensohn" übersetzt worden sei; "mit letzterem immer dann, wenn Bar Nascha - willkürlich - als messianischer Hoheitstitel Jesu gedeutet wurde". Das zugrundeliegende aramäische Wort Bar Nascha sei eine aus Bescheidenheit verhüllende Umschreibung für "ich". In der Tat sprach Jesus, den Evangelientexten zufolge, oft von sich in der dritten Person, z.B. Matth. 16,13: "Für wen halten die Leute den Menschensohn?" (mit Vers 15: "Ihr aber, für wen haltet *ihr* mich?" - Nach der Übersetzung Menge). Oder Matth. 8,20: "... der Menschensohn aber hat keine Stätte, wo er sein Haupt hinlegen kann." (Menge).

Jesus sprach galiläisches Westaramäisch. Die durch unrichtige Übersetzungen und andere Einflüsse stellenweise verdorbenen griechischen Texte des Neuen Testaments können dem mutmaßlich ursprünglichen Wortlaut logischerweise nur im Zuge einer exakten Rückübersetzung ins Aramäische angenähert werden. Dieser hochbedeutsamen Aufgabe unterzog sich Pastor Dr. phil. Günther SCHWARZ in dankenswerter Weise.

In der Einführung zu seinem neuesten Werk "Jesus lehrte anders!" schreibt der Autor auf S. 17: "Nach meinen Urteil wäre es ein Segen für viele Menschen, wenn das, was die lutherische Kirche lehrt, klar, wahr und glaubwürdig wäre und wenn ihre Lehren mit *den* Lehren übereinstimmen würden, die Jesus gelehrt hat. Aber nachdem ich während 53 Jahren, davon viereinhalb Jahre als Theologiestudent und über 30 Jahre als Pastor, die Lehren der lutherischen Kirche gründlich geprüft habe, steht für mich fest: Jesus lehrte anders!" (Aus dem Manuskript zitiert).

Das Buch "Jesus lehrte anders" stellt eine Ergänzung dar zu dem grundlegenden Werk "Das Jesus-Evangelium. Zusammengestellt und übersetzt aus griechischen und altsyrischen Vorlagen und aus außerbiblischen Quellen" (1993, Ukkam-Verlag, An der Stüweneiche 27, D-17039 Ihlenfeld-Neuenkirchen. ISBN 3-927950-04-1). Meines Erachtens wären die Arbeiten von Dr. Günther Schwarz geeignet, die so bitter nötige Neubelebung der christlichen Lehre einzuleiten. Ob die Kirchen hierzu den Mut oder auch nur den ansatzweisen Willen aufbringen, ist allerdings sehr zu bezweifeln. Vielleicht hatte der namhafte Theologe Prof. Dr. Adolf KÖBERLE nicht ganz unrecht, als er schrieb: "Theologen sind im allgemeinen durch Theologen nicht zu belehren, nicht zu bekehren. Man kann sie bestenfalls überleben" (in "Impulse" Nr-19/1983, herausgegeben von der Evangelischen Zentralstelle für Weltanschauungsfragen, Stuttgart, S.6).

Spiritismus und Spiritualismus

[1] Vgl. Emil Mattiesen, "Das persönliche Überleben des Todes. Eine Darstellung der Erfahrungsbeweise". 3 Bde., Berlin 1936-1939 (nach dem Kriege in Neuauflage). Dieses in seiner Art unerreichte Grundlagenwerk wurde noch nie widerlegt. Ferner: R. Passian, "Abschied ohne Wiederkehr? - Tod und Jenseits in parapsychologiscber Sicht. Erlebtes, Erfahrenes, Erforschtes". Mit einem Vorwort des 1989 gestorbenen deutschen Vaters der Weltraumfahrt, Prof. Hermann Oberth (4.Aufl., Buschhoven 1984). Das Buch ist mehr volkstümlich geschrieben. Wer nach dem Lesen dieser Werke nicht nachdenklich wird, bei dem dürfte - wie der Volksmund zu sagen pflegt - Hopfen und Malz verloren sein.

[2] Schon 1872 begann der Verlag Oswald Mutze mit der Herausgabe einer "Spiritistisch-rationalistischen Zeitschrift" von Prof. Julius Meurer und Dr. Josef Chavanne. Ab 1874 folgte die Fachzeitschrift "Psychische Studien" (1926 umbenannt in "Zeitschrift für Parapsychologie"), die als beste ihrer Art bis 1934 erschien. Ferner erwarb sich der Verlag große Verdienste um die Herausgabe der "Bibliothek des Spiritualismus in Deutschland", mit Übersetzungen und Originalwerken bedeutender Autoren. Nach dem Englandflug von Rudolf Hess wurde alles beschlagnahmt und der Verleger inhaftiert. - Ein hervorragendes Fachorgan war auch das bei Max Altmann in Leipzig (von 1907 bis 1933) verlegte "Zentralblatt für Okkultismus".

[3] Es mutet merkwürdig an, daß nicht nur in der New Age-Literatur, sondern auch in den Massenmedien zwar ausgiebig die NS-Verbrechen angeprangert, jedoch die kommunistischerseits an Christen verübten Abscheulichkeiten weitgehend ignoriert werden. Warum eigentlich?
Als Vorsitzender der Vereinigung "Kirche in Not" schrieb der vormalige Präsident der deutschen Bundesanstalt für Arbeit Josef STINGL, im November 1985 unter anderem: "Vor einigen Wochen wurde ein Priester mit sechs seiner Mitbrüder nach 25jähriger Haft aus dem Gefängnis eines Ostblocklandes entlassen. Durch unmenschliche Haftbedingungen und Folter sind sie gesundheitlich schwer geschädigt. Sie leben jetzt in einer unvorstellbaren Not. Für das tägliche Brot und den Unterhalt sowie für Medikamente sind sie auf unsere Hilfe angewiesen." Und: "Warum schweigen die Medien, wenn das geistige Leben von Millionen Menschen, namentlich in den Ostblockstaaten, bedroht, geknebelt und bekämpft wird, wenn die geistige Not Entbehrung, Arbeitslosigkeit und Hunger nach sich zieht? - Das große Heer der Christen in Not wartet und hofft!"
Ja, warum wohl schweigen die Medien? Und vor allem die Kirchen? Hat hier jemals ein Weltkirchenrat interveniert wie in der Schweiz, als Tamilen in ihre Heimat zurückgeschafft werden sollten? Warum, um

Gottes willen, verweigert man leidenden und verfolgten Christen und deren Familien jedweden Trost und auch materielle Hilfe? - - -

Einer aus dem Heer von Glaubensverfolgten ist der aus Rumänien stammende protestantische Pfarrer Richard WURMBRAND. Als Sohn jüdischer Eltern wandte er sich in jungen Jahren dem Kommunismus zu und wurde dann überzeugter Christ. Sein Bekenntnis brachte ihm 14 Jahre Haft in kommunistischen Gefängnissen ein, bis er im Zuge moderner Menschenhandels freigekauft werden konnte. Erschütternd sein Buch "Gefoltert für Christus" (Stephanus-Verlag, D-7772 Uhldingen). Er sagt, in seinen Büchern habe er die massivsten Verbrechen verschwiegen, weil sich sonst kein Verleger gefunden hätte! "Noch verhältnismäßig harmlos" nennt er es, wenn Bewachungssoldaten in die Münder der vor Ihnen knieenden Christen urinierten!

Pfarrer Wurmbrand wurde für 40.000 Mark von Rumänien freigekauft, begab sich in die USA und baute dort ein Hilfswerk für verfolgte Christen auf. Dafür wurde er von kirchlichen Dachverbänden sowie vom Lutherischen Weltbund und dem Weltkirchenrat massiv kritisiert. Keinen Pfennig gaben sie für sein Hilfswerk, aber riesige Summen an die SWAPO und andere gewalttätige Organisationen. Von 1970 bis inkl. 1989 zahlte der Weltkirchenrat 8,716.000 Dollar, ohne Kontrolle über die Verwendung.

In Bezug auf führende Kirchenkreise in der BRD erklärte Wurmbrand: "Obwohl man durch die brutale Teilung des eigenen Landes eigentlich hätte wissen müssen, wozu der Kommunismus fähig ist, hat man vor allem in den evangelischen Landes- und Freikirchen einfach nicht wahrhaben wollen, was jetzt vor aller Welt offenbar wurde: Daß die bewußten Christen unter dem Kommunismus teilweise entsetzlich zu leiden hatten. Dazu ein Beispiel: 1966 lud mich der amerikanische Senat ein, über die Situation in meiner Heimat zu berichten. Ich schloß mein Zeugnis damit, daß ich die Folternarben auf meinem Körper ... zeigte. Die Evangelische Kirche in Deutschland (EKD) meinte dann in Stellungnahmen, das wären Narben von einer Lungenentzündung. Ich werde diese Infamie nie vergessen. Jeder Arzt kann bestätigen, daß eine Lungenentzündung nie solche Narben hinterläßt. Ein anderes Beispiel: Mitte der sechziger Jahre besuchte der damalige Präsident des kirchlichen Außenamtes der EKD eine Pfarrerkonferenz in Rumänien. Alle Pfarrer hatten Schreckliches hinter sich. Doch der deutsche Kirchenmann wollte es offensichtlich nicht wahrhaben. In das Schweigen der Anwesenden hinein erzählte er Witze, um die Situation aufzulockern. Merkte er gar nicht, daß keiner lachte?" (Aus "Stimme der Märtyrer" Nr. 3/1990, 7). Auf die Frage, ob er sich einmal um ein Gespräch mit dem Generalsekretär des Weltkirchenrates, Emilio CASTRO, bemüht habe, erwiderte Pfarrer Wurmbrand: "Ja, ich habe mit Castro gesprochen. Aber er war nicht interessiert an meinem Bericht über Rumänien. - Seine Vorgänger hatte ich um Hilfe aus dem Sonderfonds des Antirassismusprogramms gebeten, aus dem auch die gewaltanwendenden kommunistischen Gruppen wie SWAPO und ANC unterstützt werden. Ich bat um Geld, um den Angehörigen von inhaftierten Christen helfen zu können ... Doch man lehnte ab. Inhaftierte Christen im Kommunismus gab es für sie nicht."

Mit Verlaub: Es könnte einem speiübel werden, wenn man die Verlogenheit selbst in kirchlichen Spitzenkreisen zur Kenntnis nehmen muß! Doch wolle man mich auch hier nicht mißverstehen, denn jeglicher Haß liegt mir fern. Wer nämlich wirklich gelitten hat, der verlernt das Hassen. Denjenigen, die mich wegen nichts und wieder nichts zu 25 Jahren Zuchthaus verurteilten, die mir mit zahllosen anderen eine Hölle auf Erden bereiteten, die mich um Gesundheit und die besten Lebensjahre brachten, habe ich längst vergeben und würde ihnen Hilfe nicht verweigern, wenn sie in Bedrängnis kämen. Aber niemand kann von mir verlangen, ein System zu bewundern, das aus Menschen Bestien macht. Haß, Lüge und Gottlosigkeit sind die Hauptverursacher namenlosen Elends in der Welt. Der Marxismus, so viele seiner sozialpolitischen Forderungen auch berechtigt gewesen sein mögen, wurde zu einer Ideologie des Hasses und der Intoleranz. Nur zwei Beispiele: "Die Erziehung zum Haß ist notwendig. Haß ist in unserer Zeit als politisch-moralisches Gefühl ein ebenso hoher sittlich positiver Wert wie die Liebe", lautete eine Aussage in der DDR-Zeitschrift "Pädagogik"! - Die SED-Zeitung "Freiheit", die in Halle /Saale erschien, brachte am 6.11.1959 folgendes Gedicht:

Haß! - Schreit doch den Haß in jede Wohnung,
    lernt doch zu hassen ohne Schonung!
Haß! - Tragt ihn hinein in die stillen Gassen,
    lehrt auch die Blumen heiß zu hassen!
Haß! - Allerorts und zu jeder Stunde,
    Haß auch in trauter Kaffeerunde!
Haß! - Sei jetzt mein Freund, sei mein Gefährte,
    führe die Hand an meinem Schwerte!
Haß! - Kehre in meine Feder nieder,
    werde das Lied jetzt aller Lieder!
Haß! - Und keine Liebe? Keine Liebe!
    Haß nur übt Vergeltung. Übe!

Warum und wozu dieser abgrundtiefe Haß? Und was soll denn eigentlich vergolten werden? - Aber der Westen schweigt. Er schwieg zu den "sozialistischen" Konzentrations- und Zwangsarbeitslagern mit ihren Millionen Toten ebenso wie zur Erziehung zum Haß schon im Kindergarten und zum vormilitärischen Drill von Kindern ...
Etwas Derartiges wird man im ach so abscheulichen Spiritismus vergeblich suchen. Als Gegenstück zum vorstehenden, zwei medial empfangene Gedichte:

Ein guter Mensch wird nie in Haß verbittern,
mag er nun Undank oder Leid erleben;
er wird trotzdem für seinen Nächsten zittern
und liebevoll dem Feinde selbst vergeben.

Die eigne Not wird minder schwer empfinden
wer edles Mitgefühl bewahrt im Herzen,
ein starker Geist wird Sorgen überwinden
und lindernd stillen noch der andern Schmerzen.

Und vom jenseitigen Dichter Ephides, der sich über das Medium Hella ZAHRADA zu manifestieren pflegte:

Ihr würdet nicht so leichthin Böses denken,
erschautet ihr des Bösen Angesicht.
Ihr würdet euer Haupt betroffen senken
und schweigend ihm ein stummes Mitleid schenken,
das ferne ist von Rache und Gericht!

Ich sah des Bösen Augen einst im Spiegel.
Sein Antlitz, es war mein und es war dein
und trug noch auf der Stirne Gottes Siegel.
Es schlief, ich rief und löste so den Riegel
und ließ das Böse ins Bewußtsein ein.

Auch Luzifer ist einstens rein gewesen.
Verzweiflung ist des Bösen tiefster Grund.
Das Böse dürft ihr hassen, nicht den Bösen,
ihn hassen bindet, Liebe nur kann lösen;
ein Wort der Güte spreche euer Mund.

(Aus Ephides, ein Dichter des Transzendenten, Hemsbach 1984. Die sehr wertvollen Ephides-Gedichte erschienen in verschiedenen Verlagen).

[4] In seinem Vortrag "Ursprung und Auswirkung wissenschaftlicher Ideen", veröffentlicht in der "Zeitschrift des Vereins deutscher Ingenieure", Jg. 1933, 780.

[5] EMANUEL war gefragt worden, ob es denn wirklich Jesus selber sei, der sich im "Verein geistiger Forscher" in Budapest über Trance-Medien kundgibt, deren Gesichter bei solchen Anlässen "erglänzten", ja was überhaupt von dem eigentümlichen Phänomen der "Vatermedien" zu halten sei, über die angeblich "Jesus-Vater" spricht. - Aus Emanuels Antwort: "Es ist ja nicht notwendig, daß er selbst stets persönlich nahe sei, und dies ist nur selten der Fall ... Wer von seinen Dienern dann das Wort ausspricht, das er gesprochen haben will, ist Nebensache; es ist doch der Meister, der gesprochen (hat). Ihr sagt ja doch auch, das Gebäude wurde von jenem Bauherrn erbaut, wenn er auch nicht einen Stein

mit eigener Hand niedergelegt hat. Ihr könnt doch nicht sagen, der Maurer habe das Haus gebaut?" - Und weiter, "Bedenket das Wort 'Ewigkeit' und bedenket die Langmut Gottes, die alles auswirken und ausklingen läßt, die keinen Ton unterbricht, sondern ihn verhallen läßt" (aaO., 215f'f.).

[6] Friedrich Funcke, "Christentum als Weltanschauung und Lebenskunst", Lorch 1929, 310.

[7] ZfS 1930, 183.

[8] Prof. Hermann OBERTH: "Der Materialismus ist ein bloßer Glaube und ist entstanden durch die Reaktion intelligenter, aufrechter Menschen gegen Volksverdummung, Unduldsamkeit und Heuchelei; und schuld daran, daß er gekommen ist, waren die Kirchen!" ("Katechismus der Uraniden", Wiesbaden 1966, 59). - Dr. Max KEMMERICH: "Das, was 'Philosophen' und 'Naturforscher' an die Stelle der Religion setzten, ist gleichfalls Religion, nur daß sie an den Glauben ihrer Anhänger weit größere Anforderungen stellen als irgendeine Religionsgemeinschaft" ("Das Weltbild des Mystikers", Leipzig 1926, 212ff.).

[9] Beitrag von Fr. Renner in "Neue Wissenschaft" Nr. 11/12-1955, 371. "Wir sagen nicht, was später kommt, denn das wissen wir nicht," erklärte ein Jenseitiger dem anglikanischen Geistlichen Stainton MOSES (1839-1892) gegenüber. "Aber für jetzt sagen wir, daß euer und unser Leben regiert wird von Gesetzen, welche ihr finden könnt. Gesetzen, welche - wenn ihr ihnen gehorcht - euch zu Glück und Frieden führen, so sicher, als sie euch ins Unglück stürzen, wenn ihr sie absichtlich verletzt." Und bei anderer Gelegenheit:
"Es ist unsere Aufgabe, für das Christentum das zu tun, was Jesus für das Judentum getan hat. Wir vollen die alten Formen wegnehmen, Ihren Sinn vergeistigen und sie neu beleben. Wir vollen kein Jota aus der Lehre entfernen, welche Jesus der Welt gab. Wir wollen aufräumen mit den menschlichen, materiellen Ansichten und ihnen den verborgenen geistigen Sinn zeigen, den sie verloren haben. Wir vollen euch mehr und mehr von der Herrschaft des Körpers befreien (helfen) und euch zu einem *geistigen* Leben führen, das euch für den entkörperten Zustand geeigneter macht." - Und des weiteren:

"Es ist nicht möglich, den ganzen Schrecken der Verzweiflung und des Elends zu schildern, den ein verfehltes Leben zur Folge hat. Es gibt kein spezielles Gericht ... an einem weit entfernten Tag, in welchem der Sünder zur ewigen Höllenstrafe verdammt wird. Es gibt keine Hölle, aber die Flamme der Reue frißt sich in die Seele und reinigt sie wie durch Feuer. Und dies geschieht ... sofort nach dem Tode, sobald das Bewußtsein erwacht." (ZfS 1929, 173, 186).

Im Sog der Aufgestiegenen Meister

[1] Reichl-Verlag, St.Goar (ISBN 3-87667-132-9).

[2] Zitate aus den "Materialdienst" Nr.22/1970, 253.

[3] von 1893, veröffentlicht im ZfO 1920/21, 252.

[4] Wiedergegeben in "Dasein und Ewigkeit' von V. Erdensohn, Leipzig 1907, 486/87.

[5] Weiter lautet der Text: "So wie Du mich, Deinen Sohn, in die Welt gesandt hast, sende ich nun meine Brüder und Schwestern - Deine Kinder - in die Welt." Und zuletzt: "Oh Gott, mein Vater, erkenne: So sei es ... denn ich habe in Deinen Heiligen Namen ICH BIN gesprochen. AMEN und AMEN!"

Seinen Anhängern bietet Leach-Lewis 12 Einweihungen, mit 7 Stufen oder Prüfungen. Ob er mit dem "Orakel" in Centreville, Virginia/USA identisch ist, geht aus meinen Unterlagen nicht hervor. Jedenfalls gab es unliebsames Aufsehen als in einer Verlautbarung seiner "Universellen Kirche" (UK) erklärt worden war, die Juden hätten "in ihrer satanischen Gier" den Zweiten Weltkrieg angezettelt, und Israel sei der Sitz den Antichristen.

Mitglieder der UK müssen alljährlich ihre Verpflichtungserklärung erneuern. Im Aufnahmetext heißt es u.a.: "In Einklang stehend mit der großartigen Tradition dieses jährlichen Bekenntnisses zur Verpflichtung und seiner grundlegenden Wahrheiten, die 1884 durch den Weltlehrer KUTHUMI und den Meister EL MORYA erlassen wurden, bekräftige ich erneut mein vorbehaltloses Vertrauen zu den Meistern der Weisheit und ihren Lehren, und ich gelobe unerschütterlichen Gehorsam gegenüber ihren Wünschen in allen Angelegenheiten, die mit meiner fortschreitenden geistigen Entwicklung verbunden sind. Durch meine Anerkennung dieser Bande erkläre ich mein Freisein von jeder anderen Verflechtung (d.h. von jeder anderen weltanschaulichen Bindung. R.P.) und unterbreite dieses Gebet unseren verehrten Meistern, um als ein Chela in ihrer Schülerschaft aufgenommen zu werden."

Wenn jemand seinen Austritt aus der UK erklären möchte, so soll er/sie persönlich dem Orakel schreiben und die Gründe darlegen, "warum ich diese Verpflichtung gegenüber den Meistern ableugne".(!) - Nach der Bitte im Aufnahmegesuch, "daß mir die Meisterlehren 'Das Innere Licht' zugesandt werden", und dem Versprechen, dazu beizutragen, "daß all jenes unbezahlbare (im Orig. unterstrichen. R.P.) und Heilige Wissen ... an die Weltöffentlichkeit ausgeteilt wird", heißt es weiter:

"Für dieses Ziel wurde ich geboren (!) und aus diesem großartigen Grunde bin ich wiedergekommen in diese Welt, um Zeugnis abzulegen für die lebendige Wahrheit! In Übereinstimmung mit meiner individuellen Verantwortung nehme ich jetzt wirklich meinen mir bestimmten Platz ein als 'Lebendiger Stein' innerhalb dieser Heiligen Bruderschaft zwischen Meistern und Menschen; einem historischen neuen Weltorden, der errichtet wurde gemäß des Göttlichen Mandates, welches dieser einen, einzigen Aktivität vom *Herrn der Welt* verliehen wurde."

[6] "Handbuch Religiöse Gemeinschaften", 3. Aufl. 1985,443-445.

[7] Aus der US-New Age-Zeitschrift "Whole Life Times", Dezember 1991, 15. Die Rede ist von zwei Aufstiegswellen. Der ersten nähern wir uns "mit Höchstgeschwindigkeit. Die Hierarchie (der Aufgestiegenen Meister. R.P.) mit vielen neuen hohen Wesen, die noch nie vorher bekannt waren, wird sich fast physisch manifestieren. Es wird aufgerufen zur vollen Kooperation und Vernetzung zwischen den Kindern des Lichtes von der Erde, den Engeln in Verkörperung (Starborne, Sterngeborenen), dem Ashtar-Athena-Sananda-Bodenpersonal (Starseeds und Eagles) und allen anderen Lichtorden (aus "Licht-Zeichen", Sonderheft 1994, 2).

[8] "Magazin 2000", Nr.86/87, 67; 69/70; 73.

[9] Aus dem Wortlaut einer Seminar-Einladung der Schweizer Parapsycholog. Gesellschaft, Zürich: "Achtung! Erstmals haben wir die großartige Gelegenheit, mit Wesen der höchsten (!) Ebene der geistigen Welt in Kontakt zu treten." VYVAMUS setze sich jetzt "zusammen mit anderen Lehrern der spirituellen Ebene, z.B. Djwhal Khul, Sanat Kumara, Lenduce, Helios, intensiv für die spirituelle Weiterentwicklung der Menschen und den Planeten ein."

In diesen Seminaren wird die innerkörperliche Auflösung von Blokkaden versprochen, Aura-Reinigung "sowie das Erlernen von Methoden, wie *Löcher* in unserer durch vielerlei Strapazen ramponierten Aura geschlossen werden können." Weiter heißt es in jener Einladung, das Medium "channelt während der Seminare laufend im Wachzustand die Anleitungen und Informationen der Lehrer." Diese würden außerdem vor, während und nach den Seminaren - auf der feinstofflichen Ebene - an unserem Energiekörper arbeiten, "um Blockaden zu lockern". - Ein Grund mehr, derartige Seminare zu meiden.

[10] Jane Roberts, "Gespräche mit Seth", 4. Aufl. 1984, 415.

[11] Dr. Kurt N. Jaeggi in der Zeitschrift "PARA" Nr. 16/1997, 24.

[12] Bei der Scheidung von ihrem fünften Ehemann, Jeffrey Knight, gab sich dieser zunächst mit einer Abfindung von 120.000 USDollar zufrieden. Dabei habe er jedoch unter dem Einfluß von Ramtha gestanden; der habe Jeffrey veranlaßt, seine Aids-Infektion unbehandelt zu lassen. Als Zeugen bestätigten frühere Ramtha-Anhänger massiven Psychoterror: Mrs. Knight habe sie durch Drohungen mit der Macht Ramthas davon

abgehalten, die Vorgänge in ihrer "spirituellen Schule" publik zu machen.

Zu den prominentesten Ramtha-Verehrern zählen Hollywood-Stars wie Linda EVANS und Shirley McLAINE, deren Buch "Tanz im Licht" 1985 diesen Ramtha berühmt machte. Hunderte von Ramtha-Jüngern siedelten sich in der näheren Umgebung von Knights Farm an, denn nur dort - so ließ Ramtha verlauten - seien sie sicher vor gewaltigen Naturkatastrophen, die in Kürze zum Untergang ganzer Bundesstaaten führen würden ("esotera Nr. 1/1993, 7). Nach Ramtha gibt es keine Hölle und keinen Teufel. (Aus M.S. Rawlings, "Zur Hölle und zurück", Hamburg 1996, 102).

[13] Zeitschrift "Spuren", Herbst 1999, 31; 66ff).

[14] Die Bücher von Walsch entstanden auf schreibmedialem Wege. Genügend sensitiv veranlagte Personen spüren eine stark negative Energie, allein schon wenn sie sie in die Hand nehmen. Armin Risi bemerkt, diese Bücher seien genial geschrieben "und stammen von einer hohen bzw. aus hoher Stellung gefallenen Intelligenz. Beim Lesen mußte ich dieser Intelligenz mehrmals neidlos gratulieren, denn viele Dinge hatte ich noch nie so prägnant oder geistreich gehört." Ein Buch gleichen Titels gibt es von Norman Vincent Peale, der 1994 starb. Es enthält Gebete und Meditationen.

[15] Entnommen dem "Materialdienst", Jahrg.1986, 144ff.

"UFOs - Hoffnungsbotschaften von Außerirdischen?"

[1] von einen Mann namens Oscar MAGOCSI gibt es die Bücher "Meine Freunde aus dem Weltraum" und "Raumodyssee in UFOs". Er will auf dem Planeten "Xanthius" gewesen sein. Dort habe man ihm das "Weltraum-Holografie-Zentrum" gezeigt sowie die "höchsten galaktischen Einweihungsstätten". Magocsi "wurde wegen seiner höchst energiegeladenen Kräfte von der Erde enthoben und befindet sich noch heute im Dienste der interdimensionalen Föderation freier Welten".

"Ich bin auf dem Mars gewesen" lautet ein anderer Buchtitel. Hier wird eine phantastische Geschichte von 98 hochkarätigen Wissenschaftlern aufgetischt, die sich nach dem Zweiten Weltkrieg nach Südafrika zurückgezogen hatten, und die von dort aus den Mars besuchten. Ein weiteres Buch enthält "Ansprachen der Flottenkommandeure", die ihrerseits zur "höchsten Hierarchie der Konföderation der Welten" gehören. Hier wird u.a. über "die Brüder vom Stern Athu" gesprochen, und über die "kosmische Datenbank von Altair". Anderer Quelle zufolge ist der Leiter "des großen Zentralkomputers auf dem Mars" ein gewisser KORTON, zugleich "Kommandant der Adler-Flotte des Ashtar-Kommandos".

Aber es kommt noch besser: Eine Buchautorin, die sich Omnec ONEC nennt, gibt an, 1955 als Kind, von der Venus auf die Erde gebracht worden zu sein. Ihr Alter gibt sie mit 250 Jahren an, sieht aber jünger aus. Vorsichtshalber spricht sie nicht vom *physischen* Planeten Venus, sondern von dessen Astralebene. Erstaunlich, wie sie als venusisches Astralwesen, hier bei uns den physischen Körper eines fünfjährigen Kindes annehmen konnte; oder soll hier ein "Walk-In" geschehen sein? Doch es gibt noch andere Damen, deren Berichte an unsere Glaubensbereitschaft höchste Anforderungen stellen. Etwa Elisabeth KLARER, mit ihrem Buch "Erlebnisse jenseits der Lichtmauer". Laut Buchreklame gilt sie "als lebendes Beispiel eines kosmischen Wesens", denn ihr Ehemann namens AKON stammt von einem Planeten im benachbarten Sonnensystem Proxima Centauri. Dorthin nahm er sie mit, und sie gebar ihm alldort einen Sohn. – Frau Klarer starb 83jährig im Febr. 1994 in Durban/ Südafrika ("UFO-Nachrichten" Nr. 314, Nov./Dez. 1994).

[2] Gertrud Manasek, "REIKI", ein Geschenk des Himmels", Gütersloh 1996, 57.

[3] Van Tassel will von den Außerirdischen u.a. den Konstruktionsplan für eine Apparatur erhalten haben, "mit deren Hilfe betagte Menschen verjüngt werden und bei jungen das Altern verhindert wird." (L.A. Fischinger & R.M. Horn, "UFO-Sekten", Rastatt 1999, 71).

[4] Gauch-Keller, "Endzeit 1990-99, ein Überblick über die kommende letzte Dekade des 20. Jahrhunderts". Aufgezeichnet während der ersten Septemberwoche 1988 "und vorbereitet für die gemeinsame Publikation durch die hierarchischen Sendboten TUELLA und OBID", Zürich 1989, 61.

[5] Gauch-Keller, "Aufruf an die Erdbewohner", 4. Aufl. 1993, 53.

[6] "Wir haben überall Menschen plaziert, die wissen und informiert sind. Wir können sie alle über die Implantate, die schon lange eingesetzt wurden, aktivieren, die wie Verstärker arbeiten". (Jan van Helsing, "Unternehmen Aldebaran", S. 119. ISBN 3-89478-220-X).

[7] Seit dem geklonten Schaf "Dolly" tritt die Rael-Gruppe für das Klonen auch von Menschen ein.

[8] Dieter Zeller, "Religion im Wandel der Kosmologien", im "Materialdienst" 1982, 295.

[9] "The Facts of UFOs", 1992, 43. - "Die Blume des Lebens", Bugrain 2000, Band 2, 427.

[10] A. Risi, "Die Kosmologie der altindischen Schriften", 12 (noch unveröffentlichtes Manuskript zur Zeit der Drucklegung dieses Buches. - R.P.)

[11] "Magazin 2000", Nr.122 / Dezember 1997, 16.

Geschäftsokkultismus

[1] "esotera" 5/1993, 42.

[2] Gertrud Manasek, in "REIKI, ein Geschenk des Himmels" Gütersloh 1996, 16.

[3] "esotera" 2/1997, 38.

[4] Mit dem Text "Die Eleganz der Freiheit" und "Das Star-Training" sucht per Inserat ein AVATAR-Macher in Österreich Kunden. Kostenpunkt: 25.000 Schilling (ca. 3.500 Mark) ohne Mehrwertsteuer. Es heißt da: "Es ist einfach lässig, erfolgreich zu sein. Es ist einfach lässig, Ziele zu erreichen und Träume zu verwirklichen. Es ist einfach lässig, glücklich zu sein." - Esoterisch verbrämter Edelmaterialismus in Reinkultur!

[5] "Material-Dienst" 2/1987, 51. "bep" legte Berufung ein. Wie die Sache endete, geht aus den mir zur Verfügung stehenden Unterlagen nicht hervor.

[6] "Material-Dienst" 2/87, 53.

[7] Sofern es welche sind. Ein ähnliches Phänomen erlebte ich bei einen Medium in Sao Paulo / Brasilien (s. Passian, "Abenteuer PSI", S. 192). Jenes Medium produzierte 42 unterschiedliche Schriftcharaktere, schrieb mit beiden Händen gleichzeitig und meinte, es seien Schriften von Planetariern.

[8] Sonderdruck "Raum und Zeit" Nr. 66/1993.

[9] Armin RISI meint, Luzifer würde den Namen Sanat Kumara für seine Zwecke mißbrauchen. Er gilt in der Esoterik als "Erd-Logos". In der Bailey'schen "Arkanschule" nennt man ihn allerdings deutlich genug "das Große Leben, in Dem wir leben, weben und unser Sein haben, Welches Selbst das Wahre Licht der Welt und der Planetarische Erleuchter ist". Von EL MORYA lautet das "Gebet an Shambala":
      "Der Du mich auf den Pfad der Arbeit gerufen hast, nimm meine Dienste an und meine Bitte. Nimm meine Arbeit an, o Herrscher, der Du siehst mich bei Tag und Nacht. Laß Deine Hand walten, o Herrscher, denn die Finsternis ist groß. Ich folge Dir" (Entnommen dem Seminar-Programm 1/1995 vom Künstlerhof Starczewski, "Zentrum der Wahrheit und Erleuchtung St. Germain" in Höhr-Grenzhausen, BRD).

[10] "esotera" 4/1999, 14. Bemerkenswerterweise kann längere Nahrungslosigkeit auch während eines Besessenheitszustandes auftreten. Justinus KERNER erzählt von einem besessenen Kind, das - bis zu seiner Befreiung - ein halbes Jahr ohne Nahrung blieb, weil es nicht zu schlucken vermochte (Kerner, "Blicke eines Arztes in die Geheimnisse der Geisterwelt", Stuttgart 1927, 86).

Schlußbetrachtungen

[1] Aus "Universelle Religion", Organ der "Gesellschaft für echten religiösen Pluralimus", Nr. 23/1988, 7ff.

[2] Für uns hinieden ist das Böse ein Lehrmeister wider Willen, der uns unmißverständlich veranschaulicht, wie wir es *nicht* machen sollten, wenn wir vor nachhaltigem Schaden bewahrt bleiben vollen. KAHIR schreibt:
"Im üblichen Sinn sind Gut und Böse natürlich Gegensätze wie Licht und Schatten. Aber, wie der Schatten an sich erst entsteht, wenn ein Hindernis das Licht verdrängt, so ist auch das Böse kein Absolutes, sondern nur eine Erscheinungsform, die so lange währt, als eben das Hindernis vorhanden ist. In die Welt der Moral übertragen: Gott, Geist, das Gute, ist ewig und durchstrahlt ewig die ganze Schöpfung. Das Hindernis jedoch, welches das Böse erzeugt (Schattenwerfer), ist der geschöpfliche Eigenwille der Naturreiche und des Menschen." Dadurch entstehen Schatten in Form von Unzulänglichkeiten, Leid und Disharmonie. Macht sich der Mensch jedoch willentlich "für die Strahlen des Geistes durchlässig, so müssen zwangsläufig alle diese Schatten ins Nichts zerfallen" (MuSch 4.Jg., Nr. 15,17).

[3] M. Satin, "New Age Politics: Healing Self and Society", New York 1979, 122.

[4] Aus dem Beitrag "Hermann Hesse. Ein großer Dichter prophezeite die Weltwende" in "Das neue Zeitalter" Nr. 38/1987, 27ff. - "Man muß die ganze Welt verehren können, also muß man entweder einen Gott haben, der auch Teufel ist, oder man muß neben dem Gottesdienst auch einen Dienst am Teufel haben", meinte Hesse.

Es ist wieder einmal die vielbeschworene "Heuchelei der christlichen Moral", die zur Rechtfertigung des Hasses gegen das spießbürgerlich empfundene Christentum insgesamt herhalten muß. Bei allem Verständnis für seine Neigung zur Rebellion gegenüber einen übertrieben frommen Elternhaus (der Junge hätte Priester werden sollen), ist nur schwer zu verstehen, wieso der betont linkspfadige Hesse den Christengott so heftig ablehnte und dem Gott seines Ideals den Namen Abraxas gab; gleiche Eigenschaften hätte er auch in Jahwe finden können. Abraxas (eigentlich: der Abrasax) besitzt als ehemals gnostisches Geheimwort den griechischen Zahlenwert 365 (höchste der angeblich 365 Himmelssphären); wurde von Basilides und seiner gnostischen Gruppe im 2.Jahrhundert als Name des höchsten Urwesens aufgefaßt. Auf Gemmen, Steinen etc. dargestellt als menschlicher Rumpf mit Hahnenkopf und Schlangenfüßen! in Zaubertexten wurde und wird dieser Name als magische Formel gebraucht, vor allem um Schaden zu stiften.

In der Esoterik präsentiert *links* immer das dämonische Prinzip. Links ist (nach "Geist, Kraft, Stoff") stets Derotation, *rechts* entspricht der naturgesetzlichen Rotation. Das Bibelwort "Werfet das Netz zur Rechten des Schiffs" (Joh. 21,6) könnte von daher einen tieferen Sinn haben. Kommunisten scheinen das eher zu begreifen. Als der (jüdische) Pfarrer Richard WURMBRAND an einem Ostersonntag über diese Bibelstelle gepredigt hatte, wurde er nächstentags verhaftet und geschlagen mit dem Vorwurf: "Warum hast du konterrevolutionäre Propaganda gemacht?". Wurmbrand erwiderte, er habe kein Wort über Politik gesprochen. "Warum hast du dann gesagt, daß man die Netze auf die rechte Seite werfen sollte, also die der Faschisten und amerikanischen Imperialisten, und nicht auf die linke?" ("Stimme der Märtyrer" Nr. 3/1990, 5). - Linkshirniges Denken ist analytisch-kausal und führt zu äußerer Anpassung. Rechtshirniges Denken ist intuitiv-schöpferisch und steht in Verbindung zur inneren und jenseitigen Welt. Konventionelles Lernen stellt eine einseitige Belastung der linken Gehirnhälfte dar und läßt kreative Fähigkeiten verkümmern. Links bedeutet verkehrt, entgegengesetzt. "Spiegelverkehrt widerspiegelt der Spiegel die Spiegelung." Er vertauscht links mit rechts (aber nicht oben mit unten. Letzteres sagt der Volksmund den Hexen nach, die man angeblich daran erkennt, daß man sich in der Pupille ihrer Augen kopfstehend sieht). Über die bedeutungsvolle Mystik von rechts und links, auch von der hinduistischen Betrachtungsweise her, ließe sich eine aufschlußreiche Abhandlung schreiben.

[5] Der Dichter Wilhelm KOTZDE schrieb: "Ein jedes Volk ist ein Organismus aus des Schöpfers Hand ... Wohl an seinen Grenzen flutend wie alles Lebendige, aber doch in sich geschlossen, von seinem eigenen Gesetz getragen. Dieses ist das ihm gegebene Gebot Gottes, in welchem ihm Ziel und Weisung liegt. Jede irdische Macht, welche diese Weisung verwirrt oder trübt, versündigt sich an Gottes Gesetz."

Ein Volk aus seiner angestammten Heimat zu verdrängen, ist daher gegen Gott und die Natur gehandelt. Nach Dr. Franz HARTMANN ist auch die gewollte Verfremdung einer Sprache - esoterisch betrachtet - ein Verbrechen an der Volksseele. Gerade die deutsche Sprache, so erklärte er, sei "eine der wenigen Ursprachen, deren Worte den innersten Sinn einer Sache Ausdruck geben. Würden (doch) die Deutschen die Kraft erkennen, die in ihrer Sprache schlummert" (zitiert bei Surya, "Moderne Rosenkreuzer", Pfullingen 1930, 203). Nach SCHOPENHAUER (in seinen Aufsatz "Über die Verhunzung der deutschen Sprache") hat die unsrige den Vorzug - wie ihre Schwestern, das Schwedische und das Dänische - eine Tochter der gotischen Sprache zu sein, die ihrerseits unmittelbar aus dem Sanskrit stammt. - Seit Jahrzehnten bemühen sich unsere Massenmedien redlich und mit zunehmender Intensität, unsere Muttersprache mit Anglizismen zu durchsetzen; Worte und Begriffe, die den meisten älteren Menschen unverständlich bleiben. Auch die Abschaffung unserer schönen gotischen Schrift dürfte kein Zufall sein.

Völkerschaften und Rassen entsprechen der natürlichen Vielfalt des Lebens. "Solange unsere Erde verschiedene Klimate, Zonen, Pflanzen- und Tierreiche hat," schrieb der an anderer Stelle bereits genannte Musikwissenschaftler Willy HESS, "so lange werden auch die Menschen durch eben diese Zonen und Klimate geprägt ... Auch die echte Kunst wird nie international sein, denn sie wurzelt im Heimatboden, und das Nationale ist Schmuck, aber keine trennende Schranke. Wie bezaubernd das Norwegische bei Grieg, das Spanische bei de Falla, das Österreichische bei Bruckner! Nehmen wir das weg, dann entwurzeln wir die Kunst ... Immer kommt zuerst der innerste Kreis der Familie, dann der Verwandtschaft, dann eines Ortes, eines Landes, und immer größere Kreise werden gezogen, bis wir als letztes uns als Erdenbürger fühlen. Aber auch der größte Baum hat seine Wurzeln im Boden, und auch der universellste Erdenbürger wurzelt in seiner Heimaterde und den Seinen."

[6] Der Physiker Werner K. HEISENBERG erklärte: "Wo keine Leitbilder mehr den Weg bezeichnen, verschwindet mit der Wertskala auch der *Sinn* unseren Tuns und Leidens, und am Ende können nur Negation und Verzweiflung stehen. Die Religion ist die Grundlage der Ethik, und die Ethik ist die Voraussetzung des Lebens" (zitiert in "Ambivalenz und Ganzheit" von Max Josef Zilch, Regensburg 1973, 94). Zum vielbenutzten Einwand gegen die christliche Religion, wonach deren Anhänger sich genau so schrecklich aufgeführt hätten wie Nichtchristen, bemerkte Heisenberg: "Das ist leider wahr, aber die Menschen bewahren in ihr ein klares Unterscheidungsvermögen von gut und böse; und nur dort, wo dies noch vorhanden ist, bleibt die Hoffnung auf Besserung" (aaO., 93).

[7] Bernhard Forsboom, "Das Buch Emanuel", München o.J., 239. Das Zitat von Dr. Herbert Fritsche stammt aus "Der große Holunderbaum. Einführung in die Esoterik", Göttingen 1982, 42.

Personen-Verzeichnis

Sachregister

Rudolf Passian

ABSCHIED OHNE WIEDERKEHR?

Tod und Jenseits in parapsychologischer Sicht

In über hundertjähriger Forschungsarbeit erbrachten zahlreiche
Pioniere der Parapsychologie – soweit sie der Einseitigkeit
materialistischen Denkens entsagten – den Nachweis: Tod und
Jenseits sind keine unlösbaren Rätsel mehr!
Einen beträchtlichen Teil des von ihnen angesammelten
Materials sichtete der durch seine Schriften und Vorträge mehr
und mehr bekannt werdende Verfasser und gestaltete daraus ein
unterhaltsam-lehrreiches Buch, welches uns in das vielschichtig-
bunte, hochinteressante Gebiet der ASW-Forschung einführt
und durch das Aufzeigen bisher verborgener Zusammenhänge
ein uns völlig neues grandioses Weltbild vermittelt. Uneinge-
schränkte Zustimmung fordert und erwartet der Autor keineswegs, wohl aber Unvoreingenommenheit und folgerichtiges
Denken. Und eines möchte er jedem aufgeschlossenen Leser
zur Gewißheit werden lassen: daß unser Leben mit dem Tode
nicht endet und weit davon entfernt ist, sinnlos zu sein; ja, daß
die Kausalkette alles Geschehens erst über den Tod hinaus
seine volle Tragweite erkennen läßt.

412 Seiten, Leinen

ISBN 978-3-87667-066-9

REICHL VERLAG · DER LEUCHTER
56329 ST. GOAR

Annekatrin Puhle

MIT GOETHE
DURCH DIE WELT DER GEISTER

Geisterbegegnungen aus vielen Jahrhunderten

Aktuelle seriöse Literatur über Geistererscheinungen ist in Deutschland – trotz des großen Interesses an esoterischen Themen – eher Mangelware. Wenn sich eine studierte Philosophin und Anthropologin im Rahmen eines Forschungsauftrags eines solchen vielschichtigen Themas annimmt, darf man eine wissenschaftlich fundierte und äußerst aufschlußreiche Veröffentlichung erwarten, die gleichzeitig aber auch populär und spannend geschrieben ist.

Mit Goethe durch die Welt der Geister stellt die nach sechsjährigen Recherchen und vielen Reisen zu den wichtigsten Bibliotheken in Deutschland, Österreich, Englang und Schweden entstandene Arbeit dar und gibt einen sehr weit gefaßten Überblick über diese Thematik im deutschsprachigen und europäischen Raum, klassifiziert die verschiedenen Arten von Geistererscheinungen, wie Natur-, Haus- und Spukgeister, beschreibt außerkörperliche Reisen und Nahtoderfahrungen. Es enthält seltene und schwer zugängliche historische Texte über Geisterbegegnungen neben hochaktuellen Fallberichten und orientiert sich an der neuesten Forschung. Mit vielen Goethe-Zitaten und paranormalen Episoden aus Goethes Leben wird der Leser durch die geheimnisvolle Welt der Geister geleitet.

Dieses Werk ist weit mehr als eine Blütenlese seltener Texte.

Kurzfassung
388 Seiten, Abb. s/w u. farbig, Hln.
ISBN 978-3-87667-268-7
Gesamtausgabe
4 Bde. im Schuber, ca. 1600 S., Abb. s/w u. farbig, Hln.
ISBN 978-3-87667-269-4

DER EREMIT

Erlebnisse in der Schule der Weißen Bruderschaft

Herausgegeben von Felix Schmidt

Der Name unseres Autors ist unbekannt. Wir wissen nur wenig über seine Herkunft. Als Gardeoffizier im Krieg 1870/71 schwer verwundet, hält ihn nichts mehr in Deutschland zurück; er verläßt seine Heimat für immer.

Ausgedehnte Reisen führen ihn bis nach Indien, wo er englische Freunde besucht, die am Fuße des Himalaya ein fürstliches Anwesen bewohnen. Hier wird seine offene Beinwunde unter den Händen eines indischen Diener völlig geheilt. Dieser gehört der Weißen Bruderschaft an und hat die Aufgabe, ihn auf den geistigen Pfad zu leiten. Er ist es auch, der die Begegnung mit dem höchsten Meister herbeiführt. Tief beeindruckt von dessen Persönlichkeit bittet der „Eremit" um Aufnahme in das Kloster der Bruderschaft und unterwirft sich den strengen Regeln einer jahrelangen Schulung.
In diesem Buch beschreibt er seinen spirituellen Weg über alle Stufen der Einweihung bis hin zur Meisterschaft. Dem Leser eröffnet sich eine neue Welt mit all ihren Gesetzen und Wundern.

204 S., Leinen
ISBN 978-3-87667-132-1

REICHL VERLAG · DER LEUCHTER
56329 ST. GOAR

LEUCHTERBÜCHER

THEODOR STÖCKMANN · DIE NATURZEIT – SCHLAFE VOR MITTERNACHT!
Der Schlaf vor Mitternacht als Kraft- und Heilquelle
120 S., Abb., kart.

FELIX SCHMIDT (HRSG.) · DER EREMIT
Erlebnisse in der Schule der Weißen Bruderschaft im Himalaya
204 Seiten, Leinen

EVA HERRMANN · VON DRÜBEN II
Weitere Mitteilungen und Gespräche
Zeugnisse von C. G. Jung, Sigmund Freud, Aldous Huxley,
Teilhard de Chardin, Winston Churchill, u. a.
248 Seiten, Leinen

HENNY JUTZLER · KÖNNEN TIERE DENKEN?
Vom Wesen und Verstand der Tiere
220 Seiten, Hln.

FRITZ STEGE · MUSIK - MAGIE - MYSTIK
Ein Streifzug durch die Geheimnisse der Musik
323 Seiten, geb.

WILHELM HORKEL · BOTSCHAFT VON DRÜBEN?
Außergewöhnliche Erlebnisse im Licht des Christentums
229 S., Leinen

RUDOLF PASSIAN · ABSCHIED OHNE WIEDERKEHR?
Ein Kompendium, das Zeugnis ablegt von der gegenseitigen
Durchdringung der Welten / 412 S., Hln.

CARL WICKLAND · 30 JAHRE UNTER DEN TOTEN
Protokolle der Gespräche mit Besessenheitsgeistern
476 Seiten, Hln. oder kart.

DIE DRITTE ZEIT
Wiederkunft des Herrn. Das Zeitalter des Heiligen Geistes
Die mexikanischen Offenbarungen 1940 –1950.
320 S., Leinen oder kart.

REICHL VERLAG · DER LEUCHTER · D-56329 ST. GOAR

Gesamtverzeichnis des Verlages auf Anfrage
www.reichl-verlag.de